U0534892

国家社科基金西部项目"西夏档案及档案工作"(项目批准号:12XTQ013)。

西夏档案
及其管理制度研究

赵彦龙 ◎ 著

中国社会科学出版社

图书在版编目（CIP）数据

西夏档案及其管理制度研究/赵彦龙著. —北京：中国社会科学出版社，2020.8

ISBN 978-7-5203-5931-3

Ⅰ.①西… Ⅱ.①赵… Ⅲ.①文书档案—规章制度—研究—中国—西夏 Ⅳ.①G279.294.63

中国版本图书馆 CIP 数据核字(2020)第 022782 号

出 版 人	赵剑英
责任编辑	郭晓鸿
特约编辑	张金涛
责任校对	李 莉
责任印制	戴 宽

出　　版	中国社会科学出版社
社　　址	北京鼓楼西大街甲 158 号
邮　　编	100720
网　　址	http://www.csspw.cn
发 行 部	010-84083685
门 市 部	010-84029450
经　　销	新华书店及其他书店
印　　刷	北京明恒达印务有限公司
装　　订	廊坊市广阳区广增装订厂
版　　次	2020 年 8 月第 1 版
印　　次	2020 年 8 月第 1 次印刷
开　　本	710×1000 1/16
印　　张	41.75
插　　页	2
字　　数	655 千字
定　　价	198.00 元

凡购买中国社会科学出版社图书，如有质量问题请与本社营销中心联系调换
电话：010-84083683
版权所有　侵权必究

目　录

绪　言 ……………………………………………………………… 1

第一章　西夏档案的发现与整理研究现状 ………………………… 19
　第一节　西夏档案的发现与遗存 …………………………………… 19
　第二节　西夏档案整理研究现状 …………………………………… 26

第二章　西夏档案概论 ……………………………………………… 50
　第一节　西夏档案的种类及特点 …………………………………… 50
　第二节　西夏档案的版本状况 ……………………………………… 65

第三章　西夏官府文书档案整理研究 ……………………………… 82
　第一节　西夏官府文书档案整理 …………………………………… 82
　第二节　西夏官府文书档案研究 …………………………………… 135

第四章　西夏专门档案整理与研究（上） ………………………… 175
　第一节　西夏户籍档案整理与研究 ………………………………… 175
　第二节　西夏土地税账册档案整理与研究 ………………………… 201
　第三节　西夏军籍档案整理与研究 ………………………………… 225

· 1 ·

第五章　西夏专门档案整理与研究（中） …… 259
第一节　西夏律法档案整理与研究 …… 259
第二节　西夏科技档案整理与研究 …… 299
第三节　西夏金石档案整理与研究 …… 348

第六章　西夏专门档案整理与研究（下） …… 391
第一节　西夏契约档案整理与研究 …… 391
第二节　西夏书信档案整理与研究 …… 487
第三节　西夏其他档案整理与研究 …… 503

第七章　西夏档案机构和官吏 …… 591
第一节　西夏中央和地方档案机构 …… 591
第二节　西夏中央和地方档案官吏 …… 605

第八章　西夏档案管理制度 …… 615
第一节　西夏文书档案立卷归档制度 …… 616
第二节　西夏档案清退销毁制度 …… 629
第三节　西夏档案保管制度 …… 631

参考文献 …… 651
后　记 …… 662

绪 言

西夏是 11 世纪至 13 世纪在中国西北部地区建立的、以党项族为主体民族的封建王朝。西夏前后共历十代皇帝，享国 190 年。在这期间，由于西夏王朝政治、经济、军事、文化、教育、宗教等各领域统治管理和发展及外交的需要，制作出了数量众多的汉文、西夏文、藏文、回鹘文等不同文字、不同种类、载体多样、内容丰富、价值珍贵的西夏档案。西夏档案是构成西夏国上层建筑不可分割的部分，是西夏国发展、文明进步的最为原始和直接的见证，是西夏历史研究的重要史料，更是中国古代档案不可或缺的有机组成部分。

一 西夏档案的概念

西夏档案是中国古代档案的有机组成部分，西夏档案的概念自然也脱不开中国档案的概念要件。因此，要研究西夏档案的概念，就必须先了解中国档案的概念，从而加深对西夏档案概念的领会。

（一）档案的概念

"档案"一词虽说明清之际才出现，但历史上各个时期有档案是客观存在的。春秋时期的孔子删定"六书"、汉司马迁编纂《史记》、南朝梁萧统编纂《文选》、宋司马光编著《资治通鉴》、李焘编纂《续资治通鉴长编》、赵汝愚编《宋朝诸臣奏议》、宋敏求编《唐大诏令集》、佚名编《宋大诏令集》、明陈子龙等选编《明经世文编》、清董诰等编纂《全唐文》、严可均编纂《全上古三代秦汉三国六朝文》、魏源选编《清经世文编》等，无不大量利用和借鉴了古代保留下来的档案原件和其他史料，从而证明古代教育家、政治家、历史学家等完全熟悉和掌握档案的凭证、查考等价值，印证了档案的历史记录作用和第一手资料的珍贵利用价值。

关于档案的概念，档案学界众说纷纭。进入现代社会，随着古代档案的大量出土，并经档案学界众多专家学者的研究，对档案的实质性特征都有了比较清晰的考察，同时，对档案概念的认识也基本趋于一致。通过归纳、分析目前学界众多档案概念的界定，我们以为，《中华人民共和国档案法》对档案界定的概念符合本书的研究，即"档案是指过去和现在的国家机构、社会组织及个人从事政治、军事、经济、科学、技术、文化、宗教等活动直接形成的对国家和社会有保存价值的各种文字、图表、声像等不同形式的历史记录"。[1]《中华人民共和国档案法》对档案的概念比较全面而深刻地涵盖了档案的实质，也揭示了档案最为基本的要素。

这一概念需要明确三个要点，即"直接形成""保存价值"和"历史记录"。

"直接形成"主要界定了档案的原始性，即档案的前身——文书，在制作、运行和归档时，都没有掺杂其他任何虚有的成分，是第一手资料，具有原始凭证性，可成为后人研究历史最为重要、可靠的材料。

"保存价值"是指能保存在古今中外档案库房并流传下来供后人利用的这些文书，经过了漫长岁月的翻检和传承，是经得起实践检验的文字材料。因此，这些文书是有价值的，是值得后人利用的。

"历史记录"主要是指已经完成现实效用而转入承担历史使命的文书，这些文书被档案形成者保存起来，成为能够反映或印证或还原历史原貌的文字材料。

综上，我们以为，《中华人民共和国档案法》所界定的档案概念是比较科学的，它反映了档案的本质属性，也揭示了档案的功用。

（二）档案的产生、发展和完善

中国在明清之前对"档案"有不同的叫法。先秦时期，对文书和档案的是：

---

[1] 《中华人民共和国档案法》，中国法制出版社2000年版，第2页。

凡见诸史籍的叫作"册""典",如《尚书·多士》载:"惟殷先人,有册有典。"① 西周称"中","凡官府乡州及都鄙之治中,受而藏之。以诏王察群吏之治"。② 汉代称"文书","文书盈于几阁,典者不能遍睹"。③ 唐称"文案","凡文案既成,勾司行朱讫,皆书其上端,记年月日,纳诸库"。④ 宋称"文书","诸架阁库文书,所掌官吏散失者,杖一百"。⑤ 西夏则称"典""典册""簿册"⑥ 等。据现有材料记载,"档案"一词在明末清初已被使用,如《清太宗实录》在崇德三年(1638)正月甲午日的记载中已出现三处"档案"一词。⑦ 清初官府文书中也有"档案"一词,如顺治十五年(1658)九月二十五日浙江巡抚陈应泰揭帖:"因年久记不得了,还当查彼时出征档案。等语。及查档案,并无马进宝带来兵丁数目。"⑧ 现存清代康熙十九年(1680)《起居注册》中亦谈及"档案"。大约成书于康熙四十六年(1707)的杨宾《柳边纪略》有"边外文字,多书于木,往来传递者曰牌子,以削木片若牌故也;存贮年久者曰档案,曰档子……"⑨ 为了研究方便,我们统称古代这些被称为"册、典、中、文书、文案、典册、簿册、档案、档子"等名称的史料为档案。

档案是历史发展的凭据,是社会进步的表现,当然也是中华文明的象征。档案的产生可以说是源远流长,档案成果更是汗牛充栋。它不仅为社会的发展和文明进步做出了突出贡献,也不断地为将来社会的发展继续默默无闻地做着贡献。为此,我们有必要对档案的产生、发展和完善进行比较具体而深入的探讨,以了解档案的概念、特点和演变等相关内容。

任何事物的产生和发展都有一个比较漫长的过程,有时甚至在传说中产生,

---

① 《尚书正义》卷16,(清)阮元校刻:《十三经注疏》上册,上海古籍出版社1997年版,第220页。

② 同上书,第776页。

③ 《汉书》卷23,中华书局1962年版,第1101页。

④ (唐)李林甫等撰,陈仲夫点校:《唐六典》卷1,中华书局1992年版,第11页。

⑤ (宋)谢深甫编撰,戴建国点校:《庆元条法事类》卷17,黑龙江人民出版社2002年版,第356页。

⑥ 史金波、聂鸿音、白滨译注:《天盛改旧新定律令》卷12,法律出版社2000年版,第418—515页。

⑦ 《清实录》第2册,中华书局1986年版,第531页。

⑧ 《明清史料》(影印版),中华书局1986年版,第890页。

⑨ 陈兆祦、和宝荣、王英玮:《档案管理学基础》,中国人民大学出版社2005年版,第5页。

档案的产生也是如此。

1. 传说中的档案

中国古代档案是从传说开始的。因为在没有文字的时期，远古的人们就选择采用了适合他们自己的沟通方式进行简单的交流，达到了处理有关事项的目的。

关于古代档案形成的传说非常丰富，如有巢氏架木为巢、燧人氏钻木取火、伏羲氏结网捕鱼、神农氏种植五谷等。古籍中也有关于档案形成的传说记载，《韩非子·五蠹》载："上古之世，人民少而禽兽众，人民不胜禽兽虫蛇，有圣人作，构木为巢""而民悦之，使王天下，号曰有巢氏。"①《庄子·盗跖》载："神农之世，卧则居居，起则于于，民知其母，不知其父，与麋鹿共处，耕而食，织而衣，无有相害之心。"②这虽为古代传说，但正如梁启超所说，这"可谓'不文'之史"。③

口耳相传的交流形式还未完全退出历史舞台，人们已经发明了以实物帮助记忆的结绳记事和刻契记事方法。这两种方法虽然在当时、当地能起到交流和记事的功能，使人类社会向前发展了一步，但对于后世人们来说终归是无法理解和进行研究的。为此，原始人又创造了一种记事方法——图画，这比实物记事更进了一步，因为图画是"文字的前驱"。④

结绳、刻契和图画等记事方法，在远古的时候的确起到了传递信息、交流感情的作用，也达到了备忘、信约和凭证的目的，实现了档案的部分功用，但"它们毕竟都是标记和符号，只能帮助人们唤起对某些具体事物的记忆，还不能表达确切、完整、抽象的意思"。⑤故，我们称这一时期的档案为传说中的档案。

2. 档案的产生

有文字的产生才有了文字的记录，当然也就有了真正意义上的档案。

中国文字最早产生在夏代。例如，1959年河南偃师二里头文化的发掘及后

---

① （清）王先慎：《韩非子集解》卷19，中华书局1998年版，第442页。
② 陈鼓应注译：《庄子今注今译》，中华书局1983年版，第778页。
③ 梁启超：《中国历史研究法》，商务印书馆1922年版，第12页。
④ 杨小红：《中国档案史》，辽宁大学出版社2002年版，第5页。
⑤ 同上。

绪　言

来龙山文化的考古发掘，都证明夏代的确存在中国最古老的文字。①

1986—1987 年，考古学家两次在陕西西安市西郊斗门乡花园村发掘出原始先民刻写的甲骨文。这两批原始甲骨文多刻写在骨笄、兽牙、骨片之上，字体极其细小，但字形清晰、字体结构布局严谨，与殷商甲骨文字体接近，且比殷商安阳地区的甲骨文要早 1200 多年，是夏朝的文字。② 1988 年，在西安召开的国际考古学术会议上，陕西考古研究所的两位学者郑洪春、穆鸿亭宣读了他们的论文《简论长安斗门乡花园村客省庄二期文化遗址出土骨刻原始文字》，并向与会的中外同行展示了十余枚刻有文字的兽骨和骨器的拓片和幻灯片。1988 年 11 月，媒体以"黄帝时代即有文字"为题报道了这一成果，并说"商代甲骨文并不是中国最早的文字，汉文字出现于龙山时代晚期，即黄帝朝代及夏代初期。这个论断，把中国古文字产生的时代提前了一千二百年。花园村原始文字的产生时代与古代传说的黄帝之史官仓颉恰相吻合"。③

文字出现以后就肩负起它应有的职责，即信约、凭证等功能，"上古结绳而治，后世圣人易之以书契，百官以治，万民以察……"④。唐张怀瓘《书断》载："大道衰而有书，利害萌而有契。"⑤ 这里的"书契"或"书""契"应该就是用文字刻或书写在其他载体上而成为文书，用来管理百官、治世察民，这就是最早产生的档案。

3. 档案的发展和完善

（1）夏朝档案及档案工作

在原始社会末期或夏朝初期，文字已经产生，当然也已产生了用文字记录并被保存下来的档案了。于是，作为古代国家官府事项之一的档案工作也已形成。到了夏朝末期，各官府已经比较广泛地利用保存下来的档案来治理国家。《吕氏春秋·先识》载："夏太史令终古，出其图法，执而泣之。夏桀迷惑，暴乱愈

---

① 中国科学院考古研究所洛阳发掘队：《1959 年河南偃师二里头试掘简报》，《考古》1961 年第 2 期。
② 黄才庚：《甲骨档案的研究》，《山东档案》1995 年第 1 期。
③ 《黄帝时代即有文字》，《人民日报·海外版》1988 年 11 月 11 日。
④ 《周易正义》卷 8，（清）阮元校刻：《十三经注疏》上册，中华书局 1980 年版，第 87 页。
⑤ 杨东妹：《档案史料与图书文献关系考》，《天中学刊》2011 年第 5 期。

· 5 ·

甚，太史令终古乃出奔如商。"① 夏太史令终古所持"图法"可能就是被夏朝史官保存下来备查的版图和法规性档案。

（2）商朝档案及档案工作

商朝的档案工作相对于夏朝来说，有几方面的发展。一是数量比较庞大。从1899年清国子监祭酒王懿荣发现商朝的甲骨档案以来，已出土甲骨档案达十五万片以上。② 二是有意识地集中保存或归档。"殷都甲骨有很多是储积或累积于一处的，可能是当时储档案之所。""卜辞集中出土于殷都安阳，而卜辞中所记占卜地往往有在殷都以外的，可见，在外地占卜的这些甲骨仍旧归档于殷都。"③ 大量的甲骨档案保存于殷都，以便于王室查考利用。三是有了简单的分类收藏的方法。甲骨档案不仅收藏在殷都，而且储存于窑窖之中。有些甲骨档案以帝王为分类来收藏，"有些窑窖内埋藏着一个帝王在位期间的甲骨文，如YH127号坑中就集中出土了商朝第二十七代王武丁时期的甲骨文一千七百余片，HS20号坑内的甲骨文则全是第二十五代商王廪辛时期的"。有些甲骨档案则按内容来收藏，"如YH127坑中，有少量兽骨被包裹成一包一包地埋着，B区101号坑中，除了一片龟甲外，全是较大的兽骨。根据商朝'龟甲占卜，兽骨记事'的原则，可知这是将卜辞和记事文书分类收藏，以便查找、利用"。④ 这充分说明商朝档案工作的发展，这即为我国文书档案立卷归档制度的雏形。四是商朝档案有了简单的编号。"如YH127坑中的龟甲，其状如刀，中间钻有小孔，有一片还刻有'册六'两字。它们排列整齐，记序之数自一至十有条不紊。"⑤ 证明商朝档案编号后成册保存。

（3）西周档案及档案工作

西周档案工作与商朝相比，又有了进一步的发展，在古代典册和金文中关于档案和档案工作的记载比较丰富。首先，西周设置了收藏珍贵档案的机构——天府。天府属西周之时的"九府"之一，居第六位，地位较高。这是我国历史上

---

① 黄碧燕译注：《吕氏春秋》卷16，广州出版社2001年版，第166页。
② 周雪恒主编：《中国档案事业史》，中国人民大学出版社1994年版，第33页。
③ 陈梦家：《殷墟卜辞综述》，科学出版社1956年版，第46页。
④ 杨剑宇：《中国秘书史》，上海人民出版社2007年版，第27页。
⑤ 同上书，第27—28页。

有确切史料记载的最早的中央政府正规档案管理机构。其次，天府所保存的档案种类繁多。史载："天府掌祖庙之守藏与其禁令。""凡国之玉镇大宝器藏焉，若有大祭大丧则出而陈之，既事藏之。""凡官府乡州及都鄙之治中，受而藏之。以诏王察群吏之治。"① 又载："凡大约剂，书于宗彝。"② "凡邦之大盟约，莅其盟书，而登之于天府。"③ 即档案种类有版、图、谱牒、盟书、官府公文、金文文书、甲骨文书等。再次，西周已形成了比较完善的档案副本制度。西周重要文书除正本外大都制作副本多份，正本藏于天府，副本藏于各司。史载："凡邦国都鄙及万民之有约剂者藏焉，以贰六官。六官之所登。"④ "内史掌书王命，遂贰之。"⑤ 重要文书形成后，"大史、内史、司会及六官，皆受其贰而藏之"。⑥ "凡民之约剂者，其贰在司盟。"⑦ 有关地方政府的重要文书也同样要录制副本保存，除本司保存之外，还要交上司存查，"宰告闾史，闾史书为贰，其一藏诸闾府，其一献诸州史，州史献诸州伯，州伯命藏诸州府"。⑧ 这也是我国文书档案工作中副本制度的开始。最后，西周所保存的档案被广泛利用。例如，作为统治和施政的工具，或作为传授学问的资料，或汇编成书籍等。无论作为哪种形式的工具，总之，档案在当时乃至后来都发挥了十分巨大的作用。

（4）春秋战国的档案及档案工作

春秋战国时期是我国社会经历了夏、商、西周奴隶制发展之后的一个大变动时期，即由奴隶制向封建制过渡的时期。这时，由于各国之间长期的兼并战争，导致了包括政治制度和国家机构在内的上层建筑也发生了重大变化，档案及档案工作也无一例外地受到了直接影响。

首先，诸侯纷争和兼并战争导致了档案的毁坏和散失。其中，有部分档案被销毁，《左传·襄公十年》载：郑国新兴地主阶级为确立他们的合法地位，纷纷

---

① 《周礼注疏》卷20，（清）阮元校刻：《十三经注疏》上册，上海古籍出版社1997年版，第776页。
② 《周礼注疏》卷20，（清）阮元校刻：《十三经注疏》上册，上海古籍出版社1997年版，第881页。
③ 《周礼注疏》卷20，（清）阮元校刻：《十三经注疏》上册，上海古籍出版社1997年版，第871页。
④ 《周礼注疏》卷20，（清）阮元校刻：《十三经注疏》上册，上海古籍出版社1997年版，第817页。
⑤ 《周礼注疏》卷20，（清）阮元校刻：《十三经注疏》上册，上海古籍出版社1997年版，第820页。
⑥ 《周礼注疏》卷20，（清）阮元校刻：《十三经注疏》上册，上海古籍出版社1997年版，第871页。
⑦ 《周礼注疏》卷20，（清）阮元校刻：《十三经注疏》上册，上海古籍出版社1997年版，第881页。
⑧ 《礼记正义》卷28，（清）阮元校刻：《十三经注疏》下册，上海古籍出版社1997年版，第1470页。

要求焚毁维护贵族特权的"载书",当政的子孔想杀掉他们,"子产止之,请为之焚书",并告诫,"众怒难犯,专欲难成,合二难以安国,危之道也。不如焚书以安众",否则"专欲无成,犯众兴祸",子孔只得"焚书于仓门之外,众而后定"。①《孟子·万章下》也有类似的记载:"北宫锜问曰:'周室班爵禄也如之何?'孟子曰:'其详不可得闻也,诸侯恶其害己也,而皆去其籍'。"②这就证实那些记录等级制度的档案是维护中央王权利益的,对各诸侯不利,所以被毁掉了。另一些档案却流散于世,《左传·昭公二十二年》载:王子朝率召氏、毛氏、尹氏、南宫氏等旧官和百工带着王室所有的典籍逃到楚国。③ 宋代司马光曾对当时档案流失作过形象的描述:"周室微,道德坏,五帝三王之文飘沦散失,弃之不省。"④

其次,新的文书档案也在兼并和战争中产生。在旧档案被大量销毁的同时,代表和反映新势力的文书档案相继出现,并从内容到形式都有了比较大的发展,既有专门档案,如律法档案(即刑书)、赋税档案(即计书),又有日常政务文书,如盟书、玺书、符节、移书、上书、檄书等,还出现了民用契券。这些新文书档案的出现,丰富了秦汉之前的档案种类,增加了档案的内容,这是档案工作发展的又一标志。

(5)秦汉魏晋南北朝的档案及档案工作

秦是中国历史上建立的第一个中央集权的封建国家,为巩固新建立的统一政权,秦王朝采取了一系列的政治措施,从而使中国古代国家机关的发展进入一个新阶段。秦朝对档案工作也采取了一些新举措。首先,重视巩固律法档案和舆图档案。秦以法为治,重要的法律档案均制作正副本,正本藏于中央禁室,封以禁印,作为重点档案保存。舆图档案象征着本国的版图,所以,秦国在统一六国的过程中,很注意收藏各国所献的地图及绘制的各国宫室图样,将其保管于丞相府

---

① 《春秋左传正义》卷31,(清)阮元校刻:《十三经注疏》下册,上海古籍出版社1997年版,第1948页。
② 《孟子注疏》卷10上,(清)阮元校刻:《十三经注疏》下册,上海古籍出版社1997年版,第2741页。
③ 《春秋左传正义》卷50,(清)阮元校刻:《十三经注疏》下册,上海古籍出版社1997年版,第2100页。
④ (宋)司马光:《司马温公文集》,中华书局1986年版,第69页。

和御史府所设的藏府或书府，并由专人看管。其次，对不利于秦朝统治的原六国档案进行焚毁。公元前213年，秦始皇采纳了丞相李斯的建议，下令焚烧六国档案。"史官非秦记皆烧之。非博士官所职，天下敢有藏《诗》《书》、百家语者，悉诣守、尉杂烧之。有敢偶语《诗》《书》者弃市，以古非今者族，吏见知不举者与同罪。令下三十日不烧，黥为城旦。所不去者，医药、卜筮、种树之书。"①秦始皇的这种行为，正如司马迁所说："秦烧天下《诗》《书》，诸侯史记尤甚，为其有所刺讥也。"② 正因为如此，故加速了秦的灭亡。

汉代的统治者对档案工作尤为重视。首先，重视收集各种档案。史籍记载，刘邦军入关咸阳后，"及高祖起为沛公，何常为丞督事。沛公至咸阳，诸将皆争走金帛财物之府分之，何独先入收秦丞相御史律令图书藏之"。正因如此，故"汉王所以具知天下扼塞，户口多少，强弱之处，民所疾苦者，以何具得秦图书也"。③ 汉朝开国后，统治者继续注意收集流散于社会上的各种档案。汉惠帝废除了秦朝的《挟书律》，"兴汉，改秦之败，大收篇籍，广开献书之路"，④ 向民间征求档案，"百年之间，书积如丘山"。⑤ 至汉成帝时，又"使谒者陈农，求遗书于天下"。⑥ 更使大量图书档案汇集于王朝中央。西汉时期的一些藩王也对档案收集十分重视，如河间献王刘德"从民得善书，必为好写与之，留其真"，并赐以金帛，所以四方人士将"先祖旧书多奉以奏献王"。⑦ 东汉诸帝在对档案的收集上无不仿效前朝。其次，更加重视档案的保管。图书档案的大量收集及汉代档案的不断产生，需要有大量的库房用来保管档案。于是，汉代统治者在宫廷内外都建有大量保藏档案的处所，"外有太常、太史、博士之藏，内有延阁、广内、秘室之府"。⑧ 著名的库房有石渠阁、兰台、东观。汉代地方官府也都辟有档案

---

① 《史记》卷6，中华书局1959年版，第255页。
② 同上书，第666页。
③ 同上书，第2014页。
④ 《汉书》卷30，中华书局1962年版，第1701页。
⑤ （清）严可均辑：《全上古三代秦汉三国六朝文》第1册《全汉文》卷41，上海古籍出版社2009年版，第343页。
⑥ 《汉书》卷30，中华书局1962年版，第1701页。
⑦ 同上书，第2410页。
⑧ （清）严可均辑：《全上古三代秦汉三国六朝文》第1册《全汉文》卷41，上海古籍出版社2009年版，第343页。

库房。再次，重视利用档案编史修志。例如，汉代出现了司马迁撰写的纪传体通史《史记》、班固撰写的纪传体断代史《汉书》等。汉代一些官员也利用档案进行著述，如王隆的《汉官》、卫宏的《汉旧仪》等。此外，官方也组织修史，如《东观汉纪》等。

魏晋南北朝又是一个封建割据、列国对峙的动乱时代。虽然政局动荡，但档案工作没有受到很大的影响，相反，在某些方面却有更进一步的发展。究其原因：一是谱牒档案盛行；二是私家利用档案修史的现象十分普遍，如范晔撰《后汉书》、陈寿撰《三国志》、王沈撰《魏书》、沈约撰《宋书》、王隐撰《晋书》、崔鸿撰《十六国春秋》、常璩编《华阳国志》等。

（6）唐宋档案及档案工作

唐宋时期的档案工作较之前朝有了很大的发展。

首先，出现了专门的档案机构和专职档案官吏。唐代在前朝档案工作的基础上，吸取教训，总结经验，在唐三省各建立了管理档案的专门机构——甲库，并设置了甲库令史负责甲库档案工作。宋朝于宫中设立了大型皇家档案库——金耀门文书库。与此同时，还在中央各官署及地方州县普遍建立了档案库房——架阁库。朝廷对架阁库主管官员的选拔十分重视，中央各省架阁主官员多为进士及第者，地方"诸架阁库，州职官一员，县令丞、簿掌之",[①] 库内设管勾、守当等专门的档案官吏。

其次，档案工作制度化。自秦汉以后，随着封建国家法律制度的发展和逐步完善，至唐宋时期，文书档案法律法规逐渐地系统和全面，从此，档案工作走上制度化、规范化的轨道，也反映了我国封建社会中古时期档案工作的发展水平。有关唐宋时期档案工作制度化、规范化的规定，在唐朝的《唐律疏议》《唐六典》和宋朝的《宋刑统》《庆元条法事类》等法律著作中都有具体的反映。例如，唐代的文书定期归档制度、副本存档制度及查阅、鉴定等，在宋代得到了进一步的明确和完善。

（7）辽、西夏、金、元时期的档案及档案工作

---

① （宋）谢深甫编撰，戴建国点校：《庆元条法事类》卷17，黑龙江人民出版社2002年版，第357页。

辽、西夏、金、元时期的档案工作都是受到了中原文化的影响，从而比较迅速地建立和发展起来的。辽在建国之初，仍处于奴隶制社会，辽太祖利用在战争中俘虏的汉族知识分子，制定了许多封建的典章制度，完成了从奴隶制向封建制的转化。辽重视对周边王朝档案的搜求，正如苏辙奉命使辽归来后，向朝廷汇报道：宋朝各种典章案牍，"北界无所不有"。① 但辽朝则对本国档案工作并不重视，以至于后人"语辽事，至不知起灭凡几主"。②

西夏档案工作与辽、金相比，则比较发展和完善。这也是本书的研究对象，以后各章将逐一论及，此处不再赘述。

金朝档案工作较多地模仿和学习宋朝发达的档案管理经验，在各官署衙门普遍设立架阁库，设专人管理档案。

元朝虽然是少数民族军事强国，却和辽朝不一样，十分重视档案工作。首先，重视收藏南宋和金朝的档案典籍。例如，元将张柔攻陷金汴京后，"于金帛一无所取，独入史馆取金实录和秘府图书"。③ 至元十三年（1276），元军攻陷临安，对宋朝"秘书省图书，太常寺祭器、乐器、法服、乐工、卤簿、仪卫，宗正谱牒，天文地理图册，凡典故文字，并户口版籍，尽仰收拾"。④ 这一切对元朝制定各项制度都起过重要作用。其次，重视档案的保存。元朝沿袭了宋朝的架阁库制度，并规定所有"已绝经刷文卷"，要每季一择，并分别写明事目、首尾张数，按照年月顺序编次注籍，再经"检勾人员"亲自检查，"别无合行不尽事理"，然后"依例送库立号、封题，如法架阁"。⑤ 元朝利用档案的制度也是很明确和严格的，这些制度为后来的明、清两朝所继承。

（8）明、清档案及档案工作

明王朝统治者十分重视加强档案工作。首先，建立大型的档案库房。明代为了保管日益增多的档案，在京城和各级官府建立了档案库，其中，中央政府在南京和北京建立的几座档案库规模宏大、建筑技术高超，有的档案库至今还完好无

---

① 《苏辙集》，中华书局1990年版，第747页。
② 李修生主编：《全元文》卷43，江苏古籍出版社1999年版，第1册第682页。
③ 《元史》卷147，中华书局1976年版，第3474页。
④ 同上书，第179页。
⑤ 影印元刊本《元典章》之《吏部》卷之八，中国广播电视出版社1998年版，第571页。

损。明代的中央档案库房主要有：皇史宬、后湖黄册库、内阁大库、古今通集库、大本堂等。明代地方上的档案库也有发展，各省、府、州、县普遍设立名称不一的架阁库（堂）、黄册库、案牍库（所）、储册库等。其次，档案工作制度完备。明代的档案工作在吸取历代经验的基础上更加完备：如档案的制作与装订、分类保存、保管、查阅、保卫等。由此说明，明代的档案工作已趋于完备。

清代统治者在入关前就开始积累、保存档案，留存至今的有满文老档案和满文木牌等。入关后，在各级官衙中普遍恢复和建立了档案机构，地方官署大多保留了明代的架阁库，并陆续在将军、总督、巡抚衙门设置"档房"，中央各部院也设有"档房"。由于清代文书工作和档案工作区分并不十分清晰，因此，"档房"也不是职责专一的档案机构，有的还担负部分文书工作，有的甚至兼管人事，如礼部的清档房就兼管官吏升迁。只有皇史宬、内阁大库和方略馆才可算得上真正独立的清代档案机构。

清代的档案工作制度不但更加完备，而且新创立了一些档案工作制度，如汇抄制度、定期清查修缮制度、区别门类的分类方法等。

清代档案的种类也增加了，如增加了技术档案、教育档案、照片影片档案等。

清代还利用档案进行编修史书和志书，尤其是编修地方志，是清代档案利用的一大亮点。例如，雍正时的《朱批谕旨》《八旗通志初集》，乾隆时的《皇朝文献通考》（300卷）、《续文献通考》（252卷）、《大清会典》（100卷）、《大清会典则例》（180卷）、《皇朝通典》（100卷）、《皇朝通志》（200卷）、《大清一统志》（340卷）等史书和志书。方志的编修在清代进入全盛时期，康熙曾诏令天下郡县修辑志书，雍正又下令各省限期修志，清代各省的通志即陆续于此时编成。此后，各府、州、县每六十年一修志即成为固定制度。据《中国地方志联合目录》中对180多个收藏单位的统计，我国保存下来的志书有8500多种，10万多卷，其中80%为清代纂修。

综上，我们以为，古代档案及档案工作经验对近现代中国档案及档案工作的发展起到了重要的指导作用和借鉴作用。

（三）西夏档案的概念

在西夏，档案又可称为"典"①"典册""簿册"②等，本书中统称为"西夏档案"。

西夏档案有狭义和广义之分。狭义的西夏档案是指西夏王朝时期所产生的从中央到地方官府及家族或个人在各项活动中直接形成，并被官府各司署衙门及家族或个人保存下来备查和利用的各种形式和载体的文字材料。广义的西夏档案是指西夏前身党项族政权所形成的档案、西夏档案及元明西夏遗民保留下来的反映党项族事务的档案。本书所研究的西夏档案即指广义的西夏档案。广义的西夏档案能够更为全面、透彻、直接、真实地反映西夏建国前后及西夏遗民的状况，具有重要的史料价值和文献价值。正如西夏学专家史金波所说的："研究历史的专家都知道，档案是历史叙事的主体，是研究历史的核心、基础，比其他历史资料（如史学家的著述、国外的著述、后人的回忆等）更为可靠，从这些没有经过人为加工、没有乔装打扮的历史档案中寻求历史的真相，当然更为直接、更为真实。"③ 这的确是对西夏档案价值的准确界定。

广义的西夏档案的范围大致包括如下三大部分。一是汉文、西夏文献中收录的西夏文书档案。这部分档案上起李继迁时代，下迄西夏灭亡。其档案主要收录在宋、辽、金、元、明、清学者撰写的史籍或文集中，如《续资治通鉴长编》（本书简称《续长编》）、《宋大诏令集》《三朝北盟会编》《宋史》《金史》《西夏书事》等。二是西夏故地内蒙古黑水城、甘肃武威和敦煌、宁夏银川等地出土的汉文、西夏文西夏档案，还有少量其他民族文字档案。这部分档案基本上已收录在近年整理出版的《俄藏黑水城文献》（本书简称《俄藏》）、《中国藏西夏文献》（本书简称《中藏》）、《英藏黑水城文献》（本书简称《英藏》）、《日本藏西夏文文献》（本书简称《日藏》）、《中国藏黑水城汉文文献》等大型文献丛书之中。还有一些散见于西夏学专家和学者的相关著作和论文中。三是有关西夏档案工作规定的史料，如西夏综合性法典《天盛改旧新定律令》（本书简称《天盛律令》）。

---

① 史金波、聂鸿音、白滨译注：《天盛改旧新定律令》卷12，法律出版社2000年版，第418页。
② 同上书，第514页。
③ 史金波：《西夏经济文书研究》，社会科学文献出版社2017年版，第3页。

二 西夏档案研究的困难

西夏档案的数量比较多,种类比较齐全,书写文字较为复杂,有十分重要的历史文献价值,但要真正深入研究还存在很多困难,具体表现在以下几方面。

1. 考释、翻译、缀合方面的困难

西夏文档案的考释、翻译近年来取得了一定的成绩,如在西夏文综合性法典、各种佛教经典、社会文书等方面,都有论文和著作出版,为学界研究西夏提供了十分便利和较为丰富的资料基础。但是,在考释、翻译西夏文档案的过程中也存在许多不足和困难。

其一,西夏档案大部分出土于西夏故地黑水城及其他地区,由于年代久远且又埋藏在地下,加之蒙古灭夏时惨无人道、灭绝人性的破坏,再由于外国科学家盗掘的方法不科学、更不注意保护等,导致部分西夏档案残破不堪、四分五裂,这给考释、翻译和缀合西夏档案带来了困难。

其二,遗存分散。从西夏档案的收藏国别来看,既有俄罗斯、英国、中国等主要收藏地,又有日本、法国等少量收藏地。就中国来说,也保存在全国各地图书馆、博物馆、文物研究所等处。从表面上看,目前已整理出版了《俄藏》《英藏》《中藏》《日藏》《中国藏黑水城汉文文献》《斯坦因第三次中亚考古所获汉文文献》(非佛经部分)、《法藏敦煌西夏文献》《俄藏敦煌文献》等大型文献丛书,给人们的印象是仿佛西夏文献已经完全收集于此,其实不然。从有关的研究资料可知,还有一些零星的西夏文献散见于国内外,并未收入以上所列的各种文献之中。例如,日本学者佐藤贵保著《未刊俄藏西夏文〈天盛律令〉印本残片》(刘宏梅译)一文就介绍说:"笔者自 2003 年以来,数次在东方写本研究所进行《天盛律令》的实物调查,初衷在于想把照片中不清楚的西夏文字通过观察实物进行释读。然而在调查过程中发现了不少未收入《俄藏黑水城文献》的残片。这些未刊残片多数虽已收录于东洋文库的微缩胶卷中,但尚有遗漏。本文要介绍的一件俄译本、汉译本中都不见的《天盛律令》印本残片。"[①] 可见,还有少量

---

① [日]佐藤贵保著:《未刊俄藏西夏文〈天盛律令〉印本残片》,刘宏梅译,《西夏研究》2011 年第 3 期。

的西夏档案散存于其他地方，这对西夏档案的考释、翻译来说并不完整和系统，因此，研究也就残缺不全了。

其三，西夏文档案的翻译也不完全如人所愿，还有一些读来十分拗口的文字存在，如《天盛律令》《审案记录》等，这导致在理解上会出现歧义或错误，对其研究过程也就不一定完全正确或科学。

其四，西夏档案由于残片很多，且又分散各地，故缀合十分困难。目前出现了这样的一些现象：收藏者整理编号时或者误将不是一件文献的残片编在了一起，或将同一文献的残片分别编在不同文献之中或编为多件独立的文献，这一切都给考释、缀合西夏文献带来了麻烦。现在，学界很多学者在进行这方面的工作，尽量使西夏文献还其本来面目。例如，《俄藏》第六册中将俄 ИНВ. No. 307 (2—2)汉文《申状》和俄 ИНВ. No. 313 汉文《收姜椒绢等税呈状》编为两件文书，但经过日本学者佐藤贵保的研究，认为这两件文书为同一件文书，应将两者缀合为一件。① 此外，还有很多西夏学者对西夏的夏、汉文文书进行了各方面的考释和研究，如梁松涛《黑水出土4384（9—8）与4894号缀合西夏文医方考释》一文，经过比对和研究，认为"4384号第8页可与4894号缀合，缀合后从文献形态来看应为卷子装，草书，存41行，行17字左右"。② 孙继民、许会玲在《西夏汉文"南边榷场使文书"再研究》中通过复原《英藏》中 Or12380—3638b 汉文《绢褐姜等收支历》和 Or12380—3673V《残片》，认为这2件文书与《俄藏》中的15件榷场使文书应为同组文书，③ 等等。

因此，需要专家学者花费大量时间，对完整或残破不堪的西夏档案进行仔细考释校对，判别内容、确定朝代、断定时间、准确定名、明确顺序等，将其一一正确地缀合在一起，这样才能被学界正确使用。但这一切还存在着许多问题，正如杜建录在《中藏》前言中所说的："俄罗斯著名西夏学家克恰诺夫在中译本《西夏法典》序言中指出：'这类典籍任何时候也不可能一译而就，需要一代、两代、三代学者，对它们两次、三次甚至十次翻译，每次都要仔细推敲原文，才

---

① 孙继民、许会玲：《西夏汉文"南边榷场使文书"再研究》，《历史研究》2011年第4期。
② 梁松涛：《黑水出土4384（9—8）与4894号缀合西夏文医方考释》，《宁夏社会科学》2012年第2期。
③ 孙继民、许会玲：《西夏汉文"南边榷场使文书"再研究》，《历史研究》2011年第4期。

能使译文臻于完善.'应该说对中国藏西夏文献的断代、定名、考释也是如此,需要一代、两代、三代学者,对它们两次、三次、甚至十次研究。"① 只有如此,才能最终实现完美的目标。

2. 识读方面的困难

识读夏、汉文档案存在很多困难。说实在的,不要说翻译和识读西夏文档案了,就连识读古人手写的汉文档案都有困难。原因是古人在书写档案时有时率性而为、一蹴而就,或为了快速撰写而使用潦草字体如行书、草书、异体字等,这对于今人来说,识读的确存在障碍。例如,俄 ИНВ. No. 48 汉文《大庆三年呈状》中的"大"字,在《俄藏》第六册中被误录为"天"②。后来原刊布者史金波又将"天庆三年"改作"大庆三年";③《俄藏》第四册中收录有"俄 TK200 魏得又典地契"④ 文书,这一文书中的"又"字,经史金波从字形和人名常用字两个方面再三审视,提出"又"应是"义",后改为"魏得义典地契"。⑤ 为此,很多学者在自己撰写的论文或著作中对西夏相关文书进行了重新录文和考补,为后人研究提供了很多方便。例如,杨富学、陈爱峰《黑水城出土夏金榷场贸易文书研究》,杜建录《黑城出土西夏榷场文书考释》《黑城出土的几件汉文西夏文书考释》等,孙继民等《俄藏黑水城汉文非佛教文献整理与研究》,杜立晖《黑水城西夏汉文南边榷场使文书补考》等论著都是如此,正如杜立晖在研究黑水城西夏汉文南边榷场使文书时所说:"但尽管如此,该组榷场使文书的录文,依然有进一步释录、补正的余地。"⑥

近年来,又有专门探讨黑水城出土西夏汉文文献的论文,并对其中的一些失误进行有目的的总结和归纳,认为有的专家在识读西夏汉文文献时也出现了诸多失误。例如,将俄 ИНВ. No. 347 汉文《榷场使兼拘榷西凉府签判呈状》中"大

---

① 杜建录编著:《中国藏西夏文献研究》前言,上海古籍出版社 2012 年版,第 3 页。
② 史金波、魏同贤、[俄]克恰诺夫主编:《俄藏黑水城文献》第 6 册,上海古籍出版社 2000 年版,第 283 页。
③ 史金波:《西夏社会》,上海人民出版社 2007 年版,第 154 页。
④ 史金波、魏同贤、[俄]克恰诺夫主编:《俄藏黑水城文献》第 4 册,上海古籍出版社 1997 年版,第 203 页。
⑤ 姜歆:《黑水城出土法律文献的整理与研究概述》,《西夏研究》2011 年第 3 期。
⑥ 杜立晖:《黑水城西夏汉文南边榷场使文书补考》,《宁夏社会科学》2014 年第 1 期。

匙箸"的"箸"写成"筋";将俄 ИНВ. No. 7779A 汉文《西夏天盛十五年王受贷钱契》中"一面一任充值还数足,不词"的"充"写成"克";将中藏 G11.031 汉文《嵬名法宝达卖地契》中"他人先问有服,房亲后问……批退只词为凭"的两处"问"写成"召",将"只词"写成"异同",另又将"祖人直泉水"中的"祖"写成"袒";将俄 TK49P 汉文《西夏天庆年间裴松处寿典麦契》(7—3)中"每一斗倍罚一斗与松寿受用,不词……得填还上件本利"的"受用"写成"麦用",将"填"写成"添";将中藏 G21.027 汉文《西夏光定二年西路乐府签勾官文书》中"右谨具申"的"右"写成"石";将 TK299 汉文《旧连袋等物账》中"阿黑韦皮二张"的"张"写成"公"。①

另外,也有学者在探讨俄 TK49P 汉文《西夏天庆年间裴松寿处典麦契》时,仍然将契约中的"每一斗倍罚一斗与松寿受用,不词"写成"麦用不同",将"书文契人张……"中的"文"写成"吏"②,等等。

综上,出土文书错误的录文给学界研究西夏档案带来了困难,有时也会使学界对西夏研究的质量产生一些想法。因此,以后要加强西夏档案夏、汉文的识读能力,使西夏原始档案的识读尽量显得正确和规范。

3. 定名方面的困难

西夏的大部分档案用西夏文书写,特别是用西夏文草书写就的档案就更加难辨识,那么,定题或定名就显得难上加难。

据史金波介绍:"自1993年中国、俄国开始共同整理出版《俄藏黑水城文献》后,国家社会科学院民族研究所的西夏研究者在此基础上对这些文献做了又一次的整理和加工。其中一项收获是我们在俄藏黑水城文献中新发现了约1500件西夏文社会文书。这些文献基本上未经过整理,也未定题,缺乏工作基础,因这些文书多是难以释读的草书,且残卷、残叶较多,缺头少尾,使定题成为难题。"于是,史金波从"1997年开始整理这些文书,为出版新发现的社会文书(《俄藏黑水城文献》第12—14册)做定题工作"。经过8年时间的修订,终于在2005年交出了《俄藏》社会文书部分(第12—14册)的定题目录,"尽管其

---

① 张秀清:《西夏汉文文献误读举例》,《宁夏社会科学》2012年第4期。
② 陈静:《黑水城所出〈天庆年间裴松寿处典麦契〉考释》,《文物春秋》2008年第6期。

中仍有部分残页难以定题,已经定题的仍有进一步研究的余地,但比起以前的稿子有了很大的改进"。虽然有了一些收获,但毕竟"英藏黑水城文献多为残叶,定题困难很大"。因此,史金波说:"《英藏黑水城文献》出版后,可以看到定题中仍存在大量问题,错定、漏定者很多。"于是,史金波对已经出版的《英藏》前四册的定题,随手做了笔录,择其明显错定、漏定者列成一表,计有300余处。除此之外,尚需重新定题者还有不少。史金波不仅将《英藏》中定题失误300余处列成一表,还对定题失误归纳了10种类型并一一举例说明:即类别错误、定题错误、定题部分有误、缺具体名称、草书未定名称、残片未定名称、将传者误为书名、将世俗文书定为佛经、将分名定为经名和将文献中个别词语定为书名等。①

目前,一些西夏学专家在研究西夏文献时仍然对一些定名不准确的文献进行重新定名,如中藏M21.005西夏文《大轮七年星占书残页》,有学者根据文书中的相关内容,推出命主生于西夏乾祐二十四年(1193),因为旧时星命术士称人生辰干支为"造"。因此,将《大轮七年星占书》定名为《西夏乾祐二十四年(1193)生男命造》,当比《大轮七年星占书残页》更贴切。②孙继民在研究俄ИНВ. No. 2208《乾祐十四年安推官文书》时,将《俄藏》第六册中的文书定题改为《乾祐十四年安排官文书》。③也有专家对《英藏》中的佛经定名失误进行了考释和更正④等。

诸如此类的困难,在某种程度上限制我们系统而深入地研究西夏档案,成为研究的瓶颈。

---

① 史金波:《〈英藏黑水城文献〉定名刍议及补正》,杜建录主编:《西夏学》第5辑,上海古籍出版社2010年版,第1—16页。
② 杜建录、彭向前:《内蒙考古研究所藏〈大轮七年星占书〉考释》,杜建录编著:《中国藏西夏文献研究》,上海古籍出版社2012年版,第217页。
③ 孙继民:《西夏汉文乾祐十四年安排官文书考释及意义》,《江汉论坛》2010年第10期。
④ 杨志高:《英藏西夏文〈慈悲道场悔罪法〉误定之重考》,《宁夏社会科学》2008年第2期。

第一章 西夏档案的发现与整理研究现状

第一节 西夏档案的发现与遗存

西夏档案的发现与遗存包括两大部分：一部分是收录或摘录在西夏及其之后历朝编纂的传世汉文西夏史籍中的文书档案；另一部分即出土于西夏故地的汉文、西夏文及其他文字档案，这部分档案数量庞大、内容丰富，是研究西夏社会政治、经济、文化、法律、军事、宗教等最为珍贵的档案，遗存在俄罗斯、英国、日本、法国、中国等多地。为了让世人了解西夏保留下来的各种载体和文字档案，本书简单地勾勒西夏档案的发现与遗存，为学界提供了解和检索利用的便利。

一 传世汉文西夏史籍中的档案

宋、元、明、清诸朝编纂的汉文西夏史籍中收录了大量的西夏档案，这部分西夏档案已被有关西夏学专家、学者进行了一些总结和研究，最为主要的代表性成果是《西夏通史》[1]《传统典籍中汉文西夏文献研究》[2]等著作。本书对汉文西夏史籍中收录的西夏档案进行系统性归纳和总结。

---

[1] 李范文主编：《西夏通史》，人民出版社、宁夏人民出版社2005年版，第10—12页。
[2] 胡玉冰：《传统典籍中汉文西夏文献研究》，中国社会科学出版社2007年版。

（一）宋人编纂的史籍中收录的西夏档案

众所周知，由于传世的西夏档案史料较少，目前研究西夏档案主要依靠宋朝学者所编的史书中收录的西夏文书档案。

1. 李焘撰《续长编》520卷，是一部研究北宋史极为重要的文献，所载西夏史料也最为丰富，后人编辑的西夏史书多取材于此。其中收录有如李德明《遣使修贡表》、元昊《于宋请称帝改元表》、乾顺《于保安军请和牒》等文书档案约20篇。

2. 曾巩撰《隆平集》，多记载西夏习俗和制度；王稱撰《东都事略》，记载西夏立国前后至北宋末与宋朝有关的史事。这是宋人为西夏作传的两部史籍，书中采撷史料较早，且"信而有征"。[①]

3. 在宋朝学者文集中收录有不少的西夏档案史料，尤其是那些出任过西北边疆或参与处理西夏问题的大臣的文集最为珍贵。例如，范仲淹《范文正公集》、张方平《乐全集》、余靖《武溪集》、司马光《温国文正司马公文集》等。

4. 在宋朝学者笔记中收录有比较多的西夏档案。例如，沈括《梦溪笔谈》、司马光《涑水纪闻》、魏泰《东轩笔录》等。

5. 在宋朝学者编纂的类书中收录有西夏档案史料。例如，江少虞《宋朝事实类苑》等。

6. 在宋朝学者编纂的政书中收录有西夏档案。例如，彭百川《太平治绩统类》等。

7. 辽、金史籍如《契丹国志》《大金国志》等，都有西夏档案的记载。

（二）元人所撰"三史"中的西夏档案

元代脱脱等主持修撰的《宋史》《辽史》《金史》，其中撰有《夏国传》《西夏记》《西夏传》。这"三史"中比较集中、系统地收录有西夏与宋、辽、金往来的大量西夏档案史料。"三史"虽然修于元末，但它主要取材于宋、辽、金三朝的国史、实录、日历等史籍，宋、辽、金的这些史籍现在几乎失传，因此，"三史"中保存的西夏档案史料就有相当重要的价值。

---

① （宋）王稱：《二十五别史·东都事略》洪迈序，齐鲁书社2000年版，第2页。

西夏灭亡后，元代西夏人（唐兀氏）的活动主要见于《元史》及大量的元人文集与有关著述中，较重要者如《蒙古秘史》、柯劭忞《新元史》、虞集《道园学古录》等。

（三）清人编纂汉文史籍中的西夏档案

清代学者在搜集、整理、编纂西夏档案史料方面成绩比较显著，代表性史籍有以下几种。

1. 徐松辑《宋会要辑稿》，这是现存宋代史料最重要的一种，特别是其中《兵》《方域》《蕃夷》等门类，保存了一些西夏档案史料。

2. 周春撰《西夏书》15 卷，成书于清嘉庆九年（1804），是中国最早的一部用纪传体记述西夏历史的汉文西夏史书。在取材上，大量采集各正史及宋人史籍、笔记等，范围较宽。在体例上，对历史事实的考证分析独具见解。① 目前，国家图书馆、北京大学图书馆和上海师范大学图书馆藏有《西夏书》。"《西夏书》原书没有最后定稿，传世本也非《西夏书》原书原貌，是一个残本，卷数存 11 卷，《西夏书》的卷数完整的应该是 15 卷，其编修者只可能是周春一个人。"②

3. 吴广成撰《西夏书事》42 卷，大约成书于道光初年，是编年体史书。本书采唐以下诸史、文集、稗官野史中西夏记事，排比成书。起于唐中和元年（881），迄于宋绍定四年（1231），一代西夏史事已具梗概。道光六年（1826），丁晏在《西夏书事》上的朱笔题记就对《西夏书事》的价值进行了比较中肯的评价："吴西斋沿其绪论，缉为《纪事》一书，备详本末，附考异同，虽编年系月，举纲分目，意仿朱氏史例，实则杨氏《长编纪事本末》体耳。蒐罗荟萃，不谓无功。惟表明书法，几几居卷帙之半。学既近迂，书复夺主，从来无此体例也。然纪载西夏事迹者也，世无更详于此者，亦讲史学家所宜必备，正未能以此弃置耳。"③ 有道光五年小岘山房初刻本及 1935 年北平文奎堂影印本。

4. 张鉴撰《西夏纪事本末》36 卷，卷首附西夏地形图和职方表，是传世西

---

① 李蔚：《周春〈西夏书〉评价》，《宁夏大学学报》1982 年第 3 期。
② 胡玉冰：《传统典籍中汉文西夏文献研究》，中国社会科学出版社 2007 年版，第 283 页。
③ 同上书，第 302—303 页。

夏史籍中唯一的纪事本末体断代西夏史。本书辑录宋、辽、金、元诸史中有关的西夏档案史料，自西夏兴起至衰亡，每卷一事，述其本末。以单行本和丛书本两种方式传世，传世者均为雕版印本，其单行本主要有光绪十年（1884）江苏书局刻本、光绪十一年（1885）金陵书局刻本、光绪二十一年（1895）上海书局刻本、光绪二十八年（1902）上海捷记书局石印本及光绪二十九年（1903）文盛书局刻本。①

5. 清末民初，集西夏档案史料之大成者首推戴锡章编撰《西夏纪》28 卷，为编年体史书。该书以陈昆《西夏事略》为本，辅以吴广成、张鉴、周春等书，采撷宋元以来有关史籍及西夏文物、文字研究成果编纂而成，征引文献 300 余种。有 1924 年北京京华印书馆铅印本。

综上，汉文史书中的西夏档案史料，"一般说来都是从本朝角度出发，记录与西夏发生关系的史事，不外是和平时期的朝聘、交往和冲突时期的仇杀、战争。对西夏的政治制度、社会阶级结构、生产力水平等方面，记载很少，或语焉不详，这是利用汉文史籍中西夏史料时感到的最大不足"。②故必须借助于西夏文档案和出土档案对西夏进行全方位研究。

二 西夏故地出土档案的发现与遗存

西夏出土档案的发现，来源于西夏考古文物和文献的出土、考释及刊布。为了方便了解西夏故地出土档案的情况，我们将西夏出土档案的发现分为五个阶段进行简述。

（一）西夏故地出土档案的第一次发现与遗存

西夏档案发现的第一人是清代进士出身的著名学者张澍（1776—1847）。他在《养素堂文集》卷十九《书西夏天祐民安碑》一文中详细叙述了西夏碑的发现及西夏文字的识别过程。

嘉庆九年（1804），张澍在家乡武威养病时与友人同游武威城内北隅清应寺。该寺在前凉时名为宏藏寺，唐天授元年（690）改为大云寺，西夏时改为护国寺。

---

① 胡玉冰：《传统典籍中汉文西夏文献研究》，中国社会科学出版社 2007 年版，第 305 页。
② 白寿彝主编：《中国通史》第 7 卷，上海人民出版社 1999 年版，第 19 页。

后因塔寺中有许多神灵感应故事,故西夏又称感应塔,因感应塔倾斜而进行重修,西夏重修后立有《凉州重修护国寺感应塔碑》。据记载,寺中有碑亭一座,碑身被砖砌封闭。后因张澍的坚持才将砖墙拆开,发现这是一块西夏时期的碑刻,后人称为"西夏碑",张澍称其为"天祐民安五年之碑"。这块碑阳面为西夏文字,阴面为汉文字。这就是考古发现的最早的西夏档案——石刻档案。"西夏碑的发现揭开了识别西夏文字的序幕,为研究西夏文字、书法及碑刻艺术、宗教文化等提供了极为珍贵的实物资料",[①] 同时,也为研究西夏档案提供了最为原始的第一手资料。该碑现藏武威西夏博物馆。

(二) 西夏故地出土档案的第二次发现与遗存

西夏出土档案的第二次发现可说是西方国家探险队多次在中国西北地区的文化盗掘。

首先是俄国的科兹洛夫探险队两次对黑水城的掘获。第一次是自1908年3月19日开始为期一周的发掘;第二次是自1909年5月22日开始为期一个月的发掘。"从1908年4月1日到13日,在黑水城进行考古发掘,挖到的物品有书籍、信函、纸张、金属钱币、饰物、器物、日用品与佛事用品等。所有物品装载10箱(每箱约16公斤)准备运往俄国。科兹洛夫把关于黑水城发掘的情况和重要出土文书如汉、藏、西夏文佛经的写本、刻本及文书等打成邮包",通过蒙古邮驿寄往俄京圣彼得堡,交给皇家俄国地理学会,请其尽快鉴定。鉴定结果是黑水城遗址的价值很大,然后由俄国皇家学会指示科兹洛夫等"放弃深入四川考察,立即返回黑水城,要不惜人力、物力和时间对黑水城遗址作进一步发掘。1909年6月,科兹洛夫率队又返回遗址……考察队分成两组,一组考察街区遗址,一组在城里发掘,还在城外远近处进行勘察"。经过勘察以后,科兹洛夫"决定发掘城外距西城墙约400米处位于河床右岸的一座高约10米的大佛塔。他们在佛塔中发现了大量文献和文物,这就是后来享誉海内外的俄藏黑水城文献的主体。……从6月12日到20日,发掘佛塔的工作进行了9天。……从该佛塔中

[①] 陈育宁、汤晓芳:《西夏艺术史》,上海三联书店2010年版,第19页。

发掘的文书数量,据科兹洛夫档案中记载共装载了40驼,计2.4万卷"。① 黑水城档案运抵俄京圣彼得堡,现藏今俄罗斯科学院东方学研究所圣彼得堡分所。

据西夏学专家研究介绍,"从20年代到60年代经过前苏联学者两代人的整理编目,在60年代出版的已考订书目中,收录的西夏文遗书已有8000多个编号,包含了8090件文献,其中西夏文世俗著作60种,佛经370种"。② 可谓数目惊人,文物档案价值珍贵。

其次是英籍匈牙利人斯坦因的盗掘。科兹洛夫的发现轰动了世界学坛,因此,受科兹洛夫的影响,1914年5月27日,英人斯坦因深入黑水城,进行了为期8天的发掘,收获较大。斯坦因"将所获汉文文书230件、西夏文文书57件、元纸币1张等运回英国伦敦",③ 现藏大英图书馆。

再次是继科兹洛夫和斯坦因之后,法国的伯希和瑞典的赫文斯定也分别在黑水城开掘,得到了一些西夏文献,现分藏法国巴黎图书馆和瑞典斯德哥尔摩民族学博物馆。

(三)西夏故地出土档案的第三次发现与遗存

这主要是中国考古专家对黑水城的专门调查和发掘。

1983年,经国家文物局批准并下拨专款,有组织、有秩序、有计划地由内蒙古文物考古所对黑水城遗址再次进行全面而细致的调查、发掘。为此,内蒙古文物考古所经过1983年和1984年两次全面发掘,清理出大量的文书档案,"文书中有汉文、西夏文、畏兀体蒙古文、八思巴字、藏文、亦思替非字、古阿拉伯文等文种,计有3000余件",今藏内蒙古考古研究所。④

以上三次黑水城档案文献的发现和遗存以西夏文为主,约占90%,汉文次之,现基本上收录在《俄藏》《英藏》《法藏》《中藏》等大型文献丛书中。还有部分因无法识别或残缺破损严重等种种原因而未收录其中,而且"在未登录的

---

① 白滨、史金波:《黑水城的发现与俄藏西夏遗书》,李范文主编:《首届西夏学国际学术会议论文集》,宁夏人民出版社1998年版,第183页。
② 白滨:《被遗忘的旷世奇珍——黑水城与西夏遗书》,《瞭望新闻周刊》1999年第51期。
③ 白滨、史金波:《黑水城的发现与俄藏西夏遗书》,李范文主编:《首届西夏学国际学术会议论文集》,宁夏人民出版社1998年版,第180页。
④ 白滨、史金波:《黑水城的发现与俄藏西夏遗书》,李范文主编:《首届西夏学国际学术会议论文集》,宁夏人民出版社1998年版,第182页。

残卷中发现了大量的西夏文社会文书,如买卖文契、借贷文契、户籍账册、军抄文书、告状案卷、官私书简等",这部分西夏文文书有1000余号,这些"黑水城西夏文书不仅是深入研究西夏社会最难得的资料,而且由于与西夏同时期的宋、辽、金各王朝保存至今的社会文书极少,这批文书更具有时代的代表性"。① 这批西夏文文书目前已由西夏学专家史金波等考释、整理和研究,逐渐向世人公布。

(四)西夏故地出土档案的第四次发现与遗存

这是除黑水城地区之外的西夏其他故地发现的西夏档案及遗存。

1972年1月,甘肃武威张易乡小西沟岘亥母洞出土了一批西夏文、汉文档案,其中,有西夏桓宗天庆虎年的西夏文行草会款单、占卜辞,"另外还有许多西夏文草书,有的还有官印朱痕,可能都是文书,因字迹太草,不能辨认",还发现了许多西夏汉文文书,如布告、光定二年西路乐府公文等。②

1987年5月,甘肃武威市缠山村群众在修复亥母洞时,发现了一批重要的西夏文契约,现收藏于武威博物馆。

1988—1995年,敦煌研究院考古专家对莫高窟北区进行了考察,发现了大批西夏文献残件,现藏于敦煌研究院。③

自20世纪90年代以来,在今宁夏银川附近的西夏京都地区也有重要发现。"1991年8—9月,宁夏文物考古研究所在清理贺兰县拜寺沟西夏方塔废墟时,发现了西夏文、汉文佛经、文书等40余种及雕版佛画、捺印佛像等。"④

(五)近年来,在西夏故地西夏档案的零星发现和遗存

除以上四次比较大的发现外,近年来,在西夏故地还有零星的档案发现。例如,2013年9月,河北邯郸大名县陈庄村出土了一方元代至元十五年(1278)所立,夏、汉文合璧的《宣差大名路达鲁花赤小李钤部公墓志》,"此墓志的发现增添了新的西夏文碑刻品类,是具有重要学术和文物价值的收获"。⑤ 这些档

---

① 史金波:《流失海外的西夏文明》,《寻根》2003年第5期。
② 甘肃省博物馆:《甘肃武威发现一批西夏遗物》,《考古》1974年第3期。
③ 杜建录、史金波:《西夏社会文书研究》,上海古籍出版社2012年版,第9页。
④ 牛达生:《西夏刻书印刷事业概述》,《宁夏大学学报》1999年第3期。
⑤ 史金波:《河北邯郸大名出土小李钤部公墓志刍议》,《河北学刊》2014年第4期。

案的发现在不断地丰富西夏档案的成分。

除此之外，还出土了数量不少的西夏前身党项族、西夏各民族农牧民及西夏灭亡后党项遗民的石刻档案，主要有墓志、碑刻、经幢、造像题记、摩崖等，数量也较为庞大。① 这些档案基本遗存于陕西省的榆林、靖边、吴旗等博物馆、文管所，还有内蒙古的乌审旗文管所，以及甘肃的武威、张掖、敦煌、酒泉等博物馆，包括宁夏博物馆、银川西夏博物馆，还有少量的碑石档案遗存于北京居庸关云台、河北保定莲池公园等。

以上发现和遗存从档案学的角度考察，数量上看虽然不是很多，但质量很高、价值很大，它涵盖了西夏政治、经济、军事、文化、宗教等方方面面的工作，为研究西夏以上诸方面工作有极高的凭证价值和参考价值，更为西夏档案的研究提供了非常厚实的第一手资料。②

第二节　西夏档案整理研究现状

西夏档案的整理研究正如中国古代其他王朝档案的整理研究一样，处于一个比较薄弱的状态，所以，更应该注重西夏档案的整理与研究，因为这是西夏前后两百多年里形成的历史原始记录，它成为研究中国中古时期历史的第一手档案材料，具有很高的档案凭证和参考利用等价值，这应该引起社会各界，尤其是西夏学界的高度重视与关注。

自西夏时期、明清起，至现当代，近千年的时间，通过若干代有志于西夏档案文献工作者的不懈努力和奋斗，整理编纂了一些有关西夏档案的书籍和丛书，特别是 20 世纪后期的 1996 年以来的时间里，编纂整理并出版了一些大型的西夏文献丛书和有关西夏的研究论著。虽然这些整理成果并不是十分系统和完整，有关纯粹的西夏档案研究成果也不多，且较为分散，但这些整理和研究成果为我们全面系统地整理和研究西夏档案提供了十分扎实的实物基础和理论方法，这些曾

---

① 赵彦龙、杨绮：《论西夏的石刻档案》，《西夏研究》2012 年第 3 期。
② 赵彦龙：《西夏档案的遗存及特点》，《宁夏师范学院学报》2014 年第 1 期。

第一章 西夏档案的发现与整理研究现状

经埋藏于地下几百年的文化财富，在今天的西夏研究和宣传宁夏的活动中发挥了极大的作用。

一　西夏档案编纂整理现状

（一）西夏汉文档案的编纂整理

西夏汉文档案的编纂始于宋代，但真正比较大规模地编纂整理汉文档案则始于清代后期，这时期已经有学者注意收集整理宋朝及元、明、清前期传世的汉文史籍中的西夏文书档案。代表性的编纂整理西夏汉文档案的著作有以下五部。

1. 宋代佚名编《宋大诏令集》。① 这部书可以说是佚名为全方位反映宋朝皇帝对宋朝及其周边少数民族割据政权的政治、经济、文化、军事和外交等事务的统治、决策、立场和态度而编纂保留下来的一部皇帝诏令文集，其中套叙了部分西夏汉文文书档案。该书是北宋太祖、太宗、真宗、仁宗、英宗、神宗、哲宗、徽宗八朝皇帝百余年所发的各种诏令文书档案的汇编之作，共有 240 卷 3568 篇。其中，第 233 卷到 236 卷的《政事门·四裔·西夏》中共辑录北宋皇帝降给西夏的各种诏令档案 66 篇。从时间跨度上看，最早的一篇诏令是北宋太宗皇帝淳化二年（991）七月丙午所降《赵保吉赐姓名除银州观察使诏》，最晚的一篇是哲宗元符三年（1100）所降《赐夏国主历日诏》。这些诏令档案就内容而言，涵盖赐官、赐物、赐佛经、质问、诫饬等多方面，这些档案多取材于各朝官私所修政书及相关档案。而该书中的西夏档案则被套引在宋所降西夏的诏令文书开头，以"省表具悉"的形式保留下来，数量很有限，其原始性也很强，是研究宋夏关系最为直接和可靠的档案史料。

2. 清张澍撰《西夏姓氏录》② 1 卷，西夏谱牒档案，有清雪堂丛刻本。这是张澍据《续长编》《宋史》《辽史》《金史》《元史》《续通志》等历史文献，共整理出西夏姓氏 162 种。该谱牒档案的显著特点是对整理出的姓氏都注明史料出处，并摘抄原文，有的甚至加上按语，说明其他文献中的不同音译名。

张澍在《西夏姓氏录》的按语中介绍了西夏姓氏的来龙去脉："西夏之先托

---

① 佚名：《宋大诏令集》，中华书局 1962 年版。
② （清）张澍：《养素堂文集》，上海古籍出版社 2002 年版，第 1506 册，第 476 页。

· 27 ·

跂氏名思恭，唐僖宗时为夏、绥、银、宥节度使，与李克用等破黄巢，复京师，赐姓李氏。……至元昊始称帝，时附辽附宋，亦时附金。其时臣下姓氏亦有与中国同者，其异者皆蕃语，不得其受氏之原也。今撮录之，附于辽、金、元之后，以备考览。"① 从中可以看出，该姓氏类谱牒对研究西夏姓氏发展演变的价值。

3. 清王仁俊编《西夏文缀》2 卷，有清光绪三十年（1904）刊本。《西夏文缀》2 卷是目前留存下来的我国最早专门整理西夏文书档案的成果，是一部有关西夏汉文文书档案的汇编之作，这部书有首开辑录西夏文书档案资料之功。从《西夏文缀》正文的取材来看，主要从《宋史》《金史》《通鉴长编纪事本末》《西夏纪事本末》《朔方新志》等史书和其他的如《松漠纪闻》《容斋三笔》等笔记中辑取材料，共辑出 27 篇（首）档案史料。该书对辑录的每篇档案都注明出处，有的还注明作者和撰写年代。此外，《西夏文缀》卷二之后还附有《西夏文逸目考》，这部分文书属有目无文者，据《西夏文缀·述例》载："西夏文字有仅存《逸目》者，辑之以备搜考。"②《西夏文逸目考》共辑录 38 篇文书档案的篇名，其中，见于《宋史》者 24 篇，见于《辽史》者 5 篇，见于《金史》者 7 篇，《宋元通鉴》和《东都事略》者各 1 篇。

王仁俊编《西夏文缀》，虽说有许多汉文西夏档案漏辑，而且辑录的部分档案所依据的版本并非最好，但《西夏文缀》是中国第一本辑录西夏汉文档案的选本。

当然，《西夏文缀》作为辑录之作，本身还存在一些不足：一是漏辑太多；二是辑录的文书有部分是节选，这对研究者和利用者不便。③

4. 罗福颐编《西夏文存》1 卷，外编 1 卷，共 30 篇，有罗氏 1937 年石印本。《西夏文存》卷首就该书所辑文书来源给予说明："颐既集辽文续拾，乃搜求西夏遗文，厘为一卷。……有之自吴县王氏仁俊《西夏文缀》始。文缀得文凡二十篇，今此编据王氏书为之增辑于《续长编》《三朝北盟会编》《甘肃通志》《欧阳文忠集》补文四篇。又近年发见之《掌中珠序》《施经发愿文》二篇及

---

① 《罗雪堂先生全集》，中国台湾文华出版公司 1970 年版，第 3 编第 16 册，第 6419 页。
② （清）王仁俊：《西夏文缀》，首都图书馆藏《实学丛书》1937 年刊本，第 3 页。
③ 胡玉冰：《浅谈清代学者王仁俊对敦煌学、西夏学的贡献》，《西北第二民族学院学报》2001 年第 2 期。

《西夏纪事本末》所载诸文,王氏失录者四篇,凡补文十,总得文三十篇。"不仅如此,而且该书还对《西夏文缀》辑录的节选之文进行了校证补足,"又王氏于《德明乞谕边臣遵诏约表》《元昊乞颁誓诏表》《秉常贡宋表》及《乾顺再上宋誓表》均据《宋史》,其文不全,今据《通鉴长编》为之校补。《乾顺谢罪表》《通鉴长编》有全文,而王氏录《西夏纪事本末》节文,今悉一一为之校正"。该书还对《西夏文缀》部分未注明出处的文书加以补全,"至清浦吴氏广成《西夏书事》中有文八篇为王录所无而不著所自出,其中若《回刘锜等檄书》曾见《三朝北盟会编》,而《书事》所录全与之异殊,不可解此八文。既不审出自何书,爰别为《外编》"。① 由此可见,该书不仅辑录了西夏文书档案,还进行了校补,其贡献可谓大矣。罗福颐编《西夏文存》,虽然属于西夏文书档案整理的第二手资料,但它使西夏档案的整理有了比较明晰的内容和标准。在黑水城等西夏故地西夏档案出土前,它是西夏档案整理的重要成果之一,也为今天研究西夏档案提供了可资借鉴的依据。

5. 韩阴晟编《党项与西夏资料汇编》,② 共3卷9册,约500万字。这部书"收录了隋初至元末正史、各类史籍、文集方志、金石史料中有关党项与西夏的资料,考其来源,正其讹误,然后按年代汇编,它是我国第一部比较完整的西夏史料汇编"。③ 这是一部收录西夏汉文档案比较齐全的史籍,有很重要的档案价值。

(二) 西夏故地出土档案的编纂整理

进入20世纪,西夏考古有了新的重大发现,黑水城文书档案的发掘及宁夏、甘肃和陕西、青海等西夏故地档案的出土,丰富了西夏档案的种类和数量。但西夏的这些档案分散在世界各地,给利用者带来很多不便。因此,西夏学界从1996年到2015年,将考古出土的西夏档案陆续编纂出版。主要有以下几种书籍资料。

1. 史金波、魏同贤、[俄]克恰诺夫主编《俄藏》,上海古籍出版社1996—2015年出版。自20世纪90年代以来,经过多方努力,中俄两国达成了共同编辑

---

① 罗福颐:《西夏文存》,上虞罗氏《待时轩丛刊》1937年石印本,第1页。
② 韩阴晟编:《党项与西夏资料汇编》,宁夏人民出版社2000年版。
③ 李范文主编:《西夏通史》,人民出版社、宁夏人民出版社2005年版,第30页。

出版《俄藏》的协议,由上海古籍出版社出版,从1996年至2015年6月,已出版25巨册。在《俄藏》中,既有汉文,又有西夏文,以西夏文为大宗。《俄藏》的内容十分丰富,种类相当齐全,是研究西夏档案最为全面且原始的资料。

2. 谢玉杰、吴芳思主编《英藏》1—4册和第5册,上海古籍出版社分别于2005年、2010年出版。《英藏》也包含大量的西夏文、汉文西夏原始档案。

3. 史金波、陈育宁主编《中藏》,分北京、宁夏、甘肃、内蒙古、陕西、新疆、中国台湾、金石共8编17卷20册,由甘肃人民出版社、敦煌文艺出版社2005—2007年出版。《中藏》是迄今为止最全面、最丰富、规模最大的国内西夏文献集成,在整个西夏学研究中,具有填补空白的重大学术意义。2007年,被国家教育部评为"十五"期间人文社科基础研究领域重大标志性成果。《中藏》的整理出版,大大提高了我国在国际西夏文献收藏与研究中的地位,并对历史学、民族学、文献学、佛学、语言学等相关学科产生了深远的影响。

4. 聂鸿音《西夏遗文录》,收录在杜建录主编的《西夏学》第2辑,宁夏人民出版社2007年出版。《西夏遗文录》从宋元史籍及出土文物、文献中辑录西夏一朝的汉文、西夏文、藏文文章(含残句)凡94篇。所录文章为西夏人写的散文和骈文,包括写给比邻诸王朝的表章、公私书信、书籍序跋、发愿文、内容明确的题记、金石铭刻等。所录文章以时间先后次第排序并提供原始出处。聂鸿音已将《西夏遗文录》中的西夏文或其他文字档案对照翻译成汉文,这一成果更方便了利用者的翻检,大大促进了西夏档案的研究。

5. 塔拉、杜建录、高国祥编《中国藏黑水城汉文文献》,全10册,国家图书馆出版社2008年出版。该书共收录原始文献4213件,其中社会文献3980件,宗教文献233件。分为农政、钱粮、俸禄与分例、律令与辞讼、军政与站赤、票据、契约、卷宗、书信等类别。这些文书主要是1983年和1984年两次考古发掘所获及1962—1979年各文博部门采集的少量汉文文书。该书全面、系统、科学地收录了国内现藏珍贵的黑水城汉文原始文献,具有极高的资料价值和学术研究价值,填补了国内黑水城汉文文献整理出版的空白。

此外,学界还于近年整理出版了《斯坦因第三次中亚考古所获汉文文献》(非佛经部分)、《日藏》等与西夏档案有关的大型文献丛书。

二 西夏档案研究现状

西夏档案的研究虽然比较零散、粗糙，也不成系统，但总归已经有一些成果问世，这是令人兴奋的。为此，我们简单地对西夏档案的研究成果进行总结，以期了解和掌握西夏档案的研究现状，从而更好地为将来深入、系统地研究西夏档案提供线索。

（一）中国境内西夏档案的研究

1. 西夏官府文书档案研究

西夏官府文书档案的研究主要针对传统典籍中收录的汉文西夏文书档案和考古出土的西夏文、汉文和其他文字文书档案。

西夏官府文书档案研究的成果总体来说数量并不多，而且比较分散，不成体系。有许多研究西夏史和西夏社会现象的著作中或多或少地涉及西夏档案，并进行一些简单的考释和研究。研究西夏官府文书档案的论文也是就某一个问题或专题进行探讨的。为了更全面地了解和掌握西夏官府档案的研究现状，区分著作和论文，这里进行主要介绍。

（1）西夏官府文书档案研究著作

西夏官府文书档案研究涉及的著作主要有以下几种。

陈炳应《西夏文物研究》[①]一书专列四章来探讨西夏文书档案，即第三章"西夏的碑刻"、第六章"西夏的民间契约和官府文书"、第七章"西夏的医方、历书、卜辞和佛经"和第十一章"《西夏地形图》初探"等，作者就当时所能见到的西夏官府文书档案、民间私人档案和专门档案进行了整理和初步研究，虽然数量不多，研究也不是特别的深入，但这也是中国西夏学专家较早进行研究西夏档案的著作。

史金波《西夏文化》[②]一书在第四章"繁荣的文学艺术"、第五章"发达的科学技术"和第六章"蕃汉兼备的风俗习惯"等章节中都涉及西夏档案的研究，

[①] 陈炳应：《西夏文物研究》，宁夏人民出版社1985年版。
[②] 史金波：《西夏文化》，吉林教育出版社1986年版。

对后世和研究者提供了借鉴。史金波《西夏社会》① 一书在第二章"农业"、第五章"商业和借贷"、第七章"法律"、第八章"职官"、第九章"军队"、第十章"文化教育"、第十二章"科学技术"、第十三章"宗教信仰"、第二十一章"丧葬"和第二十二章"礼仪风俗"等章节中，不仅利用汉文西夏史籍中的文书档案，同时大量利用出土的西夏汉、夏文文书，对西夏的农业、商业与借贷、法律、职官、军队、文化教育、科学技术、宗教信仰、丧葬、礼仪风俗等进行了全方位的研究，对西夏的"商业和借贷""科学技术"进行了尤为深入和具体的探讨，使西夏文书档案的研究进入专题化范畴。

张迎胜《西夏文化概论》② 一书在第四章"西夏文学（下）"、第七章"西夏民俗"和第九章"西夏科学技术"等章节中设置了公牍文、碑志文、丧葬、天文历法、医药、印刷等内容，利用西夏汉文史籍中收录的文书档案对以上内容进行了研究。

杜建录、史金波《西夏社会文书研究》③ 分上、下两篇，上篇对《俄藏》《中藏》《英藏》《日藏》等文献中的西夏文书进行专题研究，如对材植文书和榷场文书进行研究的《西夏乾祐二年材植文书考释》《西夏榷场文书考释》，对西夏契约及其制度研究的《西夏买卖借贷与扑买文书考释》《西夏粮食借贷契约研究》，对户籍和农业租税研究的《西夏户籍初探——四件西夏文草书户籍译释研究》《西夏农业租税考——西夏文农业租税文书译释研究》，对西夏军籍档案研究的《西夏军抄文书初探》，等等；还有对文书涉及的其他方面内容研究的《中国国家图书馆藏西夏文社会文书残页考》《西夏验伤单、报功状等文书考释》；下篇将《俄藏》《斯坦因第三次中亚考古所获汉文文献》（非佛经部分）、《英藏》《中藏》《日藏》等文献中的西夏汉文文书辑录整理而附在该书后面，分借贷租赁文书、榷场文书、赋税劳役文书、钱物账、军政制度及其他相关文书等五部分，共收录83篇西夏汉文文书。该书有十分珍贵的文献价值，大大方便了学者对西夏原始档案的利用。

---

① 史金波：《西夏社会》，上海人民出版社2007年版。
② 张迎胜：《西夏文化概论》，甘肃文化出版社1995年版。
③ 杜建录、史金波：《西夏社会文书研究》，上海古籍出版社2012年版。

孙继民等《俄藏黑水城汉文非佛教文献整理与研究》（上中下）、《考古发现西夏汉文非佛教文献整理与研究》《英藏及俄藏黑水城汉文文献整理》（上下）[①]等著作，对《俄藏》《英藏》《中藏》《日藏》及《斯坦因第三次中亚考古所获汉文文献》（非佛经部分）等丛书中收录的所有西夏汉文文献进行了整理，整理时参照《吐鲁番出土文书》规则定名。这些著作不仅整理了部分西夏档案，还对部分出土的西夏汉文档案的内容或性质进行了研究和探讨，如《俄藏黑水城西夏汉文文献数量构成及经济类文献价值》《南边榷场使文书所见西夏出口商品边检制度试探》《黑水城所出〈西夏榷场使文书〉所见川绢、河北绢问题补释》《俄藏黑水城 TK205 号文书年代性质辨析——西夏乾祐年间材植文书再研究之一》《俄藏黑水城西夏光定十三年杀人状再探》《关于两件黑水城西夏汉文文书的初步研究》等，这些论文不仅对西夏文书档案的研究具有开拓性和启发性的作用，还对西夏档案的研究起到了重要的推动作用。

赵彦龙《西夏文书档案研究》是一部专门研究西夏文书档案制度、内容性质等的著作，分西夏文书综合研究、西夏文书制度研究、西夏文书写作研究、西夏档案研究、夏宋文书比较研究、西夏官吏研究六辑，共 37 篇论文，结合现有材料对西夏文书档案的某些方面进行了比较全面和深入的探讨[②]；赵彦龙《西夏公文写作研究》[③]分西夏公文概述、西夏公文撰制管理机构与官吏、西夏公文种类与体式、西夏公文内容和撰写技巧、西夏公文制度五章进行了全面系统的整理研究，该书之附录收有 76 篇西夏公文，既有汉文西夏公文，又有出土考释并翻译成汉文的西夏公文。这些西夏公文按年代顺序排列，并对同一件公文收录在不同文献的状况也进行了说明，无法知道年代的公文依次排列在之后，这样的整理与研究成果大大方便了西夏学者在利用时进行翻检和考证，其文献价值可谓明显矣。

此外，俄国孟列夫著《黑城出土汉文遗书叙录》（王克孝译）、[④] 李华瑞《宋

[①] 孙继民等：《俄藏黑水城汉文非佛教文献整理与研究》（上中下），北京师范大学出版社 2012 年版；《考古发现西夏汉文非佛教文献整理与研究》，社会科学文献出版社 2014 年版，《英藏及俄藏黑水城汉文文献整理》（上下），天津古籍出版社 2015 年版。
[②] 赵彦龙：《西夏文书档案研究》，宁夏人民出版社 2012 年版。
[③] 赵彦龙：《西夏公文写作研究》，宁夏人民出版社 1994 年版。
[④] ［俄］孟列夫：《黑城出土汉文遗书叙录》，王克孝译，中国人民大学出版社 2010 年版。

夏关系史》①第十二章"北宋与西夏交聘"、牛达生《西夏考古论稿》②中"碑刻研究"、王天顺《西夏学概论》③第六章"西夏文物与考古"之第二节"碑刻、文书与官印"、杜建录《西夏经济史》④第八章"通货流通与高利借贷"、束锡红《黑水城西夏文献研究》⑤第四章"黑水城西夏世俗文献举要"、杜建录《中国藏西夏文献研究》、⑥聂鸿音《西夏文献论稿》⑦中"关于黑水城的两件西夏文书"等著作中都设有专节探讨西夏文书档案,有的对出土西夏文书进行整理并叙录,有的对传世外交文书进行研究,有的考释和研究出土的西夏文文书,有的对西夏文书进行简要的介绍和说明,等等,这一切的探讨、考释、研究等,都对西夏档案的研究有启发和奠基作用。

(2) 西夏官府文书档案研究的论文

西夏文书档案研究论文数量较多,现进行主要归纳和总结。

第一,有关西夏文书档案综述的论文。主要有:黄振华《评苏联近三十年的西夏学研究》,⑧作者借助于西夏文文书的原文和克恰诺夫的译文再次进行了翻译和考释,并对克恰诺夫译文中的不足给予了纠正;聂鸿音《西夏文学史料说略》（上下）⑨对汉文西夏史籍及考古出土的西夏文和汉文文书档案进行了考释和汇编;杜建录《黑水城汉文文献综述》,⑩该文分门别类地对黑水城出土的汉文文献进行综述介绍;俄军《甘肃省博物馆馆藏西夏文献述略》,⑪该文对甘肃省博物馆所藏西夏文献进行了归类介绍。此外,还有孙继民《俄藏黑水城西夏汉文文献数量构成及经济类文献的价值》,⑫尚世东《加强西夏文书档案史的研

---

① 李华瑞：《宋夏关系史》,上海古籍出版社 2013 年版。
② 牛达生：《西夏考古论稿》,上海古籍出版社 2013 年版。
③ 王天顺：《西夏学概论》,甘肃文化出版社 1995 年版。
④ 杜建录：《西夏经济史》,中国社会科学出版社 2002 年版。
⑤ 束锡红：《黑水城西夏文献研究》,商务印书馆 2013 年版。
⑥ 杜建录：《中国藏西夏文献研究》,上海古籍出版社 2012 年版。
⑦ 聂鸿音：《西夏文献论稿》,上海古籍出版社 2012 年版。
⑧ 白滨编：《西夏史论文集》,宁夏人民出版社 1984 年版。
⑨ 聂鸿音：《西夏文学史料说略》（上下）,《文史》1999 年第 3—4 辑,中华书局 1999 年版。
⑩ 载杜建录主编《西夏学》第 4 辑,宁夏人民出版社 2009 年版。
⑪ 载《考古与文物》2006 年第 6 期。
⑫ 载《敦煌研究》2010 年第 3 期。

究》,① 赵彦龙《20世纪西夏文书档案史研究综述》《略论西夏上奏文书》《西夏官府文书档案研究的几个问题》《西夏档案的遗存及特点》,刘晖、赵彦龙、孙小倩《西夏榷场贸易档案中计量单位探讨》,② 胡若飞《英藏黑水城文献概述》,③ 许生根《英藏黑水城文献社会文书述略》④ 等论文,对西夏文书档案的某些方面进行了比较全面的阐述和综论。

第二,有关西夏文书档案种类和文书史架构的研究。主要有:赵彦龙《西夏文书种类探析》《西夏文书史的建构——西夏文书研究之一》《西夏文书史的建构——西夏文书研究之二》⑤ 等。

第三,有关西夏文书档案版本方面的研究。主要有:赵彦龙《西夏版书籍刻工名表初探》《试述西夏文书档案的版本状况》⑥ 等。

第四,有关西夏文书档案制度的研究。主要有:陈炳应《西夏的印章制度初探》、⑦ 韩小忙《西夏避讳制度初探》、韩小忙和李彤《西夏官印略说》、⑧ 尚世东《西夏文书工作制度》《从〈天盛律令〉看西夏档案的类型和管理》《从〈俄藏黑水城文献〉看西夏文书的制作与保护》、⑨ 赵彦龙《西夏文书传递制度初探》《浅谈西夏文书行文制度》《西夏文书用印制度》《西夏文书立卷制度管窥》《西夏文书清退、销毁、归档制度》《西夏档案的保管制度》《西夏文书管理制度探微》《西夏档案机构及管理制度探索》《论西夏法典中的文书制度》⑩ 等。从论文的数量来看,这部分研究最多,也较为透彻、系统和全面。

第五,有关夏、宋文书档案制度比较的研究。主要有:赵彦龙《夏、宋文书

---

① 载《档案》2001年第6期。
② 载《西北第二民族学院学报》2004年第1期;《青海民族研究》2005年第4期;杜建录《西夏学》第10辑,上海古籍出版社2014年版;《宁夏师范学院学报》2014年第1期;《兰台世界》2015年11月下旬。
③ 载《固原师专学报》2005年第5期。
④ 载《宁夏社会科学》2004年第6期。
⑤ 载《青海民族研究》2004年第1期;《甘肃社会科学》2004年第1—2期。
⑥ 载《图书馆理论与实践》2013年第2期;《图书馆理论与实践》2014年第10期。
⑦ 载《宁夏社会科学》1994年第2期。
⑧ 载《宁夏社会科学》1994年第5期;《固原师专学报》2002年第2期。
⑨ 载《宁夏大学学报》1999年第3期;《档案》2001年第2期;《宁夏社会科学》2006年第4期。
⑩ 载《秘书》1997年第3期;《秘书》1998年第7期;《秘书》1999年第12期;《上海档案》2000年第5期;《档案》2000年第6期;《档案》2001年第4期;《西北第二民族学院学报》2002年第2期;《宁夏社会科学》2006年第5期;《青海民族研究》2009年第1期。

档案保密制度探析》《夏、宋文书归档制度研究》①等。

第六，有关西夏文书档案的考释。主要有：史金波《国家图书馆藏西夏文社会文书残页考》、②聂鸿音《关于黑水城的两件西夏文书》、③胡玉冰《〈西夏文缀〉〈西夏文存〉〈宋大诏令集〉论略》、④彭向前《〈宋大诏令集〉西夏目诏令系年考》、⑤杜建录《西夏乾祐二年材料文书考释》《黑城出土的几件汉文西夏文书考释》《英藏黑水城马匹草料文书考释》《黑城出土西夏榷场文书考释》、⑥潘洁《黑水城出土文书中的记数符号初探》、⑦杨富学和陈爱峰《黑水城出土夏金榷场贸易文书研究》、⑧许会玲《黑水城所出西夏汉文榷场文书考释》、⑨孙继民《西夏汉文乾祐十四年安排官文书考释及意义》、孙继民和许会玲《西夏汉文"南边榷场使文书"再研究》、⑩杜立晖《关于两件黑水城西夏汉文文书的初步研究》、⑪《黑水城西夏汉文南边榷场使文书补考》、⑫陈瑞青《略论西夏的三司与榷场——以俄藏 ИНВ. No. 48 号文书为中心的考察》《黑水城所出西夏马料文书补释》⑬等。

2. 西夏专门档案研究

（1）西夏律法档案研究。律法档案的研究主要集中于《天盛律令》和《贞观玉镜统》，辅之于考释和研究西夏其他的律法档案。

首先，西夏律法档案研究专著。王天顺主编的《西夏天盛律令研究》，⑭该书共分八章：第一章追溯我国历史上少数民族政权修律的概况，以界定《天盛

---

① 载《档案》2002 年第 6 期；《宁夏社会科学》2004 年第 3 期。
② 载《文献》2004 年第 2 期。
③ 载《中华文史论丛》第 63 辑，上海古籍出版社 2000 年版。
④ 载《固原师专学报》2004 年第 4 期。
⑤ 载《宁夏社会科学》2006 年第 2 期。
⑥ 载《宁夏社会科学》2007 年第 2 期；《中国史研究》2008 年第 4 期；《宁夏社会科学》2009 年第 5 期；《中国经济史研究》2010 年度第 1 期。
⑦ 载《宁夏社会科学》2008 年第 2 期。
⑧ 载《中国史研究》2009 年第 2 期。
⑨ 硕士学位论文，河北师范大学，2009 年。
⑩ 载《江汉论坛》2010 年第 10 期；《历史研究》2011 年第 4 期。
⑪ 载杜建录主编《西夏学》第 8 辑，上海古籍出版社 2011 年版。
⑫ 载《宁夏社会科学》2014 年第 1 期。
⑬ 载《黄河科技大学学报》2013 年第 5 期；杜建录主编《西夏学》第 10 辑，上海古籍出版社 2014 年版。
⑭ 甘肃文化出版社 1998 年版。

律令》在法律史上的特殊地位，兼考《律令》纂定年代；第二章用了较多的篇幅简介《天盛律令》各卷内容，并比较唐、宋律及其特点；第三章阐述《天盛律令》产生和适用的社会基本条件，并点明《天盛律令》的性质；第四章论述《天盛律令》的主要组成部分——刑法；第五至第七章分别论述《天盛律令》中所反映的经济状况、宗教与婚姻状况及其相关法规，还有军事行政法规的部分内容；第八章从文献学的角度探讨了《天盛律令》的版本、体例及其价值。

杜建录《〈天盛律令〉与西夏法制研究》① 一书共分十章，除第一章探讨《天盛律令》的内容框架与成书年代、第十章探讨《天盛律令》的特点和历史文献价值外，其余八章分别以《天盛律令》中的刑法、民法、经济法、财政法、军事法、行政法、宗教与禁卫法、司法制度为专题，系统、深入地探讨了各种法律的奖惩规定等；陈炳应《贞观玉镜将研究》② 对西夏的军事和军律等进行了详细的探讨，书后还附有影印件及汉译和注释。

杜建录、史金波《西夏社会文书研究》③ 一书借助西夏故地出土的档案对西夏的相关法律制度进行了研究，如《西夏乾祐五年验伤单》《西夏光定十三年千户刘寨杀了人口状》等。

孙继民等《考古发现西夏汉文非佛教文献整理与研究》④ 一书的"研究编"中收录《俄藏黑水城西夏光定十三年杀人状再探》，该文对西夏末期社会下层庶民的身份地位及官制特点等内容进行了再次挖掘和研究，反映出此时西夏社会法律的混乱状况。

于光建《〈天盛律令〉典当借贷门整理研究》⑤ 分上篇"文献译释"和下篇"专题研究"两部分内容，对西夏文典当、借贷的法律规定进行了译释，并结合相关档案对典当、借贷的具体现象进行了深入研究。

---

① 宁夏人民出版社 2005 年版。
② 宁夏人民出版社 1995 年版。
③ 上海古籍出版社 2012 年版。
④ 社会科学文献出版社 2014 年版。
⑤ 上海古籍出版社 2018 年版。

此外，还有杨积堂、姜歆、邵方等学者对西夏法律进行研究的著作。①

其次，西夏律法档案研究论文。这些论文从各个不同层面和角度对西夏律法档案进行了研究，主要有以下几方面的研究。

第一，有关《瓜州审判案》档案的研究。主要有：1932 年 1 月，北平图书馆编辑出版《国立北平图书馆馆刊》西夏文专号（四卷三号），中、俄、日三国学者共同撰稿，西夏语文学家王静如在专号《引论》中对西夏文《瓜州审判案》进行了译释；后来，还有一些学者（如陈炳应等）都相继对《瓜州审判案》进行过不同程度的研究。②

第二，有关西夏妇女法律地位和婚姻家庭等方面的探讨。主要有：韩小忙《从〈天盛律令〉看西夏妇女的法律地位》《〈天盛律令〉与西夏婚姻制度》、③邵方《略论西夏法律对于党项社会婚姻制度的规定》《西夏婚姻家庭法律制度研究》、④陈如衡《从〈天盛律令〉看西夏婚姻法》⑤等论文。

第三，有关西夏法律专项制度方面的研究。主要有：姜歆《论西夏法典中的刑事法律制度》《论西夏法典〈天盛律令〉中的法医学》《论西夏的审判制度》《论西夏的起诉制度》、⑥王元林《西夏军事法律制度研究》、⑦魏淑霞和孙颖慧《西夏官吏司法审判的职责权限及对其职务犯罪的惩处》、⑧邵方《西夏的宗教法》、⑨王颖《黑水城出土西夏法律文献中的贿赂犯罪述略》⑩等论文，都涉及西夏专项法律制度。

第四，有关西夏律法档案其他方面的研究。主要有：聂鸿音《俄藏 6965 号

---

① 杨积堂：《法典中的西夏文化——西夏〈天盛改旧新定律令〉研究》，法律出版社 2003 年版；姜歆：《西夏法律制度研究——〈天盛改旧新定律令〉初探》，兰州大学出版社 2005 年版；邵方：《西夏法制研究》，人民出版社 2009 年版。
② 陈炳应：《西夏文物研究》，宁夏人民出版社 1985 年版。
③ 《宁夏大学学报》1997 年第 4 期；《宁夏大学学报》1999 年第 2 期。
④ 《法学评论》2003 年第 1 期；《河北法学》2003 年第 5 期。
⑤ 《兰台世界》2014 年 4 月中旬。
⑥ 《宁夏社会科学》2003 年第 6 期；《宁夏大学学报》2006 年第 5 期；《西夏研究》2015 年第 2 期；《宁夏社会科学》2015 年第 2 期。
⑦ 李范文编：《西夏研究》第 3 辑，中国社会科学出版社 2006 年版。
⑧ 杜建录主编：《西夏学》第 6 辑，上海古籍出版社 2010 年版。
⑨ 《现代法学》2008 年第 4 期。
⑩ 《四川民族学院学报》2014 年第 6 期。

第一章 西夏档案的发现与整理研究现状

〈天盛律令〉残卷考》、① 杜建录《论西夏〈天盛律令〉的特点》《西夏〈天盛律令〉的历史文献价值》、② 孟庆霞和刘庆国《简论西夏法典对买卖契约的规制》、③ 于光建《〈天盛改旧新定律令〉典当借贷条文整理研究》、④ 赵彦龙《西夏律法档案整理与研究》、⑤ 王晓萌《从〈天盛律令〉看西夏法典的创新与作用》⑥ 等。

（2）西夏契约档案研究。主要针对出土的西夏汉、西夏文契约进行考释和研究，分著作和论文两部分。

西夏契约档案研究的著作有：陈炳应《西夏文物研究》⑦ 一书在第六章"西夏的民间契约和官府文书"中的第一部分"民间契约"主要考释和探讨了《天盛年卖地契》《天庆年间典当契》两份契约，将西夏契约的探讨和研究推上了一个新阶段；史金波《西夏社会》⑧ 一书在第五章"商业和借贷"中，借助西夏故地出土的契约档案，对各种买卖、典当、借贷现象进行了研究，使西夏契约档案的研究向纵深迈进了一步；杜建录、史金波《西夏社会文书研究》⑨ 一书在上篇第四专题"西夏买卖借贷与扑买文书考释"中，借助西夏故地出土档案《嵬名法宝达卖地文契》《西夏天庆年间典粮文契》《西夏天盛十五年贷钱文契》《西夏光定十二年正月李春狗等扑买房契》等，对西夏的买卖、典当、借贷、租赁等经济活动进行了比较深入的考释和研究。

有关西夏契约档案研究的代表性论文有：陈国灿《西夏天庆间典当残契的复原》⑩ 一文，介绍并复原了天庆十一年（1204）五月用汉文书写的 15 件裴松寿的典当契约底账，并对"残契中的剥削率抵押品估价、天庆典当文契反映出的问题"等进行比较深刻的研究；黄振华《西夏天盛廿二年卖地文契考

---

① 载《宁夏大学学报》1998 年第 3 期。
② 载《宁夏社会科学》2005 年第 1 期；《西北民族研究》2005 年第 1 期。
③ 载《北方民族大学学报》2011 年第 6 期。
④ 博士学位论文，宁夏大学，2014 年。
⑤ 载《青海民族研究》2013 年第 3 期。
⑥ 载《兰台世界》2015 年 2 月下旬。
⑦ 宁夏人民出版社 1985 年版。
⑧ 上海人民出版社 2007 年版。
⑨ 上海古籍出版社 2012 年版。
⑩ 载白滨编《西夏史论文集》，宁夏人民出版社 1984 年版。

释》①根据西夏原文对《西夏天盛廿二年卖地文契》进行了再次翻译和考释；史金波连续发表《西夏粮食借贷契约研究》《黑水城出土西夏文卖地契研究》《西夏文卖畜契和雇畜契研究》《黑水城出土西夏文卖人口契研究》②等论文，对西夏粮食借贷、土地买卖、牲畜买卖、人口买卖的社会现状、政治制度等进行了深入的研究；赵彦龙连续发表《西夏时期的契约档案》《西夏契约成立的要素》《论西夏契约及其制度》《西夏契约研究》《西夏契约再研究》《从黑水城出土典工档案看西夏典工制度》《西夏契约参与人及其签字画押特点》③等论文，对西夏契约档案的种类、构成要素、法律制度、签字画押等相关内容进行了比较全面和系统的研究。还有，如王元林《〈西夏光定未年借谷物契〉考释》、④李晓明、张建强《英藏黑水城文献中一件契约文书考释》、⑤韩伟《民间法视野下黑水城出土西夏文卖地契研究——兼与汉文卖地契的比较》、⑥马玲玲《西夏契约档案整理与研究》，⑦于光建《西夏文〈乾定戌年罨斡善典驴契约草稿〉初探》⑧等论文，都从不同角度探讨了西夏的社会经济和法律等内容。

（3）西夏金石档案研究。西夏金属档案的研究主要针对印章、钱币、牌符等形状、尺寸、功用，代表性著作主要有牛达生《西夏钱币研究》。⑨相关的论文有牛达生《西夏钱币的发现与研究》、⑩杨富学、陈爱峰《西夏钱币的流布区域及相关问题》，⑪史金波《西夏官印姓氏考》，⑫韩小忙、李彤《西夏官印略

---

① 载白滨编《西夏史论文集》，宁夏人民出版社1984年版。
② 载杜建录、史金波《西夏社会文书研究》，上海古籍出版社2012年版；《历史研究》2012年第2期；《中华文史论丛》2014年第3期；《中国社会科学院研究生院学报》2014年第4期。
③ 载《西北民族研究》2001年第4期；《宁夏师范学院学报》2007年第5期；《宁夏社会科学》2007年第4期；《青海民族研究》2007年第4期；《宁夏社会科学》2008年第5期；《档案管理》2015年第5期；《青海民族研究》2015年第1期。
④ 载《敦煌研究》2002年第2期。
⑤ 载《西夏研究》2012年第1期。
⑥ 载《宁夏社会科学》2013年第2期。
⑦ 硕士学位论文，宁夏大学，2014年。
⑧ 载杜建录主编《西夏学》第10辑，上海古籍出版社2014年版。
⑨ 宁夏人民出版社2013年版。
⑩ 载《西夏研究》2013年第4期。
⑪ 载《西夏研究》2012年第4期。
⑫ 载中国民族古文字研究会编《中国民族古文字研究》第2辑，天津古籍出版社1993年版。

说》，① 杜建录《试论西夏的牌符》② 及赵彦龙《西夏时期的金属档案》③，等等。

西夏石刻档案的研究从某种程度上来说来源于"西夏碑"的发现，或者说"西夏碑"的发现是打开西夏学研究之门的钥匙，从此，西夏学研究才正式诞生。石刻档案的研究主要涉及党项、西夏及其遗民保留下来的碑石，关于这方面的研究论著数量虽不是很多，但都涉及党项、西夏及其遗民的一些事情并进行了比较系统的探讨。关于石刻档案研究的代表性论著主要有以下几方面。

第一，有关西夏石刻档案研究的著作。西夏学专家学者在研究中涉及石刻档案的代表性著作有：李范文《西夏陵墓出土残碑粹编》④。该书选择了两座帝陵和两座陪葬墓残碑中文字较多的拓片，加以考释、缀合并进行释文，可以说这是较早专门对西夏石刻档案进行考释研究的著作；陈炳应《西夏文物研究》⑤ 专列西夏碑刻，对党项与西夏的石刻档案进行了比较系统的探讨；张迎胜《西夏文化概论》⑥ 一书专设"碑志文"一节，对西夏的《大夏国葬舍利碣铭》《凉州重修护国寺感应塔碑铭》《黑河建桥敕碑》等碑石进行了研究；杜建录《党项西夏碑石整理研究》⑦ 一书分上篇"专题研究"和下篇"碑石整理"两部分，对党项西夏石刻档案进行了全面、系统的整理和研究，可以说是近年来最为全面、系统的西夏石刻档案研究的著作。

第二，有关西夏石刻档案研究的论文。关于西夏石刻档案研究可以分为综合研究和专门研究两类。

一是综合研究。代表性论文有：史金波《西夏陵园出土残碑译释拾补》、⑧ 杜建录《中国藏西夏文献碑刻题记卷综述》、⑨ 牛达生《西夏考古论稿》⑩（收录有《西夏碑刻浅述》《与西夏有关的宋、金碑刻浅述》）、陈永耘《西夏碑（石）

---

① 载《固原师专学报》2002 年第 2 期。
② 载漆侠、王天顺主编《宋史研究论文集》，宁夏人民出版社 1999 年版。
③ 载赵彦昌主编《中国档案研究》第 2 辑，辽宁大学出版社 2016 年版。
④ 文物出版社 1984 年版。
⑤ 宁夏人民出版社 1985 年版。
⑥ 甘肃文化出版社 1995 年版。
⑦ 上海古籍出版社 2015 年版。
⑧ 载《西北民族研究》1986 年第 2 期。
⑨ 载杜建录主编《西夏学》第 1 辑，宁夏人民出版社 2006 年版。
⑩ 上海古籍出版社 2013 年版。

刻述要》、① 赵彦龙和乔娟《论西夏的石刻档案》、② 乔娟《西夏石刻档案资料整理与研究》③ 等。

二是专门研究。代表性论文有：罗福颐《西夏护国寺感应塔碑介绍》、郑绍宗和王静如《保定出土明代西夏文石幢》、史金波和白滨《明代西夏文经卷和石幢初探》《明代西夏文经卷和石幢再探》、④ 王尧《西夏黑水桥碑考补》、⑤ 白滨和史金波《〈大元肃州路也可达鲁花赤世袭之碑〉考释》、⑥ 陈炳应《重修护国寺感通塔碑（西夏碑）》、⑦ 李范文《关于明代西夏文经卷的年代和石幢的名称问题》、⑧ 牛达生《西夏考古论稿》中收录有《〈嘉靖宁夏新志〉中的两篇西夏佚文》《张澍、刘青园与"凉州碑"》《拓跋思恭卒年考——唐代"白敬立墓志铭"考释之一》《夏州政权建立者拓跋思恭的新资料——唐代"白敬立墓志铭"考释之二》、⑨ 梁松涛《〈河西老索神道碑铭〉考释》、⑩ 王富春《唐党项族首领拓跋守寂墓志考释》、⑪ 杜建录等《宋代党项拓跋部大首领李光睿墓志铭考释》⑫、《党项夏州政权建立前后的重要记录——唐故延州安塞军防御使白敬立墓志铭考释》、⑬《夏州拓跋部的几个问题——新出土唐五代宋初夏州拓跋政权墓志铭考释》、⑭ 杜建录等《后唐定难军节度押衙白全周墓志考释》、⑮ 陈玮《后周绥州刺史李彝谨墓志铭考释》⑯ 等，以上论文考释和研究了在西夏石刻档案中反映出来的政治、军事、族属、仕宦、人物生卒年代等相关问题。

（4）西夏科技档案研究。西夏科技档案研究的成果比较丰富，体现在著作

---

① 载《文博》2010 年第 5 期。
② 载《西夏研究》2012 年第 3 期。
③ 硕士学位论文，宁夏大学，2013 年。
④ 载白滨编《西夏史论文集》，宁夏人民出版社 1984 年版。
⑤ 载《中央民族学院学报》1978 年第 1 期。
⑥ 载《民族研究》1979 年第 1 期。
⑦ 载《文物》1979 年第 12 期。
⑧ 载《考古》1979 年第 5 期。
⑨ 上海古籍出版社 2013 年版。
⑩ 载《民族研究》2007 年第 2 期。
⑪ 载《考古与文物》2004 年第 3 期。
⑫ 载杜建录主编《西夏学》第 1 辑，宁夏人民出版社 2006 年版。
⑬ 载《宁夏师范学院学报》2007 年第 2 期。
⑭ 载《西夏研究》2013 年第 1 期。
⑮ 载《宁夏社会科学》2015 年第 2 期。
⑯ 载杜建录主编《西夏学》第 5 辑，上海古籍出版社 2010 年版。

和论文两方面。

首先，西夏科技档案研究的著作颇丰。

一是陈炳应《西夏文物研究》，① 该书第七章"西夏的医方、历书、卜辞和佛经"专列医方、历书、卜辞，第十一章"西夏地形图初探"设置地图的来源、版本、绘制地图的时代和其价值等，对西夏的科技档案进行了探讨。

二是史金波《西夏社会》，② 该书第十二章"科学技术"之第一节《天文和历法》、第二节《印刷术》、第三节《纸、笔、墨、砚的制作》结合出土西夏档案，对西夏的天文历法、印刷、造纸等技术进行了比较全面的探讨；第二十章"生育和医疗保健"之第二节《医疗和药方》借助于出土医药档案，探讨了西夏的医疗技术、药方的功用和特点及保管的情况等。

三是史金波《西夏出版研究》，③ 牛达生《西夏活字印刷研究》④ 等书籍，利用出土档案对西夏的出版、印刷技术进行了专题研究。

四是牛达生《西夏考古论稿》⑤ 中的"印刷术、书籍装帧与造纸术研究"、汤开建《党项西夏史探微》⑥ 中的"西夏天文学初探"、张迎胜《西夏文化概论》⑦ 中的"西夏的科学技术"等章节，同样利用丰富的出土档案对西夏科学技术，如出版印刷、造纸技术和纸品及天文历法等进行了比较全面的论述。

其次，西夏科技档案研究的论文也不少。

一是有关西夏科技档案综合研究的论文：如赵彦龙和杨绮《试论西夏的科技档案》，⑧ 杨绮《西夏科技档案研究》⑨ 等论文，对西夏天文历法、医药档案、地图档案、印刷业技术等进行了比较全面的探讨。

二是有关印刷术研究的论文：如史金波《现存世界上最早的活字印刷

---

① 宁夏人民出版社1985年版。
② 上海人民出版社2007年版。
③ 宁夏人民出版社2004年版。
④ 宁夏人民出版社2004年版。
⑤ 上海古籍出版社2013年版。
⑥ 商务印书馆2013年版。
⑦ 甘肃文化出版社1995年版。
⑧ 载《西夏研究》2011年第4期。
⑨ 硕士学位论文，宁夏大学，2013年。

品——西夏活字印本考》《西夏文——现存最早的泥活字印本考》、[①] 孙昌盛《西夏印刷业初探》、[②] 牛达生《西夏考古论稿》中收录有《西夏对我国印刷术发展的突出贡献》《西夏造纸技术初探——西夏造纸研究之一》《丰富多彩的西夏纸品——西夏造纸研究之二》[③] 等系列论文，对西夏的造纸、印刷术等内容进行了比较深入的研究，证明了西夏的造纸和印刷技术已经相当成熟和完善了。

三是关于西夏医学的研究论文：如吕科《从西夏辞书和出土医方看西夏医药文化》、[④] 苏冠文《西夏的医学思想》、[⑤] 聂鸿音《西夏〈天盛律令〉里的中药名》《从药名异译论西夏药方的性质》、[⑥] 许生根《英藏黑水城出土医方初探》[⑦] 等。另外，梁松涛连续发表约 20 篇有关西夏医药档案研究的论文，如《黑水城出土西夏文医药文献价值刍议》《黑水城出土西夏文医药文献非计量单位的考察》《黑水城出土西夏文三则治疗肠风泻血方考述》《黑水城出土 4384（9—8）与 4894 缀合西夏文医方考释》《俄藏黑水城出土西夏文"五倍丸方"考释》《黑水城出土二则齿科病方考述》等[⑧]，还有如肖萍《西夏民族医学漫谈》等，[⑨] 吴国圣《俄藏黑水城出土西夏文药方〈三棱煎丸〉之解读考释》，[⑩] 赵彦龙、杨绮《西夏医药档案整理与研究》[⑪]，等等，这些论文研究了西夏医药发展的成就、医药档案文献的功用及所反映出来的各方面价值。

四是关于西夏天文历法研究的论文：如史金波《西夏的历法和历书》、[⑫] 韦兵《星占、历法与宋夏关系》、[⑬] 许生根《英藏黑水城出土西夏历书概述》、[⑭] 杜

[①] 《北京图书馆馆刊》1997 年第 2 期；《今日印刷》1998 年第 1 期。
[②] 《宁夏大学学报》1997 年第 2 期。
[③] 牛达生：《西夏考古论稿》，上海古籍出版社 2013 年版。
[④] 《宁夏大学学报（自然版）》1995 年第 2 期。
[⑤] 李范文编：《西夏研究》第 3 辑，中国社会科学出版社 2006 年版。
[⑥] 《中华文史论丛》，上海古籍出版社 2009 年版；2014 年第 3 期。
[⑦] 《西夏研究》2010 年第 2 期。
[⑧] 《保定学院学报》2011 年第 6 期；《中国民族医药杂志》2012 年第 2 期；《河南中医》2012 年第 6 期；《宁夏社会科学》2012 年第 2 期；《西夏研究》2012 年第 1 期；《中医药文化》2012 年第 4 期。
[⑨] 《中医药文化》2008 年第 3 期。
[⑩] 杜建录主编：《西夏学》第 5 辑，上海古籍出版社 2010 年版。
[⑪] 《宁夏师范学院学报》2013 年第 4 期。
[⑫] 《民族语文》2006 年第 4 期。
[⑬] 《四川大学学报》2007 年第 4 期。
[⑭] 《西夏研究》2011 年第 4 期。

建录、彭向前《内蒙古考古研究所藏〈大轮七年星占书〉考释》①　《俄藏 ИНВ. No. 8085 西夏历日目验记》、② 赵小明《略论西夏的占卜信仰》③ 荣智涧《西夏文〈瑾算〉所载图例初探》、④ 聂鸿音《西夏文献中的占卜》、⑤ 赵彦龙《西夏星占档案整理研究》、⑥ 彭向前《几件黑水城出土残历日新考》、⑦ 陈娉《西夏星占、历法档案钩沉》⑧ 等。

五是有关西夏其他科技档案研究的论文：如刘菊湘《西夏地理学初探》⑨ 等。

（5）西夏户籍档案研究。目前并未见到涉及西夏户籍档案研究的专著，但有关西夏户口、户籍研究的论文已见诸期刊。例如，李虎《西夏人口问题琐谈》、⑩ 赵斌和张睿丽《西夏开国人口考论》、⑪ 杜建录《论西夏的人口》、⑫ 史金波《西夏户籍初探——4件西夏文草书户籍文书译释研究》、⑬ 赵彦龙《试论西夏的户籍文书——西夏账籍文书研究之一》、⑭ 许生根《英藏黑水城出土西夏户籍租税账册文书初探》、⑮ 张煜坤《西夏户籍档案整理与研究》⑯ 等。

（6）西夏土地税账册档案研究。史金波《西夏社会》《西夏农业租税考——西夏文农业租税文书译释》⑰ 等论文借助黑水城出土的西夏文农业租税文书，对西夏土地租税的缴纳等问题进行了深入探讨；赵彦龙《论西夏土地税账册

---

① 载杜建录编著《中国藏西夏文献研究》，上海古籍出版社2012年版。
② 载杜建录主编《西夏学》第10辑，上海古籍出版社2014年版。
③ 载《青海民族大学学报》2013年第4期。
④ 载杜建录主编《西夏学》第10辑，上海古籍出版社2014年版。
⑤ 载《西夏研究》2015年第2期。
⑥ 载《档案管理》2015年第2期。
⑦ 载《中国科技史杂志》2015年第2期。
⑧ 载《兰台世界》2015年9月中旬。
⑨ 载《宁夏大学学报》1998年第4期。
⑩ 载李范文主编《首届西夏学国际学术会议论文集》，宁夏人民出版社1998年版。
⑪ 载《民族研究》2002年第6期。
⑫ 载《宁夏大学学报》2003年第1期。
⑬ 载《民族研究》2004年第5期。
⑭ 载《宁夏大学学报》2007年第6期。
⑮ 载《西夏研究》2013年第4期。
⑯ 硕士学位论文，宁夏大学，2014年。
⑰ 载《历史研究》2005年第1期。

文书——西夏账籍文书研究之二》、①梁继红《武威藏西夏文乾定酉年增纳草捆文书初探》②等论文也探讨了西夏农业租税的相关问题。

（7）西夏军籍档案研究。对西夏军籍档案的研究相对较少，目前只有史金波进行了一些研究，如史金波《西夏社会》在第九章"军队"中结合汉文西夏史籍的记载和出土军籍档案对西夏军队建制、兵种、数量、军抄、武器装备等进行了研究；③史金波《西夏文军籍文书考略——以俄藏黑水城出土军籍文书为例》《西夏军抄文书初释》《英国国家图书馆藏西夏文军籍文书考释》《西夏军抄的组成、分合及除减续补》④等论文，结合黑水城出土军籍档案，对西夏军队建置、军人身份等进行了深入挖掘。

（8）其他档案的研究。一是对西夏谱牒档案的研究，主要论著如下：陈炳应《西夏文物研究》⑤一书单列西夏姓氏录，依据俄国聂历山编著的一部未完成的西夏文字典中收录的两百多个"党项姓"进行辑录翻译，提供给学界参考；佟建荣《西夏蕃姓补正（一）》《西夏蕃姓订正》《西夏番姓汉译再研究》⑥等书，根据黑水城出土的一份僧人名单和《凉州重修护国寺感通塔碑》书，对西夏部分蕃姓进行了校点、补正和订正；汤开建《张澍〈西夏姓氏录〉订误》《党项姓氏丛录》⑦对清代著名姓氏学大师张澍的姓氏五书之一《西夏姓氏录》进行了订正和辑录；《隋唐五代宋初党项拓跋部世次嬗递考》⑧一文，利用出土的石刻档案对隋唐五代宋初党项拓跋部的世次进行了再次考证和排列。

二是对西夏丧葬和祭祀等方面的研究，主要论著有：于光建、徐玉萍《武威西夏墓出土冥契研究》，⑨孙寿岭《西夏文水陆法会祭祀文考析》，⑩穆旋、赵彦

---

① 载《宁夏师范学院学报》2008年第4期。
② 载杜建录主编《西夏学》第10辑，上海古籍出版社2014年版。
③ 载史金波《西夏社会》，上海古籍出版社2007年版。
④ 载《中国史研究》2012年第4期；杜建录、史金波：《西夏社会文书研究》，上海古籍出版社2012年版；《文献》2013年第3期；《宋史研究论丛》2014年刊。
⑤ 宁夏人民出版社1985年版。
⑥ 载杜建录主编《西夏学》第5辑，上海古籍出版社2010年版；第9辑，上海古籍出版社2014年版；《民族研究》2013年第2期。
⑦ 载《兰州大学学报》1982年第4期；《党项西夏史探微》，商务印书馆2013年版。
⑧ 载杜建录主编《西夏学》第9辑，上海古籍出版社2014年版。
⑨ 载《西夏研究》2010年第3期。
⑩ 载杜建录主编《西夏学》第1辑，宁夏人民出版社2006年版。

龙、刘晔《西夏丧葬文书整理研究》,① 张雯《略论党项民族葬俗在西夏建国后的延续与演化——闽宁村西夏墓地与西夏陵的比较研究》,② 孔德翊《西夏社稷祭祀探析》③,等等。

三是根据西夏故地出土的档案对西夏官吏请假制度进行了探讨,主要论文有：赵彦龙、穆旋《从出土档案看西夏官吏请假制度》④ 等。

四是根据西夏故地出土的档案对西夏账册档案进行了探讨,主要论文有：董昊宇《从天盛律令看西夏官库的收支》、⑤ 孙继民《黑水城所出西夏汉文入库账复原研究》、⑥ 赵彦龙《种类齐全价值珍贵——西夏账册档案研究之三》⑦ 等。

五是有关西夏会款档案的研究,主要论文有：史金波《黑水城出土西夏文众会条约（社条）研究》、⑧ 孙小倩和赵彦龙《西夏民间"会款"现象探析》⑨ 等。

（二）外国学者有关西夏档案的研究

1. 俄罗斯学者的西夏档案研究

俄罗斯学者利用从中国黑水城盗掘走的大量西夏资料,最早对西夏档案的部分内容进行了研究。"十九世纪二、三十年代的伊凤阁、聂历山,五、六十年代以来的克恰诺夫、戈尔巴切娃、孟列夫、卡坦斯基、克平等,相继完成多种西夏文献研究,如戈尔巴切娃与克恰诺夫合编的《俄罗斯科学院东方学研究所藏西夏文刊本与写本目录》、孟列夫的《黑城出土汉文遗书叙录》、卡坦期基的《西夏国的书籍业》、克恰诺夫的《1170年的西夏文书——天盛廿二年卖地文契》与《黑水所出1224年的西夏文书——乾定二年黑水守将告近禀帖》,等等。"⑩ 目前所能见到的俄罗斯学者的论著主要有：克恰诺夫著、霍升平译、杨秀琴校《黑城

---

① 载《兰台世界》2014年10月中旬。
② 载杜建录主编《西夏学》第10辑,上海古籍出版社2014年版。
③ 载《农业考古》2015年第1期。
④ 载《档案管理》2014年第4期。
⑤ 载《承德民族师专学报》2011年第6期。
⑥ 载《宁夏社会科学》2013年第6期。
⑦ 载《宁夏师范学院学报》2015年第4期。
⑧ 载杜建录主编《西夏学》第10辑,上海古籍出版社2014年版。
⑨ 载《山西档案》2016年第2期。
⑩ 载杜建录、史金波《西夏社会文书研究》,上海古籍出版社2012年版。

出土的西夏文典押借贷文书》①；克恰诺夫著、韩潇锐译《俄藏第 8203 号西夏文书考释》；② 克恰诺夫著、王培培译《黑水城所出 1224 年的西夏文书》③；克恰诺夫著、唐克秀译《天盛改旧新定律令—（1149—1169)》④；克恰诺夫著、王颖译《"他山之石"：11—12 世纪远东国家使节交往的文献资料——西夏〈天盛改旧新定律令〉》⑤ 等论文；孟列夫著、王克孝译《黑城出土汉文遗书叙录》⑥ 一书，除对佛、道、儒学典籍、文学、历史著作等进行整理、分类、编目和叙录外，还对文书、历书、医书、占卜书等档案也进行了比较全面的整理、分类、编目和叙录。

2. 日本学者的西夏档案研究

从 20 世纪 50 年代始，日本学者也热衷于西夏档案的研究，并取得了一定的成绩。冈崎精郎在 1953 年《历史学家》上发表有《关于西夏法典》《西夏之李元昊与秃发令》⑦ 等论文，探讨西夏法律制度；仁井田升著《斯坦因在第三次中亚探险中收集的中国文书与马伯乐的研究——以法律经济资料为中心》⑧ 一书，对英藏西夏借贷文书进行了简单的研究；野村博（后更名松泽博）发表了多篇有关西夏借贷文书和官府文书研究的论文，如《西夏文·谷物贷借文书》、⑨《西夏文土地买卖文书的书式》（1）（2）、《关于黑城守将文书的研究》《西夏文谷物借贷文书之我见》（1）（2）（3）、《西夏文谷物借贷文书余滴》（1）（2）（3）、⑩《西夏文〈瓜州监军司审判案〉遗文》⑪ 等论文。进入 21 世纪后，日本年轻学者也专注于西夏档案的研究，如佐藤贵保《俄藏黑水城出土西夏文〈大方广佛华严经〉经帙文书研究——以西夏榷场使关连汉文文书群为中心》、⑫《西

---

① 载《宁夏社科通讯》1984 年第 2 期。
② 载杜建录主编《西夏学》第 5 辑，上海古籍出版社 2010 年版。
③ 载杜建录主编《西夏学》第 8 辑，上海古籍出版社 2011 年版。
④ 载《西夏研究》2013 年第 2 期。
⑤ 载《西夏研究》2014 年第 4 期。
⑥ 宁夏人民出版社 1994 年版。
⑦ 载李范文主编《西夏通史》，人民出版社、宁夏人民出版社 2005 年版。
⑧ 载杜建录、史金波《西夏社会文书研究》，上海古籍出版社 2012 年版。
⑨ 载《固原师专学报》1990 年第 4 期。
⑩ 载杜建录、史金波《西夏社会文书研究》，上海古籍出版社 2012 年版。
⑪ 载《国家图书馆学刊》（西夏研究专号），2002 年增刊。
⑫ 载杜建录、史金波《西夏社会文书研究》，上海古籍出版社 2012 年版。

夏末期黑水城的状况——从两件西夏文文书谈起》、①《未刊俄藏西夏文〈天盛律令〉印本残片》② 等论文。

3. 法国学者的西夏档案研究

法国学者伯希和于 1914 年发表在《亚细亚杂志》（11 卷 3 期）的《科兹洛夫探险队在黑水城所得汉文文书》、③ 马伯乐于 1953 年撰写并由伦敦出版的《斯坦因在中亚细亚第三次探险的中国古文书考释》④ 等论著，都对西夏档案有所涉及。

除此之外，其他国家关于西夏档案的研究成果并不是很多，目前发现英国学者研究西夏档案的论著只有一篇，即由格林斯坦德著、杜海译《大英博物馆藏西夏文残卷》。⑤

三　结论

综上所论，无论是中国的西夏档案研究还是国外的西夏档案研究，总体上看是有成绩的，也是可喜可贺的，对西夏档案研究有积极的推动作用。但仔细考察目前的西夏档案研究，还存在诸多的问题：一是西夏档案整体研究还不够系统和深入；二是有的西夏档案研究是专题性的，对这一专题的内容和相关问题探讨比较全面和深刻，但只是探究了某一个方面的内容，有各自为政、单打独斗之嫌；三是大部分西夏档案的研究还处在个案的介绍、考释及简单研究的层面上，并未完全深入、全面、系统地进行探讨和研究；四是缺乏档案工作制度的探讨和研究。档案制度则是档案工作能够及时、安全、完整地保管和利用的保证，缺乏这一部分内容，使查考利用者感觉不到档案工作的完整性，更无法了解档案工作的具体状况等。这也正是本书需要解决和亟待完成的任务。

---

① 载《敦煌学辑刊》1998 年第 3 期。
② 载《西夏研究》2011 年第 3 期。
③ 载李范文主编《西夏通史》，人民出版社、宁夏人民出版社 2005 年版。
④ 载白滨编《西夏史论文集》，宁夏人民出版社 1984 年版。
⑤ 载《西夏研究》2013 年第 1 期。

第二章 西夏档案概论

第一节 西夏档案的种类及特点

一 西夏档案的种类及数量

西夏档案按照内容性质来分，主要有官府文书档案、契约档案、科技档案、户籍档案、农业租税账册档案、石刻档案、书信档案、律法档案、军籍档案、其他档案（粮账及欠粮账、杂物账、人名单）共10大类，据不完全统计，大约有2800件档案。下面分而述之。

（一）官府文书档案的种类及数量

西夏官府文书档案是指从中央到地方的各级官府或官员在政府管理过程中产生的具有规范格式、保存备查价值的文字材料。根据《天盛律令》及西夏故地出土的实物文书和汉文西夏史籍的记载，西夏官府文书档案按照文书种类划分，则共有27个种类，即圣旨、制、诏书、敕书、令、御札子、榜文、署牒、头子、露布、布告、告牒、白札子、表、誓表、奏、疏、札子、呈状、申状、禀帖、上书、牒、移、书、檄文及其他官府文书档案[①]，除圣旨、制、诏书、御札子、署

[①] 注：这里所谓的其他官府文书档案指的是西夏故地出土、现已收录在《俄藏黑水城文献》《中国藏西夏文献》等中，因潦草而暂时无法识别或残损严重又无法拼凑在一起的西夏文官府文书档案。

牒、头子、白札子、札子8种目前未见到档案实物外，其余19种均保留下来数量不等的官府档案，约1000件。下面逐一简介之。

1. 敕书，共1件。《中藏》第十八册有敕书1件。

2. 令，共2件。《续长编》卷115和《西夏书事校证》卷35各保留令1件。

3. 榜文，共1件。《宋史》卷283有榜文1件。

4. 露布，共1件。《西夏书事校证》卷16有露布1件。

5. 布告，共1件。《中藏》第十六册有布告1件。

6. 告牒，约440多件。《中藏》第十六册有4件；《俄藏》共有424件，其中第十二册有201件，第十三册有135件，第十四册有88件；《英藏》中有14件，其中第二册有1件，第三册有1件，第四册有12件。

7. 表，共30件。分散收录在《西夏书事校证》卷3到卷35约6件，分散收录在《续长编》卷63到卷515约8件，《宋史》卷485有1件，《宋大诏令集》卷234至236有12件，《松漠纪闻》卷2有1件，《金史》卷134有2件。

8. 誓表，共5件。《元宪集》卷27、《续长编》卷152及519、《金史》卷134、《宋大诏令集》卷235各有1件。

9. 奏，共2件。《金史》卷134和《俄藏》第十四册各有1件。

10. 疏，共8件。《西夏书事校证》卷31、32、36、37、41、42各有1件，卷35有2件。

11. 呈状，共13件。《俄藏》第六册有11件，《中藏》第十六册有1件，《俄藏敦煌文献》第十七册有1件。

12. 申状，共11件。《俄藏》第六册有8件，《中藏》第十六册有1件，《英藏》第四册有2件。

13. 禀帖，共1件。《俄藏》第十三册有1件。

14. 上书，共1件。《俄藏》第十四册有1件。

15. 牒，共5件。《续长编》卷64、480各有1件，《中藏》第十六册有3件。

16. 移，共1件。《续长编》卷312有1件。

17. 书，共5件。《宋大诏令集》卷233，《续长编》卷125、138、331，《宋史》卷486各有1件。

18. 檄文，共3件。《宋史》卷486、《三朝北盟会编》卷233、《西夏书事校证》卷35各有1件。

19. 其他官府文书档案，共460多件。《中藏》中收录有114件，其中第一册有4件、第二册有26件、第十三册有1件、第十六册有70件、第十七册有13件；《俄藏》中收录有278件，其中第二册有2件、第五册有1件、第十二册有186件、第十三册有55件、第十四册有34件；《英藏》收录有70件，其中第一册有10件、第二册有6件、第三册有30件、第四册有9件、第五册有15件。

(二) 契约档案的种类及数量

西夏契约档案是指由当事人双方经过协商、洽谈所订立的有关买卖、租赁或典当等权利、义务关系的文字材料。西夏契约档案主要出土于西夏故地黑水城、武威等地，经过爬梳统计，有买卖契约、借贷契约、典当契约、租赁契约、其他契约①等五种，共约450多件契约档案。

1. 买卖契约档案共有55件，又可根据其内容将买卖契约划分为买卖人口契约、买卖房地产契约、买卖牲畜契约三种。买卖人口契约4件，其中《俄藏》第十三册1件、第十四册3件；买卖房地产契约22件，其中《俄藏》第十三册4件、第十四册17件，《中藏》第十六册1件，《英藏》第五册5件；买卖牲畜契约29件，其中《俄藏》第十二册3件、第十三册8件、第十四册16件，《中藏》第十六册2件。

2. 借贷契约档案共有约264件，根据其内容可分为借贷粮食契约、借贷钱物契约二种。其中借贷粮食契约有254件，即《俄藏》第十二册41件、第十三册81件、第十四册71件，《日藏》3件，《中藏》第一册1件、第二册1件、第十六册3件、第十七册1件，《英藏》第一册6件，第二册14件，第三册14件，第四册17件；借贷钱物档等共10件，分别收录在《中藏》《俄藏》等中。

3. 典当契约档案共有77件，根据其内容的不同，可将其分为典畜产品契约、典牲畜契约、典土地契约、典工契约等四种。其中典畜产品契约档案有56件，即《俄藏》第一册2件、第二册7件、第十二册1件、第十四册1件，《斯坦因

---

① 注：这里所谓的其他契约指的是无法识别或残损严重的西夏文档案。

第三次中亚考古所获汉文文献（非佛经部分）》第一册15件，《日藏》下册24件，《中藏》第十六册1件，《英藏》第五册5件。典牲畜契约档案17件，即《俄藏》第十二册1件、第十三册9件、第十四册7件；典土地契约共3件，即《俄藏》第六册2件、第十四册2件；典工契约档案共1件，收录在《俄藏》第十四册中。

4. 租赁契约共2件。其中《俄藏敦煌文献》第十七册1件，《俄藏》第十四册1件。

5. 其他契约档案共有49件，其中《俄藏》第十二册10件、第十三册4件、第十四册5件，《中藏》第二册2件、第十七册1件，《英藏》第一册5件，第二册10件，第三册8件，第四册4件。

（三）科技档案的种类及数量

科技档案是科学经验的重要载体和工具，也是人类科学技术活动的产物，是人类科学技术最为直接和原始的凭证，具有特殊的文献价值和档案价值。

根据西夏故地出土的档案和汉文西夏史籍的记载，西夏科技档案主要有天文档案、历法档案、医药档案、地图档案等四种，约有150件。

1. 天文档案

天文档案主要以星占档案为主，共有约80件。《西夏书事校证》分散收录在卷3到卷42约68件；《中藏》第十七册1件，《英藏》有11件。

2. 历法档案

历法档案主要由历书构成，共有28件。《英藏》有9件，分别是第一册3件、第二册1件、第三册1件、第四册2件、第五册2件；《俄藏》有17件，其中第四册2件、第五册2件、第六册7件、第十册6件；《中藏》有2件，其中第十六册1件、第十七册1件。

3. 医药档案

医药档案主要由医书和医方构成，共有35件。《英藏》有4件，其中第二册1件、第三册2件、第四册1件；《俄藏》有17件，其中第三册1件、第四册4件、第五册3件、第六册2件、第十册7件；《中藏》有2件，其中第十六册2件；《中国藏黑水城汉文文献》有8件，主要收录在第八册；《斯坦因第三次中亚探险所获甘肃新疆出土汉文书》收4件。

4. 地图档案

地图档案（汉文地图）共7件，即《华夷图》《地理图》《历代地理指掌图》《东震旦地理图》《契丹地理之图》《西夏地图册》和《西夏地形图》[①]。

此外，还有只见记载未见实物的《西夏贺兰山图》《陕西二十三州地图》《灵州图》《甘、沙、伊、凉等州图》《环庆清远军至灵州地图》《河西陇右图》《鄜延边境图》等汉文地图。

（四）户籍档案的种类及数量

户籍档案是就有关西夏家庭规模、户口成员的性别、年龄、身份及家庭土地情况等进行详细记载的专门档案。户籍档案由户籍账和户籍手实组成，约110件。

1. 户籍账，共96件

《俄藏》共有90件，其中第六册1件、第十二册24件、第十三册31件、第十四册34件；《中藏》共有4件，其中第二册2件、第五册1件、第十六册1件；《英藏》有2件，其中第二册1件、第三册1件。

2. 户籍手实，共15件

收录于《俄藏》，其中第十二册1件、第十三册9件、第十四册5件。

（五）农业租税账册档案的种类及数量

农业租税账册档案是指记载和登录的西夏农牧民家庭拥有土地、人口及其他与土地有关的租庸草水粮土地税等的档案。农业租税账册档案有耕地账、耕地税账、耕地租粮账、耕地租庸草账、耕地水税账、耕地畜账等六种，共90件。

1. 耕地账，共15件

其中《俄藏》第十二册1件、第十三册6件、第十四册8件。

2. 耕地税账，共2件

其中《俄藏》第十二册1件、第十三册1件。

3. 耕地租粮账，共33件

[①] 胡玉冰：《汉文西夏地图文献述要》，《文献》2005年第1期。

其中《俄藏》第十二册20件、第十三册7件、第十四册6件。

4. 耕地租庸草账，共36件

其中《俄藏》第十二册5件、第十三册23件、第十四册8件。

5. 耕地水税账，共2件

收录于《俄藏》第十二册。

6. 耕地畜账，共2件

收录于《俄藏》第十四册。

（六）金石档案的种类及数量

西夏金石档案主要是指党项割据政权时期的党项人、西夏建国后各民族人民及西夏灭亡后的党项族后裔铸造、刻写或描画在各种金石材上的文字资料、凭证或图画，这些文字资料、凭证或图画能够真实反映党项及西夏人民的生活原貌，是党项先祖及西夏农牧民为中华民族保留下来的重要的精神文化财富。金石档案按照其存在形态区分，可分为印章、钱币、符牌、墓志铭、经幢、碑刻、造像题记、摩崖八种，约284件[①]。

印章，101方。散见于相关论著中。

钱币，18枚。散见于相关论著中。

符牌，20枚。散见于相关论著中。

墓志铭，共20多件，收录在《中藏》第十八册和散见于其他论文中。

经幢，共2件。收录在《中藏》第十八册。

碑刻，共10件。其中《中藏》第十八册8件，《宁夏志笺证》卷下2件。

造像题记，约110件。其中莫高窟、榆林窟西夏题记共有100件之多[②]，甘肃永靖县炳灵寺石窟西夏文题记3件，拜寺口西塔穹室壁面题字3件[③]。

摩崖，共3处若干件。其中贺兰山岩画西夏文题刻若干件，大麦地岩画西夏

---

① 注：摩崖有3处，因其碎小而无法具体统计件数，故不统计在275件之中。
② 赵彦龙：《西夏文书档案研究》，宁夏人民出版社2010年版，第275页。
③ 杜建录：《中国藏西夏文献碑刻题记卷综述》，杜建录主编：《西夏学》第1辑，宁夏人民出版社2006年版，第116页。

文题刻若干件，阴山岩画西夏文题刻若干件①。

（七）书信档案的种类及数量

西夏书信档案是指民间私人之间因协商某事或交流感情等撰写的文字材料。书信档案共有32件。其中《俄藏》第六册3件、第十二册1件、第十三册7件、第十四册14件，汉文史籍收录6件，《英藏》1件。

（八）律法档案的种类及数量

西夏律法档案是指西夏制作的法典、规定及依据法典规定而处理现实生活中的违法案件所直接形成的、有备查利用价值的文字材料。律法档案从其用途来分，主要有法典、律条、官府律法文书等三种，约35件。

1. 法典，共5件。《俄藏》第八册1件、第九册②4件。

2. 律条，共17件。《俄藏》第十二册2件、第十三册4件、第十四册11件。

3. 官府律法文书，共13件。《俄藏》第六册4件、第八册1件，《中藏》第一册3件、第十二册4件，《日藏》上册1件。

（九）军籍档案的种类及数量

军籍档案是指记载西夏军队建制、军抄人数和年龄、武器装备等内容的文字材料，共240多件。军籍档案由军抄正军辅主账、军抄人员实有实无账、军抄文书、军抄物资（装备）账、军抄户籍（人名）账五种。

1. 军抄正军辅主账，共101件。《俄藏》89件，其中第十二册25件、第十三册51件、第十四册13件，《英藏》共12件。

2. 军抄人员实有实无账，共37件。其中《俄藏》第十二册15件、第十三册10件，《英藏》共12件。

3. 军抄文书，共8件。其中《俄藏》第十二册1件、第十三册4件、第十四册2件，《中藏》第十七册1件。

---

① 史金波、陈育宁主编：《中国藏西夏文献》第18册，甘肃人民出版社、敦煌文艺出版社2005年版，第173—175页。

② 注：《俄藏黑水城文献》第9册收录有《天盛律令》乙种本残件，只有第四、第六、第七、第八、第十一、第十二、第十三7卷；还收录有其丙种本第八共一卷，丁种本第八共一卷，戊种本第八共一卷，己种本第十四共一卷。

第二章　西夏档案概论

4. 军抄物资（装备）账，共 73 件。其中《俄藏》第十二册 25 件、第十三册 34 件、第十四册 12 件，《中藏》第一册 2 件。

5. 军抄户籍（人名）账，共 35 件。其中《俄藏》第十二册 8 件、第十三册 5 件、第十四册 3 件，《英藏》共 19 件。

（十）其他档案的种类及数量

其他档案是指无法归入相关类别、大多残破不全且无法辨认、各自数量并不多的档案，约 410 件。具体有杂物账、畜物账、物价账、运输驮账、酒价钱账、利税账、粮价钱账、籍账、卖油账、计账及财务账、粮账、财植账、纳胶泥土账、马匹草料账、请假条、欠款条、会款单、人名单档案、谱牒档案、丧葬档案二十种。

1. 杂物账，共 54 件。其中《俄藏》第四册 1 件、第六册 1 件、第十二册 10 件、第十三册 15 件、第十四册 11 件，《英藏》第一册 1 件、第四册 1 件，第十六册 14 件。

2. 畜物账，共 9 件。其中《俄藏》第十二册 6 件、第十三册 2 件、第十四册 1 件。

3. 物价账，共 16 件。其中《俄藏》第十二册 12 件、第十四册 4 件。

4. 运输驮账，共 29 件。其中《俄藏》第十二册 3 件、第十三册 26 件。

5. 酒价钱账，共 6 件。其中《俄藏》第十二册 4 件、第十三册 1 件、第十四册 1 件。

6. 利税账，共 19 件。其中《俄藏》第十二册 2 件、第十三册 5 件、第十四册 8 件、国家图书馆藏 4 件。

7. 粮价钱账，共 4 件。收录于《俄藏》第十三册。

8. 籍账，共 6 件。其中《俄藏》第六册 3 件，《中藏》第十六册 3 件。

9. 卖油账，共 1 件。收录于《俄藏》第十四册。

10. 计账及财务账，共 5 件。收录于《俄藏》第十四册。

11. 粮账，共 158 件。其中《俄藏》第十二册 41 件、第十三册 49 件、第十四册 5 件，《英藏》35 件，《中藏》第一册 18 件、第二册 7 件、第十六册 1 件、国家图书馆藏 2 件。

12. 财植账，共29件。收录于《俄藏》第六册。

13. 纳胶泥土账，共3件。收录于《俄藏》第六册。

14. 马匹草料账，共9件，其中《俄藏》1件，《英藏》8件。

15. 请假条，共1件。收录于《中藏》第十六册。

16. 欠款条，共1件。收录于《中藏》第十六册。

17. 会款单，共2件。其中《中藏》第十六册1件，《俄藏》第十四册1件。

18. 人名单档案，共37件。其中《中藏》1件，《俄藏》26件，《英藏》10件。

19. 谱牒档案，共9件。其中《养素堂文集》1件，《党项西夏文献研究》3件，《中藏》第十八册2件，林旅芝《西夏史》1件，另外与党项有关的谱牒2件。

20. 丧葬档案，共4件。其中《中藏》第六册1件，《西夏文水陆法会祭祀文考析》1件[①]，《武威西夏墓出土冥契研究》2件[②]。

通过以上的梳理，西夏档案共有10大类约2800件。但是，从目前对西夏档案的介绍和研究来看，西夏档案的数量还不止这些，可能会更多。原因有三：一是俄藏西夏文档案虽然基本上收录在《俄藏》第十二册至第十四册中，其中第十四册是2011年11月出版的，但从史金波等专家的研究介绍中可知，还有一些西夏文档案未收录在《俄藏》之中，如俄 ИНВ. No. 4978—1 借粮契、俄 ИНВ. No. 5123—3 借粮契[③]等。由此可知，黑水城出土的西夏文档案可能还散落在某些国家的文博部门或图书馆及私人手中，并未完全收录和公布出来；二是就史金波、陈炳应等专家的研究和介绍来看，仍然有一些中国各文博部门收藏的西夏文或汉文档案也未收录在《中藏》之中，如国家图书馆收藏的西夏文档案编号为061号的（7.13X—8）贷粮账、编号为125号的（7.17X—43）税账、编号为126号的（7.17X—44）税账、编号为111号的（7.17X—35）、编号为109号的（7.17X—34）、编号为123号的（7.17X—42）、编号为087号的

---

① 孙寿岭：《西夏文水陆法会祭祀文考析》，杜建录主编：《西夏学》第1辑，宁夏人民出版社2006年版，第87—90页。

② 于光建、徐玉萍：《武威西夏墓出土冥契研究》，《西夏研究》2010年第3期。

③ 杜建录、史金波：《西夏社会文书研究》，上海古籍出版社2012年版，第119—120页。

(7.17X—16)等①、陈炳应介绍的部分西夏文如《瓜州审案记录》②、牛达生介绍的部分丧葬档案如西夏冥契③,还有如九星供养图、有插图的占星术文、咒语书《魔断要语》、各种咒语集和依十二生肖作图形排列的法术图④等星占档案;三是即使是收录在《俄藏》《中藏》等中的西夏文档案,由于各种原因,其考证也可能并不十分确切,因此,其档案数量也可能还会增加,或可能会减少。总之,西夏档案的总量并不是以上所统计的2800件。

二 西夏档案的特点

西夏档案和古代其他各朝代的档案一样,既显示出了一些共同的特性,又存在一些个性差异。西夏档案是党项族、西夏国各族人民、西夏后裔及个人档案的遗存,是其在政治、经济、文化、军事、贸易及个人生产、生活及社会交往过程中有目的、直接形成的真实记录,对研究西夏的各项活动和工作都有极高的价值,显示出了与众不同的特点。

(一) 西夏档案是各司署衙门及个人在各种活动中直接形成的

自从有了国家之后,古代各王朝统治者都已经意识到档案的重要性,于是,历朝历代的统治者都十分重视档案及档案工作。自此之后,档案都是按照一定的来源有规律地直接形成而逐渐积累的,西夏档案也不例外。

首先,西夏档案是西夏从中央到地方的各司署衙门在从事各种独立活动时形成的。档案工作在宋朝时已经十分繁荣了,而且有了比较健全的档案工作制度。西夏作为一个以党项族为主体的少数民族王朝,非常善于学习中原先进的文化,因此,中原宋朝的档案工作体制自然也被西夏借鉴和学习,档案的形成也是如此。故,西夏档案也是以独立从事活动的中央各部门及地方各司署等为单位而形成的;西夏社会是以各宗族为单位而相互组织起来的,因此,西夏的各宗族也会形成一定的档案,如族谱、家谱等;西夏的个人也会在社会活动中形成一定的档案,如信件、契约、个人账簿等。

---

① 同上书,第168—182页。
② 陈炳应:《西夏文物研究》,宁夏人民出版社1984年版,第291—293页。
③ 牛达生:《西夏遗迹》,文物出版社2007年版,第95—96页。
④ [俄]捷连提耶夫—卡坦斯基:《西夏书籍业》,王克孝、景永时译,宁夏人民出版社2000年版,第160页。

其次，西夏档案又是以各司署衙门为名义而独立、有秩序地形成以致积累保存的。西夏自建国以后，各朝都十分重视文书档案的保管和积累，到了仁孝朝还制定了法律来保障档案的管理，如西夏文综合性法典《天盛律令》卷12《失藏典门》及相关各卷都比较集中地涉及档案保管规定。例如，西夏规定皇帝颁发的绝密文书及牒诏书、兴兵文书、恩敕等，到达地方各司署衙门内应"依恩施行已毕"，当作为重要文书归档留存。"诸司为种种文书，行之未毕及已毕，已藏置中，受贿盗、隐、损失等罪，依所定实行。其中盗、隐、损之中有相议，则以从犯判断。"① 在西夏汉文史籍中也有相关文献积累的记载，如夏大安七年（1080）十月，宋将种谔率部攻打米脂寨，米脂守将令介讹遇以城降，宋兵进驻石州，"贼弃积年文案、簿书、枷械，举众遁走，移军据之"②。夏乾定二年（1225）十月，"……其臣罗世昌谱叙世次称，元魏衰微……"③"世昌，世居银州乡里，已破，流寓龙州，知国且亡，谱《夏国世次》二十卷藏之。"④ 罗世昌为了不使有关档案和文献丢失，撰写了《夏国世次》，为后人保存了大量的档案资料及相关内容。夏乾定四年（1227），兴庆府"城中食尽，兵民皆病，晛率文官李仲谔、武臣嵬名令公等奉图籍出降"⑤。可见，西夏末帝 以中央所积累保存的大量文书档案作为向蒙古投降的条件。这完全证明一个国家接受别国投降最为主要的条件是接受对方国家的精神文化财富——档案。以上史料记载充分证明西夏档案的形成和积累是以中央各司署及地方各衙门为单位的。

此外，黑水城出土的众多西夏档案更能说明西夏档案是以各司署衙门为单位形成和积累的。为什么黑水城地区不仅保存有当地的文书档案，还会出现西夏其他故地的文书呢？对这个问题，有学者撰文推测，"目前一个很好的解释是，黑水城地区是西夏的档案保存基地"⑥。1908年，俄国人科兹洛夫从黑水城遗址盗掘了大批文献，盗运时用了40头骆驼，文献数目竟然高达8090件，有几千卷之

---

① 史金波、聂鸿音、白滨译注：《天盛改旧新定律令》卷12，法律出版社2000年版，第418—419页。
② （宋）李焘：《续资治通鉴长编》卷317，中华书局2004年版，第7669页。
③ 《金史》卷134，中华书局1975年版，第2876页。
④ （清）吴广成撰，龚世俊等校证：《西夏书事校证》卷42，甘肃文化出版社1995年版，第495页。
⑤ 同上书，第500页。
⑥ 杨浣：《黑城〈西北诸地马步军编册〉考释》，《中国史研究》2006年第1期。

多。但这还不包括英、法、日等国从这里盗掘及我国开掘的文献。光《俄藏》就收录有"一大批西夏文书，计有一千余号，包括户籍、军抄册、账册、契约、告牒、书信等"西夏文文书①。

（二）西夏档案的形式多样

首先是西夏档案的文字。从西夏档案的整体来看，有汉文档案，如汉文史籍中收录和黑水城出土的夏金榷场贸易档案等；有汉、藏文合璧档案，如《告黑水河诸神敕》；有汉、夏文合璧档案，如俄 ИНВ. No. 2158—1~2《告牒等》、日藏 12—10abcd《夏汉合璧典谷文书》等。西夏文档案则占全部档案的70%左右。

其次是西夏档案的版本。目前所见西夏档案以写本或抄本为主，占总档案的99%左右。但是，西夏也出现了2份刻本文书，其中1份是英 Or. 12380—2349V (K. K)《残片》②。史金波认为，"西夏有填字刻本文书。2349V 定为残本，应是刻本，但残留文字太少，且字迹浅淡。仔细揣摩，仍可见：第一行'今自……'；第二行（刻本文字不清）墨书填写'利限……'；第三行刻本文字'天盛'，墨书填写'二十……'；第三行刻本文字'司吏耶和……'。此文书或与公家放贷有关，惟其有刻版文书，只需填写数量、利限和时间即可。若如是，则此残片为首见此类文书。因残损过甚，尚难做确切解释"。史金波将该残片重新定名为"天盛二十年刻版填字文书"，而且认为是"首次发现"③。另1份是中藏 G. 21. 023［15542］汉文《布告残页》④雕版文书，似是因为要经常发布有关日常性的工作事项，量大、任务重，所以刻印成形，只需填写部分变动的内容，这样就减轻了工作量。但无论如何，这是目前国内首次发现的2篇单份文书的刻本，填补了中国文书无刻本之空白，其价值珍贵。

再次是西夏档案种类齐全。就目前所整理的约2800件档案来看，共分有10种75类，几乎涵盖了中国古代可能使用的日常档案种类。当然，这一统计并非

---

① 史金波：《西夏农业租税考——西夏文农业租税文书译释》，《历史研究》2005年第1期。
② 谢玉杰、吴芳思主编：《英藏黑水城文献》第3册，上海古籍出版社2005年版，第80页。
③ 史金波：《〈英藏黑水城文献〉定名刍议及补正》，杜建录主编：《西夏学》第5辑，上海古籍出版社2010年版。
④ 史金波、陈育宁主编：《中国藏西夏文献》第16册，甘肃人民出版社、敦煌文艺出版社2006年版，第271页；甘肃省博物馆：《甘肃武威发现一批西夏遗物》，《考古》1974年第3期。

完全准确，其类目可能还会更多。

然后是西夏档案的定草稿。据对《俄藏》第十二册至第十四册收录西夏文官府文书进行统计，有约 160 件文书在页面上有明显的勾画或涂改痕迹，其中第十二册 84 件，如俄 ИНВ. No. 162—1《光定申年告牒》等；第十三册 40 件，如俄 ИНВ. No. 2174—2《辰年腊月告牒》等；第十四册 34 件，如俄 ИНВ. No. 5919《租税告牒》等。我们认为，这 160 件官府文书应为草稿或初稿。因为无论是古代还是现当代，官府发出的正式文书都要求页面整洁、体式完整，绝对禁止在定稿上随意勾画或涂改。唐代为防止文书在誊抄中因改动或脱剥而歪曲原意时，则要求严把审核关，且不许擅自改动，若"诸制书有误，不即奏闻，辄改定者，杖八十；官文书误，不请官司而改定者，笞四十。知误，不奏请而行者，亦如之。辄饰文者，各加二等"。① 宋代对随意改动官府文书的规定如唐代。② 西夏自然沿袭唐宋文书撰拟的规定，禁止随意涂改或勾画，"诸司所判写文书者，承旨、习判、都案等当认真判写，于判写上落日期，大人、承旨、习判等认真当落，不许案头、司吏判写及都案失落日期。若违律时，一律徒六个月"；③ 西夏对文书的校对也有严格的规定："案头、司吏校文书者当于外为手记。倘若其不合于文书而住滞，则校文书者依法判断。同任职有手记时，所校文书上有疑□，知有住滞而未过问者，比校者罪减一等。未知，则因未仔细搜寻而再减一等。"④ 在《天盛律令》中还有许多条款规定在撰写官府文书时不许随意勾画或涂改，违者则当受各种处罚，等等。⑤ 从这一层面来理解，以上 160 件西夏文官府文书则应为草稿，约占《俄藏》第十二至第十四册所收录西夏文官府文书的 10%。当然，这些草稿能完整保留下来，更能反映当时的真实情况，还证明西夏官府文书立卷、保管的规范和严谨。

最后是西夏档案的载体。从史籍记载和出土档案来看，除纸质载体外，还有石质载体，如党项与西夏的碑铭等，也有金属载体，如符版、印章等，更有木质

---

① （唐）长孙无忌等撰，刘俊文点校：《唐律疏议》卷 10，法律出版社 1999 年版，第 218 页。
② （宋）窦仪等撰，薛梅卿点校：《宋刑统》卷 9，法律出版社 1999 年版，第 177 页。
③ 史金波、聂鸿音、白滨译注：《天盛改旧新定律令》卷 9，法律出版社 2000 年版，第 322 页。
④ 同上书，第 321 页。
⑤ 同上书，第 400—401 页。

载体，如西夏文木简等；另外，还有丝绢载体等，可谓丰富多彩。

（三）西夏档案的真实性

西夏档案是西夏社会发展变化的直接反映，这种反映可以说是不加任何修饰的，"是原始事件、事态以及情态、心态的最初的、最直接的反映"。① 例如，据笔者对《俄藏》第十二册至第十四册收录西夏文官府文书进行统计，有约 160 件文书在页面上有明显的勾画或涂改痕迹，前面已推测认为该官府文书应为草稿或初稿，并非定稿。这充分证明西夏官府文书的原始性、真实性和直接性。再如，军籍类文书都有押印，且每件文书的押印有时并不止一次，"而是在同一文书中多次押印，有时是四方印，甚至更多。如俄 ИНВ. No. 4196 共押 6 方印。印押在文书的卷首、卷尾，有时在卷中也有押印。俄 ИНВ. No. 4196 就是卷前、中、后部各有两方印。这应是登录完成后该首领按规定用印，表示申报完成，内容属实"。② 可见其真实性所在。再如，俄 ИНВ. No. 5010 西夏文《天盛庚寅二十二年卖地契》一文，③ 卖者寡妇耶和氏宝引将其所卖土地的来源、四至及土地上的附属物、价值等都一一交代清楚，"西夏卖地契中的画指与符号画押并用，有时在同一卖地契中包含了两种画押方式。最早的一件卖地契约天盛庚寅二十二年卖地契中卖地者和同卖者 3 人为画指，证人为符号画押。而在后来的卖地契中卖地者皆不用画指，画指这种画押形式只出现在同卖者或证人之下，而多以证人为主，这大约是当时已经认为画指不如符号画押更具有凭信力"。④ 只有如此，才能得到双方的认同，从而也就具有了一定的法律效力，成为真实可靠的凭证。

西夏档案真实性的另一表现是其存在的唯一性。这种唯一的档案是不能被别的档案代替的，就是西夏官府文书中的草稿或初稿也是唯一的，没有定稿来替换这些草稿或初稿，如"西夏的契约绝大多数属于单契形式。单契不是立契双方各持一份的合同契约，而是契约双方只有一份契约。契约文字的口吻是卖主或借贷

---

① 刘伯山：《徽州文书的遗存及特点》，《历史档案》2004 年第 1 期。
② 史金波：《西夏文军籍文书考略——以俄藏黑水城出土军籍文书为例》，《中国史研究》2012 年第 4 期。
③ 史金波、魏同贤、[俄] 克恰诺夫主编：《俄藏黑水城文献》第 14 册，上海古籍出版社 2011 年版，第 13 页。
④ 史金波：《黑水城出土西夏文卖地契研究》，《历史研究》2012 年第 2 期。

者（即请求方）。执契约者为买入者或债权人，买主或债主（即被请求方）不在契约上签字画押。这类契约除使用于绝卖关系外，还用于抵押、典当、租赁、借贷等活动中"。"单契意味着不合券，为保证契约的真实、可靠，立契人必须署名、画押。这种契约看似是合同契约，其实是沿用了旧时合同契约的程式套语，契后实际署名的，只有原业主一方，此外，便是与原业主有关的连带责任人等。"① 由上可知，西夏档案基本上是唯一的，这种唯一性是对其真实性的另一种证明，这也是西夏档案存在的本质属性。

（四）西夏档案的时间跨度较大

从上述整理的西夏档案来看，最早的是陕西榆林市文管会办公室收藏的中藏S32·001《唐静边州都督拓跋守寂墓志铭并盖》，② 该石立于唐开元二十五年（737），这即为目前所知有确切年代记载的最早的党项石刻档案，距今有1276年。最早有文字记载并保留下来的西夏官府文书档案是李继迁于宋太平兴国八年（983）的《诣麟州贡马及橐驼表》，③ 距今也有1030年。最晚的西夏官府文书档案则为黑水城出土、西夏乾定酉年（1225）的俄 Инв. No. 8185 西夏文《乾定酉年黑水城副统告牒》，④ 距今有788年。最晚的石刻档案是保定市莲池公园收藏的中藏HB12·002《明弘治十五年（1502）保定西夏文石经幢》，⑤ 这是迄今所知有确切年代记载的最晚的西夏文石刻档案，是反映西夏文字使用和西夏遗民生活的珍贵档案，距今达511年。也可以说，西夏档案经历了宋（西夏）、元、明，当然西夏时期的档案占95%以上。由此可知，西夏档案的价值十分突出，为研究西夏历史提供了坚实的档案基础。

（五）西夏档案的内容丰富

西夏档案是西夏历史的真实再现和综合反映，因此，其档案的内容涉及了西夏政治、军事、经济、文化教育、宗教等各个方面。从上述整理的西夏档案的情

---

① 同上。
② 史金波、陈育宁主编：《中国藏西夏文献》第18册，上海古籍出版社2007年版，第19页。
③ （清）吴广成撰，龚世俊等校证：《西夏书事校证》卷3，甘肃文化出版社1995年版，第39页。
④ 史金波、魏同贤、[俄]克恰诺夫主编：《俄藏黑水城文献》第14册，上海古籍出版社2011年版，第256页。
⑤ 史金波、陈育宁主编：《中国藏西夏文献》第18册，上海古籍出版社2007年版，第185页。

况来看，西夏档案的内容包括了官府各项事务：官制、军制、西夏"外交"、天文地理、雕版印刷、重教兴学、为民请命、直谏除奸、创新图强、祝贺赞颂、指陈时弊、完善法制、崇拜神灵、榷场贸易、建元立制、讨伐叛军、倡导节俭、告状诉讼、各类账簿、户籍、农业租税等；同时涵盖了西夏民间的所有事项：买卖、借贷、典当契约、友朋书信、各种私人账簿、宗谱族谱、借款、会款、丧葬、占卜、宗教等。可见其内容之丰富①。

第二节 西夏档案的版本状况

人们一旦说起版本问题，一般会想到雕版印刷品，而且只可能会想到书籍，也许不会或者不可能会想到单份的文书档案。因为雕版印刷品的版本要素比较齐全，版式也十分规范，这也是版本学上讲到的知识，而且主要以书籍为主。古代的文书档案大多或基本上是写本。我们以为，写本也是古代制版方式之一，虽说不如刻本书籍那么要素齐全和规范，但一些基本的版本内容还是具备的。无论是西夏雕版印刷的书籍还是单份书写的文书档案，基本上涵盖了中国版本的相关内容，如用纸状况、版式结构、装帧形式、文字及字体、制版方式等，因此，有必要认真探讨一下西夏文书档案的版本状况，为学界提供一些尝试。

一 西夏文书档案的用纸状况

（一）西夏档案纸张的颜色

1. 古代档案用纸颜色概述

古代对纸张的颜色是十分重视也很讲究。

史籍记载，自晋安帝元兴三年（404），"桓玄令曰：'古无纸，故用简，非主于恭。今诸用简者，宜以黄纸代之。'"② 从此以后，竹简基本上被纸代替，这

---

① 赵彦龙：《西夏档案的遗存及特点》，《宁夏师范学院学报》2014年第1期。
② （宋）苏易简：《文房四谱》卷4，影印文渊阁《四库全书》第843册，台湾商务印书馆1986年版，第40页。

西夏档案及其管理制度研究

也是古代文书档案书写材料的重要进步，以后各朝都对纸张的使用十分重视，不仅讲究纸张的大小，纸张的颜色也是古代人们用纸很讲究的内容之一。古代人们就有注重正色、轻视间色的传统。何为正色和间色？正色是指青、赤、黄、白、黑五种颜色；间色是指以上五种颜色之外的红、绿、碧、紫等颜色。①

正色纸中的黑纸到目前为止，在文书档案中未出现过，原因可能很简单，因为古代写字用墨汁，用墨汁写在黑纸上是无法显现文字的。其他四种纸色在古代文书档案中均有留存或记载，如晋代的诏书书写在青纸上，"晋时为诏以青纸紫泥"；②唐时，制敕类文书用黄纸书写，"贞观中，始用黄纸写制敕。高宗上元二年诏曰，'诏敕施行，既为永式，此用白纸多有虫蠹，宜令今后尚书省颁下诸司诸州县并宜用黄纸'"，③但赦书、德音、立后、建储、任命三公和宰相等则用白纸④；元代时，六品至九品官员的封赠文书用赤纸，"一品至五品为宣，色以白；六至九品为敕，色以赤"。⑤ 至于间色纸一般则使用于民间的文人、骚客之中。

从唐开始，为什么书写制敕类的文书用黄纸，而且被确定为尊色并被以后各朝代沿用呢？因为黄纸是一种用黄柏汁浸染过的纸，色黄，故名黄纸。黄柏中含有小柏碱，小柏碱可防虫害，这样一来，黄纸就能够比较长久地保存下来，其目的就是有利于档案的保存。唐代，皇帝发布的诏敕文书必须使用黄纸，以显示皇帝的威严和尊贵。唐代的黄纸也有不同的类别，如黄麻纸、黄藤纸等，史载："画旨而施行者曰'发日敕'，用黄麻纸；承旨而行者曰'敕牒'，用黄藤纸。……纸以麻为上，藤次之，用此为重轻之辨。"⑥ 可见，唐代时黄麻纸的质量就高于黄藤纸。宋朝叶梦得也在史籍中记载："今制不复以纸辨，号为白麻者，亦池州楮纸耳。曰'发日敕'，盖今手诏之类；而敕牒乃尚书省牒，其纸皆一等也。"⑦ 看来，自宋朝以来，使用白麻纸者多起来，但白色纸只能用于文武百官

---

① 赵联赏：《古代服饰制度等级的主要标识》，《文史知识》2001年第2期。
② （宋）苏易简：《文房四谱》卷4，影印文渊阁《四库全书》第863册，台湾商务印书馆1986年版，第40页。
③ 同上。
④ 丁春梅：《中国古代公文用纸等级的主要标识》，《档案学通讯》2004年第2期。
⑤ （明）叶子奇：《草木子》卷3，影印文渊阁《四库全书》第866册，台湾商务印书馆1986年版，第778页。
⑥ （宋）叶梦得：《石林燕语》卷3，中华书局1984年版，第37页。
⑦ 同上。

上报皇帝的奏状,而皇帝颁布制敕、赦书、德音等文书则必须用黄纸。① 明代的皇帝对国内发布诏令文书也必须是黄纸,而发布外国的诏令文书则用洒金纸,因为洒金纸比一般纸成本高、贵重,以表敬重。② 清代黄色成为皇帝专用色,即诏书只能使用硬黄纸,文武百官上报皇帝的文书则可使用白色纸。③

2. 西夏档案用纸颜色

通过西夏学专家学者的考证,西夏纸张的原料以大麻为主,"黑水城和宁夏方塔出土的西夏纸都证明它们的原料多是大麻、苎麻布和棉布,当然也有的直接用植物纤维造纸"。④ 西夏纸的颜色也有很多种,"依据色彩、表面光洁度和帘纹,可将西夏纸分作白纸、黄纸、染成黄色的普通纸、红砖色红纸、薄灰纸、浅褐色纸、带浆液的厚纸等"。⑤ "西夏的纸张原未加工的纸多是白色,西夏文'纸'字是由'白'和'净'两个字合成的。现在所见的西夏纸张由于历经七八百年而逐渐发黄。"⑥ 从目前所见西夏文书档案用纸颜色情况来看,主要有未染麻纸、白麻纸、黄薄麻纸、浅黄色麻纸、土黄色麻纸等几种。可见,目前发现的西夏各种颜色的纸张大多是加工过的纸张,这些纸张制作精良、质量上乘,比纯白色的纸张要好得多,所以,主要用于西夏各官府颁布文书,还可用来抄写佛经。由于目前并未完全看到西夏皇帝发布的诏制文书实物,所以,无法得知西夏皇帝颁布文书的纸张颜色。

(1)未染麻纸。这种纸张可能是加工以后并未进行染色等处理,就直接进入交易而被官府或个人使用了,因此,也可以称之为本色麻纸。西夏的文书档案用纸绝大多数为未染麻纸。通过仔细审读和统计《俄藏》第六册《附录·叙录》和第十四册《附录·叙录》,以及《中国藏西夏文献研究》第二章《中国藏西夏文献叙录》等记载,发现无论是西夏汉文档案还是西夏文档案,绝大多数是在未染麻纸书写或直接记载为麻纸书写。有学者还专门对《英藏》的用纸颜色作过

---

① (宋)谢深甫编撰,戴建国点校:《庆元条法事类》卷16,黑龙江人民出版社2002年版,第344页。
② 丁春梅:《明代官府公文用纸与档案的保护》,《福建师范大学学报》2003年第1期。
③ 丁春梅:《中国古代公文用纸等级的主要标识》,《档案学通讯》2004年第2期。
④ 史金波:《西夏出版研究》,宁夏人民出版社2004年版,第168页。
⑤ 牛达生:《西夏活字印刷研究》,宁夏人民出版社2004年版,第160页。
⑥ 史金波:《西夏出版研究》,宁夏人民出版社2004年版,第168页。

统计，认为《英藏》的用纸同样"主要是麻纸"。① 西夏学专家经过考证后还说："麻纸，很少有虫蛀现象，'因麻纸纤维纯，所含醣类成分极少，说麻纸有纸寿千年是名实相符的'。麻纸多为北方所产，南方不多。……西夏纸之所以能够完好保存至今，或许与其多为麻纸有关。"② 由以上材料记载看来，西夏官府的文书档案用纸以麻纸或未染麻纸为主。

（2）白麻纸。按目前所见，这种颜色的纸张相对于未染麻纸来说，数量就少一些，而且与未染麻纸比较可得知，可能是经过漂白处理的纸张，质量可能不如未染麻纸好。通过认真检查《俄藏》《中藏》《英藏》等书叙录和相关研究成果可知，发现有数量不少的白麻纸书写的文书档案，如中藏 G21·004 医方，西夏文写本，白麻纸。③ 英 0044 天盛律令，西夏文印本，线装白麻纸。④ 根据史金波的考证，黑水城出土的西夏军籍档案的用纸为白麻纸，"西夏黑水城军籍的用纸为白麻纸，因年代久远有些泛黄。纸高一般在 20 厘米上下，长度则依该首领所辖军抄的多少、占用篇幅大小而不同"。⑤ 例如，俄 ИНВ. No. 4196《应天丙寅元年军抄人马装备账》，俄 ИНВ. No. 4926—4《应天丁卯二年军抄人马装备账》，⑥ 俄 ИНВ. No. 5944—1《天庆乙丑十二年军抄人马装备账》，俄 ИНВ. No. 8371《天庆戊午五年军抄人马装备账》⑦ 等西夏文军籍档案，都用白麻纸书写。西夏汉文文书档案也多用白麻纸书写，如 Дx2957 Дx10280 光定十三年千户刘寨杀了人口状⑧等。

（3）黄薄麻纸。这是将未染麻纸经过黄柏汁浸泡而形成的一种更好一些的纸张，防止虫蛀。正因为质量比较好，还要多一道工序处理，所以，这种纸在目

---

① 束锡红：《黑水城西夏文献研究》，商务印书馆 2013 年版，第 160 页。
② 牛达生：《西夏考古论稿》，上海古籍出版社 2013 年版，第 289 页。
③ 史金波、陈育宁主编：《中国藏西夏文献》第 16 册，甘肃人民出版社、敦煌文艺出版社 2006 年版，第 258 页。
④ 谢玉杰、吴芳思主编：《英藏黑水城文献》第 1 册，上海古籍出版社 2005 年版，第 19 页。
⑤ 史金波：《西夏文军籍文书略考》，《中国史研究》2012 年第 4 期。
⑥ 史金波、魏同贤、[俄]克恰诺夫主编：《俄藏黑水城文献》第 13 册，上海古籍出版社 2007 年版，第 195—306 页。
⑦ 史金波、魏同贤、[俄]克恰诺夫主编：《俄藏黑水城文献》第 14 册，上海古籍出版社 2011 年版，第 66—261 页。
⑧ 史金波、魏同贤、[俄]克恰诺夫主编：《俄藏黑水城文献》第 6 册，上海古籍出版社 2000 年版，第 160 页。

前所发现的西夏文书档案中的数量并不多。通过检查西夏文书档案，发现只有几份用黄薄麻纸书写，如中藏 B11·010—1P、B11·010—9P 军抄人员装备文书，共两件，是西夏文写本，属黄薄麻纸。[1]

（4）浅黄色麻纸。这种颜色的纸张在浸泡过程中所用黄柏汁的数量可能相对少一些，或是一种用黄柏汁染色的纸，故而导致麻纸的颜色浅一些，或有褪色之现象，但染色的目的也是防止虫蛀。浅黄色麻纸书写文书的数量相对来说较多一些，主要用于民间私人的契约、账单等。例如，中藏 G31·002 西夏文《乾定戌年卖驴契及账》、中藏 G31·003—1P~3P 西夏文《乾定酉年卖牛契》、中藏 G31·004 西夏文《乾定申年典糜契》、中藏 G31·006 西夏文《文书残页》、中藏 G31·007PV 西夏文《文书残页》，这 5 份文书均属单页，均用浅黄色麻纸。[2]

（5）土黄色麻纸。这也可能是一种用黄柏汁染色的纸，由于时间太久而稍有变色，如中藏 G31·005—1P~2P 西夏文《乾定酉年文书》写本，为单页，属土黄色麻纸。[3]

（二）西夏文书档案的纸张有些是佛经衬背或封套衬纸

通过对《中藏》第二章所载《中国西夏文献叙录》的统计，《中藏》中的 18 件西夏文文书档案的用纸是佛经衬背用纸，而且全部为麻纸。例如，中藏 B11·001《瓜州审案记录》、中藏 B11·005—03P《天盛律令》、中藏 B11·010—9P《军抄人员装备文书》等。[4] 据对《俄藏》第六册《附录·叙录》的统计，西夏汉文书档案有 18 件也是佛经封套衬纸，如俄 ИНВ. No. 307《收取酒五斤等榷场贸易税申状》、俄 ИНВ. No. 308《收税呈状》等。以下是对《俄藏》第十四册《附录·叙录》的统计：第十二册有 215 件档案书写在封套衬纸上，如俄 ИНВ. No. 296—7《文书残页》、俄 ИНВ. No. 324—3《告牒残页》等；第十三册有 250 件档案书写在封套衬纸上，如俄 ИНВ. No. 2007—1—5《户耕地租庸草

---

[1] 史金波、陈育宁主编：《中国藏西夏文献》第 1 册，甘肃人民出版社、敦煌文艺出版社 2005 年版，第 294 页。
[2] 史金波、陈育宁主编：《中国藏西夏文献》第 16 册，甘肃人民出版社、敦煌文艺出版社 2006 年版，第 386—393 页。
[3] 同上书，第 390 页。
[4] 杜建录编著：《中国藏西夏文献研究》，上海古籍出版社 2012 年版，第 63 页。

账》、俄 ИНВ. No. 2007—6—10《耕地账》、俄 ИНВ. No. 2007—11—13《乾祐酉年告牒》等、俄 ИНВ. No. 2007—14—17《文书》等、俄 ИНВ. No. 2171—1—15《天庆卯年告牒》等；第十四册有 29 件档案属封套衬纸，如俄 ИНВ. No. 7994—21《文书残页》、俄 ИНВ. No. W9《告牒残页》等。

  西夏文书档案用纸为什么多为佛经衬背或封套衬纸？我们以为，有这样两个原因。一是西夏文书档案具有时效性，一旦其失去了时效性，那么，它的功能就基本上不存在了。一些不懂得文书档案价值的人就会将这些文书档案弃之不用，或用来衬背佛经，或用作封套衬纸。因为西夏是一个信奉佛教的社会，不仅雕印的佛经数量多，大部分佛经还被佛教信徒经常手持诵读，这样就会容易损毁佛经。为了让佛经能比较长久地在信徒中保留并被经常诵读，于是对佛经进行裱背或装封套衬纸，能起到很好的保护作用。正如史金波所说："俄罗斯所藏大量西夏文献多从黑水地一佛塔中发现，其中绝大多数是佛教文献，有少部分世俗文献。为什么在佛塔中出现世俗文献，这是一个令人费解的问题。我们发现很多西夏文经册的封面和封底，皆用多层纸张作为衬纸粘贴成为厚纸板，目的是使护封牢固、厚实，起到保护内中经文的作用。而所用粘贴封面的纸张并非新纸，而是废弃的佛经或世俗文献。在封面、封底中发现有刻本《天盛律令》《音同》《类林》等书籍的残片，也有写本户籍、契约等社会文书的残片。由此也可见西夏纸张的不足和用纸的节省。很可能当时寺庙为制作佛经封面、封底，需要大量衬纸，为节省纸张，就搜罗废弃的佛经和世俗文献作为衬纸。"[①] 二是对西夏佛教信众来说，佛经与文书档案相比，文书档案的重要性不如佛经。也可以说，佛经能够长时期起到麻痹人民大众的作用，而文书档案只在一定时间范围内发挥作用，所以就将已经发挥完现时效用的文书档案用作佛经裱背或封套衬纸。也正是因为如此，为了很好地保护佛经内文而使西夏的文书档案也被保护了下来，才成为西夏为后人保留下来的最好的精神文化财富，也才有可能成为我们了解、研究西夏文书档案的种类、体式及制度等的重要、珍贵档案资料。否则的话，这些文书档案也可能会被损毁殆尽。

[①] 史金波：《西夏社会》，上海人民出版社 2007 年版，第 527 页。

第二章 西夏档案概论

（三）西夏文书档案的用纸也有一些是两面书写的纸张

这种两面书写的纸张被西夏学专家称为"反故纸"。① 通过审读和统计西夏文书档案的用纸情况，我们发现，有部分档案则是两面书写文字的纸张，这种档案的弊端是透墨现象比较严重，给识读某些文书带来了麻烦。例如，《俄藏》第十三册中的俄 ИНВ. No. 2547—1—12《军抄正军辅主账》、俄 ИНВ. No. 2547—13—16《纳税告牒》、俄 ИНВ. No. 2568—1～9《粮账》等均为背面书写佛经。《中藏》中也有两面书写文字的文书档案，如中藏 G31·005《乾定酉年文书》，"两面均有西夏文字。正面 2 行……；背面 8 行，一处画押"；中藏 G31·007《文书残页》，"两面均有西夏文字。正面 2 行，有 4 字西夏文朱印一方；背面 2 行，并有大小不等的几处签字画押"。②

史金波经过考证，认为在西夏文书档案中也有两面书写的情况，"如西夏文《瓜州审判记录》的背面是西夏文《六祖坛经》。西夏文诗歌的两面一面是刻本，一面是写本。西夏文刻本《文海宝韵》的另一面是宋朝边境军政文书。《文海宝韵》的页面是完整的，而宋朝文书往往被裁断，证明宋朝文书是第一次使用，印《文海宝韵》是第二次使用。这说明西夏的纸张缺乏，有时不得不利用得自宋朝用过的纸张。在黑水城出土的文献中有多种习字纸，大都是一行中重复写一个字，这种习字也都是利用正面已使用过的纸。有的纸背面透墨较深，在书写时还要写在两行中间才能看清字迹"。③

西夏文书档案为什么会出现两面写字的现象呢？我们推测，可能存在两种情况。一是西夏缺乏纸张。如果西夏书籍或文书档案不两面书写的话，就没有很多纸张供人们使用。正因为西夏缺乏纸张，所以，西夏还于法律中有所规定，即严禁无谓损耗纸张并实行限量用纸。《天盛律令》规定，西夏要好好保护纸张，严禁存放在纸工院库中的纸张有无谓的损耗，即只允许"纸大小一律百卷中可耗减十卷"，④ 即 10% 以内的损耗率，若超出此损耗率，其纸工院纸库的小监等官吏则要被惩治。不仅如此，西夏对纸张还实行限量使用，"诸院主簿、司吏每年纳

---

① 牛达生：《西夏考古论稿》，上海古籍出版社 2013 年版，第 297 页。
② 杜建录编著：《中国藏西夏文献研究》，上海古籍出版社 2012 年版，第 111 页。
③ 史金波：《西夏社会》，上海人民出版社 2007 年版，第 526 页。
④ 史金波、聂鸿音、白滨译注：《天盛改旧新定律令》卷 17，法律出版社 2000 年版，第 549 页。

簿时，写簿用纸，按簿上所有抄数，各自当取纸钱二十钱，由大小首领各自收取，当交主簿、司吏，不得超予。若违律超敛，则敛者以枉法贪赃判断，所超敛者应还原主"。① 由这则法律看出，连官府撰写文书的用纸都有数量上的法律规定，可见西夏纸张的缺乏。为了弥补纸张之缺乏，西夏还通过其他途径向周边王朝，特别是宋朝进口纸张，"西夏因纸张不足需要，可能部分来自宋朝。宋朝孙沔在并州为官时，'私役使吏卒，往来青州、麟州市卖纱、绢、棉、纸、药物'。麟州靠近西夏，上述物品多为西夏所缺，可能从麟州转卖至西夏。孙沔曾在宋夏边界为官，三次知庆州，并任陕西转运使，知西夏所缺物品，纸是其中之一"。② 二是反映了西夏用纸的节约意识。西夏为了节约用纸，将某些一面已经用完并过时的文书档案的另一面作他用，即抄写佛经或练习写字，这样既可以诵读佛经或练习写字，又不浪费纸张，这不是两全其美的事情吗？如果真是如此，那么，这一行为对我们现代也有一定的启发或借鉴意义。

二　西夏文书档案的装帧形式

从西夏境内出土的文书档案来看，其装帧形式也是较为齐全的，即中国书籍的装帧形式在西夏文书档案上都有所反映，主要有单页（单张）、线装（线订册页装）、卷装（卷子装）、缝缋装等几种形式。

（一）单页（单张）

西夏的文书档案是实用性的应用文，其撰写大多一文一事，简单明了、措辞到位就行，因此，单页（单张）的装帧形式也十分常见。在《俄藏》《中藏》等资料中也多有收录，如俄 ИНВ. No. 4195《天庆午年换畜契》，西夏文写本，残页；③ 俄 ИНВ. No. 5910—1—4《律条》等，西夏文写本，残页，麻纸；④ 中藏 B11·001《瓜州审案记录》，西夏文写本，单页；⑤ 中藏 B21·001—003《瓜州审案

---

① 同上书，第257页。
② 史金波：《西夏社会》，上海人民出版社2007年版，第527页。
③ 史金波、魏同贤、[俄] 克恰诺夫主编：《俄藏黑水城文献》第13册，上海古籍出版社2007年版，第195页。
④ 同上书，第67页。
⑤ 史金波、陈育宁主编：《中国藏西夏文献》第1册，甘肃人民出版社、敦煌文艺出版社2005年版，第3页。

记录》，西夏文写本，三张单页；① 中藏 G21·003《天庆寅年会款单》，西夏文写本，单页；② 英 Or. 12380—3344《卖畜契》，1 纸单页③。

（二）线装（线订册页装）

西夏学专家杜建录等在编纂《中藏》时说过，"一般说法，线装书是产生于明朝中叶。但是，专家们经过对敦煌遗书的研究，认为线装书起源于唐末宋初，盛于明清。而西夏的佚名《诗集》《修持仪轨》《众经集要》等文献证明西夏王朝亦曾使用线来装订书册"。④ 李致忠经过对藏于英国大不列颠图书馆东方手稿部的中国敦煌遗书的装订形式考证以后，认为"唐末已经出现了线装"。⑤ 由此可以确知，西夏文书档案有用线来装订的形式，即线装，那么《俄藏》《中藏》等叙录所云为线订册页装则不奇怪。关于此，出土的西夏文书档案的装帧形式给予了很好的证明，如俄 ИНВ. No. 6867《敕赐紫苑丸方》，西夏汉文写本，线订册页装，未梁麻纸，共三个半页，高宽不等；⑥ 俄 ИНВ. No. 2545《租户粮账与皇建辛未年告牒》，西夏文写本，册页，麻纸；⑦ 英 0044《天盛律令》，西夏文印本，"线装白麻纸，墨色中，印本。背面无字，本号共 3 件，为同一厚纸中揭裱出的正、反文字面和中间空白夹层。左侧有装订穿线针眼。为线装书完整一叶的上半部分，中有书口，写有书名，已非蝴蝶装之素口，是十分成熟的线装书"。⑧ 可见，线装文书档案在西夏已普遍盛行。

（三）卷装（卷子装）

卷装或卷子装是将一张尺幅较长的纸或若干张纸粘连成长幅，以木棍等作

---

① 史金波、陈育宁主编：《中国藏西夏文献》第 12 册，甘肃人民出版社、敦煌文艺出版社 2006 年版，第 351—353 页。

② 史金波、陈育宁主编：《中国藏西夏文献》第 16 册，甘肃人民出版社、敦煌文艺出版社 2006 年版，第 257 页。

③ 谢玉杰、吴芳思主编：《英藏黑水城文献》第 4 册，上海古籍出版社 2005 年版，第 117 页。

④ 史金波、陈育宁主编：《中国藏西夏文献》第 14 册，甘肃人民出版社、敦煌文艺出版社 2006 年版，第 6 页。

⑤ 李致忠：《简明中国古代书籍史》，国家图书馆出版社 2008 年版，第 149 页。

⑥ 史金波、魏同贤、[俄]克恰诺夫主编：《俄藏黑水城文献》第 6 册，上海古籍出版社 2000 年版，第 64 页。

⑦ 史金波、魏同贤、[俄]克恰诺夫主编：《俄藏黑水城文献》第 14 册，上海古籍出版社 2011 年版，第 47 页。

⑧ 束锡红：《黑水城西夏文献研究》，商务印书馆 2013 年版，第 175 页。

轴，从左至右卷起来保存。西夏文书档案也有卷装或卷子装，但并未见到文字记载有用木或其他载体做轴而成卷装的，也就是说，西夏文书档案也可能是直接从左至右卷起来保存的。《俄藏》《中藏》等中收录有卷装或卷子装形式的西夏文书档案，如西夏的部分医方为卷子装，"《俄藏黑水城文献》第十册编号为俄 ИНВ. No. 4384 的西夏文医方共公布 9 页，从内容看，各页内容并无关联。编号为俄 ИНВ. No. 4894 的西夏文手抄本医书，存 1 页，经比定，4384 号第 8 页可与 4984 号缀合（另文讨论），缀合后从文献形态来看应为卷子装，草书，存 41 行，行 17 字左右"。① 俄 ИНВ. No. 2736《乾定申年黑水城守将告近禀帖》，西夏文写本，卷子，麻纸，存字 18 行，以及俄 ИНВ. No. 5949—7～8《民事告牒》、俄 ИНВ. No. 5949—10～12《谷物告牒》等、俄 ИНВ. No. 5949—14《告牒》、俄 ИНВ. No. 5949—19～24《光定申年贷粮契》等、俄 ИНВ. No. 5949—26～32《贷粮契》等、俄 ИНВ. No. 5949—36～37《耕地账》、俄 ИНВ. No. 5949—40《还贷契》、俄 ИНВ. No. 5949—42～50《人员账》，西夏文写本，卷子或残卷，麻纸，高宽各自不等；② 俄 ИНВ. No. 7629—1《户籍手实》，西夏文写本，卷子，麻纸，存字 27 行；俄 ИНВ. No. 7887—1《律条》，西夏文写本，卷子，麻纸，存字 19 行；俄 ИНВ. No. 7893—11《户籍账》，西夏文写本，卷子，麻纸，存字 22 行；俄 ИНВ. No. 8185《乾定酉年黑水城副统上书》，西夏文写本，卷子，麻纸，存字 19 行。③ 散见于《中藏》之外的一些西夏文书档案也有卷子装，如编号 K2：97，K2：356，K2：92 的《化缘账单》，卷子装，西夏文写本，宁夏贺兰山山嘴沟西夏窟 2 号窟出土，宁夏考古研究所藏。行书，有头无尾④。由此可知，西夏文书档案卷子装形式十分普遍。

有的文书档案中使用的表格也采取卷子装形式，如西夏文《官阶封号表》。"这些长卷都是由一张张裁好的纸按顺序粘连而成，有很多现在还保存着完好的长卷形式，有的则因年代久远，粘连处脱落而变成一页一页的单张。有的卷装书

---

① 梁松涛：《黑水城出土 4384（9—8）与 4894 号缀合西夏文医方考释》，《宁夏社会科学》2012 年第 2 期。
② 史金波、魏同贤、[俄] 克恰诺夫主编：《俄藏黑水城文献》第 14 册，上海古籍出版社 2011 年版，第 49—70 页。
③ 同上书，第 75—81 页。
④ 杜建录编著：《中国藏西夏文献研究》，上海古籍出版社 2012 年版，第 89 页。

有细轴，有的则没有轴。有些写本世俗著作也有卷装形式，如西夏文写本《孙子兵法三注》、西夏文写本《诗歌选》、草书医方，以及《音同文海宝韵合编》等几种。有的户籍账册也是卷装形式。"① 由此可知，西夏不仅有卷装或卷子装的文书档案，数量还不少。

（四）缝缋装

缝缋装形式的文书档案在中国中古时期，除西夏之外的朝代比较少用。西夏不仅各类书籍使用缝缋装，西夏的文书档案也大量采用缝缋装形式。何为缝缋装形式？关于此，史金波给出了答案，"缝缋装是一种写本的装帧形式。先把单页纸左右对折再上下对折，或上下对折再左右对折，将若干折叠好的单页在中缝线订成迭，然后再根据需要将数迭缝缀成册。装订后再书写。这种装订形式只能是单面书写"。② 例如，俄 ИНВ. No. 2547—1—20《正军辅主账及告牒》等，西夏文写本，缝缋装，麻纸；俄 ИНВ. No. 2858—1—12《天庆丑年卖畜契与光定申年告牒》，西夏文写本，缝缋装，麻纸；③ 俄 ИНВ. No. 5404—1—16《告牒》等，西夏文写本，缝缋装，麻纸；④ 俄 ИНВ. No. 6373—1—2《天庆癸亥年卖地契及纳税告牒》等，西夏文写本，缝缋装，麻纸。⑤ 除此之外，《中藏》《英藏》等也收录有少量的缝缋装形式的西夏文书档案。

三　西夏文书档案的版式结构

从西夏汉文或西夏文写本文书档案的整体情况来看，其版式结构基本上保持了从上往下、自右向左的书写习惯，偶有栏线行格，但文面简洁，多数只有文字而已。

（一）栏线

栏线，也叫边栏，是指围成版面的四周线框。从古代写本书籍或文书档案的

---

① 史金波：《西夏出版研究》，宁夏人民出版社 2004 年版，第 139 页。
② 史金波：《西夏出版研究》，宁夏人民出版社 2004 年版，第 143 页。
③ 史金波、魏同贤、［俄］克恰诺夫主编：《俄藏黑水城文献》第 14 册，上海古籍出版社 2011 年版，第 48—52 页。
④ 同上书，第 65—66 页。
⑤ 同上书，第 71 页。

栏线来看，有四周单边、四周双线、上下单栏等形式。栏线的存在，"不仅规范了书籍的行格，也美化了页面。西夏的边栏和界格的形式也很丰富，与宋朝的书籍一脉相承。由于它的种类很多，丰富了我们对中古时期书籍边栏和界格的认识"。① 目前，从西夏文书档案的考查来看，其大多无栏线行格，但有少量的西夏文书档案则有上下单栏或上单栏等形式。黑水城出土的西夏文书档案，如俄 ИНВ. No. 6867《敕赐紫苑丸方》，汉文写本，上下左右单边；俄 ИНВ. No. 7156《律条》，上下单栏，栏高 17.8 厘米，每面有西夏文 7 行。有 5 整页，5 半页，草书；② 俄 ИНВ. No. 7466V《某月初十日赵猪狗捍纱文书》，西夏汉文写本，未染麻纸，单栏，行楷；③ 中藏 G21·004 西夏文《医方》，写本，单页，白麻纸。上有墨线单栏，下部残损。残存 8 行，行 22 字。楷书，每方以圆圈隔开，共三方；④ 中藏 M1·1289 汉文《历书残页》，写本，有墨线单栏划分，残存"安床沐浴""忌登高履险"等字。⑤

（二）行格

行格又称行款，即版面中的行数与字数，通常按半个版面计算，称半页几行，行多少字。西夏偶有双行书写的，但数量十分有限，如俄 ИНВ. No. 6867《敕赐紫苑丸方》，汉文写本，"有双行小字注出用法"。⑥ 也有在汉文旁边注有西夏文字的，但数量十分稀少，如 Дx2957 Дx10280《光定十三年千户刘寨杀了人口状》。⑦ 西夏文书档案基本以写本为主，写本的行款、规格并不完全统一，其原因可能很多，正如史金波所说："这些书是依据其性质、用途、纸张的大小，甚至抄写者的财力而定的。"⑧ 例如，Дx2957 Дx10280《光定十三年千户刘寨杀

---

① 史金波：《西夏出版研究》，宁夏人民出版社 2004 年版，第 153 页。
② 史金波、魏同贤、[俄] 克恰诺夫主编：《俄藏黑水城文献》第 14 册，上海古籍出版社 2011 年版，第 75 页。
③ 史金波、魏同贤、[俄] 克恰诺夫主编：《俄藏黑水城文献》第 6 册，上海古籍出版社 2000 年版，第 64 页。
④ 杜建录编著：《中国藏西夏文献研究》，上海古籍出版社 2012 年版，第 105 页。
⑤ 塔拉、杜建录、高国祥编：《中国藏黑水城汉文文献》第 8 册，国家图书馆出版社 2008 年版，第 1609 页。
⑥ 史金波、魏同贤、[俄] 克恰诺夫主编：《俄藏黑水城文献》第 6 册，上海古籍出版社 2000 年版，第 64 页。
⑦ 史金波、魏同贤、[俄] 克恰诺夫主编：《俄藏黑水城文献》第 48 页。
⑧ 史金波：《西夏出版研究》，宁夏人民出版社 2004 年版，第 151 页。

了人口状》，汉文写本，共 18 行，行 13 字；俄 ИНВ. No. 6867《敕赐紫苑丸方》，汉文写本，半页 6—7 行，行 12 字；① 俄 ИНВ. No. 6268、160 3582、8082、4179 8083 8090、2351、181、4171 4791 8084a《天盛律令》（乙种本）第四、第六、第七、第八、第十一、第十二、第十三，西夏文写本，行格同甲种本，即半页 9 行，行 16—18 字不等；俄 ИНВ. No. 7767《天盛律令》（戊种本）第八，西夏文写本，半页 7 行，行 14 字；俄 ИНВ. No. 6374《法典》（甲种本）第二至第五，西夏文写本，半页 6 行，行 14—16 字不等；② 俄 ИНВ. No. 736《黑水守将告近禀帖》，西夏文写本，原纸一页，楷书，有字共 18 行，正文 16 行，行 20—36 字不等；俄 ИНВ. No. 8185《黑水副将上书》，西夏文写本，原纸一页，楷书，有字共 19 行，正文 17 行，行约 15 字。③ 由上可知，西夏文书档案的行款的确不统一，基本上是率性而为。

（三）天头、地脚

在西夏文书档案的纸页中，版面（文字部分）之外的部分，其上者为天头，其下者称地脚。而且天头、地脚的空白部分的大小也不完全一致，但一般情况下天头比地脚要宽一些，如俄 ИНВ. No. 6867《敕赐紫苑丸方》，汉文写本，天头 2.2 厘米，地脚 1.1 厘米。④ 由于西夏文书档案大多数为残卷或残片，或者是佛经的裱背或封套衬纸，所以，大多数文书档案很难确定其天头、地脚的大小。

四 西夏文书档案的文字及字体

西夏文书档案的文字主要有西夏文、汉文、夏汉合璧文字、汉藏合璧文字四种，其撰写字体有草书、行书、行楷、楷书等几种。

（一）西夏文书档案的文字

1. 西夏文。西夏文书档案的文字以西夏文为主。据粗略统计，以西夏文撰

---

① 史金波、魏同贤、［俄］克恰诺夫主编：《俄藏黑水城文献》第 6 册，上海古籍出版社 2000 年版，第 48—64 页。

② 史金波、魏同贤、［俄］克恰诺夫主编：《俄藏黑水城文献》第 14 册，上海古籍出版社 2011 年版，第 5—6 页。

③ 赵彦龙：《西夏公文写作研究》，宁夏人民出版社 2012 年版，第 136—137 页。

④ 史金波、魏同贤、［俄］克恰诺夫主编：《俄藏黑水城文献》第 6 册，上海古籍出版社 2000 年版，第 64 页。

写的文书档案数量大约占西夏文书档案数量的 90% 以上，单就《俄藏》第十二—十四 4 册来看，收录的全是西夏文社会文书，"计有 1000 余号，1500 余件"。① 如《俄藏》第十二册的俄 ИНВ. No. 31—3《辰年告牒》、俄 ИНВ. No. 162—14《信函》等，第十三册中的俄 ИНВ. No. 2851—26《黑水副统告牒》、俄 ИНВ. No. 4525《黑水监军司告牒》等，第十四册中的俄 ИНВ. No. 5009《守护势信函》、俄 ИНВ. No. 5910—1《律条》等。另外，《英藏》《中藏》等也收录有数量较大的西夏文文书档案。

2. 汉文。在西夏文书档案中以汉文书写的数量仅次于西夏文，占 8%—9%，主要收录于《俄藏》第一—六册之中，如俄 ИНВ. No. 307、308 等 15 件西夏与金《榷场贸易文书》②档案等。此外，还有西夏汉文史籍中收录的夏与宋和金等的往来文书档案。③

3. 夏汉合璧文字。在西夏国境内，还有用夏汉合璧文字书写的文书档案，如俄 ДХ2957 ДХ10280《光定十三年千户刘寨杀了人口状》，文书档案用汉字书写，只在几个姓名的右边标注了西夏字；④ 还有俄 ИНВ. No. 3777 夏汉文合璧《粮账》、俄 ИНВ. No. 1782 夏汉文合璧《钱粮账》；⑤ 俄 ИНВ. No. 4761—10—10V 夏汉文合璧《粮账及户口手实》。⑥

4. 汉藏合璧文字。西夏还有十分珍稀的用汉藏文合璧书写的文书档案，如中藏 G42·001《黑水建桥敕碑》或《告黑水河诸神敕》，⑦ 其碑现藏张掖博物馆。该碑阳面是汉文，楷书 13 行，满行 30 字。阴面是藏文，21 列，已漫漶过半。

综上所述，撰写西夏文书档案所用文字种类之多，充分证明了西夏境内以党

---

① 史金波：《英国国家图书馆藏西夏文军籍文书考释》，《文献》2013 年第 3 期。
② 史金波、魏同贤、［俄］克恰诺夫主编：《俄藏黑水城文献》第 6 册，上海古籍出版社 2000 年版，第 60—61 页。
③ 赵彦龙：《西夏公文写作研究》，宁夏人民出版社 2012 年版，第 369—399 页。
④ 史金波、魏同贤、［俄］克恰诺夫主编：《俄藏黑水城文献》第 6 册，上海古籍出版社 2000 年版，第 48 页。
⑤ 史金波、魏同贤、［俄］克恰诺夫主编：《俄藏黑水城文献》第 14 册，上海古籍出版社 2011 年版，第 37—38 页。
⑥ 史金波、魏同贤、［俄］克恰诺夫主编：《俄藏黑水城文献》第 60 页。
⑦ 史金波、陈育宁主编：《中国藏西夏文献》第 18 册，甘肃人民出版社、敦煌文艺出版社 2007 年版，第 97 页。

项族为主，还兼有汉族、藏族等多民族聚居这一事实，也说明西夏境内多民族语言文字共同存在、共同使用的状况。

（二）西夏文书档案的字体

西夏文书档案的书写字体也十分丰富，主要有草书、行书、行楷、楷书等。

1. 草书。通过对西夏故地黑水城及甘肃、宁夏等地出土的西夏文书档案撰写字体进行统计，发现这些档案多以草书写成，而且数量比较巨大，其草书既有西夏文也有汉文。单就《俄藏》第十二—十四册中收录的西夏文文书档案来看，主要以草书为主。例如，俄 ИНВ. No. 2568—1—9《粮账》，西夏文写本，草书；俄 ИНВ. No. 5401—1—16《告牒》等，西夏文写本，草书。① 《中藏》中也收录有数量较多的西夏文草书，如中藏 M21·012《文书残页》，草书；中藏 M21·016《文书残页》、M21·017《文书残页》、M21·020《文书残页》、② G21·003《天庆寅年会款单》、G21·005~006《占卜辞》等，均为草书写就。也有少量的汉文草书，如中藏 G21·024《经略司文书》，汉文写本，草书；中藏 G21·027《光定二年公文》，汉文写本，草书。③

2. 行书。西夏文书档案还用行书撰写，既有汉文行书，也有西夏文行书。例如，俄 ИНВ. No. 4991《刑房状告案》，汉文写本，未染麻纸，行书；俄 ИНВ. No. 951B《账目》，汉文写本，行书，墨色浓匀；④ 中藏 M21·011《辰年文书》，西夏文写本，行书；中藏 M21·015《文书残页》，西夏文写本，行书。⑤

3. 行楷。西夏文书档案还用行楷撰写，如俄 ИНВ. No. 307《收取酒五斤等榷场贸易税申状》、俄 ИНВ. No. 308《收税呈状》、俄 ИНВ. No. 316《本府住户席智口等申状》、俄 ИНВ. No. 352A《收取本府住户榷场贸易税申状》、俄

---

① 史金波、魏同贤、[俄]克恰诺夫主编：《俄藏黑水城文献》第6册，上海古籍出版社2000年版，第48—66页。

② 史金波、陈育宁主编：《中国藏西夏文献》第17册，甘肃人民出版社、敦煌文艺出版社2006年版，第157—163页。

③ 史金波、陈育宁主编：《中国藏西夏文献》第16册，甘肃人民出版社、敦煌文艺出版社2006年版，第257—273页。

④ 史金波、魏同贤、[俄]克恰诺夫主编：《俄藏黑水城文献》第6册，上海古籍出版社2000年版，第61—63页。

⑤ 史金波、陈育宁主编：《中国藏西夏文献》第17册，甘肃人民出版社、敦煌文艺出版社2006年版，第156—161页。

ИНВ. No. 353《收取镇夷郡住户榷场贸易税申状》、俄 ИНВ. No. 354《南边榷场使申状》等，汉文写本，未染麻纸，行楷；俄 ИНВ. No. 2208《乾祐十四年安推官文书》，汉文写本，未染麻纸，行楷。①

4. 楷书。西夏文书档案也有用楷书撰写的情况，既有西夏文楷书，也有汉文楷书。例如，俄 ИНВ. No. 1381A《乾祐五年验伤单》、B《书信》，汉文写本，未染麻纸，楷书；俄 ИНВ. No. 3775《光定七年祭文》，汉文写本，未染麻纸，共两块残片，楷书；② 中藏 M21·014《文书残页》，西夏文写本，楷书；中藏 M21·018《文书残页》，西夏文写本，楷书；③ 中藏 G21·004《医文》，西夏文写本，楷书。④

五　西夏文书档案的制版方式

西夏文书档案的制版方式有写本和刻本两种。

（一）写本

西夏文书档案的制版方式总体来说是写本的天下，即基本上可以认为99%的文书档案是写本。中国的文书档案从古到今基本是写本，因为文书档案是实用性文章，与政治、经济、军事、文化、宗教等政务活动紧密相连，时效性很强。文书档案的现实使命完成之后，大部分文书档案就转化成为有待查考利用的史料，被保存了下来，成为后人研究历史的真实记录和原始凭证。因此，文书档案一般只写一份，至多也再抄一份或多份作为副本保存或分发而已，一般没有必要印刷若干份，这就是文书档案和文学作品、佛教经典等文章的最大区别。从《俄藏》《中藏》《英藏》等收录的西夏文书档案来看，几乎全是写本。

（二）刻本

虽然说西夏文书档案几乎全是写本，但通过对《英藏》和《中藏》的调查

---

① 史金波、魏同贤、[俄]克恰诺夫主编：《俄藏黑水城文献》第6册，上海古籍出版社2000年版，第60—62页。
② 史金波、魏同贤、[俄]克恰诺夫主编：《俄藏黑水城文献》第6册，第62—63页。
③ 史金波、陈育宁主编：《中国藏西夏文献》第17册，甘肃人民出版社、敦煌文艺出版社2006年版，第160—163页。
④ 史金波、陈育宁主编：《中国藏西夏文献》第16册，甘肃人民出版社、敦煌文艺出版社2006年版，第258页。

统计得知，西夏有4份刻本文书档案。

一是英2349V《天盛二十年刻版填字文书》，西夏文刻本。① 关于这份刻本文书档案，史金波进行了考证，他认为"西夏有填字刻本文书。2349V 定为残本，应是刻本，但残留文字太少，且字迹浅淡。仔细揣摩，仍可见：第一行'今自……'；第二行（刻本文字不清）墨书填写'利限……'；第三行刻本文字'天盛'，墨书填写'二十……'；第三行刻本文字'司吏耶和……'。此文书或与公家放贷有关，惟其有刻版文书，只需填写数量、利限和时间即可。若如是，则此残片为首见此类文书。因残损过甚，尚难做确切解释"。史金波将该残片重新定名为"天盛二十年刻版填字文书"，而且认为是"首次发现"。②

二是中藏G21·023《布告残页》，汉文雕版印本。③

三和四分别是中藏G31·005和中藏G31·007西夏文《乾定酉年增纳草捆文书》。④ 这两份文书都有楷书印字和草书手写字，而且草书手写字都是后填上去的，可见，这是之前雕印好的纸页，只是根据需要填写相关的内容而已。⑤

西夏为什么会有雕版文书档案呢？我们以为，西夏也有一些经常要重复发布有关日常性工作事项的文书档案，这类文书档案若每次重新撰写，可以说数量既大，又增加工作任务。为了避免重复性劳动，减少工作压力，所以，个别的一些文书档案提前刻印成形，只需在发布时填写部分变动的内容，这样既可以提高工作效率，又减少了工作量。

但不管怎样，这不仅是西夏仅有的刻本文书档案，也是目前国内首次发现的单份文书的刻本，可以说填补了中国文书档案无刻本之空白，有十分重要的学术价值和文物价值。⑥

---

① 谢玉杰、吴芳思主编：《英藏黑水城文献》第3册，上海古籍出版社2005年版，第80页。
② 史金波：《英藏黑水城文献定名刍议及补正》，杜建录主编：《西夏学》第5辑，上海古籍出版社2010年版，第4页。
③ 史金波、陈育宁主编：《中国藏西夏文献》第16册，甘肃人民出版社、敦煌文艺出版社2006年版，第271页。
④ 史金波、陈育宁主编：《中国藏西夏文献》第16册，甘肃人民出版社、敦煌文艺出版社2006年版，第390—393页。
⑤ 梁继红：《武威藏西夏文乾定酉年增纳草捆文书初探》，杜建录主编：《西夏学》第10辑，上海古籍出版社2014年版，第21—27页。
⑥ 赵彦龙：《试述西夏文书档案的版本状况》，《图书馆理论与实践》2014年第10期，第108—112页。

第三章　西夏官府文书档案整理研究

第一节　西夏官府文书档案整理

随着西夏王朝的建立、档案机构的设置和档案工作制度的健全，西夏档案工作逐渐走上了法制化轨道，并最终完善。文书档案的种类及相关的要求也被西夏统治者写进了综合性法典，成为上自皇帝下至各官府衙门共同遵守执行的准则。

西夏官府文书档案是指从中央到地方的各级官府或官员在行政管理过程中产生的具有规范格式、保存备查价值的文字材料。西夏官府文书档案数量比较庞大，是西夏全部档案的主体，除汉文西夏史籍中收录的西夏文书外，其余都是大量的西夏故地出土的西夏文、汉文等档案。《俄藏》西夏文社会文书就有 1500 多件，"自 1993 年中国、俄国开始共同整理出版《俄藏》后，中国社会科学院民族研究所的西夏研究者在此基础上对这些文献做了又一次整理和加工。其中一项收获是我们在俄藏黑水城文献中新发现了约 1500 件西夏文社会文书"。[①] 这些西夏文社会文书现已收录在《俄藏》第十二至十四册中，供西夏学界的专家学者考释、翻译和利用。除此之外，《俄藏》其他各册、《中藏》《英藏》《日藏》等也都收录有数量不等的西夏故地出土的西夏文、汉文西夏档案。这些西夏档案既

---

① 史金波：《〈英藏黑水城文献〉定名刍议及补正》，杜建录主编：《西夏学》第 5 辑，上海古籍出版社 2010 年版，第 1 页。

有官府文书，又有契约、土地税账册、户籍、律法档案、书信、各类账簿等专门档案。本章只对官府文书档案进行整理与研究，即符合公文体式的文书，"公文体式是一篇公文外在形式特征所能体现出来的全部内容，包括公文种类、公文用语及称谓、公文的格式和公文载体等"。①

西夏《天盛律令》对官府文书档案的种类有较为具体而详细的规定："矫传行制、圣旨者，不论官，当以剑斩。其余未奏而谓已奏，然后矫传行圣旨及先矫传行圣旨者，一律绞杀，有官可与官当。"② 还规定："写秘事及牒诏书，兴兵文书、恩敕等损毁、盗隐、亡失等之罪，依所定判断。""……有言予信物、受迎遣法头项文书，及两国间写牒敕、誓文……"③ 从这些规定可以看出，官府文书档案的种类有圣旨、制、诏书、牒敕、牒、誓文等。此外，从汉文西夏史籍的记载④及西夏故地出土文书档案可知，还有"禀帖""表""奏""告牒""呈状"等种类。现对西夏官府文书档案进行全面的整理与研究。

一 西夏官府文书档案的种类及数量

根据西夏《天盛律令》及西夏故地出土的实物文书和汉文西夏史籍的记载，西夏官府文书档案共有27个种类，保留下来实物档案约1000件，其中汉文档案94件，汉藏文合璧档案1件，汉夏文合璧档案2件，西夏文档案约900件。

西夏官府文书档案的数量比较庞大，为了便于了解和掌握，我们从官府文书档案的种类入手，对其进行简要分类整理。

（一）圣旨

古代将封建皇帝的旨意、命令统称为圣旨。这个名称在汉代就已出现，如东汉蔡邕《上封事陈政要七事》中有"臣伏读圣旨"⑤ 句，这是较早称皇帝命令为圣旨的记载。后来，各朝代都有圣旨的记载，但只有元代保留下来了圣旨实物档

---

① 赵彦龙：《西夏公文写作研究》，宁夏人民出版社2012年版，第125页。
② 史金波、聂鸿音、白滨译注：《天盛改旧新定律令》卷11，法律出版社2000年版，第383页。
③ 同上书，第418页。
④ 注：这里将《西夏书事》中收录而其他史籍中未收的西夏官府文书档案只列示名称，但并不作为研究的具体内容。
⑤ （清）严可均辑：《全上古三代秦汉三国六朝文》第2册《全后汉文》卷71，上海古籍出版社2009年版，第162页。

案。《天盛律令》中多次出现圣旨一词，如卷十一《矫误门》有"矫传行圣旨"句。黑水城出土的西夏官府文书档案中也有圣旨一词，如《三司设立法度文书》两次出现圣旨。① 但目前还未见到西夏圣旨这一档案实物。

（二）制

又称制书，是皇命文书的一种，其用途主要是皇帝处理国家大事、颁布重要法令、任命重要官员。秦始皇时改命为制，历代沿袭。史载："天子之言，一曰制书，谓为制度之命也。""唐世，大赏罚、赦宥、虑囚及大除授，则用制书……宋承唐制，用以拜三公、三省等官，而罢免大臣亦用之。其词宣读于庭，皆用俪语，故有'敷告在庭''敷告有位''敷告万邦''诞扬休命''诞扬赞册''诞扬丕号'等语。其余庶职，则但用诰而已。是知以制命官，盖唐宋之制也。"② 这一文书种类一直沿用到清代。西夏法律中虽然也出现"制"词，"矫传行制、圣旨者，不论官，当以剑斩"，③ 但目前未见实物。

（三）诏书

诏书为历代皇帝颁发的命令文告，多数为皇帝对臣下的训示。史载："秦并天下，改命曰制，令曰诏，于是诏兴焉。汉初，定命四品，其三曰诏，后世因之。"又说："诏者，昭也，告也。"④ 西夏法典中也记载有"诏书"，"写秘事及牒诏书、兴兵文书、恩敕等损毁、盗隐、亡失等之罪，依所定判断"。⑤ 目前未见实物。

（四）敕书

敕书最早于汉代使用，后各朝沿袭。西夏敕书是指皇帝对臣下训诫、授任、封赠、晓谕等所用的皇命文种，其适用范围为："上次中三等大人、承旨、习判、下等司正等当赐敕，依文武次第，由中书、枢密所管事处分别办理。"⑥ 目前所见西夏敕书，只有仁孝的汉藏文合璧敕《告黑水河诸神敕》⑦ 1篇。

---

① 史金波、魏同贤、[俄]克恰诺夫主编：《俄藏黑水城文献》第6册，上海古籍出版社2000年版，第299页。
② （明）徐师曾：《文体明辨序说》，人民文学出版社1962年版，第114页。
③ 史金波、聂鸿音、白滨译注：《天盛改旧新定律令》卷11，法律出版社2000年版，第383页。
④ （明）徐师曾：《文体明辨序说》，人民文学出版社1962年版，第112页。
⑤ 史金波、聂鸿音、白滨译注：《天盛改旧新定律令》卷12，法律出版社2000年版，第418页。
⑥ 同上书，第362页。
⑦ 史金波、陈育宁主编：《中国藏西夏文献》第18册，甘肃人民出版社、敦煌文艺出版社2006年版，第97页。

第三章 西夏官府文书档案整理研究

（五）令

令于上古使用，后历朝沿用。刘勰在《文心雕龙》中说到"命"的起源和流变时指出："昔轩辕、唐、虞，同称为命。命之为义，制性之本也。其在三代，事兼诰、誓……降及七国，并称曰令。令者，使也。"① "令，即命也。七国之时并称曰令，秦法，皇后太子称令。"② 西夏时，令为皇帝专用的下行文书，其功用为皇帝颁布要求臣民必须执行的具体政事。目前所能见到的西夏令均为汉文，且只有2篇，即元昊在建国前发布的《秃发令》，③ 仁孝于夏大庆四年（1143）发布的《地震灾区救助令》。④

（六）御札子

明人徐师曾《文体明辨序说》载："天子之札称御札，尊之也。古无此体，至宋而后有之。"⑤ 由上可知，御札在五代时已经出现，但大量使用是在宋代及以后各朝。西夏御札子主要用于皇帝颁发重大军政命令时，特别是中书省代替皇帝颁发的布告、登封、改元、郊祀、宗祀及大号令等。黑水城出土的西夏汉文文书，如《三司设立法度文书》⑥ 中多次提到"御札子"一词，但目前并未见到其实物。

（七）榜

古代用木牌悬挂揭示，类似于今天的通告、布告等告知类文书。目前所见只有1篇汉文榜文，即元昊《购宋夏竦榜》。⑦

（八）署牒

署牒始创于西夏。西夏官府，特别是军事机关，在边境战事紧急或讨伐敌方时，用于点阅兵马、派遣将领时所发的任命书。史载，"部族兵，虽然仍是以部落兵为基础，仍是平时生产，战时当兵，但由于经常性的'点阅兵马'，并有了正式的任命书

---

① （南朝梁）刘勰著，周振甫注：《文心雕龙注释》，人民出版社1981年版，第214页。
② （明）徐师曾：《文体明辨序说》，人民文学出版社1962年版，第120页。
③ （宋）李焘：《续资治通鉴长编》卷115，中华书局2004年版，第2704页。
④ （清）吴广成撰，龚世俊等校证：《西夏书事校证》卷35，甘肃文化出版社1995年版，411页。
⑤ （明）徐师曾：《文体明辨序说》，人民文学出版社1962年版，第117页。
⑥ 史金波、魏同贤、[俄]克恰诺夫主编：《俄藏黑水城文献》第6册，上海古籍出版社2000年版，第299页。
⑦ 《宋史》卷283，中华书局1977年版，第9575页。注：该文与《谈苑》卷1（影印文渊阁《四库全书》第1037册，中国台湾商务印书馆1986年版，第127页）和《宋稗类钞》卷24（影印文渊阁《四库全书》第1034册第561页）所记略有不同。

'署牒'，逐步形成了若干'精兵''锐士'……"①目前未见署牒实物档案。

（九）头子

或称头字，其用途比较广泛，但多用于碎小的事项。西夏法典中多次出现"头子（字）"一词，"下等司承旨、末等司大人等当赐头子"，②"案头司吏推寻，头子当同时行，若□□□头子先行时，十杖。其中立即追究，言于大人处过问，则允许头子先行之罪勿治"。③《番汉合时掌中珠》中也有"头子"④一词。《俄藏》收录的文书中也多次出现"头子"一词，例如汉文俄 ИHB. No. 315《南边榷场使呈状》、俄 ИHB. No. 354《南边榷场使呈状》⑤等中都提到了"头子"。目前未见头子实物档案。

（十）露布

史载："露布之作始于魏晋。"⑥它是魏晋及之后各朝的一种捷报，或讨伐或威敌等的紧急文书。目前所见西夏露布一篇，汉文，即张元代景宗元昊于夏天授礼法延祚五年（1042）撰写的《露布》。⑦

（十一）布告

布告是一种公开告众性文书。"布告"一词在西夏汉文文书中多次出现，如夏仁宗仁孝《报吴璘遣使檄夏国书》中有"布告庶邦"⑧之语。但目前所见布告仅1篇，且残损甚多，即中藏 G21.023 汉文《布告残页》。⑨

（十二）告牒

告牒乃西夏独创的一个文书档案种类。告牒在西夏是一种使用范围广、频率

---

① 陈炳应：《贞观玉镜将研究》，宁夏人民出版社1995年版，第7页。
② 史金波、聂鸿音、白滨译注：《天盛改旧新定律令》卷10，法律出版社2000年版，第362页。
③ 同上书，第382页。
④ （西夏）骨勒茂才著，黄建华、聂鸿音、史金波整理：《番汉合时掌中珠》，宁夏人民出版社1989年版，第62页。
⑤ 史金波、魏同贤、[俄]克恰诺夫主编：《俄藏黑水城文献》第6册，上海古籍出版社2000年版，第281—286页。
⑥ （明）徐师曾：《文体明辨序说》，人民文学出版社1962年版，第126页。
⑦ （清）吴广成撰，龚世俊等校证：《西夏书事校证》卷16，甘肃文化出版社1995年版，第189页。
⑧ 《宋史》卷486，中华书局1977年版，第14025页。
⑨ 史金波、陈育宁主编：《中国藏西夏文献》第16册，甘肃人民出版社、敦煌文艺出版社2006年版，第271页。

高的告众性文种。目前发现的告牒数量较多,共有 177 个编号计 440 多件西夏文告牒。① 其中,《中藏》收录有 4 个编号 4 件西夏文告牒;《俄藏》收录有 160 个编号 424 件西夏文告牒;《英藏》收录有 12 个编号 14 件西夏文告牒(有部分为残片)。现依次将图版编号、档案名称、版本、纸质、字体、书写文字、档案出处等信息列表整理如下。

表 3—1　告牒档案

序号	图版编号	档案名称	版本	纸质	字体	书写文字	档案出处	备注②
1	中藏 G11·010—9P	庚寅年告牒	写本	麻纸	草书	西夏文	《中藏》第十六册③ 第 33 页	残页
2	中藏 G21·007	光定午年告牒残页	写本	麻纸	草书	西夏文	同上书,第 260 页	残页
3	中藏 G21·008	光定己年告牒残页	写本	麻纸	草书	西夏文	同上书,第 261 页	残页
4	中藏 G21·010	告牒残页	写本	麻纸	草书	西夏文	同上书,第 262 页	残页
5	俄 ИНВ. No. 23—12	告牒	写本	麻纸	草书	西夏文	《俄藏》第十二册④ 第 7 页	残片

---

① 注:这 176 个编号 440 多件告牒,由于全用西夏文书写,所以,翻译考释可能会出现一些误差,即可能不足或多于 440 件。且《俄藏黑水城文献》中收录的档案名称和专家研究考释的档案名称有时并不一致,可能会导致重复计算。例如,《俄藏黑水城文献》第 13 册收录的俄 ИНВ. No. 2736,定名为"乾定申年黑水城守将告牒";第 14 册收录的俄 ИНВ. No. 8185,定名为"乾定酉年黑水城副统告牒"。聂鸿音则在《中华文史论丛》第 63 辑发表《关于黑水城的两件西夏文书》中将其分别翻译为"黑水守将告近禀帖"和"黑水副将上书"。

② 备注中的内容来源以《俄藏黑水城文献》第 6 册、第 14 册,《英藏》第 5 册及《中国藏西夏文献研究》等中叙录为主。若有特殊者,则借鉴了西夏学专家的最新研究成果,如史金波等先生的论著。以下各章节表格中的备注内容均是,再不注明。

③ 史金波、陈育宁主编:《中国藏西夏文献》第 16 册,甘肃人民出版社、敦煌文艺出版社 2006 年版。

④ 史金波、魏同贤、[俄]克恰诺夫主编:《俄藏黑水城文献》第 12 册,上海古籍出版社 2006 年版。

续　表

序号	图版编号	档案名称	版本	纸质	字体	书写文字	档案出处	备注
6	俄 ИНВ. No. 31—2~3	粮库告牒和辰年告牒	写本	麻纸	行书、草书	西夏文	同上书,第13页	残页。存字行数不等。有年款,有签署
7	俄 ИНВ. No. 39—1~2	告牒和官府告牒	写本	麻纸	草书	西夏文	同上书,第14—15页	残页
8	俄 ИНВ. No. 113—5~10	民事告牒	写本	麻纸	草书	西夏文	同上书,第19—21页	残页。有涂改、签署、押印
9	俄 ИНВ. No. 114	告牒	写本	麻纸	草书	西夏文	同上书,第24页	残页。有涂改
10	俄 ИНВ. No. 162—1~10	光定申年告牒及相关告牒	写本	麻纸	草书	西夏文	同上书,第25—31页	残页。有涂改、年款、签署、押印等
11	俄 ИНВ. No. 318	告牒等	写本	麻纸	草书	西夏文	同上书,第45页	多件残片粘贴。有涂改
12	俄 ИНВ. No. 320—1~2	告牒	写本	麻纸	草书	西夏文	同上书,第49—50页	残页。有涂改
13	俄 ИНВ. No. 321—1~6	告牒	写本	麻纸	草书	西夏文	同上书,第54—56页	残片。有签署、画押
14	俄 ИНВ. No. 324—1~3	逃亡告牒等	写本	麻纸	草书	西夏文	同上书,第60—61页	残片。有涂改
15	俄 ИНВ. No. 325—1~6	乾祐巳年告牒等	写本	麻纸	草书	西夏文	同上书,第63—66页	残片。有签署、涂改

第三章 西夏官府文书档案整理研究

续 表

序号	图版编号	档案名称	版本	纸质	字体	书写文字	档案出处	备注
16	俄 ИНВ. No. 326—1	天庆辰年告牒	写本	麻纸	草书	西夏文	同上书,第66页	残片。有年款
17	俄 ИНВ. No. 328—1～13、—14v	乾祐辰年告牒及各种告牒	写本	麻纸	草书	西夏文	同上书,第70—76页	残片。有年款、签署、画押
18	俄 ИНВ. No. 335—1	告牒	写本	麻纸	草书	西夏文	同上书,第84页	多件残页粘贴。正面有年款
19	俄 ИНВ. No. 342—1V～9、—12	告牒	写本	麻纸	草书	西夏文	同上书,第93—95页	残片。有年款
20	俄 ИНВ. No. 343—2～4、—9	乾祐子年告牒	写本	麻纸	草书	西夏文	同上书,第98—99页	残页或残片。有年款、涂改和签押残字
21	俄 ИНВ. No. 628—1～2	告牒	写本	麻纸	草书	西夏文	同上书,第122页	封套衬纸,多件残片粘贴
22	俄 ИНВ. No. 637	告牒等	写本	麻纸	草书	西夏文	同上书,第124页	多件残片粘贴
23	俄 ИНВ. No. 640—1V～3V	告牒等	写本	麻纸	草书	西夏文	同上书,第126—130页	残片。有涂改
24	俄 ИНВ. No. 657	光定丑年告牒等	写本	麻纸	草书	西夏文	同上书,第133页	多件残片粘贴
25	俄 ИНВ. No. 663	辰年告牒	写本	麻纸	草书	西夏文	同上书,第133页	残页。有年款
26	俄 ИНВ. No. 827—1～3	告牒	写本	麻纸	草书	西夏文	同上书,第137—139页	残片。有年款

续　表

序号	图版编号	档案名称	版本	纸质	字体	书写文字	档案出处	备注
27	俄 ИНВ. No. 840—1~2	告牒等	写本	麻纸	草书	西夏文	同上书,第140—141页	封套衬纸,两(多)件残片粘贴
28	俄 ИНВ. No. 959	告牒等	写本	麻纸	行书、草书	西夏文	同上书,第147页	两件残片粘贴
29	俄 ИНВ. No. 983—1~11	天庆卯年告牒及告牒	写本	麻纸	草书	西夏文	同上书,第150—153页	残片。有年款
30	俄 ИНВ. No. 986—4~8	告牒	写本	麻纸	草书	西夏文	《同上书,第159—161页	残片或多件残片粘贴。封套衬纸。有签署、画押
31	俄 ИНВ. No. 987	乾祐辰年告牒与乾祐甲辰年告牒	写本	麻纸	草书、行书	西夏文	同上书,第162页	两件残片粘贴。有年款、签署和画押
32	俄 ИНВ. No. 1042—1~3	告牒等	写本	麻纸	草书	西夏文	同上书,第164—167页	封套衬纸,多件残片粘贴。有签署
33	俄 ИНВ. No. 1055—1~3V	告牒等	写本	麻纸	草书	西夏文	同上书,第168—172页	多件残片粘贴。封套衬纸,有涂改
34	俄 ИНВ. No. 1095—3~4	告牒	写本	麻纸	草书	西夏文	同上书,第179页	封套衬纸,两件残片粘贴。有签署
35	俄 ИНВ. No. 1098	天庆巳年告牒等	写本	麻纸	草书	西夏文	同上书,第181页	多件残片粘贴。有年款
36	俄 ИНВ. No. 1158—1~2	告牒	写本	麻纸	草书	汉夏文合璧	同上书,第185—186页	封套衬纸,多件残片粘贴。有签署、画押

续 表

序号	图版编号	档案名称	版本	纸质	字体	书写文字	档案出处	备注
37	俄 ИНВ. No. 1159—2	告牒	写本	麻纸	草书	西夏文	同上书,第189页	多件残片粘贴。有签署
38	俄 ИНВ. No. 1170—3	天庆午年告牒	写本	麻纸	草书	西夏文	同上书,第195页	多件残片粘贴。有年款
39	俄 ИНВ. No. 1174—8~13	告牒	写本	麻纸	草书	西夏文	同上书,第199页	残页。有签署、画押、年款
40	俄 ИНВ. No. 1175—1~2	天盛庚寅年、戊寅年告牒	写本	麻纸	草书	西夏文	同上书,第200—201页	残页。有年款、签署、画押
41	俄 ИНВ. No. 1178—5~11	告牒	写本	麻纸	草书	西夏文	同上书,第204—205页	残片
42	俄 ИНВ. No. 1181—3V、—6~13	告牒	写本	麻纸	草书	西夏文	同上书,第217—220页	残片。有年款、签署、画押、涂改
43	俄 ИНВ. No. 1219—4~5	告牒	写本	麻纸	草书	西夏文	同上书,第223页	残页
44	俄 ИНВ. No. 1233—3~4V	告牒	写本	麻纸	草书	西夏文	同上书,第227—228页	残页。有涂改
45	俄 ИНВ. No. 1349	告牒	写本	麻纸	草书	西夏文	同上书,第239页	多件残片粘贴
46	俄 ИНВ. No. 1366—1~3	告牒	写本	麻纸	草书	西夏文	同上书,第240页	残片。有年款、签署

续　表

序号	图版编号	档案名称	版本	纸质	字体	书写文字	档案出处	备注
47	俄 ИНВ. No. 1454—1~5	告牒	写本	麻纸	草书	西夏文	同上书，第246—248页	残页。有涂改
48	俄 ИНВ. No. 1480—2~3	告牒	写本	麻纸	草书	西夏文	同上书，第251—252页	残页
49	俄 ИНВ. No. 1523—1~22	告牒	写本	麻纸	草书	西夏文	同上书，第254—264页	残页或残片。有年款、签署、涂改
50	俄 ИНВ. No. 1582	告牒等	写本	麻纸	草书	西夏文	同上书，第274页	残片粘贴。有涂改
51	俄 ИНВ. No. 1626	告牒	写本	麻纸	草书	西夏文	同上书，第276页	残片粘贴
52	俄 ИНВ. No. 1634	告牒	写本	麻纸	草书	西夏文	同上书，第277页	多件残片粘贴。有年款
53	俄 ИНВ. No. 1642	交钱告牒	写本	麻纸	草书	西夏文	同上书，第278页	多件残片粘贴
54	俄 ИНВ. No. 1719—1~6v	告牒	写本	麻纸	草书	西夏文	同上书，第280—282页	残片。封套衬纸。有年款、签署
55	俄 ИНВ. No. 1720—2~4	驮载等告牒	写本	麻纸	草书	西夏文	同上书，第290—291页	残页。均为封套衬纸
56	俄 ИНВ. No. 1722—5	告牒	写本	麻纸	草书	西夏文	同上书，第297页	残页。有涂改
57	俄 ИНВ. No. 1731	民事告牒等	写本	麻纸	草书	西夏文	同上书，第300页	多件残片粘贴。有签署、画押

第三章 西夏官府文书档案整理研究

续 表

序号	图版编号	档案名称	版本	纸质	字体	书写文字	档案出处	备注
58	俄 ИНВ. No. 1735	民事告牒等	写本	麻纸	草书	西夏文	同上书,第301页	两件残片粘贴。有涂改
59	俄 ИНВ. No. 1752—1	告牒	写本	麻纸	草书	西夏文	同上书,第303页	残页。有画押
60	俄 ИНВ. No. 1755—3	告牒	写本	麻纸	草书	西夏文	同上书,第305页	多件残片粘贴。有画押
61	俄 ИНВ. No. 1756—2	天庆午年告牒等	写本	麻纸	草书	西夏文	同上书,第210页	多件残片粘贴。有年款
62	俄 ИНВ. No. 1806—2	告牒等	写本	麻纸	草书	西夏文	同上书,第321页	两件残片粘贴
63	俄 ИНВ. No. 1819—1、5~6	监军司告牒及天庆卯年告牒等	写本	麻纸	草书	西夏文	同上书,第322—324页	封套衬纸。有年款、签署
64	俄 ИНВ. No. 1872	告牒	写本	麻纸	草书	西夏文	同上书,第333页	多件残片粘贴
65	俄 ИНВ. No. 1904	告牒	写本	麻纸	草书	西夏文	同上书,第339页	两件残片粘贴。有签署、画押
66	俄 ИНВ. No. 1910	告牒	写本	麻纸	草书	西夏文	同上书,第340页	两件残片粘贴
67	俄 ИНВ. No. 1916	告牒	写本	麻纸	草书	西夏文	同上书,第342页	两件残片粘贴
68	俄 ИНВ. No. 1920	告牒	写本	麻纸	草书	西夏文	同上书,第343页	两件残片粘贴
69	俄 ИНВ. No. 1929	告牒	写本	麻纸	草书	西夏文	同上书,第344页	两件残片粘贴

续　表

序号	图版编号	档案名称	版本	纸质	字体	书写文字	档案出处	备注
70	俄 ИНВ. No. 1964	乾祐午年告牒	写本	麻纸	草书	西夏文	同上书，第347页	多件残片粘贴。有年款
71	俄 ИНВ. No. 1965	乾祐酉年告牒	写本	麻纸	草书	西夏文	同上书，第348页	多件残片粘贴。有年款
72	俄 ИНВ. No. 1968	乾祐酉年告牒	写本	麻纸	草书	西夏文	同上书，第349页	多件残片粘贴。有年款、签署
73	俄 ИНВ. No. 1969	告牒	写本	麻纸	草书	西夏文	同上书，第350页	多件残片粘贴
74	俄 ИНВ. No. 1970	告牒	写本	麻纸	草书	西夏文	同上书，第351页	多件残片粘贴
75	俄 ИНВ. No. 2007—11~13	乾祐酉年告牒及土地买卖告牒	写本	麻纸	草书	西夏文	《俄藏》第十三册①第4—5页	残页。有年款
76	俄 ИНВ. No. 2035	乾祐卯年告牒	写本	麻纸	草书	西夏文	同上书，第11页	有年款
77	俄 ИНВ. No. 2037	告牒	写本	麻纸	楷书	西夏文	同上书，第13页	多件残片粘贴
78	俄 ИНВ. No. 2126—1~5	乾祐甲午年告牒及告牒	写本	麻纸	草书	西夏文	同上书，第20—22页	残页残片。封套衬纸。有年款、签署、画押
79	俄 ИНВ. No. 2146	民事借贷告牒等	写本	麻纸	草书	西夏文	同上书，第28页	两件残片粘贴

① 史金波、魏同贤、[俄]克恰诺夫主编：《俄藏黑水城文献》第13册，上海古籍出版社2007年版。

续表

序号	图版编号	档案名称	版本	纸质	字体	书写文字	档案出处	备注
80	俄 ИНВ. No. 2156—1~5	乾祐未年告牒与告牒	写本	麻纸	草书	西夏文	同上书,第30—32页	残页或残片。封套衬纸。有年款、签署
81	俄 ИНВ. No. 2158—1	天庆巳年告牒	写本	麻纸	草书	西夏文	同上书,第37页	两件残片粘贴。有年款
82	俄 ИНВ. No. 2161—1~2	告牒	写本	麻纸	草书	西夏文	同上书,第40页	残片。封套衬纸
83	俄 ИНВ. No. 2165—1~4	乾祐酉年告牒与告牒等	写本	麻纸	草书	西夏文	同上书,第42—47页	残片。封套衬纸。有年款和签署、画押
84	俄 ИНВ. No. 2168	告牒	写本	麻纸	草书	西夏文	同上书,第48页	多件残片粘贴。有画押
85	俄 ИНВ. No. 2170—3	乾祐申年告牒等	写本	麻纸	草书	西夏文	同上书,第51页	多件残片粘贴。有年款、签署
86	俄 ИНВ. No. 2171—1~15	天庆卯年告牒与告牒	写本	麻纸	草书	西夏文	同上书,第52—57页	残页。封套衬纸。有年款
87	俄 ИНВ. No. 2172—1~10	天庆卯年告牒与告牒	写本	麻纸	草书	西夏文	同上书,第58—61页	残页。封套衬纸。有年款
88	俄 ИНВ. No. 2174—1~2	告牒及辰年腊月告牒	写本	麻纸	草书	西夏文	同上书,第63页	残片。封套衬纸。均有涂改;有年款、签署、画押
89	俄 ИНВ. No. 2189	告牒	写本	麻纸	草书	西夏文	同上书,第67页	多件残片粘贴。有签署

续表

序号	图版编号	档案名称	版本	纸质	字体	书写文字	档案出处	备注
90	俄 ИНВ. No. 2205	告牒	写本	麻纸	草书	西夏文	同上书,第68页	多件残片粘贴
91	俄 ИНВ. No. 2206—13~16	土地买卖告牒与告牒	写本	麻纸	草书	西夏文	同上书,第73—74页	残片。封套衬纸。有年款、签署
92	俄 ИНВ. No. 2208—1~2	告牒及辰年告牒	写本	麻纸	草书	西夏文	同上书,第75页	残片。封套衬纸。有涂改
93	俄 ИНВ. No. 2243—1	告牒	写本	麻纸	草书	西夏文	同上书,第78页	多件残片粘贴
94	俄 ИНВ. No. 2493—1	乾祐丁酉年民事告牒	写本	麻纸	草书	西夏文	同上书,第82页	残片。有"乾祐丁酉年"款识
95	俄 ИНВ. No. 2545	户租粮账与皇建辛未年告牒	写本	麻纸	草书	西夏文	同上书,第83页	残片。有"兵皇建辛未年四月"款识
96	俄 ИНВ. No. 2547—13~18	纳税告牒等	写本	麻纸	草书	西夏文	同上书,第91—93页	残页。缝缋装。有签署、画押、年款
97	俄 ИНВ. No. 2753~2753V	乾祐卯年告牒与告牒等	写本	麻纸	草书	西夏文	同上书,第104页	残片。封套衬纸。有年款
98	俄 ИНВ. No. 2760	告牒	写本	麻纸	草书	西夏文	同上书,第105页	多件残片粘贴。有涂改
99	俄 ИНВ. No. 2775—7~13	告牒及投诚告牒等	写本	麻纸	草书	西夏文	同上书,第109—113页	残页。封套衬纸。有涂改、署押

续 表

序号	图版编号	档案名称	版本	纸质	字体	书写文字	档案出处	备注
100	俄 ИНВ. No. 2837	天庆亥年告牒	写本	麻纸	草书	西夏文	同上书，第119页	残片。有"天庆亥年八月"款识
101	俄 ИНВ. No. 2851—15、18、21、23、25~30	放牧告牒、应天卯年告牒及民事告牒等	写本	麻纸	草书	西夏文	同上书，第126—134页	残页。缝缋装。有勾勒、涂改、签署及画押
102	俄 ИНВ. No. 2991—1~5	乾祐巳年告牒等	写本	麻纸	草书	西夏文	同上书，第157—159页	残片。封套衬纸。有年款、署名、画押
103	俄 ИНВ. No. 3252—4	告牒	写本	麻纸	草书	西夏文	同上书，第166页	有签署、画押
104	俄 ИНВ. No. 3777—1~4	告牒	写本	麻纸	草书	西夏文	同上书，第170页	残片。封套衬纸
105	俄 ИНВ. No. 2858—2	监军司告牒	写本	麻纸	草书	西夏文	同上书，第174页	残页
106	俄 ИНВ. No. 4131—1	告牒	写本	麻纸	草书	西夏文	同上书，第191页	残页。有签署
107	俄 ИНВ. No. 4165	乾定酉年告牒签署	写本	麻纸	草书	西夏文	同上书，第192页	有年款和署押
108	俄 ИНВ. No. 4175	修寺告牒	写本	麻纸	草书	西夏文	同上书，第193页	有签署
109	俄 ИНВ. No. 4198	西经略使告牒	写本	麻纸	草书	西夏文	同上书，第198页	有"西经略使告"诸字

续　表

序号	图版编号	档案名称	版本	纸质	字体	书写文字	档案出处	备注
110	俄 ИНВ. No. 4207	西经略使司副统应天卯年告牒	写本	麻纸	草书	西夏文	同上书，第205页	残页。末行有款识。有签署、画押
111	俄 ИНВ. No. 4384—1~6、—10	监军司告牒及告牒画押	写本	麻纸	草书	西夏文	同上书，第206—210页	残页或残片。有年款、画押
112	俄 ИНВ. No. 4483—1~3	天盛告牒签署	写本	麻纸	草书	西夏文	同上书，第211—212页	残卷或残片。有年款
113	俄 ИНВ. No. 4525	黑水监军司告牒	写本	麻纸	草书	西夏文	同上书，第215页	残页。有涂改
114	俄 ИНВ. No. 4598	光定申年告牒	写本	麻纸	草书	西夏文	同上书，第224页	残页。末行有年款。有署名、画押
115	俄 ИНВ. No. 4600—1	匠事告牒	写本	麻纸	草书	西夏文	同上书，第225页	有涂改
116	俄 ИНВ. No. 4602	梁守护吉告牒	写本	麻纸	草书	西夏文	同上书，第233页	残页。有涂改
117	俄 ИНВ. No. 4727—2~4	皇建庚午元年内侍金刚王告牒等	写本	麻纸	草书	西夏文	同上书，第252—253页	残页。有签署、画押、年款
118	俄 ИНВ. No. 4761—1~3V	光定未年腊月告牒等	写本	麻纸	草书	西夏文	同上书，第262—264页	残卷。有年款和指押，有涂改
119	俄 ИНВ. No. 4762—1~2	乾祐午年溜统习判梁守护告牒等	写本	麻纸	草书	西夏文	同上书，第275—276页	有年款,有签署、画押、涂改

续　表

序号	图版编号	档案名称	版本	纸质	字体	书写文字	档案出处	备注
120	俄 ИНВ. No. 4790—1	南院监军司买卖告牒	写本	麻纸	行书	西夏文	同上书，第288页	残片。有朱印
121	俄 ИНВ. No. 4890	告牒	写本	麻纸	草书	西夏文	同上书，第300页	残页
122	俄 ИНВ. No. 4926—1	光定亥年告牒	写本	麻纸	草书	西夏文	同上书，第301页	有年款，有签署，有朱点
123	俄 ИНВ. No. 4927	民事告牒	写本	麻纸	草书	西夏文	同上书，第316页	残卷。有签署、画押
124	俄 ИНВ. No. 4931	罗瑞阿宝土地告牒	写本	麻纸	行楷	西夏文	同上书，第317页	残页。有人名
125	俄 ИНВ. No. 4991—1～2	黑水监军司乾祐未年告牒、藏粮告牒	写本	麻纸	草书	西夏文	同上书，第320—321页	残卷。有签署画押，有款识
126	俄 ИНВ. No. 5120—1	乾祐酉年斗殴告牒	写本	麻纸	草书	西夏文	《俄藏》第十四册① 第8页	残卷。有年款、签署、画押
127	俄 ИНВ. No. 5223—1	患病告牒	写本	麻纸	草书	西夏文	同上书，第27页	残页
128	俄 ИНВ. No. 5244	告牒	写本	麻纸	草书	西夏文	同上书，第30页	残页
129	俄 ИНВ. No. 5404—1～2	告牒等	写本	麻纸	草书	西夏文	同上书，第31页	缝缀装。第2件有年款、署名、画押

① 史金波、魏同贤、[俄]克恰诺夫主编：《俄藏黑水城文献》第14册，上海古籍出版社2011年版。

续表

序号	图版编号	档案名称	版本	纸质	字体	书写文字	档案出处	备注
130	俄 ИНВ. No. 5404—16	乾祐申年告牒	写本	麻纸	草书	西夏文	同上书,第38页	缝缀装。有年款、签署、画押
131	俄 ИНВ. No. 5486	告牒	写本	麻纸	草书	西夏文	同上书,第44页	残卷。有大字"西边□正统"字。有涂改
132	俄 ИНВ. No. 25497—1~2	光定申年告牒	写本	麻纸	草书	西夏文	同上书,第44—45页	残卷。有年款、签署、画押
133	俄 ИНВ. No. 5522—1	乾定申年告牒	写本	麻纸	行书	西夏文	同上书,第47页	残页。有年款、画押
134	俄 ИНВ. No. 5812—1~2	民事告牒	写本	麻纸	草书	西夏文	同上书,第53—54页	残页
135	俄 ИНВ. No. 5910—3	告牒	写本	麻纸	草书	西夏文	同上书,第63页	残页
136	俄 ИНВ. No. 5919	租税告牒	写本	麻纸	草书	西夏文	同上书,第64页	残页。有涂改
137	俄 ИНВ. No. 5949—2~17	民事告牒与谷物告牒等	写本	麻纸	草书	西夏文	同上书,第72—81页	残页、残片或残卷。有涂改、签署、画押、勾勒、年款
138	俄 ИНВ. No. 6122—1~6	告牒	写本	麻纸	草书	西夏文	同上书,第113—115页	残页。封套衬纸。有年款
139	俄 ИНВ. No. 6189	告牒	写本	麻纸	草书	西夏文	同上书,第117页	残卷

续 表

序号	图版编号	档案名称	版本	纸质	字体	书写文字	档案出处	备注
140	俄 ИНВ. No. 6345	乾祐戌年节亲中书西经略使告牒	写本	麻纸	草书	西夏文	同上书,第125页	残卷。多纸粘贴。有年款等
141	俄 ИНВ. No. 6348—1	民事告牒	写本	麻纸	草书	西夏文	同上书,第132页	残卷。有"午年?月"款识,有签署、画押
142	俄 ИНВ. No. 6377—1~9	逃亡告牒等	写本	麻纸	草书	西夏文	同上书,第136—142页	卷子、残卷、残页。有签署、画押、年款
143	俄 ИНВ. No. 6508	乾定申年告牒	写本	麻纸	草书	西夏文	同上书,第157页	残页。有年款
144	俄 ИНВ. No. 6571	民事告牒	写本	麻纸	草书	西夏文	同上书,第158页	残页。有涂改
145	俄 ИНВ. No. 6609—1~2	乾定未年告牒	写本	麻纸	草书	西夏文	同上书,第159—160页	残卷或残页。有签署、画押、年款
146	俄 ИНВ. No. 6615—1~2	官事告牒	写本	麻纸	草书	西夏文	同上书,第160—161页	残页。有涂改
147	俄 ИНВ. No. 6819	国事告牒	写本	麻纸	草书	西夏文	同上书,第165页	残卷
148	俄 ИНВ. No. 6859—1	官事告牒	写本	麻纸	草书	西夏文	同上书,第166页	残卷。有签署、画押
149	俄 ИНВ. No. 7134	乾定申年告牒	写本	麻纸	草书	西夏文	同上书,第170页	残页。有年款、签署、画押
150	俄 ИНВ. No. 7294	民事告牒等	写本	麻纸	草书	西夏文	同上书,第175页	残卷。左部4行为佛经
151	俄 ИНВ. No. 7630—1	皇建午年前内侍告牒	写本	麻纸	草书	西夏文	同上书,第186页	残卷。有年款、签署、画押

续 表

序号	图版编号	档案名称	版本	纸质	字体	书写文字	档案出处	备注
152	俄 ИНВ. No. 7631	耶和梁盛告牒	写本	麻纸	草书	西夏文	同上书，第188页	卷子。有涂改
153	俄 ИНВ. No. 7752	民事告牒	写本	麻纸	草书	西夏文	同上书，第192页	残页
154	俄 ИНВ. No. 7887—2	光定申年告牒	写本	麻纸	楷书	西夏文	同上书，第201页	残页。有年款
155	俄 ИНВ. No. 7892—1～2V	民事告牒等	写本	麻纸	草书	西夏文	同上书，第203—204页	残页或残片
156	俄 ИНВ. No. 7893—1～4、—5V～7	普渡寺告牒及乾定酉年告牒等	写本	麻纸	草书	西夏文	同上书，第208—212页	残页或残卷。有年款、签署、画押、涂改
157	俄 ИНВ. No. 7902—1～1V	守备人员告牒	写本	麻纸	草书	西夏文	同上书，第220页	残卷。有涂改
158	俄 ИНВ. No. 7910—1～2	民事告牒	写本	麻纸	草书	西夏文	同上书，第223—224页	残页
159	俄 ИНВ. No. 7977—3～4	营造告牒	写本	麻纸	草书	西夏文	同上书，第229页	残片。有涂改、年款
160	俄 ИНВ. No. 7991	乾祐庚年告牒	写本	麻纸	草书	西夏文	同上书，第233页	上下两件残片。有年款
161	俄 ИНВ. No. 7994—2～5	承旨告牒等	写本	麻纸	草书、行书	西夏文	同上书，第234—237页	残卷或残页。有签署、画押、涂改、勾勒

第三章 西夏官府文书档案整理研究

续 表

序号	图版编号	档案名称	版本	纸质	字体	书写文字	档案出处	备注
162	俄 ИНВ. No. 8007—8007V	纳钱粮告牒	写本	麻纸	草书	西夏文	同上书，第252—253页	残页。有涂改
163	俄 ИНВ. No. 8266—1~2	告牒	写本	麻纸	草书	西夏文	同上书，第258页	残片或残页。有涂改
164	俄 ИНВ. No. 8370~8370V	普渡寺告牒	写本	麻纸	草书	西夏文	同上书，第259页	残卷。有签署、画押，有朱印一方
165	俄 ИНВ. No. W9	告牒	写本	麻纸	草书	西夏文	同上书，第266页	残页。封套衬纸
166	英 Or. 12380—2138①	告牒	写本	麻纸	草书	西夏文	《英藏》第二册② 第351页	1纸残片
167	英2841	告牒	写本	麻纸	草书	西夏文	《英藏》第三册第255页	1纸残片
168	英3317	告牒	写本	麻纸	草书	西夏文	《英藏》第四册第102页	2纸。背面有字
169	英3322	告牒	写本	麻纸	草书	西夏文	同上书，第105页	1纸单页
170	英3326、3326V	告牒	写本	麻纸	草书	西夏文	同上书，第108页	3纸。背面有字
171	英3329	告牒	写本	麻纸	草书	西夏文	同上书，第110页	1纸
172	英3330	告牒	写本	麻纸	草书	西夏文	同上书，第111页	1纸

① 注：英 Or. 12380 号是斯坦因第三次西域探险活动所获档案的顺序号，本表中所整理的《英藏》档案均属该档案的顺序号下，故在该表的以下图版编号顺序中省略该顺序号，只写实体档案的顺序号，如英2138。以下所有表格中该号下的档案写法均如此，再不注明。

② 谢玉杰、吴芳思主编：《英藏黑水城文献》第1—4册，上海古籍出版社2005年版。

续 表

序号	图版编号	档案名称	版本	纸质	字体	书写文字	档案出处	备注
173	英3339	告牒	写本	麻纸	草书	西夏文	同上书,第114页	2纸残片
174	英3342	告牒	写本	麻纸	草书	西夏文	同上书,第116页	2纸
175	英3357	告牒	写本	麻纸	草书	西夏文	同上书,第125页	1纸残片
176	英3522	监军司告牒	写本	麻纸	草书	西夏文	同上书,第216页	1纸单页
177	英3527、3527V	告牒	写本	麻纸	草书	西夏文	同上书,第219—220页	多纸。背面有字①

（十三）白札子

白札子也称札子，宋代首创，既可下行，又可上行。作为下行文的札子，在宋代主要用于中书省、枢密院、三司等发往下级属司执行的命令，也称为省札、堂札。宋代的札子这一文书种类依然被西夏学习和借鉴，成为西夏中书省、枢密院、三司等使用的下行文书。目前并未见到直接称"札子"等的官府文书档案，但可间接得知西夏存在札子档案，如俄 ИНВ. No. 2208 汉文《乾祐十四年安排官文书》中就有"右札付三司芭里你令布"等语②。

（十四）凭由

凭由作为文书档案种类名称，最早出现在唐代。唐穆宗时期颁布的《禁乘驿官格外征马诏》称："如闻官驿递马，死损转多，欲令提举所由，悉又推注中使。邮驿称不见券，则随所索尽供。既无凭由，岂有定数，方将革弊，贵在息

---

① 注：英2138、2841、3317、3322、3326、3326V、3329、3330、3342、3357、3522号档案原定名称"草书写本""社会文书""文书""残片"等，现据史金波《〈英藏黑水城文献〉定名刍议及补证》（杜建录主编：《西夏学》2010年第5辑，上海古籍出版社2010年，第6—16页）改定名称为"告牒或监军司告牒""告牒"等。

② 史金波、魏同贤、[俄]克恰诺夫主编：《俄藏黑水城文献》第6册，上海古籍出版社2000年版，第300页。

词。自今已后，中使乘递，如不见券，及券外索马，所由辄不得供。"① 后周将租佃给客户的系省庄田、桑土、舍宇等作为永业，并由县司颁发凭由作为凭据，因此，凭由在五代时期已经具有官方凭据的作用。与此同时，凭由还被用作僧人出家的凭证，"应合剃头受戒人等，逐处闻奏，候敕下委祠部给付凭由，方得剃头受戒"。② 宋代凭由使用的范围更加广泛，北宋在内侍省置"合同凭由司"，三司也设置了"凭由司"作为子司，"凡传宣取库物，令内臣自赍合同凭由送逐处已，乃缴奏下三司出破帖"。③ 内臣只有持合同凭由司出具的凭由，并得到三司审批后，方可于诸库支取钱物。不仅如此，凭由还普遍应用于州县的税收、和买、抽丁、任官等领域，如绍兴二十六年（1156）闰十月十三日，两浙路转运副使李邦献言："人户合纳夏税，乞令州县将人户名下正绢若干、和买若干出给凭由，散付人户收执，永远照应输纳。如人户物业有进退，合分明开具改给，不得暗有增敷。"④ 宋代各种类型的凭由，主要用于财物与身份的证明。宋代在榷货务中也使用凭由，开宝三年（970）八月，宋廷诏建安军榷货务："应博易自今客旅将到金、银、钱、物等折博茶货及诸般物色，并止于扬州纳下，给付客旅博买色件数目凭由，令就建安军请领，令监榷务、职方郎中边栩赴扬州，与本州岛同共于城内起置榷货务。……"⑤ 由上可知，这显然和西夏榷场贸易文书中出现的作为监榷务验认客商买卖货物种类、数量的凭由职能相似。西夏则由榷场管理官吏依据银牌安排官颁发给商户凭由，用来检验商户是否有榷场进行贸易的资质和有无携带违禁货物。例如，俄 ИНВ. No. 316《呈状》中就有"口前来者，依准凭由将……"⑥但目前并未见到西夏凭由实物档案。

（十五）表

表是大臣向皇帝陈述政事、表达想法及衷情的一种上行文书。表主要收录于汉文西夏史籍中，并未发现出土文献中有西夏文或汉文或其他文字的表文。从汉

---

① 《全唐文》卷65，上海古籍出版社1990年版，第301页。
② 同上书，第551页。
③ （宋）李焘：《续资治通鉴长编》卷113，中华书局2004年版，第2638页。
④ （清）徐松辑：《宋会要辑稿·食货》10之6，中华书局1957年版，第4980页。
⑤ 同上书，第5432页。
⑥ 史金波、魏同贤、[俄]克恰诺夫主编：《俄藏黑水城文献》第6册，上海古籍出版社2000年版，第282页。

文西夏史籍的收录情况来看，有 30 篇汉文表文。现依次将作者或拟作者、档案名称、撰写时间、书写文字、档案出处等相关信息列表整理如下。

表 3—2　　　　　　　　　《表》文档案

序号	作者	档案名称	档案出处	备注
1	李继迁	诣麟州贡马及橐驼表	《西夏书事校证》①卷 3，第 39 页	宋太平兴国八年(983)
2	李继迁	遣使于宋乞夏州表	同上书，第 63 页	宋至道元年(995)
3	李继迁	遣使请让恩命表	同上书，第 72—73 页	同上
4	李德明	奉继迁遗言表	同上书，第 97 页	宋景德二年(1005)
5	李德明	遣使修贡表	《续长编》②卷 63，第 1399 页	宋景德三年(1006)
6	李德明	乞宋诫招纳蕃部表	同上书，第 1428 页	同上
7	李德明	乞宋敦谕边臣遵诏约表	同上书，第 2022 页	宋大中祥符九年(1016)
8	杨守素	上元昊请建元表	《西夏书事校证》卷 11，第 134 页	夏广运元年(1034)
9	元昊	于宋请称帝改元表	《宋史》卷 485，第 13995—13996 页③	夏天授礼法延祚二年(1039)。④
10	谅祚	于宋乞赎大藏经表	《宋大诏令集》卷 234,第 911 页⑤	夏奲都二年(1058)
11	谅祚	于宋乞用汉仪表	同上书，第 911 页	夏奲都五年(1061)
12	谅祚	与宋再乞赎大藏经表	同上书，第 912 页	夏奲都六年(1062)
13	谅祚	于宋乞工匠表	同上书，第 912 页	同上

---

① （清）吴广成撰，龚世俊等：《西夏书事校证》，甘肃文化出版社 1995 年版。
② （宋）李焘：《续资治通鉴长编》，中华书局 2004 年版。
③ 《宋史》，中华书局 1977 年版。
④ （宋）李焘《续资治通鉴长编》卷 123（中华书局 2004 年版，第 2893—2894 页）和（宋）司马光《涑水记闻》卷 11（中华书局 1989 年版，第 212 页）都载有该文，但文字稍有差别。——编者注
⑤ 《宋大诏令集》，中华书局 1962 年版。

第三章　西夏官府文书档案整理研究

续　表

序号	作者	档案名称	档案出处	备注
14	谅祚	于宋乞买物表	同上书,第912页	同上
15	秉常	于宋乞交领绥州表	同上书,第916页	夏乾道二年(1069)
16	秉常	贡宋乞绥州表	《续长编》卷226,第5515页	夏天赐礼盛国庆二年(1070)
17	秉常	如宋进马赎大藏经表	《宋大诏令集》卷235,第917页	夏天赐礼盛国庆三年(1071)
18	秉常	谢宋恩表	同上书,第918页	同上
19	秉常	贡宋表	《续长编》卷350,第8384页	夏大安九年(1082)
20	乾顺	进奉贺正马驼表	《宋大诏令集》卷236,第919页	夏天仪治平二年(1088)
21	乾顺	进谢恩马驼表	同上书,第919页	同上
22	乾顺	请定疆至表	《续长编》卷445,第10717页	夏天祐民安元年(1090)
23	乾顺	请以四寨易兰州塞门表	同上书,第10375页	夏天仪治平四年(1090)
24	乾顺	请以兰州易塞门表	《宋大诏令集》卷236,第921页	夏天祐民安四年(1093)
25	乾顺	遣使诣宋谢罪表	《续长编》卷515,第12234页	夏永安元年(1098)
26	乾顺	进登位土物表	《宋大诏令集》卷236,第921页	夏永安二年(1099)
27	乾顺	贺金正旦表	《松漠纪闻》卷2,第710页①	夏元德七年(1125)
28	任得敬	上仁孝请兵讨夏州表	《西夏书事校证》卷35,第408页	夏大庆元年(1140)
29	仁孝	既诛任得敬诣金上谢表	《金史》②卷134,第2870页	夏乾祐元年(1170)
30	仁孝	以金却所献百头帐再上表	同上书,第2870页	夏乾祐八年(1177)

---

① （宋）洪浩：《松漠纪闻》卷2,影印文渊阁《四库全书》第407册,台湾商务印书馆1986年版,第710页。
② 《金史》,中华书局1975年版。

（十六）誓表

誓表也称"誓辞"或"誓文"，是我国古代出现最早的文书种类之一。早在《尚书》中就有《甘誓》《汤誓》《秦誓》等。它主要用于记载表示决心和信诺的誓言。西夏誓表主要收录于汉文西夏史籍中，并未发现出土文献中有西夏文、汉文或其他文字的誓表。从汉文西夏史籍的收录情况来看，有5篇汉文誓表。现按撰写时间先后顺序，简单列示如下。

1. 李德明于宋景德二年（1005）作的《上宋誓表》。①
2. 元昊于夏天授礼法延祚七年（1044）作的《遣使如宋上誓表》。②
3. 谅祚于夏拱化五年（1067）作的《乞宋颁誓诏表》。③
4. 乾顺于夏永安元年（1098）作的《再上宋誓表》。④
5. 乾顺于夏元德六年（1124）作的《遣使诣金上誓表》。⑤

（十七）奏

奏是古代大臣向皇帝陈述、批评、建议或对某事、某官进行弹劾时所用的一种上行文书。汉文西夏史籍和《俄藏》中收录有汉、夏文奏文各1篇，计2篇。列示如下。

1. 仁孝于夏天盛十六年（1164）作的汉文《使诣金贺万寿节附奏》。⑥
2. 俄 ИНВ. No. 6990 西夏文《应天丙寅元年奏折》。⑦

（十八）疏

疏是古代大臣向皇帝陈述政见或看法，或有所匡谏时所用的上行文书。西夏疏主要收录于汉文西夏史籍中，并未发现出土文献中有西夏文或汉文或其他文字

---

① （宋）宋庠：《元宪集》卷27，商务印书馆《国学基本丛书》本1935年版，第289页。
② （宋）李焘：《续资治通鉴长编》卷152，中华书局2004年版，第3706页。另：《宋大诏令集》卷233与《宋史》卷485均有载，但文字有异。
③ 《宋大诏令集》卷235，中华书局1962年版，第914页。
④ （宋）李焘：《续资治通鉴长编》卷519，中华书局2004年版，第12343—12344页。另：《宋史》卷486《夏国传》所载与上文有异。
⑤ 《金史》卷134，中华书局1975年版，第2866页。
⑥ 同上书，第2868—2869页。
⑦ 史金波、魏同贤、[俄]克恰诺夫主编：《俄藏黑水城文献》第14册，上海古籍出版社2011年版，第169页。注：这里题名"奏折"可能有误，应为"奏"，因"奏折"文种始出于清代前期。

的疏文。从汉文西夏史籍的收录情况来看，有 10 篇汉文疏文。现按撰写时间先后列示如下。

1. 薛元礼于夏贞观元年（1101）作的《请重汉学疏》。①
2. 谋宁克任于夏贞观十二年（1112）作的《陈得失疏》。②
3. 李讹哆于夏雍宁元年（1114）作的《遗统军梁哆唛书》。③
4. 苏执义于夏大庆四年（1143）作的《恤民疏》。④
5. 苏执礼于夏大庆四年（1143）作的《赈恤灾民疏》。
6. 热辣公济于夏人庆四年（1147）作的《谏阻权臣任得敬入朝疏》。
7. 任得敬于夏天盛十二年（1160）作的《请废学校疏》。
8. 热辣公济于夏天盛二十一年（1169）作的《请罢任得敬官疏》。
9. 梁德懿于夏光定十三年（1223）作的《言得失疏》。
10. 张公辅于夏乾定三年（1226）作的《陈经国七事疏》。⑤

（十九）呈状

呈状是西夏下级官府向上级官府呈请具体事项的上行文书。《天盛律令》规定："前内侍、阁门等有袭抄者时，当与管事人上奏呈状。"⑥ 呈状是西夏各官府上行文书的主要类别，内容丰富、数量庞大。现根据《中藏》《俄藏》《斯坦因第三次中亚考古所获汉文文献》（非佛经部分）等文献收录的呈状，共有 14 个编号计 14 篇汉文呈状档案。现依次将图版编号、档案名称、版本、纸质、字体、书写文字、档案出处等相关信息列表，见表 3—3。

---

① （清）吴广成撰，龚世俊等校证：《西夏书事校证》卷 31，甘肃文化出版社 1995 年版，第 359 页。
② 同上书，第 371 页。
③ 《宋史》卷 486，中华书局 1977 年版，第 14019—14020 页。
④ （清）吴广成撰，龚世俊等校正：《西夏书事校证》卷 35，甘肃文化出版社 1995 年版，第 411 页。
⑤ 同上书，第 411—493 页。
⑥ 史金波、聂鸿音、白滨译注：《天盛改旧新定律令》卷 10，法律出版社 2000 年版，第 355 页。

表 3—3　　　　　　　　　　《呈状》档案

序号	图版编号	档案名称	版本	纸质	字体	书写文字	档案出处	备注
1	中藏 G21·024	经略司呈状	写本	麻纸	行楷	汉文	《中藏》第十六册①，第271页	残页。有"经略司""计料官通判白"等字。
2	俄 ИНВ. No. 308	收税呈状	写本	麻纸	行楷	汉文	《俄藏》第六册②，第280页	残页。上下均裁去。首尾缺
3	俄 ИНВ. No. 313	收姜椒绢等税呈状	写本	麻纸	行楷	汉文	同上书，第280页	残页，封套褙纸。上下裁去。首尾缺
4	俄 ИНВ. No. 315—1～2	榷场贸易收税呈状	写本	麻纸	行书	汉文	同上书，第281页	残片。上下裁去
5	俄 ИНВ. No. 347	榷场使兼拘榷西凉府签判呈状	写本	麻纸	行楷	汉文	同上书，第282页	残页，封套褙纸。上下裁去
6	俄 ИНВ. No. 348(正)	西夏大庆三年呈状	写本	麻纸	楷书	汉文	同上书，第283页	上下裁去。有"右仰三司""天庆三年"等字
7	俄 ИНВ. No. 352B	榷场使兼拘榷官西凉府签判呈状	写本	麻纸	行书	汉文	同上书，第285页	末行有"……西凉府"等字，下有押印
8	俄 ИНВ. No. 1158BV	卖油等呈状	写本	麻纸	楷书	汉文	同上书，第290页	残页。背有"司吏""升头"等字与押印
9	俄 ИНВ. No. 1867	天庆间杨推官呈状	写本	麻纸	行书	汉文	同上书，第298页	多层纸粘叠，下部裁去。首末各有"天庆"等字，中有大字"杨推官"

---

①　史金波、陈育宁主编：《中国藏西夏文献》第 16 册，甘肃人民出版社、敦煌文艺出版社 2006 年版。

②　史金波、魏同贤、[俄] 克恰诺夫主编：《俄藏黑水城文献》第 6 册，上海古籍出版社 2000 年版。

续 表

序号	图版编号	档案名称	版本	纸质	字体	书写文字	档案出处	备注
10	俄 ИНВ. No. 2208	乾祐十四年安排官呈状	写本	麻纸	行楷	汉文	同上书,第300页	多层纸粘叠。在"安推官"下有押印。背粘西夏文文书。
11	俄 ИНВ. No. 7465V	赵猪狗押纱呈状	写本	麻纸	行楷	汉文	同上书,第321页	单栏。上半被裁去。后有勾画
12	俄 Дх. 19043	西夏乾祐廿四年呈状	写本	麻纸	草书	汉文	《俄藏敦煌文献》第17册①,第324页	首尾残缺。第2行起首有一残印
13	英 Or. 8212/1191 (K. K. 015. rr)	西夏呈状残页	写本	麻纸	行书	汉文	《斯坦因第三次中亚考古所获汉文文献》(非佛经部分)第2册②,第96页	残页。上下损毁,前后均缺
14	英 Or. 8212/1291 (K. K. III. 015. 00. [i])	西夏乾祐年间呈状残页	写本	麻纸	行书	汉文	同上书,第130页	残页。上下损毁。有"乾祐十"字样

(二十) 申状

申状,简称状,是古代下级官府向上级官府陈言、请示问题的文书文种。状在西夏广泛使用于各级官府之间,数量较大,根据《中藏》《俄藏》《英藏》等收录的申

---

① [俄] 孟列夫、钱伯城主编:《俄藏敦煌文献》第17册,俄罗斯科学院东方研究所圣彼得堡分所、俄罗斯科学出版社东方文学部、上海古籍出版社2001年版。

② 沙知、吴芳思主编:《斯坦因第三次中亚考古所获汉文文献》(非佛经部分)第2册,上海辞书出版社2005年版。

· 111 ·

状,共有10个编号计11件汉文申状。① 现依次将图版编号、档案名称、版本、纸质、字体、书写文字、档案出处等相关信息列表(见表3—4)。

表3—4　　　　　　　　　　《申状》档案

序号	图版编号	档案名称	版本	纸质	字体	书写文字	档案出处	备注
1	中藏G21·027	西夏光定二年西路乐府签勾官申状	写本	麻纸	草书	汉文	《中藏》第十六册②,第273页	单页。残
2	俄ИНВ.No.307—1~2	收取酒五斤等榷场贸易税申状	写本	麻纸	行楷	汉文	《俄藏》第六册③,第279页	残片,第2块首行单写"申"字
3	俄ИНВ.No.316	本府住户席智□等申状	写本	麻纸	行楷	汉文	同上书,第282页	上下裁去。首行单写"申"字
4	俄ИНВ.No.348(背)	申状	写本	麻纸	行楷	汉文	同上书,第283页	上下裁去。有"须至申""具申""谨状"等字
5	俄ИНВ.No.351	申状	写本	麻纸	行书	汉文	同上书,第284页	上下裁去
6	俄ИНВ.No.352A	收取本府住户榷场贸易税申状	写本	麻纸	行楷	汉文	同上书,第284页	首行单写"申"字

①《俄藏黑水城文献》中收录的有多篇命名为"呈状"的文书,如《俄Дx2957　10280　光定十三年千户刘寨杀了人口状》《俄ИНВ.No.316　呈状》《俄ИНВ.No.348　天(大)庆三年呈状》《俄ИНВ.No.352A　呈状》等,我们以为应是"申状"文书。因为从其写作的体式来看,即为申状式。《俄Дx2957　俄Дx10280　光定十三年千户刘寨杀了人口状》的前半部分残,无法得知开头部分内容,但后半部分的写作体式完全符合司马光所归纳的申状体式,该状的倒数第四行为"右谨具申",倒数第三行为"某谨状",倒数第二行为"光定十三　十月初四日杀了人口",倒数第一行为"千户刘寨　　状"。而《俄ИНВ.No.316　呈状》的前半部分内容正好十分完整,可弥补"刘寨杀了人口状"的不足:首行单写一"申"字,然后另起行撰写相关的内容。这是典型的申状体式,故这种以"呈状"为名的部分文书可以认为是"申状"。
② 史金波、陈育宁主编:《中国藏西夏文献》第16册,甘肃人民出版社、敦煌文艺出版社2006年版。
③ 史金波、魏同贤、[俄]克恰诺夫主编:《俄藏黑水城文献》第6册,上海古籍出版社2000年版。

112

续 表

序号	图版编号	档案名称	版本	纸质	字体	书写文字	档案出处	备注
7	俄 ИНВ. No. 353	收取镇夷郡住户榷场贸易税申状	写本	麻纸	行楷	汉文	同上书，第285页	上下裁去。首行单写"申"字
8	俄 ИНВ. No. 354	南边榷场使申状	写本	麻纸	行楷	汉文	同上书，第286页	上下裁去。有"申""准""依法搜检"等字
9	英 3638B	绢褐姜等收支历申状	写本	麻纸	草书	汉文	《英藏》第四册①，第295页	1 纸残片，纸色深
10	英 3673V	申状（残）	写本	麻纸	草书	汉文	同上书，第315页	多纸，背面残片，墨色浅，蓝色封皮

（二十一）禀帖

西夏借鉴了中原"禀"的文书名称，创造性地设置了禀帖文书种类，是指下级官吏向上级官府或官吏陈述事情或请求事项时所用的一种上行文书。目前所能见到的禀帖仅有 1 件，即俄 ИНВ. No. 2736 西夏文《黑水守将告近禀帖》。②

（二十二）上书

上书是下级官员向上级官员陈述事情或请求办理某一具体事项时所使用的上行文书。目前所见仅有 1 篇，即俄 ИНВ. No. 8185 西夏文《黑水副将上书》。③

（二十三）牒

牒在西夏主要用于内外不相统摄的官府之间就某事进行协商、讨论或安排等

---

① 谢玉杰、吴芳思主编：《英藏黑水城文献》第 4 册，上海古籍出版社 2005 年版。
② 史金波、魏同贤、[俄] 克恰诺夫主编：《俄藏黑水城文献》第 13 册，上海古籍出版社 2007 年版，第 103 页；聂鸿音：《关于黑水城的两件西夏文书》，《中华文史论丛》第 63 辑，上海古籍出版社 2000 年版，第 134 页。
③ 史金波、魏同贤、[俄] 克恰诺夫主编：《俄藏黑水城文献》第 14 册，上海古籍出版社 2011 年版，第 256 页。同上书，第 137 页。

往还平行文书。西夏法典中多次出现"牒"一词,《天盛律令》有"上等中书、枢密自相传牒,语尾依牒前同至请等当有,官下当手记,而后各司上当置,在末尾当说,并记上日期"。① 目前所能见到的西夏牒文仅有5篇,其中汉文2篇。现列示如下。

1. 李德明于宋景德三年（1006）作的《请蕃部指挥使色木结皆以等还本道牒》②。

2. 乾顺于夏天祐民安四年（1093）作的《于保安军请和牒》③。

3. 中藏 G21·007 西夏文《光定午年告牒残页》。

4. 中藏 G21·008 西夏文《光定己年告牒残页》④。

5. 中藏 G11·118（正、背）西夏文《沙州麻则金刚王牒残页》⑤。

（二十四）移

移，也称移文、移牒、移书，用于不相隶属的各衙署之间往来文书。西夏移文所见数量不多，只有汉文西夏史籍中收录有1篇，即禹藏花麻《移文熙州请讨夏国母子》⑥。

（二十五）书

西夏也称嫚书。书或嫚书是平行或不相隶属的各司署之间协商解决某项事情时所用的一种平行文书。目前所能见到的只有汉文西夏史籍中收录的5篇汉文书体档案。现列示如下。

1. 李德明于宋景德元年（1004）作的《回鄜延路钤辖张崇贵书》⑦。

2. 元昊于夏天授礼法延祚二年（1039）作的《使贺九言赍宋嫚书》⑧。

3. 元昊于夏天授礼法延祚五年（1042）作的《覆庞籍议和书》⑨。

---

① 史金波、聂鸿音、白滨译注：《天盛改旧新定律令》卷10，法律出版社2000年版，第364页。
② （宋）李焘：《续资治通鉴长编》卷64，中华书局2004年版，第1425页。
③ 同上书，第11421页。
④ 史金波、陈育宁主编：《中国藏西夏文献》第16册，甘肃人民出版社、敦煌文艺出版社2006年版，第260页。
⑤ 同上书，第209页。
⑥ （宋）李焘：《续资治通鉴长编》卷312，中华书局2004年版，第7578页。
⑦ 《宋大诏令集》卷233，中华书局1962年版，第906页。
⑧ （宋）李焘：《续资治通鉴长编》卷125，中华书局2004年版，第2949—2950页。
⑨ 同上书，第3332页。

4. 昂星嵬名济于夏大安八年（1081）作的《西南都统遗卢秉书》。①

5. 乾顺于夏天祐民安七年（1096）作的《破宋金明寨遗宋经略使书》。②

（二十六）檄书

檄书为军事性文告，古代主要用于军旅之前，为讨伐敌方、揭露其罪行的一种文书，有时也可用于征调和晓谕、劝导民众，其目的是为即将进行的战争作舆论准备。檄之功用，在西夏仍用于平行或不相隶属的司署衙门之间。目前保留下来的西夏檄书数量有限，只有3篇汉文檄书。现列示如下。

1. 乾顺于夏正德二年（1128）作的《檄延安府文》。③

2. 仁孝于夏天盛十三年（1161）作的《回宋刘琦等檄书》。④

3. 仁孝于夏天盛十三年（1161）作的《报吴璘遣使檄夏国书》。⑤

（二十七）其他官府文书档案

这部分档案指的是残损过甚或无法暂时识读而只以"文书"或"文书残页"等命名的官府文书，既有汉文，又有西夏文，且数量比较庞大，共有241个编号计462件档案（部分为残片）。其中，有232个编号计453件西夏文档案，9个编号计9件汉文档案。具体分布如下：《中藏》有66个编号计114件档案（部分为残片），其中汉文5个编号计5件档案；《俄藏》有西夏文档案109个编号计278件档案（部分为残片）；《英藏》收录有68个编号计70件档案（部分为残片），其中有4个编号计4件汉文档案。现依次将图版编号、档案名称、版本、纸质、字体、书写文字、档案出处等相关信息列表（见表3—5）。

---

① （宋）李焘：《续资治通鉴长编》卷125，第7979—7980页。另：《宋史》卷486和《涑水记闻》卷14均有载，但文字有异。
② 《宋史》卷486，中华书局1977年版，第14017页。
③ 同上书，第14022页。
④ （宋）徐梦莘：《三朝北盟会编》卷233，影印文渊阁《四库全书》本第352册，中国台湾商务印书馆1986年版，第3610页。
⑤ （清）吴广成撰，龚世俊等校证：《西夏书事校证》卷36，甘肃文化出版社1995年版，第425—426页。

表 3—5　　　　　　　　　　　《其他官府文书》档案

序号	图版编号	档案名称	版本	纸质	字体	书写文字	档案出处	备注
1	中藏 B11·005—4P~5P	文书残页	写本	麻纸	草书	西夏文	《中藏》第一册①，第116页	残片。涂改明显
2	中藏 B11·005—13P	文书残页	写本	麻纸	草书	西夏文	同上书，第118页	残页，上下裁去
3	中藏 B11·005—14P~15P	文书残页	写本	麻纸	草书	西夏文	同上书，第119页	涂改严重，且字迹模糊
4	中藏 B11·013—03P	文书残页	写本	麻纸	草书	西夏文	《中藏》第二册，第40页	残页
5	中藏 B11·014—05P	申年文书残页	写本	麻纸	草书	西夏文	同上书，第86页	残页。多为押字
6	中藏 B11·016—13P	文书残页	写本	麻纸	草书	西夏文	同上书，第158页	残页。有涂改
7	中藏 B11·016—20P	文书残页	写本	麻纸	行草	西夏文	同上书，第160页	残页
8	中藏 B11·016—22VP	文书残页	写本	麻纸	草书	西夏文	同上书，第161页	残页
9	中藏 B11·016—23VP~26P	文书残页	写本	麻纸	草书	西夏文	同上书，第162—163页	残页
10	中藏 B11·016—34VP	文书残页	写本	麻纸	草书	西夏文	同上书，第166页	残页
11	中藏 B11·016—35VP	文书残页	写本	麻纸	草书	西夏文	同上书，第166页	残页。有涂改。
12	中藏 B11·016—36VP	文书残页	写本	麻纸	草书	西夏文	同上书，第167页	残页。有涂改
13	中藏 B11·016—37VP	文书残页	写本	麻纸	草书	西夏文	同上书，第167页	残页。有涂改

① 史金波、陈育宁主编：《中国藏西夏文献》第 1—4 册，甘肃人民出版社、敦煌文艺出版社 2005 年版。

续　表

序号	图版编号	档案名称	版本	纸质	字体	书写文字	档案出处	备注
14	中藏 B11·016—41P	文书残页	写本	麻纸	草书	西夏文	同上书,第168页	残页。有涂改
15	中藏 B11·016—42VP	文书残页	写本	麻纸	草书	西夏文	同上书,第168页	残页。有涂改
16	中藏 B11·016—44P	文书残页	写本	麻纸	草书	西夏文	同上书,第169页	残页。有押字
17	中藏 B11·018—01P	文书残页	写本	麻纸	草书	西夏文	同上书,第237页	残页。上下裁去
18	中藏 B11·018—01VP	文书残页	写本	麻纸	草书	西夏文	同上书,第237页	残页。上下裁去
19	中藏 B11·018—03P	壬寅年十月文书残页	写本	麻纸	草书	西夏文	同上书,第238页	残页
20	中藏 B11·018—05P~07P	文书残页	写本	麻纸	草书	西夏文	同上书,第239—240页	残页或残片。有涂改
21	中藏 B11·018—07VP	文书残页	写本	麻纸	草书	西夏文	同上书,第240页	残页。有涂改
22	中藏 B11·018—08P	乾祐卯年四月文书残页	写本	麻纸	草书	西夏文	同上书,第241页	残页
23	中藏 B11·018—09P	文书残页	写本	麻纸	草书	西夏文	同上书,第241页	残页。下部被裁去
24	中藏 N11·002	文书残页	写本	麻纸	草书	西夏文	《中藏》第十三册①,第9页	残页
25	中藏 G11·007(背)—1P~8P	文书残页	写本	麻纸	草书	西夏文	《中藏》第十六册,第24—28页	残片。多经人剪裁

---

① 史金波、陈育宁主编:《中国藏西夏文献》第13—17册,甘肃人民出版社、敦煌文艺出版社2006年版。

续 表

序号	图版编号	档案名称	版本	纸质	字体	书写文字	档案出处	备注
26	中藏G11·009(正)—2P、4P、7P	文书残页	写本	麻纸	草书	西夏文	同上书,第30—31页	单页1件,残存9片
27	中藏G11·010(背)—1P~5P、7P	文书残页	写本	麻纸	草书	西夏文	同上书,第32—33页	单页1件,残存9片
28	中藏G11·011(正)—1P、3P~8P	文书残页	写本	麻纸	草书	西夏文	同上书,第34—35页	残存8片
29	中藏G11·011(背)—1P、5P	文书残页	写本	麻纸	草书	西夏文	同上书,第36页	单页1件。残存8片
30	中藏G11·013	文书残页	写本	麻纸	草书	西夏文	同上书,第37页	残存2片
31	中藏G11·014	文书残页	写本	麻纸	草书	西夏文	同上书,第37页	残页
32	中藏G11·015—1P~3P	文书残页	写本	麻纸	行楷	西夏文	同上书,第38页	残存3片
33	中藏 G11·016—1P—2P	文书残页	写本	麻纸	行楷	西夏文	同上书,第39页	残存2片
34	中藏 G11·017—1P~2P	文书残页	写本	麻纸	行楷	西夏文	同上书,第39页	残存2片
35	中藏G11·019	文书残页	写本	麻纸	行楷	西夏文	同上书,第40页	残页
36	中藏G11·020	文书残页	写本	麻纸	草书	西夏文	同上书,第40页	残页
37	中藏 G11·021—1P~2P	文书残页	写本	麻纸	行楷	西夏文	同上书,第41页	残存2片。第2片下有单线边栏
38	中藏G11·023(背)V	文书残页	写本	麻纸	草书	西夏文	同上书,第42页	残页

第三章 西夏官府文书档案整理研究

续 表

序号	图版编号	档案名称	版本	纸质	字体	书写文字	档案出处	备注
39	中藏 G11·024	文书残页	写本	麻纸	行楷	西夏文	同上书,第42页	残页
40	中藏 G11·025	文书残页	写本	麻纸	草书	西夏文	同上书,第43页	残页
41	中藏 G11·026—1P~2P	文书残页	写本	麻纸	草书	西夏文	同上书,第43页	残存2片。粘贴于粗棉织品上
42	中藏 G11·027	文书残页	写本	麻纸	草书	西夏文	同上书,第44页	残页
43	中藏 G11·028	文书残页	写本	麻纸	行楷	西夏文	同上书,第44页	残页
44	中藏 G11·029—1P~2P	文书残页	写本	麻纸	草书	西夏文	同上书,第44页	残页
45	中藏 G11·030—1P~4P	文书残页	写本	麻纸	草书	西夏文	同上书,第45页	残存4片
46	中藏 G21·009	光定午年文书	写本	麻纸	草书	西夏文	同上书,第261页	残页
47	中藏 G21·011~013	文书残页	写本	麻纸	草书	西夏文	同上书,第263页	残存3件
48	中藏 G21·014	文书残页	写本	麻纸	草书	西夏文	同上书,第264页	残页
49	中藏 G21·015	文书残页	写本	麻纸	草书	西夏文	同上书,第264页	残页
50	中藏 G21·017—2P~3P	文书残页	写本	麻纸	草书	西夏文	同上书,第267页	残页
51	中藏 G21·018~022	文书残页	写本	麻纸	行书、草书	西夏文	同上书,第268—270页	残页。有的残页四角各有一方西夏文官印

续 表

序号	图版编号	档案名称	版本	纸质	字体	书写文字	档案出处	备注
52	中藏G21·027	光定二年公文残页	写本	麻纸	行书	汉文	同上书,第273页	单页。有年代,有官府名称
53	中藏G21·029	文书残页	写本	麻纸	行书	汉文	同上书,第274页	残页
54	中藏G31·005—1P~2P	乾定酉年文书	写本	麻纸	草书	西夏文	同上书,第390—391页	单页。有画押,有4字西夏文朱印一方
55	中藏G31·006	文书残页	写本	麻纸	草书	西夏文	同上书,第392页	单页
56	中藏G31·007PV	文书残页	写本	麻纸	草书	西夏文	同上书,第393页	单页。有4字西夏文朱印一方。背面有签字、画押。
57	中藏M11·002	文书残页	写本	麻纸	草书	西夏文	《中藏》第十七册第10页	2页
58	中藏M21·011	辰年文书残页	写本	麻纸	行书	西夏文	同上书,第156页	单页
59	中藏M21·012	文书残页	写本	麻纸	草书	西夏文	同上书,第157页	单页
60	中藏 M21·013—1P~3P	文书残页	写本	麻纸	行书	西夏文	同上书,第158—159页	残页
61	中藏M21·015	文书残页	写本	麻纸	行书	西夏文	同上书,第161页	单页
62	中藏M21·016	文书残页	写本	麻纸	草书	西夏文	同上书,第161页	单页
63	中藏M21·017	文书残页	写本	麻纸	草书	西夏文	同上书,第162页	单页

第三章 西夏官府文书档案整理研究

续 表

序号	图版编号	档案名称	版本	纸质	字体	书写文字	档案出处	备注
64	中藏 M21·018	文书残页	写本	麻纸	楷书	西夏文	同上书,第163页	单页
65	中藏 M21·019	文书残页	写本	麻纸	草书	西夏文	同上书,第163页	单页
66	中藏 M21·020	文书残页	写本	麻纸	草书	西夏文	同上书,第163页	单页
67	中藏 M21·024	文书残页	写本	麻纸	楷书	西夏文	同上书,第166页	单页。甚残
68	俄 тк45P	文书	写本	麻纸	草书	西夏文	《俄藏》第二册①,第40页	残页。涂改痕迹多
69	俄 тк63BV	文书	写本	麻纸	草书	西夏文	同上书,第66页	残页。上下裁去
70	俄 тк322—6	文书	写本	麻纸	草书	西夏文	《俄藏》第五册②,第83页	上下两件残页。下部裁去
71	俄 ИНВ. No. 23—13~21	文书	写本	麻纸	行书	西夏文	《俄藏》第十二册③第8—11页	残片。有年款
72	俄 ИНВ. No. 31—4	文书	写本	麻纸	草书	西夏文	同上书,第14页	残片
73	俄 ИНВ. No. 39—5~6	文书	写本	麻纸	草书	西夏文	同上书,第16—17页	残页或残片。有都案、案头画押
74	俄 ИНВ. No. 113—11~14	文书	写本	麻纸	草书	西夏文	同上书,第22—23页	残页或残片。有涂改
75	俄 ИНВ. No. 114V	文书	写本	麻纸	草书	西夏文	同上书,第24页	残页。有涂改

① 史金波、魏同贤、[俄]克恰诺夫主编:《俄藏黑水城文献》第 2 册,上海古籍出版社 1996 年版。
② 史金波、魏同贤、[俄]克恰诺夫主编:《俄藏黑水城文献》第 5 册,上海古籍出版社 1996 年版。
③ 史金波、魏同贤、[俄]克恰诺夫主编:《俄藏黑水城文献》第 12 册,上海古籍出版社 2006 年版。

续 表

序号	图版编号	档案名称	版本	纸质	字体	书写文字	档案出处	备注
76	俄 ИНВ. No. 152—1～5	文书	写本	麻纸	草书	西夏文	同上书,第25页	残片
77	俄 ИНВ. No. 162—15～21	文书	写本	麻纸	草书	西夏文	同上书,第34—36页	残片。有涂改
78	俄 ИНВ. No. 296—4～8	文书	写本	麻纸	草书	西夏文	同上书,第39—41页	残片。有涂改。封套衬纸
79	俄 ИНВ. No. 305—1～3	文书	写本	麻纸	草书	西夏文	同上书,第42—43页	残页。封套衬纸,且下部为汉文书
80	俄 ИНВ. No. 312	文书	写本	麻纸	草书	西夏文	同上书,第44页	封套衬纸。多件残片粘贴
81	俄 ИНВ. No. 320—3～12	文书	写本	麻纸	草书	西夏文	同上书,第51—53页	残片或残页。有涂改
82	俄 ИНВ. No. 321—10～17	文书	写本	麻纸	草书	西夏文	同上书,第58—60页	残片。有涂改
83	俄 ИНВ. No. 324—6V、—7V	文书	写本	麻纸	草书	西夏文	同上书,第62—63页	残片
84	俄 ИНВ. No. 326—3～4	文书	写本	麻纸	草书	西夏文	同上书,第67—68页	残片
85	俄 ИНВ. No. 328—15～16V	文书	写本	麻纸	草书	西夏文	同上书,第77—78页	残片。有都案、案头署名。有签署、画押
86	俄 ИНВ. No. 335—5～8	文书	写本	麻纸	草书	西夏文	同上书,第86—87页	残页或残片
87	俄 ИНВ. No. 341—1～11	文书	写本	麻纸	草书	西夏文	同上书,第89—92页	残片或残页。有签署、画押

第三章　西夏官府文书档案整理研究

续　表

序号	图版编号	档案名称	版本	纸质	字体	书写文字	档案出处	备注
88	俄 ИНВ. No. 342—12~13	文书	写本	麻纸	草书	西夏文	同上书,第97页	残片
89	俄 ИНВ. No. 343—5	分合文书	写本	麻纸	草书	西夏文	同上书,第100页	残页
90	俄 ИНВ. No. 343—6V	文书	写本	麻纸	草书	西夏文	同上书,第101页	残片
91	俄 ИНВ. No. 343—8~8V	文书	写本	麻纸	草书	西夏文	同上书,第102页	残片
92	俄 ИНВ. No. 364V	文书	写本	麻纸	草书	西夏文	同上书,第106页	残片
93	俄 ИНВ. No. 423—423V	文书	写本	麻纸	草书	西夏文	同上书,第113页	残片。封套衬纸,多件残片粘贴
94	俄 ИНВ. No. 709—1~2V	文书	写本	麻纸	草书	西夏文	同上书,第134页	残片。封套衬纸
95	俄 ИНВ. No. 827—4	文书	写本	麻纸	草书	西夏文	同上书,第139页	残片
96	俄 ИНВ. No. 840—4~6	文书	写本	麻纸	草书	西夏文	同上书,第142页	残片。有涂改。封套衬纸,多件残片粘贴
97	俄 ИНВ. No. 994V	文书	写本	麻纸	草书	西夏文	同上书,第163页	残片
98	俄 ИНВ. No. 1095—5~6	文书	写本	麻纸	草书	西夏文	同上书,第180页	残页或残片。封套衬纸,多件残片粘贴
99	俄 ИНВ. No. 1156—2~3	文书	写本	麻纸	草书	西夏文	同上书,第183页	封套衬纸,多件残片粘贴。均有签署、画押
100	俄 ИНВ. No. 1158—3~4	辰年文书	写本	麻纸	草书	西夏文	同上书,第187页	封套衬纸,两件或多件残片粘贴

续 表

序号	图版编号	档案名称	版本	纸质	字体	书写文字	档案出处	备注
101	俄 ИНВ. No. 1159—3~3V	文书	写本	麻纸	草书	西夏文	同上书,第190—191页	残片。封套衬纸,多件残片粘贴
102	俄 ИНВ. No. 1167—14~16	文书	写本	麻纸	草书	西夏文	同上书,第198页	残片
103	俄 ИНВ. No. 1174—14~15	文书	写本	麻纸	草书	西夏文	同上书,第295页	残页
104	俄 ИНВ. No. 1181—13V	文书	写本	麻纸	草书	西夏文	同上书,第220页	残片
105	俄 ИНВ. No. 1181—14V、15V	文书	写本	麻纸	草书	西夏文	同上书,第222页	残片
106	俄 ИНВ. No. 1219—6~7	文书	写本	麻纸	草书	西夏文	同上书,第224页	残片。多件残片粘贴。有画押
107	俄 ИНВ. No. 1233—5~6	文书	写本	麻纸	草书	西夏文	同上书,第229页	残页。有涂改
108	俄 ИНВ. No. 1277	文书	写本	麻纸	草书	西夏文	同上书,第231页	残片。封套衬纸。有涂改
109	俄 ИНВ. No. 1320—8V	文书	写本	麻纸	草书	西夏文	同上书,第234页	残片
110	俄 ИНВ. No. 1320—9V	文书	写本	麻纸	草书	西夏文	同上书,第234页	残片
111	俄 ИНВ. No. 1320—11~13	文书	写本	麻纸	草书、楷书	西夏文	同上书,第235—236页	残片。封套衬纸,多件残片粘贴
112	俄 ИНВ. No. 1454—6V	文书	写本	麻纸	草书	西夏文	同上书,第249页	残片
113	俄 ИНВ. No. 1454—7V~8V	文书	写本	麻纸	草书	西夏文	同上书,第249—250页	残片。有涂改

续 表

序号	图版编号	档案名称	版本	纸质	字体	书写文字	档案出处	备注
114	俄 ИНВ. No. 1497	文书	写本	麻纸	草书	西夏文	同上书,第252页	封套衬纸。多件残片粘贴。有涂改
115	俄 ИНВ. No. 1521—2~3	文书	写本	麻纸	草书	西夏文	同上书,第253页	封套衬纸,多件残片粘贴
116	俄 ИНВ. No. 1523—28~30	文书	写本	麻纸	草书	西夏文	同上书,第267—268页	残页或残片。有的为多件残片粘贴
117	俄 ИНВ. No. 1534V	文书	写本	麻纸	草书	西夏文	同上书,第270页	残页
118	俄 ИНВ. No. 1719—6V	文书	写本	麻纸	草书	西夏文	同上书,第282页	残片
119	俄 ИНВ. No. 1719—9V	文书	写本	麻纸	草书	西夏文	同上书,第284页	残片
120	俄 ИНВ. No. 1719—10V	文书	写本	麻纸	草书	西夏文	同上书,第285页	残页
121	俄 ИНВ. No. 1719—12~18	文书	写本	麻纸	草书	西夏文	同上书,第286—289页	封套衬纸。多件残片粘贴
122	俄 ИНВ. No. 1720—5~7	文书	写本	麻纸	草书	西夏文	同上书,第292—293页	封套衬纸。两件残片粘贴
123	俄 ИНВ. No. 1722—6~7	文书	写本	麻纸	草书	西夏文	同上书,第297页	封套衬纸。有涂改
124	俄 ИНВ. No. 1728	文书	写本	麻纸	草书	西夏文	同上书,第299页	封套衬纸。多件残片粘贴
125	俄 ИНВ. No. 1752—2	文书	写本	麻纸	草书	西夏文	同上书,第304页	残页

续 表

序号	图版编号	档案名称	版本	纸质	字体	书写文字	档案出处	备注
126	俄 ИНВ. No. 1755—5~7	文书	写本	麻纸	草书	西夏文	同上书,第306—308页	残片。有涂改
127	俄 ИНВ. No. 1781—1V	文书	写本	麻纸	草书	西夏文	同上书,第314页	残片
128	俄 ИНВ. No. 1781—2V、3V	文书	写本	麻纸	草书	西夏文	同上书,第314—315页	残片。有涂改
129	俄 ИНВ. No. 1781—6V	文书	写本	麻纸	草书	西夏文	同上书,第317页	残片。有涂改
130	俄 ИНВ. No. 1781—7V、8V、9V	文书	写本	麻纸	草书	西夏文	同上书,第317页	残片。有涂改
131	俄 ИНВ. No. 1781—9~10	文书	写本	麻纸	草书	西夏文	同上书,第318页	残页。有涂改
132	俄 ИНВ. No. 1819—11~14	文书	写本	麻纸	草书	西夏文	同上书,第327页	封套衬纸
133	俄 ИНВ. No. 1862V	文书	写本	麻纸	草书	西夏文	同上书,第330页	残页。有涂改
134	俄 ИНВ. No. 1881—2V、3	文书	写本	麻纸	草书	西夏文	同上书,第335页	残页
135	俄 ИНВ. No. 1897V	文书	写本	麻纸	草书	西夏文	同上书,第338页	残页。有涂改
136	俄 ИНВ. No. 1976	文书	写本	麻纸	草书	西夏文	同上书,第352页	封套衬纸。两件残片粘贴
137	俄 ИНВ. No. 2007—14~17	文书	写本	麻纸	草书	西夏文	《俄藏》第十三册[1],第5—6页	封套衬纸。有涂改

[1] 史金波、魏同贤、[俄]克恰诺夫主编:《俄藏黑水城文献》第13册,上海古籍出版社2007年版。

第三章　西夏官府文书档案整理研究

续　表

序号	图版编号	档案名称	版本	纸质	字体	书写文字	档案出处	备注
138	俄 ИНВ. No. 2008	文书	写本	麻纸	草书	西夏文	同上书,第6页	封套衬纸。两件残片粘贴
139	俄 ИНВ. No. 2025—4	文书	写本	麻纸	草书	西夏文	同上书,第10页	封套衬纸。多件残片粘贴
140	俄 ИНВ. No. 2037V	文书	写本	麻纸	草书	西夏文	同上书,第14页	残页
141	俄 ИНВ. No. 2040—5	文书	写本	麻纸	草书	西夏文	同上书,第16页	封套衬纸。多件残片粘贴
142	俄 ИНВ. No. 2126—13~14	文书	写本	麻纸	草书	西夏文	同上书,第25页	封套衬纸
143	俄 ИНВ. No. 2136—6~9	文书	写本	麻纸	草书	西夏文	同上书,第27—28页	封套衬纸。有涂改
144	俄 ИНВ. No. 2156—7	文书	写本	麻纸	草书	西夏文	同上书,第32页	封套衬纸。两件残片
145	俄 ИНВ. No. 2165—6	文书	写本	麻纸	草书	西夏文	同上书,第47页	残片。封套衬纸
146	俄 ИНВ. No. 2176—4V~6V	文书	写本	麻纸	草书	西夏文	同上书,第65—66页	残片。有款识
147	俄 ИНВ. No. 2208—7~8	文书	写本	麻纸	草书	西夏文	同上书,第78页	残片。封套衬纸
148	俄 ИНВ. No. 2775—12V	文书	写本	麻纸	草书	西夏文	同上书,第112页	残片
149	俄 ИНВ. No. 2775—14	文书	写本	麻纸	草书	西夏文	同上书,第113页	残片。封套衬纸。有涂改
150	俄 ИНВ. No. 2775—16~24	文书	写本	麻纸	草书	西夏文	同上书,第115—118页	封套衬纸。有涂改

续表

序号	图版编号	档案名称	版本	纸质	字体	书写文字	档案出处	备注
151	俄 ИНВ. No. 2991—5V~8	文书	写本	麻纸	草书	西夏文	同上书,第159—160页	残片。多件残片粘贴。封套衬纸
152	俄 ИНВ. No. 4079—32	文书	写本	麻纸	草书	西夏文	同上书,第191页	残页
153	俄 ИНВ. No. 4131—3~3V	文书	写本	麻纸	草书	西夏文	同上书,第192页	残片。两件残片粘贴,有涂改
154	俄 ИНВ. No. 4488—1~3	文书	写本	麻纸	草书	西夏文	同上书,第214—215页	残片。有涂改
155	俄 ИНВ. No. 4761—18	文书	写本	麻纸	草书	西夏文	同上书,第275页	残片
156	俄 ИНВ. No. 4776—7~10	文书	写本	麻纸	楷书、草书	西夏文	同上书,第282—283页	残页或残片
157	俄 ИНВ. No. 4991—12	文书	写本	麻纸	草书	西夏文	同上书,第326页	残页
158	俄 ИНВ. No. 5809	文书	写本	麻纸	草书	西夏文	《俄藏》第十四册①,第53页	残片
159	俄 ИНВ. No. 5949—51	文书	写本	麻纸	草书	西夏文	同上书,第107页	残页。有签署。背面为人名
160	俄 ИНВ. No. 5990—2~3V	文书	写本	麻纸	草书	西夏文	同上书,第109页	残片
161	俄 ИНВ. No. 5996—2	文书	写本	麻纸	草书	西夏文	同上书,第110页	残片
162	俄 ИНВ. No. 6122—8~9V	文书	写本	麻纸	草书	西夏文	同上书,第116页	残片。封套衬纸
163	俄 ИНВ. No. 6377—6V	文书	写本	麻纸	草书	西夏文	同上书,第141页	残片

① 史金波、魏同贤、[俄] 克恰诺夫主编:《俄藏黑水城文献》第14册,上海古籍出版社2011年版。

续 表

序号	图版编号	档案名称	版本	纸质	字体	书写文字	档案出处	备注
164	俄 ИНВ. No. 6377—7V	文书	写本	麻纸	草书	西夏文	同上书,第141页	残片
165	俄 ИНВ. No. 6377—24~26	文书	写本	麻纸	草书	西夏文	同上书,第150页	残页或残片
166	俄 ИНВ. No. 6440—10	文书	写本	麻纸	草书	西夏文	同上书,第156页	残片。封套衬纸
167	俄 ИНВ. No. 7316	文书	写本	麻纸	草书	西夏文	同上书,第176页	残片。有签押
168	俄 ИНВ. No. 7393	文书	写本	麻纸	草书	西夏文	同上书,第177页	残页
169	俄 ИНВ. No. 7826—4~6	文书	写本	麻纸	草书	西夏文	同上书,第197—198页	残片。有画押
170	俄 ИНВ. No. 7893—2V	文书	写本	麻纸	草书	西夏文	同上书,第209页	残片
171	俄 ИНВ. No. 7893—21~25	文书	写本	麻纸	草书	西夏文	同上书,第219页	残片。有涂改、勾勒
172	俄 ИНВ. No. 7920	文书	写本	麻纸	草书	西夏文	同上书,第227页	残片。有画押
173	俄 ИНВ. No. 7977—10~13	文书	写本	麻纸	草书	西夏文	同上书,第232页	残页或残片。有涂改、年款
174	俄 ИНВ. No. 7994—21	文书	写本	麻纸	草书	西夏文	同上书,第248页	残片。封套衬纸
175	俄 ИНВ. No. 8176	文书	写本	麻纸	草书	西夏文	同上书,第255页	残页。有涂改
176	英 0021R	文书	写本	麻纸	草书	汉文	《英藏》第一册①,第10页	1纸。背面有字

① 谢玉杰、吴芳思主编:《英藏黑水城文献》第1—4册,上海古籍出版社2005年版。

续　表

序号	图版编号	档案名称	版本	纸质	字体	书写文字	档案出处	备注
177	英0041	文书	写本	麻纸	草书	西夏文	同上书，第18页	1纸。左侧有装订穿线针眼
178	英0094b	文书	写本	麻纸	草书	汉文	同上书，第40页	3纸残片
179	英0271	文书	写本	麻纸	草书	西夏文	同上书，第98页	1纸。卷轴装，背面有字
180	英0395a	文书	写本	麻纸	草书	汉文	同上书，第153页	多纸
181	英0454、0454V	社会文书	写本	麻纸	草书	西夏文	同上书，第170页	1纸
182	英0501	社会文书	写本	麻纸	草书	西夏文	同上书，第181页	1纸
183	英0582	壬子六年文书	写本	麻纸	草书	西夏文	同上书，第215页	1纸残片。印本
184	英1521	文书	写本	麻纸	草书	西夏文	《英藏》第二册，第131页	1纸残片
185	英1522	文书	写本	麻纸	草书	西夏文	同上书，第131页	1纸残片
186	英1556	文书	写本	麻纸	草书	西夏文	同上书，第139页	1纸残片。已裱贴
187	英1639	社会文书	写本	麻纸	草书	西夏文	同上书，第160页	1纸残片
188	英1709	文书	写本	麻纸	草书	汉文	同上书，第179页	1纸残片。已裱贴
189	英1758	文书	写本	麻纸	草书	西夏文	同上书，第191页	1纸残片。有印章

续　表

序号	图版编号	档案名称	版本	纸质	字体	书写文字	档案出处	备注
190	英 2297	文书	写本	麻纸	草书	西夏文	《英藏》第三册第65页	1纸残片
191	英 2298	文书	写本	麻纸	草书	西夏文	同上	1纸残片
192	英 2299	文书	写本	麻纸	草书	西夏文	同上	1纸残片
193	英 2300	文书	写本	麻纸	草书	西夏文	同上书，第66页	1纸残片
194	英 2301	文书	写本	麻纸	草书	西夏文	同上	1纸残片
195	英 2302	文书	写本	麻纸	草书	西夏文	同上	1纸残片
196	英 2304	文书	写本	麻纸	草书	西夏文	同上书，第67页	1纸残片
197	英 2309、2309V	文书	写本	麻纸	草书	西夏文	同上书，第68页	1纸残片。有朱笔批点。有印章
198	英 2313RV	文书	写本	麻纸	草书	西夏文	同上书，第69页	2纸残片。背面有字
199	英 2314	社会文书	写本	麻纸	草书	西夏文	同上书，第70页	残片
200	英 2316	社会文书	写本	麻纸	草书	西夏文	同上	2纸残片
201	英 2318	文书	写本	麻纸	草书	西夏文	同上	1纸残片。背面有字
202	英 2319	文书	写本	麻纸	草书	西夏文	同上书，第71页	1纸残片。背面有字
203	英 2320	社会文书	写本	麻纸	草书	西夏文	同上	1纸残片。背面有字
204	英 2321	文书	写本	麻纸	草书	西夏文	同上书，第72页	1纸残片。背面有字

续表

序号	图版编号	档案名称	版本	纸质	字体	书写文字	档案出处	备注
205	英2324	社会文书	写本	麻纸	草书	西夏文	同上书,第73页	2纸残片。背面有字
206	英2332	社会文书	写本	麻纸	草书	西夏文	同上书,第75页	1纸残片。背面有字
207	英2334	社会文书	写本	麻纸	草书	西夏文	同上书,第76页	1纸残片。背面有字
208	英2335	社会文书	写本	麻纸	草书	西夏文	同上	2纸残片
209	英2336	社会文书	写本	麻纸	草书	西夏文	同上	1纸残片
210	英2337	社会文书	写本	麻纸	草书	西夏文	同上	1纸残片
211	英2338RV	社会文书	写本	麻纸	草书	西夏文	同上书,第77页	2纸残片。背面有字
212	英2339	文书	写本	麻纸	草书	西夏文	同上	1纸残片。背面有字
213	英2340	文书	写本	麻纸	草书	西夏文	同上	1纸残片。背面有字,有印章
214	英2341RV	文书	写本	麻纸	草书	西夏文	同上书,第78页	2纸残片。背面有字,有印章
215	英2343	文书	写本	麻纸	草书	西夏文	同上	1纸经折装。背面有字
216	英2344	文书	写本	麻纸	草书	西夏文	同上书,第79页	1纸残片,背面有字
217	英2349V	天盛二十年刻板填字文书	写本	麻纸	草书	西夏文	同上书,第80页	1纸印本。有印章、押符

第三章 西夏官府文书档案整理研究

续表

序号	图版编号	档案名称	版本	纸质	字体	书写文字	档案出处	备注
218	英2486a	社会文书	写本	麻纸	草书	西夏文	同上书,第124页	6纸残片。背面有字①
219	英3321	文书	写本	麻纸	草书	西夏文	《英藏》第四册,第105页	1纸残片
220	英3331	文书	写本	麻纸	草书	西夏文	同上书,第111页	2纸残片。背面有字
221	英3332	文书	写本	麻纸	草书	西夏文	同上书,第112页	1纸残片
222	英3334	文书	写本	麻纸	草书	西夏文	同上	2纸残片。有朱批笔点,有印章
223	英3335	文书	写本	麻纸	草书	西夏文	同上	2纸残片
224	英3339	文书	写本	麻纸	草书	西夏文	同上书,第114页	2纸残片
225	英3523a、b	文书	写本	麻纸	草书	西夏文	同上书,第217页	2纸残片
226	英3563V	社会文书	写本	麻纸	草书	西夏文	同上书,第252页	2纸残片。背面有字
227	英3776	文书	写本	麻纸	草书	西夏文	《英藏》第五册②,第97页	2纸残片。背面有字
228	英3777	文书	写本	麻纸	草书	西夏文	同上书,第98页	7纸残片

① 注:英0454、0454V、0501、0582、1639、1709、2349V号档案原定名称为"般若波罗蜜多经""草书写本""佛经"等,现据史金波《〈英藏黑水城文献〉定名刍议及补证》(杜建录编:《西夏学》2010年第5辑,上海古籍出版社2010年版,第6—16页)改定名称为"社会文书""壬子六年文书""契约与汉文文书""天盛二十年刻本板填字文书"等。

② 谢玉杰、吴芳思主编:《英藏黑水城文献》第1—4册,上海古籍出版社2010年版。

续 表

序号	图版编号	档案名称	版本	纸质	字体	书写文字	档案出处	备注
229	英3783	文书	写本	麻纸	草书	西夏文	同上书，第104页	多纸。封皮纸质厚。有污渍
230	英3786	文书	写本	麻纸	草书	西夏文	同上书，第105页	多纸。封皮纸质厚。有污渍
231	英3787	文书	写本	麻纸	草书	西夏文	同上	多纸。封皮纸质厚。背面有字
232	英3793	文书	写本	麻纸	草书	西夏文	同上书，第113页	多纸残片
233	英3801V	文书	写本	麻纸	草书	西夏文	同上书，第118页	残页
234	英3808	文书	写本	麻纸	草书	西夏文	同上书，第128页	多纸残片。册页装
235	英3812	文书	写本	麻纸	草书	西夏文	同上书，第132页	多纸残片。册页装
236	英3816.2	文书	写本	麻纸	草书	西夏文	同上书，第133页	残页
237	英3856	文书	写本	麻纸	草书	西夏文	同上书，第173页	残
238	英3862	文书	写本	麻纸	草书	西夏文	同上书，第191页	残页
239	英3915	文书	写本	麻纸	草书	西夏文、汉文	同上书，第188页	残页
240	英3926	文书	写本	麻纸	草书	西夏文	同上书，第349页	残页
241	英3949	文书	写本	麻纸	草书	西夏文	同上书，第360页	1纸。押符

第二节 西夏官府文书档案研究

从目前的粗略统计来看，西夏档案共有十大类约 2800 件档案。其中，西夏官府文书就有二十七小类约 1000 件档案，约占西夏档案总数的 43%，可谓西夏档案中数量最为庞大、种类最为齐全、内容最为丰富、价值最为珍贵、凭证性最为原始的一类档案，反映了西夏政治、经济、文化、宗教、军事、外交等各方面的原貌，其学术价值、档案价值珍贵。

由于西夏官府文书档案的内容丰富，不能一一进行具体、细致的探讨，故本节归纳了以下八个方面的内容，来对西夏官府文书档案进行专题研究。

一 反映了西夏与周边王朝的各种关系

党项族从唐代迁徙到内地后，就与中原及其周边王朝发生着各种各样的关系，一直持续到蒙古灭夏。

从西夏官府文书档案整理概况可知，西夏与周边王朝，尤其是宋、金，在政治、经济、军事、文化、宗教等各方面的关系密不可分。[1] 虽然如此，但"西夏对宋金制度分别采取了不同的态度，或模仿移植，或加以改造，或在参照的基础上进行独创"。[2]

首先是官制。从李继迁开始就"潜设中官，全异羌夷之体，曲延儒士，渐行中国之风"，李德明则"一如中国制"。李元昊称帝之后，所设官制大部分更与中原无二致，"无论从名称上，还是从职掌上，都是仿照中原宋朝制度"。到了仁宗仁孝时期，"西夏职官制度之完备，品级之系统已和中原相差无几"[3]，如俄 ИНВ. No. 2570 西夏文《天盛律令·颁律表》中所载的西夏官职及《天盛律令》卷十《司序行文门》中所列西夏的六等司职官体系就是最好的例证。当然，西

---

[1] 赵彦龙：《西夏公文写作研究》，宁夏人民出版社 2012 年版，第 190 页。
[2] 孙继民、许会玲：《西夏汉文"南边榷场使文书"再研究》，《历史研究》2011 年第 4 期。
[3] 赵彦龙：《西夏公文写作研究》，宁夏人民出版社 2012 年版，第 191—192 页。

夏并不完全移植中原王朝的官制，也有独创的成分存在。西夏后期的"安排官"一职即为独创之官职。这一官职不仅出现在西夏榷场使文书当中，如在俄 ИНВ. No. 354 汉文《南边榷场使申状》中就有"南边榷场使　申……准　安排官头子所有□……"①、在俄 ИНВ. No. 2208 汉文《西夏乾祐十四年安排官呈状》中就有"右札付三司芭里你令布准此。乾祐十四年十一月初　日　安排官"②，还出现在西夏丧葬文书的题记之中，如在甘肃武威西郊林场西夏一号墓所出残木塔顶部题记中藏编号 G32·003 汉文《西夏六面木缘塔题记》中也载有"故亡考任西路经略司兼安排官□两处都案刘仲达灵匣……"③西夏所见的"安排官"一职，"既不见于宋金两朝，也不见于此前的唐朝和此后的元朝，独见于西夏，这至少说明西夏职官制度中存在与宋金制度不同的官称"。④ 这完全证明了西夏在模仿、移植中原官制的过程中的一种创新了。

其次是汉礼、服饰。据传统史籍中的记载，西夏对中原的汉礼、服饰十分倾慕，而且西夏致宋、金的官府文书也反映出了西夏对中原汉礼、服饰等的极力渴求，如《于宋乞用汉仪表》《于宋乞工匠表》《于宋乞买物表》等。

再次是经济方面的关系。西夏地处西北边陲，由于干旱少雨、风沙肆虐、一年种植一茬等自然原因，经济总是不景气。因此，西夏在很多时候还要与"周边地区保持着密切的商贸关系。在和平时期，西夏与宋、辽、金诸政权间贡使往来频繁、榷场贸易兴盛；在战争状态下，北宋为迫使西夏就范，惯用的手段之一就是使用经济制裁，如停止使节往来，关闭榷场，甚至不许他国商人经由西夏入宋贸易"。⑤ 到了南宋，由于金朝所阻，西夏与南宋的经贸往来减少，代之以夏金之间的贸易往来，这不仅在汉文西夏史籍中有记载，更为可贵的是，《俄藏》第六册第279—300页收录了15件汉文夏金榷场贸易的官府文书及《英藏》第四册第295—315页收录了2件汉文夏金榷场贸易的官府文书，如俄 ИНВ. No. 348

---

① 史金波、魏同贤、[俄] 克恰诺夫主编：《俄藏黑水城文献》第6册，上海古籍出版社2000年版，第286页。
② 同上书，第300页。
③ 史金波、陈育宁主编：《中国藏西夏文献》第18册，甘肃人民出版社、敦煌文艺出版社2007年版，第264—266页。
④ 孙继民、许会玲：《西夏汉文"南边榷场使文书"再研究》，《历史研究》2011年第4期。
⑤ 杨富学、陈爱峰：《黑水城出土夏金榷场贸易文书研究》，《中国史研究》2009年第2期。

《西夏大庆三年呈状》、俄 ИНВ. No. 352B《榷场使兼拘榷官西凉府签判呈状》、俄 ИНВ. No. 354《南边榷场使申状》、英 3638b《绢褐姜等收支历申状》等,这足以证明夏、金在经济方面的相互关系。

最后是文书体式方面的关系。汉文西夏史籍中收录的西夏致宋、辽、金的文书(可以理解为外交文书)则符合了宋、辽、金朝所规定文书的体式,不然的话,宋、辽、金不会接收西夏国的文书。例如,西夏梁氏得到宋朝岁赐后遣使上表入谢,宋朝因"夏国进表不依旧式,但谢恩而不设誓,又不言诸路商量地界事",因上表不依宋朝的体式,故宋朝故意刁难西夏;西夏曾进降表于契丹,因"表不如式,契丹主使南面林牙高家奴持诏谕意"。因"表不如式",辽朝同样不满意。史籍的记载验证了如上说法。① 那么,西夏国内汉文文书的体式又是如何的呢?前已整理的《俄藏》第六册第 279—300 页中的 15 件夏金榷场贸易文书、②《英藏》第四册第 295—315 页收录的 2 件夏金榷场贸易文书及《中藏》第十六册第 273 页中的 1 件西路乐府签勾官文书③则是汉文的申状或呈状类文书。通过全面总结和归纳,得出西夏申状或呈状类文书的体式如下。

  某司(官) 申
  某事云云(一一具其事)
  右谨具申
  (官府名称或官名)闻谨状
  某年 月 日(事由),具官封姓名(或具官封姓名另起一行)
  具官封姓名 状④

这种体式与宋代《庆元条法事类》规定的申状格式基本相同。尽管有个别差异,"但足以说明西夏南边榷场使的申状与宋代的申状基本结构和基本形式大

---

① 赵彦龙:《西夏公文写作研究》,宁夏人民出版社 2012 年版,第 125 页。
② 史金波、魏同贤、[俄]克恰诺夫主编:《俄藏黑水城文献》第 6 册,上海古籍出版社 2000 年版,第 279—286 页。
③ 史金波、陈育宁主编:《中国藏西夏文献》第 16 册,甘肃人民出版社、敦煌文艺出版社 2006 年版,第 273 页。
④ 赵彦龙:《西夏公文写作研究》,宁夏人民出版社 2012 年版,第 139—140 页。

致相同"。"但至少可以说其中上行文之一的申状文书与宋朝大同小异。"① 因此，我们得出结论，西夏的汉文官府文书的撰写则仿效宋朝官府文书的体式。

西夏文官府文书的体式又是怎样的呢？《俄藏》第十三册收录有俄 ИНВ. No. 2736 西夏文《黑水守将告近禀帖》、第十四册收录有俄 ИНВ. No. 8185 西夏文《黑水副将上书》，这两篇西夏文文书已经被聂鸿音翻译成汉文。② 通过查看西夏文文书和翻译成汉文的《黑水守将告近禀帖》《黑水副将上书》的体式可知，其文书体式与宋、金文书几无差别。

由上可知，无论是汉文文书还是西夏文文书，西夏官府文书的体式都仿效和吸收了中原宋朝、金朝文书的体式。

二 官府文书档案的版本价值

西夏官府文书档案不仅有写本，而且出现了中国历史上最早的刻本文书。例如《英藏》中收录的英 2349V（K.K）《残片》③ 和《中藏》中收录的中藏 G21.023［15542］汉文《布告残页》、④ 中藏 G31·005 和中藏 G31·007 西夏文《乾定酉年增纳草捆文书》。⑤

虽说与写本相比，其数量可忽略不计，而且与刻本籍相比并不十分规范和齐整，属于填空性的刻本，但不管怎样，这是目前国内首次发现的 4 篇单份文书的刻本，可以说填补了中国文书无刻本之空白，其价值可谓明显。

三 补充了西夏传世文献和出土文献中有关职官的缺载

西夏官府文书档案中出现了许多新的职官名称。例如，俄 ИНВ. No. 2150，共两件文书，第一件定名为《三司设立法度文书》，第二件定名为《违越恒制文

---

① 孙继民、许会玲：《西夏汉文"南边榷场使文书"再研究》，《历史研究》2011 年第 4 期。
② 聂鸿音：《关于黑水城的两件西夏文文书》，《中华文史论丛》第 63 辑，上海古籍出版社 2000 年版，第 133—137 页。
③ 谢玉杰、吴芳思主编：《英藏黑水城文献》第 3 册，上海古籍出版社 2005 年版，第 80 页。
④ 史金波、陈育宁主编：《中国藏西夏文献》第 16 册，甘肃人民出版社、敦煌文艺出版社 2006 年版，第 271 页。
⑤ 同上书，第 390—393 页；梁继红：《武威藏西夏文乾定酉年增纳草捆文书初探》，杜建录主编：《西夏学》第 10 辑，上海古籍出版社 2014 年版，第 21—27 页。

书》。两件文书都是有关都案、案头的派遣事,这在西夏法典《天盛律令》及西夏汉文史籍中都有明确记载。但第一件文书中出现了"汉都案、案头、司吏"之职官名称,这是西夏法典及汉文史籍中缺载的,属于第一次出现。由此可见,西夏不仅独创性地设置了都案、案头、司吏之职,还可能设置有"汉都案、案头、司吏"之职,或可能在同一衙署中的都案有分工,即有负责党项族事务的都案,也有负责汉族事务的都案。这也许是西夏的特殊国情使然。

在西夏俄 ИНВ. No. 307《收取酒五斤等榷场贸易税申状》、俄 ИНВ. No. 315《榷场贸易收税呈状》、俄 ИНВ. No. 354《南边榷场使申状》、俄 ИНВ. No. 2208《西夏乾祐十四年安排官呈状》① 等 4 件汉文榷场贸易文书档案中都出现了"安排官(或银牌安排官)"一职。甘肃武威西郊林场西夏一号墓出土残木塔顶部题记中有"故亡考任西路经略司兼安排官"② 一职。"安排官"一职在西夏传统史籍和西夏法典中都未记录,却在西夏的实物档案中出现,这的确属西夏独创。关于"安排官"这一职官,学界已有论文进行了探讨。③ 可见,上述官府文书档案中出现的"安排官"和墓葬题记中出现的"安排官",都可补西夏法典未记职官之缺。

四 印证了传统史籍中记载的西夏设"郡"这一地方机构,补充了西夏法典中未记载的"乡"之地方基层组织

在西夏官府文书档案中涉及的一些地方机构可以印证传统史籍记载的真实性。例如,关于西夏"郡"的设置,史籍中有一条记载:"又以肃州为蕃和郡,甘州为镇夷郡。"④ 这条资料出自清人吴广成撰写的《西夏书事》,由于该书没有注明史料来源,往往为史家所诟病,研究者不敢确认西夏有郡。汉、藏合璧《告黑水河诸神敕》和俄 ИНВ. No. 307《收取酒五斤等榷场贸易税申状》、俄

---

① 史金波、魏同贤、[俄] 克恰诺夫主编:《俄藏黑水城文献》第 6 册,上海古籍出版社 2000 年版,第 279—300 页。

② 史金波、陈育宁主编:《中国藏西夏文献》第 18 册,甘肃人民出版社、敦煌文艺出版社 2007 年版,第 264—266 页。

③ 孙继民:《西夏汉文乾祐十四年安排官文书考释及意义》,《江汉论坛》2010 年第 10 期;杜立晖:《黑水城西夏汉文南边榷场使文书补考》,《宁夏社会科学》2014 年第 1 期。

④ (清) 吴广成撰,龚世俊等校证:《西夏书事校证》卷 12,甘肃文化出版社 1995 年版,第 145 页。

ИНВ. No. 351《申状》、俄 ИНВ. No. 353《收取镇夷郡住户榷场贸易税申状》等档案中均各出现一次"镇夷郡",这为西夏在地方基层设"郡"找到了确凿的证据,① 印证了传统史籍中一些记载的正确性。

从官府文书档案中反映出来的许多西夏地方基层组织在西夏法典中并未记载。通过研究西夏官府文书档案,我们得知西夏不仅在河西地区设置有"郡"这样的机构,还设有"乡"这种最低级的基层建制,如中藏 G21·029 汉文《文书残页》中存文字 2 行,就有"依中口各乡以 属行遣"②之"乡"词。此外,在俄 ИНВ. No. 2736 西夏文《黑水守将告近禀帖》中写道:没年仁勇为"鸣沙乡里人氏",③ 说明在西夏的其他地区同样有"乡"的设置。这也足以证明,西夏在西凉府和其他故地同样设置了"乡"这样的地方基层组织机构。由此可知,西夏官府文书档案可补西夏法典未记载"乡"这一地方基层机构之缺。

五 补充了汉文史籍中未记载的河西地区设置榷场之缺失

据汉文西夏史籍记载,夏、宋都不在河西地区设置榷场。例如,史籍记载夏、宋最早设置的榷场是在宋真宗景德四年,即设在保安军;④ 后又在镇戎军高平寨设置一处榷场。此外,在延州、麟州也置榷场,但规模相对较小;⑤ 夏辽榷场设在云中西北过腰带、上石楞坡、天德军、云内州、银瓮口诸处;金朝除恢复夏、辽和夏、宋榷场外,还在东胜州、环州、庆州、兰州、绥德州等处新设榷场。⑥ 在以上传统汉文西夏史籍的记载中并不见在河西地区设置榷场。在西夏故地黑水城出土的榷场贸易文书档案中却多次出现"镇夷郡"和"西凉府"两个地名。例如,在俄 ИНВ. No. 307《收取酒五斤等榷场贸易税申状》、俄 ИНВ. No. 351《申状》、俄 ИНВ. No. 353《收取镇夷郡住户榷场贸易税申状》等

---

① 杜建录、史金波:《西夏社会文书研究》,上海古籍出版社 2012 年版,第 11 页。
② 史金波、陈育宁主编:《中国藏西夏文献》第 16 册,甘肃人民出版社、敦煌文艺出版社 2006 年版,第 274 页。
③ 聂鸿音:《关于黑水城的两件西夏文书》,《中华文史论丛》第 63 辑,上海古籍出版社 2000 年版,第 134 页。
④ 《宋史》卷 186,中华书局 1977 年版,第 4563 页。
⑤ 杨富学、陈爱峰:《黑水城出土夏金榷场贸易文书研究》,《中国史研究》2009 年第 2 期。
⑥ (宋)宇文懋昭撰,崔文印校证:《大金国志校证》卷 13,中华书局 1986 年版,第 186 页。

中各出现一次"镇夷郡"。镇夷郡即今甘肃张掖市,"在西夏时期,这里应是西院转运司的所在……西夏时期,这里仍是东西方货物贸易的重要集散地"。在俄 ИНВ. No. 347《榷场使兼拘榷西凉府签判呈状》和俄 ИНВ. No. 352B《榷场使兼拘榷官西凉府签判呈状》中各出现一次"西凉府";在俄 ИНВ. No. 307（2—2）《申状》、俄 ИНВ. No. 316《本府住户席智□等申状》、俄 ИНВ. No. 352A《收取本府住户榷场贸易税申状》中各出现一次"本府"。"本府"实指西凉府。西凉府本为凉州,宋初置西凉府,西夏攻占河西走廊后,仍以西凉为名,"亦称凉州,是南院转运司的所在,地位仅次于兴庆府,为西夏第二大城市,长期充任河西走廊一带之政治、经济、文化中心,著名的《凉州重修护国寺感通塔碑》汉文铭文生动地描述了凉州的交通情况……"[①] 这里的镇夷郡和西凉府属河西地区。由此可见,西夏在河西地区同样设置了榷场并进行广泛的贸易,只是汉文西夏史籍未记载而已。因此,西夏汉文榷场贸易文书档案可补史籍中未记载的河西设置榷场的缺失。

六 全面反映了西夏社会生活的真实面貌

西夏的官府文书是西夏政治、经济、文化、宗教等各方面生活的原始凭证,直接反映了西夏社会生活的各方面真实面貌。笔者曾在《西夏公文写作研究》一书中,对西夏公文所反映出来的相关内容总结了十四大类,进行了比较系统的研究,即外交关系类公文、重教兴学类公文、为民主请命类公文、直谏除奸类公文、创新图强类公文、祝贺赞颂类公文、指陈时弊类公文、完善法制类公文、崇拜神灵类公文、榷场贸易类公文、军事管理类公文、建元立制类公文、讨伐叛军类公文、倡导节俭类公文等。[②] 当然,随着西夏文献的逐渐丰富,西夏官府文书档案所反映出来的内容也会不断地深厚,因此,对有关内容有必要进行更深层次的探讨,以使西夏官府文书档案记载的一些社会生活现象能够全方位、真实地展示在读者面前。

[①] 杨富学、陈爱峰：《黑水城出土夏金榷场贸易文书研究》,《中国史研究》2009 年第 2 期。
[②] 赵彦龙：《西夏公文写作研究》,宁夏人民出版社 2012 年版,第 148—257 页。

（一）有关粮库管理方面的内容

粮食是西夏农牧民的主要收成和食品，是维持西夏社会运转的最基本的物资，因此，西夏特别注重粮食的收缴和粮库的管理。例如，俄 ИНВ. No. 31—2《粮库告牒》、俄 ИНВ. No. 4991—2《藏粮告牒》等，这两篇西夏文官府文书虽然残缺且都由行书或草书写就，还没有被完全识读并翻译成汉文，所以具体的内容还不得而知。但从其标题可知，这两篇告牒似与粮库管理和收缴粮食有关，这就印证了西夏法典中关于粮库管理和收缴的规定。

1. 粮库的建造。西夏有库房和地窖两种。"有木料处当为库房，务需置瓦，无木料处当于干地坚实处掘窖，以火烤之，使好好干。"① 从《天盛律令》的规定来看，西夏有官黑山新旧粮库及大都督府地租粮库、鸣沙军地租粮库及林区九泽地租粮库。② 从汉文史籍记载可知，西夏的地窖有龛谷粮窖（夏人号为"御庄"）、灵州粮窖、兰州粮窖等。③

2. 西夏重视保护粮库。西夏为了保护粮库不被敌人攻占，从而派遣军队把守。例如，如夏大安八年（1081）九月，宋军统帅在进军兰州的途中占领了龛谷，"女遮之败，残卒退保龛谷。龛谷城坚，多窖积，夏人号为'御庄'。闻李宪兵至，戍守奔溃。宪发窖，取谷及弓箭之类，进兵取兰州"。同年九月，宋军攻打西夏宥州时，"守城兵弃城走河北，城中所遗残敝五百余家，中正入而屠之。夏兵千骑屯城西左村泽保守窖粟，中正击败之，皆弃窖走"。同年九、十月间，"梁氏闻兰州破，令民尽起诸路窖粟，悉众走高川、石峡，据险以待"。④

3. 西夏粮库收支都有严格的程序和管理办法。每年粮食成熟后，农牧民要向国家缴纳各种粮食租税，关于如何缴纳粮食租税，在西夏法典中有具体操作的规程："纳种种租时节上，计量小监当坐于库门，巡察者当并坐于计量小监之侧。纳粮食者当于簿册依次一一唤其名，量而纳之。当于收据，上有斛斗总数、计量小监手记，不许所纳粮食中入虚杂。计量小监、局分大小之巡察者巡察不精，管

---

① 史金波、聂鸿音、白滨译注：《天盛改旧新定律令》卷15，法律出版社2000年版，第513页。
② 同上书，第534页。
③ （清）吴广成撰，龚世俊等校证：《西夏书事校证》卷25，甘肃文化出版社1995年版，第285—289页。
④ 同上。

第三章　西夏官府文书档案整理研究

事刺史人中间应巡察亦当巡察。若违律，未纳而入已纳中，为虚杂时，计未纳粮食之价，以偷盗法判断。受贿则与枉法贪赃罪比较，从重者判断。未受贿，检校未善者，有官罚马一，庶人十三杖。"并"以新旧册自相核校，无失误参差，然后为清册一卷，附于状文而送中书。中书内人当再校一番，有不同则当奏，依有何谕文实行。同则新旧二卷之册当藏中书，新簿册当还之，送所管事处往告晓"。① 粮食缴纳完毕后还要形成新的簿册，如《俄藏》第十三册中收录的俄ИНВ. No. 2568—1~9《粮账》、俄 ИНВ. No. 2759《粮账》、俄 ИНВ. No. 2851—2~5、2851—8~14、2851—19~22、2851—24、2851—28《粮账》等，都是此类粮账新簿册，至此，粮食缴纳的手续就完成了。

西夏粮食出库时，手续同样很严格。首先，要有监军司等部谕文，谕文上要写明所领粮食的数量和领粮食者，"刺史处知觉当行"；其次，要派计量小监和巡察之人，"计量小监由监军习判、同判等轮番当往一人。领粮食处邻近，则刺史当自往巡察，若远则可遣胜任巡察之人，依数分派"。再次，领完粮食之后，还要有本册报于有关局分处，本册所记"所予为谁，分用几何"，而且"现本册当送刺史处磨勘，同时令库局分、巡察者等当一并只关。未有虚杂，谕文、本册等相同无疑，则当还监军司，并告出谕文之局分处，以索注销"。② 这就是粮食出库的全部手续。

（二）有关逃亡事宜的内容

《俄藏》第十二册第 60 页收录了俄 ИНВ. No. 324—1《逃亡告牒》，《俄藏》第十四册第 136 页收录了俄 ИНВ. No. 6377—1《逃亡告牒》等几篇有关逃亡的文书档案。虽然这几篇逃亡告牒没有翻译成汉文，我们也无法了解其具体内容，但通过专家考证拟写的官府文书的标题来看，这几篇告牒是有关禁止逃亡、关于逃亡的处罚、追捕逃亡之事，或其他逃亡之事的告牒，但至少印证了西夏法典中有关逃亡的条文。古代的战争很大部分就是掠夺土地和人口，还有劫掠财物等。中国中古时期的宋、辽、西夏、金等也不例外。西夏从元昊开始一直到灭亡这段时

---

① 史金波、聂鸿音、白滨译注：《天盛改旧新定律令》卷 15，法律出版社 2000 年版，第 513—514 页。
② 同上。

期内，处在一个前期与北宋、辽对峙，后期与南宋、金抗衡的十分复杂的环境之中，而且与宋、辽、金相比，的确实力较弱。因此，西夏统治者为了保住和扩大自己的领域和势力，一方面，通过法律与其他手段制止不忠于西夏王朝的本国人口的叛逃行为；另一方面，却在战争中不断地掠夺人口，使之成为本国的财富，并且制定一系列的法律制度保障这些掠夺而来的人口不再逃亡。关于此，《天盛律令》卷一《背叛门》、卷七《番人叛逃门》、卷十三《逃人门》等都列出了详细而具体的法律规定。

1. 对于商议叛逃行为已行或未行的惩罚。对这种叛逃行为的处罚相当严厉："诸人议逃，已行者造意以剑斩，各同谋者发往不同地守边城无期徒刑，做十三年苦役。主、从犯一样，自己妻子、儿女当连坐，当入牧农主中……""诸人议叛逃未行者，造意绞杀，从犯迁居异地，当持守边地城中无期徒刑，做十二年苦役……"①

2. 对官私人及其他人叛逃则允许捕告，捕告得赏。对这一规定分几种情况加以说明。第一，是对官私人逃跑行为的处罚。法典规定："官私人逃跑，无有畜物，无所取持，及妄助逃跑而逃跑未成等被捕告，捕告赏按捕杀敌人法当由犯罪者出给，不能办当由官给。"第二，是对妇人逃跑行为的处罚。"有妇人若为逃跑造意者，无力给捕者，则捕告赏十五□□□□［缗钱］，当由就近有司处罚赃中给予。"第三，是对使军、奴仆的逃跑行为的处罚。"使军、奴仆逃跑已起行，则□□夺持畜物多少，捕获、捕告者夺取，正军依法□□□中逃跑未起行之畜物，没收一分……"。第四，是对各种任职位人逃到敌界得大位等的处罚。"任职位人等逃往敌界，他人尊崇给大职位时"，遗留亲属"不应入连坐者中"，逃人未得大位而亲属在我方居大位者，是否连坐，当奏告。第五，是对逃人亲属知情不告则"依闻知他人逃跑言不举告法判断"。"参与议逃时自反悔举告者，当释其罪。"第六，是追捕者杀、伤逃人或取其财物者要治罪，"追捕人首先动手速将人捕杀时，造意徒八年，从犯徒六年，有官则应以官当"。第七，是诬人逃跑反坐。"诸人相嫉，贪求畜物者，对无有逃跑言词，说其欲逃，举告报呼乡

---

① 史金波、聂鸿音、白滨译注：《天盛改旧新定律令》卷 15，法律出版社 2000 年版，第 115—116 页。

里往追捕，其人说无有逃跑言词时……若杀、乱为时，按相嫉故意杀光人法判断。其中诬人逃跑者，造意者杀一人时，原妻子、儿女当连坐，并入农牧主中，畜物罚没法当与逃跑未起行相同。"①

3. 对官私人逃跑，其主人不告、不追当治罪。"官私人逃跑，其所属大小首领、正军，所属迁溜检校边管、近处邻居等，闻所报不往追，及已追应追及而于道中迟缓，不深追已追及而省力惜命，不败之等，一律徒一年。"②

4. 对逃人出境则守边将校不告或捕而转卖当治罪。"逃人已过敌界，信任担保者失落，则前状徒四年，给担保者徒三年。具名人失落，则前状徒二年，相接状徒一年。"③

5. 对举告或隐匿官私逃奴的赏罚规定。一是官私人逃窜至国境内，有罪人举告逃人者，"依法当得举赏，可迁住处，勿转院"。其他人举告得赏，按举告人数多少，得赏则都不同，但"至十户当得赏钱一百缗，是十户以上亦不过百缗"。二是隐匿逃人当治罪，"隐者一二户徒三年，三户徒四年……九户无期徒刑，自十户以上一律当绞杀"。三是节亲亲戚隐匿逃人也同样治罪，"自一户至三户徒六个月……自十户以上一律徒三年"。④

6. 对官人为逃人的处罚规定。若官人为逃人，所管处知其何往而因种种原因不告或隐匿则要治罪，"若大小管事知其往住处，受贿使避杂事摊派而不告，或已告而掩盖曰不知所住时，以枉法贪赃罪犯及隐逃人之罪状比较，从重者判断……""知官私人不在自家而在他人家，役使受贿等时，依隐逃人法判断……""官私人男女处出逃匿，诸人收留而送何往处，知逃匿情而未受贿者徒六个月，不计工价。又途中与外逃者遇，引导、予坐骑者，未知则勿治罪，知则有官罚马一，庶人十三杖，其中受贿者当以枉法贪赃论。"⑤

通过以上法典的规定和黑水城出土俄 ИНВ. No. 324—1《逃亡告牒》、俄

---

① 史金波、聂鸿音、白滨译注：《天盛改旧新定律令》卷15，法律出版社2000年版，第115—116页。

② 同上书，第279页。

③ 同上书，第280页。

④ 同上书，第461—462页。

⑤ 史金波、聂鸿音、白滨译注：《天盛改旧新定律令》卷15，法律出版社2000年版，第462—463页。

ИНВ. No. 6377—1《逃亡告牒》等可知，西夏对各种逃亡事件十分重视，而且处罚也相当严酷。

（三）反映了西夏晚期经济萧条困顿的状况

文书档案的重大贡献在于不仅能真实记载历史事实，还能还原历史原貌。一个王朝每到了没落时期都会出现各种各样的弊端，经济的萧条也在所难免，如西夏文官府文书俄 ИНВ. No. 2736《黑水守将告近禀帖》、西夏大臣张公辅上于皇帝的汉文文书《陈经国七事疏》等，都真实地再现了西夏晚期经济困顿的状况。

（四）反映了西夏与金朝榷场贸易的相关问题

从西夏故地黑水城出土的 17 件西夏榷场贸易文书来看，其所反映的内容十分丰富，现摘其要者归纳如下。

1. 反映了榷场贸易实态和"番客税利"的征收情况。

从史籍记载来看，宋金两国都把榷场设在本国境内，由沿边长吏和专门机构负责管理。西夏的榷场当也设在本国境内沿边地区，这可以从俄 ИНВ. No. 347《榷场使兼拘榷西凉府签判呈状》、俄 ИНВ. No. 354《南边榷场使申状》等得到证实。西夏南边榷场文书等则是西夏在夏金榷场贸易中由榷场使向银牌安排官所汇报有关进出口物品检查结果、进口物品开列单表和依例扭算收上税历等情况的汇报文书。西夏在榷场贸易管理过程中并未消极观望，而是积极主动地参与，于是，设置了管勾和市①与榷场指挥使。榷场设有税务负责征税，征税的方式为"官中止量收汉人税钱，西界自收番客税利"。② 金取代南宋后，仍维持这种征税方式。因此，榷场文书档案"却是西夏南边榷场使以汉语形式保存下来的第一手资料，同样反映了西夏榷场贸易某些活动过程的实态以及相关环节中的许多具体细节，具有非常难得的新材料意义和原始资料价值"，③ 更是西夏征收"番客税利"的真实写照。

2. 记载了榷场贸易中的违禁货物。

西夏商户携带货物进入榷场贸易之前还有一道很重要的程序，即违禁货物查

---

① （宋）李焘：《续资治通鉴长编》卷 185，中华书局 2004 年版，第 4470 页。
② （宋）文彦博：《潞公文集》卷 19，文渊阁影印《四库全书》第 1100 册，中国台湾商务印书馆 1986 年版，第 697 页。
③ 孙继民、许会玲：《西夏汉文"南边榷场使文书"再研究》，《历史研究》2011 年第 4 期。

第三章 西夏官府文书档案整理研究

验制度。从夏金 17 件榷场贸易文书所描述的情况来看，查验是否有违禁货物是在查验商户所带"头子"之后进行的，只有"依法搜检，并无违禁"，才能进入榷场交易。"这既说明了西夏榷场交易的管理制度存在货物无禁检验制，同时也说明西夏与宋代存在禁止某些商品出口制度一样，也存在特定商品禁止出口的制度，也有禁止出口商品的目录。"[①]

那么，西夏在禁止出口商品的目录中可能列举了哪些呢？因为辽、宋与西夏的贸易都有固定的榷场，在榷场贸易中都有规定禁止的货币或商品。宋人在榷场贸易中主要流通的货币有铜钱、纸币、铁钱和金银。"由于纸币流通范围有限且信誉不佳，铁钱沉重携带不便，金银尚未成为主要支付手段，宋朝铜钱是为宋周边民族政权、蕃部以及海外诸国喜用的硬通货。铜钱外流现象十分严重，从而导致'钱荒'出现。'钱荒'一直成为宋代社会经济生活中的大问题。于是宋采取严厉的禁止外流政策。"金人占领这些地区之后，初因战乱而暂时关闭。金皇统元年（1141），应西夏仁宗皇帝之请，金熙宗首先在云中西北的过腰带、上石楞坡及天德军、云内州、银瓮口等地设有榷场，与党项商户进行贸易。金朝货币与南宋相似，也出现"钱荒"现象，于是，金朝借鉴宋朝的制度，仍然实行铜禁和钱禁。金朝在想方设法吸纳南宋铜钱的同时，自然不允许其外流，铜钱即榷场贸易中要特别搜查的"违禁之物"。[②] 随后，金朝在东胜州、环州、庆州、兰州、绥德州、保安州等沿边州军设置了贸易榷场，其中个别是恢复北宋对西夏贸易的旧榷场。金朝对贸易货物的限制曾有所放宽，如契丹在云中西北一带的榷场"铁禁甚严，禁不得夹带交易"，而金朝"唯利中视，铁禁遂弛"。[③] 这里的"铁禁遂弛"并不是针对周边国家，而只在金朝国内限制，对外仍然十分的严厉，"寻定制，随路榷场若以见钱入外界、与人交易者，徒五年，三斤以上死"。[④] 金大定十二年（1172），金朝以"夏国以珠玉易我丝帛，是以无用易我有用也"为理由，下令关闭保安州、兰州两个榷场。不久，金世宗又以"夏国与陕西边民私相

---

① 孙继民、许会玲：《西夏汉文"南边榷场使文书"再研究》，《历史研究》2011 年第 4 期。
② 李华瑞：《西夏社会文书补释》，杜建录主编：《西夏学》第 8 辑，上海古籍出版社 2011 年版，第 228 页。
③ （宋）宇文懋昭撰，崔文印校证：《大金国志校证》卷 13，中华书局 1986 年版，第 186 页。
④ 《金史》卷 50，中华书局 1975 年版，第 1076 页。

越境，盗窃财畜，奸人托名榷场贸易，得以往来，恐为边患"为由，"复罢绥德榷场，止存东胜、环州而已"。① 直到金承安二年（1197）才复置兰州、保安州榷场。"可见南宋、金、西夏对峙时期，榷场不以铜钱为代表的特殊商品货币作为结算本位，是当时宋金货币政策使之然。"② 从西夏方面来说也如宋、金，同样缺少铸造钱币的铜铁原料，"自茶山铁冶入于中国，国中乏铁，常以青白盐易陕西大铁钱为用"。③ 因此，西夏在榷场贸易时也严厉禁止贵重物品外流南宋或金朝，所以，在榷场贸易之前要由相关的官吏，如榷场使等，进行违禁货物检验，其检验的对象可能是夹带有金属、绢帛之类的贵重物品，如铜铁、丝帛等。

3. 西夏榷场贸易档案中的计量单位。

（1）西夏榷场贸易档案中的计量单位

对目前所见西夏榷场贸易档案和其他专门档案中的计量单位进行统计可知，其包含了榷场贸易中可能出现的所有计量单位，反映了此时西夏农牧民对榷场贸易中计量单位的认识和运用状况。为了更好地了解这些计量单位，我们对该档案中出现的计量单位进行归纳和统计，并简单溯源，以有助于掌握西夏时期计量单位和汉语运用的情况。

①重量或容量的计量单位，如斤、石、斗等。

关于"斤"。《汉语大词典》载"斤"义项之一是："重量单位。旧制一斤分十六两，市制一斤分十两。合半公斤。"④ "斤"作为计量某种物品重量的单位，不仅在先秦文献中已经存在，而且是一个使用频率较高、较常见的计量词。例如，《管子·揆度》载："阴山之马，具驾者千乘，马之平贾万也，金之平贾万也，吾有伏金千斤，为此奈何？"⑤《墨子·号令》载："有能捕者，赐黄金二十斤，谨罪。""伤甚者令归治病家善养，予医给药，赐酒日二升，肉二斤。"⑥ 这里的"斤"则表示其黄金、肉的重量，这一含义一直沿用至今。《文海》中的

---

① 《金史》卷50，中华书局1975年版，第2870页。
② 李华瑞：《西夏社会文书补释》，杜建录主编：《西夏学》第8辑，上海古籍出版社2011年版，第228页。
③ （清）吴广成撰、龚世俊等校证：《西夏书事校证》卷36，甘肃文化出版社1995年版，第423页。
④ 罗竹风：《汉语大词典》第6卷，汉语大词典出版社1990年版，第1051页。
⑤ 邓启铜、钟良注释：《管子》卷78，南京大学出版社2014年版，第751页。
⑥ 方勇译注：《墨子》，中华书局2015年版，第552—556页。

"斤"字条的"此者自少起分算,称星十六两一斤也"。① 西夏法典的相关规定也可证明西夏的一斤则为十六两,"铁匠局分生熟铁为打粗细料、实铁如药秤之,耗实数所定等级高低,可耗减:打粗事一斤耗八两……打细事一斤耗减十两……打水磨事一斤耗减十一两……"②。可见,西夏的一斤的确也如古代的十六两。西夏文书档案中也常常有用"斤"表示某一物品重量的例子。例如,俄 ИНВ. No. 315《南边榷场使呈状》中有"蜜壹佰斤,计捌……"③ 俄 ИНВ. No. 316《收取席智觉榷场贸易税呈状》中就记载有:"姜叁佰柒拾斤,计柒拾肆匹……"④

关于"石"。《汉语大词典》载"石"义项之一为:"计算容量的单位。十斗为一石。"载另一义项是:"计算重量的单位。一百二十斤为一石。"⑤"石"在古代仍然是表示重量和容量的计量单位。表示容量的计量单位或可认为是一种重要的衡量之器,如《管子·揆度》载:"其人力同而宫室美者,良萌也,力作者也,脯二束,酒一石,以赐之。"⑥ 作为重量的计量单位则仍然可成为衡量之器,如《尚书·五子之歌》载:"关石和钧,王府则有。"唐孔颖达疏:"关者,通也。名石而可通者,惟衡量之器耳。"⑦ 以上两种用法后世皆有沿用。西夏文书档案中也多沿用以上用法,如俄 ИНВ. No. 352A《收税申状》中载"……□□□贰石贰斗,计伍匹半……"⑧。"石"在西夏土地税账册档案和契约档案中也经常被用作重量或容量单位,如俄 ИНВ. No. 5124—1《天庆寅年正月二十九日梁老房西等卖地舍契》有:"……议定价六石麦及十石杂粮,价、地两无悬欠……"⑨

关于"斗"。《汉语大词典》载"斗"义项之一为:"……量词。(1)用于量酒。三国魏曹植《名都赋》:'我归宴平乐,美酒斗十千'……(2)用于量粮

---

① 史金波、白滨、黄振华:《文海研究》,中国社会科学出版社1983年版,第458页。
② 史金波、聂鸿音、白滨译注:《天盛改旧新定律令》卷17,法律出版社2000年版,第555页。
③ 史金波、魏同贤、[俄] 克恰诺夫主编:《俄藏黑水城文献》第6册,上海古籍出版社2000年版,第281页。
④ 同上书,第282页。
⑤ 罗竹风:《汉语大词典》第7卷,汉语大词典出版社1991年版,第980页。
⑥ 邓启铜、钟良注释:《管子》卷78,南京大学出版社2014年版,第754页。
⑦《尚书正义》卷7,(清)阮元校刻:《十三经注疏》上册,上海古籍出版社1997年版,第157页。
⑧ 史金波、魏同贤、[俄] 克恰诺夫主编:《俄藏黑水城文献》第6册,上海古籍出版社2000年版,第284页。
⑨ 史金波:《黑水城出土西夏文卖地契研究》,《历史研究》2012年第2期。

食。指十升的容量。《墨子·杂守》：'五食，终岁十四石四斗'。"①"斗"作为计量单位，在先秦文献中早已使用。到了汉代，对计量单位有一些具体的规定："量者，龠、合、升、斗、斛也，所以量多少也。本起于黄钟之龠，用度数审其容，以子谷秬黍中者千有二百实其龠，以井水准其概。二龠为合，十合为升，十升为斗，十斗为斛，而五量嘉矣。"即"一龠容千二百黍"，② 后世乃至西夏官府文书档案中也多沿袭此用法，如俄 ИНВ. No. 315《收税呈状》中载有："槐子捌斗，计贰匹……"③，俄 ИНВ. No. 352A《收税申状》中载"……□□□贰石贰斗，计伍匹半……"④，"斗"用来表示重量的计量单位，在西夏土地税账册档案和契约档案中也经常出现。

②厨房用具或某一独立物品数量的计量单位，即个体数量，如对、挺、条、块、副（富）、张、管等。

关于"对"。作为计量单位，用于成双或成套的物品或厨房用具等。在唐代文献中已广泛使用。《全唐文》卷一百二《与蜀王建书》载："……金棱琉璃碗十只，银棱秘色沙锣二面，金花银装厨子一对，金花浑银裹龙凤仪注枪四条。"⑤ 在西夏文书档案中的用法如唐代。例如，俄 ИНВ. No. 313《收取榷场贸易税呈状》中载："□碗壹佰对，计伍疋。"⑥ "对"不仅用在官府文书档案中，在西夏契约档案中也多用"对"来表示成双或成套的物品，如英 3771. a. 1 (K. K. II. 0232. ee) 黑水城出土西夏汉文《天庆十三年（1206）裴松寿典麦契》中就有："……年三月初九日立文字人兀嗲遇令山今将……次银钏子一对，旧被毡一片……"⑦

关于"挺"。《汉语大词典》载："量词。多用于条状物或长形物。"⑧ "挺"

---

① 罗竹风主编：《汉语大词典》第 7 卷，汉语大词典出版社 1991 年版，第 324 页。
② 《汉书》卷 21，中华书局 1962 年版，第 967—969 页。
③ 史金波、魏同贤、[俄] 克恰诺夫主编：《俄藏黑水城文献》第 6 册，上海古籍出版社 2000 年版，第 281 页。
④ 同上书，第 284 页。
⑤ 《全唐文》卷 102，上海古籍出版社 1990 年版，第 457 页。
⑥ 史金波、魏同贤、[俄] 克恰诺夫主编：《俄藏黑水城文献》第 6 册，上海古籍出版社 2000 年版，第 280 页。
⑦ 谢玉杰、吴芳思主编：《英藏黑水城文献》第 5 册，上海古籍出版社 2010 年版，第 87 页。
⑧ 罗竹风主编：《汉语大词典》第 6 卷，汉语大词典出版社 1990 年版，第 559 页。

用于某些条状、长形物的生活或学习用品的计量单位，在先秦文献中就已有明确记载。《仪礼·乡饮酒礼》中载："荐脯五挺，横祭于其上，出自左房。"郑玄注曰："挺犹膱也，乡射礼曰：祭半膱，膱长尺有二十。"① 后世也沿用这一用法，西夏仍然沿袭其用法。例如，俄 ИНВ. No. 313《收取榷场贸易税呈状》中载："墨陆佰挺，计叁疋……"②

关于"条"。《汉语大词典》载："量词。（1）用于计量长形物。……（2）用于计量抽象事物。"③ "条"作为量词，在秦汉文献中已大量运用。例如，《全汉文》载《奏上赵皇后书贺正位》曰："今日嘉辰，贵姊懋膺洪册，谨上褴三十五条，以陈踊跃之心。"④《汉书·刑法志》载："今大辟之刑千有余条，律令烦多，百有余万言。"⑤《全汉文》卷十三《丞相遣郡国计吏敕》载："又读五条诏书敕，读毕，罢遣。"⑥ 西夏在文书档案中沿袭古代用法。《文海》对"条"也有记载："此者长条也，长也，线丝条之谓也。"⑦ 例如，俄 ИНВ. No. 313《收取榷场贸易税呈状》中载："……条，五条计壹疋贰分半。"⑧

关于"块"。"块"用于成疙瘩、成团、块状、片状的生活用品或其他事物。该词在隋唐之际的文献中已经使用，如《南史》载："特进颜延之等当时名士十许人入山候之，见其散发被黄布帊，席松叶，枕一块白石而卧，了不相眄。"⑨ 西夏文书档案的量词"块"仍沿袭古代用法。例如，俄 ИНВ. No. 313《收取榷场贸易税呈状》中载："茶贰拾块，计壹疋。"⑩ "块"作为量词，不仅运用于官府

---

① 《仪礼注疏》卷 10，（清）阮元校刻：《十三经注疏》上册，上海古籍出版社 1997 年版，第 990 页。
② 史金波、魏同贤、[俄] 克恰诺夫主编：《俄藏黑水城文献》第 6 册，上海古籍出版社 2000 年版，第 280 页。
③ 罗竹凤：《汉语大词典》第 1 卷，上海辞书出版社 1986 年版，第 1479 页。
④ （清）严可均辑：《全上古三代秦汉三国六朝文》第 1 册《全汉文》卷 11，上海古籍出版社 2009 年版，第 184 页。
⑤ 《汉书》卷 23，中华书局 1962 年版，第 1103 页。
⑥ （清）严可均辑：《全上古三代秦汉三国六朝文》第 1 册《全汉文》卷 13，上海古籍出版社 2009 年版，第 197 页。
⑦ 史金波、白滨、黄振华：《文海研究》，中国社会科学出版社 1983 年版，第 483 页。
⑧ 史金波、魏同贤、[俄] 克恰诺夫主编：《俄藏黑水城文献》第 6 册，上海古籍出版社 2000 年版，第 280 页。
⑨ 《南史》卷 75，中华书局 1975 年版，第 1871 页。
⑩ 史金波、魏同贤、[俄] 克恰诺夫主编：《俄藏黑水城文献》第 6 册，上海古籍出版社 2000 年版，第 280 页。

文书中，也普遍运用在契约档案中，如英3771.a.1（K. K. II. 0232. ee）黑水城出土西夏汉文《天庆十三年（1206）裴松寿典麦契》中就有："……年三月初九日立文字人兀嗲遇令山今将……次银钏子一对，旧被毡一片，旧……鞍一具，苦参线二块，于裴松寿处典到……"①

关于"副（富）"。《汉语大词典》载："量词。（1）用于成对成套之物……"② 在三国时期的文献中，"副（富）"已经普遍运用于计量一套或一对生活用品或其他物品。《全三国文》卷三《与太尉杨彪书》中载："八百里骅骝马一匹，赤戎金装鞍辔十副。"③ 西夏文书档案中也经常运用"副（富）"计量生活用品，用法同古代。例如，俄 ИНВ. No. 313《收取榷场贸易税呈状》中载："小鞋柒副，计壹足肆……"④ 在西夏汉文契约中有时也用作"富"，这应该是同音替代或假借。例如，俄 Дx. 18993《李春狗等赁租饼房契》中载："光定十二年正月廿一日立文字人李春狗、刘番家等，今于王元受处扑到面北烧饼房舍一位，里九五行动用等全，下项内炉：一富（副），重四十斤，无底。"⑤

关于"张"。量词。"张"在先秦文献中已经普遍运用，主要用于计量扁平或柔软的条状、片状物体。其用法及用例在第六章第一节《西夏契约档案整理与研究》中即将探讨，此不赘述。

关于"管"。《汉语大词典》载："量词。用于笔和其他管状器物。"⑥ 这一用法在汉代文献中已有记载。《全汉文》载："孝直辞以亡父所乘，纬致恨，密构孝直贼事，敕下狱。临死，告妻以纸三十张，笔十管，墨五挺，安墓中。"⑦ 在西夏文书档案中的用法同古代。例如，俄 ИНВ. No. 347《榷场使兼拘榷西凉府

---

① 谢玉杰、吴芳思主编：《英藏黑水城文献》第5册，上海古籍出版社2010年版，第87页。
② 罗竹风：《汉语大词典》第2卷，汉语大词典出版社1988年版，第721页。
③ （清）严可均辑：《全上古三代秦汉三国六朝文》第2册《全三国文》卷3，上海古籍出版社2009年版，第360页。
④ 史金波、魏同贤、[俄]克恰诺夫主编：《俄藏黑水城文献》第6册，上海古籍出版社2000年版，第280页。
⑤ 杜建录、史金波：《西夏社会文书研究》，上海古籍出版社2012年版，第250页。
⑥ 罗竹风：《汉语大词典》第8卷，汉语大词典出版社1991年版，第1199页。
⑦ （清）严可均辑：《全上古三代秦汉三国六朝文》第1册《全汉文》卷63，上海古籍出版社2009年版，第456页。

签判呈状》中载:"……笔壹仟伍拾管……"①

③表示长度的计量单位,如分、寸、尺(赤)、匹(疋)、段等。

关于"分"。《汉语大词典》载:"量词。计时单位:一小时的六十分之一;长度单位:一寸的十分之一;重量单位:一两的百分之一;角度、弧度的单位:一度的六十分之一;地积单位:一亩的十分之一……"②"分"的义项之一是表示长度的计量单位,这在汉代文献中就已见记载。《汉书·律历志》载:"度者,分、寸、尺、丈、引也,所以度长短也。本起黄钟之长。以子谷秬黍中者,一黍之广,度之九十分,黄钟之长。一为一分,十分为寸,十寸为尺,十尺为丈,十丈为引,而五度审矣。"③在西夏文书档案中沿袭了古代表长度的这一用法,而且频频出现在表示长度的官府文书当中。例如,俄 ИНВ. No.307《收取酒五斤等榷场贸易税申状》载:"……叁拾尺捌分……生押纱半匹计陆分。"④

关于"寸"。《汉语大词典》载:"长度名。(1)一指宽为寸。(2)十分为寸。(3)我国市制计量单位。市寸的简称。"⑤"寸"作为长度计量单位,在先秦文献中就已有记载。《左传·昭公二十六年》载:"匕入者三寸。"⑥寸有多长呢?《大戴礼记·主言》载:"布指知寸,布手知尺。"⑦《说文·禾部》载:"程……十发为程,十程为分,十分为寸。"⑧在西夏官府文书档案中仍沿袭了这一长度用法,且使用频率很高,《文海》中也有载:"此者指节之寸谓也。"⑨其意和《大戴礼记》中所记相似。另据专家研究认为,"中国的尺度代有变迁",一寸的长度"据专家考证唐代为3.11厘米,宋代为3.16厘米。看来西夏的尺寸接近唐

---

① 史金波、魏同贤、[俄]克恰诺夫主编:《俄藏黑水城文献》第6册,上海古籍出版社2000年版,第282页。
② 罗竹凤:《汉语大词典》第2卷,汉语大词典出版社1988年版,第564页。
③ 《汉书》卷21,中华书局1962年版,第966页。
④ 史金波、魏同贤、[俄]克恰诺夫主编:《俄藏黑水城文献》第6册,上海古籍出版社2000年版,第279页。
⑤ 罗竹凤:《汉语大词典》第2卷,汉语大词典出版社1988年版,第1245页。
⑥ 《春秋左传正义》卷52,(清)阮元校刻:《十三经注疏》下册,上海古籍出版社1997年版,第2113页。
⑦ (清)王聘珍:《大戴礼记解诂》,中华书局1983年版,第5页。
⑧ (汉)许慎:《说文解字》,天津市古籍书店影印1991年版,第146页。
⑨ 史金波、白滨、黄振华:《文海研究》,中国社会科学出版社1983年版,第424页。

制，与宋制也相去不远"。① 例如，俄 ИНВ. No. 308《收取榷场贸易税呈状》中载："……壹赤叁寸陆分……肆赤陆寸半……"②

关于"尺（赤）"。《汉语大词典》载其义项之一为："长度单位。"③ "尺"作为长度单位，见于先秦文献之中。《论语·泰伯》载："可以托六尺之孤，可以寄百里之命，临大节而不可夺也。"④《大戴礼记·主言》载："布指知寸，布手知尺。"⑤ 后世沿袭了"尺"在先秦文献中关于长度计量单位的作用，在西夏文书档案中也沿袭此用法，只不过在西夏文书中，"尺"大多情况下被"赤"替代，形成了一种特殊的同音假借的语言现象。例如，元昊《于宋请称帝改元表》中就用了"尺"这一长度计量单位，"臣祖宗本出帝胄，当东晋之末运，创后魏之初基……尺土之封，显蒙于割裂"。⑥ 西夏出土文书档案中也经常使用"赤"，如俄 ИНВ. No. 316《申状》中有："申……贰拾伍赤陆寸……"再如俄 ИНВ. No. 347《榷场使兼拘榷西凉府签判呈状》中的"……匹壹赤柒寸伍分"。⑦在其他西夏文书档案中也有使用长度计量单位"尺"之现象，如俄 Дx2828《西夏乾祐二年纳材植账》中有"长壹拾伍尺……寸板贰片各长陆尺"。⑧ 西夏官府文书中为什么会出现以"赤"代"尺"之语言现象呢？有学者经研究推测，以为西夏河西走廊以"赤"代"尺"的写法或语言现象有可能是受到宋代语言的影响。⑨ 这一推测应该是正确的，因为西夏学习和借鉴中原宋朝的各项制度都比较深入和透彻。

关于"匹（疋）"。《汉语大词典》载"匹"义项之一是："布帛等织物长度的计量单位。古代四丈为一匹，今则五十尺、一百尺不等。"⑩ 《说文·匚部》

---

① 史金波：《西夏度量衡刍议》，《固原师专学报》2002年版第2期。
② 史金波、魏同贤、[俄] 克恰诺夫主编：《俄藏黑水城文献》第6册，上海古籍出版社2000年版，第280页。
③ 罗竹风：《汉语大词典》第4卷，汉语大词典出版社1989年版，第5页。
④ 《论语注疏》卷8，（清）阮元校刻：《十三经注疏》下册，上海古籍出版社1997年版，第2486页。
⑤ （清）王聘珍：《大戴礼记解诂》，中华书局1983年版，第5页。
⑥ 《宋史》卷485，中华书局1977年版，第13995—13996页。
⑦ 史金波、魏同贤、[俄] 克恰诺夫主编：《俄藏黑水城文献》第6册，上海古籍出版社2000年版，第282页。
⑧ 同上书，第150—159页。
⑨ 许会玲、孙继民：《西夏榷场使文书所见西夏尺度关系研究》，《西夏研究》2011年第2期。
⑩ 罗竹风：《汉语大词典》第1卷，上海辞书出版社1986年版，第947页。

第三章 西夏官府文书档案整理研究

载:"匹,四丈也。"① 汉代刘安等辑撰《淮南子》载:"有形则有声,音之数五,以五乘八,五八四十,故四丈而为匹。匹者,中人之度也。一匹而为制。"② 北宋时《广韵·质韵》中也载:"匹,俗作疋。"③ 用来作长度计量单位的"匹(疋)",主要称量布帛等物品,其用法在先秦文献中就有记载,后世各朝多沿袭"匹(疋)"作长度计量单位。《汉书·食货志》载:"布帛广二尺二寸为幅,长四丈为匹。"④ 在西夏官府文书档案中也沿用古代"匹(疋)"作为长度计量单位。例如,俄 ИНВ. No. 308《收税呈状》中载:"……绢价玖拾玖疋半,收税川……拾捌斤,计壹拾叁匹陆分,……计壹拾叁匹陆分……"⑤ 在西夏汉文文书中基本以"疋"代替"匹",其用法和中原唐、宋文书中的使用方法是一致的。为什么不用正字"匹"而用俗字"疋"呢?我们以为,原因有二。一是信手拈来、快捷方便,这是写本文书的特点,"俗字作为一种约定俗成的书写符号,书手的'任意性'不能不受到文字社会性的制约。表面上似乎杂乱无章的俗写文字能够进入流通领域,能够被社会所认同,自亦应有它的根源,有它的条理"。⑥ 此外,"这些写本古籍,……保存着当时写本的原貌,其中俗字别字之多,为其他载籍所罕见"。⑦ 可见,由于书手的任意性和为了快捷方便而导致在文书的书写中出现了很多俗字。二是西夏的这些汉文文书大部分都是在黑水城地区出土的,是记载夏、金边界榷场贸易的文书,反映的是普通百姓和基层官吏的日常生活现象,所以,用俗字也是可以理解的,也是一种文书写作效率的体现。

综上所述,以上所探讨的西夏榷场贸易档案中出现的计量单位在古代的相关文书档案中经常出现并被频繁使用。因此,可以说西夏榷场贸易档案中的计量单位基本沿袭中原唐、宋以前的用法,而且大多较准确和具体,大部分计量单位在当下还经常使用。可见古代汉文化对西夏的影响,也可见西夏有意学习汉文化的

---

① (汉)许慎:《说文解字》,天津市古籍书店影印 1991 年版,第 267 页。
② 张双棣:《淮南子校释》,北京大学出版社 1997 年版,第 342 页。
③ 《宋本广韵》,江苏教育出版社 2008 年版,第 137 页。
④ 《汉书》卷 24 下,中华书局 1962 年版,第 1149 页。
⑤ 史金波、魏同贤、[俄]克恰诺夫主编:《俄藏黑水城文献》第 6 册,上海古籍出版社 2000 年版,第 280 页。
⑥ 张涌泉:《敦煌写本文献学》,甘肃教育出版社 2013 年版,第 174 页。
⑦ 张涌泉:《汉语俗字研究》,商务印书馆 2010 年版,第 149 页。

深入程度。

(2) 对西夏榷场贸易档案中的长度计量单位"段"的考察

在西夏榷场贸易文书档案中多次出现以"段"为单位来计量长度，而且主要是计量粗布之类，可见，"段"在西夏也是被普遍使用的计量长度的单位。

①对古代"段"的简单考察。

关于"段"。《汉语大词典》载："量词。（1）表示布帛等条形物的一截。"①以"段"为长度计量单位，史籍早有记载。《晋书》载："邓遐字应远。勇力绝人，气盖当时，时人方之樊哙。桓温以为参军，数从温征伐，历冠军将军，数郡太守，号为名将。襄阳城北沔水中有蛟，常为人害，遐遂拔剑入水，蛟绕其足，遐挥剑截蛟数段而出。"②这里的"段"只是将一个东西截成一段一段，其"段"只是一个概数，无法确定具体的长度，但这是史籍比较早的关于长度计量单位"段"的记载。具体到以"段"计量各类布帛长度的史籍则是《宋书》。《宋书》载："诸受朝服，单衣七丈二尺，科单衣及褠五丈二尺，中衣绢五丈，缘皁一丈八尺，领袖练一匹一尺，绢七尺五寸。给袴练一丈四尺，縑二丈。袜布三尺。单衣及褠袷带，縑各一段，长七尺。"③《旧唐书》也有以"段"为长度计量单位的记载，"癸未，诏司徒、扬州都督、赵国公无忌为太尉兼检校中书令，知尚书门下二省事，余并如故，赐物三千段"。④唐显庆五年"三月丙午，皇后宴亲族邻里故旧于朝堂，命妇妇人入会于内殿……又皇后亲预会，每赐物一千段，期亲五百段，大功已下及无服亲、邻里故旧有差"。⑤同时，也有重量和长度计量单位的记载，如唐建中三年"九月丁亥，以李洧部将高承宗为徐州刺史、徐海沂都团练使。……上至百万贯，下至十万贯，收贮斛斗匹段丝麻，候贵则下价出卖，贱则加估收籴，权轻重以利民"。⑥在《新唐书》中也有长度计量单位"段"的记载：唐元和元年"正月丁卯，大赦，改元……六月癸巳，降死罪以下。赐百姓有

---

① 罗竹风：《汉语大词典》第6卷，汉语大词典出版社1990年版，第1480页。
② 《晋书》卷81，中华书局1974年版，第2132页。
③ 《宋书》卷18，中华书局1974年版，第518页。
④ 《旧唐书》卷4，中华书局1975年版，第66页。
⑤ 同上书，第80页。
⑥ 同上书，第334页。

父母祖父母八十以上者粟二斛、物二段，九十以上粟三斛、物三段"。①

关于长度计量单位"段"，古代法典也有记载。《唐六典》规定，皇帝专用文书之一的发日敕，其功能是"增减官员，废置州县，征发兵马，除免官爵，授六品已下官，处流已上罪，用库物五百段、钱二百千、仓粮五百石、奴婢二十人、马五十匹、牛五十头、羊五百口已上则用之"。②唐代的文书档案中已经普遍使用"段"作为长度计量单位了。例如，《改元光宅诏》中就记载有"……诸年八十以上，各赐粟二石，绵帛二段。九十以上赐粟三石，绵帛三段。百岁以上，赐粟五石，绵帛五段……"③

"段"到底是多长呢？史籍记载并不一致。《宋书》中记载："劭左右引淑……等袴褶，又就主衣取锦，截三尺为一段……"④这是南朝宋时将锦帛截成三尺为一段的记载。《旧五代史》则记载：唐长兴元年"冬十月壬辰，以太子少傅李琪卒废朝。癸巳，以鄘州节度使米君立卒废朝。诏：'凡赙赠布帛，言段不言端匹，段者二丈也，宜令三司依此给付'"。⑤对此，《五代会要》有更明确的记载："凡赙匹帛言段不言端匹，每二丈为段，四丈为匹，五丈为端。"⑥《左传·昭公二十六年》载："以币锦二两。"唐代孔颖达正义曰："二丈为一端，二端为一两，所谓匹也。二两二匹。"⑦以上史料对长度计量单位的"丈、段、匹、端"都有界定，即唐朝的一段为二丈。宋朝以后，并未见到明确记载以"段"为长度计量单位的史籍材料。

②西夏法典中对计量单位"段"的规定。

西夏对中原王朝长度计量单位"段"的学习和借鉴是明显的，在法典和文书中也普遍使用。

西夏实行官吏任期届满续转制。西夏官吏三年任期届满之后若续转，则要考

---

① 《新唐书》卷7，中华书局1975年版，第208页。
② （唐）李林甫等撰，陈仲夫点校：《唐六典》卷9，中华书局1992年版，第274页。
③ （宋）宋敏求编：《唐大诏令集》卷3，中华书局2008年版，第17页。
④ 《宋书》卷70，中华书局1974年版，第1840页。
⑤ 《旧五代史》卷41，中华书局1976年版，第569页。
⑥ （宋）王溥：《五代会要》卷8，上海古籍出版社2006年版，第139页。
⑦ 《春秋左传正义》卷52，（清）阮元校刻：《十三经注疏》下册，上海古籍出版社1997年版，第2113页。

察官吏在这三年内是否有"住滞"。若无"住滞"则可续转，同时可得赏，其奖品中有一种绢帛则是用"段"来计量的。"诸司任职位人三年完毕，无住滞，不误入轻杂，则中书、枢密、经略等别计官赏，其余依次赐次中下末四等人得官赏：次等升一级，大锦一匹，银十五两，茶绢十。中等升一级，大锦一匹，银十两，绢三段，茶四坨。下等升一级，杂花锦一匹，银七两，茶三坨，绢二段。末等升一级，紧丝一匹，银五两，茶绢二。"① 这则法律条文对中下等司官吏的奖赏则是十分具体明确的，但在次末等中，特别是对茶绢的奖赏，则是合而为一的，即次等奖赏的"茶绢十"、末等奖赏的"茶绢二"。由此可以推测，西夏只有在奖赏的茶绢数量不一致时则需分别注明，而茶绢数量相同时则合写在一起，那么，次等奖赏的茶应是五坨，绢是五段，而末等奖赏的茶是一坨，绢则是一段。在西夏法典中，用"段"作为长度计量单位的是丝织品绢。

③ 西夏文书档案中长度计量单位"段"的使用。

西夏文书档案中，长度计量单位"段"的使用主要体现在西夏沿边榷场贸易文书档案中。西夏现存的 17 件榷场贸易文书几乎都出现了长度计量单位"段"，而且主要用于计量"白褐"和"黄褐"及"粗褐"等布帛的长度，如俄 ИНВ. No. 307（2—1）中"……其五斤等元带褐段"、俄 ИНВ. No. 307（2—2）中"……黄褐伍拾捌段、白褐三段"、俄 ИНВ. No. 315（2—1）中"……成等元带褐段"、俄 ИНВ. No. 347 中"……带黄褐肆拾伍段、白褐叁段……"、俄 ИНВ. No. 53 中"褐肆拾段，白褐肆段"等，并放在"黄褐""白褐"等商品具体数量之后，表示该商品的长度。而文书档案中用"段"作为长度计量单位的是用麻或兽毛等制成的粗布。

西夏的碑文中也有用"段"作为长度计量单位的状况，著名的汉夏文合璧的凉州重修护国寺感通塔碑，在庙塔修成后，碑文记载道："特赐黄金一十五两，白金五十两，衣着罗帛六十段，罗锦杂幡七十对，钱一千缗，用为佛常住。"②

西夏的长度计量单位"段"不仅用在阳间的文书档案之中，在阴间之丧葬

---

① 史金波、聂鸿音、白滨译注：《天盛改旧新定律令》卷 10，法律出版社 2000 年版，第 349 页。
② 史金波、陈育宁主编：《中国藏西夏文献》第 18 册，甘肃人民出版社、敦煌文艺出版社 2007 年版，第 85—184 页。

文书档案中也常常使用。例如,《乾祐十六年汉文冥契》中就有"宜于西城郭外厝宅兆谨用(钱)九万九千九百九十九贯文兼五彩信币买地一段,东西七步,南北九步"语,《乾祐廿三年汉文冥契》中也有"遣于西苑外咩布勒嵬卖(买)地一段,殁故龟筮□相地袭吉安厝宅兆谨用银□九万九千九百九十九贯文兼五彩信币买地一段,东西七步南北七步"①语。西夏丧葬文书中的长度计量单位"段"的运用似乎是模仿了宋朝丧葬文书的范本,北宋王洙等人奉宋仁宗敕修的《重校正地理新书》中就载有一篇冥契范文,其中对买阴宅的长宽有明确界定,即"买地一段,东西若干步,南北若干步"。②

由上述材料可知,西夏在法典和文书中大量运用"段"作为长度计量单位,且受中原长度计量单位"段"的影响较深。当然,相比较之下,西夏的长度计量单位"段"的使用范围要更加宽泛一些。

④ 西夏计量单位"段"的长度。

从上述史籍记载可知,南朝宋时有将锦帛(并不是绵帛)截成三尺为一段的记载,即一段为三尺。而唐朝则规定,布帛一段为二丈。那么,西夏的黄褐或者白褐一"段"是多长呢?或者,折合成它所博买的川绢应该是多少匹呢?

关于此,西夏学界就夏金榷场贸易文书中所反映的价值尺度进行了研究和考证,认为西夏是将川绢作为货币的价值尺度的,而夏金榷场贸易文书中的川绢则完全充当了贸易的价值尺度功能,且河北绢与川绢的比是1∶2。③ 再进一步,可以说"西夏榷场使文书所谓的'扭算'就是将形形色色数量不等的物品统一换算为川绢的长度,亦即一般等价物的价值量,其方法是列出被扭算的物品名以及数量,然后书写一'计'字以表示换算,最后列出扭算的价值量"。④ 为此,我们根据长度计量单位"段"针对的商品,即黄褐、白褐的数量及其所对应的博买川绢价的数量进行对比,可以粗略地得出一段黄褐或白褐的川绢价。例如,俄 ИНВ. No. 313 中有"黄褐壹拾陆段,博买川绢价贰……壹匹壹赤玖寸贰分",按

---

① 于光建、徐玉萍:《武威西夏墓出土冥契研究》,《西夏研究》2010年第3期。
② (宋)王洙等撰:《重校正地理新书》卷14,《续修四库全书》第1054册,上海古籍出版社2002年版,第113页。
③ 杨富学、陈爱峰:《黑水城出土夏金榷场贸易文书研究》,《中国史研究》2009年第2期。
④ 孙继民、许会玲:《西夏汉文"南边榷场使文书"再研究》,《历史研究》2011年第4期。

照夏金榷场贸易文书书写的习惯用语，个数前面应该是十位数，那么，这里的川绢价后的"贰"之后残缺的可能是"拾"，这就是说，十六段黄褐相当于川绢二十一赤九寸二分，则黄褐与川绢价的比应是1∶1.3，即一段黄褐相当于1.3匹川绢。

俄 ИНВ. No. 307（2—1）《本府住户酒五斤等申状》中有"□伍段博买川绢价肆拾捌匹半"，上面已经简单探讨了1段黄褐相当于1.3匹川绢，因此，这里的"□伍段"前不应该是黄褐，而应该是白褐。由此就可以得出，白褐与川绢价的比则是1∶9.7，即1段白褐相当于9.7匹川绢。

以上所探讨的是夏金榷场贸易文书中两篇文书，而通过俄 ИНВ. No. 307（2—2）《申状》中黄褐五十八段和白褐三段及部分毛罗所博买川绢价则是一百十一匹，如果按照上述探讨的比例计算的话，黄褐所博买的川绢价应是七十五匹多一些，白褐所博买的川绢价应是二十九匹多一点，加起来应是一百四匹半，还剩五匹多一些应是毛罗的川绢价。这样想来，可能这一推算差不多。但要考虑榷场贸易的动态性，不同时期同一商品的价格可能会不太一样。

西夏的一段应是多长呢？根据史金波的考证，西夏"当时一寸约合3.12厘米。中国的尺度代有变迁，据专家考证唐代为3.11厘米，宋代为3.16厘米。看来西夏的尺寸接近唐制，与宋制也相去不远。当时的绢、帛以及衣服、披甲部件等以尺寸计算。同样，西夏的尺上有丈，丈上有匹"。[①] 按照宋代度量衡制度，"一匹等于四十尺，一尺等于十寸"，[②] 以一丈等于十尺来计算，那么，西夏的一段黄褐相当于1.3匹川绢，折合成丈的话，应相当于5.2丈川绢。由此推测的话，一段白褐相当于9.7匹川绢，而折合成丈的话应是38.8丈川绢。可见，西夏长度计量单位"段"的长短并不完全固定，而是与不同的商品相关。只就黄褐来看，西夏一段黄褐要比唐朝的一段锦帛长两倍之多，白褐就更长了。这也验证了"中国的尺度代有变迁"之说了。

当然，西夏"段"的长度可能并不准确，因为夏金榷场贸易文书档案残缺的信息太多，无法完全准确地连接起来，所以，以上"段"的长度只能粗略计

---

① 史金波：《西夏度量衡刍议》，《固原师专学报》2002年第2期。
② 杨富学、陈爱峰：《黑水城出土夏金榷场贸易文书研究》，《中国史研究》2009年第2期。

算或推测而已，待有完整文书出现时，再进行弥补。

⑤ 西夏长度计量单位"段"所体现的价值

通过考察西夏长度计量单位"段"的使用情况，发现其在西夏文书档案中的价值比较突出。

第一，有利于对原文书进行断句。通过对"段"这一长度计量单位的分析，我们可以更方便、更准确地释读黑水城出土的 17 件夏金榷场贸易文书的原文，因为"段"作为长度计量单位，一般均出现在某布帛之后，为此，我们则可以给夏金榷场贸易文书断句。例如，俄 ИНВ. No. 308《收税文书》，杜建录、史金波主编《西夏社会文书研究》将第一行断句为"……□［肆拾玖段白褐］……"① 这样断句的话，很容易让人误以为前面的"肆拾玖段"是指白褐的数量。其实不然，这"肆拾玖段"前面应该是另一种商品，并不是白褐的数量。故，应该在"……□［肆拾玖段白褐］……"的"白褐"前面加一标点，从而使该句内容更加清晰可见。再如俄 ИНВ. No. 316《收取席智□榷场贸易税呈状》第 9 行的断句，《西夏社会文书研究》将其断句为"□柒段博买川绢价玖拾肆匹，收税……"② 即未在"□柒段"后断句，这样就可能会造成理解上的错误。

依次类推，通过对"段"这一计量单位的分析，可以引申出对其他计量单位，如"赤""寸""斤"等的正确理解，从而对西夏榷场贸易文书进行正确的释文和断句。例如，俄 ИНВ. No. 316《收取席智□榷场贸易税呈状》第 6 行应断句为"□回货，依例扭算，收税……"第 7 行为"回货，开坐下项，一就发……"第 8 行为"乞照会作何，须至申……"第 10 行为"……贰拾伍赤陆寸，准河北绢壹匹壹拾肆……"第 11 行为"……姜叁佰柒拾斤，计柒拾肆匹……"③ 等。即数量词后一般要断句，表示这一数量与前一商品之间的关系，并非与后一商品之间的关系。

第二，可以校正前人释录之不足。通过分析长度计量单位"段"的性质，

---

① 杜建录、史金波：《西夏社会文书研究》，上海古籍出版社 2012 年版，第 259 页。
② 同上书，第 263 页。
③ 同上。

我们还可以对前人释读的夏金榷场贸易文书中的不足进行校正。

以俄 ИНВ. No. 351《呈状》为例。这篇文书的图版中间有一横行是空白的，这有可能是发现文书时其上粘贴有其他的东西，在文书剥离时导致一整行被剥蚀掉。对这一文书的第二行的释读出现了歧义，《西夏社会文书研究》将其释读为"□见将到黄□贰段，白褐陆段，依法……"而孙继民则释读为"□见将到粗□抄贰段，白褐陆段，依法……"[①] 其分歧主要是长度计量单位"段"之前的商品名称。我们通过比对，认为"贰段"之前应是"黄褐壹拾"四字。其理由如下。第一，从笔画笔形上来比较，从第二行第五字残存的笔画、笔形看，与俄 ИНВ. No. 347 呈状中第七行的"黄"及其他文书中的"黄"字极其相似，故这一字应为"黄"字无疑。第二，从目前所见 17 件夏金榷场贸易文书中的贸易商品黄褐和白褐的书写习惯和顺序来看，基本上是先写黄褐多少段。接着再书写白褐多少段，黄褐在前，白褐在后。而该文书中的白褐及其长度是确切的，由此可以推断，那么白褐之前应该是黄褐及其长度。第三，从 17 件夏金榷场贸易文书来看，以长度计量单位"段"对应的商品只有黄褐和白褐，其他商品并不以"段"来对应，所以，这里的"贰段"之前对应的应该是"黄褐"。第四，俄 ИНВ. No. 351《呈状》的第三行接着就写道"……并无违禁，上件黄褐尽卖，替头……"直接交代上面贸易的商品是"黄褐"，所以，这里的"白褐"之前的商品的确应该是"黄褐"。第五，"黄"字之下空一行，也可能将"褐"字粘剥掉了，空行之后的一字应为"拾"字。但从图版来看，"拾"字之前似乎还有一个字，从"拾"上残留的最底端的痕迹来看，我们推测可能是"壹"字。因为从 17 件夏金榷场贸易文书中的黄褐与白褐的贸易长度来看，其贸易的黄褐量都要比白褐大，而在该文书中，白褐是陆段，那么黄褐要比白褐的量大，所以，黄褐至少是"壹拾贰段"，这也是合理的。故，俄 ИНВ. No. 351《呈状》中第二行的释读应为"□见将到黄褐壹拾贰段，白褐陆段，依法……"通过如此释读，这句话可能就会更加合理一些了。总之，通过探讨"段"这一长度计量单位，还可以校正前人释录文书之不足。

---

① 孙继民等：《俄藏黑水城汉文非佛教文献整理研究》（中），北京师范大学出版社 2012 年版，第 690 页。

第三章 西夏官府文书档案整理研究

第三，揭示了西夏榷场贸易的真实状况。通过探讨西夏榷场贸易档案中的计量单位，我们基本上了解了西夏榷场贸易的真实状况，揭示了榷场贸易的实质。

通过探讨可知，西夏榷场贸易所涉及的生活物品种类有黄褐、白褐、紫绮、川绢、河北绢、绢、中绢、小绢子、绢缬、川缬、小绝缬、小晕缬、毛罗、紫押纱、黄押纱、押纱、大纱、生押纱、小绫、中罗缬、白抄、躰躰、水獭皮、小鞋等；食用品种类有生姜、干姜、椒、蜜、茶、槐子等；书写用品种类有笔、墨、速抄等；厨房用品种类有□椀、大匙等；还有其他类，如鹿射箭等。有些商品是当地特产，有些也是周边的商品，其中有些可以充当价值尺度，如川绢、河北绢、姜等。关于夏金榷场贸易档案中涉及的物品种类的研究，已有西夏学者进行过探讨，而且对某些货物的出产地进行了论证，[①] 此不再赘述。

此外，夏金榷场贸易商品的价格相对来说较高。夏金榷场贸易应该始于西夏中后期，也即金朝向西夏开放沿边榷场之后。在榷场贸易中，夏金都想从中获取利益，故而夏金榷场贸易中商品的价格就被相对抬高了。例如，一段黄褐的价格相当于 5.2 丈川绢，而白褐的价格更高，一段白褐相当于 38.8 丈川绢。一匹押纱则相当于 1.2 匹川绢。由此可以看出，夏金榷场贸易商品的价格都较高。当然，也与季节或时期有关，商品价格具有动态性。

夏金榷场贸易档案也反映了西夏特别是西夏北部地区的货币经济状况。西夏后期农业、畜牧业和手工业虽然得到了进一步的发展，城镇商业发达、货币经济繁荣，但在西夏的北部并不是如此。关于此，夏金榷场贸易档案为我们提供了重要的实物档案，由此可得知，在西夏的北部地区仍然通行以物易物的原始交换形式。可见，西夏的经济发展并不均衡。

4. 黄褐、白褐与川绢和河北绢的换算

《汉语大词典》对"褐"的解释是："粗布或粗布衣，古时贫贱者所服，最早用葛、兽毛，后通常指大麻、兽毛的粗加工品。"[②] 汉文文献中也有对"褐"用例的反映，如《诗·豳风·七月》载："无衣无褐，何以卒岁。"郑玄笺：

[①] 杜建录：《黑城出土西夏榷场文书考释》，《中国经济史研究》2010 年第 1 期；杨富学、陈爱峰：《黑水城出土夏金榷场贸易文书研究》，《中国史研究》2009 年第 2 期。
[②] 罗竹风：《汉语大词典》第 9 卷，汉语大词典出版社 1992 年版，第 112 页。

"褐,毛布也。"① 为此,我们知道褐是一种布或用这种布制成的衣服,这种布的原料主要是麻和兽毛。从黑水城出土的 17 件夏金榷场贸易文书中用"段"来计量黄褐和白褐的数量来看,这里的黄褐和白褐应是指未加工成衣服的布匹。

从夏金榷场贸易文书的书写格式来看,一般情况下,在记录黄褐和白褐数量之后都会出现"博买川绢价……"可见,黄褐和白褐应是西夏的出口商品,而且数量不少,用此来换取所需要的其他物品。因为西夏畜牧业发达,所以也是西夏重要的经济部门。党项人长期从事畜牧业,故积累了厚实的畜牧业生产经验,所以党项人"其屋织牦牛尾及羊毛履之,每年一易"。② 可见,西夏人很早就用兽毛捻成线来织布或作他用。建国后,国家还设有群牧司来统管全国的畜牧业,使西夏的畜牧业又得到了进一步的发展,故而畜毛也是十分的丰富。麻也是西夏的主要农作物,《天盛律令》中记载,西夏设立专门的机构——麻园,来主管全国的麻生产。黑水城出土的西夏其他文献也都有关于麻、与麻相关的"褐衫""褐布"等的记载,在《番汉合时掌中珠》中就有"褐衫""褐布"等记载。③ 西夏汉文本《杂字》以事门分类,在衣物部就列有绫罗、纱线、匹段、绢帛、绵贝、蝉衣、褐衫等物产。④ 西夏文《文海》中也记载有"麦、黍、荞、稞、秫、粳、麻"等农作物。⑤ 从以上记载来看,黄褐和白褐是西夏普遍存在的布匹,也是西夏本土生产的布匹,更是西夏用于出口的主要商品。

通过对黑水城出土的 17 件夏金榷场贸易文书中黄褐和白褐博买川绢价格的关系,可以粗略地推测出黄褐与白褐博买川绢的价格:一段黄褐大约可与 1.4 匹川绢的价值相当,一段白褐大约与 9.7 匹川绢的价值相当。可见,白褐的数量远没有黄褐多,而且白褐的价格远高于黄褐。综上可知,川绢充当了西夏通行的商品交易的货币流通媒介。

此外,河北绢和干姜也充当了西夏榷场贸易的价值尺度,"而且河北绢与川

---

① 《毛诗正义》卷 8 之一,(清)阮元校刻:《十三经注疏》上册,上海古籍出版社 1997 年版,第 389 页。
② 《旧唐书》卷 198,中华书局 1975 年版,第 5290 页。
③ (西夏)骨勒茂才著,黄振华、聂鸿音、史金波整理:《番汉合时掌中珠》,宁夏人民出版社 1989 年版,第 50—53 页。
④ 史金波:《西夏汉文本〈杂字〉初探》,《中国民族史研究》第 2 辑,中央民族学院出版社 1989 年版,第 179 页。
⑤ 史金波、白滨、黄振华:《文海研究》,中国社会科学出版社 1983 年版,第 179 页。

绢的比值即为1∶2，也就是说，一匹河北绢可换二匹川绢"。西夏学专家通过研究和换算，得出结果是"5斤干姜可换取1匹川绢，说明干姜和川绢一样是具有交换媒介功能的。"可是"'川绢''河北绢''绢''干姜''姜'及'生姜'等词语，结合南宋中书门下所言，可证当地市场上出售的这些产品都应是从南宋经过贸易而来。以其珍贵价值及善于携带、分割等优点，川绢、河北绢和干姜长期充任西夏与金榷场贸易的等价物"。① 可见，西夏以南宋珍贵的三种产品充任了夏金榷场贸易的价值尺度，即河北绢和川绢、干姜，一般1匹河北绢可换取2匹川绢，1匹川绢可换取5斤干姜。②

（五）有关投诚人员安置事宜的内容

《俄藏》中收录有两篇关于投诚人员安置的西夏文官府文书档案，如俄 ИНВ. No. 8185《黑水副将上书》和俄 ИНВ. No. 2775—12《投诚告牒》。这两篇有关投诚人员安置的官府文书印证了《天盛律令》的有关规定。一是西夏重视境外投诚人员的安置。《天盛律令》规定："敌人引领本族部来投诚，自共统摄者，若统摄十抄以上，则当为所统摄军首领。"③还规定："敌人真来投诚者，地边、地中军内及他人辅主等，原投奔处当办理。其中若于敌界任高位，及一部部迁家统摄引导来投诚，并有实言消息送来昌，视其人状、功阶，应得何官赏、职位，以及应按原自本部顺序安置，当依时节奏告实行。"④这也是增强西夏国力的一项有效措施。二是保证投诚者的人身安全。西夏规定："投诚者来，为贪求其畜物而将其杀光死者，以诸人互相斗殴杀人法判断。"⑤以此来吸引境外的投诚人员。

此外，西夏官府文书档案还反映了一些其他方面的具体事宜：一是土地买卖事宜，如俄 ИНВ. No. 2007—13《土地买卖告牒》和俄 ИНВ. No. 2206—13《土地买卖告牒与告牒》等；二是寺庙修缮事宜，如俄 ИНВ. No. 4175《修寺告牒》等；三是牲畜放牧事宜，如俄 ИНВ. No. 2851—15《放牧告牒》等；四是纳粮、租税、

---

① 杨富学、陈爱峰：《西夏与周边关系研究》，甘肃民族出版社2012年版，第90—93页。
② 刘晔、赵彦龙、孙小倩：《西夏榷场贸易档案中计量单位探讨》，《兰台世界》2015年11月下旬。
③ 史金波、聂鸿音、白滨译注：《天盛改旧新定律令》卷6，法律出版社2000年版，第267页。
④ 同上书，第268—269页。
⑤ 同上书，第269页。

交钱事宜，如俄 ИНВ. No. 8007～8007V《纳钱粮告牒》、俄 ИНВ. No. 5919《租税告牒》、俄 ИНВ. No. 1642《交钱告牒》等；五是有关打架斗殴的事宜，如俄 ИНВ. No. 5120—1《乾祐酉年斗殴告牒》等。

七 有关西夏官府文书草稿或初稿问题

我们对《俄藏》第十二册至第十四册收录的西夏文官府文书档案进行统计，有158个编号的文书档案在页面上有明显的勾画或涂改现象，其中第十二册84个编号，如俄 ИНВ. No. 19—1《户耕地租粮账》、俄 ИНВ. No. 162—6《民事告牒》等；第十三册40个编号，如俄 ИНВ. No. 2049《粮价钱账策》、俄 ИНВ. No. 2775—13《投诚告牒》等；第十四册34个编号，如俄 ИНВ. No. 5009《守护势信函》、俄 ИНВ. No. 6440—4《天庆亥年贷粮契》等。我们认为，以上这158个编号的官府文书档案应为草稿或初稿，并非定稿。因为无论古代还是现代，官府正式发出的文书都要求页面整洁、体式完整，绝对禁止在定稿上随意勾画或涂改。唐代为防止文书在誊抄中因改动或脱剥而歪曲原意时，则要求严把审定关，且不许擅自改动，若"诸制书有误，不即奏闻，辄改定者，杖八十；官文书误，不请官司而改定者，笞四十。知误，不奏请而行者，亦如之。辄饰文者，各加二等"。① 宋代对随意改动官文书的规定也如唐代。② 关于此，西夏法律也有许多严格的规定："诸司所判写文书者，承旨、习判、都案等当认真判写，于判写上落日期，大人、承旨、习判等认真当落，不许案头、司吏判写及都案失落日期。若违律时，一律徒六个月。"③ 不仅如此，对撰写完成的文书进行校对时也要认真负责，"案头、司吏校文书者当于外为手记。倘若其不合于文书而住滞，则校文书者依法判断。同任职有手记时，所校文书上有疑口，知有住滞而未过问者，比校者罪减一等。未知，则因未仔细搜寻而再减一等"。④《天盛律令》中还有许多条款，规定在撰写官府文书时不许随意勾画或涂改，违者当受罚，等

---

① （唐）长孙无忌等撰，刘俊文点校：《唐律疏议》卷10，法律出版社1999年版，第218页。
② （宋）窦仪等撰，薛梅卿点校：《宋刑统》卷9，法律出版社1999年版，第177—179页。
③ 史金波、聂鸿音、白滨译注：《天盛改旧新定律令》卷9，法律出版社2000年版，第322页。
④ 同上书，第321页。

等①。从这一层面来理解，以上158个编号的西夏文官府文书实为草稿或初稿。

当然，这些草稿或初稿能保留下来，也从另一个层面反映出西夏官府文书保管的规范和严谨。

八 反映了西夏的部分文书档案制度

西夏故地出土的官府文书档案为我们研究西夏文书档案制度提供了西夏文和汉文实物样本，弥补了汉文史籍中收录的文书档案体式不全的遗憾，从而为我们总结和归纳西夏部分文书档案制度提供了坚实的资料基础。

1. 官府文书抬头制度

西夏作为一个少数民族王朝，积极主动地学习和借鉴唐、宋文书抬头之制，在撰写文书时采用了抬头制度，以示尊重。西夏文书的抬头制度虽然并未见法律规定，但在西夏故地出土的西夏文书中十分普遍。②

（1）平抬之制

西夏出土并公布的汉、夏文文书为我们研究文书平抬之制提供了第一手原始资料。例如，从西夏文《天盛律令》之《颁律表》汉译文可知，凡遇到"先圣""敕"等字样，都抬行平格书写，称"平抬"。③再如《俄藏》第六册收录有汉文俄 ИНВ. No. 307《本府住户酒五斤等申状》、俄 ИНВ. No. 353《收取镇夷郡住户榷场贸易税申状》、俄 ИНВ. No. 354《南边榷场使申状》等文书，都是平抬之制的典范。但通过查阅目前所能见到的出土公布的西夏汉文、西夏文文书，并未见单抬、双抬等其他方式。于是，我们基本可以认为，西夏借鉴了唐宋之制，以平抬为尊贵。

（2）空抬之制

西夏在撰制文书时，遇到像"官""祖帝""帝""御前""制""御旨"等字样时，"其前皆空一格"，④ 这种空格书写的方式叫"空抬"。空抬有空一格、

---

① 史金波、聂鸿音、白滨译注：《天盛改旧新定律令》卷9，法律出版社2000年版，第400—401页。
② 赵彦龙：《西夏公文写作研究》，宁夏人民出版社2012年版，第294—298页。
③ 史金波、聂鸿音、白滨译注：《天盛改旧新定律令》卷首，科学出版社1994年版，第16页。
④ 同上书，第35—37页。

空多格之制。

空抬有空一格之制，如在夏仁宗皇帝撰写的敕文《告黑水河诸神敕》中，遇"贤""佛"等都空一格书写，以示对神、佛的敬畏之情；《俄藏》第六册中收录的俄ИНВ. No. 307《本府住户酒五斤等申状》、俄ИНВ. No. 353《收取镇夷郡住户榷场贸易税申状》、俄ИНВ. No. 354《南边榷场使申状》等汉文文书档案都是空一格书写的形式。

另外，也有空多格书写之制，如《俄藏》第六册中的汉文文书，即俄ИНВ. No. 307《收取酒五斤等榷场贸易税申状》共保留十一行文字，第六行另起行平抬书写，第六行的"上者"的"上"前空四或五字。

由上可知，在西夏地方官府间的上行文书中，为表示下级对上级的尊敬，凡提及上级官府名称时要另起行平抬书写，提及长官职位或代表长官职位的牌符等时都要空格书写。遇到代表皇帝身份的词语，如"上者"等时，一般要空四或五格书写，以示最高的敬意。

西夏的文书抬头之式从另一个侧面也充分说明了西夏"封建社会的等级制度是赤裸裸的，在不同等级之间不仅没有实际上的平等权利，而且连形式上也无平等可言"。这不仅仅存在于西夏这样一个偏居西北边隅的少数民族王朝，"在整个封建社会的历史过程中，人与人之间等级差异的严重存在是贯穿始终的，尊卑贵贱，君臣上下之间有不可逾越的鸿沟。这种等级区分不仅强烈地表现在政治、经济上，也渗透在人们生活的一切方面，诸如房屋、服饰、车骑、用具等，都分不同等级而各有等差，不得任意僭越"。[①] 当然，官府文书抬头制度对文书发挥效用并无实际意义，但文书抬头制度是封建社会专制主义和中央集权制的产物，是封建礼仪的内容之一，是为维护贵贱有等、长幼有序、朝廷有位的统治秩序而服务的，这也是西夏统治者在撰写文书时自觉借鉴和学习中原文书抬头之制的实质。

2. 官府文书押署制度

押署是西夏官员对撰写完毕并进行了校对、核稿等环节之后需定稿的文书签上意见和姓名及时间的行为，是对文书的负责，也是主管官员行使权力的象征。

---

① 冯惠玲：《我国封建社会文书抬头制度》，《历史档案》1985年第1期。

押署有判署和签押之分。

西夏文书押署同样沿袭了中原王朝文书押署之制，并且将其写进了法律之中，以示共同遵守，若违反其制度要承担责任。

（1）押署形式

从《俄藏》《中藏》等收录及散见的西夏文书实物来看，西夏文书的押署内容大体上由三部分构成，即押署时间、职衔和姓名。其押署形式如下。

一是职衔在文首，时间和姓名押在文尾。这是西夏官府文书中最基本的一种押署形式。例如，黑水城出土西夏文文书《黑水守将告近禀贴》押署形式就是如此。这篇文书的开篇写道，"黑水守城勾管执银牌都尚内宫走马没年仁勇禀"，清楚地告诉读者文书作者所在地区、职官名称和姓名；文书结尾押署为"乾定申年七月，仁勇"，① 即署皇帝年号、干支、月份及职官姓名。再如黑水城出土西夏文文书《黑水副将上书》也属于这种押署形式。当然，这种押署的时间稍嫌笼统，不利于后人进行深入、具体的研究和利用。

二是全部在结尾处押署。这是一种最为常用的押署形式。例如，《俄藏》中收录的编号为ДХ2957　ДХ10280 的官府文书《光定十三年千户刘寨杀了人口状》最具代表性。文书的倒数第二行"光定十三〔年〕十月初四日杀了人口"，即押署内容为皇帝年号、年次、月日、具体内容，倒数第一行押"千户刘寨　状"，② 即为职衔和姓名及文书种类。黑水城出土 ИНВ. No. 347《榷场使兼拘榷西凉府签判文书》、③ 甘肃出土中藏 G21·027《光定二年公文残页》④ 等，都为结尾押署的形式。

三是在结尾处联合押署，由职、官和号三部分内容构成。例如，俄 ИНВ. No. 1570 西夏文《天盛律令·颁律表》的押署最为典型。

《天盛律令·颁律表》这篇文书押署只有职、官、姓名，并无时间。职官名

---

① 聂鸿音：《关于黑水城的两件西夏文书》，《中华文史论丛》第 63 辑，上海古籍出版社 2000 年版，第 133—134 页。
② 史金波、魏同贤、〔俄〕克恰诺夫主编：《俄藏黑水城文献》第 6 册，上海古籍出版社 2000 年版，第 161 页。
③ 同上书，第 282 页。
④ 史金波、陈育宁主编：《中国藏西夏文献》第 16 册，甘肃人民出版社、敦煌文艺出版社 2006 年版，第 273 页。

称的书写在此文书中是比较特殊和复杂的。因为，西夏存在职、官并不完全一致的情况，"官和职在西夏职官制度中是两个不同的系统，但二者有密切的联系。在西夏，官品高的人一般职位也高。官品和职位有大体一致的对应关系"。具体来说，"西夏的'官'是代表人身份的品级，而'职'表示所任现职，因此它们之间有明显的区别"。但也有特殊的情况，即"有职位者并不一定有官，官和职的等级并不相当，官和职的次第先后也不一定相符"。① 因此，押署时若既有职又有官的话，必须职、官名称书写齐全，不得遗漏。此外，西夏还有很多"尊号"，一般情况下西夏官员有"尊号"，以示尊贵。这样，文书在押署时，必须写清楚职、官、号三部分构成及姓名，如《天盛律令·颁律表》的押署："中书令赐长艳文孝恭敬东南姓官上国柱嵬名忠□""中书智足赐才盛文孝恭敬东南姓官上国柱嵬名地远……"等。但有时文书在押署时，也有只写职或官及姓名而不写尊号的，如《天盛律令·颁律表》中的第一位押署官员"北王兼中书令嵬名地暴"② 即是如此。

四是在官印之下押署。西夏很多文书在文尾要加盖官印，官印下方是官员的押署。例如，在甘肃武威下西沟岘出土的西夏官府汉文文书中，有一张官府布告残页。这篇布告残存官印的大半部分，下为汉文"刘"字，"刘"字下面由墨书签了像"廷"一样的字。③

五是特殊的押署形式。魏晋以后出现了画押，这种特殊的形式在西夏官府文书中也较普遍存在。画押，又称花押或押字，是官员按照各自的习惯或爱好，在文书页面上多处创造性地画出一种特定的符号，以代表押署者本人的意愿。这种画押的形式，一般人是模仿不来的，其目的就在于防止其他官吏伪造文书或涂改相关内容。

西夏官府文书中有画押，其画押的位置也不固定。有的官府文书在结尾处进行联合押署，又在其名后的空白处有很多画押，画押的图饰似乎像四个"┐"

---

① 史金波：《西夏的职官制度》，《历史研究》1994年第2期。
② 史金波、聂鸿音、白滨译注：《天盛改旧新定律令》之颁律表，法律出版社2000年版，第107—108页。
③ 史金波、陈育宁主编：《中国藏西夏文献》第16册，甘肃人民出版社、敦煌文艺出版社2006年版，第271页。

第三章　西夏官府文书档案整理研究

背靠背在一起，如《天盛律令·颁律表》；有的官府文书的画押随处可见，如俄ДХ2828《乾祐二年（1171）材植账》，这篇汉文文书中随处可见像压扁的"血"① 字的画押。有的画押在独立签名之后，如俄 ИНВ. No. 2208《乾祐十四年安推官文书》，该篇文书在文书结尾处安推官签名后，又在其后画了一个像"关"② 字的图样。

此外，西夏的其他文书中也普遍使用画押，如赋役文书、账簿文书等。

画押在西夏官私文书中使用极为广泛，画押和官员署名一样，在西夏官府文书中具有同等的法律效力。

（2）押署签名规定

西夏法律规定，文书一经撰写完成，应及时交由主管官员阅批；阅批完毕，主管官员要在文书上签名画押，以示文书生效，并表明对该文书负责。

首先，所有文书必须押署，无论是独立行文还是联合行文。《天盛律令》卷十《司序行文门》规定，无论是平级还是上下级之间行文，都应押署，即"手记"。例如，"上等中书、枢密自相传牒，语尾依牒前同至请等当有，官下当手记，而后各司上当置，在末尾当说，并记上日期"。经略使司者，"比中书、枢密低一品，然大于诸司"，因此，经略司有的行文必须首先"当报上等司中"。经略司之间相互行文仍采取"官下手记，然而当置诸司上，末尾当过，日下手记"的规定；"次中下末等当报司等大于己处，同品传导而后有请者，官下手记，当于低一等处置，后当有卜送。自二等以下者，后有卜字，官字下手记。其中上谕者，无论司高低当置。同品及大小司处行者，官下手记"。若因种种情形未手记时，"有官罚马一，庶人十三杖"。③

其次，要注意文书押署的顺序，这主要指联合行文的签名规定。西夏为了严格执行文书押署制度，规定了诸官员押署的先后次序。这也是为了体现党项族的主体地位和党项族官员在执政过程中的绝对权威。西夏综合性法典《天盛律令》多处提到不同民族官员官职擢升及署名排列的有关规定。根据《天盛律令》卷

---

① 史金波、魏同贤、[俄] 克恰诺夫主编：《俄藏黑水城文献》第6册，上海古籍出版社2000年版，第150页。
② 同上书，第300页。
③ 同上书，第364页。

十《司序行文门》的规定进行综合归纳和总结，我们以为，西夏文书押署的顺序主要有以下几种形式。

一是以官位的高低决定押署先后次序，官位高者在前，官位低者在后。"中书、枢密大人、承旨及经略当请，应分别坐。有当校文书时，当请承旨、都案、案头局分人等引导校之，然后京师、各地边司等大人、承旨、习判等一同正偏当坐。""二番人共职者列坐次及为手记时，当由官高大人为之。"

二是若皇室宗亲与其他番汉官员共同押署文书时，按西夏法律规定，当以皇室宗亲排列在前，其他番汉官员排列在后。"节亲主、番人等职相当、名事同者，于司坐次、列朝班等中，当以节亲主为大。"

三是在押署文书时，既有文官，又有武官，排序当然是官大者为先，官小者为后。若二者官阶相等时，当以文官为先，"官相等而有文武官者，当以文官为大。有文武官同，则当视人况、年龄"，即以资历、年龄、声望来决定排位先后。"若违律时罚马一。又蕃、汉、降汉、西番、回鹘共职时，官高低依番汉共职法实行。"

四是在押署文书时，还以职位的高低决定先后次序。"任职人番、汉、西番、回鹘等共职时，位高低名事不同者，当依各自所定高低而坐。此外，名事同，位相当者，无论官高低，当以番人为大。若违律时，有官罚马一，庶人十三杖。朝官上则当列官，司内测解案中及朝中阁门、检校等当过问，彼人不过问时，一律有官罚钱五缗，庶人十杖。已过问，番人及官高等本人未问，则有官罚钱五缗，庶人十杖。"① 这些规定对维护皇权、巩固西夏最高统治者的地位起到了很好的作用。

3. 官府文书档案用字制度

西夏官府文书的用字与西夏法律的相关规定基本一致，但从实物文书的撰写情况来看，以西夏文为主，兼有汉文、汉夏文合璧、汉藏文合璧的官府文书。

（1）西夏文是官府文书档案的主流。众所周知，西夏文创制后，西夏将其"尊为国字"，"凡国中艺文诰牒，尽易蕃书"。② 《俄藏》《中藏》《英藏》等收录

---

① 史金波、魏同贤、[俄] 克恰诺夫主编：《俄藏黑水城文献》第6册，上海古籍出版社2000年版，第378—379页。
② （清）吴广成撰，龚世俊等校证：《西夏书事校证》卷12，甘肃文化出版社1995年版，第146页。

第三章　西夏官府文书档案整理研究

的西夏官府文书档案大约有 1000 件，其中汉文档案约 90 件，汉藏文合璧档案 1 件，汉夏文合璧档案 2 件，西夏文档案 900 多件。从数量上来看，西夏文档案约占官府文书档案的 89%，也就是说，从西夏国创制西夏文字以后，西夏的"艺文诰牒"基本上以西夏文为主进行撰写。可见，西夏对"国字"制度的贯彻落实之彻底。

（2）西夏也兼用汉字撰写官府文书。从上述统计可知，在西夏官府文书档案中有约 90 件纯汉文档案，约占总档案的 10%。在这约 90 件汉文档案中，有 65 件是西夏与中原宋、辽、金朝的往来文书，只有 20 多件是西夏国内运行的汉文文书。虽然汉文文书的比例低了一些，但不管怎么说，直到西夏后期，汉文仍然可以作为政务管理之工具的文书用字，这是因为西夏境内还有汉族居住。

（3）西夏也存在两种文字合璧的文书。一是汉夏文合璧。《俄藏》第十四册后附《附录·叙录》对俄 ИНВ. No. 1158—1～2《告牒》等介绍说："写本……右部西夏文、汉文合璧。有签署、画押。"① 还有《俄藏》第 6 册中的俄 ДХ2957 ДХ10280《光定十三年千户刘寨杀了人口状》② 一篇。目前，已经有 3 篇汉夏文合璧的官府文书。这 3 篇汉夏文合璧的官府文书，可能是双语翻译，方便了西夏境内不同民族的阅读；二是汉藏文合璧的文书，如西夏第五代皇帝仁宗仁孝的《告黑水河诸神敕》。这些西夏官府实物文书无可辩驳地证明了西夏境内多民族聚居、多种文字共存及共同使用的状况。

（4）西夏官府文书，尤其是汉文文书中出现了一些异文等特殊语言现象。第一，同音通假。例如，俄 ИНВ. No. 307《收取酒五斤等榷场贸易税申状》、俄 ИНВ. No. 308《收税呈状》、俄 ИНВ. No. 313《收姜椒绢等呈状》、俄 ИНВ. No. 315（1—2）《榷场贸易收税呈状》、俄 ИНВ. No. 316《本府住户席智□等申状》、俄 ИНВ. No. 347《榷场使兼拘榷西凉府签判呈状》、俄 ИНВ. No. 351《申状》、俄 ИНВ. No. 352A《收取本府住户榷场贸易税申状》等九件文书中都出现了同音"赤"

---

① 史金波、魏同贤、[俄] 克恰诺夫主编：《俄藏黑水城文献》第 14 册，上海古籍出版社 2011 年版，第 27 页。
② 史金波、魏同贤、[俄] 克恰诺夫主编：《俄藏黑水城文献》第 6 册，上海古籍出版社 2000 年版，第 160 页。

代"尺"之语言现象。① 但也有写作"尺"的现象，如俄 Дx2828《西夏乾祐二年纳材植账》中有"长壹拾伍尺……寸板贰片各长陆尺"。② 其他官府文书档案中也出现了一些同音通假的语言现象，如俄 ИНВ. No. 2150《西夏天庆元年三司设立法度文书》中的 B 面第二行"书密院案头"中的"书"，应为西夏中央最高军事机构"枢密院"的"枢"。③

第二，汉语借词。对于西夏官府文书中有关汉语借词方面的运用，史金波总结得十分精到，他说："最直接的变化是西夏语中出现了大批汉语借词。在基本词中就有不下上百个汉语借词。其中有的是党项族原来没有的事物和行为，在接受了汉族的新事物后同时借词，如名词中的圣、府、州、县、堡、官、车、经略、刺史、箜篌、和尚、沙门，动词中的写、灌、雇、包、安抚、安排、参差，量词中的寸、卷等；有的是西夏原也有此种事物，但因经常使用汉语中相应的词，汉语词也逐渐进入西夏语，形成本语词和汉语借词并用的态势。如名词中的牲、谷、山，动词中的生、打、分，形容词中的大、粗、细、正等，皆存在党项语本语词和汉语借词两种。"④ 可见，中原汉族的语言文字对西夏语的影响之大。

第三，汉语俗字的使用。这一语言现象在西夏汉文文书中多有使用，也是西夏文书语言运用中的一个特色。例如，俄 ИНВ. No. 313《收姜椒绢等呈状》中，汉语俗字的使用频率很高："……绢缬肆疋……绢壹拾壹疋计贰拾贰匹，川缬柒疋……条，柒条计壹疋，柒疋半……计贰疋，体体壹疋计□……"⑤ 这一文书档案多处使用"疋"，"疋"即"匹"之俗字。⑥

---

① 史金波、魏同贤、[俄] 克恰诺夫主编：《俄藏黑水城文献》第 14 册，上海古籍出版社 2011 年版，第 279—284 页。
② 史金波、魏同贤、[俄] 克恰诺夫主编：《俄藏黑水城文献》第 14 册，上海古籍出版社 2011 年版，第 150—159 页。
③ 同上书，第 299 页。
④ 史金波：《西夏的汉族和党项民族的汉化》，《中南民族大学学报》2013 年第 1 期。
⑤ 史金波、魏同贤、[俄] 克恰诺夫主编：《俄藏黑水城文献》第 6 册，上海古籍出版社 2000 年版，第 280 页。
⑥ 赵彦龙：《西夏官府文书档案研究的几个问题》，杜建录主编：《西夏学》第 10 辑，上海古籍出版社 2014 年版，第 161—171 页。

第四章　西夏专门档案整理与研究（上）

第一节　西夏户籍档案整理与研究

户籍档案是我国古代档案的重要组成部分，是各司署衙门对其所辖范围内的户口进行调查、登记、申报，并按一定的原则和要求进行立户、分类、划等并编制，成为一类独立的档案种类，我们将其归入专门档案的范畴。户籍档案是贯穿中国封建社会始终的重要政务文书档案，从战国、秦朝的计书，两汉的计簿，至隋唐的手实、籍账，宋代的版籍、丁籍等籍账，一直到明清的黄册，这些文书都详细记载了全国各户的人口、地亩、钱粮、徭役等情况，因而是历代王朝赖以生存的重要经济命脉，所谓"民之大纪，国之治端"[1]　"军国所资，咸出于租调"。[2] 封建国家对这类档案的控制、管理十分严密，历代的户籍档案都有一套定期造籍、逐级上报、分级管理的制度，也就形成了一套规模巨大的户籍档案工作制度。

西夏户籍档案是指记载西夏国家各户的人口、地亩、钱粮、徭役等情况的文字材料，是西夏国家在经济管理过程中产生的重要的凭据性档案，对于研究西夏国家的人口、地亩、钱粮、徭役、税收等经济工作有非常重要的凭证作用，所

---

[1] 《南齐书》卷34，中华书局1972年版，第608页。
[2] （元）马端临：《文献通考》卷4，中华书局1986年版，第55页。

以，西夏国家从始至终都非常重视户籍档案的造籍、上报和管理。

从一定意义上说，人口的多寡决定着一个国家实力的强弱和经济的雄厚与否，人口的管理通过户籍制度，主要体现在户籍档案的完善上。因此，户籍档案就成为西夏管理人口、缴纳赋税、补充兵源等最为重要的凭证之一，也是西夏最为典型的一种政务文书。关于西夏户籍的管理和上报等制度，在西夏综合性法典《天盛律令》中有比较详细的规定。近年来，随着《俄藏》《英藏》等大型文献丛书的出版和西夏学专家的逐渐考释与公布，特别是西夏时期黑水城地区户口材料的公布，给我们研究西夏户籍管理提供了非常珍贵的原始资料，成为我们研究西夏社会家庭状况的重要文献。

一 西夏户籍档案的简单整理

有关西夏户口及户籍，已有专家学者根据西夏汉文史籍，如《续长编》《宋史》等记载进行过一些探讨，如李虎于1995年向首届西夏学学术会议提交的《西夏人口问题琐谈》，赵斌、张睿丽发表在2002年第6期《民族研究》上的《西夏开国人口考论》，杜建录发表在2003年第1期《宁夏大学学报》（人文社科版）上的《论西夏的人口》等，都对西夏的人口和户籍数量进行了严密的推测和估算。当然，在这之前，学者们很少利用西夏文户籍文书的实物档案来研究西夏的人口和户籍。

在中、俄共同整理、出版《俄藏》的过程中，史金波于1997年和2000年两次在俄国圣彼得堡东方学研究所整理西夏文献时，发现了一大批西夏文社会文书，计有1000余号，包括户籍、军抄状、账册、契约、告牒、书信等。这些珍贵的原始资料对研究、认识西夏社会有极高的价值。其中，有关西夏户籍、人口的文书100多号，虽多为残件，但这些七八百年前的文书，保存了西夏时期黑水城地区户籍口的第一手资料，弥足珍贵，是打开西夏社会家庭大门的钥匙。[1]

西夏文户籍档案的发现不仅填补了西夏户籍实物的空白，对同时代缺乏这类实物资料的宋、辽、金王朝的社会经济研究也有相当重要的参照价值。

据史金波介绍，译释这些文书非常困难，因为在西夏社会底层的人们书写这

---

[1] 史金波：《西夏户籍初探——4件西夏文草书户籍文书译研究》，《民族研究》2004年第5期。

些文书时被要求快捷、及时，所以往往以草书写就。另外，这些文书多是残页，还有不少文书正、背两面皆书写文字，笔画透墨，相互叠压，更加难以辨认。但不管怎么说，史金波已经译释、研究并介绍了 4 件西夏文户籍档案，给学界提供了非常珍贵的资料，从而使我们了解了西夏的户籍实况，这对于研究西夏户籍相关问题提供了可能。① 现根据史金波的译释介绍及《中藏》《俄藏》《英藏》等收录的西夏文户籍档案，我们发现有 110 多件户籍档案。现依次将图版编号、档案名称、版本、纸质、字体、书写文字、档案出处等相关信息列表整理如下。

表 4—1　　　　　　　　《西夏户籍》档案

序号	图版编号	档案名称	版本	纸质	字体	书写文字	档案出处	备注
1	中藏 B11·018—08VP	户籍账残页	写本	麻纸	草书	西夏文	《中藏》第二册②第 241 页	残页
2	中藏 B11·019—04P	户籍文书	写本	麻纸	草书	西夏文	同上书，第 279 页	残页
3	中藏 B11·045	户籍文书	写本	麻纸	行书	汉文	《中藏》第五册③第 132 页	2 条户籍
4	中藏 G21·017—1P	人员账	写本	麻纸	草书	西夏文	《中藏》第十六册第 266 页	残页。存 3 件
5	中藏 029[7.08X—8B]	户籍粮账	写本	麻纸	草书	西夏文	《西夏社会文书研究》④第 182 页	残页。记载 3 户
6	中藏 030[7.08X—9]	人员账残页	写本	麻纸	草书	西夏文	同上。	残甚
7	中藏 071[7.16X—16]	户籍残页	写本	麻纸	草书	西夏文	同上。	残页。记载纳粮数和户主人名

① 史金波：《西夏户籍初探——4 件西夏文草书户籍文书译研究》，《民族研究》2004 年第 5 期。
② 史金波、陈育宁主编：《中国藏西夏文献》第 1—4 册，甘肃人民出版社、敦煌文艺出版社 2005 年版。
③ 史金波、陈育宁主编：《中国藏西夏文献》第 5—17 册，甘肃人民出版社、敦煌文艺出版社 2006 年版。
④ 杜建录、史金波：《西夏社会文书研究》，上海古籍出版社 2012 年版。

续 表

序号	图版编号	档案名称	版本	纸质	字体	书写文字	档案出处	备注
8	俄 ИНВ. No. 39—3	户口畜物账	写本	麻纸	草书	西夏文	《俄藏》第十二册① 第15页	残页
9	俄 ИНВ. No. 321—8~9	户籍（粮）账	写本	麻纸	草书	西夏文	同上书，第57页	残页或残片。有涂改、勾勒
10	俄 ИНВ. No. 447	人口税账	写本	麻纸	草书	西夏文	同上书，第119页	封套衬纸，多件残片粘贴
11	俄 ИНВ. No. 532	甲户籍账	写本	麻纸	草书	西夏文	同上书，第121页	封套衬纸，多件残片粘贴。有涂改
12	俄 ИНВ. No. 772—1~2	迁溜甲主账	写本	麻纸	草书	西夏文	同上书，第137页	残页
13	俄 ИНВ. No. 1080—1~2	户籍账	写本	麻纸	草书	西夏文	同上书，第176—177页	封套衬纸，多件残片粘贴。有涂改、勾勒
14	俄 ИНВ. No. 1181—1~3	户口地畜账	写本	麻纸	草书	西夏文	同上书，第216—217页	残片。有涂改
15	俄 ИНВ. No. 1222—1	租户粮账	写本	麻纸	草书	西夏文	同上书，第225页	残片粘贴。有西夏文官印
16	俄 ИНВ. No. 1460	户租粮账	写本	麻纸	草书	西夏文	同上书，第250页	残页。封套衬纸
17	俄 ИНВ. No. 1523—26~27	户籍	写本	麻纸	草书	西夏文	同上书，第266页	残页
18	俄 ИНВ. No. 1598	户口地畜账等	写本	麻纸	草书	西夏文	同上书，第275页	封套衬纸，多件残片粘贴。上部有签署
19	俄 ИНВ. No. 1719—7~9	迁溜户籍账等	写本	麻纸	草书	西夏文	同上书，第283—284页	封套衬纸。有勾画

① 史金波、魏同贤、[俄]克恰诺夫主编：《俄藏黑水城文献》第12册，上海古籍出版社2006年版。

续 表

序号	图版编号	档案名称	版本	纸质	字体	书写文字	档案出处	备注
20	俄 ИНВ. No. 1781—4～5V	租户粮账等	写本	麻纸	草书	西夏文	同上书，第316—316页	残。封套衬纸。有涂改
21	俄 ИНВ. No. 1933	手实等	写本	麻纸	草书	西夏文	同上书，第345页	封套衬纸，两件残片粘贴
22	俄 ИНВ. No. 2036—2V	户籍粮账	写本	麻纸	草书	西夏文	《俄藏》第十三册① 第13页	残页
23	俄 ИНВ. No. 2775—6V、7V、8V、13V、14V、15V	户口手实	写本	麻纸	草书	西夏文	同上书，第109—114页	残页。有涂改
24	俄 ИНВ. No. 3252—5	户口手实	写本	麻纸	草书	西夏文	同上书，第167页	封套衬纸
25	俄 ИНВ. No. 4200	户籍账	写本	麻纸	草书	西夏文	同上书，第199页	残页
26	俄 ИНВ. No. 4384—9	甲户籍账	写本	麻纸	草书	西夏文	同上书，第209页	残页
27	俄 ИНВ. No. 4384—9V	户口畜账	写本	麻纸	草书	西夏文	同上书，第209页	残页。有签署、画押
28	俄 ИНВ. No. 4430	户籍账	写本	麻纸	草书	西夏文	同上书，第210页	残卷
29	俄 ИНВ. No. 4600—4～6	户口畜账与迁溜户计账	写本	麻纸	草书	西夏文	同上书，第226—227页	残页或残片
30	俄 ИНВ. No. 4761—4～7、8～9、10V	户籍账、夏汉文合璧户口手实等	写本	麻纸	草、行楷	西夏文	同上书，第265—270页	残卷或残页。有涂改
31	俄 ИНВ. No. 4783—1～5	户口畜账等	写本	麻纸	草书	西夏文	同上书，第283—285页	残卷或残页。有涂改、签署、画押和符号。用算码标记人口数

① 史金波、魏同贤、[俄]克恰诺夫主编：《俄藏黑水城文献》第13册，上海古籍出版社2007年版。

续表

序号	图版编号	档案名称	版本	纸质	字体	书写文字	档案出处	备注
32	俄 ИНВ. No. 4884	户口手实	写本	麻纸	草书	西夏文	同上书，第300页	残卷。有涂改、签署、画押
33	俄 ИНВ. No. 4926—16~17	户口地畜账	写本	麻纸	草书	西夏文	同上书，第315页	残卷。有的户上有小圆圈，有涂改
34	俄 ИНВ. No. 4931V	户籍账	写本	麻纸	草书	西夏文	同上书，第317页	残页
35	俄 ИНВ. No. 4932	户纳粮账	写本	麻纸	草书	西夏文	同上书，第318页	残页
36	俄 ИНВ. No. 4979—2~2V	迁溜甲户籍账与户口地畜账	写本	麻纸	草书	西夏文	同上书，第319—320页	残卷。第2V号有画押
37	俄 ИНВ. No. 4991—4~9	迁溜人口税账	写本	麻纸	行书	西夏文	同上书，第322—324页	残页或残片。有译文①
38	俄 ИНВ. No. 5223—2	人口税	写本	麻纸	草书	西夏文	《俄藏》第十四册②第27页	残页
39	俄 ИНВ. No. 5522—3	户纳粮账	写本	麻纸	草书	西夏文	同上书，第46页	残页。有印押
40	俄 ИНВ. No. 5807	人员账	写本	麻纸	草书	西夏文	同上书，第50页	残卷。有画押
41	俄 ИНВ. No. 5910—4	户籍账	写本	麻纸	草书	西夏文	同上书，第63页	残页
42	俄 ИНВ. No. 5949—41~47	人员账	写本	麻纸	草书	西夏文	同上书，第100—105页	残页或残卷。有涂改、签署、画押

① 史金波:《西夏农业租税考——西夏文农业租税文书译释》,《历史研究》2005年第1期。
② 史金波、魏同贤、[俄]克恰诺夫主编:《俄藏黑水城文献》第14册,上海古籍出版社2011年版。

续 表

序号	图版编号	档案名称	版本	纸质	字体	书写文字	档案出处	备注
43	俄 ИНВ. No. 5990—1	户租粮账	写本	麻纸	草书	西夏文	同上书,第108页	残卷。有签署、画押
44	俄 ИНВ. No. 6342—1~2	户籍账	写本	麻纸	草书	西夏文	同上书,第118—122页	残卷。有签署、画押。有译文①
45	俄 ИНВ. No. 6377—11	迁溜户籍账	写本	麻纸	草书	西夏文	同上书,第143页	残页。有勾勒
46	俄 ИНВ. No. 7553—2V	户籍账	写本	麻纸	草书	西夏文	同上书,第182页	有以短横线表示人数
47	俄 ИНВ. No. 7629—1	户籍手实	写本	麻纸	草书	西夏文	同上书,第183页	卷子。背面为亥年法典
48	俄 ИНВ. No. 7629—3~4	户口畜账	写本	麻纸	草书	西夏文	同上书,第185—186页	均为残卷。有画押、涂改
49	俄 ИНВ. No. 7893—8~14	酉年溜统习判梁吉祥铁户籍手实、户籍账	写本	麻纸	草书	西夏文	同上书,第212—216页	卷子或残卷或残页。有涂改、签署、画押。有译文②
50	俄 ИНВ. No. 7913—1~4	人员账	写本	麻纸	草书	西夏文	同上书,第225页	残片
51	俄 ИНВ. No. 7924—1	户籍账	写本	麻纸	草书	西夏文	同上书,第228页	残页。有画押
52	俄 ИНВ. No. 7994—6~8、10、17~18	户籍账	写本	麻纸	草书	西夏文	同上书,第238—239页	残卷。有勾勒、签署、涂改
53	俄 ИНВ. No. 7996—1	光定午年户口手实	写本	麻纸	草书	西夏文	同上书,第248页	残卷。有款识

① 史金波:《西夏户籍初探——4件西夏文草书户籍文书译研究》,《民族研究》2004年第5期。
② 同上。

续 表

序号	图版编号	档案名称	版本	纸质	字体	书写文字	档案出处	备注
54	俄 ИНВ. No. 8203	户口手实	写本	麻纸	行书	西夏文	同上书,第15页	卷子。该为7629—1的誊写本。有译文①
55	英0001	户籍	写本	麻纸	草书	西夏文	《英藏》第一册②第1页	2纸。卷轴装
56	英0034	户籍	写本	麻纸	草书	西夏文	同上书,第15页	2纸。卷轴装
57	英0324、0324V	户籍	写本	麻纸	草书	西夏文	同上书,第130页	2纸
58	英0344	人口税账	写本	麻纸	草书	西夏文	同上书,第135页	残页
59	英1593	人口簿	写本	麻纸	草书	西夏文	《英藏》第二册第149页	1纸残片
60	英1596	人口簿	写本	麻纸	草书	西夏文	同上书,第149页	1纸残片
61	英1597	户籍	写本	麻纸	草书	西夏文	同上书,第150页	1纸残片
62	英1690	户籍	写本	麻纸	草书	西夏文	同上书,第174页	1纸残片
63	英1808	户籍	写本	麻纸	草书	西夏文	同上书,第207页	1纸。
64	英1936	户籍	写本	麻纸	草书	西夏文	同上书,第272页	残片
65	英1941	里甲户籍	写本	麻纸	草书	西夏文	同上书,第274页	残片
66	英1947	户籍	写本	麻纸	草书	西夏文	同上书,第278页	残片
67	英2038	户籍	写本	麻纸	草书	西夏文	同上书,第309页	残片

① 史金波:《西夏户籍初探——4件西夏文草书户籍文书译研究》,《民族研究》2004年第5期。
② 谢玉杰、吴芳思主编:《英藏黑水城文献》第1—4册,上海古籍出版社2005年版。

续 表

序号	图版编号	档案名称	版本	纸质	字体	书写文字	档案出处	备注
68	英 2135	户籍册	写本	麻纸	草书	西夏文	同上书，第346 页	1 纸
69	英 2206	户籍账	刻本	麻纸	草书	西夏文	《英藏》第三册第 25 页	1 纸。蝴蝶装
70	英 2781	户籍账	写本	麻纸	草书	西夏文	同上书，第226 页	1 纸残片
71	英 2963V	户籍账	写本	麻纸	草书	西夏文	同上书，第297 页	残片
72	英 3323	户籍簿	写本	麻纸	草书	西夏文	《英藏》第四册第 106 页	1 纸
73	英 3333	户籍	写本	麻纸	草书	西夏文	同上书，第112 页	1 纸。有朱笔批点
74	英 3336	迁溜户籍	写本	麻纸	草书	西夏文	同上书，第113 页	1 纸①

二 西夏户籍档案研究

西夏由于国内部分部落的反叛和投宋或金，再加之与宋、金战争使一些青壮年战死和被掠夺等因素，导致西夏统治者对人口的管理十分重视。这不仅表现在西夏有完善的人口管理的法律规定，还有更加丰富和具体的户籍档案的出土，这一切给我们研究西夏户籍档案的相关内容带来了第一手史料。

（一）西夏户口登记制度与程序

1. 西夏户口登记制度

20 世纪初，黑水城遗址出土的西夏文法典《天盛律令》有关于户籍和家庭

---

① 注：英 0001、0034、0324V、0344、1596、1597、1690、1808、1936、1941、1947、2038、2206、2963V、3323、3333 号档案原定名称为"律令""亥年新法""草书写本""佛经""文书"等，现据史金波《〈英藏黑水城文献〉定名刍议及补证》（杜建录主编：《西夏学》第 5 辑，上海古籍出版社 2010 年版，第 6—16 页）改定名称为"户籍""人口簿""人口税账""里甲户籍""户籍账""户籍簿"等。

的重要条款规定，尤其是在卷六《抄分合除籍门》中有比较详细而明确的户口注册和注销规定。

一是十岁以内的新生男子要注册。西夏规定，新生男子从出生之日起至十岁，要在所辖范围内的家主户籍册上进行注册，"诸院军各独诱新生子男十岁以内，当于籍上注册"。

二是十岁至十四岁的男子无一遗漏，必须注册。若在十岁至十四岁之间不注册隐瞒，则要承罪，"若违律，年及十至十四不注册隐瞒时，隐者正军隐一至三人者，徒三个月；三至五人者，徒六个月……十人以上一律徒二年"。

三是十五岁至七十岁的男子更要注册。西夏不仅对十四岁以下的男子注册，更要对十五岁至七十岁的男子注册。对不注册、隐瞒者更要加重处罚，"上述新生子当注册者中，年十五以上不注册隐瞒时，其正军之罪：隐一至二人者，徒四年……十人以上一律徒八年"。

四是不允许随便更改户口、年龄或注销户口。西夏规定，"及丁籍册上尤著年幼者，当比丁壮不注册罪减一等……诸人现在，而入死者注销，及丁则当绞杀，未及丁则依钱量按偷盗法判断。又以壮丁入转老弱，亦按人数多少、年岁长幼，比及丁不注册隐瞒之正军、首领、主簿知闻之罪状当依次各加一等"。而且规定了户口注册注销的程序，"人、马、坚甲、正军、辅主新生等所有当注册注销者，均应依殿前司诸案职管顺序通过"。特别是群牧司、农田司、功德司三司中所有人口注销者，每隔三个月上报殿前司一次。同时规定成丁及老人的年龄界限，"诸转院各种独诱年十五当及丁，年至七十入老人中"。①

五是设置了管理户籍的基层机构。西夏法典《天盛律令》卷十五《纳领谷派遣计量小监门》还规定了负责户籍管理等的西夏基层组织机构，"名（各）租户家主由管事者以就近结合，十户遣一小甲，五小甲遣一小监等胜任人，二小监遣一农迁溜，当于附近下臣、官吏、独诱、正军、辅主之胜任、空闲者中遣之"。② 由《天盛律令》可知，甲—小监—农迁溜是西夏农村的基层组织。

---

① 史金波、聂鸿音、白滨译注：《天盛改旧新定律令》卷6，法律出版社2000年版，第262—263页。

② 同上书，第514页。

· 184 ·

汉文资料只有关于西夏基层军事组织的记载，如"西贼首领，各将种落之兵，为之'一溜'"，① 这里的"一溜"应为省写"农迁溜"之意。可见，西夏是军政合一的基层建设模式，即农时耕牧、战时打仗，显然是全民皆兵制度，所以，西夏迁溜还有一种职能，就是对西夏基层军事组织军抄的登记和管理。

如此看来，西夏是以"农迁溜"为最基本的基层组织机构，为了更方便管理户籍，西夏在"农迁溜"之下设有"小监"，"小监"之下又设有"小甲"。这样，西夏农村实行多层组织管理，由其负责农村基层的一系列工作，包括户口登记及劳役等事项。

西夏的户籍制度和中国历代封建王朝一样，都有定期举行登记和检核的规定。《天盛律令·纳领谷派遣计量小监门》中规定，每年年底，西夏各租户要向官府缴纳人头税和地租税等，此时就要进行一次人口和土地数量的登记，"年年死亡、外逃、地头无人、依次相卖，所改变之情须有，虚杂不入，典册清洁，三年一番"。② 即每年对户口进行一次核实，若有变化则要及时补充登记；三年进行一次人口普查，并向官府汇总上报。

2. 西夏户籍登记程序

有关西夏农村户籍登记管理的程序，从《天盛律令》和出土的西夏户籍文书来看，应是由各租户家主根据人口变化情况自行填写手状（手实），上报小甲；小甲对所辖家主人口变化进行核校之后，统计上报小监；小监对所辖家主的人口状况核实汇总，再上报郡县；郡县据此编制出新的户籍册子，上报国家。

手状，也称手实或手实状，所谓"手实者，令人户具其丁口、田宅之实也"。③ 即民间向官府申报户口、土地等的牒状类文书。据李华瑞介绍："手实之名始见于《管子》一书，作为户口财产登记制度的组成部分在唐律中已有明确规定：'凡里有手实，岁终具民之年与地之阔狭，为乡账。乡成于县，县成于州，州成于户部。'五代相沿。宋建立以后，曾实行相类的户帖、户钞之法。"对西

---

① （宋）李焘：《续资治通鉴长编》卷132，中华书局2004年版，第3136页。
② 史金波、聂鸿音、白滨译注：《天盛改旧新定律令》卷15，法律出版社2000年版，第515页。
③ （宋）李焘：《续资治通鉴长编》卷254，中华书局2004年版，第6227页。

夏的手实也有具体的说明，"西夏两件手实文书，就其登录内容而言，显然与唐代有很大不同，可以肯定地说西夏手实直接承袭或仿照宋朝的做法"。① 手状在西夏普遍实行，在黑水城出土的西夏户籍文书中已发现多件手状类文书，如俄 ИНВ. No. 3252—5 户口手实、俄 ИНВ. No. 4884 户口手实、俄 ИНВ. No. 7629—1 户籍手实、俄 ИНВ. No. 7893—9、俄 ИНВ. No. 7996—1 光定午年户口手实、俄 ИНВ. No. 8203 的文书。即由家主将本户人口的变化情况以手状的形式向小甲禀明，然后才进入具体的户籍登记程序。

西夏户口登记的程序应和西夏各租户种地纳租法的程序一脉相承。在《天盛律令·纳领谷派遣计量小监门》中规定了西夏各租户种地纳租的程序，依家主所报手状，每年对人口和土地变化情况进行核校，三年进行一次大规模的人口普查，其"行用次第者：农迁溜、小监、小甲于自己所辖家主人中推寻有无变卖田地"。② 据此可以推断，户口登记是以每年都有所变化的家主所报上来的手状为开始，由小甲进行补充登记，上报小监，小监可参考原有户籍并汇总后报农迁溜。农迁溜在西夏官府每三年进行一次的人口大普查中，将自己所辖的二小监，即一百户家主的户口情况核校后整理汇总、上报郡县，郡县据此可以编定出所属郡县新的户籍册子。由此可知，小甲、小监、农迁溜不仅对其辖区内家主的土地、牲畜及其他财产进行登记，编制申报乡里籍账，负责催缴租税，组织开渠、修渠等事项，还有一项重要职责就是负责辖区内的户籍登记。这可以从黑水城出土的户籍文书得到完全证实，如俄 ИНВ. No. 6342—1～2 户籍文书，即是农迁溜"饶尚铁百"所汇总的其管辖的 79 户家主及人口情况。

(二) 西夏户籍档案的内容

根据《天盛律令》的规定和西夏故地黑水城等地出土的户籍文书所登记的内容来看，西夏户籍档案的内容主要有以下三方面。

1. 人口状况

人口状况是西夏户籍登记的主要内容，它包括每户的人口状况和弄迁溜所管

---

① 李华瑞：《西夏社会文书补释》，杜建录主编：《西夏学》第 8 辑，上海古籍出版社 2011 年版，第 232—233 页。

② 史金波、聂鸿音、白滨译注：《天盛改旧新定律令》卷 15，法律出版社 2000 年版，第 515 页。

辖范围的总人口状况两部分，这可从黑水城出土的西夏户籍文书所登记的内容得到证实。例如，俄 ИНВ. No. 6342 号户籍档案分 1、2 两部分。

俄 ИНВ. No. 6342 第 1 部分户籍档案的内容如下：

[一户……]（1）
　　大一妻子耶和氏善宝
　　小二女乐盛宝　老房明
一户平尚氏阿明二口（2）
　　女一
　　　大一阿明
　　男小一子寿长有
一户梁瑞犬二口（3）
　　男大一瑞犬
　　女大一妻子居地氏乐盛犬
一户律移十月盛三口（4）
　　男二
　　　大一十月盛
　　　小一子福有乐
　　女一
　　　大一妻子耶和般若乐
……
一户千玉吉祥有四口（27）
　　男一
　　　大一吉功（祥）有
　　女三
　　　大三妻子瞿氏五月金
　　　　妻子梁氏福事
　　　　女铁乐
……

· 187 ·

俄 ИНВ. No. 6342 第 2 部分的内容是俄 ИНВ. No. 6342 第 1 部分户籍档案的总计：

……
二十一（大字，下有画押）
迂溜饶尚铁百勾管七十九户及单身共二
百二十人
大一百八十人　小四十人
六十二户原先大小一百四十六人
男八十五人
大六十一人　小二十四人
女六十一人
大五十四人　小七人
三十五人单身
男三十一人
大二十六人　小五人
女四大
十七户？大小四十九[①]人
男二十人
大十八人　小二人
女十九人
大十七人　小二人
原先大小一百八十一人

再如俄 ИНВ. No. 7893—9 号户籍档案的事产之后、畜产之前部分：

人男女十八中
男十　心喜犬　三十五　正月犬　三十

---

① 注：此处可能为三十九人，非四十九人。

· 188 ·

第四章 西夏专门档案整理与研究（上）

铁吉　四十　势汉金　五十　祥行乐　三十

小狗吉　十二　月月犬四岁　正月吉

四月盛　二岁　祥行吉　十五

女八　吉祥乐　六十　水护　五十

……①

由上述所引户籍文书来看，每家人口部分登记的主要内容有如下。

一是户主姓名。户主即家主，一般由男性直系尊长担任，如俄 ИНВ. No. 6342—1 文书中的第三户梁瑞犬、第四户的律移十月盛等；但西夏也有女性户主，如俄 ИНВ. No. 6342—1 文书中的第二户平尚氏阿明等。

二是家庭成员状况。户主之后是人口数量及家庭成员状况，家庭成员状况则按照人口年龄大小，按从男到女的顺序登记，其内容包括人口数量、男子数量、人口姓名及亲属关系、年龄等。

三是农迁溜所辖总人口状况。俄 ИНВ. No. 6342—2 户籍文书是西夏农迁溜所管辖范围的总人口状况部分，登记清楚明白。首先登记农迁溜所辖总户数和总人数及大小人口数量；其次是将以前的人口状况抄录在前，按照总人口数、男总人数、男大小人数、女总人数、女大小人数进行登记；再次登记单身人口总数、男单身总人数、男单身大小人数、女单身总人数、女单身大小人数；最后登记新增加（或减少）的总户数、总人口数、男人口总数及男大小人口数、女总人口数及女大小人口数。由此文书可知，西夏户籍中有新户和旧户的区别。"六十二户原先大小一百四十六人"为该迁溜所辖旧户，"十七户? 大小四十九人"应为该迁溜所辖新户，即为后来在人口普查或登记时新增加的人口。这 17 户新户的来历可能是逃荒、战争掠夺或其他因素，因为古代人口的流动是十分普遍的现象。

2. 财产状况

从西夏户籍文书所登记的内容来看，财产状况主要包括土地、物品和牲畜三部分，如俄 ИНВ. No. 8203 的户籍档案最为典型：

一人哆讹千男原本与前内侍正军哆讹吉祥犬兄

---

① 史金波：《西夏户籍初探——4 件西夏文草书户籍文书译研究》，《民族研究》2004 年第 5 期。

千父等是一抄，先因羸弱，在行
监嵬移善盛下共旧抄，千父及
军首领嵬移吉祥山下嵬移般若
宝三人为一抄，千男现今叔
执法转运嗲讹吉祥山死之养
儿子。所有畜物已明，如下列：

地

一块接新渠撒七石处

一块接律移渠撒六石处

一块接习判渠撒七石处

一块场口杂地撒七石处

人

年四十　年二十五　年五岁

　男大幼二　祥和吉　成犬　　七月乐

　年三岁

　十月犬

　女大

　年五十　年三十　年二十五

　吉妇　　吉金　　三姐

畜

　骆驼三　二大　一小

　牛大小十　四大　六小

　羊大小八十

物

　一条毯　二卷纡①

这是一篇行楷手实，登记申报了户主军抄的结合始末，并报告了该户人口和

---

① 史金波：《西夏户籍初探——4件西夏文草书户籍文书译研究》，《民族研究》2004年第5期。

· 190 ·

财产状况。这件文书可能是其叔父哆讹吉祥山的养子要求重新立户（分家）而进行的土地、人口、牲畜和财物的登记。

这篇手实清楚地登记了该户土地状况和数量，包括每一块土地面积和接壤地界。同时，对有价值的物品，如一条毯、二卷纤也进行了登记。牲畜的种类主要有骆驼、牛、羊、马等，并登记了牲畜的数量和大小，如骆驼三只，其中二大一小；牛十头，其中四大六小；羊大小共八十只。此外，户籍文书中登记的牲畜还有马，如俄 ИНВ. No. 7893—9《户籍文书》中，"畜三马中：一公马有二齿，一母马骒四齿，一幼马"[1]。可见，西夏户籍登记的财产范围十分广泛。

3. 人口税

西夏建立户籍制度，除了解和掌握人口的状况外，还有一个很重要的作用，就是收缴人口税，这也是西夏经济收入的又一重要渠道。例如，俄 ИНВ. No. 4991—7~8《迁溜人口税账》就是一份人口纳税账：

迁溜梁肃寂勾管五十九户全户及三十

九人单身男女大与小总计

二百二十一人之？税粮食

五十六石四斗数

男一百十三人谷二十九石一斗

大八十一人谷二十四石三斗

小三十二人谷四石八斗

女一百八人谷二十七［石三］斗

大七十四人谷二十二石二斗

小三十四人谷五石［一］斗

五十九户全户男女大小一百八十二

人谷四十［四石七］斗

［男大小八十七人谷二］十一石［三］斗

大［五十五］人谷十六石五斗

---

[1] 史金波：《西夏户籍初探——4件西夏文草书户籍文书译研究》，《民族研究》2004年第5期。

小三十二人谷四石八斗

女九十五人谷二十三石四斗

大六十一人谷十一石三斗

小三十四人谷五①一石一斗

三十九人单身皆大谷十一石七斗

男二十六人谷七石八斗

女十三人谷［遗"三"字］石四斗②

一户梁吉祥势三口七斗五升

男一大吉祥势三斗

女二四斗五升

一大麻则氏老房宝三斗

一小女吉祥势一斗五升

……③

这份人口税账从开头至"一户梁吉祥势"之前，为这一农迁溜"梁肃寂"所管辖的人口纳税的统计总账，其内容包括迁溜勾管；总户数、单身人数；全户总人口数、单身总人口数及总纳粮数情况。然后分别统计男女大小人口数和缴纳粮食数。再统计59户全户男女大小人数和纳粮数，以及39人单身男女人数和纳粮数。从"一户梁吉祥势"开始，到末尾都是诸户人口及纳粮登记，包括户主姓名、人口数、每户缴纳粮食总数、男女大小各自缴纳粮食数。至于人口税应缴纳数额，可参见以下（三）《西夏户籍档案反映出的相关问题》中的第10点"反映了西夏人口税的缴纳数量"。

（三）西夏户籍档案反映出的相关问题

西夏户籍档案的内容十分丰富，反映出了西夏基层户籍及其与户籍相关的方方面面的一些问题。

---

① 注：这里的"五"疑误。
② 注：这里缴谷税的数量疑误。
③ 史金波：《西夏农业租税考——西夏文农业租税文书对释》，《历史研究》2005年第1期。

1. "迁溜"为西夏农村的基层组织

从黑水城出土的俄 ИНВ. No. 6342—1~2、俄 ИНВ. No. 4991—7~8 等户籍文书所记载的内容来看,"迁溜"为西夏农村的基层组织,其下还有"小监"和"小甲",这构成了农村的基层组织系统,这与西夏法典《天盛律令》卷十五《纳领谷派遣计量小监门》的规定十分吻合,因此,我们可以确切地说,小甲—小监—农迁溜是西夏农村的基层组织。当然,迁溜起着州县和小监之间的中枢作用。

按照《天盛律令》规定,一迁溜应管辖 100 户人家。但从俄 ИНВ. No. 6342—1~2 中的迁溜"饶尚铁百"辖下仅有 79 户;俄 ИНВ. No. 4991—7~8《户籍文书》残页中的迁溜"梁肃寂"辖下仅有 59 户;还有黑水城出土的其他账册文书,如俄 ИНВ. No. 8372 农业租税文书中记载一迁溜"吾移□宝"辖下仅有 54 户①等这些实物户籍档案来看,说明一迁溜管辖 100 户仅是政府原则规定,具体每一迁溜管辖的户数可能视当地居住情况而定,可以少于或稍多于法律规定的管辖户数。

2. 西夏普遍存在有口无户现象

黑水城出土的俄 ИНВ. No. 6342—2 的《户籍文书》共记载有 79 户人家,原来有 62 户计 146 口人,此外,还有单身 35 人,原来的人口共计 181 口,与文书末尾所记"原先大小一百八十一人"相吻合。从写作形式来看,62 户人家与 35 人单身都是顶格书写,应该是各自独立的内容;从写作的规律来看,应视为并列关系,所列单身只计入人口总数,但并不成为一户人家,即有口无户之现象。据史金波分析,这些人可能是没有完全人身自由的使军和奴仆。②

3. 西夏黑水城地区基本上以小家庭为主

从黑水城出土的户籍文书所登记的户数与总人口来看,西夏黑水城地区基本上是以小家庭为主的。

例如,俄 ИНВ. No. 6342—1 西夏文《户籍文书》登记有 30 户人家,其中 29 户人家的人口数很清楚,只有第 1 户前面残缺,难知户中完整人口状况。具体统计如下:2 口之家有 12 户,3 口之家有 5 户,4 口之家有 9 户,5 口之家有 2 户,

---

① 史金波:《西夏农业租税考——西夏文农业租税文书对释》,《历史研究》2005 年第 1 期。
② 史金波:《西夏户籍初探——4 件西夏文草书户籍文书研究》,《民族研究》2004 年第 5 期。

6口之家有1户。

由上统计可知,这29户人家共有91人,平均每户3.103人,每户人数较少。其中,只有夫妻2人的家庭有10户(注:第30户后内容残损,只知有2口人,但无法得知这2口人是男是女,关系也不得而知),占29户的34.5%,其比例之高值得重视。据推测,可能当时男子结婚后就与父母分家另过。

此外,我们从俄 ИНВ. No. 6342—2《户籍文书》、俄 ИНВ. No. 4991—7《迁溜人口税账》的人口统计总账来看,俄 ИНВ. No. 6342—2《户籍文书》统计"62户原先大小146人",后加"17户大小49人",这样一平均,每户还不到3人;俄 ИНВ. No. 4991—7《迁溜人口税账》的统计为"59户全户男女大小182人",平均每户大约3.1人。如此可知,黑水城地区是以小家庭为主的,几乎与现当代大部分家庭一样,基本以小三口之家的形式出现。

但也有个别家庭人口比较多,如俄 ИНВ. No. 8203《户籍手实》中的一家有7口人,算是一个较大的家庭;另外,俄 ИНВ. No. 7893—9《户籍手实》中的一家有18口人,是一个更大的家庭,这也可能是一户三世或四世同堂。但与俄 ИНВ. No. 6342—1《户籍文书》中的30户人家相比,比例很小,故而仍可以推测,西夏时期黑水城地区以小家庭为主。

除黑水城地区外,西夏其他故地的家庭是否也以小家庭为主呢?由于到目前为止只发现了一份国家图书馆藏汉文户籍,即中藏 B11·045《户籍文书》。该篇汉文户籍残损严重,只能看到一些大概内容。这一汉文户籍账由两竖条纸粘连而成。第一条竖写一行,内容为"男子五口,成丁四口,不成丁一口";第二条竖写五行"……口,[弟]长命狗年四十六岁,弟三保年三十九岁,侄男护神保年一十五岁,□八十年一十八岁,男宜依布年一十五岁,二口□汝迷赞布七十六岁,义男迷狗儿年一十三岁"。① 这由两竖条纸粘连而成的汉文户籍账是否为一家的户口登记还不得而知。若是一家的户口登记的话,从其大概内容来看,那么这应是一个人口比较多的大家庭,因为男子就有5口,可能还有妇女。从第二条纸粘连的户籍登记账来看,至少应该有8口人,还登记了年龄。第二条纸粘连的

---

① 史金波、陈育宁主编:《中国藏西夏文献》第5册,甘肃人民出版社、敦煌文艺出版社2006年版,第132页。

户籍残片也可能是第一条纸粘连的户籍残片的后半部分,也有可能为另一家庭成员的人口登记状况。由于西夏其他地区出土的西夏文户籍没有被译释公布故,无法明确地判断除黑水城地区之外的西夏其他故地的家庭状况。

4. 西夏家庭中不乏女户主

从已经译释公布的西夏户籍文书来看,西夏的户主以男性为主,但也不乏女户主。从法律政策和理论上来讲,西夏不可能有女户主,但从黑水城出土的户籍文书来看,的确有女户主,这又怎么解释呢? 从《天盛律令》的有关法律规定来看,要想成为女户主是有前提条件的,即必须要有男性子孙。例如,在俄 ИНВ. No. 6342—1《户籍文书》中,第2户、第5户、第13户都是一成年女子无丈夫带有孩子的单亲家庭,这3户占28户(除第1户、第30户外)家庭的近11%,其中,第5户、第13户明确指出女户主是寡妇。这些妇女分别带有一个、两个或三个孩子。这3户家庭中都有男孩。① 根据《天盛律令》规定:"诸人一户下死绝,人根已断,所属畜、谷、宝物、舍屋、地畴等,死者之妻子及户下住有女、姊妹,及已嫁而未嫁来媳者,妻子可敛集畜、谷、宝物,门下住女等依律令应得嫁妆时当予,其余畜、谷、宝物不许妻子妄用,与别房人根所近者共监收。其妇人改嫁及死亡时,所遗宝物二分之一依前律令予门下住女、姊妹嫁妆,比总数数目当增多;另一份当予门户不同、畜物不共之祖父母、父母、伯叔、姨、兄弟、侄、孙所遗人根近者。"② 从《天盛律令》的规定来看,若一户中没有男性,属于"人根已断",其家庭财产已不完全属于家主的妻子,因此,其家庭生活就很难维持下去。但这3户的孩子中均有男性,不算绝户,这样就可以自然地占有属于自家的财物,当然,也就可以独立成为户主。相反,若一户中丈夫亡故,又没有男性子孙,只有女孩,那么,这一家的寡妇就不能独立门户。

5. 黑水城地区的户主以党项族为主

西夏本是以党项族为主体而建立的王朝,所以,西夏境内多以党项族为户主也不为怪,这可以西夏故地黑水城地区出土的户籍档案为证。

从俄 ИНВ. No. 4991—7~8、俄 ИНВ. No. 6342—1、俄 ИНВ. No. 7893—9、俄

---

① 史金波:《西夏户籍初探——4件西夏文草书户籍文书译研究》,《民族研究》2004年第5期。
② 史金波、聂鸿音、白滨译注:《天盛改旧新定律令》卷10,法律出版社2000年版,第355页。

ИНВ. No. 8203 等 5 件户籍文书可知，黑水城地区居住的人家以党项族为主。文书中的平尚、律移、千叔、没罗、嵬移、酩布、居地、耶西、千玉、耶和、哆讹等都是党项族姓，而且多为复姓。其中律移姓 3 户，居地姓 3 户，千叔姓 2 户，嵬移姓 2 户。梁氏曾为西夏第二代皇帝毅宗谅祚、第三代皇帝惠宗秉常的皇后，在西夏文《碎金》中，梁氏被列入西夏番姓范围，① 那么，3 户梁氏也应是党项族姓。3 户勒姓是否为党项骨勒姓的简化，待考。户籍中的明祖、韩闪、年那、依易等，在记录西夏姓氏较为集中的西夏文《杂字》《碎金》及其他文献中皆未发现，可能是新见的党项姓氏。从俄 ИНВ. No. 4991—7~8、俄 ИНВ. No. 6342—1、俄 ИНВ. No. 7893—9、俄 ИНВ. No. 8203 等 5 件户籍档案可以清晰地看出，这里的住户以党项族为主，汉族较少。此外，还有一个特别的现象，即在俄 ИНВ. No. 6342—1《户籍文书》中反映姓氏不集中、宗族势力不强，这就证明了西夏的农村已经摆脱了以部落、氏族单一姓氏为社会基层单位的束缚，形成了不同姓氏、不同民族的杂居社区。②

6. 西夏王朝人名字的特色

西夏王朝人名字体现出如下特色。

第一，从西夏户籍档案来看，西夏王朝人起名字多以吉祥、幸福、快乐为主，应该是祈盼幸福或吉祥之目的，但也反映了党项族人崇尚迷信的一面，如俄 ИНВ. No. 6342—1《户籍文书》中，第 2 户寿长有、第 4 户福有乐、第 5 户福有宝、第 7 户瑞象宝、第 23 户吉祥，还有俄 ИНВ. No. 8203《户口手实》中的吉祥犬、善盛、吉祥山、祥和吉、吉妇、吉金和俄 ИНВ. No. 7893—9《户籍手实》中的心喜盛、小姐盛、铁吉、祥行乐、祥行吉、吉祥乐等都是如此。

第二，有的名字简明扼要，以月份加吉祥词或金属词为名，以祈盼将来吉祥或富贵，如俄 ИНВ. No. 6342—1《户籍文书》中第 4 户十月盛、第 16 户正月盛和五月乐、第 23 户七月犬、第 26 户九月铁、第 27 户五月金、第 28 户十月有、第 29 户正月金，还有俄 ИНВ. No. 8203《户口手实》中的七月乐以及俄 ИНВ. No. 7893—9《户籍手实》中的正月犬、月月犬、正月吉、四月盛等。

---

① 聂鸿音、史金波：《西夏文本〈碎金〉研究》，《宁夏大学学报》1995 年第 2 期。
② 史金波：《西夏户籍初探——4 件西夏文草书户籍文书译研究》，《民族研究》2004 年第 5 期。

第三，有的名字则带有宗教色彩，反映出了西夏国教的普及程度，如俄 ИНВ. No. 6342—1《户籍文书》中第 7 户的般若山和般若宝、第 20 和 24 户的般若乐、第 25 户的三宝茂，还有俄 ИНВ. No. 8203《户口手实》中的般若宝，中藏 B11·045 [4.10]《户籍文书》中的护神保等。

第四，还有一些人名带有奴仆或动物的称呼，如俄 ИНВ. No. 6342—1《户籍文书》中的梁瑞犬、老房犬、善月奴、奴宝、驴子有、雨鸟，俄 ИНВ. No. 7893—9《户籍手实》中的心喜犬、小狗吉，俄 ИНВ. No. 8203《户口手实》中的成犬，中藏 B11·045《户籍文书》中的长命狗、迷狗儿等。甚至连女人也有这类名字，如俄 ИНВ. No. 6342—1《户籍文书》中的乐盛犬、犬百金、犬妇宝等，这也许是西夏人的正话反说，其目的并非如此。当然，这也可能是西夏基层地区老百姓的名字的特色，西夏中央及各官府官吏的名字可能并非如此。

7. 西夏排行避讳尤其是基层的排行避讳比较混乱

中国古代家庭成员之间论字排辈和避讳都是十分严格的，若一旦违背则要受到严厉的制裁。但是，综合考察西夏户籍文书，我们却发现西夏基层家庭成员之间根本不排行，从而显示出亲属关系比较混杂，如俄 ИНВ. No. 6342—1《户籍文书》、俄 ИНВ. No. 8203《户籍手实》、俄 ИНВ. No. 7893—9《户籍手实》中出现的一些人家基本上是如此。西夏基层成员之间不仅不排行，而且发现西夏的避讳也比较混乱，特别是在社会最低层，出现了父子、母女名字不避讳排行的现象，如从俄 ИНВ. No. 6342—1《户籍文书》中第 10 户父亲名老房盛，儿子名老房宝，第 28 户母亲名老房乐，女儿名老房善等。可见，这种汉民族传统的文化在西夏党项族老百姓中没有完全渗透，故导致西夏基层的家庭成员之间论字排辈以及避讳都比较混乱。

8. 反映了西夏当地居民的婚姻状况

从西夏户籍档案来看，黑水城地区居民以党项族为主，婚姻关系也以党项族之间结合为多。但党项族与其他民族的通婚尤其是与汉族通婚也不是个别现象。如俄 ИНВ. No. 6342—1《户籍文书》中第 6 户千叔讹吉的妻子焦氏，第 9 户嵬移雨鸟的妻子罗氏，第 27 户千玉吉祥有的妻子瞿氏等都是汉族。

西夏还存在一夫多妻的现象，这和中国古代汉族的婚姻制度有其相通性。如从俄 ИНВ. No. 6342—1 户籍中第 27 户"男一，大一吉功祥有，女三，大三妻子瞿氏五月金，妻子梁氏福事"来看，很明显是一夫二妻。西夏法律也有一夫多妻的规定，《天盛律令·亲节门》中规定："应服三年丧：子对父母，妻子对丈夫，父死长孙对祖父、祖母，养子对养父母，子对庶母，未出嫁在家之亲女及养女"①中提到的"庶母"，应是丈夫娶的第二个老婆。由此可知，西夏故地出土的户籍档案中反映出来的一夫多妻现象和西夏法律的规定却不谋而合。西夏不仅官家和富商大贾有一夫多妻的现象，就连基层的老百姓也允许一夫多妻，这可从黑水城出土的户籍文书得到印证。

西夏也存在近亲通婚的现象。如俄 ИНВ. No. 6342—1《户籍文书》中的第 14 户"一户居地善月奴三口，男一，大一善月奴，女二，大二母庞清氏额乐，妻子庞清氏盛有"，这里的女二都为大人，是善月奴的母亲和妻子，她们都姓庞清氏，即婆、媳同姓，婆母可能是儿媳的姑母。史金波认为，在西夏语中，"结婚"一词和"甥舅"同音，"婆"和"姑"同音，这是姑舅表婚在语言上的痕迹。这种婚姻状况不仅西夏社会基层普遍盛行，就连统治阶级上层同样存在，如西夏第一代皇帝元昊、第二代皇帝谅祚、第三代皇帝秉常都曾娶舅父的女儿为妻。②这是西夏盛行姑表婚的真实反映，也是中国古代包括汉族在内的很多民族中通行的婚姻状况。

9. 男女人口比例失衡

西夏的基层地区特别是黑水城地区的人口的性别比例是失衡的，一般情况下是男性多于女性。从黑水城出土俄 ИНВ. No. 6342—2《户籍文书》统计的迁溜"饶尚铁百"所管辖的人口有 220 口人，其中男子 136 人，约占 62%，女子 84 人，约占 38%，如此看来，男女比例严重失衡，超过了社会发展所允许的范畴。特别是有口无户的单身显得更是突出，从俄 ИНВ. No. 6342—2《户籍文书》中统计的人口情况来看，单身户口有 35 人，其中男有 31 人，女只有 4 人，男女比例太悬殊，这在某种情况下会造成社会的不稳定。

10. 反映出了西夏人口税的缴纳数量

西夏不论是大人小孩都要向国家缴纳人口税，至于大人小孩各应缴纳多少租

---

① 史金波、聂鸿音、白滨译注：《天盛改旧新定律令》卷 2，法律出版社 2000 年版，第 134—135 页。
② 史金波：《西夏户籍初探——4 件西夏文草书户籍文书译研究》，《民族研究》2004 年第 5 期。

第四章　西夏专门档案整理与研究（上）

税，西夏法典中并未明确规定，但黑水城出土的人口税账为我们揭开了此谜。我们以俄 ИНВ. No. 4991—7~8 西夏文《迁溜人口纳税账》为例具体说明人口税的缴纳情况，现移录其汉译文如下：

　　迁溜梁肃寂勾管五十九户全户及三十
　　　　　九人单身男女大与小总计
　　　二百二十一人之？税粮食
　　　五十六石四斗数
　　　男一百十三人谷二十九石一斗
　　　大八十一人谷二十四石三斗
　　　小三十二人谷四石八斗
　　女一百八人谷二十七［石三］斗
　　　大七十四人谷二十二石二斗
　　　小三十四人谷五石［一］斗
……
　　三十九人单身皆大谷十一石七斗
　　　男二十六人谷七石八斗
　　　女十三人谷［遗"三"字］石四斗
　　一户梁吉祥势三口七斗五升
　　　男一大吉祥势三斗
　　　女二四斗五升
　　　一大麻则氏老房宝三斗
　　　一小女吉祥势一斗五升……①

俄 ИНВ. No. 4991《迁溜人口纳税账》还有几纸都是分户的人口税账。

这份人口税账从开头至"一户梁吉祥势"之前为这一农迁溜"梁肃寂"所管辖的人口纳税的统计总账；从"一户梁吉祥势"开始到末尾都是诸户人口及

---

① 史金波：《西夏农业租税考——西夏文农业租税文书对释》，《历史研究》2005 年第 1 期。

纳粮登记的分账。

从俄 ИНВ. No. 4991—7~8《迁溜人口纳税账》可以推算出黑水城地区人口个人缴纳粮食税的数量。从俄 ИНВ. No. 4991—7《迁溜人口纳税账》的人口总数和纳粮总账以及俄 ИНВ. No. 4991—8《迁溜人口纳税账》中的每户人家的大人小孩各自纳粮数来计算，黑水城地区纳税标准不论男女，只区分大小，每个大人每年纳粮3斗，小孩纳粮1.5斗。可见，西夏老百姓所承受的负担有多重。

《天盛律令》中并未涉及人口税的规定，黑水城出土的俄 ИНВ. No. 4991—7~8《迁溜人口纳税账》第一次揭示出西夏征收人口税的事实，弥补了法律之不足。由于俄 ИНВ. No. 4991—7~8《迁溜人口纳税账》不完整，残缺相关内容，无法得知记账的时间，所以，西夏是从建国后开始征收人口税还是天盛年间以后征收人口税，是在全国征收人口税还是只在某地区征收人口税等，对于这些问题的解答，我们等待着更多的出土账册来证明。

（四）西夏户籍档案的撰写

从黑水城出土的户籍档案来看，俄 ИНВ. No. 6342—1~2《户籍文书》是一份纯粹的户口册，记录比较简单，只知道一家有几口人和男女大小及亲属关系，以及这一迁溜所管辖的人口总数和男女大小；俄 ИНВ. No. 8203《户籍手实》和俄 ИНВ. No. 7893—9《户籍手实》可以说是人口状况和财产登记簿，这两件户籍账与俄 ИНВ. No. 6342—1~2《户籍文书》不同的是登记了人口的年龄和财产种类及数量，但缺乏的是一家中人口之间的亲属关系。当然，西夏可能还有更详细的户籍文书，只不过还未发现而已。

总体来看，俄 ИНВ. No. 6342—1~2《户籍文书》的写作，与现代户籍文书的写作差异并不是很大。如第23户"一户梁吉祥势五口，男三，大二吉祥势、弟老房山，小一子七月犬；女二，大二妻子㧟移氏白乐，妻子居地氏善□金"，这一户籍记录的内容与现代户籍所具有的内容几乎一样，即户主姓名，每户总人口，男女、大小人口姓名及亲属关系等分别登记，简单明了，准确清楚，古代实用文撰写的特点显露无遗。

综上，西夏的户籍档案是西夏人口、赋役情况等的真实记载，是研究西夏人口史、经济赋税等的珍贵档案。①

第二节 西夏土地税账册档案整理与研究

西夏土地税账册档案是指西夏对所属农牧民、租户等所拥有或租用土地的登记簿册,是摊派赋税的重要依据,也属于专门档案的范畴。

土地在人类历史上是最重要的自然资源,也是最基本的生产资料,更是国家财政之来源的重要渠道,人类生活必须依赖于土地。因此,有学者说过:"中国农民对土地的黏着性,远较他国为大。……美国农民把农场看成商品,中国农民则把土地当作婴儿。"② 作为中国中古时期的西夏同样视土地如生命,有研究表明,西夏立国前,"党项统治者与宋对抗的目的是裂土分疆,占有尽可能多的土地。宋、辽、夏各王朝对土地的争夺几乎没有停止过"。西夏立国以后,"与邻国特别是宋朝争夺边界耕地仍然是双方斗争的焦点,也是双方经常开战的重要原因。可以说,宋夏之间的不断冲突,多因耕地而起"。③ 正因为如此,所以,西夏对土地的管理是非常严格的,土地的买卖、典当等都有规范的程序和制度,如土地税账册文书档案是西夏对土地管理的最突出的表现之一。

土地是西夏经济重要的一翼,不仅关系到农牧民的生计,其税收更是政府收入的主要来源,土地及其相关税收是供给皇室和官吏支出、维持政府运转、保障军队平时和战争费用的经济命脉,是西夏政府十分重视的大事。因此,西夏建国后,将土地税收政策的相关内容写进了法典,保证了西夏土地税收工作的顺利进行。《天盛律令》第十五卷中有很多关于土地租税政策的条款,这是西夏对土地法制化管理的见证,也是西夏对土地管理重视的表现。本节试图从西夏目前所出土并被史金波等西夏学专家考证、翻译公布的西夏文土地税账册文书档案入手,对西夏农业重要一翼的土地管理、税收政策及相关内容进行比较深入的探讨。

---

① 赵彦龙:《试论西夏的户籍文书——西夏账籍文书研究之一》,《宁夏大学学报》2007年第6期。
② 郑定、柴荣:《两宋土地交易中的若干法律问题》,《江海学刊》2002年第6期。
③ 史金波:《西夏社会》,上海人民出版社2007年版,第54—55页。

一 西夏土地税账册档案概况

从有关研究资料可知，仅在西夏故地黑水城地区出土的关于西夏税收文书档案多达一百多号，这些文书档案反映了西夏基层地区税收的基本概况，是研究西夏赋税非常重要的第一手资料。但是，被西夏学专家考释公布的土地账册文书数量并不多，其原因是多方面的：一是这些文书档案多是以难以识别的草书书写；二是这些文书档案多为残页，或缺头少尾，或字迹不清，而且有不少文书档案正反两面书写文字，笔画透墨，相互叠压，更加难以辨认等，① 这从某种程度来看，成为我们研究西夏土地税账册档案相关内容的障碍。

现据史金波的译释介绍和《俄藏》《中藏》等收录西夏文土地税账册档案的统计，约有45个编号90件，其中《俄藏》第十二册有29件，第十三册有36件，第十四册有24件，《中藏》第十六册有1件。现依次将图版编号、档案名称、版本、纸质、字体、书写文字、档案出处等相关信息整理成表（见表4-2）。

表4—2 "西夏土地税账册"档案

序号	图版编号	档案名称	版本	纸质	字体	书写文字	档案出处	备注
1	俄 ИНВ. No. 19—1	户耕地租粮账	写本	麻纸	草书	西夏文	《俄藏》第十二册②第1页	残页。有涂改
2	俄 ИНВ. No. 23—3~6	户耕地租佣草账	写本	麻纸	草书	西夏文	同上书，第3-5页	残页或残片
3	俄 ИНВ. No. 324—6~7	户耕地租粮账	写本	麻纸	草书	西夏文	同上书，第62-63页	残页或残片
4	俄 ИНВ. No. 443—4	耕地账	写本	麻纸	草书	西夏文	同上书，第99页	残片。有译文。③

---

① 史金波：《西夏农业租税考——西夏文农业租税文书译释》，《历史研究》2005年第1期。
② 史金波、魏同贤、[俄]克恰诺夫主编：《俄藏黑水城文献》第12册，上海古籍出版社2006年版。
③ 史金波：《西夏农业租税考——西夏文农业租税文书译释》，《历史研究》2005年第1期。

第四章 西夏专门档案整理与研究（上）

续 表

序号	图版编号	档案名称	版本	纸质	字体	书写文字	档案出处	备注
5	俄 ИНВ. No. 1167—4~13	户耕地租佣草账	写本	麻纸	草书	西夏文	同上书,第195—205页	残页或残片。有涂改
6	俄 ИНВ. No. 1170—1~2	户耕地租佣草账	写本	麻纸	草书	西夏文	同上书,第201页	多件残片粘贴
7	俄 ИНВ. No. 1178—1~4	户耕地租粮账	写本	麻纸	草书	西夏文	同上书,第211页	残页或为多件残片粘贴①
8	俄 ИНВ. No. 1454—2V	耕地水税账	写本	麻纸	草书	西夏文	同上书,第247页	残页
9	俄 ИНВ. No. 1755—4	户耕地租粮账	写本	麻纸	草书	西夏文	同上书,第306页	残页②
10	俄 ИНВ. No. 1781—1	耕地水税账	写本	麻纸	楷书	西夏文	同上书,第313页	残。封套衬纸
11	俄 ИНВ. No. 1806—1	户耕地租佣草账	写本	麻纸	草书	西夏文	同上书,第321页	封套衬纸,残片粘贴。有涂改
12	俄 ИНВ. No. 1881—1	耕地财务账					同上书,第334页	封套衬纸,两件残片粘贴
13	俄 ИНВ. No. 1886	户耕地纳粮账	写本	麻纸	草书	西夏文	同上书,第336页	封套衬纸。残片粘贴
14	俄 ИНВ. No. 2007—1~4	户耕地租佣草账	写本	麻纸	草书	西夏文	《俄藏》第十三册③第1页	残。封套衬纸
15	俄 ИНВ. No. 2007—5	耕地租粮账	写本	麻纸	草书	西夏文	同上书,第2页	残。封套衬纸
16	俄 ИНВ. No. 2007—6~8	耕地账	写本	麻纸	草书	西夏文	同上书,第3页	残。封套衬纸
17	俄 ИНВ. No. 2007—9	税账	写本	麻纸	草书	西夏文	同上书,第3页	残。封套衬纸。

① 史金波:《西夏农业租税考——西夏文农业租税文书译释》,《历史研究》2005 年第 1 期。
② 同上。
③ 史金波、魏同贤、[俄]克恰诺夫主编:《俄藏黑水城文献》第13册,上海古籍出版社2007年版。

续 表

序号	图版编号	档案名称	版本	纸质	字体	书写文字	档案出处	备注
18	俄 ИНВ. No. 2036—1~2	户耕地租粮账	写本	麻纸	草书	西夏文	同上书,第12页	残。封套衬纸
19	俄 ИНВ. No. 2040—1~4	户耕地租粮账	写本	麻纸	草书	西夏文	同上书,第15页	残。封套衬纸
20	俄 ИНВ. No. 2172—10V	户耕地租佣草账	写本	麻纸	草书	西夏文	同上书,第61页	残
21	俄 ИНВ. No. 2868—1~7	户耕地租佣草账	写本	麻纸	草书	西夏文	同上书,第142—147页	残卷
22	俄 ИНВ. No. 2872—1~9	户耕地租佣草账	写本	麻纸	草书	西夏文	同上书,第151页	残卷
23	俄 ИНВ. No. 4067	户耕地租佣草账	写本	麻纸	草书	西夏文	同上书,第180页	残卷。有译文①
24	俄 ИНВ. No. 4487	户耕地账	写本	麻纸	草书	西夏文	同上书,第123页	残页。有勾勒、画押
25	俄 ИНВ. No. 4600—2~3	耕地账	写本	麻纸	草书	西夏文	同上书,第225—226页	残页。有涂改
26	俄 ИНВ. No. 4808	迁溜租粮计账与户租粮账	写本	麻纸	草书	西夏文	同上书,第291页	残卷。有签署、画押②
27	俄 ИНВ. No. 5055	户耕地租佣草账	写本	麻纸	草书	西夏文	《俄藏》第十四册③第4页。	残卷
28	俄 ИНВ. No. 5067	户耕地租佣草账	写本	麻纸	草书	西夏文	同上书,第5页	残卷④
29	俄 ИНВ. No. 5120—3	耕地纳粮账	写本	麻纸	草书	西夏文	同上书,第9页	残页

① 史金波:《西夏农业租税考——西夏文农业租税文书译释》,《历史研究》2005年第1期。
② 同上。
③ 史金波、魏同贤、[俄]克恰诺夫主编:《俄藏黑水城文献》第14册,上海古籍出版社2011年版。
④ 史金波:《西夏农业租税考——西夏文农业租税文书译释》,《历史研究》2005年第1期。

续 表

序号	图版编号	档案名称	版本	纸质	字体	书写文字	档案出处	备注
30	俄 ИНВ. No. 5120—4~5	户耕地畜账	写本	麻纸	草书	西夏文	同上书,第9—10页	残卷或残页
31	俄 ИНВ. No. 5252	户耕地租佣草账	写本	麻纸	草书	西夏文	同上书,第30页	残页
32	俄 ИНВ. No. 5940	户耕地租粮账	写本	麻纸	草书	西夏文	同上书,第64页	残页。有涂改
33	俄 ИНВ. No. 5949—33~37	户耕地账等	写本	麻纸	草书	西夏文	同上书,第94—98页	残卷或残页。有的人名旁有小圆圈。有涂改、勾勒
34	俄 ИНВ. No. 6090	户耕地租佣草账	写本	麻纸	草书	西夏文	同上书,第112页	残页
35	俄 ИНВ. No. 6122—7	户耕地粮账	写本	麻纸	草书	西夏文	同上书,第115页	残。封套衬纸。有涂改
36	俄 ИНВ. No. 7415—1	户耕地租佣草账	写本	麻纸	草书	西夏文	同上书,第177页	残页
37	俄 ИНВ. No. 7422	户耕地账	写本	麻纸	草书	西夏文	同上书,第178页	残页。有画押
38	俄 ИНВ. No. 7994—9	户耕地账	写本	麻纸	草书	西夏文	同上书,第240页	残页。有签署、画押
39	俄 ИНВ. No. 7996—2	户耕地粮账	写本	麻纸	草书	西夏文	同上书,第249页	残片
40	俄 ИНВ. No. 7999	户耕地账	写本	麻纸	草书	西夏文	同上书,第250页	两件残片粘贴
41	俄 ИНВ. No. 8082—1~2	迁溜租佣草计账	写本	麻纸	草书	西夏文	同上书,第254—255页	残卷
42	俄 ИНВ. No. 8342	户耕地租佣草账	写本	麻纸	草书	西夏文	同上书,第259页	残卷。有涂改

续表

序号	图版编号	档案名称	版本	纸质	字体	书写文字	档案出处	备注
43	俄 ИНВ. No. 8372	耕地租佣草账	写本	麻纸	草书	西夏文	同上书,第262页	残卷。有朱印三方①
44	俄 ИНВ. No. W1	户耕地租粮账	写本	麻纸	草书	西夏文	同上书,第263页	残片
45	中藏 G31·005、007	"官""户"字号增纳草捆文书	写本印本	麻纸	楷书草书	西夏文	《中藏》第十六册②第390—393页	单页。正背有字且有一处画押③

二 西夏土地税账册档案研究

经过对西夏土地税账册档案进行整理,虽然说只有 90 件,但这仅有的 90 件西夏土地税账册反映了十分丰富的西夏基层土地纳税的相关情况,是反映西夏基层农牧民税收最为真实的资料,非常珍贵。

(一)土地占有关系

西夏受中原宋朝土地法的影响,土地占有关系也已经形成了封建所有制,即土地占有关系分为官地和私地两种,"官私地中治谷、农田监、地主人等不知,农主人随意私自卖与诸人而被举时,卖地者计地当比偷盗罪减一等。买者明知地主人,则以从犯法判断"。④《天盛律令》中记载的"农田司所属土地"即为官地,除此之外的如"寺院中地""节亲主所属地"及一些农户所属地都可认为是私地的范畴。不论是官地还是私地,西夏法律都允许向无地或少地的经营者出租。从《天盛律令》可知,西夏还有地主人和农主人之分。地主人是土地的所有者,农主人是土地的经营者。农主人又可分为官私两种,"官私农主依先自己

---

① 史金波:《西夏农业租税考——西夏文农业租税文书译释》,《历史研究》2005 年第 1 期。
② 史金波、陈育宁主编:《中国藏西夏文献》第 16 册,甘肃人民出版社、敦煌文艺出版社 2006 年版。
③ 梁继红:《武威藏西夏文乾定酉年增纳草捆文书初探》,杜建录主编:《西夏学》第 10 辑,上海古籍出版社 2014 年版,第 21—27 页。
④ 史金波、聂鸿音、白滨译注:《天盛改旧新定律令》卷 15,法律出版社 2000 年版,第 495 页。

所执顷亩数当执，不许于地边田垅之角落聚渠土而损之、于他人地边拓地、断取相邻地禾穗等"。① 由此可知，官农主耕种官家即农田司所属土地，私农主耕种私人地主人的土地。

（二）西夏土地租税的种类

西夏通过确定土地的面积向各农户征收各种租税，其土地租税的种类主要有以下三个方面。

1. 粮食租税

关于租税的种类，西夏汉文史籍几乎没有记载，只有受灾后减免租税的零星记录。例如，西夏兴州（今宁夏银川市）、夏州（今陕西靖边县）地震后，夏大庆四年（1143）四月夏仁宗听了御史大夫苏执义的建议，即"自王畿地震，人畜灾伤。今夏州又见变异，是天之所以示警陛下也！不可不察"后，夏仁宗下令："二州人民遭地震地陷死者，二人免租税三年，一人免租税二年，伤者免租税一年；其庐舍、城壁摧塌者，令有司修复之。"② 这里虽没有明确告知免租税种类，但我们可以推测，夏仁宗皇帝为了体现其仁慈和皇恩，可能在所规定的这三年、二年、一年内将赋税和劳役全部免掉。

按照西夏法典的规定，西夏摊派租税时，因不同地区种植不同农作物而区别，如"麦一种，灵武郡人当交纳。大麦一种，保静县人当交纳，麻褐、黄豆二种，华阳县家主当分别交纳，秋一种，临河县人当交纳。粟一种，治源县人当交纳。糜一种，定远、怀远二县人当交纳"。③ 由法典所知，西夏所缴纳的租税品种有很多种，而且都是产品租税即实物租税：麦、大麦、麻褐、黄豆、秋、粟等，并没有货币租税。虽然法典中没有提到远在西部地区的黑水城缴纳租税的品种，但从黑水城出土的土地税账册文书就可得到答案。如俄 ИНВ. No. 4808 迁溜租粮计账与户租粮账中记载，"一户罗般若乐，大麦一石一斗五升，麦二斗［八升七合半］……"从文书格式来看，纳粮账为按户登记，每户分两行记录。第一行记录该户户主的姓名，第二行空一格登载缴纳粮食的种类和数目。目前所发

---

① 史金波、聂鸿音、白滨译注：《天盛改旧新定律令》卷15，法律出版社2000年版，第495页。
② （清）吴广成撰，龚世俊等校证：《西夏书事校证》卷35，甘肃文化出版社1995年版，第411页。
③ 史金波、聂鸿音、白滨译注：《天盛改旧新定律令》卷15，法律出版社2000年版，第489—490页。

现的黑水城及其他地区的土地税账册文书的登录格式基本一致。由此可看出，黑水城地区缴纳租税的品种主要是大麦和小麦，"也有的黑水城文书中有缴纳大麦、小麦和糜三种粮食的记载"。① 如此，我们也就可以推测西夏时期黑水城地区主要农作物有大麦、小麦和糜等。可见，西夏政府摊派租税实属因地制宜，灵活可行。

2. 纳草和出役

《天盛律令》规定："诸郡县转交租，所属租、佣、草种种当紧紧催促，收据当总汇，一个月一番，收据由司吏执之而来转运司。"② 由这则法律条文可知，西夏的土地税除了缴纳粮食外，还有佣和草。西夏法典中并没有明确规定租地户如何纳草、纳多少草以及出役的具体规定，但黑水城出土西夏文土地税账册文书清晰地告诉了这一事实，如俄 ИНВ. No. 8372、俄 ИНВ. No. 4067、俄 ИНВ. No. 5067、俄 ИНВ. No. 4991 等中都记载有西夏土地租税之佣工和草，还有如何缴草和出役的记载。

3. 水税

关于向政府缴纳水税，西夏法典也没有明确记载，但出土文书同样告诉了我们这一事实。如俄 ИНВ. No. 1781—1 西夏文《耕地水税账》残页中记载"有四石地水税一石，九石地水税二石二斗五升"。这里涉及的"四石地""九石地"是指撒四石和撒九石种子的地，这是西夏黑水城偏远农村计算土地面积的一种方法，可见，面积不同，水税不同。由此可知，西夏农牧民还要向政府缴纳水税。③

（三）西夏实行按亩计税制度

西夏实行按亩计税制度的措施非常详备，也比较科学合理，这一措施保证了西夏税收的稳定上缴和国库的充盈。

1. 编制土地纳税册

西夏将各纳税户所具有的土地亩数登记造册，完成造册后给每个租户一份纳税地册。西夏是以"迁溜"为征税组织单位，迁溜要负责对本辖区的每个租户

---

① 史金波：《西夏农业租税考——西夏文农业租税文书译释》，《历史研究》2005年第1期。
② 史金波、聂鸿音、白滨译注：《天盛改旧新定律令》卷15，法律出版社2000年版，第507页。
③ 史金波：《西夏社会》，上海人民出版社2007年版，第84页。

所拥有的土地亩数进行登记造册,"租户家中各自种地多少,与耕牛几何记名,地租、冬草、条椽等何时纳之有名,管事者一一当明以记名",然后交予中书、转运司、受纳、皇城、三司、农田司及所属郡县等处保管。①

土地册登记完毕后与原册对比校核,然后所属郡县或农迁溜将返还给各租户家主一份明白无误的土地册,"于地册上登录顷亩、升斗、草之数。转运司人当予属者凭据,家主当视其上依数纳之"。同时给各租户一木牌,上写"各租户家主各自地何时种、耕牛数、租种数、斛、斗、升、合、条草当明之,当使书一木牌上。一户当予一木牌"。②西夏政府给各租户一个小木牌,公示当缴纳的粮草,不仅使租户明确自己的纳税义务,还在于避免隐田漏税的差误和防止收税官吏贪赃枉法。

此外,西夏土地的记录方法除了以亩为单位登录外,还有一种以撒种子数量的多少来记录土地面积。关于以撒种子数量多少来登录土地面积的依据主要是黑水城出土的西夏文土地买卖契约档案。如俄 ИНВ. No. 5124—9~10《(天)寅年二月一日梁势乐酉卖地契》记载:"今向普渡寺属寺粮食经手者梁那征茂及梁喇嘛等将撒十石种子生熟地一块,有房舍、墙等,自愿出卖。"还有如俄 ИНВ. No. 4194《天庆庚申年卖地契》也有记载:"今将自属地四井坡渠灌浑女木成边上撒一百石种子熟生地一块,院舍等全,自愿卖与梁守护铁。"③这应该是西夏登录土地面积的一种辅助方法,这种方法可能只适合于土地面积较大且比较贫瘠的土地,正如史金波所说:"可能是西夏黑水城地区耕地较多,不一定都有精准的丈量,土地数量往往以撒多少种子来统计,实际上是一种大约估算。8件契约中以撒种数计量土地时,最小单位是石,没有斗,即以 10 亩左右为单位,也证明这种统计方法是一种粗略估量。"④因此,这种以撒种子数量多少粗略估量土地面积的方法只适合于土地面积较大的黑水城地区。当然,其他地区是否有以撒种子数量多少来估量土地面积的情况,由于没有实物档案为证,当待以后研究。

在中国古代的少数民族地区也有用撒种子数量多少来计算土地面积的实例。

---

① 史金波、聂鸿音、白滨译注:《天盛改旧新定律令》卷15,法律出版社 2000 年版,第 514 页。
② 同上书,第 508—514 页。
③ 史金波:《黑水城出土西夏文卖地契研究》,《历史研究》2012 年第 2 期。
④ 同上。

如藏族就有用"克"为单位计算土地面积的方法。"1 克地就有 1 克籽种所播的耕地，约合 1 市亩。"① 新疆地区也曾使用这种方法来计算土地面积，"为出卖土地，因而也是为征税而计算土地的方法是非常奇特的，并不是按土地的一定面积算，严格地说来也不是按它的收成多少计算，而是按所播麦种的数量计算"。② "用粮食籽种的重量来折算耕地面积，大概是地广人稀的农业区的习惯，如北疆和甘肃一带都有'一斗地'的说法。"③ "从文献记载来看，回疆粮赋旧制实际上是以籽种的十倍作为实际产量来征收田赋的，然后总体上确定某地应缴纳田赋的总额。"④ 可见，古代新疆地区征收田赋的方法近似于比例税制。西夏开始征收土地税时是否也为类似的比例税制呢？由于史料的缺乏，我们不得而知。但从黑水城出土的土地税账册文书及相应的文献记载来看，当时西夏执行的应是按亩纳税的定额税制，这应是受到中原先进文明税制的影响。但黑水城地区与新疆等地接近，所以既使西夏中后期，也仍然保留了古代少数民族传统的以撒种子数量多少来计算土地面积的方法，而且在西夏黑水城地区比较普遍地存在。

2. 土地变动通检制度

西夏政府为了准确执行按亩计税制度，顺利收缴各种土地税，必须搞清楚土地的变化情况，即西夏法典规定每三年要通检一次全国土地变化情况。具体程序：先由农迁溜、小监、小甲等于自己所辖家主中推寻有无变卖田地，有则家主人勿来，农迁溜、小监人当推察，然后上报所属郡县。各郡县于二月一日始订正变更情况，订正清楚之后，"一县写五面地册板簿，自己处及皇城、三司、转运司、中书等当分别予之"。而且必须在"四月十日当送转运司，分别为手记于板簿。五月一日当送中书，十五日以内当校验，无参差，则中书大人亦当为手记、置印。五月二十日当散予应予处"。⑤ 由这些法律条文可知，西夏的按亩计税制度则十分清楚、严密和规范。

---

① 史金波：《西夏度量衡刍议》，《固原师专学报》2002 年第 2 期。
② 包罗杰：《阿古柏伯克传》，商务印书馆 1976 年版，第 131 页。
③ 纪大椿：《维吾尔族度量衡旧制考索》，《西域研究》1991 年第 1 期。
④ 王东平、郭红霞：《清代回疆粮赋制度研究：牛津大学所藏清代库车、沙雅尔署衙档案之探讨》，《中国边疆史地研究》2007 年第 3 期。
⑤ 史金波、聂鸿音、白滨译注：《天盛改旧新定律令》卷 15，法律出版社 2000 年版，第 515 页。

3. 土地纳粮税率

从上述西夏故地黑水城出土的土地税账册文书得知，西夏的确严格实行按亩计税制度，而且税率很高。

通检《天盛律令》各条文，并未见到有全面而具体的土地纳粮税规定，只有对部分新开垦的土地有一些规定，即诸人地边"有自属树草、池地、泽地、生地等而开垦为地者，则可开垦为地而种之"。开自一亩至一顷者，勿纳租佣草，当以为增旧地之工。超过一顷者，所超之数当告转运司，"三年毕，堪种之，则一亩纳三升杂谷物，佣草依边等法为之"。① 由上可知，有新开垦土地的纳粮规定，就应该有熟地的纳粮措施。关于这一问题，2010年宁夏大学西夏学研究院毕业的博士研究生潘洁在其博士学位论文中有研究。她在《〈天盛改旧新定律令〉农业卷研究》中经过考证认为，《俄藏》第八册第300—319页是《天盛律令》农业卷的影印件，编号为俄 ИНВ. No. 196 8084B。潘洁在译释这一部分内容的过程中发现了两个问题：一是史金波等的汉译本《天盛律令》漏译了两部分内容；二是有的内容错位到其他位置。经过潘洁的认真考证和缀合，将史金波等汉译本卷十五《催缴租门》中漏译的第一、二行进行补全，大意是：京师城七处郡县租户家主视土地优劣每亩纳杂粮上等一斗，次等八升，中等六升，下等五升，尾等三升等五等。② 通过潘洁对《天盛律令》卷十五《催缴租门》《春开渠事门》等的考证和缀合研究，使我们得知西夏京畿地区土地纳税不仅分成五个等次，还规定了不同等次所纳税粮的数量。由潘洁补释的这一法律规定可知，西夏新开垦的土地种植三年后如果还想继续种植的话，则要缴纳的税粮等次应该是京师界最末等的税率。

西夏京畿地区土地纳粮税的税率清楚了，而边远地区的纳粮税又是如何呢？查《天盛律令》所有内容，并未发现有对黑水城地区耕地纳粮税的规定。为此，黑水城出土的西夏文土地税账册档案却给出了准确的答案。为方便起见，下面抄录俄 ИНВ. No. 1755—4 西夏文《户耕地租粮账》汉译文来分析：

---

① 史金波、聂鸿音、白滨译注：《天盛改旧新定律令》卷15，法律出版社2000年版，第495—496页。
② 潘洁：《〈天盛改旧新定律令〉农业卷研究》，博士学位论文，宁夏大学，2010年，第103—107页。

　　　　［一顷五十亩税一石八斗七升半］（1）

　　　　［杂一石］五斗　麦三斗七升半

　　　　……［三］十亩税三斗七升半（2）

　　　　［杂三］斗　麦七升半

　　　　……山［三］十亩税三斗七［升半］（3）

　　　　［杂三］斗　麦七升半

　　　　……一顷五十亩税一石八斗［七］（4）

　　　　升半

　　　　……石五斗　麦三斗七升半

　　　　……吉七十亩税八斗七升［半］（5）

　　　　……斗　麦一斗七升半

　　　　……一顷三十九亩税一石（6）

　　　　　　……斗三升七合半①

　　俄 ИНВ. No. 1755—4《户耕地租粮账》是分户耕地纳粮账，户主姓名多残失，有个别的只残存人名部分，如"山""吉"等。根据这份账册可以计算出耕地纳粮的税率，以该账册第四户为例，"……一顷五十亩税一石八斗［七］升半，……石五斗，麦三斗七升半"，这户人家有耕地一顷五十亩，缴税总数为一石八斗［七］升半，除去麦三斗七升半，那么杂粮税即为一石五斗。根据该户人家所拥有的地亩数和纳粮数可知其税率，即每亩地缴纳杂粮税十分之一斗，即一升，缴纳小麦四分之一升，即杂粮与小麦的比是1∶1。

　　再仔细测算其他各户地亩和纳粮数目，其纳杂粮和小麦的税率是相同的。通过测算俄 ИНВ. No. 1178—1《户耕地租粮账》中每户按亩缴税的税率，同样杂粮与小麦的纳粮税率比是4∶1。由此可以肯定地说，西夏有以耕地多少缴纳土地税的制度，是一种固定税制，这对认识西夏的农业税收政策和制度具有重要意义。以耕地面积课税是最普通、最传统的制度，也是中国历代相沿成习的主要税法，西夏也继承了这种税制。

---

① 史金波：《西夏农业租税考——西夏文农业租税文书译释》，《历史研究》2005年第1期。

通过以上对黑水城出土土地税账册档案的分析,我们得出黑水城地区的耕地纳粮税率是相同的,即一亩土地纳杂粮一升,小麦四分之一升,二者共计 1.25 升。由此可看出,黑水城地区耕地纳粮税率要比京畿地区最末一等一亩缴纳三升杂粮税还要低很多。这可能就是为什么在《天盛律令》中没有规定黑水城地区耕地纳粮税的原因。黑水城地区与京畿地区相比,地处更加贫瘠而偏远,其土地质量差,粮食产量低,因此,无法规定具体纳粮税率,只是根据黑水城地区每年的实际收成情况临时规定纳粮税率,或对像黑水城这一类地区一样,笼统地规定一个能够让大部分农户接受的纳粮税率就可以了。

4. 佣、草、水税

西夏土地税还有佣、草、水等税。西夏法典记载,西夏的土地税收远不止耕地粮税,而且还有租佣、草、水等税。《天盛律令》规定:"诸郡县转交租,所属租佣草种种当紧紧催促,收据当总汇,一个月一番,收据由司吏执之而来转运司。"[1] 由这则律条可知,西夏的赋税除纳粮之外,还有出役、纳草以及水税。《天盛律令》卷十六《农人利限门》中有"农主纳册法""鸣沙京师农主夫事草承担""对农主摊派麦草等"条目,应该都是关于租、佣、草的具体规定。但由于此卷全部残失,内容不得而知。

(1) 佣

西夏文中的"佣"当直译为"职",也可译成"役",即出役工。[2] 出役是西夏法律的规定,也是农牧民应尽的义务,若派遣劳役而不去履行义务时,则要受到相应的处罚。《天盛律令》规定"地边、地中行大小职时,当依法派遣职人。若违律不派职人时,有官罚马一、庶人十三杖"。同时还规定"诸人做种种职事时,职事已毕,则当于日期内遣放职事人,未毕则当求谕文。若不求谕文,日已毕而不令职事人散时,有官罚马一、庶人十三杖"。[3] 西夏的出役不仅种类杂多,而且任务繁重,如开渠、修渠、修筑、修路、修桥等项。西夏建国前,德

---

[1] 史金波、聂鸿音、白滨译注:《天盛改旧新定律令》卷15,法律出版社2000年版,第507页。
[2] 史金波:《西夏农业租税考——西夏文农业租税文书译释》,《历史研究》2005年第1期。
[3] 史金波、聂鸿音、白滨译注:《天盛改旧新定律令》卷7,法律出版社2000年版,第288—289页。

西夏档案及其管理制度研究

明"役民夫数万于鳌子山，大起宫室，绵亘二十余里，颇极壮观";① 建国后，元昊为了对宋用兵，在临近宋朝的山险之地动用民工修筑了 300 余处堡寨;② 又于"兴庆府东一十五里役民夫建高台寺及诸浮图，俱高数十仗"③; 等等。西夏兴办大小工役时，都要征集役人，即佣工或夫役或役工。"大渠中唐徕、汉延等上有各大道、大桥，有所修治时，当告转运司，遣人计量所需笨工多少，依官修治，监者、识信人中当遣十户人……"④ 若派遣役人而不往则要处罚，"又边地筑堡城时，职人已派，已招唤，不派笨工者及已派不往者，一律按不出军判断。内地筑堡城时，不派笨工及已派不往等罪，比边地筑堡城时不派笨工及已派不往之罪状当减一等"。⑤ 可见，出役是西夏农牧民必须履行的义务，不得以其他理由而耽误职事。从《天盛律令》有关条款可知，征集役人从事工役，事毕应按时遣散，如工役未完，需要职役事人时，则要另行请示求得批准，方能继续进行役事。

那么，西夏是按什么标准来摊派租佣的呢？数量是多少？关于此，我们可以从西夏故地黑水城出土西夏文土地税账册文书中得到答案。

俄 ИНВ. No. 5067 西夏文《户耕地租佣草账》汉译文如下：

一户三十八亩地，出佣工十五日；

一户七十五亩地，出佣工二十日；

一户十亩地，出佣工五日；

一户十亩地，出佣工五日；

一户三十八亩地，出佣工十五日；

一户十亩地，出佣工五日；

一户三十五亩地，出佣工十五日；

一户七十三亩地，出佣工二十日；

一户六十三亩地，出佣工二十日；

---

① （清）吴广成撰，龚世俊等校证：《西夏书事校证》卷9，甘肃文化出版社1995年版，第109页。
② （宋）李焘：《续资治通鉴长编》卷132，中华书局2004年版，第3129—3137页。
③ （清）吴广成撰，龚世俊等校证：《西夏书事校证》卷18，甘肃文化出版社1995年版，第212页。
④ 史金波、聂鸿音、白滨译注：《天盛改旧新定律令》卷15，法律出版社2000年版，第504页。
⑤ 同上书，第288—289页。

· 214 ·

一户十五亩地，出佣工十五日；

一户四十亩地，出佣工十五日。①

俄 ИНВ. No. 4067 西夏文《户耕地租佣草账》也记载"一户梁吉祥有，册上有十亩地，税一斗二升半，杂一斗，麦二升半，佣五日，草十捆"，② 即有地 10 亩，出佣工 5 日。

正如上述《户耕地租佣草账》所记载，出佣工 5 日的有地 10 亩，出佣工 15 日的有地 15 亩、35 亩、38 亩、40 亩，出佣工 20 日的有地 63 亩、73 亩、75 亩。可见，土地面积在 10 亩以内者，出佣工是 5 日；土地面积 10 亩至 40 亩之间者，出佣工 15 日；土地面积 40 亩至 75 亩之间者，出佣工 20 日。总之，土地面积越大，出佣工时间也越长。因此，西夏仍然是计亩出役的。目前未见到西夏故地黑水城出土的土地税账册文书中记载出佣工 20 日以上者。

关于西夏农户出役工事，《天盛律令》规定得非常明确具体：

畿内诸租户上，春开渠事大兴者，自一亩至十亩开五日，自十一亩至四十亩十五日，自四十一亩至七十五亩二十日，七十五亩以上至一百亩三十日，一百亩以上至一顷二十亩三十五日，一顷二十亩以上至一顷五十亩一整幅四十日。当依顷亩数计日，先完毕当先遣之。③

该法律条文是针对京畿地区各农牧民出佣工的规定，有 5 日、15 日、20 日、30 日、35 日、40 日六等，用于春天大兴开渠之事。

由此可知，黑水城出土的土地税账册文书中记载的按亩出佣工的事实与西夏法典之规定京畿地区出佣工的情况完全吻合。只是俄 ИНВ. No. 4067、俄 ИНВ. No. 5067 土地税账册文书中缺少 30 日、35 日和 40 日三等出佣工的记载，这只能说这两份文书中记载的农户所拥有的土地亩数还没有达到应出佣工 30 日以上的天数。但黑水城出土的同类型文书中有两份账册记载了出佣工 35 日和 40

---

① 史金波：《西夏农业租税考——西夏文农业租税文书译释》，《历史研究》2005 年第 1 期。

② 同上。

③ 史金波、聂鸿音、白滨译注：《天盛改旧新定律令》卷 15，法律出版社 2000 年版，第 496—497 页。

日的事实,如俄 ИНВ. No. 7415—1《户耕地租佣草账》中记载一户有耕地一顷十二亩,缴纳杂粮一石一斗二升,麦二斗八升,佣一整月五日;俄 ИНВ. No. 5282 账册中也记载一户有耕地一顷五十亩,缴纳杂粮一石五斗,麦三斗七升半,佣一整幅。① 这两户的出佣工时间正好印证了《天盛律令》中的"一百亩以上至一顷二十亩三十五日,一顷二十亩以上至一顷五十亩一整幅四十日"的规定。如此看来,黑水城文书中的"出佣"和《天盛律令》规定京畿内诸租户春开渠事的役工负担完全相同。也就是说,西夏不论是京畿内诸租户,还是边远山区如黑水城地区诸租户的出佣工数,都是按照《天盛律令》所规定的出佣工制度执行,即西夏各地执行统一的出佣制度。从西夏故地出土的土地税账册文书来看,西夏出役不论户型大小人口多少,每户必出一人,无须多出人头。但出佣的天数是按耕地面积多少计算,有多有少,西夏出佣工天数共分为六个层次,即5天、15天、20天、30天、35天、40天,即出佣的天数最多是40天。

(2) 草

西夏租税中还包括草。

草作为租税种类征收在我国唐代就有史籍记载。《新唐书》载:"贞观中,初税草以给诸闲,而驿马有牧田。"②《旧唐书》也有记载:"常被支税草以纳闲厩。"③ 可以看出唐朝时征收的税草主要用于饲养马匹。但这一税种被后来历朝借鉴和继承。《宋史》载:"凡岁赋,谷以石计,钱以缗计,帛以匹计,金银、丝绵以两计,藁秸、薪蒸以围计,他物各以其数计。"④ 这里的"藁秸"则是稻、麦等粮食的秆。"新蒸"即薪柴。宋朝对纳草有明确的规定:"'若纳租税,每亩三斗五升、草二束,一岁间亦可得米三万五千石、草二十万束。'从之。"⑤ 金朝也有缴纳税草的规定:"大率分田之等为九而差次之,夏税亩取三合,秋税亩取五升,又纳秸一束,束十有五斤。"⑥ 西夏自然也吸纳了中原纳税种类,草也成为农牧民缴纳的税种。

---

① 史金波:《西夏农业租税考——西夏文农业租税文书译释》,《历史研究》2005年第1期。
② 《新唐书》卷51,中华书局1975年版,第1343页。
③ 《旧唐书》卷98,中华书局1975年版,第3078页。
④ 《宋史》卷174,中华书局1977年版,第4205页。
⑤ 同上书,第4723页。
⑥ 《金史》卷47,中华书局1975年版,第1055页。

西夏畜牧业发达，每年都需要大量的草料，诸如承担各种任务的不同牲畜都需要草料过冬。此外，西夏农业灌溉发达，每年的修渠和春天开渠灌水也需要大量垫草。因此，草也成为西夏赋税的主要内容之一。关于此，黑水城出土的西夏文土地税文书明确给以回答。俄 ИНВ. No.8372《耕地租佣草账》档案就记载有税草的事实：

迁溜吾移？宝共五十四户税

三十六石六斗三升

七合半，

杂二十九石三斗一升，

麦七石三斗二升七合半，

佣五十四人，

草二千九百三十一捆；

五十三户农？人有杂细共三十六石

二斗六升二合半，

杂二十九石一斗，

麦七石二斗五升二合半，

佣五十三人，

草二千九百一（十）捆

……①

上述俄 ИНВ. No.1755—4《户耕地租粮账》记有一百五十亩地，纳杂粮一石五斗。另外，俄 ИНВ. No.1178—1、俄 ИНВ. No.24—2、俄 ИНВ. No.5809—2、俄 ИНВ. No.5940 等土地税账册中都是如此规律，即黑水城农牧民每亩地纳杂粮一升，纳麦四分之一升，由此可推算，俄 ИНВ. No.8372 中"迁溜吾移？宝共五十四户"缴纳杂粮二十九石三斗一升，知有土地 2931 亩，纳草 2931 捆，杂粮二十九石三斗一升，即每亩地缴纳草一捆、纳杂粮一升。

---

① 史金波：《西夏农业租税考——西夏文农业租税文书译释》，《历史研究》2005 年第 1 期。

另外俄 ИНВ. No. 4067《户耕地租佣草账》也记载道：一户梁吉祥有册上有十亩地，税一斗二升半，杂一斗，麦二升半，佣五日，草十捆。即梁吉祥有家册上有地 10 亩，上缴国家税草 10 捆，也证明每亩地缴纳税草一捆、纳杂粮一升。

可见，西夏征收土地租税之纳草数、杂粮数与土地面积成正比关系。

当然，黑水城出土实物文书中并未交代草捆的大小，但我们相信，西夏征收税草肯定是依律进行，并不是说草捆的大小是随意而为。从唐五代时期的传统史籍和出土文书的记载来看，不仅按亩征收税草，而且税草是按"束"来计算，这里的"束"和西夏时期的"捆"差不多。唐五代时期每亩地缴纳三束草，而且"每粟壹束准草壹束"，[①] 每束（捆）草的捆绳约为三尺，也有三尺一、三尺三、三尺八等几种。唐代元稹在《弹奏剑南东川节度使状》中指出税草"每束重一十一斤"，[②] 这可能也是一个不十分准确的规定，因为草捆是由人捆的，有时可能也会有略微的差异。西夏制度多模仿唐宋体制，那么对耕地税草的征收也会学习和借鉴。通过查检西夏法律，得知西夏的确是按法律规定的草捆大小征收税草。《天盛律令》规定："大都督府转运司所属冬草、条橡等，京师租户家主依法当交纳入库。"还进一步规定草捆大小："诸租户家主除冬草蓬子、夏荛等以外，其余种种草一律一亩当纳五尺捆一捆，十五亩四尺背之蒲苇、柳条、梦萝等一律当纳一捆。前述两种绳捆当为五寸捆头，当自整绳中减之。"[③] 从以上法典可看出，"其余种种草一律一亩当纳五尺捆一捆"，这与黑水城出土实物文书的记载是相同的，即每亩地缴纳税草一捆，而这一捆草可能就是用五尺长的绳子所捆的草。从《天盛律令》可知，拥有十五亩以上土地的租户不仅要缴纳税草，还要承担"蒲苇、柳条、梦萝"等税，可见，拥有土地越多，缴纳的各种税种就越多。黑水城边远地区同样是按照法律规定执行，不能有所例外。

通过以上分析，我们发现了一个很特殊也很有趣的现象，即租户每亩土地所缴纳杂粮的斛斗数与缴纳草捆数则相等，即每亩地缴纳杂粮税一升，每亩地缴纳税草一捆，由此可知，西夏把杂粮和草同等对待，这足以证明西夏对草的重视。

---

① 国家文物局古文献研究室、新疆博物馆、武汉大学历史系编：《吐鲁番出土文书》第 10 册，文物出版社 1991 年版，第 252 页。

② （唐）元稹：《元氏长庆集》卷 37，上海古籍出版社 1994 年版，第 192 页。

③ 史金波、聂鸿音、白滨译注：《天盛改旧新定律令》卷 15，法律出版社 2000 年版，第 503 页。

不仅如此，而且西夏法典也规定：如果有人有意放火烧毁草捆者，处罚是非常严重的，"诸人相恶，于无人帐舍中及粮食、草捆及埂坡养草、蒲苇、野兽蒲草等放置处及地面有粮食等处放火时，若议未往、已往未动手及已动手已烧物等，分别依强盗持武器已往、未往、物已入手、未入手等罪情法则判断"。即便是无心失火而造成烧毁草捆等者时，也仍然要依数赔偿，"诸人无心失误失火，烧毁他人畜物、房舍、人口、粮食、草捆者，当查明实数所值。烧毁二分之一者，自己妻子、子、女、子媳、使军、奴仆等以外，用其他畜物依数赔偿……"① 可见西夏对草料的重视。

西夏法典对一些大租户即占有土地多的家主又有附加的规定："租户家主自己所属地上冬草、条椽等以外，一顷五十亩一块地，麦草七捆、粟草三十捆，捆绳四尺五寸、捆袋内以麦糠三斛入其中。袋囊中二袋，各自依地租法当交官之所需处，当入于三司库。逾期时与违纳租谷物之纳利相同。"② 这一条款规定，凡租户占有土地达到一百五十亩的，除原摊派的冬草、条椽外，另外还要向国家多上缴七捆麦草和三十捆粟草，这可能就是西夏的"子税"一说了。③ 这一措施也可能是西夏为了平衡贫富差距太悬殊而采取的额外征税的一种方式和办法。

此外，西夏不仅有对占地大户实行额外缴纳草捆的规定，而且到了西夏末期，由于连年战争、官吏腐败、内乱不断等因素，导致国力空虚，西夏政府还不得不向所有的农牧民增加租草的缴纳，如西夏文乾定酉年中藏 G31·005《"官"字号增纳草捆文书》和中藏 G31·007《"户"字号增纳草捆文书》就是最为典型的实例。这两份文书中都有"增二捆，麦草一捆，粟草一捆"的内容，④ 这说明西夏政府是在法律规定之外向农牧民增收的草捆，这无形中增加了农牧民的负担，反映了西夏后期的内忧外患、苦不堪言、穷途末路的社会现实。

（四）水

通过对西夏土地税账册文书档案的整理得知，西夏还要向官府缴纳水税。如

---

① 史金波、聂鸿音、白滨译注：《天盛改旧新定律令》卷15，法律出版社2000年版，第293页。
② 同上书，第490页。
③ 杜建录：《西夏经济史》，中国社会科学出版社2002年版，第276页。
④ 梁继红：《武威藏西夏文乾定酉年增纳草捆文书初探》，杜建录主编：《西夏学》第10辑，上海古籍出版社2014年版，第21—27页。

俄 ИНВ. No. 1454—2V、俄 ИНВ. No. 1781—1 等都是西夏文耕地水税账。据史金波介绍俄 ИНВ. No. 1781—1《耕地水税账》档案："有四石地水税一石，九石地水税二石二斗五升。"从这一档案来看，西夏的水税也是按土地面积的大小来收缴的。如果按撒一石种子的地合 7—10 西夏亩来计算，大约 40 亩土地要缴纳水税一石，则每亩土地缴纳水税 2 升 5 合至 3 升。① 由此可知，西夏的水税比其他税种都要高。虽然《天盛律令》中没有关于西夏征收水税的具体规定，但在《天盛律令》卷十五有《催租罪功门》《春开渠事门》《渠水门》《养草监水门》《地水杂罪门》《纳领谷派遣计量小监门》等，都涉及催促水浇地租法、春天修渠通淤、渠水灌溉、旱地纳租法等②之规定，这可能都与向农户征收水税有关。因为西夏气候干旱、少雨，水资源比较缺乏，所以，水对于西夏来说是十分珍贵的，那么，对用水浇地征收税款也是情理之中的事。

此外，西夏文卖地契中也有"日水""细水""半细水"等记录，说明不同土地浇水的程度也与征收水税挂钩。史金波总结说："从上述数字可以发现一个规律：土地数量大，约撒 10 石种子以上的地给'日水'；土地数量中等，撒 5 石至 10 石种子之间的地给'细水'；土地数量小，约撒 5 石种子以下的地给'半细水'。这些卖地契约中关于给水的简短记载，证明这些土地都是用水浇灌，并且可以推定黑水城当地依据耕地数量的多寡给水。"③ 由此可以看出，这种用于土地中的"日水""细水""半细水"等，是西夏官府给农户土地给水的一种方法，而这种方法可能决定了征收水税的数量。

（五）西夏实行土地纳税等级制

为了鼓励各租户积极种粮种草，主动向官府缴纳各种租税，西夏官府采取了灵活多样的收缴土地税的政策，要求各基层官府对租户所属土地进行仔细的勘查并按照土地的肥瘠情况进行认真核算，划定土地等级范围，最后规定了京畿地区五个不同等级，"上地好坏□一亩之上一斗，次八升，中六升，下五升，尾三

---

① 史金波：《西夏社会》，上海人民出版社 2007 年版，第 84 页。
② 史金波、聂鸿音、白滨译注：《天盛改旧新定律令》卷 15，法律出版社 2000 年版，第 493—515 页。
③ 史金波：《黑水城出土西夏文卖地契研究》，《历史研究》2012 年第 2 期。

升",① 这应该就是京畿地区所属的熟地应纳杂粮的规定。

西夏不仅熟地要向官府缴纳所属等次内的各种租税,而且对于抛荒地和生地及其他形式的散地如何纳税也有具体规定。一种情况是耕种不属个人的抛荒地和生地应纳粮税的规定。《天盛律令》规定:诸人耕种抛荒地及不属官私之生地,"当告转运司,并当问邻界相接地之家主等,仔细推察审视,于弃地主人处明之,是实言则当予耕种谕文,著之簿册而当种之",三年内不纳税,三年过后,"当再遣人量之,当据苗情及相邻地之租法测度,一亩之地优劣依次应为五等租之高低何等,当为其一种,令依纳地租杂细次第法纳租"。② 这里对抛荒地及不属官私之生地重新耕种三年后再次勘查等次和丈量土地面积做出了规定,一旦确定等次和面积后要向官府缴纳应缴所属等次内的租税。另一种情况是对新开垦的属于个人的池地、泽地、生地等的纳粮规定。《天盛律令》规定,诸人地边"有自属树草、池地、泽地、生地等而开垦为地者,则可开垦为地而种之"。开自一亩至一顷者,勿纳租佣草,当以为增旧地之工。超过一顷者,所超之数当告转运司,"三年毕,堪种之,则一亩纳三升杂谷物,佣草依边等法为之"。③ 新开垦的自属池地、泽地、生地等同样实行三年免税政策。三年期满后,若自属的这些土地确能种植的话,则要向国家缴纳租税,税率是京畿地区纳税最低等次,即一亩尾地缴纳三升杂粮。就这样的一些池地、泽地、生地的土地税,也要比黑水城地区出土的土地税账册档案中记载的耕地税率高出二倍。故,我们以为,这一法律规定也是针对西夏京畿地区而言。

从上述黑水城地区出土的西夏文土地税账册档案所记载的土地杂粮税的税率来看,黑水城地区应缴纳的土地税是每亩均为一升杂粮。由此可知,西夏黑水城地区的土地纳税等次当为第六等或第七等。因为,从西夏法典的规定来看,西夏地区总体分为京畿、中地和边地三种类型。京畿地区纳税杂粮最末一等为每亩三升,而黑水城地区普遍纳杂粮是每亩一升,这其间还有两升的差距。由此可推断,中地的纳杂粮税率应居于京畿和边地黑水城地区的中间。这样一来,西夏国

---

① 潘洁:《〈天盛改旧新定律令〉农业卷研究》,博士学位论文,宁夏大学,2010年,第103页。
② 史金波、聂鸿音、白滨译注:《天盛改旧新定律令》卷15,法律出版社2000年版,第492页。
③ 同上书,第495—496页。

家的土地税纳粮等次应该至少有六等或七等。

(六) 西夏土地征税程序严密

西夏政府征收土地租税有严密的程序,这样就保证了土地租税的足额和顺利上缴,更保证了西夏国库的充盈。

第一,纳粮过程严密。《天盛律令》规定:西夏在"纳种种租时节上,计量小监当坐于库门,巡察者当并坐于计量小监之侧"。然后,计量小监按照预先审核的纳粮账册,"依次一一唤其名,量而纳之"。缴纳完毕后,由计量小监给纳粮者"收据,上有斛斗总数、计量小监手记,不许所纳粮食中入虚杂"。不仅如此,而且对纳粮官吏提出了严格的要求,同时对不严格执行要求的纳粮官吏给予处罚,"计量小监、局分大小之巡察者巡察不精,管事刺史人中间应巡察亦当巡察。若违律,未纳而入已纳中,为虚杂时,计未纳粮食之价,以偷盗法判断。受贿则与枉法贪赃罪比较,从重者判断。未受贿,检校未善者,有官罚马一,庶人十三杖"。[1] 这是一幅生动的画面,把西夏农户纳税的实际情景生动地描绘出来:收租税时掌升斗的计量小监坐在库门,旁边还坐着一位巡察者监视,根据纳粮簿册依次呼唤纳粮农户户主的名字,纳粮者依数交粮,计量小监用升斗计量,随即入库,在计量的同时认真地检查每一农户所缴纳粮食是否有虚杂。这种缴纳税粮的生动画面丰富了我们对中古时期社会基层经济生活的认识。

第二,地方官吏收取税粮时要给农户以收据,作为缴纳租税的依据。《天盛律令·地水杂罪门》规定,"催促地租者乘马于各自转运司白册□□盖印,家主当取收据数登记于白册。其处于收据主人当面由催租者为手记,十五日一番,由转运司校验,不许胡乱侵扰家主取贿等。违律不登记、无手记时十三杖,受贿则依枉法贪赃罪法判断"。[2] 证明西夏在收取租税时不仅有严密的程序,还有完备的手续,避免收税者违法乱纪。

(七) 西夏建立了税收磨勘制度

西夏各地缴纳租税的时间在秋后九、十月间,从《天盛律令》的有关规定

---

[1] 史金波、聂鸿音、白滨译注:《天盛改旧新定律令》卷15,法律出版社2000年版,第513—514页。

[2] 同上书,第507页。

来看，似乎是秋季一次征税。

基层收取粮、草等税后，自然会形成新的账册。这些账册要进行层层审核，最后要上交中央政府的磨勘司进行再审核磨勘。其程序和制度：各郡县于每年十一月一日前租税收缴要完成，并完全形成新的账册；各郡县再将收取种种地租税的簿册、凭据上缴于转运司，"转运司人将簿册、凭据种种于十一月一日至月末一个月期间引送磨勘司不毕，逾期延误时，大人、承旨、都案、案头、司吏等一律与前述郡县局分大小误期罪状相同"；转运司将簿册交磨勘司后，有一个月的磨勘时间，"磨勘司人腊月一日持来簿册、凭据，至腊月末一个月期间磨勘不毕而逾期时，大人、承旨、都案、案头、局分人之延误罪依转运司局分大小罪状法判断。"至年底时才算完成从地方到中央官府对税收的磨勘审核与统计。最后将未收完的税粮再分派下去，层层追讨，"郡县管事者当紧紧催促，令于所明期限缴纳完毕"，[①] 引送京师磨勘司。

若不按时上缴租税簿册进行审核者，有关局分人则要承担迟缓、延误之罪："所属郡县局分大小人缴纳种种地租多少，十一月一日于转运司不告交簿册、凭据，迟缓时罪：自一日至五日十三杖，五日以上至十日徒三个月，十日以上至二十日徒六个月，二十日以上一律徒一年。"[②] 可见，西夏规定各郡县至迟在十一月一日必须上交收税的簿册、凭据于转运司，迟交者要受到处罚。其他各司磨勘不毕而误者，其处罚同转运司迟误之法。

（八）西夏实行催税官吏奖惩制度

西夏政府为了能顺利圆满地完成税收任务，保证国家税收不受损失，并鼓励征税官吏征税的积极性，还规定了征税官吏的奖惩制度。《天盛律令》规定："催促租之大人，于租户种种地租期限内已纳未纳几何，于全部分为十分，其中九分已纳一分未纳者勿治罪，八分纳二分未纳当徒六个月，七分纳三分未纳徒一年，六分纳四分未纳徒二年，五分纳五分未纳徒三年，四分纳六分未纳徒四年，三分纳七分未纳徒五年，二分纳八分未纳徒六年，一分纳九分未纳徒八年，十分

---

① 史金波、聂鸿音、白滨译注：《天盛改旧新定律令》卷15，法律出版社2000年版，第490—491页。
② 同上书，第490页。

全未纳徒十年。若十分全已纳，则当加一官，获赏银五两、杂锦一匹。"① 将催租者所管辖的租税数额分成十份，收到九成者不治罪，只收到八成至全部没有收到者要分别判罚6个月到10年不等的徒刑。当然，对于租税全部催促收缴齐全者则给予加官一级，获赏银五两、杂锦一匹的奖励。这种赏罚分明的法律措施有助于赋税的征收。

（九）西夏严惩偷税漏税行为

西夏不仅征税程序严格，也奖励有功的催税官吏，而且另一方面又对偷税漏税的行为加以严惩，以保障国家税收的顺利收缴。国家法律也明文规定土地可以自由买卖，但买卖之后双方都要到转运司注销注册，若卖者注销了，而买者想隐瞒注册并不上缴各种租税，这种行为若被官府发现，则要严厉处罚。"诸人互相买租地时，卖者地名中注销，买者曰'我求自己名下注册'，则当告转运司注册，买者当依租佣草法为之。倘若卖处地中注销，买者自地中不注册时，租佣草计价，以偷盗法判断。"② 诸人买卖土地都要注册或注销，包括僧人、道士以及诸大小臣僚，同时规定了注册的期限，"僧人、道士、诸大小臣僚等，因公索求农田司所属耕地及寺院中地、节亲主所属地等，诸人买时，自买日始一年之内当告转运司，于地册上注册，依法为租佣草事。若隐之，逾一年不告，则所避租佣草数当计量，应比偷盗罪减一等，租佣草数当偿"。若出现上述情况时，各局分人要仔细勘探测，若不负责任或马虎大意或受贿等而不过问时，也要处罚。"已告而局分人不过问者，受贿徇情则依枉法贪赃罪判断，未受贿徇情则依延误文书法判断。"③ 可见，西夏不仅严惩偷税漏税的农牧民，同时严惩僧人、道士及大小臣僚，更对不负责任的催税官吏或贪污受贿的官吏给予严惩。

（十）土地税账册档案的价值

通过全面而细致地分析西夏土地税账册档案所包含的内容，我们了解和掌握了西夏土地税账册档案的一些基本价值。

1. 西夏土地税账册档案反映了西夏边地即黑水城地区等土地纳税的实际情

---

① 史金波、聂鸿音、白滨译注：《天盛改旧新定律令》卷15，法律出版社2000年版，第493页。
② 同上书，第509页。
③ 同上书，第496页。

况，即黑水城地区的土地没有等次之分，每亩向官府缴纳一升杂粮，这与西夏京畿地区土地分等次、纳粮税最末等也要每亩纳三升杂粮而不同。而佣、草纳租法如同《天盛律令》所规定，并不分京畿、中地、边地之区别，实行统一出役和纳草之政策。

2. 补充了《天盛律令》中关于西夏境内边地如黑水城地区缺载纳税税率的规定，使西夏法典的内容更加全面。①

第三节　西夏军籍档案整理与研究

西夏军籍档案就是记载有关西夏军队首领、军抄正辅军人数、马匹以及物资装备等的文字材料。西夏故地出土的西夏文军籍档案的数量比较丰富，只《俄藏》第十二册至第十四册收录200多件，《英藏》中收录达30多件，计总数达到240多件。② 此外，还有《中藏》收录的几件西夏文军籍档案，史金波在整理国家图书馆藏西夏文献时新发现的几件西夏文军籍档案，虽然说数量不是很多，但也是构成西夏军籍档案的成分之一。西夏学专家史金波已经对有关的西夏文军籍档案进行了翻译、考证，为学界提供了较多的可资利用的史料，这些军籍档案是依照西夏官府的有关规定，对西夏基层所有军抄进行详细登记的账簿。这些账簿档案全面、形象地记载了西夏国各基层军事组织真实、具体的情况，如军抄首领、军抄人数、马匹装备等，是了解和掌握西夏军事组织基本状况及其作用的珍贵文献，同时也翔实、真切地反映了西夏军事档案和军事档案管理工作的历史轨迹和面貌，大大补充了文献记载之缺漏，具有很高的学术价值和文献价值。

一　西夏军籍档案整理概况

西夏军籍档案的种类比较多，包含了西夏基层军抄中所有的内容。据史金波

---

① 赵彦龙：《论西夏土地税账册文书——西夏账籍文书研究之二》，《宁夏师范学院学报》2008年第4期。

② 史金波：《英国国家图书馆藏西夏文军籍文书考释》，《文献》2013年第3期。

西夏档案及其管理制度研究

介绍,"近年在西夏文文献中发现的社会文书中,包括不少有关西夏军抄的文书。这种文书有多种类型:首领军抄账、军抄正军辅主账、军抄人员实有实无账、军籍账、军抄物资(装备)账、军溜文书等,多属西夏后期"。①

我们对《中藏》《俄藏》《英藏》等大型文献丛书进行具体、细致的统计,得到西夏文军抄档案共有241件,其中国家图书馆藏2件,《中藏》3件,《俄藏》第十二至第十四册有共205件,《英藏》31件。可见,西夏军籍档案的数量不少,由此证明西夏对基层军事组织的重视程度。现依次将图版编号、档案名称、版本、纸质、字体、书写文字、档案出处等相关信息整理成表4—3。

表4—3 西夏军籍档案

序号	图版编号	档案名称	版本	纸质	字体	书写文字	档案出处	备注
1	中藏B11·010—07P、09P	军抄人员装备文书残页	写本	麻纸	行草	西夏文	《中藏》第一册②第296—297页	残页。每行皆有朱笔点画
2	中藏M11·001	军抄文书	写本	麻纸	草书	西夏文	《中藏》第十七册③第9页	1页残件
3	编号046号	军抄人员装备文书	写本	麻纸	行书	西夏文	国家图书馆藏	每行皆有朱笔点画,上部残
4	编号060号	军抄人员装备文书	写本	麻纸	行书	西夏文	同上	每行皆有朱笔点画,下部残
5	俄 инв. No. 22	军抄人马装备账	写本	麻纸	楷书	西夏文	《俄藏》第十二册④第2页	残页。有朱点
6	俄 инв. No. 23—1~2	军抄人马装备账	写本	麻纸	楷、草	西夏文	同上	残页。有朱点,卷末有首领印
7	俄 инв. No. 31—1	军抄正军辅主账	写本	麻纸	草书	西夏文	同上书,第12页	封套衬纸。多件残片粘贴

① 杜建录、史金波:《西夏社会文书研究》,上海古籍出版社2012年版,第153页。
② 史金波、陈育宁主编:《中国藏西夏文献》第1册,甘肃人民出版社、敦煌文艺出版社2005年版。
③ 史金波、陈育宁主编:《中国藏西夏文献》第17册,甘肃人民出版社、敦煌文艺出版社2006年版。
④ 史金波、魏同贤、[俄]克恰诺夫主编:《俄藏黑水城文献》第12册,上海古籍出版社2006年版。

第四章 西夏专门档案整理与研究（上）

续表

序号	图版编号	档案名称	版本	纸质	字体	书写文字	档案出处	备注
8	俄 ИНВ. No. 113—1~4	军抄正军辅主账	写本	麻纸	草书	西夏文	同上书,第17—18页	残页。有涂改
9	俄 ИНВ. No. 162—4~5	军事告牒	写本	麻纸	草书	西夏文	同上书,第27—28页	残卷。有涂改
10	俄 ИНВ. No. 296—2	军抄文书	写本	麻纸	草书	西夏文	同上书,第38页	残片
11	俄 ИНВ. No. 327—1~2	军抄物资账等	写本	麻纸	草书	西夏文	同上书,第68—69页	残片。封套衬纸,多件残片粘贴
12	俄 ИНВ. No. 329—1~12	首领军抄账等	写本	麻纸	草书	西夏文	同上书,第78—82页	残页或残片。有涂改
13	俄 ИНВ. No. 342—1	军抄正军辅主账	写本	麻纸	草书	西夏文	同上书,第93页	残片
14	俄 ИНВ. No. 343—6~7	军抄文书	写本	麻纸	草书	西夏文	同上书,第101页	残片
15	俄 ИНВ. No. 640—1	乾祐申年告牒与军抄文书等	写本	麻纸	楷、草	西夏文	同上书,第125页	封套衬纸。多件残片粘贴。右上部末行有年款、签署
16	俄 ИНВ. No. 665	军抄人马装备账与告牒	写本	麻纸	草书	西夏文	同上书,第133页	封套衬纸。多件残片粘贴
17	俄 ИНВ. No. 854	军抄首领正军辅主账	写本	麻纸	草书	西夏文	同上书,第143页	封套衬纸。多件残片粘贴
18	俄 ИНВ. No. 979—1~2	首领军抄人名及军抄账	写本	麻纸	草书	西夏文	同上书,第148—149页	残页。封套衬纸。多件残片粘贴
19	俄 ИНВ. No. 984	军抄账	写本	麻纸	草书	西夏文	同上书,第155页	封套衬纸。多件残片粘贴
20	俄 ИНВ. No. 1078—1~2	军抄人员实有实无账	写本	麻纸	草书	西夏文	同上书,第174—175页	封套衬纸。多件残片粘贴

续 表

序号	图版编号	档案名称	版本	纸质	字体	书写文字	档案出处	备注
21	俄 ИНВ. No. 1159—1	乾祐丁未年军抄首领正军辅主账	写本	麻纸	草书	西夏文	同上书,第188页	残。封套衬纸。末行有年款
22	俄 ИНВ. No. 1222—2~3	军抄账	写本	麻纸	草书	西夏文	同上书,第225—226页	两件残片粘贴
23	俄 ИНВ. No. 1233—1~2	军抄账	写本	麻纸	草书	西夏文	同上书,第226页	残页
24	俄 ИНВ. No. 1320—10	军抄文书	写本	麻纸	草书	西夏文	同上书,第235页	残片
25	俄 ИНВ. No. 1323—1~3	军抄户籍账	写本	麻纸	草书	西夏文	同上书,第237—238页	残页或残片
26	俄 ИНВ. No. 1371	军抄人马账	写本	麻纸	草书	西夏文	同上书,第243页	封套衬纸,两件残片粘贴。有朱点,有朱印
27	俄 ИНВ. No. 1412—1~2	军抄人马账	写本	麻纸	草书	西夏文	同上书,第245页	封套衬纸,两件残片粘贴
28	俄 ИНВ. No. 1521—1	军抄物资账	写本	麻纸	草书	西夏文	同上书,第253页	封套衬纸,两件残片粘贴
29	俄 ИНВ. No. 1526	军抄物资账	写本	麻纸	草书	西夏文	同上书,第268页	封套衬纸,两件残片粘贴
30	俄 ИНВ. No. 1541	军抄人马装备账	写本	麻纸	草书	西夏文	同上书,第271页	封套衬纸,两件残片粘贴。有朱笔勾点
31	俄 ИНВ. No. 1712	军抄账等	写本	麻纸	草书	西夏文	同上书,第279页	封套衬纸。多件残片粘贴
32	俄 ИНВ. No. 1722—1~4	军抄人马装备账	写本	麻纸	草书	西夏文	同上书,第295—296页	残片。封套衬纸。有朱点、官印、签署

续 表

序号	图版编号	档案名称	版本	纸质	字体	书写文字	档案出处	备注
33	俄 ИНВ. No. 1723	军抄人马装备账	写本	麻纸	楷书	西夏文	同上书,第298页	封套衬纸,两件残片粘贴。有朱点和朱印
34	俄 ИНВ. No. 1724	军抄人马装备账	写本	麻纸	楷书	西夏文	同上书,第299页	封套衬纸,多件残片粘贴。有朱点、朱印
35	俄 ИНВ. No. 1755—1～2	军抄人马装备账	写本	麻纸	草书	西夏文	同上书,第304—305页	残页。有朱点
36	俄 ИНВ. No. 1756—1	军抄正军辅主账	写本	麻纸	草书	西夏文	同上书,第309页	封套衬纸,多件残片粘贴。有涂改
37	俄 ИНВ. No. 1819—1～4、—7	军抄人员实有实无账	写本	麻纸	草书	西夏文	同上书,第322—325页	残。封套衬纸。有涂改
38	俄 ИНВ. No. 1915	乾祐庚子十一年监军司新旧人员账等	写本	麻纸	草书	西夏文	同上书,第341页	封套衬纸。多件残片粘贴。有年款
39	俄 ИНВ. No. 2025—2～3、—5	军抄人马装备账	写本	麻纸	草书	西夏文	《俄藏》第十三册①第8—11页	封套衬纸;两或多件残片粘贴;有朱点
40	俄 ИНВ. No. 2038	军抄人马装备账等	写本	麻纸	楷书	西夏文	同上书,第14页	封套衬纸。多件残片粘贴
41	俄 ИНВ. No. 2053	军抄人马装备账等	写本	麻纸	草书	西夏文	同上书,第19页	封套衬纸。多件残片粘贴
42	俄 ИНВ. No. 2126—6～7	军抄首领正军辅主账、军抄人马账	写本	麻纸	草书	西夏文	同上书,第22—23页	残。封套衬纸。有涂改、年款
43	俄 ИНВ. No. 2136—1～5	军抄人员实有实无账等	写本	麻纸	行、草书	西夏文	同上书,第26—27页	残。封套衬纸。有涂改。有译文②

① 史金波、魏同贤、[俄]克恰诺夫主编:《俄藏黑水城文献》第13册,上海古籍出版社2007年版。
② 史金波:《西夏军抄的组成、分合及除减续补》,《宋史研究论丛》2014年刊,第571—572页。

续　表

序号	图版编号	档案名称	版本	纸质	字体	书写文字	档案出处	备注
44	俄 ИНВ. No. 151、2151V	军抄人员实有实无账	写本	麻纸	草书	西夏文	同上书,第29页	封套衬纸,两件残片粘贴
45	俄 ИНВ. No. 2156—6	军抄人马装备账	写本	麻纸	草书	西夏文	同上书,第32页	残。封套衬纸。有画押
46	俄 ИНВ. No. 2160—1～2	军抄人马实有实无账、军事文书	写本	麻纸	草书	西夏文	同上书,第39页	封套衬纸,两件残片粘贴
47	俄 ИНВ. No. 2165—5	军抄文书	写本	麻纸	草书	西夏文	同上书,第47页	残。封套衬纸
48	俄 ИНВ. No. 2170—1～2	军抄人马账等	写本	麻纸	草书	西夏文	同上书,第49—50页	封套衬纸,多件残片粘贴。有年款、画押
49	俄 ИНВ. No. 2176—4V	乾祐末年军溜文书	写本	麻纸	草书	西夏文	同上书,第65页	残。有年款
50	俄 ИНВ. No. 2206—1～12	军抄首领正军辅主账	写本	麻纸	草书	西夏文	同上书,第69—72页	残。封套衬纸
51	俄 ИНВ. No. 2547—1～12	军抄首领正军辅主账	写本	麻纸	草书	西夏文	同上书,第85—90页	缝缀装。有涂改
52	俄 ИНВ. No. 2575—1～12	军抄首领正军辅主账	写本	麻纸	草书	西夏文	同上书,第99—102页	残页或残片。有勾勒、涂改
53	俄 ИНВ. No. 2702	军抄人员实有实无账	写本	麻纸	草书	西夏文	同上书,第102页	残页。有涂改
54	俄 ИНВ. No. 2775—1～5	军抄人名账	写本	麻纸	草书	西夏文	同上书,第105—108页	残。封套衬纸。均有勾勒。1号有印押
55	俄 ИНВ. No. 2851—7、16～17	军抄正军辅主账	写本	麻纸	草书	西夏文	同上书,第122—127页	缝缀装。有涂改
56	俄 ИНВ. No. 2870—1、3	军抄正军辅主账、实有实无账	写本	麻纸	草书	西夏文	同上书,第148—150页	残卷。有涂改。有译文。①

① 史金波:《西夏军抄的组成、分合及除减续补》,《宋史研究论丛》2014年刊,第570页。

续 表

序号	图版编号	档案名称	版本	纸质	字体	书写文字	档案出处	备注
57	俄 ИНВ. No. 2873	军抄人员实有实无账	写本	麻纸	草书	西夏文	同上书,第156页	残卷。有涂改
58	俄 ИНВ. No. 2874	军抄人员实有实无账	写本	麻纸	草书	西夏文	同上书,第157页	残卷。有涂改
59	俄 ИНВ. No. 3190	军抄人马装备账等	写本	麻纸	草书	西夏文	同上书,第165页	封套衬纸,两件残片粘贴
60	俄 ИНВ. No. 3252—1~2	军抄人马装备账、军溜文书	写本	麻纸	草书	西夏文	同上书,第166页	封套衬纸。两件残片粘贴
61	俄 ИНВ. No. 4196	应天丙寅元年军抄人马装备账	写本	麻纸	草书	西夏文	同上书,第195—197页	残卷。有年款、签署画押。朱印九方。有译文①
62	俄 ИНВ. No. 4197、4197V	天庆庚申七年军抄人马装备账。	写本	麻纸	草书	西夏文	同上书,第197—198页	残卷。有签署、画押、年款、朱点。有译文②
63	俄 ИНВ. No. 4201	应天己巳四年军抄人马装备账等	写本	麻纸	草书	西夏文	同上书,第200—201页	残卷。有年款,背面有签署画押。末有篆书"首领"朱印
64	俄 ИНВ. No. 4727—1	应天己巳四年军抄人马装备账	写本	麻纸	草书	西夏文	同上书,第252页	残页。有年款、签署画押,有朱印、朱点
65	俄 ИНВ. No. 4776—3~6	军抄文书	写本	麻纸	草书	西夏文	同上书,第282页	一件或多件残片。有画押、涂改
66	俄 ИНВ. No. 4791	应天丙寅元年军抄人马装备账	写本	麻纸	草书	西夏文	同上书,第289页	卷子。有年款、签署画押。有译文③

① 史金波:《西夏文军籍文书考略——以俄藏黑水城出土军籍文书为例》,《中国史研究》2012年第4期。
② 同上。
③ 史金波:《西夏军抄的组成、分合及除减续补》,《宋史研究论丛》2014年刊,第562—563页。

续 表

序号	图版编号	档案名称	版本	纸质	字体	书写文字	档案出处	备注
67	俄 ИНВ. No. 4926—2~5	天庆、应天军抄人马装备账等	写本	麻纸	草书	西夏文	同上书,第303—306页	残卷或残页。有签署画押和年款。有朱印、朱点
68	俄 ИНВ. No. 4926—6~15	军抄正军辅主账	写本	麻纸	草书	西夏文	同上书,第307—314页	残页或残卷。有朱点、朱印、年款、签署画押
69	俄 ИНВ. No. 4991—11	军抄文书	写本	麻纸	草书	西夏文	同上书,第325页	残
70	俄 ИНВ. No. 5206	军抄人员实有实无账	写本	麻纸	草书	西夏文	《俄藏》第十四册①第26页	残页
71	俄 ИНВ. No. 5404—3、—5~6、—11、—13、—15	军抄人马装备账等	写本	麻纸	草书	西夏文	同上书,第32—38页	缝缋装
72	俄 ИНВ. No. 5405—1~3	军抄正军辅主账	写本	麻纸	草书	西夏文	同上书,第39—41页	残卷。有涂改
73	俄 ИНВ. No. 5407	军抄正军辅主账	写本	麻纸	草书	西夏文	同上书,第42页	残卷。有涂改
74	俄 ИНВ. No. 5448	军抄正军辅主账	写本	麻纸	草书	西夏文	同上书,第43页	两件残页。有涂改
75	俄 ИНВ. No. 5505	军抄物资账	写本	麻纸	草书	西夏文	同上书,第46页	残页。有画押
76	俄 ИНВ. No. 5522—2	军抄正军辅主账	写本	麻纸	草书	西夏文	同上书,第47页	残页

---

① 史金波、魏同贤、[俄]克恰诺夫主编:《俄藏黑水城文献》第14册,上海古籍出版社2011年版。

续 表

序号	图版编号	档案名称	版本	纸质	字体	书写文字	档案出处	备注
77	俄 ИНВ. No. 5944—1~2	天庆乙丑十二年军抄人马装备账等	写本	麻纸	草书行书	西夏文	同上书,第66页	残卷。有年款、签署画押。有译文①
78	俄 ИНВ. No. 5949—4	军事告牒	写本	麻纸	草书	西夏文	同上书,第73页	残页。有涂改、画押
79	俄 ИНВ. No. 6018	军抄账	写本	麻纸	草书	西夏文	同上书,第110页	残。封套衬纸
80	俄 ИНВ. No. 6105	军抄人名	写本	麻纸	草书	西夏文	同上书,第113页	两件残页。有勾勒
81	俄 ИНВ. No. 6348—2	军抄正军辅主账	写本	麻纸	草书	西夏文	同上书,第132页	残页。有朱笔勾勒
82	俄 ИНВ. No. 6377—10、—22~23	军抄正军辅主账等	写本	麻纸	草书	西夏文	同上书,第142—150页	残页或残片。有译文②
83	俄 ИНВ. No. 6398	军抄人马账等	写本	麻纸	草书	西夏文	同上书,第151页	封套衬纸。多件残片粘贴
84	俄 ИНВ. No. 6424—4	军事文书	写本	麻纸	草书	西夏文	同上书,第153页	残片
85	俄 ИНВ. No. 6859—2	军抄正军辅主账	写本	麻纸	草书	西夏文	同上书,第167页	残页
86	俄 ИНВ. No. 7553—1	应天己巳四年军抄人马装备账	写本	麻纸	草书	西夏文	同上书,第180页	残卷。有年款、朱印、朱笔点

① 史金波:《西夏军抄的组成、分合及除减续补》,《宋史研究论丛》2014年刊,第573—574页。
② 杜建录、史金波:《西夏社会文书研究》,上海古籍出版社2012年版,第153页。

续 表

序号	图版编号	档案名称	版本	纸质	字体	书写文字	档案出处	备注
87	俄 ИНВ. No. 7760—1~8	军抄首领正军辅主账	写本	麻纸	草书	西夏文	同上书,第192—196页	多件残片
88	俄 ИНВ. No. 7916	乾祐壬子二十三年军抄人马装备账	写本	麻纸	草书	西夏文	同上书,第225页	残卷。有年款,有朱印五方。有朱点、签署、画押
89	俄 ИНВ. No. 8203	户籍军抄账	写本	麻纸	行书	西夏文	同上书,第256页	卷子
90	俄 ИНВ. No. 8371、8371V	天庆戊午五年军抄人马装备账	写本	麻纸	行书	西夏文	同上书,第260—261页	残卷。有年款、朱印四方,有朱点、签署、画押。有译文①
91	俄 ИНВ. No. W2	军抄正军辅主账	写本	麻纸	草书	西夏文	同上书,第263页	两件残片粘贴
92	英0015	军籍	写本	麻纸	草书	西夏文	《英藏》第一册②第7页	1纸残片。有朱笔点画
93	英0222、0222V	军籍	写本	麻纸	草书	西夏文	同上书,第79—80页	卷轴装。有朱笔批点。有朱印。有译文③
94	英0284	军籍	写本	麻纸	草书	西夏文	同上书,第102页	1纸残片
95	英0360	军籍	写本	麻纸	草书	西夏文	同上书,第142页	1纸。有朱笔指点
96	英0374	军籍	写本	麻纸	草书	西夏文	同上书,第146页	1纸。朱笔指点

① 史金波:《西夏军抄的组成、分合及除减续补》,《宋史研究论丛》2014年刊,第566—567页。
② 谢玉杰、吴芳思主编:《英藏黑水城文献》第1—4册,上海古籍出版社2005年版。
③ 史金波:《英国国家图书馆藏西夏文军籍文书考释》,《文献》2013年第3期。

第四章　西夏专门档案整理与研究（上）

续　表

序号	图版编号	档案名称	版本	纸质	字体	书写文字	档案出处	备注
97	英 1547	军籍	写本	麻纸	草书	西夏文	《英藏》第二册第137页	1纸残片。有印章
98	英 1659	军籍	写本	麻纸	草书	西夏文	同上书，第165页	5纸残片
99	英 1693	军籍	写本	麻纸	草书	西夏文	同上书，第174页	1纸残片
100	英 1710	军籍	写本	麻纸	草书	西夏文	同上书，第179页	1纸残片。已裱贴
101	英 1813 和 3521	军籍	写本	麻纸	草书	西夏文	同上书，208页；第四册第179页	有印章。有译文①
102	英 1819	军籍	写本	麻纸	草书	西夏文	同上书，第210页	1纸残片
103	英 1831~1832	军籍	写本	麻纸	草书	西夏文	同上书，第214页	各2纸残片
104	英 2057	军籍	写本	麻纸	草书	西夏文	同上书，第316页	残片
105	英 2170	军籍	写本	麻纸	草书	西夏文	《英藏》第三册13页	1纸残片。有印章
106	英 2493	军籍	写本	麻纸	草书	西夏文	同上书，第127页	2纸残片。有朱笔指点和印章
107	英 2671	军籍	写本	麻纸	草书	西夏文	同上书，第192页	1纸残片
108	英 2672	军事文书	写本	麻纸	草书	西夏文	同上书，第192页	1纸残片

---

① 史金波：《英国国家图书馆藏西夏文军籍文书考释》，《文献》2013年第3期。

续　表

序号	图版编号	档案名称	版本	纸质	字体	书写文字	档案出处	备注
109	英3238	军籍	写本	麻纸	草书	西夏文	《英藏》第四册第61页	1纸残片
110	英3343	军籍	写本	麻纸	草书	西夏文	同上书，第116页	1纸。有印章。有译文①
111	英3353	军籍	写本	麻纸	草书	西夏文	同上书，第123页	1纸残片
112	英3356	军籍	写本	麻纸	草书	西夏文	同上书，第124页	1纸残片。有朱笔指点
113	英3358	军抄文书	写本	麻纸	草书	西夏文	同上书，第125页	1纸②
114	英3804	军抄	写本	麻纸	草书	西夏文	《英藏》第五册③第120页	多纸残片。册页线装
115	英3845	军抄	写本	麻纸	草书	西夏文	同上书，第154页	3纸残片
116	英3854	军抄	写本	麻纸	草书	西夏文	同上书，第168页	残片
117	英3865	军抄	写本	麻纸	草书	西夏文	同上书，第193页	4纸。有朱笔和印章。有译文④

此外，还有《典狱书》和俄罗斯东方学研究所列宁格勒分所收藏的西夏文献中译自中国的军事论著《孙子兵法三注》《六韬》《黄石公三略》以及一份含有《孙子》传记的资料。

英国博物馆收藏的西夏文献中还有诸葛亮的《将苑》残片。

---

① 史金波：《西夏军抄的组成、分合及除减续补》，《宋史研究论丛》2014年刊，第575—576页。
② 注：英0015、0222、0222V、0284、0360、0374、1547、1659、1693、1710、1813、1819、1831、1832、2057、3521、2671、2170、2493、2671、2672、3238、3343、3353、3356号档案原定名称"草书写本""社会文书""律令"等，现据史金波《〈英藏黑水城文献〉定名刍议及补证》（杜建录主编：《西夏学》第5辑，上海古籍出版社2010年版，第6—16页）改定名称为"军籍""军抄文书"等。
③ 谢玉杰、吴芳思主编：《英藏黑水城文献》第5册，上海古籍出版社2010年版。
④ 史金波：《英国国家图书馆藏西夏文军籍文书考释》，《文献》2013年第3期。

二 西夏军籍档案研究

西夏军籍档案是在西夏军事管理过程中逐渐产生和形成的，是西夏基层军事管理全过程的完整反映和真实记载，其借鉴和利用价值重大。经过简单整理得到西夏文军籍档案240多件，但目前被西夏学专家翻译成汉文、并进行考证和公布的西夏军籍档案约有10件，即俄 ИНВ. No. 6377、[1] 俄 ИНВ. No. 4196、俄 ИНВ. No. 4197、俄 ИНВ. No. 5944—1、俄 ИНВ. No. 8371、[2] 国家图书馆藏060号、国家图书馆藏046号、[3] 英0222～0222V、英1813和3521、俄 ИНВ. No. 3865[4]等。这10件西夏文军籍分布在《俄藏》《中藏》《英藏》等文献之中，还有国家图书馆藏新近发现的西夏文军籍档案。据史金波介绍，这10件西夏文军籍档案是比较完整的，又分布在三处，具有一定的代表性。所以，这10件西夏军籍档案基本上就能反映西夏基层的军事状况，故，本节就以这10件翻译成汉文的西夏军籍档案为例，对西夏军籍档案中所反映出来的相关问题进行归纳和研究。

（一）西夏军籍档案的体式

西夏文军籍档案的体式是比较固定的，也是有规律可循的，这为西夏基层军事组织中的档案官吏或文书官吏撰写军籍文书提供了便利。为了掌握西夏文军籍档案的体式，现抄录一份史金波翻译成汉文的军籍档案，对其体式进行简单的分析和归纳，如英3865西夏文《军籍文书》汉译文如下：

黑水属军首领布阿国吉，正军，一种纳　告
前自全军籍告纳，天庆甲寅元年六月一日
始，至天庆乙卯二年五月底，无注销，已定。二十四种
　　正军六

---

[1] 杜建录、史金波：《西夏社会文书研究》，上海古籍出版社2012年版，第153页。
[2] 史金波：《西夏文军籍文书考略——以俄藏黑水城出土军籍文书为例》，《中国史研究》2012年第4期。
[3] 杜建录、史金波：《西夏社会文书研究》，上海古籍出版社2012年版，第177—178页。
[4] 史金波：《英国国家图书馆藏西夏文军籍文书考释》，《文献》2013年第3期。

官马三

甲二

披二

印一

辅主十强

二抄三种有

一抄马有

三抄无有

一抄首领布阿国吉，人员三人，三种有，马骡?。

正军阿国吉　五十

番杂甲：胸五、背六、胁四、结连接八、衣襟九、末四、……二、项遮一、独目下三……

……铁索五、裹节袋等全。

番杂披：红丹色麻六、项五、肩护一、胸三、

喉嗓二、末十、罩二、马头套等全。

辅主二强　势功吉　八十一　?宝吉　二十五

一抄布吉祥暖，人员三人，无有。

正军吉祥暖　二十五

辅主二强　羌宝　三十四　岁岁有　二十五

一抄布吉射，人员四人，马一种有,?。

正军吉射　六十二

辅主三强　?吉　五十一　小狗喧　三十二月　吉祥酉　三十

一抄布梁吉，人员二人，三种有，马?。

正军梁吉　六十二

番甲：胸五、背六、颈一、?二、襟六、末三、臂十、独木下四、头盔节结绳用等全。

番披：麻六、项五、肩护一、胸三、喉嗓二、末十、罩二、马头套节强绳用等全。

辅主一强　六斤有　四十四

· 238 ·

一抄布讹爬，人员三人，无有。

正军讹爬　十九

辅主二强　盛？　三十　小狗吉　十九

一抄梁牛解，六十三，单人，无有。

天庆乙卯二年六月　阿国

十八（大字，画押）①

从上录翻译成汉文的西夏军籍文书整体来看，其体式可以归结为以下几个部分的内容。

第一部分：某司军首领所辖军抄总述。含某司名称、军首领姓名、军队番号、所告内容时间段、是否有情况变化、军首领所属人员装备总数、各自数量、甲披马三种是否都具备等。

第二部分：各抄具体所辖人员装备情况分述。含抄首领姓名、所属人数、是否有甲披马三种、马颜色、正军姓名、年龄、所拥有的甲披等装备数量、辅主数量及姓名和年龄。若有多抄的话，则以此类推。

第三部分：落款。含登记军籍的时间、军首领签名、某司所属主簿签名、某司属主管官吏审核时间及画押、军籍背面相关审核画押情况。

以上所总结的是黑水城出土西夏军籍文书的体式，那么西夏其他故地出土的军籍文书体式又是否和黑水城军籍文书体式相似呢？目前所见到的将西夏其他故地出土的西夏文军籍文书翻译成汉文的只有国家图书馆藏的2份军籍文书。② 从这2份西夏文军籍文书的汉译文来看，虽然残损严重，但大概的结构模式还是存在的，从其汉译文的内容来分析，这2份国家图书馆藏的西夏军籍文书的体式与黑水城出土的军籍文书的体式几乎完全相同。从黑水城出土以及国家图书馆藏西夏军籍文书中对军抄人员武器装备的配备来看，也都完全吻合《天盛律令》中的相关规定。③

---

① 史金波：《英国国家图书馆藏西夏文军籍文书考释》，《文献》2013年第3期。
② 杜建录、史金波：《西夏社会文书研究》，上海古籍出版社2012年版，第177—178页。
③ 史金波、聂鸿音、白滨译注：《天盛改旧新定律令》卷5，法律出版社2000年版，第223—230页。

由上可知，西夏军籍是严格按照法律规定进行规范的登记和统计，其文书内容齐全完整，信息准确具体。

（二）西夏军籍档案所反映出的问题

西夏军籍是除官府文书档案之外的数量较多的一种档案，其内容丰富，反映出来的信息也非常之多，现对其中所涉及的问题，结合相关史籍记载和法律规定进行简单的分析和研究。

1. 军首领

从上述整理的西夏军籍档案来看，西夏的军籍都是以一个监军司所属的一个个军首领为军事单位进行登录，如俄 ИНВ. No. 4196《应天丙寅元年军抄人马装备账》中"黑水属军首领律移吉祥有"，俄 ИНВ. No. 4197 中"（黑水属）军首领嵬移西铁吉"，英 0222～0222V《军籍文书》中"黑水属军首领嵬移慧沾上狗"等都是如此。然后将军首领所属所有军抄进行一一登载，这样清清楚楚，明明白白，一目了然。可见，军首领是西夏地方基层最基本的军事单位，而军首领则是这一"军溜的首长，是军溜的灵魂，是军籍文书中最重要的人物"。[①]

《天盛律令》中多次提到"军首领"这一军官名称。如"诸军首领、末驱、小首领等所属有披、甲、马三种短缺罪如前述另明以外……""军首领、军卒等所有官马、坚甲、杂物、武器应依律令使数足、全备，官校者已行时，不允互为借索，违律借索时，应互相举发……""军首领自有及属下军卒所有披、甲、马、杂物、武器现无有，应补偿……"[②]"发兵时大小首领、正军、辅主按律令当携官马、坚甲，本人亲往，不许停留。……""诸大小军首领、末驱、舍监等其下□□□出卖自己辅主及官马、披、甲知不告者，若未受贿，庶人卖一至三，应徒一年……"[③] 可见，法律规定西夏季校官马、披、甲以及发兵打仗和出卖辅主及官马、披、甲等事项时，都是以"军首领"为单位，这一规定被西夏故地出土的军籍档案印证。

[①] 史金波：《西夏文军籍文书考略——以俄藏黑水城出土军籍文书为例》，《中国史研究》2012 年第 4 期。

[②] 史金波、聂鸿音、白滨译注：《天盛改旧新定律令》卷 5，法律出版社 2000 年版，第 232—233 页。

[③] 同上书，第 244—249 页。

西夏军首领的官职有多大,西夏法典未作具体说明,汉文史籍中也未作明确解释,西夏故地出土的军籍文书中更无法得到具体答案。但是,史金波经过考证以后给出了一个答案,即"通过黑水城出土的这类正式登记入册的军籍文书,可以知道一个首领所辖军抄多则十几抄,甚至二三十抄,少则几抄,其军卒人员少则几人,多则数十人。可以说西夏首领在军队中的官职很小,大致相当于现代的连排长之类"。① 这一推测是有道理的,也是令人信服的。这样一来,西夏的"军抄"相当于现代军队中的"班"也很有说服力。

2. 军抄

(1) 军籍中的军抄

从史金波翻译、考证而公布的西夏军籍文书来看,西夏军首领下辖的军队由一抄或多抄来构成,可见,西夏的军抄是西夏社会军事组织中最为基层、最基本的军事单位,可能相当于现代军队中的最基层组织"班"的结构,是西夏军队的构成要素。

西夏的抄最初可能是由一正军、一负担或可能还有一辅主组成。西夏汉文史籍中对"抄"有记载,"其民一家号一帐,男年登十五为丁,率二丁取正军一人,每负担一人为一抄。负担者,随军杂役也。四丁为两抄,余号空丁。愿隶正军者,得射他丁为负担,无则许射正军之疲弱者为之。故壮者皆习战斗,而得正军为多"。② 西夏文文献《音同》《文海》等中对西夏军抄的记录也有正军、辅主之名称。③

西夏法典也有关于军抄的规定。"诸种军待命、独诱族式:住八丁以上者,正军亦实不乐在同抄,四丁当合分抄。其中有余,则当留旧抄组,若旧正军自愿,亦可随新抄后。族式八丁以下现有六七丁者,正军自愿,亦许分抄。族式有四丁以上者,正军乐许,亦二丁当合分抄。其有余丁,则亦当留旧抄,旧正军自愿,则随新抄法当与前述军卒分抄法同。"④ 这条法律规定说明了一抄中有 8 丁

---

① 史金波:《西夏文军籍文书考略——以俄藏黑水城出土军籍文书为例》,《中国史研究》2012 年第 4 期。
② (宋)曾巩:《隆平集》卷 20,《宋史资料萃编》第 1 辑,台湾文海出版社 1967 年版,第 769 页。
③ 杜建录、史金波:《西夏社会文书研究》,上海古籍出版社 2012 年版,第 152 页。
④ 史金波、聂鸿音、白滨译注:《天盛改旧新定律令》卷 6,法律出版社 2000 年版,第 259 页。

以上时可以分抄，成为4丁或有4丁以上为一抄的。若有4丁以上者，若正军愿意，也可以分抄，成为2丁或2丁以上为一抄的。这充分证明西夏军事组织中最基层的结构模式——"抄"的人员数量最低可能为2丁。

从西夏军籍档案的整体情况来看，西夏的抄有一人、二人、三人，还有更多人，如俄 ИНВ. No. 8371《天庆戊午五年军抄人马装备账》中的一抄首领梁吉祥盛，抄下有十人。可见，西夏的军抄是否分合，关键在于正军是否乐意。这与西夏法典规定并不完全冲突。

从西夏故地出土的军籍档案来看，登录的第一抄一般"最重要，一方面他登录的是该溜首领所在的抄，地位重要，另外此抄首领也是此抄的正军，其装备往往最好、最全，多是马、甲、披全都有"。① 一抄中正军只有一人，而辅主则不固定，也可能会更多，如俄 ИНВ. No. 8371《天庆戊午五年军抄人马装备账》中登录的"一抄首领梁吉祥盛，人员十人"，其中只有名叫梁吉祥盛的为正军，而辅主却有9人。② 可见，这是一个不愿分抄的大抄，当然，这也符合西夏法律规定。

西夏故地出土的军籍文书中也有一抄为一人的，如俄 ИНВ. No. 4196《应天丙寅元年军抄人马装备账》中的第一抄为一人，即为这一军溜的军首领律移吉祥有，同时又是第一抄的正军，故甲、披、马齐全；俄 ИНВ. No. 4197《天庆庚申七年军抄人马装备账》中的第二、三抄各为一人，即姓名为李兆儿、酪布阿犬，而且这二人没有甲、披、马等武器装备，这可能是辅主或负担；俄 ИНВ. No. 5944—1《天庆乙丑十二年军抄人马装备账等》中的第四抄、第五抄为单人，因为文书中记载有武器装备，故其为正军，分别是耶和心喜长、讹名铁心等，还有类似的一人为抄的军籍文书。这说明了什么问题呢？我们以为可能有以下三种情况。一是这一抄中的人丁数量可能不少，由于战争等原因，导致人丁战亡。而这一家族中再无多余的男丁，无法补充上来。二是由于西夏军籍档案大部分为西夏后期的，由于经济困顿、朝廷腐败等原因，导致军抄中的人丁饿死或逃亡。三是不愿意合抄，这包含甲不愿意合到乙抄或乙抄不愿意合甲为一抄。但这

---

① 史金波：《西夏文军籍文书考略——以俄藏黑水城出土军籍文书为例》，《中国史研究》2012 年第 4 期。
② 同上。

第四章 西夏专门档案整理与研究（上）

样的抄不仅西夏仍然存在，而且是合法的，"军卒一种孤人，正军本处自愿，当允许二人结合为一抄，何勇健者当为正军。不允比其人数超出，及使非自愿结合为抄"。① 这说明，在西夏军抄中，如果是一人的话，可以依据自愿的原则二人结合为一抄，使其中勇健者为正军，另一人为辅主或负担。若不自愿，一人也允许不合抄，独自一人为抄。但不管怎么说，就这一丁形成的抄也存在，说明一个很重要的问题，即党项民族的坚韧和忠诚。

（2）正军、辅主、负担

西夏法典将军抄的构成记载有正军、辅主和负担之职，② 西夏故地出土的实物军籍档案中却登录有正军和辅主，辅主又分正辅主和副辅主之职，③ 西夏汉文史籍中只记录有正军和负担之职。④

军籍档案中的辅主分正辅主和副辅主，没有负担。我们以为这里的正辅主可能就是西夏法典中规定的辅主之职，而副辅主则相当于法典中的负担之职，只是在军籍档案中换了一个说法或写法而已，因为登录军籍档案的主簿等文书档案官吏深知副辅主的职责不仅仅是汉文史籍中记载的"负担者，随军杂役也"，⑤ 而是有弓、箭、长矛、拨子手扣等武器装备的，是可以辅助正军进行征战的，不全是随军杂役。汉文西夏史籍中没有记载有辅主一职，这"有可能是中原地区对西夏军抄组织的详细结构不甚了了，只记载了正军、负担，而漏载了辅主"⑥ 的缘故。有的军抄档案中对辅主还分"强弱"，如英0222～0222V《军籍文书》中就有"一抄……吉讹人员五人马一种有　沙□□，正军吉讹　一百十七；辅主四，二强，讹有　一百十七；那征有……一老，寂显　一百二十七；一弱，那征讹九十五"，⑦ 但没有负担一职。军抄中总要有人从事一些杂役的活儿，那么辅主中的老弱辅主则可能承担了这些活儿，由此，"老、弱"辅主则充当了负担之

---

① 史金波、聂鸿音、白滨译注：《天盛改旧新定律令》卷6，法律出版社2000年版，第261页。
② 同上书，第224—225页。
③ 杜建录、史金波：《西夏社会文书研究》，上海古籍出版社2012年版，第153页。
④ （宋）曾巩：《隆平集》卷20，影印文渊阁《四库全书》第371册，上海古籍出版社1987年版，第199页。
⑤ 《宋史》卷486，中华书局1977年版，第14028页。
⑥ 杜建录、史金波：《西夏社会文书研究》，上海古籍出版社2012年版，第154页。
⑦ 史金波：《英国国家图书馆藏西夏文军籍文书考释》，《文献》2013年第3期。

职。由上所引这一西夏军籍档案所记内容还可看出一个问题，即所谓"壮者皆习战斗，而得正军为多"，① 这里的"壮者"即身体强壮、力量雄厚、武器齐备、战斗勇敢者，与年龄的关系并不是特别大，因为如上述"正军吉讹"是117岁，而辅主中有比他年龄小者，"一弱，那征讹"，年龄只有95岁。

关于三者的职责则可推测而知，正军不论在汉文西夏史籍、西夏文综合法典还是西夏文军籍档案中都记载配备有各种武器装备，由此可知，正军是军抄中最具有实力和战斗力的主力军卒；辅主是"正军之佑助者，负担也如是，但不等于他们只作随军杂役而不参加战斗。在多种西夏文军事文书中所记录的辅主数量，也可有助于理解辅主的职责"。②

3. 西夏军抄人员武器装备的配备

西夏对军队建设非常重视，不仅表现在对军首领的选拔配备上，即英勇善战、有智有谋等方面，而且表现在对军首领等人员的武器装备的配备上。关于此，有三方面的史料可以证明：一是西夏汉文史籍的记载；二是西夏法典的规定；三是出土军籍文书的登录和记载。

一是汉文西夏史籍对军抄人员武器装备配备的记载：

> 凡正军给长生马、驼各一。团练使以上，帐一、弓一、箭五百、马一、橐驼五，旗、鼓、枪、剑、棍棓、沙袋、披毡、浑脱、背索、锹钁、斤斧、箭牌、铁爪篱各一。刺史以下，无帐无旗鼓、人各橐驼一、箭三百、幕梁一。兵三人同一幕梁。幕梁，织毛为幕，而以木架。③

这段汉文史籍对西夏军抄人员所拥有武器装备情况的记载只提到了凡正军给长生马、驼各一，兵三人同一幕梁。更多的是讲到团练使以上的军官所应配备的武器装备。总体来说，记载比较简略。

二是西夏综合性法典的规定。《天盛律令》中对军抄人员武器装备配备的情况记载得十分详细和具体，而且分类介绍：

---

① 《宋史》卷486，中华书局1977年版，第14028页。
② 杜建录、史金波：《西夏社会文书研究》，上海古籍出版社2012年版，第154页。
③ 《宋史》卷486，中华书局1977年版，第14028页。

· 244 ·

各种独诱①类属：

战具：

正军有：官马、甲、披、弓一张、箭三十枝、枪一枝、剑一把、长矛杖一枝、全套拨子手扣。

正辅有：弓一张、箭二十枝、长矛杖一枝、拨子手扣全套。

负担有：弓一张、箭二十枝、剑一把、长矛杖一枝等当发给，一样，若发弓箭，则拨子手扣亦当供给。

农牧主类属：

牧主：

正军有：官马、弓一张、箭六十枝、箭袋、枪一枝、剑一柄、囊一、弦一根、长矛杖一枝、拨子手扣全。

正辅主有：弓一张、箭二十枝、长矛杖一枝、拨子手扣全。

负担：弓一张、箭二十枝、长矛杖一枝、拨子手扣全。

农主：

正军有：官马、剑一柄、弓一张、箭三十枝、枪一枝、囊一、拨子手扣、弦一根、长矛杖一枝。

正辅主：弓一张、箭二十枝、拨子手扣全、长矛杖一枝。

负担有：弓一张、箭二十枝、拨子手扣全、长矛杖一枝。②

从上述法律规定中可以看出，各种独诱类中的正军官马、披、甲三种俱全，但农牧主中的正军则只有官马，而无披、甲。至于其他的装备则相同居多，但各有或缺。农牧主中的正军是否该有披、甲，法典规定也是比较灵活的，"农牧主披甲二种搜寻法，可借于队溜，当接名不须永久注册。行军季校时，当在队溜上阅校。其中有损失不能偿还则不偿"。③可见，西夏对各种独诱类正军比对农牧

---

① 注：这里的"独诱"是指有正式资格的军人。见史金波《西夏文军籍文书考略——以俄藏黑水城出土军籍文书为例》，《中国史研究》2012年第4期。

② 史金波、聂鸿音、白滨译注：《天盛改旧新定律令》卷5，法律出版社2000年版，第223—225页。

③ 同上书，第225页。

主类正军要重视。

三是出土军籍档案的记载。西夏法典规定，军抄中的辅主、负担除没有配备官马、披、甲三种外，其他的武器装备都按一定标准给予配备。但是，西夏故地出土的军籍档案中只登记了正军的武器装备的种类、数量，辅主没有配备任何的武器装备，只登记辅主姓名、年龄、强弱等，如俄 ИНВ. No. 4196《应天丙寅元年军抄人马装备账》、俄 ИНВ. No. 4197《天庆庚申七年军抄人马装备账》、俄 ИНВ. No. 5944—1《天庆乙丑十二年军抄人马装备账》、① 国家图书馆藏060号《军抄人员装备文书》、② 英 0222~0222V《军籍》③ 等中都是记录正军有各种武器装备而辅主没有任何武器装备。这是为什么呢？我们以为，《天盛律令》是西夏中期制定的法律，这时期不论是经济、文化还是军事等，都属于西夏的发展繁荣期，所以，有条件给军抄所有人员配备相应的武器装备，这一规定不仅付诸实施，而且被写进了法律保障其实施。但是，西夏故地出土的军籍档案大多属于西夏后期，这时期已经基本上处于"田野荒芜，民生涂炭，虽妇人女子咸知国势濒危"④"国经兵燹，民不聊生，耕织无时，财用并乏"⑤ 之境况，没有经济实力或能力来完全按照《天盛律令》的相关规定给军抄人员配备武器装备，所以，或许只能勉强满足于正军的需求，只给正军配备装备。这充分印证了西夏后期的社会经济状况。

西夏法典中并未对正军配备官马的颜色进行规定，但出土西夏军籍档案中在登录正军武器装备时对官马的颜色特意进行了说明，即俄 ИНВ. No. 4196《应天丙寅元年（1206）军抄人马装备账》中记载"一抄律移吉祥酉，人员二人，有马一种，花"，俄 ИНВ. No. 4197《天庆庚申七年军抄人马装备账》中记载"一抄首领嵬移西铁吉，人员二人，有三种，马栗"，"一抄鲜卑宝双，人员二人，有三种，花"，俄 ИНВ. No. 8371《天庆戊午五年军抄人马装备账》中记载"一抄首领梁吉祥盛，人员十人，有三种，马花"，"一抄梁恩兴吉，人员三人，有

---

① 史金波：《西夏文军籍文书考略——以俄藏黑水城出土军籍文书为例》，《中国史研究》2012年第4期。
② 杜建录、史金波：《西夏社会文书研究》，上海古籍出版社2012年版，第177—179页。
③ 史金波：《英国国家图书馆藏西夏文军籍文书考释》，《文献》2013年第3期。
④ （清）吴广成撰，龚世俊等校证：《西夏书事校证》卷41，甘肃文化出版社1995年版，第490页。
⑤ 同上书，第494页。

马一种,粟",① 英1813和3521《军籍文书》中记载"一抄首领嵬移拉灌黑,人员三人,三种有,马灰"。② 这是西夏军抄人员武器装备登录的一个特点,当然也说明西夏对官马的重视程度,正因为如此,西夏法典规定农牧主所配备的"官马一种则应按边等法烙印,永久注册"。③ 在军籍文书中登录马的颜色,在法典中规定给官马烙印并进行永久注册,其最终目的可能就是防止官马易私马,或者是以私弱代替官强马,导致在战场上出现意外,造成很大的危害。

从西夏法典的规定来看,军抄中配备武器装备则有数量的限制,除农牧主中的正军外,其他军抄中的正军都配官马、披、甲以及弓、剑、枪等其他的装备,而数量远远大于辅主或负担。这显然是以战斗力的强弱、作用的大小来配备武器装备的,因为西夏"作战时以正军战斗为主,辅主和负担辅助,利于战斗"。④ 这一规定在西夏故地出土的军籍文书中得到验证,从目前所见出土的西夏军籍档案来看,基本上是给正军配备战具和装备,并没有见到给辅主配备装备。可见军抄中正军的作用之大。

4. 西夏关于军籍文书检校、武器装备的管理规定

西夏关于军籍文书的检校、武器装备的登记磨勘等都有法律上的规定,主要表现在以下几方面。

(1) 军籍文书检校、磨勘规定

西夏对军籍文书十分重视,当然对军籍文书的管理也就非常严厉。首先当派主监者使集中出检,然后各司其职,若出现失误,则要依职级追究不同的责任:

> 若监军司大人未行动时,一至五日勿治罪,五日以上至一个月以内迟出,则监军、习判各罚马一,都案罚钱七缗。迟出逾月,则监军、习判悉降一官,并罚一马,都案罚一马,局分案头、司吏依法□□。司吏纳籍日临近时,应先备籍册,经军首领□用印。假若主簿大人不造册,不用印,首领亦

---

① 史金波:《西夏文军籍文书考略——以俄藏黑水城出土军籍文书为例》,《中国史研究》2012年第4期。
② 史金波:《英国国家图书馆藏西夏文军籍文书考释》,《文献》2013年第3期。
③ 史金波、聂鸿音、白滨译注:《天盛改旧新定律令》卷5,法律出版社2000年版,第225页。
④ 史金波:《西夏文军籍文书考略——以俄藏黑水城出土军籍文书为例》,《中国史研究》2012年第4期。

未主簿备印，及不驱遣，日期内籍册不至时，其军首领、主簿、司吏等一律一日至五日以内勿治罪，迟六日至盈月则有官罚马一，庶人十三杖，迟逾月一律徒二年。若军首领预先遣人印籍而司吏稽误者，则首领不治罪。若首领未用印已误，则司吏不治罪。主簿、司吏出逃及死无继，及主簿不明等，则军首领自当来纳籍。若军首领任城溜差事，则可遣辅主及自子、兄弟等前来纳籍。有住滞时，则依如何住滞法判断。①

西夏的这则法律规定非常明确地界定了军籍检校的管理、检校时限、检校超期的处罚细则，军籍造册的程序，军首领、主簿、司吏各自应负的责任和迟滞或超期各自应受到的处罚等。

西夏还规定了军籍文书的磨勘时间，"国中纳军籍磨勘者，应自纳簿增籍日起，畿内四十日，地中五十日，边地两个月以内皆当磨勘完毕。"若在相应的规定日期内磨勘不完毕时，则要追究责任，"若主簿、司吏纳簿磨勘未毕，弃职出走时，与主簿、司吏迟至逾月不归同罪。若主簿在而军案局分处等懈怠，不依日限磨勘毕，则军案头监罚马一，都案、案头、司吏依误公文法判断"。② 可见西夏军籍文书的检校、磨勘之规范严密。

（2）武器装备应注册

西夏规定，军卒所配备的武器装备必须先注册，若未注册或隐瞒等情状者，要依律处罚：

> 正军、辅主、负担之著籍官马、坚甲应依籍点名检验。其中正军、辅主新请领取官马、坚甲，有应注籍而未著籍者，按数有注册则依注册校，无注册则当分析按状上校验。不校而隐瞒者，正军、辅主之已向局分处告，且已减除，隐瞒者及不校者一律徒一年。未行注册而隐瞒者，应依第六卷未著籍罪不入注册之罪状判断，其披、甲、马三种未行已行注册，一律一种徒三个月，二种徒六个月，三种徒一年。③

---

① 史金波：《西夏文军籍文书考略——以俄藏黑水城出土军籍文书为例》，《中国史研究》2012年第4期。第255—256页。

② 史金波、聂鸿音、白滨译注：《天盛改旧新定律令》卷6，法律出版社2000年版，第256页。

③ 同上书，第239页。

这则法律规定了武器装备注册的军卒范围、新请领取的武器装备也要及时注册，若隐瞒不注册而按隐瞒种类的多少处以不同的徒刑。

(3) 武器装备应季校

西夏对所应配备的武器装备应进行季校，季校应根据"天丰国稔"而定，分为小校和大校两种。小校者为一年一校，大校者为三年一校。不论是小校还是大校，但都由殿前司于每年的十月一日派遣校者实施。西夏法典对小校和大校都有比较明确的规定：

> 全国中诸父子官马、坚甲、杂物、武器季校之法：应于每年的十月一日临近时，应不应季校，应由殿前司大人表示同意、报奏。当视天丰国稔时，应派季校者，则当行文经略司所属者，当由经略大人按其处司所属次序，派遣堪胜任人使为季校队将，校毕时分别遣归，典册当送殿前司。非系属经略司者，当由殿前司自派遣能胜任人，一齐于十月一日进行季校。若不应派季校者，则当令暂止，代替大校，自己行监、溜首领当做小校。但连续三年必行季校，校者依法不得不往者当往。①

这一则法律界定了季校武器装备的范围、季校的时间、季校管理司署、是否季校的特殊规定、季校队将的选拔、典册的保管机构以及大校小校的时间界限等内容，可谓具体明确。

西夏在季校武器装备时若出现武器装备特别是官马、甲、披三种短缺、损毁、调换、借出、典当者，则要给予严厉处罚。

(4) 不许短缺、互借、出卖、典押武器装备

西夏对武器装备的管理十分规范，不允许在季校时短缺而互借充数，若要如此，则同样要处罚。

第一，在季校时，军卒所应配备的武器装备不应短缺。若短缺，则因短缺数量多少而承罪，如披、马、甲三种缺一种者，十三杖，缺二种者，十五杖，缺三种者，十七杖。还有其他的武器装备也不允许短缺，若短缺时则分不同数量而承

---

① 史金波、聂鸿音、白滨译注：《天盛改旧新定律令》卷6，法律出版社2000年版，第230—231页。

担不同的处罚。①

第二，西夏禁止军卒为了应付武器季校而相互借索装备，欺瞒上司。关于此，西夏法典有详细而具体的规定：

> 军首领、军卒等所有官马、坚甲、杂物、武器应依律令使数足、全备，官校者已行时，不允互为借索，违律借索时，应互相举发。披、甲、马三种悉借及借索一二种者，一律借者、索借者同罪，徒六个月，举告赏各自当出十缗钱给予。其杂物、武器中箭袋一副及弓、箭、枪、剑、木橹、锹、矛杖等八种有互借者，则借者、索借者一律徒三个月，举告赏各自当出七缗钱给予。大小军首领、末驱、舍监等知索借者十三杖，不知者不治罪。②

这则法律规定明确告知，武器装备要认真保护，不得因其他原因而导致短缺，若短缺时要补偿。若不补偿而违律相互借索者要处罚，并奖励举发者。对披、马、甲三种相互借索者处罚最重，即不论借者、索借者一律处以六个月徒刑；除上述之外的其他武器设备借索者，也要进行处罚，但相比前一种来说则较为轻一些，即借者、索借者一律徒三个月。对军首领也有相应的处罚规定，即若知道有借索之情而不加以制止者，也要处十三杖。总之，西夏禁止披、甲、马及其他武器装备相互借索，若借索或弄虚作假者都要处罚。

第三，禁止出卖武器装备，违者按相应罪惩罚。西夏法典规定：

> 军监、军卒等所属正军、辅主等不允出卖披、甲马。若违律出卖时，所得钱数以偷盗罪论处。

> 诸人知正军、辅主等所卖官马、坚甲为官有而买者，则买者、助卖者依盗窃从犯论处，中人、书文契者等受贿，文书上有手迹则依知盗分财律论处。未受贿则有官罚马一，庶人十三杖。不知者不治罪。③

---

① 史金波、聂鸿音、白滨译注：《天盛改旧新定律令》卷6，法律出版社2000年版，第231—232页。
② 同上书，第233页。
③ 同上书，第247页。

《天盛律令》还规定大小臣僚、行监、盈能、将、首领不能恃强而将自己的劣质武器交换给诸人，若交换者则要给予处罚。更不允许辅主等出卖自己的披、甲、马等，若出卖则承重罪。①

第四，禁止典押武器装备。西夏法律同时规定，不许将武器装备进行典押。"披、甲、马三种，不许使诸人处典当。违律者当罚交官，披、甲、马当给领属者，使典当者有官罚马一，庶人十三杖。"② 可知，若违律将披、甲、马三种进行典押时，则要承罪。

第五，对官马要倍加爱护。法典规定，"诸人不得宰杀、分用著籍官马。若违律时，领属者依偷盗法论处，买者、取用者及宰者依盗窃从犯法判断"。更不得以官马祭葬，违者有官罚马一，庶人十三杖。③

第六，不许损毁军籍档案。法律规定，禁止任何人损毁著籍披、甲、马等武器装备的档案，若"违律毁著籍披、甲时，依偷盗律论处"。④

（5）武器装备注销规定

军抄中无后继者时须担保注销相关武器装备。法律规定，"诸人与官马、坚甲一齐入敌军中，火烧水漂，其军抄后继者已断，无人赔偿者，大小军首领同不同院当使三人担保注销。若违律以有继者人无继者注销，则依偷盗律论处，当赔偿坚甲、马。"此外，在战场上被敌所俘获以及其他因素，需要注销披、马、甲等武器时，"自亡失日起一年以内当申报注销，披、甲、马当自官家领取……超过一年者不得注销，依法当赔偿著籍人。若违律以人、马、坚甲实未失说已失，及已超过一年而故意掩饰报请注销者，军头监担保者受贿未受贿一律与偷盗相同判断，贿赂当交纳，赔偿坚甲、马"。⑤ 可见，西夏对披、甲、马等武器装备的申报注销是有严格法律规定的，不允许随便注销。

5. 西夏军抄档案实行年年交簿制

西夏的军籍档案是否在国家法律规定的范围内进行登录并年年交簿呢？首

---

① 史金波、聂鸿音、白滨译注：《天盛改旧新定律令》卷6，法律出版社2000年版，第247—249页。
② 同上书，第249—250页。
③ 同上。
④ 同上。
⑤ 同上书，第251—252页。

先，我们从西夏故地出土的比较完整的、并被史金波翻译成汉文的军籍档案实物来看是否一年一登录并一年一交簿。如俄 ИНВ. No.4196《应天丙寅元年（1206）军抄人马装备账》军籍档案开头部分就登录"黑水属军首领律移吉祥有，正军一种纳……告前自全簿告纳天庆乙丑十二年六月一日始，至应天丙寅元年五月底止"，俄 ИНВ. No.4197《天庆庚申七年军抄人马装备账》开头部分"（黑水属）军首领嵬移西铁吉，正军一种纳 告，先自全籍告纳，天庆己未六年六月一日始，至天庆庚申七年五月底"，俄 ИНВ. No.8371《天庆戊午五年军抄人马装备账》的开头部分"黑水属军首领梁吉祥盛，正军一种纳 告，前自全军籍告纳，天庆丁巳四年六月一日始，至天庆戊午五年五月底止"，英0222~0222V《军籍文书》档案开头部分"黑水属军首领嵬移慧小狗，正军，一种纳告前自全军籍告纳，天庆己未六年六月一日始，至天庆庚申七年五月底"，英1813 和3521《军籍》档案开头部分"黑水属军首领嵬移拉灌黑，正军一种纳告、前自全军籍告纳，天庆甲子十一年六月一日始，至天庆乙丑十二年五月底"，英3865《军抄》档案开头部分"黑水属军首领布阿国吉，正军，一种纳告前自全军籍告纳，天庆甲寅元年六月一日始，至天庆乙卯二年五月底"等。这6件西夏文军籍档案都在开头部分详细地登录了从上年六月一日始至当年五月底，正好是一年的时间。这一年中黑水城监军司属该军首领所属军抄的人员、装备等状况的实录。可见，西夏的确是按照法律规定，对军籍档案实行一年一登录，一年一交簿。

当然，以上所举6件军籍档案只是某一年登录入册的，不知道上一年或下一年是否进行过军籍登录，即是否年年连续地进行登录。史金波发现的黑水城属某同一军溜前后两年的军籍文书为该问题作了解答。史金波对俄 ИНВ. No.4196《应天丙寅元年（1206）军抄人马装备账》和俄 ИНВ. No.4926—4《应天丁卯二年（1207）军抄人马装备账》等两件军籍文书通过考证研究后认为，这是两件同一军溜连续2年的军籍登录簿册，"这两件文书同一首领，同为4抄，装备相同，人员相同，只是时间相差一年，在第二件文书中每人增长了一岁。这更加明白地证实西夏地方确实按法典规定每年一度查检、勘合、登录军籍"。[①]《天盛律

---

① 史金波：《西夏文军籍文书考略——以俄藏黑水城出土军籍文书为例》，《中国史研究》2012年第4期。

令》对境内不同地区的监军司军籍档案的登录时间有不同的明确规定。"国内纳军籍法：每年畿内三月一日，中地四月一日，边境六月一日等三种日期当年年交簿。"① 出土军籍文书的相关内容记载和西夏法律的界定，足以说明在西夏后期监军司对所属军首领的军籍档案仍然按照西夏的法律规定进行严格的登录管理。

通过西夏国军籍法的规定可知，西夏时期的版图分为三部分，即畿内、中地、边境。畿内也就是京师界，即以首都中兴府为中心的周边地区，包括中兴府和附近南北二县、五州各地县司等"七种郡县"；边境即指边远地区的府州郡县，又称为"地边"，主要指沙州、瓜州、肃州、黑水等地；其余地区为"中地"，是除去"京师界"和"地边"以外的广大中间地区。有时"中地"和"边境"又可统称为"边中"。② 上述所引录的《俄藏》和《英藏》军籍档案大都出自黑水城地区，黑水城属边境地区，按西夏法典的规定每年的六月一日必须向上司登记交簿，即军籍档案的交簿期限应是上年的六月一日至当年的五月底，这与上述所引的军籍档案的交簿期限完全吻合。这完全显示出西夏法律制度的执行状况。

6. 军抄中的主簿

关于主簿为西夏军队中的文书档案官吏，已经在相关的论著中进行过简要论述，③ 这里根据已出土的实物军籍档案的内容再进行一些深入阐述。从西夏故地黑水城出土的西夏军籍档案来看，几乎每件军籍档案登录完成后还有很重要的一项内容：签收时间和官吏签名。档案正面的签名大致有二到三行，但第一行一般是该军首领的签名，居于档案登录时间之后；接着是主簿的签名，主簿有时是一个，有时是两个。若是一个主簿的话，第二行则为该地区所属的主簿签名，如英1813 和 3521《军籍》档案最后的签名只有一个主簿，即"黑水属主簿命屈犬疤奴"。若有两个主簿时，则依次第二行、第三行为该地区所属的第一、二个主簿的签名，如俄 Инв. No. 8371《天庆戊午五年军抄人马装备账》中的主簿有"黑水属主簿命屈心喜奴""黑水属主簿命屈犬疤奴"，俄 Инв. No. 4196《应天丙寅

---

① 史金波、聂鸿音、白滨译注：《天盛改旧新定律令》卷6，法律出版社2000年版，第255页。
② 史金波：《英国国家图书馆藏西夏文军籍文书考释》，《文献》2013年第3期。
③ 赵彦龙：《西夏公文写作研究》，宁夏人民出版社2012年版，第100—105页。

元年（1206）军抄人马装备账》中的主簿有"黑水属主簿命屈犬疤奴""黑水属主簿命屈心喜奴"等。

主簿是西夏军队中的专职文书档案官吏，其职责主要是所属地区军籍的登录和保管。从目前出土并翻译公布的军籍档案来看，登录军籍档案的主簿少者一人，多者两人，并未看到有三人及以上主簿签名的军籍档案。这和西夏法典的规定相一致，法典规定："国中各种部类主簿派遣法：一百抄以内遣一人，一百抄以上一律当遣二人。"[①] 由此法律可知，主簿的派遣则有规定，即一百抄以内只能派遣一个主簿，一百抄以上应派二个主簿，即最多二个主簿。故，在西夏故地出土的军籍档案中多有二个主簿签名，即俄 ИНВ. No. 8371《天庆戊午五年军抄人马装备账》中的主簿有"黑水属主簿命屈心喜奴""黑水属主簿命屈犬疤奴"，俄 ИНВ. No. 4196《应天丙寅元年（1206）军抄人马装备账》中的主簿有"黑水属主簿命屈犬疤奴""黑水属主簿命屈心喜奴"等，可见，这两个军首领所辖的军队其抄数都超过一百抄。但为什么我们只看到了一抄或几抄呢？其原因可能有如下三方面：一是军籍档案残损严重，其他的军抄都不见了，故只剩下一抄或几抄；二是该军首领本可能所辖一百抄以上，但由于战争等因素，导致人员减少，也即抄数也少了，甚至剩下一抄或几抄；三是从出土并翻译公布的军籍档案来看，明显有合抄的情况，如俄 ИНВ. No. 5944—1《天庆乙丑十二年军抄人马装备账》中的军首领"耶和小狗盛"既是军首领又是第一抄的正军。但这一军首领辖下有二抄则不是"耶和"家族，而是"一抄鲜卑宝双""一抄鲜卑十月盛"。[②] 还有一些军籍档案也有如此的现象。据此我们推测，可能是两个军首领按照西夏法律规定进行分合抄而形成新的军事建制。

此外，从军籍档案的登录主簿来看，这些军籍档案应为同一军首领，因为登录军籍档案的主簿是相同的，只是位置前后不固定而已。如俄 ИНВ. No. 8371《天庆戊午五年军抄人马装备账》中的主簿有"黑水属主簿命屈心喜奴""黑水属主簿命屈犬疤奴"，俄 ИНВ. No. 4196《应天丙寅元年（1206）军抄人马装备

[①] 史金波、聂鸿音、白滨译注：《天盛改旧新定律令》卷6，法律出版社2000年版，第257页。
[②] 史金波：《西夏文军籍文书考略——以俄藏黑水城出土军籍文书为例》，《中国史研究》2012年第4期。

账》中的主簿有"黑水属主簿命屈犬疤奴""黑水属主簿命屈心喜奴"等。

还有一种情况比较特殊，即有的军首领辖下的军籍档案中的主簿是一人，但这一主簿则是和其他军籍档案中的两个主簿中的某一主簿同姓同名，如英1813和3521《军籍》档案中的主簿"黑水属主簿命屈犬疤奴"、①俄ИНВ. No. 5944—1军籍档案中的主簿"黑水属主簿？？？命屈犬疤奴？"②等。我们推测，这也可能是超过一百抄的军首领，只是在登录军籍时另一主簿因其他事或原因而不在此地，或是二个主簿同时登录，但其中一主簿忘记签名而已。因为同一主簿不可能既是一百抄以内的军首领的主簿，又是一百抄以上的军首领的主簿。由此，我们可知，虽然西夏后期军籍档案的登录严格按照法律规定进行管理，但和中期相比，可能管理上还显得比较松散和混乱。

7. 军抄中正军辅主年龄分析

西夏军籍档案中所登录的军卒年龄有一个非常明显的特点，即不论是正军还是辅主，普遍处于老龄化趋势。

首先，从西夏故地出土的军籍档案记载年龄情况来看。如俄ИНВ. No. 4196《应天丙寅元年（1206）军抄人马装备账》中有6人存有年龄，即82、58、25、36、34、99，平均年龄是55.7岁；俄ИНВ. No. 4197《天庆庚申七年军抄人马装备账》中有4人存有年龄，即44、63、65、79，平均年龄是62.8岁；俄ИНВ. No. 5944—1《天庆乙丑十二年军抄人马装备账》中有19人存有年龄，即46、46、50、56、47、48、37、33、29、46、56、46、40、53、77、72、100、35、37，平均年龄是50.2岁；俄ИНВ. No. 8371《天庆戊午五年军抄人马装备账》中有19人存有年龄，即66、65、48、49、45、30、29、70、49、26、27、45、43、42、32、59、23、22、97，平均年龄是45.6岁；英0222~0222V《军籍文书》档案中有8人存有年龄，即71、66、117、117、117、117、127、95，平均年龄是103.4岁；英1813和3521《军籍》档案中有4人存有年龄，即66、35、20、28，平均年龄是37.3岁；英3865《军抄》档案中有16人存有年龄，即

---

① 史金波：《英国国家图书馆藏西夏文军籍文书考释》，《文献》2013年第3期。
② 史金波：《西夏文军籍文书考略——以俄藏黑水城出土军籍文书为例》，《中国史研究》2012年第4期。

50、81、25、25、34、25、62、51、32、30、62、44、19、30、19、63，平均年龄是40.8岁。那么，以上记载有年龄的军籍档案中军卒的平均年龄就是56.5岁。由此可知，西夏军卒的平均年龄呈老年化趋势。但是，需要说明的是，这里记载年龄的军卒共有76人，其中年龄最小者为19岁，但只有2个军卒；年龄超过百岁者6人，最大者是127岁。30岁以下的军卒有16人，只约占这76人的21%；31—40岁的军卒11人，约占15%；41—50岁的军卒有17人，约占22%；51—60岁的有6人，约占8%；61—70岁的有10人，约占13%；71岁以上入老年的有16人，约占21%。"不难看出，这些军籍中记录的军人年龄，青壮年比例低，老年比例高，其中不乏八九十岁，甚至上百岁者"，① 而且最大者为127岁，还要上战场打仗。可见，西夏晚期军队中军卒普遍呈老龄化趋势。

其次，西夏汉文史籍对西夏军卒年龄的记载。《旧五代史》记载党项人是以长寿著称："党项，其俗皆土著，居有栋宇，织毛罽以覆之。尚武，其人多寿，至百五十、六十岁。"② 这一说法虽然目前没有根据，但从西夏军籍档案中军卒的年龄来看，百岁老人上阵打仗者很多，也不乏有127岁的，看来党项人长寿是事实。宋朝曾巩《隆平集》记载：西夏人"凡年六十以下十五以上，皆自备介（甲）冑弓矢以行"。③ 这些记载显然与《天盛律令》的规定"年十五当及丁，年至七十人老人中"④ 是相吻合的。但实际上西夏晚期上阵打仗超过七十岁的老年军卒很多，这显然与西夏法律的规定不太一致。

最后，对西夏军卒老龄化的思考。一是西夏从建国前乃至建国后一直处于不断的战争之中，这自然存在人口的伤亡和流失。如元昊时期由于战争导致国内怨声载道，"元昊虽数胜，然死亡创痍者相半，人困于点集，财力不给，国中为'十不如'之谣以怨之"。⑤ 乾顺时期战争仍然是导致人口消亡的重要因素，"盖大臣专僭窃之事，故中朝兴吊伐之师。因旷日以寻戈，致弥年而造隙……始则凶

---

① 史金波：《西夏文军籍文书考略——以俄藏黑水城出土军籍文书为例》，《中国史研究》2012年第4期。
② 《旧五代史》卷138，中华书局1976年版，第1845页。
③ （宋）曾巩：《隆平集》卷20，影印文渊阁《四库全书》第371册，上海古籍出版社1987年版，第199页。
④ 史金波、聂鸿音、白滨译注：《天盛改旧新定律令》卷6，法律出版社2000年版，第262页。
⑤ 《宋史》卷485，中华书局1977年版，第13997—13998页。

舅擅其命，频生衅端；况复奸臣固其权，妄行兵战"。① 仁孝时期战争并未停息，反而更加频繁和残酷，"众军破荡之时，幸而免者十无一二，继以冻馁死亡，其存几何。兼夏国与宋兵交，人畜之被俘戮亦多，连岁勤动，士卒暴露，势皆胲削"。② 西夏晚期的神宗遵顼时期，其战乱有过之而无不及，"国家用兵十余年，田野荒芜，民生涂炭，虽妇人女子咸知国势濒危"。③ 献宗德旺时期已无回天之术，"自兴兵之后，败卒旁流，饥民四散，若不招集而安抚之，则国本将危。"④ 而且打仗时"大将居后，或据高险"，⑤ 致使青壮年军卒冲锋在前，其战死的可能性最大。可见，战争导致人口的减少这是不争的事实。二是灾荒导致人口逃亡。这在史书上多有记载；三是被敌对国招降致使人口流失；四是由于以上原因，人口的生育机会减少，这也是造成人口减少的原因。通过以上分析，我们认为青壮年人口减少而导致了西夏晚期人口的老龄化趋势。

8. 军籍文书处理程序严谨规范

关于这一部分内容，主要体现在军籍文书的签署和画押以及押印环节。

古今官府文书都需要签署画押，若不如此，则如同一张白纸而无任何效力，因此，西夏军籍文书要想使其完全发挥效力，发出的文书上必须要有本司主管官吏和上司的签署和画押。签署和画押既是权力的象征，也是职能所在，更是出现失误时追究责任的凭据。

西夏军籍文书的签署和画押从出土实物档案来看分为两部分。一是在每件军籍文书登录完成后，在卷末都记有撰写时间和相关官吏的签名。如俄 ИНВ. No. 4197《天庆庚申七年军抄人马装备账》的卷末是"天庆庚申七年六月 西铁吉；黑水属主簿命屈……黑水属主簿命屈…… 十八（画押）"。⑥ 登录时间由当年年号、甲子、年数和月份四部分构成；接着在同一行之后是首领签名，也即为该军溜的第一抄的正军，但其只写名字而省略姓氏。其原因是在该文书的

---

① （宋）李焘：《续资治通鉴长编》卷515，中华书局2004年版，第12234页。
② 《金史》卷134，中华书局1975年版，第2868页。
③ （清）吴广成撰，龚世俊等校证：《西夏书事校证》卷41，甘肃文化出版社1995年版，第490页。
④ 同上书，第493页。
⑤ 《宋史》卷486，中华书局1977年版，第14029页。
⑥ 史金波：《西夏文军籍文书考略——以俄藏黑水城出土军籍文书为例》，《中国史研究》2012年第4期。

开头部分登录比较齐全，而文书末尾可省写，这也是文书写作的一般规律；卷末的第二行为文书登录专职官吏主簿的签名。主簿签名有时是一人，有时是两人，最多为两人。其签名规则是：如果是一人的话，先写清主簿所属监军司名加主簿二字，再写主簿的姓名。如果是两人的话，每个主簿的签名各占一行，书写形式如前；有的军籍文书如上引俄 ИНВ. No. 4197《天庆庚申七年军抄人马装备账》在卷末最后有大字签署，"这些大字要比文书中的字大得多，一般一个字要占十多个字的面积，而且都是更难识别的连体草书，经反复比对、斟酌方可译出。这些字多为数字，有的是数字加'日'字，大约是更高一级官员审阅签署的时间"。"从西夏文字字体和画押看，有的不同军籍是同一人的手笔"。① 可见，更高一级官员要对其所属的军籍文书进行再审核并签字画押。

二是西夏军籍文书背面的最后部分还要由更高级别的文书档案官吏进行总的审核签署并画押，共占 4 行。如俄 ИНВ. No. 4197《天庆庚申七年军抄人马装备账》的背面的签署则是："检毕（大字）（画押）；都案（画押）；案头?????（画押）；?? 者? 显令?（画押）。"② 这里签署的都案、案头可能都比主簿级别高，所以才成为最后审核签署的官吏。关于"都案"和"案头"这两个文书档案官吏，在本书第七章"西夏档案机构与官吏"中将详细涉及。

此外，从西夏故地出土的西夏军籍文书来看都有押印，且印面方形，印文边长在 5 厘米至 6 厘米，印文多为"首领"印。西夏军籍文书中一般押印不止一次，而是在同一文书中多次押印，有时是四方印，有时甚至更多。这些军籍文书中的首领印与已发现的西夏文首领印印文大小、形制相近。可见，这与西夏法典的规定是相吻合的。也有个别军籍文书的印文不是首领印，而是四字印，这种印可能是黑水城监军司所属首领的上级推检后用的印。③ 文书用印是发文程序的最后一道手续，是军籍文书登录完成的标志。

由上文书的签署画押情况来看，西夏军籍文书的处理程序是多么的严谨和规范，这也是我们现当代文书工作者需要借鉴和学习的一面。

---

① 史金波：《西夏文军籍文书考略——以俄藏黑水城出土军籍文书为例》，《中国史研究》2012 年第 4 期。
② 同上。
③ 同上。

第五章 西夏专门档案整理与研究（中）

第一节 西夏律法档案整理与研究

西夏律法档案是指西夏制作的法典、规定以及依据法典而处理现实生活中的违法案件所直接形成的、有备查利用价值的文字材料。

黑水城及西夏其他故地西夏律法文献的出土和面世以及被专家学者所考证、翻译、整理出版，使我们有幸目睹了种类齐全的西夏律法档案的全貌。从目前刊布的史料来看，西夏律法档案是齐全完整的，这也是中国中古时期其他少数民族国家所无法比肩的。西夏不仅有健全的法律制度，而且有严厉的处理违法案件的措施。我们从《番汉合时掌中珠》可知，西夏人多次强调"依法行为""休做人情，莫违条法"，该书中还专门叙述一个案件的审判过程，颇有意思。故事大概是：小人失道，朝夕趋利，恃强凌弱，伤害他人；罪证确凿，枷在狱里。凌迟打拷，不肯招承；后来官吏宣说孝经故事，犯人才伏罪坦白。这说明以下几方面的情况：第一，西夏处理民间纠纷，没有涉及奴隶；第二，犯人因趋利而不敬尊长，恃强凌弱，可能是争夺财产或买卖不公；第三，结案依靠儒家说教。这完全是一种封建制的法律。[①] 不管怎样，西夏时期保留

[①] （西夏）骨勒茂才著，黄建华、聂鸿音、史金波整理：《番汉合时掌中珠》，宁夏人民出版社 1989 年版，第 59—65 页。

下来的种类齐全的律法档案，颇为珍贵，对我们当代的法律工作也有一定的借鉴作用。

通过具体的整理，发现西夏律法档案有法典和官府律法文书两类。

法典类主要有俄藏西夏文《天盛律令》（甲种本）刻本 20 卷，还有乙种本、丙种本、丁种本、戊种本、己种本写本若干卷和《中藏》《英藏》等中收录的残卷残片若干；俄藏西夏文《贞观玉镜统》刻本 4 卷；俄藏西夏文写本《法则》8 卷；俄藏西夏文写本《亥年新法》（甲种本）17 卷，《英藏》中收录有西夏文残片《亥年新法》若干；俄藏西夏文写本残卷《法典》若干，《英藏》中收录有若干西夏文《法典》残片；此外，《俄藏》《英藏》中还收录有西夏文《律条》《律令》若干。

官府律法文书类主要有《俄藏》《日藏》《中藏》的西夏文《天盛律令·颁律表》《瓜州审案记录》《告状档案》等；汉文《乾祐五年验伤单》《三司设立法度文书和违越恒制文书》《光定十三年千户刘寨杀了人口状》等若干篇。现对西夏主要律法档案作一整理与研究。

一　西夏律法档案简单整理

西夏律法档案的简单整理从法典和官府律法文书档案两个方面进行。

（一）法典

法典就是西夏法律制度的综合，集中体现了西夏法律的精髓，是西夏律法档案的最典型代表，更是西夏律法档案的最高形式。这种类型的律法档案主要有《天盛律令》（甲种本、乙种本、丙种本、丁种本、戊种本、己种本）、《贞观玉镜统》《法则》《亥年新法》《法典》《律条》等六种，收录在《中藏》《俄藏》《英藏》等大型文献丛书之中。

1.《天盛律令》的整理

《天盛律令》收录于《中藏》《俄藏》《英藏》等文献之中，现依次将图版编号、档案名称、版本、纸质、字体、书写文字、档案出处等相关信息整理成表 5—1。

第五章 西夏专门档案整理与研究（中）

表5—1 《天盛律令》档案

序号	图版编号	档案名称	版本	纸质	字体	书写文字	档案出处	备注
1	中藏 B11·005—03P	天盛律令	刻本	麻纸	楷书	西夏文	《中藏》第一册①第116页	残片
2	俄 ИНВ. No. 786 787 2558 5937	天盛律令名略（甲种本）卷上	刻本	麻纸	楷书	西夏文	《俄藏》第八册②第1页	蝴蝶装。单栏，亦有左右双栏者。半页7行，小字双行。版心题"名略"卷次，下有西夏文页次，唯第十页次用汉文。首页残。为《天盛律令》第一至第十的目录
3	俄 ИНВ. No. 786 2558	天盛律令名略（甲种本）卷下	刻本	麻纸	楷书	西夏文	同上书，第15页	同《天盛律令名略》卷上。该为《天盛律令》第十一至第二十的目录
4	俄 ИНВ. No. 2570 4187	天盛律令（甲种本）第一	刻本	麻纸	楷书草书	西夏文	同上书，第147页	蝴蝶装。有《进律表》，首佚半页
5	俄 ИНВ. No. 152 8084a	天盛律令（甲种本）第二	刻本	麻纸	楷书	西夏文	同上书，第62页	蝴蝶装。首尾全
6	俄 ИНВ. No. 169 2576 2578 4188	天盛律令（甲种本）第三	刻本	麻纸	楷书	西夏文	同上书，第77页	蝴蝶装。共15门。首尾各佚半页
7	俄 ИНВ. No. 157 2575 8084a	天盛律令（甲种本）第四	刻本	麻纸	楷书	西夏文	同上书，第100页	蝴蝶装。共7门。首尾佚，卷中多处朽损

---

① 史金波、陈育宁主编：《中国藏西夏文献》第1册，甘肃人民出版社、敦煌文艺出版社2005年版。
② 史金波、魏同贤、[俄]克恰诺夫主编：《俄藏黑水城文献》第8册，上海古籍出版社1998年版。

续表

序号	图版编号	档案名称	版本	纸质	字体	书写文字	档案出处	备注
8	俄 ИНВ. No. 158	天盛律令(甲种本)第五	刻本	麻纸	楷书	西夏文	同上书,第119页	蝴蝶装。共2门,首尾佚
9	俄 ИНВ. No. 160	天盛律令(甲种本)第六	刻本	麻纸	楷书	西夏文	同上书,第135页	蝴蝶装。共7门,首尾佚
10	俄 ИНВ. No. 161	天盛律令(甲种本)第七	刻本	麻纸	楷书	西夏文	同上书,第152页	蝴蝶装。共7门,首尾佚
11	俄 ИНВ. No. 113	天盛律令(甲种本)第八	刻本	麻纸	楷书	西夏文	同上书,第168页	蝴蝶装。共7门。尾佚
12	俄 ИНВ. No. 164 165 166 173 2575 6740 7126	天盛律令(甲种本)第九	刻本	麻纸	楷书	西夏文	同上书,第184页	蝴蝶装。共7门。首尾残
13	俄 ИНВ. No. 170 171a 171r 2332 7214	天盛律令(甲种本)第十	刻本	麻纸	楷书	西夏文	同上书,第209页	蝴蝶装。共5门。尾佚,卷中有朽损
14	俄 ИНВ. No. 176 178 180	天盛律令(甲种本)第十一	刻本	麻纸	楷书	西夏文	同上书,第228页	蝴蝶装。共13门。首半页及卷尾佚
15	俄 ИНВ. No. 114 181	天盛律令(甲种本)第十二	刻本	麻纸	楷书	西夏文	同上书,第253页	蝴蝶装。共3门
16	俄 ИНВ. No. 186 219 5451	天盛律令(甲种本)第十三	刻本	麻纸	楷书	西夏文	同上书,第272页	蝴蝶装。共7门。首二页版心页次用西夏文标识。末页残
17	俄 ИНВ. No. 194	天盛律令(甲种本)第十四	刻本	麻纸	楷书	西夏文	同上书,第297页	蝴蝶装。共1门。首尾佚
18	俄 ИНВ. No. 196 8084a	天盛律令(甲种本)第十五	刻本	麻纸	楷书	西夏文	同上书,第300页	蝴蝶装。共13门。佚卷中7页及卷尾
19	俄 ИНВ. No. 198 710	天盛律令(甲种本)第十七	刻本	麻纸	楷书	西夏文	同上书,第320页	蝴蝶装。共7门。首尾佚。

第五章 西夏专门档案整理与研究（中）

续　表

序号	图版编号	档案名称	版本	纸质	字体	书写文字	档案出处	备注
20	俄 ИНВ. No. 199 5040	天盛律令（甲种本）第十八	刻本	麻纸	楷书	西夏文	同上书,第344页	蝴蝶装。共9门。首尾佚
21	俄 ИНВ. No. 200 201 2579 2584 2608	天盛律令（甲种本）第十九	刻本	麻纸	楷书	西夏文	同上书,第349页	蝴蝶装。共13门。首尾佚
22	俄 ИНВ. No. 202 203 2569 7511	天盛律令（甲种本）第二十	刻本	麻纸	楷书	西夏文	同上书,第367页	蝴蝶装。共2门。尾佚
23	俄 ИНВ. No. 785	天盛律令名略（乙种本）卷上	写本	麻纸	楷书	西夏文	同上书,第30页	蝴蝶装。无边栏。为《天盛律令》第一至第十的目录
24	俄 ИНВ. No. 5055	天盛律令名略（丙种本）卷下	写本	麻纸	楷书	西夏文	同上书,第43页	残卷。无边栏。存卷首第十一目录
25	俄 ИНВ. No. 7442	天盛律令名略（丁种本）卷下	写本	麻纸	楷书	西夏文	同上书,第44页	残卷。为第十一及第十二目录
26	俄 ИНВ. No. 6268	天盛律令（乙种本）第四	写本	麻纸	楷书	西夏文	《俄藏》第九册[1]第1页	缝缋装。行格同甲种本,无页次,有墨框及行界。存7纸
27	俄 ИНВ. No. 160、3582	天盛律令（乙种本）第六	写本	麻纸	楷书	西夏文	同上书,第4页	残页。行格同甲种本,无页次,有墨框及行界
28	俄 ИНВ. No. 8082	天盛律令（乙种本）第七	写本	麻纸	楷书	西夏文	同上书,第5页	残页。行格同甲种本
29	俄 ИНВ. No. 4197 8083 8090	天盛律令（乙种本）第八	写本	麻纸	楷书	西夏文	同上书,第6页	缝缋装。行格同甲种本,无页次。首尾佚
30	俄 ИНВ. No. 351	天盛律令（乙种本）第十一	写本	麻纸	楷书	西夏文	同上书,第16页	残页。行格同甲种本

---

[1] 史金波、魏同贤、[俄]克恰诺夫主编:《俄藏黑水城文献》第9册,上海古籍出版社1999年版。

续 表

序号	图版编号	档案名称	版本	纸质	字体	书写文字	档案出处	备注
31	俄 ИНВ. No. 181	天盛律令（乙种本）第十二	写本	麻纸	楷书	西夏文	同上书，第17页	残页。行格同甲种本。封面题"律令第十二"
32	俄 ИНВ. No. 4171 4791 8084a	天盛律令（乙种本）第十三	写本	麻纸	楷书	西夏文	同上书，第18页	残页。行格同甲种本，无页次
33	俄 ИНВ. No. 2839	天盛律令（丙种本）第八	写本	麻纸	行书	西夏文	同上书，第19页	缝缋装。无墨框及叶次。首尾佚
34	俄 ИНВ. No. 7183	天盛律令（丁种本）第八	写本	麻纸	行楷	西夏文	同上书，第30页	缝缋装。无墨框及叶次。卷中有涂改。首尾佚
35	俄 ИНВ. No. 7767	天盛律令（戊种本）第八	写本	麻纸	楷书	西夏文	同上书，第45页	经折装残页。有上下墨框，无页次
36	俄 ИНВ. No. 6965	天盛律令（己种本）第十四	写本	麻纸	楷书	西夏文	同上书，第47页	残卷。无墨框。有涂改。属"误殴打争门"
37	英0044	天盛律令名略卷下	印本	麻纸	楷书	西夏文	《英藏》第一册①第19页	2纸。线装。中有书口，写有书名，已非蝴蝶装之素口
38	英2151	天盛律令	写本	麻纸	行草	西夏文	《英藏》第三册第4页	1纸
39	英2248~2285	天盛律令	刻本	麻纸	楷书	西夏文	同上书，第42—60页	缝缋装或经折装，还有蝴蝶装
40	英2542~2543	天盛律令	刻本	麻纸	楷书	西夏文	同上书，第144页	两件各1纸。前件为经折装。后件残
41	英2565RV	天盛律令	刻本	麻纸	楷书	西夏文	同上书，第151页	2纸。缝缋装

---

① 谢玉杰、吴芳思主编：《英藏黑水城文献》第1—4册，上海古籍出版社2005年版。

第五章 西夏专门档案整理与研究（中）

续　表

序号	图版编号	档案名称	版本	纸质	字体	书写文字	档案出处	备注
42	英 2567~2568	天盛律令	刻本	麻纸	楷书	西夏文	同上书，第151—152页	各1纸残片
43	英 2622	天盛律令	写本	麻纸	行草	西夏文	同上书，第173页	1纸。经折装
44	英 2642	天盛律令	写本	麻纸	行楷	西夏文	同上书，第181页	1纸。经折装
45	英 2903、2903V	天盛律令	刻本	麻纸	楷书	西夏文	同上书，第273—274页	各1纸，蝴蝶装
46	英 3173a、b	天盛律令	刻本	麻纸	楷书	西夏文	《英藏》第四册第30页	前件有2纸。蝴蝶装。后件残
47	英 3354	天盛律令	刻本	麻纸	楷书	西夏文	同上书，第123页	1纸。蝴蝶装。有污渍
48	英 3376	天盛律令	刻本	麻纸	楷书	西夏文	同上书，第135页	1纸。蝴蝶装
49	英 3672b、bv、c、cv、d	天盛律令	写本	麻纸	行草	西夏文	同上书，第312—314页	残片。麻布封皮衬里。①
50	英 3762—1~12	天盛律令	刻本	麻纸	楷书	—	《英藏》第五册②第55—64页	缝缋装或蝴蝶装
51	英 3774—1~8	天盛律令	刻本	麻纸	楷书	西夏文	同上书，第90—96页	蝴蝶装或缝缋装
52	英 3799c	天盛律令	刻本	麻纸	楷书	西夏文	同上书，第116页	多纸方册线装

① 注：英3672b、bv、c、cv、d原定名称"佛经"，现据史金波《〈英藏黑水城文献〉定名刍议及补证》（杜建录主编：《西夏学》第5辑，上海古籍出版社2010年，第15页）改定名称为"天盛律令"。
② 谢玉杰、吴芳思主编：《英藏黑水城文献》第5册，上海古籍出版社2010年版。

2.《贞观玉镜统》的整理与译注

黑水城出土的西夏文刻本《贞观玉镜统》(4卷)收录在史金波等编大型西夏文献丛书《俄藏》第9册之中,现依次将图版编号、档案名称、版本、纸质、字体、书写文字、档案出处等相关信息整理成表5—2。

表5—2　《贞观玉镜统》档案

序号	图版编号	档案名称	版本	纸质	字体	书写文字	档案出处	备注
1	俄 ИНВ. No. 6767 7931	贞观玉镜统第一	刻本	麻纸	楷书	西夏文	《俄藏》第九册①第345页	蝴蝶装。左右双栏,上下单栏。为卷首目录
2	俄 ИНВ. No. 2616 2617 2618	贞观玉镜统第二	刻本	麻纸	楷书	西夏文	同上书,第346页	蝴蝶装。左右双栏,上下单栏
3	俄 ИНВ. No. 3481	贞观玉镜统第三	刻本	麻纸	楷书	西夏文	同上书,第352页	蝴蝶装。疑为序言
4	俄 ИНВ. No. 7766 7931	贞观玉镜统第四	刻本	麻纸	楷书	西夏文	同上书,第361页	蝴蝶装

3.《法则》的整理

黑水城出土并编成于西夏仁宗时期的西夏文写本《法则》(8卷)收录在史金波等编大型西夏文献丛书《俄藏》第9册之中。现依次将图版编号、档案名称、版本、纸质、字体、书写文字、档案出处等相关信息整理成表5—3。

表5—3　《法则》档案

序号	图版编号	档案名称	版本	纸质	字体	书写文字	档案出处	备注
1	俄 ИНВ. No. 6374	法则(甲种本)第二至第五	写本	麻纸	草书	西夏文	《俄藏》第九册②第53—74页	缝缋装。无墨框。首尾佚。

---

① 史金波、魏同贤、[俄]克恰诺夫主编:《俄藏黑水城文献》第9册,上海古籍出版社1999年版。
② 同上。

续 表

序号	图版编号	档案名称	版本	纸质	字体	书写文字	档案出处	备注
2	俄 ИНВ. No. 827	法则（乙种本）第六至第九	写本	麻纸	楷书	西夏文	同上书，第78—100页	缝缋装。无墨框
3	俄 ИНВ. No. 2868 2872 8082	法则（丙种本）第六至第九	写本	麻纸	楷书	西夏文	同上书，第101—118页	缝缋装。无墨框。诸卷末另题"法则"及卷次。首尾佚

4.《亥年新法》的整理

西夏故地黑水城出土的西夏神宗光定五年（1215）编纂颁行的西夏文写本《亥年新法》（甲种本，17卷）收录在史金波等编大型西夏文献丛书《俄藏》第9册之中。此外，《英藏》中也收录有一些残片。现依次将图版编号、档案名称、版本、纸质、字体、书写文字、档案出处等相关信息整理成表5—4。

表5—4 《亥年新法》档案

序号	图版编号	档案名称	版本	纸质	字体	书写文字	档案出处	备注
1	俄 ИНВ. No. 5543	亥年新法（甲种本）第一	写本	麻纸	楷书草书	西夏文	《俄藏》第九册①第119页	缝缋装。封面草书"新法第一"
2	俄 ИНВ. No. 749	亥年新法（甲种本）第二	写本	麻纸	楷书	西夏文	同上书，第123页	缝缋装。封面草书"新法第二"
3	俄 ИНВ. No. 2565 3818 6098	亥年新法（甲种本）第三	写本	麻纸	楷书	西夏文	同上书，第140页	缝缋装。卷尾佚。封面楷书大字"法新三第"及小字"三第法"
4	俄 ИНВ. No. 6092	亥年新法（甲种本）第四	写本	麻纸	行楷	西夏文	同上书，第153页	缝缋装。首叶目录草书。卷尾佚。封面楷书"新法第四"

① 史金波、魏同贤、[俄]克恰诺夫主编：《俄藏黑水城文献》第9册，上海古籍出版社1999年版。

续 表

序号	图版编号	档案名称	版本	纸质	字体	书写文字	档案出处	备注
5	俄 ИНВ. No. 8071	亥年新法（甲种本）第六	写本	麻纸	楷书	西夏文	同上书，第164页	残页
6	俄 ИНВ. No. 2549	亥年新法（甲种本）第七	写本	麻纸	楷书	西夏文	同上书，第165页	缝缋装。中题行草"新法第七"
7	俄 ИНВ. No. 3809	亥年新法（甲种本）第九	写本	麻纸	行书	西夏文	同上书，第166页	缝缋装。首尾佚
8	俄 ИНВ. No. 4794	亥年新法（甲种本）第十	写本	麻纸	行楷	西夏文	同上书，第178页	缝缋装。首尾佚
9	俄 ИНВ. No. 4795	亥年新法（甲种本）第十二、第十三	写本	麻纸	楷书	西夏文	同上书，第1184—187页	缝缋装。有上下墨框。首尾佚。存第十二之尾及十三之首
10	俄 ИНВ. No. 748	亥年新法（甲种本）第十五	写本	麻纸	楷书	西夏文	同上书，第192页	缝缋装。首尾佚。题"新法第十五"
11	俄 ИНВ. No. 945	亥年新法（甲种本）第十六、第十七合	写本	麻纸	楷书	西夏文	同上书，第192—206页	缝缋装。卷首佚，卷尾题"新法第十六十七等合"
12	俄 ИНВ. No. 2842	亥年新法（乙种本）第一	写本	麻纸	楷书	西夏文	同上书，第209页	缝缋装。存卷尾三叶
13	俄 ИНВ. No. 6096 7386	亥年新法（乙种本）第二	写本	麻纸	楷书	西夏文	同上书，第210页	缝缋装。首尾佚，朽损严重
14	俄 ИНВ. No. 2819	亥年新法（乙种本）第三	写本	麻纸	楷书	西夏文	同上书，第218页	缝缋装。末页题"新法第三终"及题款、持有者姓名
15	俄 ИНВ. No. 5946 6549	亥年新法（乙种本）第四	写本	麻纸	行楷	西夏文	同上书，第235页	缝缋装。有涂改。首尾佚
16	俄 ИНВ. No. 4930 5210 5448 6084 7387	亥年新法（乙种本）第七	写本	麻纸	楷书	西夏文	同上书，第239页	缝缋装。有涂改。卷尾佚

续 表

序号	图版编号	档案名称	版本	纸质	字体	书写文字	档案出处	备注
17	俄 ИНВ. No. 2565	亥年新法(乙种本)第十二	写本	麻纸	楷书	西夏文	同上书,第255页	缝缋装。卷首目录行书。卷尾佚
18	俄 ИНВ. No. 2623 5591	亥年新法(乙种本)第十六十七合	写本	麻纸	楷书	西夏文	同上书,第258页	缝缋装。封面题"亥年新法第十六十七等合"
19	俄 ИНВ. No. 2826	亥年新法(丙种本)第七	写本	麻纸	楷书	西夏文	同上书,第263页	缝缋装。有墨框行界。首尾叶面残损严重
20	俄 ИНВ. No. 2842	亥年新法(丙种本)第十二	写本	麻纸	楷书	西夏文	同上书,第279页	缝缋装。封面题"亥年新法第十二",末页题款识
21	俄 ИНВ. No. 5369	亥年新法(丁种本)第二	写本	麻纸	楷书	西夏文	同上书,第283页	残页。有上下墨框
22	俄 ИНВ. No. 6240 6739	亥年新法(丁种本)第十	写本	麻纸	楷书	西夏文	同上书,第284页	缝缋装。首尾佚。纸背抄《亥年新法第十一第十二》
23	俄 ИНВ. No. 6240 6739V	亥年新法(戊种本)第十一、十二	写本	麻纸	楷书	西夏文	同上书,第293—309页	缝缋装。封面题"新法第十一",末页题"新法第十二终"并持有者姓名
24	俄 ИНВ. No. 8218	亥年新法(己种本)第十三	写本	麻纸	楷书	西夏文	同上书,第310页	残页
25	俄 ИНВ. No. 8083	亥年新法(庚种本)第十四	写本	麻纸	行楷	西夏文	同上书,第311页	卷子。首尾佚
26	俄 ИНВ. No. 2890V	亥年新法(辛种本)第十五	写本	麻纸	行楷	西夏文	同上书,第313页	缝缋装
27	俄 ИНВ. No. 4926	亥年新法	写本	麻纸	楷书	西夏文	同上书,第324页	残卷。所属卷次不明。

续 表

序号	图版编号	档案名称	版本	纸质	字体	书写文字	档案出处	备注
28	俄 ИНВ. No. 5955	亥年新法	写本	麻纸	行书	西夏文	同上书,第325页	残卷。后半部草书。所属卷次不明
29	俄 ИНВ. No. 5966	亥年新法	写本	麻纸	楷行书	西夏文	同上书,第334页	缝缋装。有墨框及行界。所属卷次不明
30	俄 ИНВ. No. 7629	亥年新法	写本	麻纸	行楷	西夏文	同上书,第335页	残卷。卷端杂写西夏文"亥年法真旧"及"亥年无他法"等,余多不可辨。所属卷次不明
31	俄 ИНВ. No. 7887	亥年新法	写本	麻纸	楷书	西夏文	同上书,第337页	残页。为某卷卷尾一条。末行有款识
32	英 1782	新法第十一	写本	麻纸	行楷	西夏文	《英藏》第二册[①]第197页	1纸残片[②]

5.《法典》的整理

西夏故地黑水城出土的西夏文写本《法典》（残片）收录在史金波等编大型西夏文献丛书《俄藏》第9册之中。此外,《英藏》中也收录有一些残片。现依次将图版编号、档案名称、版本、纸质、字体、书写文字、档案出处等相关信息整理成表5—5。

表 5—5 《法典》残片档案

序号	图版编号	档案名称	版本	纸质	字体	书写文字	档案出处	备注
1	俄 ИНВ. No. 152	法典	写本	麻纸	楷、草	西夏文	《俄藏》第九册[③] 第338页	残片三件。

[①] 谢玉杰、吴芳思主编：《英藏黑水城文献》第2册,上海古籍出版社2005年版。
[②] 注：英1782原定名称"新戒法第一",现据史金波《〈英藏黑水城文献〉定名刍议及补证》（杜建录主编《西夏学》2010年第5辑,上海古籍出版社2010年,第9页）改定名称为"新法第十一"。
[③] 史金波、魏同贤、[俄] 克恰诺夫主编：《俄藏黑水城文献》第9册,上海古籍出版社1999年版。

第五章 西夏专门档案整理与研究（中）

续 表

序号	图版编号	档案名称	版本	纸质	字体	书写文字	档案出处	备注
2	俄 ИНВ. No. 324	法典	写本	麻纸	行书	西夏文	同上书,第339页	残卷
3	俄 ИНВ. No. 353	法典	写本	麻纸	楷书	西夏文	同上书,第340页	封套衬纸。多件残片粘贴
4	俄 ИНВ. No. 7994	法典	写本	麻纸	草书	西夏文	同上书,第340页	残卷。有勾勒
5	俄 ИНВ. No. 2351	法典	写本	麻纸	楷书	西夏文	同上书,第341页	残页
6	俄 ИНВ. No. 2702	法典	写本	麻纸	楷书	西夏文	同上书,第342页	残页
7	俄 ИНВ. No. 4483	法典	写本	麻纸	草书	西夏文	同上书,第342页	残页
8	俄 ИНВ. No. 4928	法典	写本	麻纸	草书	西夏文	同上书,第343页	残卷。有涂改
9	俄 ИНВ. No. 5448	法典	写本	麻纸	楷书	西夏文	同上书,第344页	残页。有涂改
10	俄 ИНВ. No. 7994	法典	写本	麻纸	行书	西夏文	同上书,第344页	残页
11	英0358	法典	写本	麻纸	行书	西夏文	《英藏》第一册①第140页	1纸
12	英0796	法典	印本	麻纸	楷书	西夏文	同上书,第277页	1纸残片
13	英0936	法典	刻本	麻纸	楷书	西夏文	同上书,第313页	1纸残片②
14	英2583	法典	写本	麻纸	行书	西夏文	《英藏》第三册第157页	1纸

① 谢玉杰、吴芳思主编:《英藏黑水城文献》第1册,上海古籍出版社2005年版。
② 注:英0358、0796、0936原定名称"残片",现据史金波《〈英藏黑水城文献〉定名刍议及补证》(杜建录主编:《西夏学》2010年第5辑,上海古籍出版社2010年版,第7—8页)改定名称为"法典"。

· 271 ·

6.《律条》的整理

西夏文律条可能是西夏针对某一事项而制定的法律，或者是西夏法典中的残片，暂时无法识别而收录于西夏大型文献丛书之中。当然，这也是西夏律法档案的组成部分，应予以整理。这些档案收录在《俄藏》《英藏》之中，现依次将图版编号、档案名称、版本、纸质、字体、书写文字、档案出处等相关信息整理成表5—6。

表5—6 《律条》残片档案

序号	图版编号	档案名称	版本	纸质	字体	书写文字	档案出处	备注
1	俄 ИНВ. No. 321—7	律条	写本	麻纸	草书	西夏文	《俄藏》第十二册① 第56页	残片
2	俄 ИНВ. No. 353	律条	写本	麻纸	行草、草书	西夏文	同上书，第104页	两件残片粘贴。封套衬纸
3	俄 ИНВ. No. 2050—1	律条	写本	麻纸	草书	西夏文	《俄藏》第十三册② 第18页	多件残片粘贴。封套衬纸
4	俄 ИНВ. No. 3252—3	条例	写本	麻纸	草书	西夏文	同上书，第166页	两件残片粘贴。封套裱纸
5	俄 ИНВ. No. 4759	律条	写本	麻纸	草书	西夏文	同上书，第254页	残卷
6	俄 ИНВ. No. 4926—1V	律条	写本	麻纸	行楷	西夏文	同上书，第302页	残
7	俄 ИНВ. No. 5910—1~2	律条	写本	麻纸	草书	西夏文	《俄藏》第十四册③ 第61—62页	残卷或残页
8	俄 ИНВ. No. 6083	律条	写本	麻纸	草书	西夏文	同上书，第111页	卷子。有涂改

---

① 史金波、魏同贤、［俄］克恰诺夫主编：《俄藏黑水城文献》第12册，上海古籍出版社2006年版。

② 同上书，第13册，上海古籍出版社2007年版。

③ 同上书，第14册，上海古籍出版社2011年版。

第五章 西夏专门档案整理与研究（中）

续表

序号	图版编号	档案名称	版本	纸质	字体	书写文字	档案出处	备注
9	俄 ИНВ. No. 7156	律条	写本	麻纸	草书	西夏文	同上书,第170页	缝缋装
10	俄 ИНВ. No. 7180	律条	写本	麻纸	草书	西夏文	同上书,第175页	缝缋装。正面为西夏文法典
11	俄 ИНВ. No. 7628	律条	写本	麻纸	草书	西夏文	同上书,第183页	残卷
12	俄 ИНВ. No. 7887—1	律条	写本	麻纸	草书	西夏文	同上书,第200页	卷子
13	俄 ИНВ. No. 7977—1～2	律条	写本	麻纸	草书	西夏文	同上书,第229页	残片
14	俄 ИНВ. No. 7994—1、3V	律条	写本	麻纸	草书	西夏文	同上书,第233—236页	残卷。有勾勒
15	英 1794	律令	写本	麻纸	草书	西夏文	《英藏》第二册①第201页	1纸
16	英 1802	律令	写本	麻纸	草书	西夏文	同上书,第204页	1纸
17	英 2583	条例	写本	麻纸	草书	西夏文	《英藏》第三册第157页	1纸②
18	英 3012	律令	写本	麻纸	草书	西夏文	同上书,第318页	2纸残片。正反面文字互倒

---

① 谢玉杰、吴芳思主编:《英藏黑水城文献》第1—4册,上海古籍出版社2005年版。
② 注:英2583原定名称"天盛改旧新定律令",现据史金波《〈英藏黑水城文献〉定名刍议及补证》(杜建录主编:《西夏学》2010年第5辑,上海古籍出版社2010年版,第11页)改定名称为"条例"。

（二）官府律法文书档案

官府律法文书档案，是指承载发布西夏法律功能的官府文书以及依据西夏法律处理违法案件过程中产生的相关官府文书、审案记录以及狱政管理档案等。这类律法档案比较分散，现据西夏故地出土的汉、夏文文献进行简单的整理，依次将图版编号、档案名称、版本、纸质、字体、书写文字、档案出处等相关信息整理成表5—7。

表5—7　官府律法文书档案

序号	图版编号	档案名称	版本	纸质	字体	书写文字	档案出处	备注
1	中藏B11·001	瓜州审案记录	写本	麻纸	草书	西夏文	《中藏》第一册① 第17页	单页，2件。有年款、画押。钤朱印两方②
2	中藏B11·016—07P、16P～17P、22P～23P、34P、35P～37P、42P	天庆甲寅年黑水监军司诉讼文书	写本	麻纸	草书、行书、楷书	西夏文	《中藏》第二册第156—168页	残页
3	中藏B21·001—003	瓜州审案记录	写本	麻纸	草书	西夏文	《中藏》第十二册③第351—353页	单页，有些许残。有画押。左侧钤朱印。有年款、画押，钤朱印两方④
4	中藏B31·001	瓜州审案记录	写本	麻纸	草书	西夏文	同上书，第362页	单页。有年款、画押，钤朱印
5	中藏M21·004、013—1P—3P	己卯年告状案	写本	麻纸	行书	西夏文	《中藏》第十七册第154—159页	残甚。文末有年款及立文人的部分款识。

---

① 史金波、陈育宁主编：《中国藏西夏文献》第1—2册，甘肃人民出版社、敦煌文艺出版社2005年版。
② 史金波：《国家图书馆藏西夏社会文书残页考》，《文献》2004年第2期。
③ 史金波、陈育宁主编：《中国藏西夏文献》第12—17册，甘肃人民出版社、敦煌文艺出版社2006年版。
④ ［日］松泽博：《西夏文〈瓜州监军司审判案〉遗文》，《国家图书馆学刊》2002年西夏研究专号。

第五章 西夏专门档案整理与研究（中）

续　表

序号	图版编号	档案名称	版本	纸质	字体	书写文字	档案出处	备注
6	编号 087 号	审案记录	写本	麻纸	楷书	西夏文	《西夏社会文书研究》①第181页	残
7	编号 109 号	审案记录	写本	麻纸	楷书	西夏文	同上书,第180页	残
8	编号 111 号	审案记录	写本	麻纸	楷书	西夏文	同上书,第180页	残
9	编号 123 号	审案记录	写本	麻纸	楷书	西夏文	同上书,第181页	残
10	俄 Дх. 2957　10280	光定十三年（1223）千户刘寨杀了人口状	写本	麻纸	楷书	汉文	《俄藏》第六册②第160—161页	有人名、年龄,有年款等
11	俄 ИНВ. No. 1381A	乾祐五年验伤单	写本	麻纸	楷书	汉文	同上书,第296页	残。多层纸黏叠
12	俄 ИНВ. No. 2150A	三司设立法度文书	写本	麻纸	楷书	汉文	同上书,第299页	残页。有年款、官名
13	俄 ИНВ. No. 2150B	违越恒制文书	写本	麻纸	楷书	汉文	同上书,第299页	残页。有官名③

---

①　杜建录、史金波:《西夏社会文书研究》,上海古籍出版社 2012 年版。
②　史金波、魏同贤、[俄]克恰诺夫主编:《俄藏黑水城文献》第 6 册,上海古籍出版社 2000 年版。
③　注:《俄藏黑水城文献》第 6 册《附录·叙录》将俄 ИНВ. No. 2150A 文书定名为"三司设立法度文书",俄 ИНВ. No. 2150B 定名为"违越恒制文书"。杜立晖在《关于两件黑水城西夏汉文文书的初步研究》(杜建录主编:《西夏学》第 8 辑,上海古籍出版社 2011 年版,第 238—243 页)中经过考证认为俄 ИНВ. No. 2150A 和俄 ИНВ. No. 2150B 是同一件文书,"据图版可见,这两件文书分居于同一张纸的上下方,它们的字迹、墨色相同,各行文字间的距离相近,因此可以初步判断它们属于同一件文书"。但杜立晖在文中将俄 ИНВ. No. 2150A 的第一行第一字识读为"得"字有误。孙继民等在《俄藏黑水城汉文非佛教文献整理与研究（中）》（北京师范大学出版社 2012 年版,第 717 页）、杜建录和史金波在《西夏社会文书研究》(上海古籍出版社 2012 年版,第 55 页、325 页）中都认为是"三",笔者认同。

续 表

序号	图版编号	档案名称	版本	纸质	字体	书写文字	档案出处	备注
14	俄 ИНВ. No. 2570 4187	天盛律令颁律表	刻本	麻纸	楷书	西夏文	《俄藏》第八册①第47—48页	共有5纸
15	俄 ИНВ. No. 3953	判案书	写本	麻纸	草书	西夏文	《俄藏》第十三册②第180页	残。封套衬纸
16	日藏02—01	瓜州监军司审判案	写本	麻纸	楷书	西夏文	《日藏》上册③第220页	单页。有年款。有三个朱印④

二 西夏律法档案研究

西夏律法档案是在一个不断借鉴、学习和完善的过程中逐渐产生的。西夏律法档案产生之后，却成为世界五大法系之一的中华法系的重要组成部分，在中国中古时期的西夏发挥着重要作用，并对后世法律制度的制定也起到了一定的促进作用。因此，有必要对西夏律法档案进行系统而深入的研究，从而总结出西夏律法档案的价值。

（一）西夏重视律法档案建设

西夏王朝的法律建设是从无到有，从不完善到逐渐系统和完善的。

1. 西夏建国前没有法律

据《旧唐书·党项传》记载：党项"俗尚武，无法令赋役"，⑤ 氏族内部出现矛盾或争斗时一般使用氏族内部沿袭下来的习惯法。到了宋代，党项内部的习

---

① 史金波、魏同贤、[俄] 克恰诺夫主编：《俄藏黑水城文献》第8册，上海古籍出版社1998年版。
② 史金波、魏同贤、[俄] 克恰诺夫主编：《俄藏黑水城文献》第13册，上海古籍出版社2007年版。
③ 武宇林、[日] 荒川慎太郎主编：《日本藏西夏文文献》上册，中华书局2011年版。
④ [日] 松泽博：《西夏文〈瓜州监军司审判案〉遗文》，《国家图书馆学刊》2002年西夏研究专号。
⑤ 《旧唐书》卷198，中华书局1975年版，第5291页。

惯法已经比较稳定和成形了，不仅如此，而且出现了依法断事的"和断官"。宋代曾巩的《隆平集》记载："蕃族有和断官，择气直舌辩者为之，以听讼之曲直：杀人者，纳命价百二十千。"① 可见，党项族内部凭借着已经成文的习惯法由"和断官"判断案情，处理氏族内部的矛盾。

2. 元昊继位后开始制定法律

西夏王朝历代统治者都十分重视法律建设。西夏王国的奠基者李德明（981—1032）"晓佛书，通法律"，② 已经显现出法律在政治、军事管理中的重要性。1032 年 10 月，李德明死，其子李元昊继位，受宋封为定难军节度、夏银绥宥静等州观察处置押蕃落使、西平王。元昊继位后，申明号令，以兵法约束部族，继续对吐蕃、回鹘用兵，占领了河西走廊，势力大张。1038 年称帝建国，自称"世祖始文本武兴法建礼仁孝皇帝"，改元"天授礼法延祚"。从所用年号和帝号，即充分彰显出元昊对法律的高度重视。此外，史籍还记载：元昊"晓浮图学，通蕃汉文字，案上置法律，常携《野战歌》《太乙金鉴诀》"。③ 元昊称帝建国后在对宋朝的上表中说"衣冠既就，文字既行，礼乐既张，器用既备"，④ 说明在元昊时已有比较成熟和完备的法律和制度，且在国内实行以法治国的策略。西夏学界的研究表明，自李元昊之后，差不多每隔半个世纪，西夏就要重新修订一次法律，而且每次新改定的法律都可称作《新法》。

3. 元昊之后的西夏历代皇帝都十分注重法律制度的修订和完善

元昊之后的皇帝秉承前朝的成功经验，根据西夏国的发展现状和实际情况，在前朝制定法律的基础上，不断地修改和完善法律，直到第五代皇帝李仁孝时期制定了比较完善的综合性法典《天盛律令》。

关于西夏历代不断修改完善法律的事实，可以从《天盛律令》卷首的《颁律表》窥见一斑。现将俄 ИНВ. No. 1570　4187 西夏文《天盛律令·颁律表》前半部分汉译文移录如下：

---

① （宋）曾巩：《隆平集》卷 20，《宋史资料萃编》第 1 辑，台湾文海出版社 1967 年版，第 770 页。
② 《辽史》卷 115，中华书局 1974 年版，第 1523 页。
③ 《宋史》卷 485，中华书局 1977 年版，第 13992—13993 页。
④ 同上书，第 13995—13996 页。

奉天显道耀武宣文神谋睿智制义去邪敦睦懿恭皇帝，敬承祖功，续秉古德，欲全先圣灵略，用正大法文义。故尔臣等共议论计，比较旧新律论，见有不明疑碍，顺众民而取长义，一共成为二十卷，奉敕名号天盛改旧新定律令。印面雕毕，敬献陛下，依敕所准，传行天下，着依此新律令而行。

纂定者……①

西夏的这篇《颁律表》记载了有关《天盛律令》修订、定名、雕印、敕准、颁行的重要史实，是研究西夏法制建设的重要的第一手档案资料。

《颁律表》包含三层内容。首先撰写重新修订《天盛律令》的原因，"敬承祖功，续秉古德，欲全先圣灵略，用正大法文义"；再写《天盛律令》修订的具体内容，表文说："臣等共议论计，比较旧新律令，见有不明疑碍，顺众民而取长义，一共成为二十卷，奉敕名号天盛改旧新定律令"；最后写雕印、敕准和颁行的事项。后面附有撰写修订《天盛律令》的作者职务和姓名。

这篇《颁律表》虽然篇幅短小，但内容比较丰富，通过深入分析和总结归纳，我们认为，主要反映了如下问题。

第一，充分说明在仁宗仁孝之前西夏已经有了比较完善的成文法律，但随着西夏封建化速度的加快，之前制定的法律已经不能完全适应其发展，因此，需要重新进行修订。《天盛律令》是西夏仁孝皇帝为了上承"先圣"之"灵略"，用"大法文义"，令臣下比较以往颁行的"旧新律令"，厘定其"不明疑碍"，以"顺众民而取长义"修撰成的一部新定律令。这部法律的诞生不仅符合西夏中后期的社会实际，而且更加便于操作和实施。

第二，证实了西夏不止一次地修订法律。据考古发现，黑水城西夏遗址发现的西夏文献中，除《天盛律令》外，还有西夏文手写本《法典》《法则》《亥年新法》等。

第三，《天盛律令》修订的对象既有内容也有形式。关于内容方面的修订，《颁律表》中进行了明确的界定，即"比较旧新律令，见有不明疑碍，顺民众而

---

① 史金波、聂鸿音、白滨译注：《天盛改旧新定律令》之《颁律表》，法律出版社 2000 年版，第 107—108 页。

取长义"，至于具体有哪些改动或删除或增加，《颁律表》并未告知；至于形式方面的修订，表文中也有说明，"一共成为二十卷"，既说明旧律可能比现在的《天盛律令》卷数多或少，但通过修订使其变成整二十卷。

第四，修订律令的时间在天盛年间。"天盛"是西夏仁宗年号，共21年。《颁律表》中并未明确说明修订《天盛律令》的确切年代，故难以确定其颁行的具体时间。但据史金波先生考证，"《天盛律令》很可能是在任得敬入朝不久、影响尚不很大的天盛初年颁行的。具体说，可能在天盛元年（1149）至任得敬任国相前的天盛八年（1156）之间"，① 这是比较有说服力的说法。

第五，从《颁律表》的附录来看，体现了西夏对修订律令的重视程度。主要反映在参与修纂者的官吏身份上。皇帝是最高的立法者，修律是在皇帝主持下的修纂班子中进行。具名的修纂人有23人，主持人是西夏北王兼中书令嵬名地暴。以下修纂人官职有中书令、枢密职位的9人，还有经略司、殿前司等品级的正、副官员或有博士、学士或教授头衔的学者。从列名来分析，修纂人中半数以上为党项族姓，其中以皇族嵬名氏为主。也就是说，修订法律的官吏以党项嵬名氏为主且集中了政界、文化界的权威人士，因而使这一法律的颁行更具有权威性。

《颁律表》附录修纂者的后四位官员，他们或为"合汉文者""汉文译者""汉文译律令纂定者汉学士""汉文译者、番大学院教授"等人，说明《天盛律令》不仅有西夏文本，还有汉文译本颁行于世，这是西夏境内有党项族和汉族两个主要民族的反映。②

《颁律表》附录中，修纂者不仅有博士、学士，还有教授，说明这些学者、教授都是学识渊博之人，他们不仅精通上古法律典籍，同时非常熟悉本朝的旧有法律和政治制度。又一次证明西夏对修订律令的重视。

4. 西夏司署衙门坚持依法治事

西夏从李元昊开始治国就"案上置法律"，按照法律规定行事，一直到西夏中后期都是如此，即西夏法律实践体现出了它的公开性、透明性和严肃性。这可

---

① 史金波：《西夏社会》，上海人民出版社2007年版，第247页。
② 同上。

以从西夏故地出土的原始档案得到证实。

西夏官府的一些文书中也时时出现利用新法或法律来办理有关事项的记载。如俄 ИНВ. No. 348《西夏大庆三年（1142）呈状》第三行就有"□候到依新法□赴"。① 俄 ИНВ. No. 353《收取镇夷郡住户榷场贸易税申状》中就有"依法搜检"字样。②

西夏双语双解辞典《番汉合时掌中珠》中就记载有利用法律审判案件的过程和有关事实：

诸司告状，大人嗔怒，指挥局分，接状只关，都案判凭，司吏行遣，医人看验，踪迹见有，知证分白，追干连人，不说实话，事务参差。枷在狱里，出于头子，令追知证，立便到来，仔细取问，与告者同。不肯招承，凌迟打拷。大人指挥，愚蒙小人，听我之言，孝经中说，父母发身，不敢毁伤也。如此打拷，心不思惟，可谓孝乎？彼人分析，我乃愚人，不晓世事，心下思惟。我闻此言，罪在我身，谋智清人，此后不为，伏罪入状，立便断止。③

《番汉合时掌中珠》的这一则材料虽不是法律，但比较清楚、明确地记载了西夏审案的环节，包括审案经过、司法官吏的职能、证据的搜集和确认、加之以说教等方法，最后使犯罪者"我闻此言，罪在我身，谋智清人，此后不为，伏罪入状"，证据确凿之后就"立便断止"，让犯罪者心服口服。

还有一些律法档案也证实了《番汉合时掌中珠》以及《天盛律令》卷14《误殴打争斗》中的一些记载和规定，并有十分重要的补充作用。如俄 ИНВ. No. 1381 汉文《乾祐五年验伤单》就是一份伤害案件的医人验伤档案。"医人看验"是重要的取证环节，更是司署衙门判案的重要证据。因此，负责看验的医人不仅要仔细勘验伤势，不得有任何的纰漏和失误，而且要认真填写验伤

---

① 史金波、魏同贤、[俄]克恰诺夫主编：《俄藏黑水城文献》第6册，上海古籍出版社2000年版，第283页。

② 同上书，第285页。

③ （西夏）骨勒茂才著，黄振华、聂鸿音、史金波整理：《番汉合时掌珠》中，宁夏人民出版社1989年版，第61—66页。

单。为了方便了解西夏医人验伤的情况，现录俄 ИНВ. No. 1381 汉文《乾祐五年验伤单》如下：

医人康□□
准□□□月十三日□嵬……
鼻内见有血迹，验是拳手伤，无妨……
验已后稍有不同，依条承受□□
乾祐五年三月　日①

通过以上验伤单，我们看出西夏验伤单的书式很简单：医人姓名→批准验伤文书→受伤时间→被验者姓名→伤势状况→致伤工具→验伤结果→医人对验伤结果的承诺→验伤时间等。

总之，俄 ИНВ. No. 1381 汉文《乾祐五年验伤单》对如何勘验伤势记载得十分具体和明确，这为我们进一步研究西夏审判制度提供了最为原始和直接的珍贵资料，其价值显得十分突出。

此外，保存至今的 12 纸西夏文《瓜州审案记录》即王静如和陈炳应介绍的 6 纸《瓜州审案记录》、中藏 B11·001 共 2 纸、B21·001—003、B31·001《瓜州审案记录》残页是"对一案件反复多次审理的真实记录，其中涉及陈告、原告、审问、搜查、抓捕、服罪等，内容包括借贷、买卖、人命等，官署有监军司、农田司，地点有瓜州、灵州等，有的页面末记载审问时间，从天赐礼盛国庆元年腊月至翌年七月（1070），有的还有批文、头监和记录的署名"。② 可见，西夏依律治事的严谨和可靠性。

国家图书馆藏 4 纸编号 087、109 号、111 号、123 号西夏文《审案记录》也是一份案件证人的证词记录，记载耶和西讹成在他舅舅家亲眼看见铁吉和耶和郭来之子，盗窃其舅舅家牛的过程并不归还的事实。从这份《审案记录》来看和《瓜州审案记录》一样，都属于反复录证，同样都反映了西夏时期的经济

---

① 史金波、魏同贤、［俄］克恰诺夫主编：《俄藏黑水城文献》第 6 册，上海古籍出版社 2000 年版，第 296 页。

② 史金波：《西夏社会》，上海人民出版社 2007 年版，第 271—272 页。

纠纷案件。

如上所说的12纸《瓜州审案记录》和4纸《审案记录》这两份西夏律法实物档案充分印证了《番汉合时掌中珠》记录的审案时"不说实话，事务参差"时，就需要"令追知证，立便到来，仔细取问"这一事实。同时更印证了《天盛律令》的有关规定，即丢失畜物，盗窃嫌疑人不肯招承，又找不到赃物时，只得另寻举告这样的规定。

由上律法实物档案可知，西夏在审案时是非常的严肃和慎重，不仅审案程序严密、合法，而且对于证据的获得则更是慎之又慎，反复查验、反复录证。其目的则是不冤枉好人，也不放过坏人，保证西夏社会的健康安定和迅速发展。

（二）西夏律法档案的内容

西夏律法档案由法典和官府律法文书两部分组成，那么，律法档案的内容也可以分为两部分来阐述。

1. 法典的基本内容

从前文整理所知，西夏文法典不仅仅是《天盛律令》一部，还有《法则》《亥年新法》《法典》以及军事法典《贞观玉镜统》和相关的《律令》《律条》等。按照现行学术界的说法，认为黑水城出土的西夏文法典中最为著名的则是西夏仁宗于天盛年间（1149—1169）颁行的《天盛律令》。

西夏法典的基本内容十分广泛，也非常丰富，包括了刑法、诉讼法、行政法、民法、经济法、军事法等。下面以《天盛律令》为例，简单阐述其内容。

《天盛律令》是一部系统的王朝法典，是中国中古时期唯一保存基本完整原本的法典。是十分珍贵的法律史料资源。它也是中国历史上继《宋刑统》以后又一部印行出版的王朝法典，更是第一部用少数民族文字印行的法典，是西夏仁宗天盛年间（1149—1169）制定和颁行的一部综合性国家法典。全书共20卷，150门，1461条，法典之前有"名略"上下两卷，是各律条的名称，为全书的总目录，通过"名略"可大致了解残失条文的主要内容。"其详细程度为现存中古法律之最。法典总计20余万言，没有注释和案例，全部是律令条文，其内容包括刑法、诉讼法、行政法、民法、经济法、军事法，多方位地反映了西夏社会生活的各个方面，给研究西夏政治、经济、军事、文化提供了大量资料，对研究中国法制史更是具有重要的意义。"① "它不仅吸纳了唐、宋等律书以忠和孝为核心维护封建专制统治的法制思想、行之有效的'十恶''八议''五行'的基本内容，还继承了在刑法、诉讼法方面丰富、严谨、细密的传统，同时在很多方面充实、发展了唐、宋律的内容。"②

《天盛律令》从形式到内容都接受了中原王朝成文法的成熟经验，特别是《唐律疏义》和《宋刑统》都对西夏《天盛律令》产生了重大影响。然而，西夏是以党项族为主体建立的王朝，所修律法也显现出了独特的一面。在内容上具有比较鲜明的民族和地方特色，更为丰富；在形式上也与唐、宋律有很大不同：唐、宋律一般只规定对违反刑律的处罚，而《天盛律令》则首先是明确规定何事可做，何事不可做，其次是对违反规定的处罚。因此，与唐、宋法律相比，则更显现出综合性法典的性质。

至于天盛年之后仁宗朝编纂颁行的《法则》，③ 则是对《天盛律令》部分内容进行的补充和完善。虽然说天盛年间编纂颁行的《天盛律令》是一部综合性法典，但随着西夏政治、经济、文化、军事、宗教等的迅速发展，《天盛律令》中包含的法律规定并不能完全反映时代发展的需要，无法包揽当时社会中出现的各种违法行为，所以，需要进行不断的补充和完善。因此，仁宗朝编纂颁行的《法则》则相当于现代社会出现的关于对某某法律的补充规定一样，对当时出现的某些《天盛律令》中未涉及的违法空隙进行了弥补和完善，起到了完善法制的作用。

还有西夏桓宗纯祐、襄宗安全、神宗遵顼三朝之间编纂颁行的《亥年新法》④ 也是对前朝《天盛律令》有关条文的补订。据《俄藏》第九册"内容提要"介绍："《亥年新法》或简题《新法》，存写本多种。体例与《天盛律令》稍异，正文不立门类，唯其中屡屡引及《天盛律令》条文，并有补订之处。写本卷尾或题有光定四年（1214）款，则是书当修成于前。现存《亥年新法》诸

---

① 史金波、聂鸿音、白滨译注：《天盛律令·前言》，法律出版社 2000 年版，第 3—4 页。
② 史金波：《西夏社会》，上海人民出版社 2007 年版，第 252—253 页。
③ 杨富学、陈爱峰：《黑水城出土夏金榷场贸易文书研究》，《历史研究》2009 年第 2 期。
④ 姜歆：《黑水城出土法律文献的整理与研究概述》，《西夏研究》2011 年第 3 期；文志勇：《俄藏黑水城文献〈亥年新法〉第 2549、5369 号残卷译释》，《宁夏师范学院学报》2009 年第 1 期。

本大多抄写仓卒，乃至同一册内有多人合抄者，故本卷之所以罗列甲、乙、丙、丁、戊、己、庚、辛诸本，仅为标识同一卷次的不同写本以便检索，而非文献学意义上的版本鉴定。"① 截至目前，已有苏俄学者戈尔巴乔娃和克恰诺夫在其合著的《西夏文写本与刊本》中对《亥年新法》作过简略介绍，中国也有学者对该法典的部分内容进行了试探性的译释和研究。② 通过译释和研究，认为俄 ИНВ. No.2549《亥年新法》（甲种本）第七共3条4款内容，第一条共有两款，第一款是对大额买卖作了一定限制，第二款则是要求从域外前来贸易的大食商人在肃、沙、瓜等地居住期间不许将家畜与野兽相混养，也不许进行违法买卖。这一法律条文是对《天盛律令》卷七《敕禁门》中部分内容的完善。第二条是关于西夏军兵、人等穿越边界、往返于夏国与敌国之间，进行伺探、搜寻及图谋敌地等活动时，边界守军应当保守秘密。这是一条独立的法律，补订了《天盛律令》的空缺。第三条是关于边界如何接纳自女真国投奔西夏国人众的规定。这一法律可完善《天盛律令》卷七《为投诚者安置门》、卷四《边地巡检门》中的有关条款；俄 ИНВ. No.5369《亥年新法》（丁种本）第二共2页，是关于犯罪者在求赎时，因本人或家庭财力贫乏，赎罪时还可以分两次缴纳财力等内容，这一法律可补订《天盛律令》卷二十《罪则不同门》中"获罪减刑"的有关条款，使西夏的法律更加完善。③ 俄 ИНВ. No.5543《亥年新法》（甲种本）第一和俄 ИНВ. No.842《亥年新法》（乙种本）第一拼接之后，其体例与顺序虽然前后跨越，但内容则是对《天盛律令》卷一《恶毒门》中"妇人杀夫罪"、《为不道门》还有卷三《自告偿还解罪减半议门》的完善。另外，还对《天盛律令》相关内容进行补充，如在处罚规定之外增加了道德说教的内容，讲明遵法与违法的利害关系和道理，有"疏议"风格。④

黑水城出土的西夏文军事法典《贞观玉镜统》（1101—1113），虽可独立成

---

① 史金波、魏同贤、[俄]克恰诺夫主编：《俄藏黑水城文献》第9册，上海古籍出版社1999年版，第1—2页。
② 贾常业：《西夏法律文献〈新法〉第一译释》，《宁夏社会科学》2009年第4期；文志勇：《俄藏黑水城文献〈亥年新法〉第2549、5369号残卷译释》，《宁夏师范学院学报》2009年第1期。
③ 文志勇：《俄藏黑水城文献〈亥年新法〉第2549、5369号残卷译释》，《宁夏师范学院学报》2009年第1期。
④ 贾常业：《西夏法律文献〈新法〉第一译释》，《宁夏社会科学》2009年第4期。

为典籍，但其与《天盛律令》中有关军事内容相比，则各有侧重。《贞观玉镜统》主要讲军政和作战时的军律，而《天盛律令》则讲作战之外的防守、集合、后勤供应、通信、间谍等方面，二者极少相同、重复。即使讲同一主题，也是侧重点不同。如两书都讲到战马、甲胄问题，《贞观玉镜统》主要讲战斗中的得失功罪赏罚，而《天盛律令》则主要讲配给标准、数量，且不许相互占用，更不许以次充好等。由此可知，《贞观玉镜统》与《天盛律令》可将军事法律互为补充，而且《贞观玉镜统》的实用性更强。①

此外，黑水城还出土有不明出自何种法典者的法律，如《法典》《律条》《律令》等残片，目前虽未见学界的介绍和研究，但可能也是对前朝法典的补订。

2. 官府律法文书档案的内容

从前整理所知，西夏官府律法文书档案的内容归纳起来主要有如下几方面。

第一，反映了西夏基层机构案件审理过程和有关事项的内容。如王静如、陈炳应介绍的 6 纸《瓜州审案记录》、中藏 B11·001 共 2 纸、B21·001—003、B31·001 西夏文《瓜州审案记录》和国家图书馆藏 4 纸编号 087、109、111、123 西夏文写本《审案记录》均反映了西夏审案的过程及西夏司法审判制度的严密、公正、负责等方面。

第二，反映了西夏法律的修订、定名、敕准、雕印和颁行的重要史实。如俄 ИНВ. No. 1570 4187 西夏文《天盛律令·颁律表》所涉及的内容和事项就能充分证实这一重要史实。

第三，有关伤害案审案取证的过程和取证的内容。如俄 ИНВ. No. 1381A 汉文《乾祐五年验伤单》最为典型。此外，还有 12 纸《瓜州审案记录》等。

第四，有关对违法犯人处决后呈报上司备案的档案，如俄 Дх. 2957 10280 汉文《夏光定十三年（1223）千户刘寨杀了人口状》等。

第五，有关婚姻嫁娶中因婚价纠纷而产生的告状事。如中藏 B11·016—34P—37P、42P 西夏文《诉讼文书残页》、中藏 M21·004、013—1P—3P 西夏文《己卯年告状案》等。

第六，有关依法设立或增加相关司署衙门和违反规定而增加官吏等的档案，

---

① 陈炳应：《贞观玉镜将研究》，宁夏人民出版社 1995 年版，第 53—54 页。

如俄 ИНВ. No. 2150A 汉文《三司设立法度文书》、俄 ИНВ. No. 2150B 汉文《违越恒制文书》等。

综上，西夏官府律法文书档案的内容也涉及西夏社会生活的方方面面，对依据法典处理西夏社会中出现的形形色色的违法犯罪案件起到重要的作用。

（三）西夏律法档案的特点

西夏律法档案的特点仍然可以从内容和形式两个方面来阐述。

1. 西夏律法档案的内容特点

（1）审判取证的严密性和慎重性

《天盛律令》卷九《事过问迟典门》《诸司判罪门》《越司曲断有罪担保门》等中对审理案件的具体过程、逐级审核查验判案文书以及枉断错判和越司告状与上诉的处罚规定和司法制度十分全面、集中、详备。因此，西夏对案件的审理有法定的程序，而且严密、规范、慎重。从法典规定来看，职司办案时首先要接状，然后是侦讯。侦讯时要依法进行。对审案者贪赃枉法、贪赃不枉法、审讯失误等都有细致的处罚规定。包括节亲、宰相、大臣在内的官员"不许因私意问□□习事。违律时，言多少一律徒一年，受贿则与枉法贪赃罪比较，从其重者判断"。①

法典又规定：京师各司问案时，如已审理，犯人获死罪或无期徒刑时，"审刑已审中，与□□不同时，当问有何异同曲枉，令明，则人□□□□□枷，问于其处，问其异枉，为之转司□何应，当奏报于中书、枢密所管事处，赐予谕文"。地边、地中监军司下的府、郡、军、县"问种种习事中，应获死、无期之人，于所属刺史审刑中，□有罪人谓其不服，则当明其枉□□语为何□。本人枷于刺史处问之，报经略职管司等，当待谕文"。②

西夏法典又规定了各种案件的审案期限，"死刑、长期徒刑等四十日，获劳役者二十日，其余大小公事十日期间问毕判断。若彼期间问判不毕时，局分中都案、案头、司吏，庶人十三杖，有官罚马一"。③

---

① 史金波、聂鸿音、白滨译注：《天盛改旧新定律令》卷9，法律出版社 2000 年版，第 317 页。
② 同上。
③ 同上书，第 324 页。

第五章 西夏专门档案整理与研究（中）

此外，还规定审案文书的撰写要求，即规范、时效、准确。① 若出现延误、住滞、误写审案文书者，相关的官吏都要承罪，"诸司所判写文书者，承旨、习判、都案等当认真判写，于判写上落日期，大人、承旨、习判等认真当落，不许案头、司吏判写及都案失落日期。若违律时，一律徒六个月，受贿则与枉法贪赃罪从重判断"。"诸司局分人行过文书者，当于所定日上完毕。倘若至其日未毕，有未毕之缘由□□并判写完毕，则罪勿治，无缘由则依……当承罪。""中书、枢密、诸司等都案文书住滞时，官大及品亦当入承罪人中，应枷系亦枷系，应笞杖者，行杖处所属大人当计，罚钱若干置案。其中诸司都案应承杖亦承杖。"撰写好的审案文书还要进行校对，以防撰写不合规范或审案证据不足等情况出现，导致曲枉，"案头、司吏校文书者当于外为手记。倘若其不合于文书而住滞，则校文书者依法判断。同任职有手记时，所校文书上有疑□，知有住滞而未过问者，比校者罪减一等。未知，则因未仔细搜寻而再减一等"。②

整个案件审理完毕后，仍然还要再次全面地检查一番，确定无误后按照季节依次上报。"国境中诸司判断习事中，有无获死及劳役、革职、军、黜官、罚马等，司体中人当查检，明其有无失误。刺史人当察，有疑误则弃之，无则续一状单，依季节由边境刺史、监军司等报于其处经略，经略人亦再查其有无失误，核校无失误则与报状单接。本处有无判断及尔后不隶属于经略之各边境、京师司等，皆依文武次第分别当报于中书、枢密。至来时，所属案中亦再与律令仔细核校，有失误则另行查检，无则增于板簿上，一等等奏闻而告晓之。若诸司人未依季节而报，而中书、枢密局分人未过问等，一律依延误公文判断。"③ 若有枉误争讼则可以继续上告到中央的匦匣司进行审理，最终判断而告晓，"诸人有互相争讼陈告者，推问公事种种已出时，京师当告于中兴府、御史，余文当告于职管处，应取状。其中有谓受枉误者时，于局分都案……若所属司问乾于大人、承旨有争论时，当入状于匦匣中，匦匣司人当问告者，如何枉误，有何争讼言语，当仔细明之。谓我语确凿，敢只关则令只关，然后当使所争讼处来文，当仔细审察

---

① 赵彦龙、陈文丽：《略论西夏公文体式》，《青海民族研究》2012年第1期。
② 史金波、聂鸿音、白滨译注：《天盛改旧新定律令》卷9，法律出版社2000年版，第320—322页。
③ 同上书，第323页。

文字判写。与告者语同，有显见之枉误，则当问其问者大人、承旨为谁，有何住滞，而使脱罪。然后再于所属司大人或转或令问，及全部司别转令问，应如何，依时节告时，当过问，依上谕所出实行。若无枉误语，告者无确凿语，妄避罪日长，□语上有添补，则当使脱罪，引送前置文处，当总合，依律令语法实行"。①

上述整理的保存至今的12纸中藏B11·001共2纸、B21·001—003、B31·001西夏文《瓜州审案记录》残页就是对一件案件反复多次审理的真实记录，其中涉及陈告、原告、审问、搜查、抓捕、服罪等环节。审理这一案件的官署有瓜州监军司、农田司等，地点有瓜州、灵州等。审案记录的撰写有审案时间、地点，也有批文、头监、记录者的签名，结构比较严密，符合审案记录的撰写规律。②

国家图书馆藏编号087、109、111、123西夏文《审案记录》4纸，是同"一案件的证人的证词记录，记名为耶和西讹成的人，在其舅舅家亲见铁吉和耶和郭来之子，盗窃其舅舅家的牛，并不归还的事实。从记录看是反复录证"。③

俄 ИHB. No. 1381汉文《乾祐五年验伤单》④ 就是一份伤害案件的医人验伤档案。"医人看验"是重要的取证环节，更是司署衙门判案的重要证据。因此，负责看验的医人不仅要仔细勘验伤势，不得有任何的纰漏和失误，而且要认真填写验伤单。

中藏B11·001共2纸、B21·001—003、B31·001西夏文《瓜州审案记录》、俄 ИHB. No. 1381汉文《乾祐五年验伤单》等律法实践的官府文书档案所记载的审案环节、取证的经过等都与西夏法典的规定相吻合。可见，西夏不仅有成熟的司法审讯程序，而且严格按照法律规定进行审讯，审讯取证的过程具有很强的严密性和慎重性。

（2）以体现西夏统治阶级意图为主

封建社会的法律都是维护封建统治阶级意图特别是最高统治者意志的，西夏

---

① 史金波、聂鸿音、白滨译注：《天盛改旧新定律令》卷9，法律出版社2000年版，第338页。
② [日] 松泽博：《西夏文〈瓜州监军司审判案〉遗文》，《国家图书馆学刊》2002年西夏研究专号。
③ 史金波：《国家图书馆藏西夏文社会文书残页考》，《文献》2004年第2期。
④ 史金波、魏同贤、[俄] 克恰诺夫主编：《俄藏黑水城文献》第6册，上海古籍出版社2000年版，第296页。

虽然没有完全脱离奴隶制的因素，但基本也进入了封建社会。因此，西夏的律法档案也会体现统治阶级的意图，甚至最终体现西夏最高统治者意志。如《天盛律令》卷一《谋逆门》对触犯皇帝的"谋逆"行为都要处以极刑："欲谋逆官家，触毁王座者，有同谋以及无同谋，肇始分明，行为已显明者，不论主从一律皆以剑斩，家门子、兄弟节亲连坐、没畜物法按以下所定实行……"[1] 西夏官吏必须服从皇帝的指挥，若有所违反，则严肃处罚："不听御前指挥者，依卷一传圣旨时不行臣礼之造意法，不论官，当剑斩之，家门勿连坐。"[2] 西夏法律不仅保护皇帝的绝对权威，同时保护官高之人的权利，如《天盛律令》卷一《为不道门》规定："有官人自相有意行伤人时，不论官兵高下：官低人伤比自官大时：有'未及御印'官者，对自'及御印'到'拒邪'官未伤则造意徒十二年，从犯徒十年；已伤时，造意、伤人者等绞杀，从犯徒十二年。对至'及授'官者，未伤则造意绞杀，从犯徒十二年；已伤时，造意、伤人者等以剑斩，从犯绞杀……"[3] 西夏的使军、奴仆更是要听从主人的召唤，否则要处罚："诸人所属使军、奴仆唤之不来，不肯为使者，徒一年。"[4]

西夏法典基本上是为西夏统治阶级着想，也为其服务。那么，西夏官府律法文书档案是否能体现法典的基本思想呢？我们的回答是肯定的。如俄 ИНВ. No. 2150A 汉文《三司设立法度文书》、俄 ИНВ. No. 2150B 汉文《违越恒制文书》、俄 Дх. 2957 10280 汉文《光定十三年（1223）千户刘寨杀了人口状》等都可成为维护封建统治阶级意志的典型档案，特别是俄 Дх. 2957 10280 汉文《光定十三年（1223）千户刘寨杀了人口状》更显得突出，即千户刘寨等大户人家可以将自己户下不听使唤或触犯法律的奴仆随意处死，并上报给官府。由此可以看出，西夏的官府律法档案所反映的情况要比法律规定严格得多。

（3）维护封建社会的正常秩序

法律的功能之一就是惩治违反社会治安的犯罪分子，维持正常的社会稳定或秩序。关于此，西夏律法档案《天盛律令》《瓜州审案记录》则是最好的例证。

---

[1] 史金波、聂鸿音、白滨译注：《天盛改旧新定律令》卷1，法律出版社2000年版，第111页。
[2] 同上书，第606页。
[3] 同上书，第121页。
[4] 同上书，第606页。

《天盛律令》对维持社会的正常秩序有详细、具体的条文规定。《天盛律令》卷二《盗杀牛骆驼马门》规定："盗五服以内亲节之牛、骆驼、马时，按减罪分别处置以外，其中已杀时，不论大小，杀一头当徒五年，杀二头当徒六年，杀三头以上一律当徒八年。"① 卷三《杂盗门》规定："诸人盗窃官私之物时，对物属者及监护者等，若杀伤主、护人时，当以强盗论。持不持武器二种罪情，反复偷盗之罪状等，依以下所明示实行。若因往盗伤人、杀人，则当与第一卷有意杀伤他人之罪情同，伤杀人罪及盗窃之钱量罪，依其重者判断。"又进一步规定："同谋持武器而盗者，已谋未往，则造意徒三年，从犯徒二年。已往，物未入手，造意徒四年，从犯徒三年。物已入手，则四缗以下，造意徒五年，从犯徒四年……十六缗以上至十九缗九百九十九钱，造意徒十二年，从犯徒十年。二十缗以上，一律造意绞杀，从犯徒十二年"② 等，由上可知，西夏对盗贼的处罚非常严厉。

西夏对聚众盗窃的处罚更是严厉有加，"五人以上同谋皆往盗窃，畜物已入手，则多寡不论，当为群盗。无论主从，不论有官、庶人，一律皆当以剑斩。自己妻子，同居子女当连坐，应入牧农主中。其中二三人往盗窃，有一二人未往盗窃时，勿算群盗。依强盗、偷盗主从犯判断"。③

西夏文《瓜州审案记录》、国家图书馆藏西夏文《审案记录》等就是对西夏民间出现的因借贷、买卖、人命、盗窃等违法案件的反复审案记录，可谓维持西夏社会秩序稳定、保持社会正常运转的最好案例。

(4) 重视军事法规建设

西夏以武立国，又长期处于邻国的军事包围与威胁之下，为了生存、国防安全与战争的需要，十分重视军事立法，从黑水城出土的西夏法典和军抄文书就是最典型的证据。黑水城出土的西夏文文献中有两部西夏的法律。其中之一是夏崇宗乾顺贞观年间制定的一部专门的军律《贞观玉镜统》。该军律现存有83面，计：序言1面，第一篇条目1面，第二篇条目和正文共23面，第三篇条目和正文共31面，第四篇条目和正文共27面。从残存的条目和正文看，其内容包括序

---

① 史金波、聂鸿音、白滨译注：《天盛改旧新定律令》卷1，法律出版社2000年版，第154页。
② 同上书，第161—162页。
③ 同上书，第169页。

言、政令篇、赏功篇、罚罪律和进胜篇五个部分，残存条目共计133条，正文阐释63条。内容涉及统兵体制、赏罚对象和物品，军事思想等多方面；① 其中之二是夏仁宗天盛年间制定的综合性法典《天盛律令》。该法典共20卷、150门、1461条，其中军事法就占有3卷、16门、198条，约占全书的1/7。②

《贞观玉镜统》主要是作战杀敌、胜败赏罚、进退功罪的规定，而《天盛律令》中的军法则是有关守御边城、军资供给、季校集校、军籍磨勘等的内容，二者各有重点，相辅相成，珠联璧合。③ 国家图书馆藏西夏文社会文书《军抄人员装备文书》④可以验证上述两部法典的大部分内容，但也有少部分内容与法典规定不相一致，这可以补充法典的相关规定。可见，西夏对军事法典和军队建设的重视程度。

2. 西夏律法档案的形式特点

（1）律法档案的结构安排

西夏官府律法文书档案的结构安排一如其他官府文书的撰写，并没有什么特别的差别。但是，西夏法典的编纂和撰写既有继承中原法典传统的一面，同时又有独创的一面，显现出了党项民族的风格。以《天盛律令》《贞观玉镜统》为例探讨其结构安排模式。

第一，《天盛律令》《贞观玉镜统》的篇目设置与唐、宋有区别。《唐律疏议》编纂则坚持简洁明了，但是因过分简洁而出现了"难解难明、不详不尽之处，不得不附另文为疏义，并不断增加律外的令、格、式，而对于律文，则不能轻易改动"。⑤ 变成由简而繁的律法档案。《宋刑统》的编纂与撰写的结构安排与唐律区别并不大，只是又增加了"敕""例"的编写，导致宋朝的律法档案更加庞杂而混乱，官吏更难掌握和实施。西夏借鉴唐、宋律法档案编纂中的缺陷，根据本朝实际情况，创造性地将律、令、格、式系统地编入律令之中，"使之成为整齐划一、条理清楚、比较完备的法典。实际上中原王朝法典中分割开的法律内

---

① 李范文主编：《西夏通史》，人民出版社、宁夏人民出版社2005年版，第444页。
② 杜建录：《〈天盛律令〉与西夏法制研究》，宁夏人民出版社2005年版，第246页。
③ 史金波：《西夏社会》，上海人民出版社2007年版，第284页。
④ 杜建录、史金波：《西夏社会文书研究》，上海古籍出版社2012年版，第177—180页。
⑤ 史金波：《西夏社会》，上海人民出版社2007年版，第249页。

容有机地融合在一起，使法律条文规定划一，条理清楚，翻检方便"。① 因此，西夏借鉴了《宋刑统》卷、门体系，将《天盛律令》编为20卷，卷下设150门，门下又分1461条。

相比较来说，《贞观玉镜统》的结构模式更为简单，一个条目大多只有一条正文，每章条目无标题，但在正文前面冠以标题，每类正文之前又有小标题，有的类别条文之前还有前提性的总叙。叙述简明扼要，各条之间极少重复，且赏、罚分开。②

第二，《天盛律令》的编纂形式则是全部为统一格式的律令条目，既没有条后附赘的注疏，也没有条外另加的敕（皇帝随时颁发的命令）、令（政令）、格（官吏守则和奖惩）、式（文书程式）。其优点是不仅使律条眉目清晰，易于查找，也避免了宋朝律外生律、编敕太多、轻视本条的弊病。由此可见，《天盛律令》的编纂形式更多地借鉴了《贞观玉镜统》只有条目的统一格式、简单明了的模式，更容易识记和运用。

(2) 西夏律法档案的雕印款式

西夏律法档案中《天盛律令》《贞观玉镜统》为雕版刊行，故其创立了分层次、阶梯式的条款排列格式。

西夏文撰写的《天盛律令》这份律法档案原书有严谨的书写格式，即条、款、项等：门下为条，每条第一行顶格书写，以西夏文"一"字为起首语，其下为条目具体内容，第二行即"款"，再降一格书写。如果"款"下还有"项"的话，则再降一格书写，依次类推。不论怎样，每下一个层级，就降一格书写，并无每下一个层级降两格的现象出现。这种条文款项的编纂形式使内容纲目分明、层次清楚，很接近于现代的法律条文形式。

《贞观玉镜统》的雕印格式与《天盛律令》基本相似：首行顶格冠以书名分篇卷次，以下低两格撰目录名，目录后低三格写篇名。正文首行顶格总题，以下低一格分题，低两格正文，或正文顶格总题，以下俱低两格。正文后写清书名分篇卷次。同样显现出条目清楚独立、层次分明完整的特点。

---

① 史金波：《西夏社会》，上海人民出版社2007年版，第249页。
② 陈炳应：《贞观玉镜将研究》，宁夏人民出版社1995年版，第54页。

总之，在中古时期西夏创造了这种一目了然、便于掌握使用的律令条目形式，是中国法制史及其律法档案写作史上一次大胆、成功的革新，其系统性、层次性在当时是绝无仅有的。

（四）西夏律法档案的价值

1. 西夏律法档案的版本价值

西夏官府律法文书档案基本上是写本，且多为单页或残页，因此，其版本形制比较散乱，无法具体深入地进行探讨和归纳。所以，其版本价值主要针对西夏法典《天盛律令》《贞观玉镜统》而言。

黑水城出土的西夏法典既有刻本（如《天盛律令》（甲种本）、《贞观玉镜统》等法典），也有写本（如《天盛律令》写本有五种，即乙、丙、丁、戊、己种本），虽残缺不全，但其形制与《天盛律令》（甲种本）无二。我们以《天盛律令》（甲种本）和《贞观玉镜统》为例介绍律法档案的版本状况。

《天盛律令》（甲种本），原书残，蝴蝶装。"每页上下单栏，左右双框，中有版口。版口上部以西夏文刻'律令'2字及卷次，如第1卷中刻'律令一第'，可译为'律令第一'。版口下部以汉文数字标记页数，每卷自成起讫。"①《天盛律令》（甲种本）页面与版面大小规格不一，如第1卷中即有页面为29.8厘米×19.5厘米、版面22.2厘米×15.5厘米，页面为25.5厘米×16.5厘米、版面为19厘米×13.8厘米，页面为27.8厘米×19.5厘米、版面22.5厘米×15.5厘米等三种不同的规格。② 因此，我们结合相关的研究，推测《天盛律令》系因民间宣传、普及法律而由不同刻工刻印拼制而成，因为"全书的字体不一，各版每单行的字数也多少不等。《天盛律令》为西夏国的根本大法，当由官府刻字司负责刊布，但从上述版本情况来看，似乎流传下来的《天盛律令》不是刻字司的刻本。也许和《音同》一样，官本刊布后，又出现了民间刻本，因此，没有刻印的地点、时间以及刻工的落款"。③ 全书共20卷，其中9卷完整，10卷各有不同程度的残缺，1卷全佚（即第十六卷只存条目名称），现保存内容约为原书的六

---

① 史金波、聂鸿音、白滨译注：《天盛改旧新定律令》之《译注说明》，科学出版社1994年版，第4页。
② 李范文主编：《西夏通史》，人民出版社、宁夏人民出版社2005年版，第416页。
③ 杜建录：《〈天盛律令〉与西夏法制研究》，宁夏人民出版社2005年版，第28页。

分之五。书前《颁律表》后又有所谓"名略",是各律条的名称,是全书的总目录。

　　《天盛律令》的版本价值很高,不论是法律文献还是文学文献抑或是宗教文献等方面,宋、西夏、金时代留传下来的实物刻本文献数量本来就不多,更何况是用少数民族文字印行而流传于世的综合性法典《天盛律令》,其价值更非一般,"足以与涵芬楼影宋刊本《唐律疏议》和天一阁藏影宋钞本《刑统》相比肩","出土的西夏《律令》木刻本与传世的《唐律疏议》宋刊本、《刑统》宋钞本相同,都是不可多得的最早最系统的法律文献版本"。此外,通过研究发现,西夏的雕版印刷技术相当成熟,为中国古代的雕版印刷作出了突出贡献,"西夏《天盛律令》与其他出土的西夏文献共同证实了西夏刻本在十世纪中叶至十三世纪中叶的中国雕版印刷史上应与宋刻本、金刻本一样,占有不可否认的一席地位;西夏的雕版印刷技术在当时已经达到了相当水平"。①

　　《贞观玉镜统》是西夏崇宗贞观时期(1101—1113)雕版印刷的兵书,蝴蝶装,比《天盛律令》(1149—1169)要早约半个世纪,其版本形制比较特殊,"没有任何注释、圈点的白文本,是迄今所知西夏唯一的兵书单行本,并有几个不同的版本"。②对于研究北宋时期版本学的相关理论增加了非常可靠的实物资料。

　　总之,通过以上研究可知,西夏雕版印刷受中原宋朝刻书的影响,其装帧、版面、行款以至书体、纸张、墨色等吸收宋朝刻书的经验,但西夏在刻书印刷方面并不完全拘泥于宋朝的模式,而是有所创新和发挥,这充分说明独具特色的西夏文化在汉族和各少数民族先进文化的母体中孕育而成,是中华文化的有机组成部分。

　　2. 西夏律法档案是研究中国古代法制史的重要资料之一

　　西夏的《贞观玉镜统》《天盛律令》是中国历史上最早的两部用少数民族文字——西夏文编纂和颁行的王朝军事法典和综合性法典。在中国中古历史上,和西夏先后并存的宋、辽、金等王朝,除了以汉族为主体建立的宋朝外,辽、西

---

① 王天顺主编:《西夏天盛律令研究》,甘肃文化出版社1998年版,第200—202页。
② 陈炳应:《贞观玉镜将研究》,宁夏人民出版社1995年版,第54页。

夏、金三个少数民族在"建国前都基本上处于原始部落解体向阶级社会发展的阶段，建国后又受中原汉族先进生产力及文化传统的影响，迅速由奴隶制向封建制转化，因而其法律既带有本民族习惯法的鲜明色彩，又能具唐宋法律的基本模式；既带有奴隶制的痕迹，又有封建制的特点，形成这一时期民族政权法的独特风格"。[1] 如辽、金两个王朝都曾模仿和借助于宋朝法典修成了《重熙新定条例》《咸雍重定条例》《皇统新制》《明昌律义》《泰和律义》等成文法，但这些用汉文编纂的律令都由于战乱等原因而未能留传下来。而《贞观玉镜统》《天盛律令》则是西夏时期用西夏文书写的最为完备的军事法典和综合性法典，也是我国历史上最早的两部用少数民族文字印行的律法档案，更是《大元通制条格》与《大清律例》之外的唯一保留下来的两部少数民族律法档案，它对于研究中国法制史、法律制度都是十分珍贵的原始档案，尤其对研究西夏王朝以及中国历史上少数民族的法制史、法律制度等更为珍贵。因此，有专家说："就中国古代法制史和西夏学研究资料来看，西夏《律令》无疑是其中重要的一种。"[2] "西夏兵书《贞观玉镜将》是我国历代兵书中颇具特点的一本，又是迄今极为罕见的我国少数民族古代兵书，对我们全面研究古代兵书颇有价值，它在我们兵书史上应占有重要的地位。"[3] 我们以为西夏学专家对西夏律法档案这样中肯且高度的界定显得十分公允。

此外，俄 ИНВ. No. 1570 4187 西夏文《天盛律令·颁律表》、12 纸中藏 B11·001共2纸、B21·001—003、B31·001 西夏文《瓜州审案记录》等以及用汉文书写的官府律法文书档案，如俄 ИНВ. No. 1381 汉文《乾祐五年验伤单》、俄 ИНВ. No. 2150A 汉文《三司设立法度文书》、俄 ИНВ. No. 2150B 汉文《违越恒制文书》、俄 Дx. 2957 10280 汉文《光定十三年（1223）千户刘寨杀了人口状》等，都是研究西夏法律实践的重要凭证，也是研究中国古代法律实践重要的凭证之一。

3. 西夏律法档案是研究西夏历史的重要史料

西夏档案原件极端匮乏，特别是西夏官府律法文书档案原件更是少之又少，

---

[1] 杜建录：《〈天盛律令〉与西夏法制研究》，宁夏人民出版社2005年版，第257页。
[2] 王天顺主编：《西夏天盛律令研究》，甘肃文化出版社1998年版，第200页。
[3] 陈炳应：《贞观玉镜将研究》，宁夏人民出版社1995年版，第54页。

这不仅造成西夏文献的空白,更给研究西夏社会历史带来了严重的阻碍。黑水城出土文献中的一些重要的法律文献即西夏文《贞观玉镜统》《天盛律令》《法则》《亥年新法》、中藏 B11·001 共 2 纸、B21·001—003、B31·001 西夏文《瓜州审案记录》和俄 ИНВ. No. 1381 汉文《乾祐五年验伤单》、俄 ИНВ. No. 2150A 汉文《三司设立法度文书》、俄 ИНВ. No. 2150B 汉文《违越恒制文书》、俄 Дх. 2957 10280 汉文《光定十三年(1223)千户刘寨杀了人口状》等律法档案的发现,不仅填补了民族法制史的空白,更是研究西夏社会历史、生产生活等各个领域的重要的、原始的、珍贵的、可信的档案史料。如在黑水城文献公布之前,对西夏官制的了解只限于汉文史籍《宋史·夏国传》《续长编》等所载简略的史料。《俄藏》《英藏》《中藏》等大型文献丛书的出版,公布了埋藏近千年的西夏文、汉文西夏原始档案,特别是西夏学专家陈炳应对西夏文军事法典《贞观玉镜统》的翻译、研究并出版,史金波、聂鸿音、白滨对西夏文综合性法典《天盛律令》的译注出版,还有一些汉文西夏律法档案的公布等,这一切珍贵的原始律法档案的翻译并出版和公布,对于了解和掌握西夏官制的具体层级和各层级的职能以及官吏选派等有了可能。《天盛律令》卷 10《司序行文门》则将西夏政府机构按上次中下末司等中以外六品,记载从中央到地方政府机构达 100 多个,"极大地丰富了西夏机构设置资料,其中殿前司、僧人功德司、出家功德司、道士功德司、皇城司、宣徽、内宿司、阁门司、瓯匣司等都是后来新增加的,位居群牧司与农田司之上,属次等司。值得注意的还有天盛年间的政府机构没有李元昊时的蕃学、汉学。《天盛律令》中有关政府机构官吏职数与迁转考核,也是研究西夏官制弥足珍贵的资料"。①

《天盛律令·军持兵器供给门》不仅明确了战具配备的范围,而且规定了具体的发放战具标准:

> 臣僚、下臣、各种匠、主簿、使人、真独诱、艺人行童、前宫内侍、阁门、杂院子、刻字、掌御旗、测礼磊、帐下内侍、出车、医人、向导、渠主、商人、回鹘通译、黑检主、船主、井匠、朝殿侍卫、占算、更夫、官

---

① 杜建录:《〈天盛律令〉与西夏法制研究》,宁夏人民出版社 2005 年版,第 259—160 页。

第五章 西夏专门档案整理与研究（中）

巫、织褐、驮御柴、宗庙监、烧炭、官监、卷廉者、测城、主飞禽……门楼主、御仆役房勾管、案头司吏……□地节亲王。

牧主：正军有：官马、弓一张、箭六十枝、箭袋、枪一枝、剑一柄、囊一、弦一根、长矛杖一枝、拨子手扣全。

正辅主有：弓一张、箭二十枝、长矛杖一枝、拨子手扣全。

负担：弓一张、箭二十枝、长矛杖一枝、拨子手扣全。

农主：正军有……①

由《天盛律令》的规定可知，战具发放包括几乎遍及社会各个阶层的人，既有高级官员、大小首领，还有农牧民、手工工匠以及具有农奴或奴隶身份的使军、使人等，这些得到战具的各色人等，在西夏汉文史籍中多未记载，这就成为研究西夏军事制度、军队的组成及兵员成分的宝贵资料。

有关西夏军官职衔的史料，《天盛律令》中有比较齐全的规定。但《贞观玉镜统》中反映西夏官制中军官职衔问题的史料同样具有很高的学术价值，补充和完善了《天盛律令》中有关军官职衔规定不足的缺陷。《贞观玉镜统》之《罪篇三》第三条对"迟到将军之罪，［其］官、职、军皆具失去，列入不主事之列……"第六条对正副将军深入敌境战败损失兵马的规定："……亡失三分以上至四分，则正将军之官当减一半，罚十匹马，失去司位，职、军不失；副将军的官当减三分之一，罚七匹马。亡失四分以上至于五分，则正将军［的］官、军、司位、职具失去，贬入不主事官之内……亡失五分以上，则正将军一律处以极刑……"第十三条对步骑正副佐将损失兵马的规定："损失三分以上至四分的，官具减半，职具失，军不失，罚五匹马。损失四分以上至五分的，官、职、军皆失，贬为军卒。损失五分以上的，一律处以极刑。"由上可知，西夏的军官职衔可区分为官、职、军和司位四种，西夏军队中还有称为"私人""役人""虞人""刑徒""苦役"等一类人，这些人应是未进入"军卒"的自由人、仆役、罪犯等。② 这些法律规定都是研究西夏军队官制的重要档案。

---

① 史金波、聂鸿音、白滨译注：《天盛改旧新定律令》卷5，法律出版社2000年版，第224页。
② 李范文主编：《西夏通史》，人民出版社、宁夏人民出版社2005年版，第446页。

军官职衔的"将军"一称,是西夏吸收和借鉴了宋朝"将军"的名称。由史籍记载可知,"将军"一称大概始于北宋熙宁、元丰年间普遍推行的"将兵法",① 可证西夏军事法制以及军官职衔等的制定与宋朝军官职衔的关系。

俄 Дх. 2957 10280 汉文《光定十三年（1223）千户刘寨杀了人口状》的呈状人职衔是"千户",这在西夏其他汉、夏文文献中都未记载。"千户"本是女真"猛安谋克"制下的一种军职,为什么在西夏的文书中出现呢？"呈状反映出西夏后期在金朝的影响下,也设置了'千户'一职。当然,也有可能是金朝的'千户',被西夏俘虏或主动投奔西夏后,继续任'千户'一职。"② 这成为研究西夏军官职衔的新史料。

有关西夏司法审判的法律规定,在《天盛律令》卷9等中都有一些规定,但无法了解司法实践中取证等具体过程和方法。为此,已经刊布的西夏天赐礼盛国庆年间的西夏文《瓜州审案记录》有反复问案笔录,有问案时间,有官员批示,有书吏习判的签字,有官府朱印等,还有俄 ИНВ. No. 1381 汉文《乾祐五年验伤单》等,这些法律实践的官府文书档案印证了《天盛律令》的相关规定,更是研究西夏律法档案鲜活的第一手档案。

俄 ИНВ. No. 2150A 汉文《三司设立法度文书》、俄 ИНВ. No. 2150B 汉文《违越恒制文书》、俄 Дх. 2957 10280 汉文《光定十三年（1223）千户刘寨杀了人口状》等官府律法文书档案,是有关司署增派官吏、磨勘和行遣官吏程序以及处决违法人员的档案,这都对西夏法典有补充和丰富的功效,同样是研究西夏律法档案不可或缺的第一手档案史料。

4. 西夏律法档案中的特殊语言现象

西夏汉文律法档案中的一个特殊的语言运用现象就是同音假借。如俄 ИНВ. No. 2150A《三司设立法度文书》中有"……御劄子,圣旨为见三司法……"③ 中的"劄"字,也可写作"札"字,即"劄"与"札"义同。但在古代文书档案中,"札"是本字,"劄"是假借字。当然,"札"的假借字还可写

---

① 《宋史》卷188,中华书局1977年版,第4628页。
② 杜建录、史金波:《西夏社会文书研究》,上海古籍出版社2012年版,第55页。
③ 史金波、魏同贤、[俄] 克恰诺夫主编:《俄藏黑水城文献》第6册,上海古籍出版社2000年版,第299页。

作"剳"字。如俄 ИНВ. No. 2208《乾祐十四年安推官文书》中有"……右札付三司芭里你令布,准此。乾祐十四年十一月初　日"。① 这里的"剳付"义同"札付"。"札"是本字,"剳"为假借字。这也可能是西夏官吏在书写文书时各人写作风格和习惯不同所致。

西夏汉文律法档案中的这些特殊的语言运用现象,为研究中国中古时期的语言现象增添了新的史料。

综上所述,西夏的律法档案是研究西夏历史的重要史料,更是研究中国少数民族法制史的原始档案,其学术价值、文献价值重大。②

第二节　西夏科技档案整理与研究

西夏是公元 11 世纪至 13 世纪（1038—1227）在北宋时期以党项族为主体建立起来的封建割据政权,地域"东尽黄河,西界玉门,南接萧关,北控大漠"。③ 作为一个封建割据王朝,它长期和宋、辽、金相伴并与之鼎足峙立。但是,史籍记载的西夏科技档案资料极为稀少,加之元人编撰了《宋史》《辽史》和《金史》,并未编撰《西夏史》,这正所谓"夏鲜专书",而"宋、辽、金三史有附传而弗详"。④ 虽然说西夏字典《文海》中有关于科技史资料的释文,但毕竟是间接记载,不是原始的档案。因此,在 20 世纪之前,保存备查的直接记述和反映西夏人民科技活动与科技思想的档案资料及其他原始记录却不多,这势必成为研究西夏科技史的瓶颈。20 世纪初,俄国人科兹洛夫和英国人斯坦因等在中国内蒙古鄂济纳旗黑水古城盗掘了大量的西夏文献,这大量的西夏文献中就保存有西夏的一些医方、历书等科技档案。这些科技档案有部分已经收录在《俄藏》《英藏》等大型文献之中,成为我们研究西夏科学技术的最为珍贵的一手资料,更是

---

① 史金波、魏同贤、[俄] 克恰诺夫主编:《俄藏黑水城文献》第 6 册,上海古籍出版社 2000 年版,第 300 页。
② 赵彦龙:《西夏律法档案整理与研究》,《青海民族研究》2013 年第 3 期。
③ (清) 吴广成撰,龚世俊等校证:《西夏书事校证》卷 12,甘肃文化出版社 1995 年版,第 145 页。
④ 同上书,第 1 页。

西夏档案的重要组成部分，体现出了其独特的文献价值。

科技档案是科学技术档案的简称，是科学经验的重要载体和工具，也即人类科学技术活动的产物。作为有着悠久历史和灿烂文明的文化古国，中国古代科技档案不仅数量庞大，而且内容也十分丰富，因此，中国古代的科学技术在许多方面闻名于世界，领先于各国。

中国古代科技活动普遍得到官府的重视，其形成的文件也被加以存留归档。从目前中国科技档案的内容状况来看，主要有天文档案、地理档案、医药档案、工程技术档案、农业档案等。从其载体类型来分，有甲骨科技档案、帛书科技档案、简策（册）科技档案、石刻科技档案以及金属和其他特殊材质的科技档案。[①] 这几种科技档案在西夏几乎都存在，而且有的科技档案的数量还比较庞大，价值也十分珍贵。

因此，我们得出：西夏科技档案是指能直接记述和反映西夏人民科技活动与科技思想的文字资料及其他具有保存备查价值的原始记录。

一　西夏天文档案

西夏的天文档案就是西夏人观测天象等活动过程中积存而来的关于天象记录的文字或表格的档案资料。

在"君权神授"观念深入人心的古代中国，拥有通天神授的能力并掌握通天神授的手段是王权的重要标志，更是天子的象征。这一切的能力和手段在西夏的天文档案中都有所反映。从西夏故地黑水城和武威等地出土并收录在《俄藏》《英藏》《中藏》以及汉文西夏史籍等大型文献之中的西夏天文档案主要有两类：星占档案和历法档案。

（一）星占档案

1. 星占档案概况

西夏星占档案就是西夏人占星后记录的那些异乎寻常天象的不同文字的占辞。这些占辞构成了西夏星占档案的主要内容。从目前所能见到的西夏占星档案

[①] 丁海斌、陈凡：《谈中国古代科技事实与科技经验的重要积累方式——官方科技档案》，《科学技术与辩证法》2008 年第 4 期。

第五章　西夏专门档案整理与研究（中）

来看，数量比较庞大，价值非凡。

西夏是一个多民族融合的国家，党项族更是一个崇拜原始宗教信仰的民族。他们由崇拜"天"发展到信仰鬼神，崇尚诅咒，迷信占卜。"这种原始的风习一直延续到西夏建国以后，在民间有广泛的基础，对西夏风俗有重要影响。这种原始宗教的崇拜和信仰与儒学、佛教、道教等信仰共存。"[1] 正因为西夏崇尚诅咒，迷信占卜，故形成了很多占卜吉凶休咎的文书资料。西夏故地黑水城、甘肃武威等地出土的西夏时期的占卜书就充分地证明了西夏民间的这一风俗习惯。为了更好地了解西夏的这一风俗习惯，对《俄藏》《中藏》《英藏》及汉文西夏史籍等中收录的星占档案进行整理，西夏的星占档案大约有80件。此外，汉文史籍中还收录有汉文的占卜档案。现依次将图版编号、档案名称、版本、纸质、字体、书写文字、档案出处等相关信息整理成表5—8。

表5—8　星占档案

序号	图版编号	档案名称	版本	纸质	字体	书写文字	档案出处	备注
1	俄 ИНВ. No. 5722	谨算	写本	麻纸	楷书、行书	西夏文	《俄藏》第十册[2] 第175页	有图三幅
2	中藏 G21·005—006	占卜辞残页	写本	麻纸	草书	西夏文	《中藏》第十六册[3] 第259页	单页。残
3	中藏 M21·005	大轮七年星占书残页	写本	麻纸	楷书	西夏文	《中藏》第十七册 第154页	单页[4]

---

[1] 史金波：《西夏社会》，上海人民出版社2007年版，第630页。
[2] 史金波、魏同贤、［俄］克恰诺夫主编：《俄藏黑水城文献》第10册，上海古籍出版社1999年版。
[3] 史金波、陈育宁主编：《中国藏西夏文献》第16—17册，甘肃人民出版社、敦煌文艺出版社2006年版。
[4] 杜建录、彭向前：《内蒙考古研究所〈大轮七年星占书〉考释》，杜建录编著：《中国藏西夏文献研究》，上海古籍出版社2012年版，第215—225页。

续　表

序号	图版编号	档案名称	版本	纸质	字体	书写文字	档案出处	备注
4	英0618、0618v	占卜书	写本	麻纸	草书	西夏文	《英藏》第一册①第226页	残片②
5	英1408	占卜书	写本	麻纸	草书	西夏文	《英藏》第二册第104页	1纸残片
6	英1480—1487	占卜书	写本	麻纸	草书	西夏文	同上书，第121—122页	均1纸。经折装
7	英1583	星占书	写本	麻纸	草书	西夏文	同上书，第146页	1纸残片
8	英1796	占卜书	写本	麻纸	草书	西夏文	同上书，第202页	1纸
9	英2648~2649	星占书	写本	麻纸	草书	西夏文	《英藏》第三册第183页	残卷。经折装
10	英2660	星占书	写本	麻纸	草书	西夏文	同上书，第187页	残片。有朱笔批点
11	英2661	星占书	写本	麻纸	草书	西夏文	同上书，第188页	3纸残片
12	英3499	占卜书	写本	麻纸	草书	西夏文	《英藏》第四册第200页	1纸残
13	英3562a—d	占卜书	写本	麻纸	草书	西夏文	同上书，第250—251页	共4件。经折装。有污渍
14	英3838	五魔祛病法	写本	麻纸	草书	西夏文	《英藏》第五册③第148页	2纸。蝴蝶装

① 谢玉杰、吴芳思主编：《英藏黑水城文献》第1—4册，上海古籍出版社2005年版。
② 注：英0618、0618v原定名称"佛经经疏或佛经"，现据史金波《〈英藏黑水城文献〉定名刍议及补证》（杜建录主编：《西夏学》2010年第5辑，上海古籍出版社2010年版，第12页）改定名称为"占卜书"。
③ 谢玉杰、吴芳思主编：《英藏黑水城文献》第5册，上海古籍出版社2010年版。

续 表

序号	图版编号	档案名称	版本	纸质	字体	书写文字	档案出处	备注
15		月犯井、鬼				汉文	《西夏书事校证》①卷3第36页	宋太平兴国七年（982）二月。书西夏天象始此
16		日有食之				汉文	同上书，第73页	宋咸平元年（998）五月
17		有星孛于井、鬼				汉文	同上书，第89页	宋咸平六年十一月
18		太白犯舆鬼				汉文	同上书，第106页	宋大中祥符元年（1008）七月
19		恒星昼见				汉文	同上书，第108页	宋大中祥符二年十二月
20		两月并出				汉文	同上书，第119页	宋天禧四年（1020）四月
21		月犯井钺				汉文	同上书，第123页	宋天圣二年（1024）十月
22		太白犯辰星				汉文	同上书，第123页	宋天圣三年五月
23		月犯东井				汉文	同上书，第124页	宋天圣三年十二月
24		荧惑入东井				汉文	同上	宋天圣四年八月
25		有星没东井				汉文	同上书，第125页	宋天圣五年九月
26		火星入南斗				汉文	同上书，第128页	宋天圣八年九月
27		荧惑犯东井				汉文	同上书，第129页	宋明道元年（1032）正月

① （清）吴广成撰，龚世俊等校证：《西夏书事校证》，甘肃文化出版社1995年版。

续 表

序号	图版编号	档案名称	版本	纸质	字体	书写文字	档案出处	备注
28		镇星犯鬼				汉文	同上书,第130页	宋明道元年七月
29		填星犯舆鬼				汉文	同上书,第134页	元昊广运元年(1034)正月
30		星出东井				汉文	同上书,第135页	夏广运元年正月
31		太白犯填星				汉文	同上书,第138页	夏广运二年(1035)五月
32		日有食之				汉文	同上书,第147页	夏大庆二年(1037)正月。表请供佛五台山
33		日有食之				汉文	同上书,第157页	夏天授礼法延祚三年(1040)正月
34		岁星犯井钺				汉文	同上书,第164页	夏天授礼法延祚三年七月
35		星出弧矢				汉文	同上书,第190页	夏天授礼法延祚五年十二月
36		白气如绳				汉文	同上书,第191页	夏天授礼法延祚五年十二月
37		月入东井				汉文	同上书,第196页	夏天授礼法延祚六年九月
38		日赤无光				汉文	同上书,第214页	夏天授礼法延祚十一年正月
39		日有食之				汉文	同上书,第219页	夏延嗣宁国元年(1049)正月
40		星出东井				汉文	同上书,第227页	夏福圣承道四年(1056)九月
41		黑云贯东井				汉文	同上书,第241页	夏拱化二年(1064)二月

续 表

序号	图版编号	档案名称	版本	纸质	字体	书写文字	档案出处	备注
42		月犯东井				汉文	同上书,第282页	夏大安七年(1080)三月
43		太白昼见				汉文	同上书,第284页	夏大安七年七月
44		太白犯荧惑				汉文	同上书,第313页	夏天安礼定元年(1085)闰二月
45		太白昼见				汉文	同上书,第321页	夏天仪治平三年(1089)正月
46		月入东井				汉文	同上书,第323页	夏天仪治平四年三月
47		日有食之				汉文	同上书,第337页	时乾顺年幼,诸梁恣横,国中皆危之
48		彗星见				汉文	同上书,第344页	夏天祐民安八年(1097)八月
49		星出东井西				汉文	同上书,第347页	夏永安元年(1098)九月
50		月犯东井				汉文	同上书,第350页	夏永安元年十二月
51		月入东井				汉文	同上书,第365页	夏贞观五年(1105)二月
52		荧惑犯东井				汉文	同上书,第365页	夏贞观五年三月
53		彗星见				汉文	同上书,第367页	夏贞观六年正月
54		太白昼见				汉文	同上书,第370页	夏贞观十年十月
55		白虹贯日				汉文	同上书,第371页	夏贞观十二年六月。乾顺命诸臣直言得失

续 表

序号	图版编号	档案名称	版本	纸质	字体	书写文字	档案出处	备注
56		太白入东井				汉文	同上书,第390页	夏元德八年(1126)四月
57		岁星逆行入舆鬼				汉文	同上书,第402页	夏大德三年(1137)三月
58		太白入东井				汉文	同上书,第402页	夏大德三年四月
59		太白、荧惑合于井				汉文	同上书,第404页	夏大德五年正月
60		彗星见				汉文	同上书,第413页	夏人庆元年(1144)秋九月,改大庆五年为人庆元年
61		日食于井				汉文	同上书,第415页	夏人庆二年六月朔
62		日有食之				汉文	同上书,第421页	夏天盛七年(1155)五月朔
63		彗星见				汉文	同上书,第422页	夏天盛八年七月
64		日食于井				汉文	同上书,第442页	夏乾祐四年(1173)五月
65		白气亘天				汉文	同上书,第462页	夏天庆十一年(1204)十一月
66		太白昼见				汉文	同上书,第462页	夏天庆十二年三月
67		天鸣有声				汉文	同上书,第463页	夏天庆十二年六月。更兴庆府为中兴府
68		黑云起西北方				汉文	同上	夏天庆十二年九月
69		太白昼见				汉文	同上书,第468页	夏应天四年(1209)二月

第五章　西夏专门档案整理与研究（中）

续　表

序号	图版编号	档案名称	版本	纸质	字体	书写文字	档案出处	备注
70		黑气起北方				汉文	同上书,第469页	夏皇建二年(1211)三月
71		太阴与太白并见				汉文	同上书,第472页	夏光定三年(1213)三月
72		月犯东井				汉文	同上书,第478页	夏光定七年九月
73		岁星犯舆鬼				汉文	同上书,第482页	夏光定十年三月
74		彗星见				汉文	同上书,第487页	夏光定十二年八月
75		荧惑入舆鬼				汉文	同上书,第489页	夏光定十三年八月
76		日有食之				汉文	同上	夏光定十三年九月
77		太白昼见				汉文	同上书,第493页	夏乾定二年(1225)六月。德旺求直言
78		太白入东井				汉文	同上书,第500页	夏乾定四年六月

此外，据《西夏书籍业》介绍，星占档案还有九星供养图，有插图的占星术文，还有咒语书《魔断要语》、各种咒语集和依十二生肖作图形排列的法术图[①]等。

[①] ［俄］捷连提耶夫-卡坦斯基：《西夏书籍业》，王克孝、景永时译，宁夏人民出版社2000年版，第160页。

2. 星占档案研究

目前发现的西夏占卜档案的数量并不算多，而且大部分为西夏文书写，为此，我们借助于西夏学专家对西夏文占卜档案进行翻译、考证和公布的资料来进行研究，从而窥视西夏星占档案的相关内容和规律。

（1）负责星占的机构

通过列举西夏星占档案可知，西夏有专门负责观测天象和星占等的机构——司天监或卜算院。由上西夏汉文星占档案可知，西夏政府机构"司天"在崇宗乾顺时就已存在，并在清代吴广成所撰《西夏书事》中也明确记载。另，西夏汉文《杂字》"司分部十八"中有"天监"一职，据专家推测这可能是"司天监"的简称，① 也即"司天"或"天监"应为西夏建国初期观测天象和星占的机构。西夏文法典《天盛律令》卷十"司序行文门"中等司中有"卜算院"，其职掌是西夏的天文历法，且"依事设职，大人数不定"。② 我们以为汉文《杂字》中的"司天监"可能就是西夏中后期综合性法典《天盛律令》中的"卜算院"，只是汉文与西夏文的叫法不同或"司天监"有可能是西夏文"卜算院"的另一种汉文译法③而已。在黑水城出土的历书残页俄 ИHB. No. 8214 星占书的序言中有3行小字，有的字迹不清，译文为"光定甲戌四年十月日太史令及卜算院头监大书修纂者□授□臣杨师裕，卜算院头监臣时国胥，卜算院头监臣□□□"。④ 不难看出，"卜算院"是西夏政府观测天象、修纂历书的机构。"卜算院"属西夏五等司之中等司，级别较高，这印证了西夏政府对天文、占卜的重视。

（2）星占档案的绝大部分内容带有迷信色彩

《易·系辞上》说："天垂象，见吉凶，圣人则之"，⑤ 这无疑为星占的最基本概念。《宋史》也载："夫不言而信，天之道也。天于人君有告戒之道焉，示之以象而已。"⑥ 上述所列举的西夏官方星占档案中的占辞，就是上天所传示的

---

① 史金波：《西夏社会》，上海人民出版社2007年版，第479页。
② 史金波、聂鸿音、白滨译注：《天盛改旧新定律令》卷10，法律出版社2000年版，第369页。
③ 史金波：《西夏的历法和历书》，《民族语文》2006年第4期。
④ 同上。
⑤ 《周易正义》卷7，（清）阮元校刻：《十三经注疏》上册，上海古籍出版社1997年版，第82页。
⑥ 《宋史》卷48，中华书局1977年版，第949页。

知识，只是由于科学技术水平和历史条件的限制，这些天文知识在很大程度上和宗教迷信的占星紧密关联，带有比较浓厚的迷信色彩。对于那些异乎寻常的天象，西夏人甚至所有古人都不可能作出科学的解释，于是在崇敬天地的思想基础上，把上天与人间万事万物的祸福联系起来，认为不同的天象昭示着人事吉凶、战争胜负、王朝盛衰、帝王安危等军国大事。

（3）西夏占卜辞反映出了党项族的宗教信仰

西夏大量的占卜辞所反映出来的内容，使我们了解了西夏党项民族有传统的风俗习惯，即原始宗教信仰。

首先是自然崇拜。党项人北迁之前处于原始社会末期，这一时期生产力水平低下，党项人对各种难以理解、无法抗拒的自然界的一些现象认识不清，于是把自然界中出现的一些疑难现象统统归之于上天的支配，这正如史书记载的那样："三年一聚会，杀牛羊以祭天。"[1] 随着人类社会的逐步发展，人们虽然不能正确地认识自然界中出现的一些特殊的现象，也无法阻止来自然界中的莫名的强大束缚和羁绊，"但他们对自然的认识逐渐具体化了，由笼统地崇拜'天'演化为对各种自然现象的具体崇拜，并把这些自然现象人格化为各种善神和恶鬼"[2]。这也算是党项族人对原始宗教信仰的一种比较进步的认识。

其次是鬼神信仰。这一信仰的产生基本上到了党项族北迁之后，受到中原汉族人鬼神信仰的影响，党项族人由原来的自然崇拜发展到鬼神信仰。关于此，不仅有史籍的记载，同时有出土文献的印证。史籍记载，西夏党项人"笃信机鬼，尚诅祝，每出兵则先卜"[3]，还记载党项人有"送鬼"一说，"病者不用医药，召巫者送鬼，西夏语以巫为'厮'也；或迁他室，谓之'闪病'"[4]。党项族人还有敬鬼神之俗，"盖西戎之俗，所居正寝，常留中一闲，以奉鬼神，不敢居之，谓之'神明'，主人乃坐其旁"[5]。党项族人不仅信仰鬼神，而且信仰多神，"西夏文字典《文海》中有关于神鬼的条目20多条，从有关条目的释文可以清楚地

---

[1]《隋书》卷83，中华书局1973年版，第1845页。
[2] 史金波：《西夏社会》，上海人民出版社2007年版，第631页。
[3]《宋史》卷486，中华书局1977年版，第14029页。
[4]《辽史》卷115，中华书局1974年版，第1523页。
[5]（宋）沈括：《梦溪笔谈》卷18，时代文艺出版社2001年版，第176页。

了解到，当时在党项人的心目中，神鬼神通广大，先知先觉，主宰着一切，并且有着明确的分工。……神有天神、地神、富神、战神、守护神、大神、护羊神等"。① 此外，西夏仁宗皇帝于乾祐七年（1176）在甘州黑水河边立黑水河建桥碑，其汉文碑文中就有"山神、水神、龙神、树神"② 等记录。由上可知，西夏是多神信仰，而且渗透到西夏人生活的方方面面，一直延续到西夏的中后期。

（4）占卜的范围广泛

从有关文章介绍可知，"西夏文献中出土有大量的占卜书"。这说明西夏在立国前后，在学习和引进中原王朝先进的科学文化的基础上，将占卜之学也作为文化的一部分吸收继承过来，因为"据日本学者西田龙雄研究，认为占卜术与一般西夏庶民的日常生活有着根深蒂固的联系"。在西夏庶民的日常生活中出了事，便有判断吉凶的占卜者出场。占卜的内容除占卜命运外，还占卜婚姻、商卖、诉讼、疾病、财物、旅行等，内容涉及全面。由于占卜导致出现了不少占卜吉凶的签语，这些签语就成为我们现在看到的占卜文书。③

不论星占档案是多么的具有欺骗性，但卜辞所反映的吉凶诸事，则是西夏人日常关心的事情，这对于我们了解西夏人的社会生活乃至思想意识都颇有价值。占卜的范围广泛，主要表现在以下几方面。

一是占卜人事吉凶，如元昊开运元年正月，"填星犯舆鬼，占者云：大臣有变。元昊大肆杀戮"。④

二是占卜军事吉凶，如宋大中祥符二年十二月，"德明复出兵攻甘州，恒星昼见，惧而还"。⑤ 夏大德五年正月，"太白、荧惑合于井。司天谓不利用兵，乾顺不听"。⑥

三是占卜改元，如夏人庆元年秋九月，"彗星见，改元。星见坤宫，五十余

---

① 史金波：《西夏社会》，上海人民出版社2007年版，第631页。
② 王尧：《西夏黑水桥碑考补》，《中央民族学院学报》1978年第1期。
③ 马雅伦、郑炳林：《西夏文〈相面图〉研究》，李范文主编：《首届西夏学国际学术会议论文集》，宁夏人民出版社1998年版，第369页。
④ （清）吴广成撰，龚世俊等校证：《西夏书事校证》卷11，甘肃文化出版社1995年版，第134页。
⑤ 同上书，第108页。
⑥ 同上书，第404页。

日而灭，占其分野在夏国。群臣上言：'慧者，除旧布新之象，宜改元应之。'遂以大庆五年为人庆元年"。①

四是与纳谏有关，如夏人庆二年六月朔，"日食于井。仁孝下诏求直言"。②

五是与治疗疾病有关，如英3838 五魔祛病法。③

六是与买卖商业有关，如中藏G21·006 占卜辞残页④。

除此之外，还有遇亲人的，有万事吉的，有遇于贼的，有出行恶的，等等。

总之，每逢异常天象发生，星占机构的占卜者都要作出占卜供西夏最高统治者参考，不管这一星占档案所反映的内容是积极的还是消极的，是正确的还是错误的，都会无一遗漏地提供给统治者。这在《圣立义海》中有十分详细的记载："观察云色：冬中日观云：云色黄，则大安，青则来年多虫，白则有病亡，赤时有兵，黑时有水灾也。"⑤

（5）星占档案包含有丰富的天文学知识

西夏星占档案中出现了"岁星""太白""荧惑"等行星的名称。"岁星"即木星，"太白"即金星，"荧惑"是火星古名。还有"日食"这一天文变化现象。这样的一些现象让西夏人掌握了天文学的知识，即行星的运行情况（顺行、逆行等）、诸行星之间的位置变化、行星经过或接近星宿星宫等都会有一些特殊的异象产生。在西夏文辞书《圣立义海》《番汉合时掌中珠》等中列举了很多天体和天象的名称，分天、日、月、星宿、九曜、十二星宫、二十八宿、二十八舍等，但并没有解说这些天象的具体功能和作用。于是，星占档案中的天文学知识可以弥补《圣立义海》《番汉合时掌中珠》中的不足。

（6）西夏占卜辞的继承性

通过西夏学专家的研究，认为"西夏天文学的知识学自中原，天文观测也和中原一脉相传，如天的观测往往与凶吉相联系，有的要进行占卜"。⑥ 西夏的占

---

① （清）吴广成撰，龚世俊等校证：《西夏书事校证》卷11，甘肃文化出版社1995年版，第413页。
② 同上书，第415页。
③ 谢玉杰、吴芳思主编：《英藏黑水城文献》第5册，上海古籍出版社2010年版，第148页。
④ 史金波、陈育宁主编：《中国藏西夏文献》第16册，甘肃人民出版社、敦煌文艺出版社2006年版，第259页。
⑤ 史金波：《西夏社会》，上海人民出版社2007年版，第476页。
⑥ 同上书，第477页。

卜法有四种："一炙勃焦，以艾灼羊胛骨；二擗算，擗竹于地以求数，若揲蓍然；三咒羊，其夜牵羊，焚香祷之，又焚谷火于野，次晨屠羊，肠胃通则吉，羊心有血则败；四矢击弦，听其声，知胜负及敌至之期。"[1] 后来，又从汉族地区传入占卜法，如西夏仁宗时期的宰相斡道冲用西夏文翻译了《周易卜筮断》，在国内广为流行，这样就导致西夏境内的占卜法更加的多样化。甘肃武威出土的中藏G21·005—006占卜辞残页[2]就是最典型的实例。这两件西夏文占卜辞用的就是我国传统的干支纪日与推算法，并未有党项人占卜法的特点，这显然是以汉文卜辞为依据，说明中原地区的占卜术已植根于西夏社会生活中，而且党项人原来的占卜术已经逐渐被汉族的占卜术取代。[3]

此外，有学者通过对西夏文俄 ИНВ. No.5722 谨算的考察得知，西夏的星占档案中已经引进了西方的"十二宫和十二星座占星学的术语"，已经糅合了中西方占星术并按照其内在联系排列在一起，表明当时西夏已经在本土占星术的基础上吸收了西方星占术的成分。[4] 可见，西夏的星占档案不仅融入中原汉族的星占技术，还学习和借鉴了西方的星占技术，可谓兼收并蓄。

（7）反映了西夏中晚期商业活动的状况

通过研究西夏故地甘肃武威下西沟岘山洞中发现的西夏文占卜辞残页，使我们了解到占卜辞的内容也反映出了西夏中晚期的商业活动状况。如中藏G21·006占卜辞残页中就有"辰日买卖吉""午日求财顺""戌日有倍利"的记载，这充分说明买卖吉利、顺利并成倍的增长是人们所需要和希望的。可见，西夏中晚期的商业活动的兴盛状况。

（8）西夏星占档案种类繁多

西夏星占档案种类十分繁杂，可以从多个方面去分类。

首先从撰写文字来看，有西夏文的，如《中藏》第十六册收录的中藏G21·005—006西夏文占卜辞残页、《中藏》第十七册收录的西夏文星占书中藏M21·

---

[1] 《辽史》卷115，中华书局1974年版，第1523页。
[2] 史金波、陈育宁主编：《中国藏西夏文献》第16册，甘肃人民出版社、敦煌文艺出版社2006年版，第259页。
[3] 陈炳应：《西夏文物研究》，宁夏人民出版社1985年版，第326页。
[4] 荣智涧：《西夏文〈谨算〉所载图例初探》，杜建录主编：《西夏学》第10辑，上海古籍出版社2014年版，第172—176页。

005大轮七年星占书残页以及《英藏》收录的22件西夏文占卜书均如此；也有汉文的，如《西夏书事校证》中收录的星占档案。

其次从内容方面来看，有反映政治的，如元昊广运元年（1034）正月，填星犯舆鬼，占者云：大臣有变。元昊大肆杀戮；① 有反映军事的，如夏大德五年（1139）正月太白、荧惑合于井。司天谓不利用兵，乾顺不听；② 有反映天象的，如夏天盛七年（1155）五月朔，日有食之。越日，大风雨，雷电震坏宫殿鸱尾。仁孝以天变肆赦国中；③ 有占卜吉凶的，如中藏G21·005占卜辞残页；④ 有反映商业买卖的，如中藏G21·006占卜辞残页；⑤ 还有反映治疗疾病的，如英3838西夏文五魔祛病法；⑥ 等等，可见，占卜的种类十分丰富，内容也很充实。⑦

（二）历法档案

1. 西夏历法档案概况

西夏历法档案主要以历书为主，就是西夏国人在观测日、月、五行等活动中保留下来的不同文字的原始档案资料。

西夏历法档案的内容就是关于日、月及五大行星的运动规律，由数量众多的历书构成。我们现在所见到的西夏历书基本上出土于西夏故地黑水城、武威等地，大部分已收录在《中藏》《俄藏》《英藏》等大型文献之中，大约有西夏文和汉文历书26件，且种类较多。这些西夏历法档案给我们提供了有关西夏历法工作的珍贵史料。现依收录文献将图版编号、档案名称、版本、纸质、字体、书写文字、档案出处等相关信息整理成表5—9。

---

① （清）吴广成撰，龚世俊等校证：《西夏书事校证》卷11，甘肃文化出版社1995年版，第134页。
② 同上书，第404页。
③ 同上书，第421页。
④ 史金波、陈育宁主编：《中国藏西夏文献》第16册，甘肃人民出版社、敦煌文艺出版社2006年版，第259页。
⑤ 同上。
⑥ 谢玉杰、吴芳思主编：《英藏黑水城文献》第5册，上海古籍出版社2010年版，第148页。
⑦ 赵彦龙：《西夏星占档案整理研究》，《档案管理》2015年第2期。

表 5—9 历法档案

序号	图版编号	档案名称	版本	纸质	字体	书写文字	档案出处	备注
1	中藏 G21·028	历书	写本	麻纸	楷书	汉文	《中藏》第十六册①第274页	残页。单页，以墨线单栏划分。残存上半截4行，为七月至十二月十日日历，记录有闰十一月，为西夏人庆二年日历
2	中藏 M21·021	夏汉合璧历书	写本	麻纸	楷书	西夏文、汉文合璧	《中藏》第十七册第163页	残页
3	俄 TK269	历书	活字印本	麻纸	楷书	汉文	《俄藏》第四册②第355页	保存有下段。原卷轴装，后叠称经折装。首尾缺。表格式具注历，墨色单栏划分
4	俄 TK297	历书	刻本	麻纸	楷书	汉文	史金波、魏同贤、[俄]克恰诺夫主编：《俄藏黑水城文献》第385页	前后上下均有残失。残存有17日的具注历和两行月序文字的内容，从上至下有五栏
5	俄 ИHB. No. 2546	历书	刻本	麻纸	楷书	汉文	《俄藏》第六册③第300页	或为夏历书。上单边。表格残片，墨色单栏划分。
6	俄 ИHB. No. 5229	历书	活字印本	麻纸	楷书	汉文	同上书，第315页	或为夏历书。共5竖栏。首尾缺。表格式，墨色单栏划分，排列不整齐

---

① 史金波、陈育宁主编：《中国藏西夏文献》第 16—17 册，甘肃人民出版社、敦煌文艺出版社 2006 年版。
② 史金波、魏同贤、[俄]克恰诺夫主编：《俄藏黑水城文献》第 4 册，上海古籍出版社 1997 年版。
③ 同上书，第 6 册，上海古籍出版社 2000 年版。

续 表

序号	图版编号	档案名称	版本	纸质	字体	书写文字	档案出处	备注
7	俄 ИНВ. No. 5285	历书	活字印本	麻纸	楷书	汉文	同上书，第315页	残。保存上段。表格状。表中各栏有汉字
8	俄 ИНВ. No. 5306	历书	活字印本	麻纸	楷书	汉文	同上书，第316页	残。保存上段。表格状。表中各栏有汉字
9	俄 ИНВ. No. 25469	历书	写本	麻纸	楷书	汉文	同上书，第316页	残。保存上段。表格状。表中各栏有汉字
10	俄 ИНВ. No. 8117	历书	活字印本	麻纸	宋体	汉文	同上书，第326页	残片。表格式。首尾缺
11	俄 ИНВ. No. 5282	己酉乙卯年月略历	写本	麻纸	楷书、草书	西夏文、汉文合璧	《俄藏》第十册①第139页	残页。表格
12	俄 ИНВ. No. 647	大德戊午年月略历	写本	麻纸	楷书	西夏文	同上书，第141页	残页。表格式。内有墨色单栏划分
13	俄 ИНВ. No. 35868	大庆庚申年月略历	写本	麻纸	楷书	西夏文、汉文合璧	同上书，第142页	残页。表格。第1竖行上部为年干支"庚申"字
14	俄 ИНВ. No. 7926、8214	光定戊寅八年至辛巳十一年历	写本	麻纸	行草书	西夏文、汉文合璧	同上书，第143页	残卷。每年历书前有一行西夏字记年甲子。两月一行，始为西夏文月序，汉字记大小月份②
15	俄 ИНВ. No. 8214	光定四至七年历	写本	麻纸	行草书	西夏文、汉文合璧	同上	残页4件。四周有栏线，页中行有隔线，时有横线

① 史金波、魏同贤、［俄］克恰诺夫主编：《俄藏黑水城文献》第10册，上海古籍出版社1999年版。

② 注：俄 TK269、297、俄 ИНВ. No. 647、5229、5282—2、5285、5306、5469、5868、7926、8085、8117、8214 等历书，见史金波《西夏的历法和历书》(《民族语文》2006年第4期)。

续　表

序号	图版编号	档案名称	版本	纸质	字体	书写文字	档案出处	备注
16	俄 ИНВ. No. 7385	历书	写本	麻纸	草书	西夏文	同上书，第171页	蝴蝶装。有行界，有画押
17	俄 ИНВ. No. 6711	历书	写本	麻纸	楷书	西夏文、汉文合璧	《西夏的历法和历书》①	残页
18	俄 ИНВ. No. 8085	历书	写本	麻纸	草书	西夏文、汉文合璧	同上	表格式。每年一表占一页，分左右两面，右上角有该年干支
19	英0016	历书	印本	麻纸	草书	西夏文	《英藏》第一册②第7页	1纸残片
20	英0668—0669RV	历书	印本	麻纸	草书	西夏文	同上书，第243页	1纸残片
21	英2058	癸丑年历书	写本	麻纸	草书	西夏文	《英藏》第二册第316页	残甚历书
22	英2919	历书	写本	麻纸	草书	西夏文	《英藏》第三册第282页	1纸残片。表格式
23	英3156RV	历书	印本	麻纸	草书	西夏文	《英藏》第四册第22页	多纸。蝴蝶装
24	英3679	历书	印本	麻纸	草书	西夏文	同上书，第324页	多纸。蓝色布面封皮③

① 史金波：《西夏的历法和历书》，《民族语文》2006年第4期。
② 谢玉杰、吴芳思主编：《英藏黑水城文献》第1—4册，上海古籍出版社2005年版。
③ 注：英0016、0668—0669RV、3156RV号原定名称"佛经科文""佛文""残片"等，现据史金波《〈英藏黑水城文献〉定名刍议及补证》（杜建录主编：《西夏学》2010年第5辑，上海古籍出版社2010年版，第1—15页）改定名称为"历书"。

续　表

序号	图版编号	档案名称	版本	纸质	字体	书写文字	档案出处	备注
25	英3743	历书	印本	麻纸	草书	西夏文	《英藏》第五册①第36页	2纸残页。表格式
26	英3947	历书	写本	麻纸	草书	西夏文、汉文合璧	同上书，第357页	2纸

2. 西夏历法档案分析

我们仅从以上大型文献丛书中收录的西夏历法档案可知，西夏的历法档案虽说数量不是很多，但种类齐全，内容也十分丰富，价值珍贵，对后世历法工作有很大的借鉴作用。现根据以上所录西夏历法档案的概况，对西夏历法档案进行简要的分析。

（1）西夏历法档案种类繁多，形式多样

第一，从编制历书的文字种类看，既有西夏文历书，如俄 ИНВ. No. 8214《历书》，又有汉文历书，如俄 TK297《历书》，还有西夏文、汉文合璧历书，如俄 ИНВ. No. 8085《历书》。这是中国历史上其他王朝在编制历书过程中鲜有的一种现象，因此，这类历书有助于帮助语言学家研究中国古代历书所用文字的情况，其语言学价值重大。

第二，从西夏历书的流行版本看，几乎具有了中国古籍版本的各种类型。既有刻本西夏文历书，如英2919《历书》，又有刻本汉文历书，如俄 TK297《历书》；既有写本汉文历书，如中藏 G21·028《历书》，还有写本西夏文—汉文合璧历书，如俄 ИНВ. No. 8085《历书》；同时有活字印本汉文历书，如俄 TK269、俄 ИНВ. No. 5229、5285、5306、5469、8117 等《历书》。

第三，从西夏历书使用纸张看，有少量的历书使用未染麻纸，如俄 TK269。但大部分历书则使用麻纸印制，如中藏 G21·028 汉文写本《历书》、俄

---

① 谢玉杰、吴芳思主编：《英藏黑水城文献》第5册，上海古籍出版社2010年版。

ИНВ. No. 8085 西夏文、汉文合璧《历书》、英 2919 西夏文《历书》等。

第四，从西夏历书的书（刻）写字体看，西夏历书的书（刻）写字体比较繁杂，有西夏文草书历书，如俄 ИНВ. No. 7385《历书》、英 3743《历书》；有西夏文、汉文合璧草书历书，如俄 ИНВ. No. 8085《历书》、英 3947《历书》；有西夏文、汉文合璧行草书历书，如俄 ИНВ. No. 7926《光定戊寅八年至辛巳十一年历》、俄 ИНВ. No. 8214《光定四至七年历》；有西夏文、汉文合璧的楷、草书历书，如俄 ИНВ. No. 5282《己酉乙卯年月略历》；有西夏文楷书历书，如俄 ИНВ. No. 647《大德戊午年月略历》；有西夏文、汉文合璧楷书历书，如俄 ИНВ. No. 5868《大庆庚申年月略历》；有汉文楷书历书，如中藏 G21·028《历书》；有汉文宋体历书，如俄 ИНВ. No. 8117《历书》；等等。这种印制历书的现象在中国古代也是不多，自然会显示出其各种不同的价值。

第五，从西夏历书的印制排列方式看，大都为表格式历书，如俄 ИНВ. No. 8085 西夏文、汉文合璧《历书》最为典型，这也是中国古代通用的历书排列方式。

第六，从西夏历书的装帧形式看，有卷子装的历书，如俄 ИНВ. No. 7926 西夏文、汉文合璧写本《光定戊寅八年至辛巳十一年历》，有经折装的历书，如俄 TK269 汉文活字印本《历书》，还有蝴蝶装历书，如俄 ИНВ. No. 7385 西夏文写本《历书》、英 3156RV 西夏文印本《历书》，更有缝缋装的历书，如俄 ИНВ. No. 8085 西夏文、汉文合璧《历书》[1] 等，可谓装帧形式丰富多彩。

(2) 西夏历法档案内容丰富

从《俄藏》《英藏》以及《中藏》和《中国藏黑水城汉文文献》等收录的各种西夏历书或年历中，我们可以了解很多有关西夏历法文化的内容。如从俄 ИНВ. No. 8085 西夏文、汉文合璧《历书》和英 3947 西夏文、汉文《历书》等汉、夏文历书中，反映出了从日常生活的"二十四节气"，到天体学的"二十八宿直日"，再到关乎国家、君主和庶民命运等吉凶的"忌宜"。[2] 可以说，西夏历法档案涵盖了民俗、天学乃至星占、卜算等多个学科，负载了丰富多样的西夏文化内容，

---

[1] 彭向前：《几件黑水城出土残历日新考》，《中国科技史杂志》2015 年第 2 期。
[2] 同上。

体现了西夏党项族人的聪颖才智以及惊人的模仿学习中原先进文化的能力。

(3) 西夏历法档案科技含量高

首先，西夏的历法档案不仅有刻本的历书，还有写本的历书，尤其有活字本的历书。从俄 TK269、俄 ИНВ. No. 5229、5285、5306、5469、8117 等活字本残历书来看，虽然字号大小不一，墨色深浅不均，表格横竖线不齐整，印刷质量比较粗糙，但是，这些活字印刷本的历书是目前所知最早的汉文活字印本，在中国活字印刷史上占有重要的地位。①

其次，西夏历法档案中有历时 86 年的历书。如俄 ИНВ. No. 8085 号西夏文—汉文合璧写本历书，记录从庚子年至西夏第二乙丑年，也即从西夏元德二年（1120）至天庆十二年（1205）连续 86 年的中古时期的历书。"这是目前所知中国保存至今历时最长的古历书。根据一般历书当年用过即成无用的废纸的特点，现在能见到连续 86 年的中古时期的历书，十分难得。时间跨度这样长的历书原件，绝无仅有。"② 关于此件历日的时间跨度有学者经过重新考察得知应该是连续 88 年而非 86 年。③ 可见，西夏历书档案之丰富和齐全。

再次，西夏还保存有目前所知最早有二十八宿的历书。英人斯坦因在黑水城发现的英 3947 西夏文、汉文写本《历书》残片是每年一页，每月一行，其中有月序、该月朔日干支、大小月、二十八宿、二十四节气、日、木、火、土、金、水、罗、月孛、紫气等九曜星宿与该月时日的关系。这一历书经西夏学专家考证，认为是西夏天授礼法延祚十年（1047）的历书。这一历书不仅是现存西夏最早的历书，也是目前所知有二十八宿的历书，它比原认为最早使用二十八宿的南宋宝祐四年（1256）历书要早 209 年，也是保存至今最早的西夏文献。④ 当然，至于英 3947 西夏文、汉文写本《历书》到底是哪年历书，有学者经过重新认真考证提出了异议，认为该历书是西夏乾祐二年（1171）历书。⑤ 不论是哪年的历书，这一历书所应具有的文物价值以及兼具学术研究、版本学价值等多种价值的

---

① 史金波：《西夏的历法和历书》，《民族语文》2006 年第 4 期。
② 同上。
③ 彭向前：《俄藏 ИНВ. No. 8085 西夏历日目验记》，杜建录主编：《西夏学》第 10 辑，上海古籍出版社 2014 年版，第 67 页。
④ 史金波：《西夏的历法和历书》，《民族语文》2006 年第 4 期。
⑤ 彭向前：《几件黑水城出土残历日新考》，《中国科技史医杂志》2015 年第 2 期。

存在是客观事实。

(4) 中原历书的编制对西夏历书编制的影响

西夏历书的编制总体上还是受中原王朝历书编制的影响，或可能不排除只将中原历书翻译成西夏文历书而继续在国内使用的痕迹。如俄 ИНВ. No. 8214 的刻本西夏文残历书是一部西夏光定乙亥五年（1215）的具注历日，经西夏学专家查考与南宋嘉定八年的月份大小和朔日干支完全一致，证明西夏编制和测算历法的方法与宋朝相同。西夏不仅黑水城地区的历书与宋朝相同，就连西夏时期的甘肃武威出土的历书与宋朝的历书也完全一致。如 1972 年在武威小西沟岘发现的一纸汉文历书残片也是每月一行的历书，内容包括月序、大小月、该月朔日干支、二十四节气、二十八宿以及日、木、火、土等九曜星宿与该月时日的关系。这一汉文历书据西夏学专家考订认为是西夏人庆二年（1145）的历书，亦与宋朝的历书吻合。① 可见，西夏历法受到中原王朝历法编制的影响很深，西夏历法编制过程中的独创内容和成分并不是很多。

(5) 西夏历法档案也出现避讳现象

汉文西夏史籍中记载了西夏避讳的事实。西夏从建国初就为本国避讳，如元昊为避父德明讳，将宋"明道"年号改为"显道"。不仅如此，西夏还为宋、辽、金朝避讳。② 在西夏文书和档案实物中已经发现了西夏避讳的客观事实，如俄 TK269 第 1 竖行，俄 TK297 残片一第 5、8 栏和残片二第 3、4 竖栏，俄 TK5285 第 3 竖行，俄 ИНВ. No. 8117 号第 4 竖行，俄 ИНВ. No. 5306 第 1 竖行和第 4 竖行，俄 TK5229 第 2 竖行，俄 TK5469 第 5 竖行、第 8 竖行、第 11 竖行、第 12 竖行、第 21 竖行等的"明"字右部的"月"明显缺中间两笔，也就是该字的最后两横笔。这显然是避西夏太宗德明的名讳。

(6) 西夏历法档案中也存在西夏文俗字

关于西夏汉文文书档案中的俗字现象，已经有学者在进行其他方面的研究过程中，做过一些不成系统的归纳和研究。③ 但是，关于西夏文历法档案中是否有

---

① 史金波：《西夏的历法和历书》，《民族语文》2006 年第 4 期。
② 赵彦龙：《西夏文书档案研究》，宁夏人民出版社 2010 年版，第 63 页。
③ 赵彦龙：《种类齐全 价值珍贵——西夏账册档案研究之三》，《宁夏师范学院学报》2015 年第 4 期；《俄藏黑水城西夏汉文 No. 2150 号文书再探讨》，《西夏研究》2016 年第 3 期。

俗字这一现象，目前只有在彭向前相关的西夏历法档案的研究论文中有过简单的阐述，并认为西夏历法档案中的确存在西夏文俗字。如俄 ИНВ. No. 8085 西夏文、汉文合璧《历书》中庚子年至西夏第二乙丑年中的西夏文"庚子"二字的写法不太规范，或可视之为俗体字。① 这的确是一个新的研究课题，可为我们研究西夏文俗字提供依据，具有比较重要的文字学价值。

综上所述，我们以为西夏王朝有完整的记录和保存历法档案的机制，正因为如此，才保留了种类齐全、形式多样的历书档案，这些历书档案不仅具有重要的学术价值，而且可以补充中国历法档案的某些不足，显示出其特有的稀缺特点和价值。

二 西夏医药档案

西夏医药档案就是西夏国人在看病、吃药过程中由医者阅读学习或开具的处方等保留下来的医书、药方等不同文字的档案资料。

西夏立国之前，医药知识十分匮乏，"病者不用医药，召巫者送鬼，西夏语以巫为'厮'也；或迁他室，谓之'闪病'"。② 建国之后，随着科学技术和社会经济的发展，西夏人的医药知识逐渐丰富起来。通过西夏法典《天盛律令》得知西夏政府机构中设有"医人院"，③ 属中央五等司机构中的中等司，主管全国医药工作。中央五等司中的末等司中设有"制药司"，④ 专门负责国家药品制造。西夏文辞书《文海》中也有关于对病理及医药认识的记载，如释"药"为"汤药也，搅和医治疾病用之谓"；释"疾"为"病罪也，病疾也，血塞也，病也，患也，四大不和合长病之谓"；释"脉阻"为"疾也，病患，血脉不通之谓"。⑤ 黑水城、武威等地出土的西夏文、汉文文献中有医书、医方残卷多种，有 35 个编号，分藏俄罗斯、英国、中国等图书馆或博物馆。正是从这些最为原始的医书、医方中，我们得知了西夏人治疗疾病的观念、药物使用的方法和医学技术。

---

① 彭向前：《俄藏 ИНВ. No. 8085 西夏历日目验记》，杜建录主编：《西夏学》第 10 辑，上海古籍出版社 2014 年版第 67 页。
② 《辽史》卷 115，中华书局 1974 年版，第 1523—1524 页。
③ 史金波、聂鸿音、白滨译注：《天盛改旧新定律令》卷 10，法律出版社 2000 年版，第 363 页。
④ 同上书，第 364 页。
⑤ 史金波、白滨、黄振华：《文海研究》，中国社会科学出版社 1983 年版，第 504—533 页。

（一）西夏医药档案概述

西夏的医药档案，主要收录在《中藏》《俄藏》《英藏》等大型文献丛书之中，共有约35件，现依次将图版编号、档案名称、版本、纸质、字体、书写文字、档案出处等相关信息整理成表5—10。

表5—10　西夏医药档案

序号	图版编号	档案名称	版本	纸质	字体	书写文字	档案出处	备注
1	中藏G11·006	药方	抄本	麻纸	行楷	西夏文	《中藏》第十六册① 第23页	残页。大字间夹有小字
2	中藏G21·004	医方	抄本	麻纸	行楷	西夏文	同上书，第258页	单页。上有墨线单栏，下部残损。每方以圆圈隔开
3	中藏M1·1268	医书	抄本	麻纸	楷书	汉文	《中国藏黑水城汉文文献》第八册② 第1593页	提及"眼目昏暗""腰脚残疾头面带破"等病情。
4	中藏M1·1269	医书	印本	麻纸	楷书	汉文	同上书，第1594页	残页。以墨线单栏划分，上侧和两侧均有墨线单栏
5	中藏M1·1270	医方	写本	麻纸	行书	汉文	同上书，第1595页	残页。提及生姜、甘草等药材并服用方法
6	中藏M1·1271	医方	写本	麻纸	楷书	汉文	同上书，第1596页	残页。提及生姜、甘□、白术等
7	中藏M1·1272	医方	写本	麻纸	楷书	汉文	同上书，第1597页	残页

---

① 史金波、陈育宁主编：《中国藏西夏文献》第16册，甘肃人民出版社、敦煌文艺出版社2006年版。
② 塔拉、杜建录、高国祥编：《中国藏黑水城汉文文献》第8册，国家图书馆出版社2008年版。

第五章 西夏专门档案整理与研究（中）

续 表

序号	图版编号	档案名称	版本	纸质	字体	书写文字	档案出处	备注
8	中藏 M1·1273	医方	写本	麻纸	行楷	汉文	同上	残页
9	中藏 M1·1274	医方	写本	麻纸	楷书	汉文	同上书，第1598页	残页。残存"其肺肝""诚于中"等
10	中藏 M1·1277	医方	写本	麻纸	楷书	汉文	同上书，第1600页	残页。存"□□生姜一两，水一盏，半煎至□□服"等字
11	俄 TK107V	医方	写本	麻纸	行楷	汉文	《俄藏》第三册① 第14页	粘贴于TK107背后。提及"酸枣仁、人参、茯苓、麻黄"等中药名并服法剂量等
12	俄 TK166	孙真人千金方	刻本	麻纸	楷书	汉文	《俄藏》第四册② 第52页	蝴蝶装，白口，上方鱼尾下版心题"千金方"或"千方""千金"，下接卷数。下方鱼尾下印页码，每卷页码另起。上下单边，左右双边
13	俄 TK173	辰龙麝保命丹	刻本	麻纸	楷书	汉文	同上书，第119页	单页。上有标题"辰龙麝保命丹"，黑底阴文。左右单边
14	俄 TK187	医方	写本	麻纸	楷书	汉文	同上书，第174页	首尾缺损
15	俄 TK221	医方	写本	麻纸	行楷	汉文	同上书，第225页	残损严重。有"浸泡、煮熟、背皮"等字

① 史金波、魏同贤、[俄]克恰诺夫主编：《俄藏黑水城文献》第 3 册，上海古籍出版社 1996 年版。
② 史金波、魏同贤、[俄]克恰诺夫主编：《俄藏黑水城文献》第 4 册，上海古籍出版社 1997 年版。

续　表

序号	图版编号	档案名称	版本	纸质	字体	书写文字	档案出处	备注
16	俄 TK322—5	神仙洗头发治青盲疗于风毒方	写本	麻纸	行楷	汉文	《俄藏》第五册①第81页	为TK322的封底裱纸。半页记载了一年中的治疗日期
17	俄 A20—16	医方	写本	麻纸	楷书	汉文	同上书,第282页	为A20号的背裱纸。从"刀步药、蓝杏树皮……"到"泻利药、长尾蛆、酒调下"
18	俄 A21—1	神仙方论	写本	麻纸	楷书	汉文	同上书,第288页	有双行小字注释
19	俄 ДХ2822	杂字的药物部	写本	麻纸	楷书	汉文	《俄藏》第六册②第137—146页	"药物部第十",有144味药名
20	俄 ИНВ. No. 6867	敕赐紫苑丸方	写本	麻纸	楷书	汉文	同上书,第319页	线订册页装。有双行小字注出用法。上下左右单边
21	俄 ИНВ. No. 6476	治热病要论	抄本	麻纸	楷书	西夏文	《俄藏》第十册③第200页	已散成单页。无墨框。共存药方41首。为汉文医书的西夏文译本
22	俄 ИНВ. No. 630	明堂灸经第一	抄本	麻纸	行楷	西夏文	同上书,第211页	缝缋装。为汉文医书的西夏译本
23	俄 ИНВ. No. 4167	明堂灸经第五	抄本	麻纸	楷书	西夏文	同上书,第220页	残页。为汉文医书的翻译
24	俄 ИНВ. No. 911	医书	抄本	麻纸	行书	西夏文	同上书,第222页	残卷。为汉文医方集的西夏译本

① 史金波、魏同贤、[俄] 克恰诺夫主编:《俄藏黑水城文献》第5册,上海古籍出版社1998年版。
② 史金波、魏同贤、[俄] 克恰诺夫主编:《俄藏黑水城文献》第6册,上海古籍出版社2000年版。
③ 史金波、魏同贤、[俄] 克恰诺夫主编:《俄藏黑水城文献》第10册,上海古籍出版社1999年版。

第五章 西夏专门档案整理与研究（中）

续　表

序号	图版编号	档案名称	版本	纸质	字体	书写文字	档案出处	备注
25	俄 ИНВ. No. 4979—1	医书	抄本	麻纸	行书	西夏文	同上书,第229页	残卷。汉文医方集的西夏译本
26	俄 ИНВ. No. 4384	医书	抄本	麻纸	草、楷	西夏文	同上书,第233页	残页。汉文药方集的西夏译本①
27	俄 ИНВ. No. 4894	药书	抄本	麻纸	草书	西夏文	同上书,第242页	残卷
28	英 1092	医方	写本	麻纸	草书	西夏文	《英藏》第二册②第26页	1纸残片
29	英 2352	医方	写本	麻纸	草书	西夏文	《英藏》第三册第81页	2纸残片
30	英 2458b	医方	写本	麻纸	草书	西夏文	同上书,第113页	残片
31	英 3497	医方	写本	麻纸	行书	西夏文	《英藏》第四册第199页	1纸。蝴蝶装。不知名风湿病医方。专治妇女产后风湿病
32	英 Or8212—1106	残药方	写本	麻纸	行书	汉文	《斯坦因第三次中亚探险所获甘肃新疆出土汉文文书》③第128页	残。前后缺失,提及"大沉香丸"
33	英 Or8212—1116	大沉香丸药方	写本	麻纸	行书	汉文	同上书,第130页	残

---

① 梁松涛:《黑水城出土4384（9—8）与4984号缀合西夏文医方考释》,《宁夏社会科学》2012年第2期;《俄藏黑水城文献4384西夏文古医方考》,《中医文献杂志》2012年第1期。
② 谢玉杰、吴芳思主编:《英藏黑水城文献》第1—4册,上海古籍出版社2005年版。
③ 郭峰:《斯坦因第三次中亚探险所获甘肃新疆出土汉文文书》,甘肃人民出版社1993年版。

续 表

序号	图版编号	档案名称	版本	纸质	字体	书写文字	档案出处	备注
34	英 Or8212—1343	残药方	写本	白纸	行书	汉文	同上书,第160页	残。提及"□津寸脉下不□""□得寸内九□"等把脉情况
35	英 Or8212—1011	残药方	写本	麻纸	行楷	汉文	同上书,第189页	前缺

（二）西夏医药档案分析

通过认真研读西夏学专家和学者对西夏文医药档案的考释和翻译，发现西夏医药档案反映了十分丰富的思想内容，更反映出了西夏的真实医疗水平。为此，有必要对西夏医药档案进行比较具体而系统的研究，为我们更好、更透彻地了解西夏医疗水平和技术提供真实的凭据。

1. 西夏医药档案的形式多样

（1）文字多样

既有西夏文字（如俄 ИНВ. No. 6476《治热病要论》、俄 ИНВ. No. 2630《明堂灸经第一》等），也有汉文字（如俄 TK187 医方、俄 TK221 医方等）。

（2）版本多样

既有写本（如俄 ИНВ. No. 6476《治热病要论》），也有刻本（如俄 TK173《辰龙麝保命丹》、中藏 M1·1269 医书印本）。

（3）字体多样

有斜体字，如俄 ИНВ. No. 6476《治热病要论》；有行书，如俄 ИНВ. No. 630《明堂灸经第一》、俄 ИНВ. No. 4384 医书的第 7 页前 8 行、第 9 页；有行楷小字，如俄 ИНВ. No. 630《明堂灸经第五》；有楷书，如俄 ИНВ. No. 4384 医书的第 4、5、6 页；有草书，如俄 ИНВ. No. 4384 医书的第 1、2、3、8 页；还有行楷书，如中藏 G21.004 医方。

（4）形制多样

有册页装，如俄 ИНВ. No. 6476《治热病要论》；有卷轴装或卷子装，如俄

第五章　西夏专门档案整理与研究（中）

TK187 医方、俄 ИHB. No. 911 医书；有缝缋装，如俄 ИHB. No. 4167《明堂灸经第五》；有蝴蝶装，俄 ИHB. No. 630《明堂灸经第一》；还有单页式，如中藏 G21·004 医方残页。

（5）纸张多样

有未染麻纸，如俄 TK187 医方；有白麻纸，如俄 ДX2822《杂字》的药物部、中藏 G21·004 医方残页。

2. 西夏医药档案所反映的西夏人疾病的种类

从黑水城及西夏其他故地出土的西夏文和汉文医药档案来看，西夏境内人们所生疾病种类基本与中原地区一致。如俄 ИHB. No. 6476 西夏文《治热病要论》中有 30 多种医方，主要是治疗热病、妇科、男科和疮痈之类的疾病。俄 ИHB. No. 911 西夏文医方残页反映的是治疗牙齿病痛、消瘦不止、热寒恶暑、腰痛及胃寒、肾虚耳鸣、妇人乳痛、口疮、目眩、目赤等。俄 ИHB. No. 4384 的西夏文医方反映的是治疗脾胃不和、疏肝调脾等。俄 A21 汉文医书《神仙方论》反映了除上述医方中出现的疾病以外，还有气毒不化、暴赤眼、肾脏风、左瘫右痪、中风口眼斜、妇人产后血气不顺、四肢失呆、肠风等。中藏 G21·004 西夏文医方残页，反映的是治疗伤寒病。由上可知，西夏药方中反映的都是当时人们最为常见的疾病，有 20 多种。

3. 西夏医药档案反映的西夏药材种类

通过分析西夏医药档案中所包含的中药材数量，我们可知西夏药材种类也如中原地区一样丰富多样。如俄 ИHB. No. 911 医方中涉及的药材就只治内脏出血的四白丸来看，有白石脂、白龙骨、大石风、南矾；俄 A21 汉文《神仙方论》中出现了丁香、半夏；中藏 G21·004 医方残页中涉及厚朴、罗勒、细辛、麻黄、牛膝、狼毒子、花椒等；英 3497 药方中涉及有鱼糖参、白陈米、巴豆、枸杞等；据介绍还有紫菀、人参等；① 还有藿香、青盐、梧桐子、槟榔、良姜、白芥子、百草霜、金线矾、山丹花等。② 俄 ДX2822 汉文《杂字》"药物

---

① ［俄］捷连提耶夫-卡坦斯基：《西夏书籍业》，王克孝、景永时译，宁夏人民出版社 2000 年版，第 132 页。
② 史金波、魏同贤、［俄］克恰诺夫主编：《俄藏黑水城文献》第 4 册，上海古籍出版社 1997 年版，第 52—225 页。

部第十"也罗列了西夏的各种药材 144 种。另据《天盛律令》介绍，西夏国内库藏药材品种多样，有朱砂、云母等 230 多种。① 由此可见，西夏不但盛产药材，而且很多药材还是西夏特产，如麝脐、羚角、柴胡、苁蓉、红花等，特别是枸杞、大黄等更是久负盛名，至今仍驰誉中外。

4. 西夏医药档案所反映的西夏人治疗疾病的方法

西夏治疗疾病的方法主要有药物疗法、手术疗法及其他。

药物疗法是医人根据病人的病情看验确诊后通过服用配制好的各种药品而进行的治疗方法，如俄 ИНВ. No. 1381A 汉文《西夏乾祐五年验伤单》就是医人看验受伤病人并有可能开某种药方而治疗疾病的证据。这是西夏治疗疾病的主要方法，又分为内服和外敷两种。

手术疗法就是使用专门的工具即刀、针、钳镊等，通过扎、切、割、缝等技术治疗疾病的方法，这种治疗方法也有两种情况：一种是将病人表面坏死的肌肉直接切除，这正吻合了西夏谚语"臭肉不挖癞疮不愈，脚刺不除跛脚不止"；② 另一种是用针刺破患处以释放脓血等，这就是针刺治病之法，《文海》中"扎针"条注释："病患处铁针穿刺使出血之谓。"③

其他疗法主要是指因患病种类各异、病情轻重也有所不同而有针对性地采取的治疗方法：有食疗和药酒综合疗法，如英 3497 医方中开出处方说将鱼糖参、白陈米、巴豆、枸杞等与水热酒放置在一锅中，熬制好后让病人服用。除此而外，还有祛风、散寒、除湿、清热、清洗、针灸等方法治疗各种伤寒等疾病。

5. 西夏医药档案所涉及的西夏药品形式

西夏医药档案中涉及的药品形式主要有丸药、汤药和膏药等。

丸药，就是按照医人开具的处方，将中草药研为细末，再加适当的如生姜面糊等黏合剂做成球状制品。如中藏 G21·004，甘肃武威出土的三个西夏文医方残页中的第二个医方便是用牛膝和狼毒子配成的丸药。药方说："治除百

---

① 史金波、聂鸿音、白滨译注：《天盛改旧新定律令》卷 17，上海古籍出版社 2000 年版，第 549—552 页。
② 陈炳应：《西夏谚语》，山西人民出版社 1993 年版，第 13 页。
③ 史金波、白滨、黄振华：《文海研究》，中国社会科学出版社 1983 年版，第 522 页。

种伤寒，长寿头发……（变黑）牛膝、狼毒子等数，研为粉末，搅于面糊中，做成豌豆许状。"① 俄 A21 汉文医书《神仙方论》中所述基本是丸药，其中有治脾胃不和的姜合丸："丁香半两，半夏半两，汤洗七变，研为细末，生姜面糊为丸，如皂儿大。"② 俄 ИНВ. No. 911 西夏文医方中涉及的成品丸药有四白丸、薯蓣柏皮丸、豆蔻香莲丸、返阳丹、豆滤丹、黄芪丸、乌贝丸等。

汤药，传统的说法就是把中草药按照医人所开具的配方混合在一起，加适量水煎熬一定时间，去掉渣滓后让病人服用的汤汁。《文海》释药则说："汤药也，搅和医治疾病用之谓。"③ 可见汤药在西夏是常用药品。如中藏 G21·004，甘肃武威出土的三个西夏文医方残页中的第一个医方则是制成的汤药："弃除……好好煮，连续翻动，水减时，屡屡加水，煮到熟时，另盛小腹□□，便于清晨空腹时，将此汤原碎药腹中□□时，搅拌另温，每次一升……此乃厚罗辛麻（汤）治疗病法要论也。"④

膏药，就是将中草药捣碎，与另一种溶液或液体药水混合而制成的固体、半固体或半流体的药品。这种药品一般情况下带有偏方、验方的性质，以外敷为主，即用于治疗各种痈疮。《文海》释"癞疮药"为"松柏草屎粪等之浆，是治癞疮用是也"。⑤ 这应该就是当时的外敷膏药。西夏谚语也提到了膏药："治癞见药为涂灰。"⑥ 如俄 ИНВ. No. 6476 西夏文医书《治热病要论》中介绍治疗干湿痈疮病时，提到了制作膏药的方法和成分，即"将花虫做成白浆末，与羊脂混后涂于疮上则痊愈"。⑦ 西夏时期生活质量差，卫生条件也不好，因此，生痈疮者极多。于是，利用民间偏方制作膏药治疗痈疮就成为西夏医疗的主要内容了。

6. 西夏医药档案所反映的药品制作、用法与用量及服药禁忌

西夏时期不同的药品形式其制作也是有差异的。丸药的制作正如俄 A21 汉

---

① 史金波：《西夏社会》，上海人民出版社 2007 年版，第 780 页。
② 史金波、魏同贤、［俄］克恰诺夫主编：《俄藏黑水城文献》第 5 册，上海古籍出版社 1998 年版，第 288—292 页。
③ 史金波、白滨、黄振华：《文海研究》，中国社会科学出版社 1983 年版，第 506 页。
④ 史金波：《西夏社会》，上海人民出版社 2007 年版，第 780 页。
⑤ 史金波、白滨、黄振华：《文海研究》，中国社会科学出版社 1983 年版，第 548 页。
⑥ 陈炳应：《西夏谚语》，山西人民出版社 1993 年版，第 11 页。
⑦ 史金波：《西夏社会》，上海人民出版社 2007 年版，第 777 页。

文医书《神仙方论》中介绍的那样："研为细末，生姜面糊为丸，如皂儿大"①以及中藏 G21·004 甘肃武威出土的三个西夏文医方残页中的第二个医方中提到的将"牛膝、狼毒子等数，研为粉末，搅于面糊中，做成豌豆许状"。汤药的制作仍如中藏 G21·004 中的第一个药方中提到的"弃除……好好煮，连续翻动，水减时，屡屡加水，煮到熟时，另盛小腹□□"。膏药的制作也如俄 ИНВ. No. 6476 西夏文《治热病要论》中提到的治疗干湿痈疮的膏药一样："将花虫做成白浆末，与羊脂混后涂于疮上则痊愈。"② 可见，西夏药品制作的程序与中原几乎一致。

西夏病人服药的方法和用量的大小也如中原，如俄 ИНВ. No. 911 的西夏文医书中有一种"治内脏出血四白丸"，其用法与用量"大小丸各一，分三次服，两次以温酒服，一次以洗米清汁服"。③ 中藏 G21·004 中的第一个药方提到："搅拌另温，每次一升，趁热服，有则宜温好秫米，亦当每次服一（升），连续常服，则伤寒悉除也"；第二个药方提到："于空腹时，每次十粒，温水送下"；第三个药方提到："于翌晨空腹时，（取）新冷水，服二十一粒，面东……"④

西夏时期，病人服药期间也如中原汉人一样有禁忌，如服用薯蓣柏皮丸、豆蔻香莲丸时"禁食油腻热食"；服用芷黄丸时"禁肉、荞麦"；治口疮时"禁油腻"。⑤ 其目的当然是不要因饮食不当而导致疾病时间加长或无法治愈。

7. 西夏医药档案反映和印证了西夏的医疗状况

档案本来就是历史文化的真实见证，更是一个时代社会面貌的再现。医药档案作为档案的重要组成部分，则更直接反映了一个时代医疗的状况，西夏医药档案作为中国古代医药档案的一个很重要的分支，其具体、生动、翔实、真切地反映了西夏的医疗状况。

（1）西夏的医药档案大多汉译自中原医药档案

《俄藏》《中藏》等大型文献丛书收录的西夏文医药档案已经有大部分被西夏学专家学者进行了翻译和考释，认为大多西夏文医药档案译自中原的医药档

---

① 史金波、魏同贤、［俄］克恰诺夫主编：《俄藏黑水城文献》第 5 册，上海古籍出版社 1998 年版，第 288—292 页。
② 史金波：《西夏社会》，上海人民出版社 2007 年版，第 780 页。
③ 同上书，第 778 页。
④ 同上书，第 780 页。
⑤ 同上书，第 779 页。

案,如聂鸿音对俄 ИНВ. No. 2630 和俄 ИНВ. No. 4167 医药档案进行考释研究之后,认为这两份灸经医药档案均译自当时流传的《黄帝明堂灸经》之《太平圣惠方》卷一百;① 梁松涛对俄 ИНВ. No. 4384(9—8)最后一行与俄 ИНВ. No. 4894 前 16 行缀合后考释认为:"从西夏文药方'无比山药丸'所依据的底本来源及药方源流来看,西夏文药方的组方配伍、药物炮制、服法及使用剂量多受唐宋医学的影响,故黑水城出土西夏文医药文献解读,将对中医学史的研究,特别是在中医版本、古医籍的辑佚及校刊方面具有重要意义。"② 梁松涛对俄 ИНВ. No. 4384(9—6)也进行了考释,认为该"西夏文药方应为一份汉医的药剂配方,所载药物和剂量之写法,均遵从汉文医理,故此西夏文药方所依据的底本可能为某种已佚的汉文医方"。③ 梁松涛还相继发表了十多篇关于考释或研究西夏文医药档案的论文,其结论基本一致。史金波通过对西夏医药档案的研究也认为"西夏的医书、药方表明其医学知识主要学习中原的传统医学,这些书籍的流行扩大了医书的传播和使用范围,是西夏医学发展的证明"。④ 可见,中原地区传统医学对西夏医学的影响之深。

另外,随着西夏社会的不断发展以及与中原地区的密切交往,西夏也从中原地区得到了先进的医药、医疗知识。尤其是在夏毅宗谅祚时主动请求宋朝赐予包括医书在内的书籍,"丙戌,以国子监所印《九经》及正义、《孟子》、医书赐夏国,从所乞也"。⑤ 宋朝赐西夏的这些医书也可能被西夏翻译成西夏文而成为西夏医学教育的课本,也可能成为西夏医人治疗疾病、开具处方的参考。如此,我们仍然认为,西夏的医药档案大多译自中原地区传统医药档案。

(2)黑水城出土医药档案中也有西夏本民族的医药档案

黑水城出土的西夏文医药档案虽然大多数译自汉族医籍,但也出土了一些西夏本民族的医药档案,这些医药档案中有大量的单方、验方,如俄 ИНВ. No. 6476《治热病要论》,这一药籍存方 41 首,其中治热病之方 4 首,治

---

① 聂鸿音:《西夏译本〈明堂灸经〉初探》,《文献》2009 年第 3 期。
② 梁松涛:《黑水城出土 4384(9—8)与 4894 号缀合西夏文医方考释》,《宁夏社会科学》2012 年第 2 期。
③ 梁松涛:《俄藏黑水城文献 4384 西夏文古医方考》,《中医文献杂志》2012 年第 1 期。
④ 史金波:《西夏社会》,上海人民出版社 2007 年版,第 781 页。
⑤ (宋)李焘:《续资治通鉴长编》卷 198,中华书局 2004 年版,第 4802 页。

妇科诸病方 14 首，治诸疮方 23 首。这一档案中的药方组方简单易行，用药多出自西夏本土出产药材，一般由一到三味药材组成，治疗疾病也以西夏地区常见疾病为主。可见，西夏在学习中原及周边少数民族的医药知识和治疗技术之后，可以独立行医，更能单独开处方治疗西夏本土出现的各种疾病。西夏的这些本土医方，重视实用性，故其利用价值重要。[1]

(3) 西夏医疗水平总体不高

表面上来看，在远离西夏统治中心的边远城市黑水城出土了多种西夏文、汉文医书、药方，可以证明西夏的医药、医疗已经有了相当的水平，但实质上并非如此，西夏的医药、医疗还是受中原地区传统医学的影响，其水平还没有超出中原地区传统医学的范围。不仅如此，西夏的医疗水平甚至连金朝都不如，史书记载可以佐证。《金史》载，夏天盛二十年（1168），夏仁宗时权臣任得敬得病，向金朝求医，"因贺大定八年正旦，遣奏告使殿前太尉芭里昌祖等以仁孝章乞良医为得敬治疾"，金朝"诏保全郎王师道佩银牌往焉。诏师道曰：'如病势不可疗，则勿治。如可治，期一月归。'得敬疾有瘳"。夏桓宗天庆七年（1200），纯佑母有病，又向金朝求医，"纯祐母病风求医，诏太医判官时德元及王利贞往，仍赐御药。八月，再赐医药"。[2] 可见，金朝的医疗水平高于西夏。

(4) 西夏的一些医药档案中还保留了党项人较为原始的巫医成分

西夏虽然向中原地区学习中医药知识，但其医疗水平仍然低于同时代的宋、金。因此，西夏医人在看验病人之后开具处方时为了能够使病人迅速痊愈，加入了巫医迷信色彩，这可能是西夏所独有的，也显示出了党项民族的传统习俗，出土的西夏医药档案也证明了这一点。甘肃武威出土的中藏 G21·004 医方残页[3] 共包括三个药方，在第三个药方的后面就写有"面东"二字，这说明病人在服药时要面向东方，而且可能还要虔诚，这一药方明显地浸透着神秘的迷信色彩。此外，黑水城出土的西夏文献中有一些西夏文写本如《魔断要语》《疮恶治顺要语》

---

[1] 梁松涛：《西夏文医药文献叙录》，《兰台世界》2012 年 2 月上旬；《黑水城出土西夏文医药文献价值刍议》，《保定学院学报》2011 年第 6 期。

[2] 《金史》卷 134，中华书局 1975 年版，第 2869—2871 页。

[3] 史金波、陈育宁主编：《中国藏西夏文献》第 16 册，甘肃人民出版社、敦煌文艺出版社 2006 年版，第 258 页。

等以及没有名称的咒语或教令集，即是在宣传行祈祷、念咒语、作法术即可获得治病脱疾、退魔免灾的效验。[1] 这进一步说明在西夏民间治疗疾病时仍然是巫医结合。可见，西夏的这种医药档案对研究西夏的医疗科技水平有十分重要的价值。

综上所述，随着西夏社会的发展，科技的进步，西夏的医药学知识和医术也在不断地提高。但总体上来说，西夏的医学水平还是不如中原汉族，也抵不上同时代的金朝，而且从以上西夏医方中涉及的制药药材、药品种类、形式、制作方法和用法用量等都与中原传统中医药几乎一致。可见，西夏在医药学方面学习中原中医学的知识并完全应用于本族人民的疾病治疗。这充分说明了西夏与宋医疗文化交流的结果，也证明了西夏为祖国西北地区中医学所做出的贡献。[2]

三 西夏地图档案

西夏地图档案是西夏科技档案的重要组成部分，它直接或间接地体现了西夏的州、县及山川风貌等信息，具有很强的实用性。西夏汉文史籍记载，在元昊时期就已经有了地图，宋仁宗庆历六年（1046）春正月载："先是，夏国遣杨守素持表及地图来献卧尚庞、吴移、已布等城寨九处，并理索过界人四百余户。然所献城寨并在汉地，但以蕃语乱之，其投来边户，亦元属汉界，不当遣还。"[3] 从西夏史籍的相关记载来看，西夏地图档案的种类和数量比较多，但保留下来的西夏地图档案并不多，而且大部分是汉文西夏地图。

（一）西夏地图档案概况

据史籍记载，西夏地图档案主要有以下七种汉文档案：《西夏贺兰山图》《陕西二十三州地图》、冯继业所献《灵州图》《甘、沙、伊、凉等州图》《环庆清远军至灵州地图》、郑文宝所献《河西陇右图》、刘昌祚所献《鄜延边境图》。据胡玉冰介绍，以上史籍所记载的西夏地图已经亡佚，但这些地图中所标注的西夏信息，可以通过传世的其他相关西夏地图进行弥补，使之显示出西夏当时的状况。[4] 还有一些标注有西夏的地图被保留了下来，成为重要的研究西夏州、县、山川风貌的第

---

[1] 肖屏：《西夏医药学与传统中医学的关系探骊》，《中医文献杂志》2010 年第 4 期。
[2] 赵彦龙、杨绮：《西夏医药档案整理与研究》，《宁夏师范学院学报》2013 年第 4 期。
[3] （宋）李焘：《续资治通鉴长编》卷 158，中华书局 2004 年版，第 3818 页。
[4] 胡玉冰：《传统典籍中汉文西夏文献研究》，中国社会科学出版社 2007 年版，第 62 页。

一手资料。这些地图主要有《华夷图》《地理图》《历代地理指掌图》《东震旦地理图》《契丹地理之图》以及明刊本《西夏地形图》、俄藏《西夏地图》册和张鉴本《西夏地形图》①等八种。现对目前三种传世西夏地图作简单介绍。

1.《西夏地形图》

该图是明朝康丕扬于万历三十六年（1608）刊刻的《宋两名相集·宋文正范先生文集》②中收录的一幅汉文《西夏地形图》，这是成图最早的一幅传世西夏地图。北京大学图书馆藏有明朝毛九苞受康丕扬之命重修的刊刻于万历三十七年（1609）的《重修范文正公集》，其中仍收录《西夏地形图》。但目前对这幅地图的成图年代说法不一，主要有这样几种：一是求实和陈炳应认为张鉴在《西夏纪事本末》中所附之地图并不是来源于范仲淹文集，而是由清人绘制，托名宋人所作；③也有学者认为这幅地图是宋代官吏于宋徽宗大观二年（1108）绘制；④俄罗斯西夏学家克恰诺夫认为这幅地图绘制于宋英宗治平三年至神宗元丰四年（1066—1081）；⑤胡玉冰则通过全面考证之后认为《西夏地形图》成图最为合理的时间应该是在明朝，具体说在明朝万历三十六年（1608）《宋两名相集·宋文正范先生文集》问世之前的某个时间。绘图者可能是康丕扬，也有可能是其他人绘制，康丕扬在刊刻《宋两名相集·宋文正范先生文集》时把图收录进去了，具体的绘制者现已不可考。⑥但不管怎么样，这是目前所知传世最早的一幅西夏地图。

2.《西夏地图》

俄藏清人手稿本《西夏地图》是传世的汉文古地图中唯一一册西夏专题地图。这是俄罗斯西夏学家克恰诺夫于1958年对伯希和经眼的西夏地图进行的介绍和公布。由此我们可知《西夏地图》共一册，手稿本，线装19页。绘制者不详，地图绘制时间应在清乾隆三十三年至道光三十年（1768—1850）。它是一部

---

① 胡玉冰：《汉文西夏地图文献述要》，《文献》2005年第1期。
② 注：该文集现藏于国家图书馆。
③ 陈炳应：《西夏文物研究》，宁夏人民出版社1985年版，第433—457页。
④ 黄盛璋、汪前进：《最早一幅西夏地图——〈西夏地形图〉新探》，《自然科学史研究》1992年第2期。
⑤ [俄]克恰诺夫：《苏联国家列宁图书馆藏汉文西夏唐古特地图册手稿》，李步月译，《西北历史资料》1980年第1期。
⑥ 胡玉冰：《传统典籍中汉文西夏文献研究》，中国社会科学出版社2007年版，第322页。

以西夏国地理为绘制主题的地图集，绘制的地图包括西夏与陕西五路交界地区边境堡寨详图，还有西夏与契丹政权交界图，《西夏疆域总图》《夏东与宋五路接界图》《夏东北与契丹接界图》《西夏地形图》属于总图性质，其他则是局部的详图。① 这幅地图是直接转绘自明刻本《宋两名相集·宋文正范先生文集》中的地图，而且是传世的地图中成图时间最早的一幅。

3.《西夏地形图》

清人张鉴《西夏纪事本末》卷首附录一幅汉文《西夏地形图》，《西夏纪事本末》卷首下《西夏堡寨》载有"《范文正公集》并地图二"②的文字说明，这证明该图应出自《宋两名相集·宋文正范先生文集》，但有些地方略有改动。

（二）传世三种《西夏地形图》地名分析

为方便于研究上述三种传世《西夏地形图》，现对其中标注的部分地名简单列表如下。

表5—11　三种传世《西夏地形图》③ 中地名对比

明刻本《重修范文正公集》之《西夏地形图》	俄藏清人手稿本《西夏地形图》	张鉴《西夏纪事本末》之《西夏地形图》
强镇軍白马	彊镇軍白马	强镇軍白马
威福軍黑山	威福里黑山	威福軍黑山
木栅行宫	木栅行营	木栅行宫
贺蘭山	胸山	贺蘭山
有谷道九條	有谷道九隆	有谷道九條
贺蘭池（有泉九十九眼）	贺蘭池（眉泉九十九眼）	贺蘭池（有泉九十九眼）
夌阿啰磨	麦阿羅磨	夌阿囉磨

---

① 胡玉冰：《传统典籍中汉文西夏文献研究》，中国社会科学出版社2007年版，第312页。
② （清）张鉴撰，龚世俊等校点：《西夏纪事本末》，甘肃文化出版社1998年版，第13页。
③ 徐艳磊：《宁夏舆图研究》，硕士学位论文，宁夏大学，2013年，第17—19页。

西夏档案及其管理制度研究

续　表

明刻本《重修范文正公集》之《西夏地形图》	俄藏清人手稿本《西夏地形图》	张鉴《西夏纪事本末》之《西夏地形图》
井阿啰磨祖	井阿羅磨祖	井阿囉磨祖
阿啰磨娘	阿羅磨孃	阿囉磨娘
郢麻龙瓦	郢麻龍瓦	郢麻龍瓦
碧啰山	碧羅山	碧囉山
麦块啰娘	——	麥块囉娘
棱离碧六者	——	棱离碧六者
离疸阿啰磨	——	离疸阿囉磨
啰保大陷谷	保大陷國	囉保大陷谷
信宿谷	廣信谷	信宿谷
大像谷	大象谷	大像谷
懷州	懷州（曾号中都）	懷州（曾号中京）
保靜縣歸順州即唐之豊安军	保靜縣歸顺州即唐之澧安军	保靜縣歸顺州即唐之豊安军
兔廬張	鬼廬張	兔廬張
黑漆北方	黑染	黑漆北方
會昌柏啰口	會昌百羅口	會昌柏囉口
溪染	溪染	溴染
麻娘芦领	麻娘蘆领	麻娘蘆嶺
朝顺軍右廂	朝顺軍右箱	朝顺軍右廂
涼州	涼州	涼州
胭脂山	臙脂山	胭脂山

续　表

明刻本《重修范文正公集》之《西夏地形图》	俄藏清人手稿本《西夏地形图》	张鉴《西夏纪事本末》之《西夏地形图》
党移嶺	黨移領	党移嶺
鳳凰城名連州	鳳凰城名連州	鳳凰城一名連州
鶻口移囉漫	鶻哆羅漫	鶻口移羅漫
紫碧峰降	紫碧溱降	紫碧峰降
阿囉磨娘	阿羅麻娘	阿羅磨娘
三郎委	三卩委	三郎委
阿罗把嶺	阿羅把領	阿羅把嶺
碧林口	碧林	碧林口
和南軍卓囉城	和南軍卓羅城	和南軍卓囉城
神城一名下郡玉門縣普昌	神城一名玉門縣晋昌	神武一名下郡玉門縣普昌
薑這城	薑城	薑這城
土門關	玉門關	玉門關
橫水驛、梁驛、咩逋驛、乱井驛、陌井驛、連袋驛、布袋驛、瓦井驛、卒李驛、启哆驿、吃囉驿	橫水馹、梁馹、咩哺馹、乱井馹、陌井馹、連袋馹、布袋馹、瓦井馹、卒李馹、启羅驿、吃羅驿	橫水驛、梁驛、咩逋驛、乳井驛、陌井驛、連袋驛、布袋驛、瓦井驛、卒李驛、啟哆驛、吃囉驛
神勇軍左廂	神勇軍左箱	神勇軍左廂
光定河	無定河	無定河
夏州即朔方郡	夏州	即朔方郡夏州
板井流	板井	板井流
漢州委兒	漢川委兒	漢州委兒

续　表

明刻本《重修范文正公集》之《西夏地形图》	俄藏清人手稿本《西夏地形图》	张鉴《西夏纪事本末》之《西夏地形图》
龍泺碧瓦崪	龍泺碧瓦卒	龍泺碧瓦崪
駱駝巷	駱駝巷	駱駝港
即寧朔郡嘉寧軍宥州	即寧翔郡加寧軍宥州	即㝛朔郡嘉㝛軍宥州
韋芭山	韋四山	韋芭山
寕令口（夏賊犯邊之路）	甯令口（夏人犯邊要路）	㝛令口（夏賊犯邊之路）
吳仁瀑、大絞瀑、里仁瀑	久仁渠、大交渠、里仁潭	吳仁瀑、大絞瀑、里仁瀑
則破	則坡	則破
靜塞軍韋州	靜砦軍韋州	靜塞軍韋州
本咸州	木咸州	本咸州
白馬川	白馬州	白馬川
青崗峽	青岡峽	青崗峽
灰家觜	灰家嘴	灰家觜
袋袋嶺	袋袋领	袋袋嶺
錢哥山	加哥山	錢哥山
灵州界	靈州界	靈州界
磨雲山	磨云山	磨雲山
妹杷山	妹祀山	妹杷山
独孤阑漫	獨孤阑漫	獨孤阑漫
殺牛嶺	殺牛领	殺牛嶺
保泰軍永壽	保太軍永壽	保泰軍永壽

第五章 西夏专门档案整理与研究（中）

续 表

明刻本《重修范文正公集》之《西夏地形图》	俄藏清人手稿本《西夏地形图》	张鉴《西夏纪事本末》之《西夏地形图》
八猪嶺	豬山领	八猪嶺
轻啰浪口	轻羅浪口	轻囉浪口
普寧軍	普寧軍	普寍軍
綏德城、綏德軍	綏悳城、綏悳軍	綏德城、綏德軍
延安府	延安軍	延安府
累勝寨、順寧寨、金湯寨、安强寨、覌化堡、洪德寨、安邊寨、永和寨、定邊寨、绥宻寨、靖安寨、勝羌寨、通遠寨、乹興寨、天聖寨、熙寧寨	累勝砦、順寧砦、金湯砦、安强砦、官化堡、洪德砦、安边砦、永和砦、定边砦、绥宻砦、靖安砦、勝羌砦、通遠砦、乾興砦、天聖砦、熙寧砦	累勝砦、順寍砦、金湯砦、安强砦、觀化堡、洪德砦、安邊砦、永和砦、定邊砦、绥宻砦、靖安砦、勝羌砦、通遠砦、乾興砦、天聖砦、熙寍砦
葫芦河	胡盧河	葫羅河

通过仔细比对三种版本的《西夏地形图》，发现三幅地图的绘制方法、体例和内容基本一致，可断定三幅地图为同一版本的不同抄本。① 因三种版本的《西夏地形图》绘制时间、绘制者水平及所抄底本不同等原因，导致出现了地名位置标注不正确，甚至还出现了地名文字错误或其他的差异。这里以明刻本为底本，以俄藏清人手稿本和张鉴本为对校本，对图中异名现象进行简单分析，探求其产生的原因、特点及规律。

1. 异文现象

（1）因繁简字、异体字、正俗字、音同转写关系产生异文

囉、羅、啰：阿啰磨、井阿啰磨祖、阿啰磨娘、碧啰山、离疷阿啰磨、会昌柏啰口、鹘哆啰漫、轻啰浪口、吃啰驿等，明刻本作"啰"，俄藏清人手稿本作

---

① 陈炳应：《西夏文物研究》，宁夏人民出版社1985年版，第434页。

· 339 ·

"羅"，张鉴本除"鹘哆羅漫"作"羅"外，其余作"囉"。《正字通·口部》："囉，郎何切，音罗，歌助声，又小儿语。今填词用罗，为语余声。"① 可见，啰与罗音同义近，两者作为地名用字，只注其读音，所以二者可通用。啰为囉的简化字。

麥、麦：麦块囉娘，明刻本作"麦"，张鉴本作"麥"，俄藏清人手稿本未注其名。《玉篇·麦部》："麦，麥的俗字。"② 麥和麦为俗字关系。

凉、涼：涼州，明刻本作"凉"，张鉴本与俄藏清人手稿本都作"涼"。《玉篇·冫部》："凉，俗涼字。"③《广韵·平声·阳韵》："涼，薄也。"今"凉"字通行。凉为涼的异体字。

獨、独：独孤阑漫，明刻本作"独"，张鉴本及俄藏清人手稿本作"獨"，独是獨的简化字。

寨、砦：累胜寨、顺宁寨、金湯寨、安强寨、观化堡、洪德寨、安邊寨、永和寨、定邊寨、绥宭寨、靖安寨、胜羌寨、通遠寨、乾興寨、天聖寨、熙宁寨等，明刻本作"寨"，俄藏清人手稿本与张鉴本作"砦"。《集韵·去声·夬韵》："柴、寨、砦。士迈切，篱落也。或作寨、砦。"《字汇·宀部》："寨，与砦同。"《正字通·宀部》："寨同砦。"寨与砦互为异体字。

乾、乹：乹興寨，明刻本作"乹"，俄藏清人手稿本与张鉴本作"乾"。《正字通·乙部》："乹，俗乾字。"④乾与乹互为异体字。

宭、寧、宁、甯：熙宁寨，明刻本与俄藏清人手稿本作"宁"，张鉴本作"宭"。如绥宁寨，明刻本和俄藏清人手稿本作"宁"，张鉴本作"宭"。《说文解字·用部》："甯，所愿也。"此与《丂部》'寧'音义皆同，许意'寧'为愿词，'甯'为所愿，略区别耳。"⑤宭、寧、宁、甯均互为异体字。

强、彊：强镇軍白马，明刻本与张鉴本作"强"，俄藏清人手稿本作"彊"，强与彊互为异体字。

---

① （明）张自烈：《正字通》，清康熙九年（1670）刊本。
② （梁）顾野王：《宋本·玉篇》，中国书店1983年影印版，第285页。
③ 同上书，第364页。
④ （明）张自烈：《正字通》，清康熙九年（1670）刊本。
⑤ （汉）许慎撰、（清）段玉裁注：《说文解字注》，上海古籍出版社1988年版，第128页。

德、惪：绥德城、绥德军等，明刻本与张鉴本作"德"，俄藏清人手稿本作"惪"，德与惪互为异体字。

觀、观、官：观化堡，明刻本作"观"，张鉴本作"觀"，俄藏清人手稿本作"官"。《宋元以来俗字谱》引《白袍记》《金瓶梅》《岭南逸事》作"观"。① 明代焦竑《俗书刊误·平声·寒韵》："觀，俗作观"。觀与观为俗字关系，但官与观则为音同而转写。

邊、边：定邊寨，明刻本与张鉴本作"邊"，俄藏清人手稿本作"边"。边为邊的简化字。

猪、豬：八猪嶺，明刻本与张鉴本作"猪"，俄藏清人手稿本作"豬"。《干禄字书·平声》："猪、豬，上通下正。"② 猪与豬互为异体字。

(2) 因某义项通用产生异文

嶺、领：麻娘芦嶺、阿罗把嶺、袋袋嶺、八猪嶺、杀牛嶺、破娘嶺、青嶺、罗堆嶺等，明刻本与张鉴本作"嶺"，俄藏清人手稿本除"八猪嶺"将"嶺"写成"山领"外，其余均作"领"。《正字通·山部》："嶺，山之肩领……古山嶺之嶺作领……褚遂良加山作嶺，明蔡清谓山之首领为嶺。"③ 嶺为领的分化字。

廂、箱：右廂朝顺军、左廂神勇军等，明刻本与张鉴本作"廂"，俄藏清人手稿本作"箱"。《广韵·平声·阳韵》："廂，廊也，亦曰东西室。"④《正字通·广部》："廂似箱篋形，〈正韵〉廂亦作箱。"⑤ 廂与箱在室的意义上相通。

党、黨：党移嶺，明刻本与张鉴本作"党"，俄藏清人手稿本作"黨"。《玉篇·黑部》："黨，朋也。"⑥《宋元以来俗字谱》引《太平乐府》《目连记》《金瓶梅》《岭南逸事》皆作"党"，两者在"团体、集体"义项上相通。⑦ 今黨均简化为党。

---

① 刘复共、李家瑞编：《宋元以来俗字谱》，国立中央研究院历史语言研究所单刊之三，中华民国十九年二月刊于北平，第82页。
② (唐) 颜元孙：《干禄字书》，两淮马裕家藏本。
③ (明) 张自烈：《正字通》，清康熙九年 (1670) 刊本。
④ (宋) 陈彭年：《宋本广韵》，江苏教育出版社2002年版，第175页。
⑤ (明) 张自烈：《正字通》，清康熙九年 (1670) 刊本。
⑥ (南朝梁) 顾野王：《宋本·玉篇》，中国书店1983年影印版，第306页。
⑦ 刘复共、李家瑞编：《宋元以来俗字谱》，国立中央研究院历史语言研究所单刊之三，中华民国十九年二月刊于北平，第135页。

靈、灵：灵州界，明刻本作"灵"，张鉴本与俄藏清人手稿本作"靈"。"灵"，除"温度不高"义项外，其他义项同"靈"。《正字通·火部》："灵，俗靈字。"① 今灵为靈的简化字。

雲、云：磨雲山，明刻本与张鉴本作"雲"，俄藏清人手稿本作"云"。《正字通·二部》："云，雲本字。"②两者在表示山川水汽所成之物的义项上相通。今云为雲的简化字。

娘、孃：阿罗磨娘，明刻本与张鉴本作"娘"，俄藏清人手稿本作"孃"。《正字通·女部》："娘，俗孃字，今俗为少女。"③ 今娘为孃的简化字。

驛、驲：横水驛、梁　驛、咩逋驛、乳井驛、陌井驛、連袋驛、布袋驛、瓦井驛、卒李驛、启哆驲、吃啰驲：明刻本和张鉴本中作"驛"，俄藏清人手稿本作"驲"。《说文解字》："驛，置骑也，言骑以别于车也。驲为传车，驛为置骑，二字之别也。"④ 两者在"传递工具"的义项上意义相通。

2. 脱、讹、衍文字差异现象

（1）脱

底本中有的字在其他版本中却脱去一字或数字，这种现象称脱文或夺文或阙文。脱文在西夏地形图中也屡有出现。

董這城：明刻本与张鉴本同，俄藏清人手稿本脱"這"字。

碧林口：明刻本与张鉴本同，俄藏清人手稿本脱"口"字。

板井流：明刻本与张鉴本同，俄藏清人手稿本脱"流"字。

八猪嶺：明刻本与张鉴本同，俄藏清人手稿本脱"八"字。

黑染北方：明刻本与张鉴本同，俄藏清人手稿本脱"北方"二字。

啰保大陷谷：明刻本与张鉴本同，俄藏清人手稿本在"保"前脱"啰"字。

神城一名下郡玉门县普昌：明刻本与张鉴本同，俄藏清人手稿本脱"下郡"二字。

---

① （明）张自烈：《正字通》，清康熙九年（1670）刊本。
② 同上。
③ 同上。
④ （汉）许慎撰，（清）段玉裁注：《说文解字注》，上海古籍出版社1988年版，第468页。

（2）讹

西夏地形图中因字形相近、语音相近或字词义不理解而导致出现错字的现象称讹。下面举几例说明之。

杷、祀：妹杷山，明刻本与张鉴本作"杷"，俄藏清人手稿本误作"祀"。

有、眉：贺兰池（有泉九十九眼）：明刻本与张鉴本作"有"，俄藏清人手稿本则作"眉"。

夌、麦：夌阿啰磨，明刻本与张鉴本作"夌"，俄藏清人手稿本误作"麦"。

漆、染：黑漆北方，明刻本与张鉴本作"漆"，俄藏清人手稿本误作"染"。

溴、溪：溪染，明刻本与俄藏清人手稿本作"溪"，张鉴本误作"溴"。

磨、麻：阿啰磨娘，明刻本与张鉴本作"磨"，俄藏清人手稿本误作"麻"。

玉、土：玉门关，俄藏清人手稿本与张鉴本作"玉"，明刻本误作"土"。

本、木：本咸州，明刻本与张鉴本作"本"，俄藏清人手稿本误作"木"。

军、里：威福军黑山，明刻本与张鉴本作"军"，俄藏清人手稿本误作"里"。

兔、兎、鬼：兔庐张，张鉴本作"兔"，明刻本误作"兎"，俄藏清人手稿本误作"鬼"。

乳、乱：乳井驿，张鉴本作"乳"，明刻本和俄藏清人手稿本误作"乱"。

宫、营：木栅行宫，明刻本与张鉴本作"宫"，俄藏清人手稿本误作"营"。

条、隆：有谷道九条，明刻本与张鉴本作"条"，俄藏清人手稿本误作"隆"。

川、州：白马川，明刻本与张鉴本作"川"，俄藏清人手稿本误作"州"；汉州委儿，明刻本与张鉴本作"州"，俄藏清人手稿本误作"川"。

咩、哗和逋、哺：咩逋驿，明刻本与张鉴本作"咩""逋"，俄藏清人手稿本误作"哗""哺"。

普、晋和城、武：神城一名下郡玉门县普昌，明刻本与张鉴本作"普"，俄藏清人手稿本误作"晋"。明刻本与俄藏清人手稿本作"城"，张鉴本误作"武"。

觀、官、观：观化堡，明刻本作"观"，张鉴本作"觀"，俄藏清人手稿本误作"官"。

谷、國：羅保大限谷，明刻本与张鉴本作"谷"，俄藏清人手稿本误作"國"。

哆、羅：启哆驿，明刻本与张鉴本作"哆"，俄藏清人手稿本误作"羅"。

府、軍：延安府，明刻本与张鉴本作"府"，俄藏清人手稿本误作"軍"。

塞、砦：静塞军韦州，明刻本与张鉴本作"塞"，俄藏清人手稿本误作"砦"。

豊、澧：唐之豊安军，明刻本与张鉴本作"豊"，俄藏清人手稿本误作"澧"。

巷、港：骆驼巷，明刻本与俄藏清人手稿本作"巷"，张鉴本误作"港"。

胭、臙：胭脂山，明刻本与张鉴本作"胭"，俄藏清人手稿本误作"臙"。

觜、嘴：灰家觜，明刻本与张鉴本作"觜"，俄藏清人手稿本误作"嘴"。

崗、冈：青崗峡，明刻本与张鉴本作"崗"，俄藏清人手稿本误作"冈"。

瀑、渠：吴仁瀑，明刻本与张鉴本作"瀑"，俄藏清人手稿本误作"渠"。

（3）衍

明刻本《西夏地形图》中没有的字，在传抄或出版过程中误增的字即为衍文，或称衍字或羡文。这种现象在西夏地形图中只出现一例，即凤凰城名连州：明刻本与俄藏清人手稿本作"凤凰城名连州"，张鉴本在"城"后衍"一"字。

3. 地名标注位置差异

通过对比三幅《西夏地形图》，发现有一些地名标注位置出现了差异，现举几例说明。

后石门口：明刻本中后石门口位于灵武山的西北方向，前石门口位于灵武山的东北方向，但在俄藏清人手稿本和张鉴本中前、后石门口均位于灵武山的东北方向。

奈里平：明刻本与张鉴本中，奈里平位于吃啰驿与马练驿之间，位于潘井移的北部。但在俄藏清人手稿本中，奈里平位于马练驿与潘井移之间，位于吃啰驿的西南方向。

北公：明刻本与张鉴本中，北公标注于赞山铺之东北方向，靠近折河。但在俄藏手稿中，北公则标注于折河南岸赏移口以北的山地。

黛移领、瓦波流、蕫野城：在明刻本中黛移领、瓦波流、蕫野城是自东向西分布，黛移领和瓦波流是平行排列，蕫野城位于前两城之西南方向。俄藏清人手稿本中三城由东北向西南排列。张鉴本中三城呈东西平行排列。

碧林口：明刻本中位于百正之西，俄藏清人手稿本位于百正之北，张鉴本中位于百正之西北方。

瓜州：明刻本中位于神城以西，并于瓜州下注有"一名下郡玉门县普昌"，俄藏清人手稿本中瓜州位于"神城"西北，并于"神城"下注有"一名下郡玉门县晋昌"，张鉴本中瓜州位于"神武"西北，并于"神武"下注有"一名下郡玉门县普昌"。

五台山寺：明刻本与张鉴本中标注"五台山寺"于贺兰山西南侧，俄藏清人手稿本将其标于"有古道九隆"之南面。

4. 三幅地形图将同一地名写错

由于底本中某一地名文字的错误，导致后来传抄过程中不加考证而将错就错，这真是贻害后人的一件事情。如在盐州的北面标有一处山口名叫"分山口"，其下标有"夏贼犯边之路"。胡玉冰认为很可能是"岔口"或"两岔口"之误，并根据《宋史》的有关记载进行了比较详细的考证，最后认为取名"两岔口"才符合《宋史》对谅祚小字的解释。此外，《西夏地形图》中在"分山口"紧挨的西边标注有"宁令口"，这很可能是为了纪念西夏毅宗谅祚的诞生，所以，将"岔"字上下结构的距离拉大了，导致不了解此地名称的人认为是两个字即"分山"。这样原本是河名的"两岔"慢慢讹变成了山口名了。① 我们认为这个分析和考证十分中肯。

5. 其他异同

我们在对三幅《西夏地形图》进行仔细对比时又发现部分地名缺失现象，即明刻本和张鉴本中标注的地名，俄藏清人手稿本中许多地名没有标注，如麥塊囉娘、棱离碧六者、离疽阿囉磨、割踏口、瀚海军、蘑经流、廣井、工井界首等。

张鉴本和俄藏清人手稿本中标注齐全的信息，明刻本中也有文字缺失，如"懷州曾號中京"中"曾號中京"四字缺失。

明刻本中标注的方向只有南、北，俄藏清人手稿本和张鉴本不仅有南、北，而且有东、西。②

(三)《西夏地形图》的档案价值

地图不仅是一个国家、一个地区行政管理的必备工具，如人口的管理、赋税的收缴等，更是明确疆域范围、解决疆域纠纷或纷争的主要依据，从西夏汉文史籍记载来看，充分证实了地图在夏宋或夏金疆界纷争方面所起到的凭据作用。所

---

① 胡玉冰：《传统典籍中汉文西夏文献研究》，中国社会科学出版社 2007 年版，第 318—319 页。
② 徐艳磊：《宁夏舆图研究》，硕士学位论文，宁夏大学，2013 年，第 20—23 页。

以，有必要对《西夏地形图》的档案价值进行分析，以期对西夏前、中、后期的地理状况有更加深入的了解和掌握。

1. 为后人研究西夏地理信息提供了最早、最权威且内容最为丰富的第一手档案资料，成为后人了解西夏山川、河谷、行政建制等最为直接全面的凭据。

首先，从西夏地图所涉及内容来看，既有全面反映西夏地形地貌的地图（如俄藏清人手稿本《西夏地图》册和两种《西夏地形图》），又有简单反映西夏地理信息的地图（如《华夷图》《地理图》《历代地理指掌图》等）。

其次，从西夏地图承受载体来看，既有纸质载体的地图（如俄藏清人手稿本《西夏地图》册、《华夷图》等），又有石刻载体的地图（如《华夷图》等）。关于《华夷图》，有学者指出这块图石不是供人观览的图碑，而是供印刷用的底图石，如此，它不但在地图学发展史上有重要地位，而且在印刷技术史上也具有重要意义，它是极为少见的印刷底图石档案。[①]

最后，不管是宋人绘制抑或是明、清学者绘制的西夏地图，都蕴含了西夏的地形、地貌等丰富信息，对于西夏或宋朝政治、军事、交通、农业等方面发挥了重要作用，成为重要的研究西夏州、县、山川等的第一手资料，具有重要的文化价值、史料价值和艺术价值，是西夏科技档案中不可或缺的一部分。

2. 弥补了文献中记载不详或未记载地名之缺或错载之现象。

对西夏地理的了解，以前更多的是通过汉文西夏史籍，但是，汉文西夏史籍记载西夏地理有时语焉不详，有时也不全面，更有甚者还缺载，这导致了人们了解西夏地理的缺憾。《西夏地形图》的出现，给人们了解西夏地理信息带来全面而较准确的信息。如"怀州"旁边注有"曾号中京"、贺兰山北有"夏贼逃所"和"木栅行宫"等信息在汉文西夏史籍中并未记载，但地形图却标注出来了。如此，有关西夏的地理信息就更加全面了。

此外，西夏汉文史籍记载的西夏地理信息有时并不准确，《西夏地形图》的出现为其地理信息的准确性提供了依据。如不论是《元史·地理志》还是有关的论著，都把黑山威福监军司标于黑水城地区，把黑水镇燕监军司标于额济纳河地区。《西夏地形图》的出现才纠正了这一错误，即黑山威福军位置应在兴庆府

[①] 丁海斌、陈凡：《中国科技档案史》，东北大学出版社2007年版，第145—146页。

第五章　西夏专门档案整理与研究（中）

的东北地区，黑水镇燕军却在兴庆府的西北地区即黑水城地区。其余如清远军、瀚海军、贺兰军、丰州、永州、雄州、归顺州等军、州名，在西夏汉文史籍中都有涉及，但多是模棱两可，而在《西夏地形图》中都标注得十分准确和具体。

3. 明确了西夏文书传递的驿路和全国路线图。

西夏汉文史籍对西夏文书传递的驿路和西夏国家的路线图的描述并不十分清楚，《西夏地形图》却全面而准确地标注出来了。如以兴庆府为中心枢纽通往全国各监军司、州郡的文书传递驿路和各种路线图主要有：南至灵州、韦州、永和寨等，西至凉州、右厢朝顺军、甘州、甘肃军、肃州、瓜州、沙州、玉门关、敦煌郡等，再经卓啰城和南军而入吐蕃道，西南至雄州、西寿保泰军司，西北至西夏祖坟，再穿越贺兰山至黑水镇燕军司，东至定州、丰州、左厢神勇军司，东南至永州、夏州、石州祥右军司、银州等，而且沿途还标有关键性的地名。

再如以兴庆府为中心，也有通往宋都汴梁的国信驿路，其走向是：从兴庆府向南经永州、过吕渡、苦井、乌池、经万全寨至保安军等；通往契丹之国信驿路的走向：宋人曾巩《隆平集》载，在夏州政权德明时期，西夏"自河以东北，有十二驿，而达契丹之境"。① 《西夏地形图》为这十二驿作了全面而详尽的驿站名注解：从灵州境内的马练驿出发，向东北方向行进，出横水驿而达契丹界。

由此可看出，《西夏地形图》比较清晰地标出了西夏通往各军司、州郡及宋朝、契丹的驿路、交通要道，这比西夏汉文史籍记载的更加清楚和通俗，方便于研究者的使用。也因此而看出，西夏文书传递和军情通报也就基本上实现四通八达、畅通无阻了。

4. 《西夏地形图》档案编制的缺失。

西夏地图档案虽然内容比较齐全，载体也丰富，但其并不是完美无缺。从目前所能见到的传世西夏地图来看，全部是汉文编制，并未见到有西夏文编制的地图。可以推知，西夏的这些地图大多可能是由地理知识十分丰富的汉人地图学家编制的，有些甚至是宋朝枢密院为防备西夏的进攻或宋朝主动进攻西夏而编。为此可证，中原宋朝绘制地图的科技水平远高于西夏。

---

① （宋）曾巩：《隆平集》卷20，影印文渊阁《四库全书》第371册，上海古籍出版社1987年版，第198页。

当然，虽说目前没有出土或传世的可以证明是西夏人绘制的地图，但并不能说西夏人未绘制过地图。原因有二。一是西夏绘制地图事，史书上有记载，即元昊称帝后制作了西夏的地图，"先是，夏国遣杨守素持表及地图来献卧尚庞、吴移、已布等城寨九处，并理索过界人四百余户。然所献城寨并在汉地，但以蕃语乱之，其投来边户，亦元属汉界，不当遣还"。① 杨守素所持地图中的城寨用"蕃语"书写，这里的"蕃语"应为西夏文字，这也可证西夏有用西夏文制作的地图，当然也可能还有汉文绘制的地图，只是可能由于战争或其他原因，未保留下来而已，或者可能还未完全出土等。二是西夏模仿宋朝设置有掌管军事的枢密院，西夏的枢密院为了军事目的必然要绘制西夏地图或宋朝地图或金朝地图等。这些地图可能为西夏文字，也可能是汉文，但并没有留传下来或未出土而已。

综上，我们认为西夏的科技档案，载体多样，种类繁多，内容广泛，是研究西夏社会历史文化的第一手材料，更是组成中国古代科技档案的有机部分，它反映了西夏的政治、军事、科技、文化、农业经济等方面的状况，是审视西夏人民科技水平的有力证据。②

第三节 西夏金石档案整理与研究

西夏在不断学习、借鉴、模仿中原王朝先进文化的基础上，创造出了十分丰富的西夏文化，为中国古代多民族文化增添了一道亮丽的风采。随着近年来西夏档案的不断出土，又在逐渐地复原西夏的本来面目，使人们对西夏有了重新审视的机会，尤其是西夏金石档案的出土，真实而全面地展示出西夏政治、经济、军事、宗教和文化等的全方位面貌。在汉文史籍记载西夏各方面情况十分贫乏的状况下，西夏出土的金石档案价值就显得更为珍贵，从而愈加显示出西夏金石刻档案的价值远远高于同时期其他朝代的金石档案。

---

① （宋）李焘：《续资治通鉴长编》卷158，中华书局2004年版，第3818页。
② 赵彦龙、杨绮：《试论西夏的科技档案》，《西夏研究》2011年第4期。

一 西夏金属档案整理概述

西夏时期的金属档案是西夏档案中一种比较特殊而重要的载体档案，从西夏故地出土和西夏史籍中记载的情况来看，西夏时期的金属档案数量较多，种类也较丰富。这些金属档案真实而比较全面地反映了西夏的官司印制度、钱币制度和牌符制度等，这种载体的档案不仅具有十分重要的文物价值，同时具有珍贵的档案凭证价值，其上记载的内容虽说较为简单，却是西夏历史真实的反映。不仅如此，而且西夏金属载体档案的发掘不仅填补了我国古代档案缺乏西夏时期金属档案的空白，同时丰富了古代档案的馆藏成分，为我国档案事业的发展做出了不可磨灭的贡献。以下主要探讨西夏时期的印章、钱币、牌符等三种金属档案。

（一）西夏印章档案

1. 西夏印章档案概述

西夏印章档案是西夏档案的有机组成部分，有其重要的文物价值和档案价值。据史金波考证，"近些年来，能见到的实物和拓片，已达一百一十余颗，在我国少数民族印章中占有显著地位"。[①] "从现存的西夏官印实物来看，几乎全部为白文，属于朱文的则仅见于几方可能是私人印章的其他类型的图章。这在目前收集比较全面的《西夏官印汇考》一书中即可以看出来，《汇考》中收集的 97 方西夏印章，印面为白文的多达 94 方，全部是官印，印面属于朱文的仅 3 方，它们与上述官印明显不同。"[②] 也就是说在罗福颐等编辑的《西夏官印汇考》中收集 97 方印章，其中 94 方为官印，3 方私人印章。另外，又搜集 2 方私印和 2 方纪年印，合计 101 方。西夏的官印全部是首领印。[③] 现将这些西夏官印和私印的相关信息列表如下。

[①] 史金波：《西夏官印姓氏考》，《中国民族古文字研究》第 2 辑，天津古籍出版社 1993 年版，第 62 页。
[②] 韩小忙、李彤：《西夏官印略说》，《固原师专学报》2002 年第 2 期。
[③] 史金波：《西夏社会》，上海人民出版社 2007 年版，第 330 页。

表 5—12　印章档案①

序号	印章年款	数量	持印人	载体	形状
1	贞观壬午二年（1102）	9	波□成，耶未铁黑，居地讹男，文讹狗，尼每尚没，嗽兀嵬名山，宜山密□，□□俄舅，尚嗯狗猪	铜	正方形
2	贞观癸未三年（1103）	1	苏斯成	铜	同上
3	贞观甲申四年（1104）	2	果年宗众，讹力宝雪	铜	同上
4	贞观辛卯十一年（1111）	2	石狐□，尼说嵬舅乐	铜	同上
5	贞观壬辰十二年（1112）	1	昊万万	铜	同上
6	雍宁丁酉四年（1117）	1	啰嗏那尼征红	铜	同上
7	雍宁丁酉（1117）	1	西喻石□	铜	同上
8	雍宁六年（元德元年，1119）	2	喻陵山势，南嗏舅成	铜	同上
9	元德二年（1120）	2	骨匹势年，□跋乃嵬	铜	同上
10	元德三年（1121）	2	人名不清	铜	同上
11	元德五年（1123）	1	人名不清	铜	同上
12	元德甲辰六年（1124）	1	嵬嗯兀□□	铜	同上
13	元德九年（正德元年，1127）	2	屈庞药尚，另一人名不清	铜	同上
14	正德元年（1127）	1	尼积立功茂	铜	同上
15	正德二年（1128）	1	嵬名那征乐	铜	同上

---

① 史金波：《西夏社会》，上海人民出版社 2007 年版，第 330—332 页。

续　表

序号	印章年款	数量	持印人	载体	形状
16	正德三年（1129）	4	唝那征势，嵬名有势，骨勒那尼征（骨勒斜行），一人名不清	铜	同上
17	正德四年（1130）	7	骨匹那征铁，没讹父白，唝嗯狗□，唝嗯铁，3方名字不清	铜	同上
18	正德戌年（正德四年，1130）	1	□□阿乐	铜	同上
19	庚戌四年（正德四年，1130）	2	酩布讹成，乃令萤成大	铜	同上
20	正德六年（1132）	1	桑阿乐	铜	同上
21	正德七年（1133）	1	盈□山势	铜	同上
22	癸丑七年（1133）	1	人名不清	铜	同上
23	正德八年（1134）	1	如定那尼征乐	铜	同上
24	大德乙卯元年（1135）	1	令宁图山	铜	同上
25	大德元年（1135）	2	西玉乐有，吾山布	铜	同上
26	大德四年（1138）	2	西侧□□成，宁啰成	铜	同上
27	大德五年（1139）	1	□尼则吉祥成	铜	同上
28	大庆元年（1140）	2	未□青乐□，一方人名称不清	铜	同上
29	大庆三年（1142）	2	酩布黑驴子，（此处应还有一人名）	铜	同上
30	大庆四年（1143）	1	□讹啰忠聚全	铜	同上

续表

序号	印章年款	数量	持印人	载体	形状
31	人庆二年（1145）	1	□嵬名金	铜	同上
32	人庆四年（1147）	1	兀移功成	铜	同上
33	戊辰五年（人庆五年，1148）	1	首领蔡立增□	铜	同上
34	天盛二年（1150）	1	妻喂有□黑	铜	同上
35	天盛三年（1151）	1	庞青正月吉	铜	同上
36	天盛辛未（三年，1151）	2	韦舅成，讹宁讹金	铜	同上
37	辛未三年（1151）	1	人名不清	铜	同上
38	壬申四年（天盛四年，1152）	2	首领酩玉嵬名势，（此处应还有一人）	铜	同上
39	天盛癸酉五年（1153）	1	正首领酩西兀	铜	同上
40	天盛戌年（天盛六年，1154）	3	庞尼窄布成，麻和彼势，西名众乐	铜	同上
41	乙亥七年（天盛七年，1155）	1	人名不清	铜	同上
42	丁丑九年（天盛九年，1157）	1	讹陵舅山	铜	同上
43	己卯十一年（天盛十一年，1159）	2	喂小狗吉，千玉有势	铜	同上
44	天盛乙酉十七年（1165）	1	正首领兀西□玉	铜	同上
45	天盛十七年（1165）	1	人名不清	铜	同上
46	天盛丙戌十八年（1166）	1	首领酩布小狗山	铜	同上
47	丙戌十八年（1166）	2	酩布势后，一方人名不清	铜	同上
48	天盛十九年（1167）	1	喻□□□□	铜	同上

续 表

序号	印章年款	数量	持印人	载体	形状
49	己丑二十一年（天盛二十一年，1169）	1	左立哇哇解	铜	同上
50	乾祐四年（1173）	2	都啰□，俺讹麻	铜	同上
51	乾祐十二年（1181）	1	首领折慧成	铜	同上
52	乾祐十五年（1184）	1	南嗒□□□	铜	同上
53	乾祐二十四年（1193）	1	多嗒塔庙势	铜	同上
54	天庆八年（1201）	1	喂胜鲫鱼	铜	同上
55	无年款	5	正首领袜墨狗国成，正首领吴嵬名山，首领妹朱石山新，喂那征□，骨匹吉合	铜	同上
56	无年款（私印）	1	千	烙印烧于木札之上	圆形
57	无年款（私印）	1	音为"监"或"家"	铜	正方形
58	无年款（私印）	3	无法得知	铜	同上
59	元德二年（纪年章）	1	未知	铜	同上
60	乾祐（纪年章）	1	未知	铜	同上①

2. 西夏印章档案探讨

（1）西夏印章的种类

第一是从载体上来分，《天盛律令》规定，西夏不仅有铜质载体的印章，还有金、银、铜镀、银铜等载体的印章，"诸司行文字时，司印、官印等纯金、纯银及铜镀银、铜等四种，依司位、官品等，分别明其高下，依以下所定为之"。②

---

① 韩小忙、李彤：《西夏官印略说》，《固原师专学报》2002年第2期
② 史金波、聂鸿音、白滨译注：《天盛律令》卷10，法律出版社2000年版，第358页。

目前所见到的西夏印章几乎都是铜质载体，并没有见到其他载体的印章。

第二是按照印章的公私性质来分，有官印、私印、纪年印章。官印主要以首领印为主，共94方。私印为一种凭证性的姓氏章，目前共发现有5方。纪年印章主要是一种皇帝年号的凭证，目前发现有2方。

第三是按照职官制度来分，有官印和司印两种。官印是授给有官职个人的，用于"簿册及诸司告状中"。司印是授给某一级官府衙门，代表政府机构。①

第四是从印章的形制来分，有正方形和圆形两种印章。从目前发现的西夏印章实物来看，只有私人印章中有圆形的印章，而官印以及纪年印章都为正方形。

第五是从印章刻印字数和文字来分，有二字西夏文印、四字西夏文印、六字西夏文印。其中二字西夏文印约有30方，占西夏官印的多数。目前所发现的西夏印章全部为西夏文刻写，未见到汉文刻写的印章。

（2）西夏印章的重量

西夏印章从职官制度来分有司印和官印两种。对于这两种印章的相关规定，《天盛律令》中则非常具体。"司印：皇太子金重一百两。中书、枢密银重五十两。经略司银重二十五两。正统司铜上镀银二十两。次等到司铜上镀银十五两。中等司铜上镀银十二两。下等司铜重十一两。末等司铜重十两。僧监、副、判、权首领印等铜重九两。官印：三公诸王银重二十五两。有'及授'官中宰相铜上镀银重二十两，其余铜十五两。有'及御印'官者铜重十二两。有'惠臣''柱趣'官者铜重十两。有'威臣''帽主'官者铜重九两。"② 由上法典可知：一是只有皇太子的印为金质，且最重；二是司印比官印重，如中书、枢密司印银重五十两，三公诸王的官印银重则只有二十五两，且中书、枢密位在三公诸王之下；三是司印中中书、枢密以及经略司都为纯银，但官印中只有三公诸王为纯银，其余为铜上镀银或铜质。可见，司印代表官府，具有绝对的权威，而官印代表个人。

（3）西夏官印的尺寸

古代历朝的印章都有大小尺寸的规定，西夏也不例外。《天盛律令》规定："司印、官印中，上等中书、枢密之长宽各二寸半，经略司二寸三分，正统、有

---

① 史金波：《西夏社会》，上海人民出版社2007年版，第309—310页。
② 史金波、聂鸿音、白滨译注：《天盛律令》卷10，法律出版社2000年版，第358页。

'及授'官等二寸二分，次等司二寸一分，中等司及有'及御印'官等二寸，下等司及有'威臣''帽主'官等一寸九分，末等司一寸八分，僧监、副、判、权首领印一寸七分。"① 西夏官司印的尺寸共分八个等次，且全部为正方形，最长宽者为二寸半，最短宽者为一寸七分。目前所发现的西夏官印主要为首领印，"边长多为5厘米许，个别达6厘米多，合于西夏法典的1寸7分"。② 这一实物首领印的长宽正好与法典规定吻合。可见，西夏铸印时严格按照官职级别和法典规定执行。

（4）西夏印章刻印文字

根据西夏学专家对印章文字的考证，认为"印文为西夏文九叠篆书，笔画多有差异，非一模所铸。印背纽两侧左右各镌西夏文款识，多数右为年款，左为持印人名，印纽上有西夏文'上'字，以示盖印方向"。③ 此外，印章上的文字还有朱文和白文之分。"朱文即指印面上的文字凸起，所以又称阳文；白文即指印面上的文字凹入，因此又称阴文。……从现存的西夏官司印实物来看，几乎全部为白文，属于朱文的则仅见于几方可能是私人印章的其他类型的图章。这在目前收集比较全面的《西夏官印汇考》一书中即可以看出来，《汇考》中收集97方西夏印章，印面为白文的多达94方，全部为官印。印面属于朱文的仅3方，它们与上述官印明显不同。"④ 可见，西夏官印为西夏文九叠篆书且为白文。

（5）西夏印章中的年款和姓氏

首先是西夏年款。西夏官印"印背纽两侧左右各镌西夏文款识，多数右为年款，左为持印人名"。⑤ 通过表5—12统计，印背纽右边有年款的西夏印章有91方，无年款者10方。其中西夏首领印涉及崇宗时期的贞观、雍宁、元德、正德、大德五个年号的印章共有54方，仁宗时期的大庆、人庆、天盛、乾祐四个年号的印章共有36方，桓宗时期的天庆八年一个年号的印章共有1方。西夏首领印最早的是西夏崇宗时期的贞观壬午二年（1102），最晚的是西夏桓宗时期的天庆

---

① 史金波、聂鸿音、白滨译注：《天盛律令》卷10，法律出版社2000年版，第359页。
② 史金波：《西夏社会》，上海人民出版社2007年版，第330页。
③ 同上。
④ 韩小忙、李彤：《西夏官印略说》，《固原师专学报》2002年第2期。
⑤ 史金波：《西夏社会》，上海人民出版社2007年版，第330页。

八年（1201）印章。印纽背上的年款标明了刻印或用印的时间。目前并未发现西夏景宗、毅宗、惠宗、襄宗、神宗、献宗、末帝时期的印章。

其次是西夏姓氏。从所统计的除纪年印章之外的 98 方西夏印章印纽背左边的持印人名来看，95 方有持印人姓名，还有 3 方人名无法得知。持印人姓氏中，能够确定的姓氏绝大多数为党项族姓，其中不乏西夏皇族姓"嵬名"，"从持领印者姓名看，绝大多数属党项族，少数姓名如苏、石等属党项族或汉族，有待考证"。① 此外，约有 10 方印章中的姓氏是复姓，更有西夏文史籍中未记载的姓氏，这都是西夏姓氏研究中的一些特殊现象。

（6）西夏请封官印的规定

西夏请封官印有严格的法典规定，并不是每一个官员都能请封官印。首先请封官印有严格的官员级别限制："诸人请官印者，为'威臣'、'帽主'等官可请封印，当用于簿册及诸司告状中。比其官小者不许请官印。"其次请封官印有具体的范围："诸寺僧监司者可请印，变道中不得请印。若违律，有官罚马一，庶人十三杖。"②

（二）西夏钱币档案

1. 西夏钱币简述

钱币档案是西夏档案的重要组成部分，这种载体的档案能反映西夏的货币政策和货币运行情况。据近些年西夏考古资料和整理研究成果显示，西夏的钱币档案大约有 166 种，但被西夏学界考证公认、完全属于西夏的钱币则只有 18 枚，现据西夏学专家的整理研究成果简单列示如下。

表 5—13　钱币档案③

序号	钱币名称	时期	载体	文字种类	书写字体	读法	形制	出土时间、地点
1	福圣宝钱	夏毅宗	铜	西夏文	行真	旋读	小平	1985 年盐池萌城乡

---

① 史金波：《西夏社会》，上海人民出版社 2007 年版，第 332 页。
② 史金波、聂鸿音、白滨译注：《天盛律令》卷 10，法律出版社 2000 年版，第 357 页。
③ 牛达生、牛志文：《西夏钱币的发现及研究》，《西夏研究》2013 年第 4 期。

第五章 西夏专门档案整理与研究（中）

续 表

序号	钱币名称	时期	载体	文字种类	书写字体	读法	形制	出土时间、地点
2	大安宝钱	夏惠宗	铜	西夏文	行真	旋读	小平	1979年平罗大风沟
3	大安通宝	夏惠宗	铜	汉文	隶书	直读	小平	1981年林西辽代窖藏
4	贞观宝钱	夏崇宗	铜	西夏文	真书	旋读	小平	1989年察右前旗金代窖藏
5	元德通宝	夏崇宗	铜	汉文	真书	直读	小平	1987年乌审旗陶利出土
6	元德通宝	夏崇宗	铜	汉文	隶书	直读	小平	1990年伊克昭盟
7	元德重宝	夏崇宗	铜	汉文	真书	直读	折二	1979年鄂托克前旗
8	天盛元宝	夏仁宗	铜	汉文	真书	直读	小平	1975年盐池八岔梁
9	天盛元宝	夏仁宗	铁	汉文	真书	旋读	小平	1964年阿左旗头道湖
10	乾祐宝钱	夏仁宗	铜	西夏文	真书	旋读	小平	1979年平罗大风沟
11	乾祐元宝	夏仁宗	铜	汉文	真书	旋读	小平	1979年平罗大风沟
12	乾祐元宝	夏仁宗	铜	汉文	行书	旋读	小平	1984年银川滚钟口出土
13	乾祐元宝	夏仁宗	铁	汉文	真书	旋读	小平	1958年临河高油房
14	天庆宝钱	夏桓宗	铜	西夏文	真书	旋读	小平	1979年平罗大风沟
15	天庆元宝	夏桓宗	铜	汉文	真书	旋读	小平	1979年平罗大风沟
16	皇建元宝	夏襄宗	铜	汉文	真书	旋读	小平	1979年平罗大风沟
17	光定元宝	夏神宗	铜	汉文	真书	旋读	小平	1975年盐池八岔梁
18	光定元宝	夏神宗	铜	汉文	篆书	旋读	小平	1984年银川滚钟口

2. 西夏钱币简析

对西夏钱币的探讨主要借助于被西夏学界考证公认的 18 枚钱币以及西夏法典和相关史籍的记载为研究对象。

(1) 钱币载体

西夏有铜质和铁质钱币两种。其中铜质钱币有 16 枚，铁质钱币只有"天盛元宝"和"乾祐元宝"2 枚。可见，西夏时期多使用铜质载体的钱币。从另一个侧面反映了西夏时期缺铁这一事实。

(2) 钱币铸造文字

有西夏文和汉文两种铸造。其中西夏文钱币有"福圣宝钱""大安宝钱""贞观宝钱""乾祐宝钱"和"天庆宝钱"5 枚，其余均为汉文钱币，有 13 枚。由此推测西夏境内流行汉文钱币。这也许是西夏境内有汉族居住以及与中原王朝货币交换的原因所致。

(3) 钱币的形制

有折二和小平两种形制的钱币。除 1 枚"元德重宝"为折二钱外，其余的 17 枚钱币都是小平钱。

(4) 钱币文字阅读方法

有旋读和直读两种。西夏文钱币均为旋读。汉文钱币既有旋读，也有直读，其中旋读的钱币有 9 枚，直读的有 4 枚。而且汉文钱币采用直读方法的集中在夏惠宗秉常、夏崇宗乾顺时期，其他时期并未发现直读的西夏汉文钱币。

(5) 西夏钱币中的年款

从目前所发现的西夏钱币来看，有年款的钱币涉及西夏毅宗时期的福圣年号，惠宗时期的大安年号，崇宗时期的贞观、元德年号，仁宗时期的天盛、乾祐年号，桓宗时期的天庆年号，襄宗时期的皇建年号，神宗时期的光定年号。唯独没有见到景宗元昊、献宗德旺、末帝睍时期的钱币。

夏景宗元昊时期是西夏刚刚建国，估计还未来得及完全铸造和使用钱币，而此时可能还使用北宋钱币。夏献宗德旺时期的年号是乾定，乾定元年则是公元 1224 年，属西夏晚期，距西夏灭亡仅 3 年多一些。这时期战争不断，且经济非常萧条，故钱币的使用也可能较少。即使铸造西夏钱币并流通使用，也由于战争的因素而导致毁失。

(6) 西夏钱币中的书写字体

西夏钱币档案中的书写字体比较丰富，从目前所发现并被确认的 18 枚西夏钱币来看有 5 种字体存在。其中行真字体的 2 枚，全部为西夏文钱币；真书字体的 12 枚，其中西夏文真书钱币 3 枚，汉文真书钱币 9 枚；隶书字体的 2 枚，全部为汉文钱币；行书字体的 1 枚，汉文钱币；篆书字体的 1 枚，汉文钱币。

(7) 西夏钱币档案的价值

首先，西夏钱币中的书写字体比较丰富，有行真、真书、隶书、行书、篆书 5 种字体，而且存在于西夏文和汉文两种文字之中，为研究古文字特别是少数民族文字提供了实物依据。

其次，目前发现的西夏文钱币的正面为西夏文，背面为光背，形制大多为小平铜钱，非常少见，属于珍稀的古钱币。这些钱币对于研究古代钱币有十分重要的凭证作用。

再次，西夏钱币的出土是西夏社会生活的真实反映，对认识西夏社会经济和物质文化具有重要的价值。

总之，西夏钱币是我国古代货币文化的组成部分之一，特别是铸制工艺精良、形式独特、史籍不载和传世数量稀少的西夏文钱币，更具有不可替代的价值。

(三) 西夏牌符档案

西夏的牌符是西夏官府颁发给某些官员或执行某项特殊任务的官员的一种重要凭证，其功能就是用以证明持牌符者的身份、所肩负的使命或所享有的一种特权。

1. 西夏牌符概述

西夏牌符的数量从传世和出土情况统计，有 20 余枚。从其种类来看，有信牌、守卫牌、宿卫牌和其他牌符。现根据西夏学专家的考证和研究简单概述如下。

(1) 信牌

据出土文物和研究资料显示，传世的西夏信牌有 2 枚，分别藏于中国历史博物馆和西安市文物管理处。这 2 枚西夏信牌形制基本相同，均为铜质，圆形，直径约 15 厘米，由上下两片套合而成。两端有镀金西夏文"敕"字，正面刻双钩楷书西夏文"敕燃马牌"4字，背面刻忍冬纹。"燃"有"火急"之意，故西夏又有火急信牌和一般信牌之分。

(2) 守卫牌

从研究资料所知，西夏传世的守卫牌共有6枚，均为铜质、圆形，直径一般为5厘米，正面镌刻西夏文"防守待命"4字，背面为持牌者的姓名或番号，如味屈契丹、千玉宝讹等。

(3) 宿卫牌

宿卫牌传世约有10枚，铜质，形制一般为长方形或铲形，如据报道，1985年6月，伊克昭盟文物工作站在乌审旗陶利苏木征集到1枚西夏文"内宿待命"符牌，正面为西夏文"内宿待命"，背面为官员的姓名，上端有一圆孔，下端相连的两个弧形，长6.9厘米，宽4厘米，厚0.3厘米。[①]

此外，还有1995年于甘肃武威市出土的1枚正面刻西夏文楷书"宫门后寝待命"、背面刻"勒尚千狗"的银质牌符，该牌符长方形，长7.5厘米，宽5.3厘米。这一银牌应为负责宫门后勤治安的牌符。[②] 从目前传世的宿卫牌来看，其长度不完全统一，一般在5—8厘米。

(4) 其他牌符

除以上所介绍的西夏牌符外，还有4枚传世的牌符。

第一种，1枚，马蹄形铜牌，高7.6厘米，底边5.5厘米。一面无字，一面刻四个西夏文字，现藏故宫博物院。

第二种，1枚，长方形铜牌，长7厘米，宽4.2厘米。一面刻"限置依"三个西夏文字，一面刻"苏铁黑"三字，现藏中国历史博物馆。

第三种，1枚，圆形铜牌，直径8.8，纽长2厘米，宽1.5厘米，有穿孔。一面刻有五个西夏文字。现藏中国历史博物馆。[③]

第四种，甘肃武威发现的1枚铜质牌符，长6.4厘米，宽4厘米，厚0.3厘米，有柄，穿孔，柄高1厘米，宽2.2厘米。穿孔高0.6厘米，宽1.5厘米。尾

[①] 阎敏：《乌审旗发现西夏文"内宿待命"铜符牌》，《内蒙古文物考古》1992年第2期。
[②] 孙寿龄、黎大祥：《甘肃武威市出土西夏银符牌》，《考古》2002年第4期。
[③] 杜建录：《试论西夏的牌符》，漆侠、王天顺主编：《宋史研究论文集》，宁夏人民出版社1999年版，第373—375页。

作双弧形花边，两面开堂，堂深 0.1 厘米，长 5 厘米，宽 3.3 厘米，边宽 0.3 厘米。堂内阴刻西夏文四字，译为"地境沟证"。另一面刻西夏文六字，译为"司吏都监随从"。这是一件西夏管理土地证件的都监官姓氏官职牌。①

此外，还使用过金牌、铁箭等载体的牌符档案。

2. 西夏牌符简析

（1）西夏牌符载体分析

第一，金质牌符。西夏时期的金质牌符在西夏故地黑水城出土的文书中多有记载。如黑水城出土西夏文《黑水副将上书》载："兹本月十一日，接肃州执金牌边事勾管大人谕文，谓接伊朱房安县状，传西院监军司语：执金牌出使敌国大人启程，随从执银牌及下属使人计议……"② 可见，西夏后期金质载体牌符的使用比较普遍，而且持金牌者为监军司大人或出使敌国的使者。由此可知，西夏后期持金牌者的职官级别并不是很高。但迄今并没有见到金质载体的实物牌符。

第二，银质牌符。银质牌符既有出土实物，又有西夏汉文史籍、法典和文书档案的记载。如西夏文楷书"宫门后寝待命"牌就是 1995 年在甘肃武威出土的银牌。《宋史·夏国传》载元昊"发兵，以银牌召部长面受约束"。③《天盛律令》也有载："……其中执鍮符而折之，曰：'我带银符'语及所领符不带腰上而置于家中等，一律徒三年。"④ 西夏故地黑水城出土的西夏文《黑水守将告近禀帖》文书中载："黑水守城勾管执银牌都尚内宫走马没年仁勇禀……"⑤ 西夏汉文《榷场贸易收税呈状》中载："南边榷场使准银牌安排官头……"⑥ 由此可知，持银牌者的职官地位可能略低于持金牌者。

第三，铜质牌符。从目前传世的牌符来看，西夏牌符档案以铜质载体为主体，有近 20 枚。《天盛律令》也载："……其中执鍮符而折之，曰：'我带银符'

---

① 孙寿龄、黎大祥：《武威发现西夏文"地境沟证"符牌》，杜建录主编：《西夏学》第 5 辑，宁夏人民出版社 2010 年版，第 246 页。
② 聂鸿音：《关于黑水城的两件西夏文书》，《中华文史论丛》2000 年第 63 辑，第 137 页。
③ 《宋史》卷 485，中华书局 1977 年版，第 13995 页。
④ 史金波、聂鸿音、白滨译注：《天盛律令》卷 13，法律出版社 2000 年版，第 471 页。
⑤ 聂鸿音：《关于黑水城的两件西夏文书》，《中华文史论丛》2000 年第 63 辑，第 133 页。
⑥ 史金波、魏同贤、[俄] 克恰诺夫主编：《俄藏黑水城文献》第 6 册，上海古籍出版社 2000 年版，第 281 页。

语……"① 此处的"执输符而折之"即为执铜牌。可见，铜牌的持有者职官级别并不是很高。

第四，铁箭。这一载体的档案与其他金属载体的牌符的性质相当，即起到凭证的作用。铁质载体档案在汉代就已存在，《汉书》载："……又与功臣剖符作誓，丹书铁契，金匮石室，藏之宗庙。"② 汉之后各朝也都有沿袭。《天盛律令》中多处有记载："诸人执符、铁箭出使处，无心失误而骑跌自颠，符、铁箭折损……"③ 持铁箭者主要是文书传递官吏，其职官级别可能会更低一些。遗憾的是目前并未见到实物铁箭。

（2）西夏各种传世牌符的功用

第一，信牌。西夏文辞书《文海》载有信牌一词，"此者官语，执者诸人所信名显用，迅速紧急之燃马上用，故名信牌也"。④ 也就是说信牌是报告敌情、点集兵马、引伴使人、地边畿内有事奏告、催促种种物、修渠配工等时所用。

西夏《天盛律令》将信牌分为火急符和非火急符两种。火急符的签发主要用于"因来至边地敌寇不安定之地，我方发兵马，又十恶中叛逃以上三种情等"。而非火急符的签发主要用于"十恶中叛逃以上三种事以下，及地边、畿内事有所告奏，又安排发笨工，催促种种物，依法派执符"。⑤ 可见，事情不同，签发的牌符也不同。

第二，守卫牌。西夏的守卫牌主要用于签发给镇守边防的军首领，作为镇守边防的凭证。

第三，宿卫牌。一般为内宫或宫庭门禁所用之凭证。《天盛律令·内宫待命等头项门》记载，内宫所有待命当值官吏都要佩带内宫派发的当值牌符。⑥

第四，其他牌符。这种牌符的功用比较杂和细，可能涉及西夏的各行各业。如武威出土的西夏文"地境沟证"就是有关土地管理的牌符。据专家考证，"这是管理审批土地证件官员所带的符牌，地境沟意为在办理证件时要求写清楚所有

---

① 史金波、聂鸿音、白滨译注：《天盛律令》卷13，法律出版社2000年版，第471页。
② 《汉书》卷1下，中华书局1964年版，第81页。
③ 史金波、聂鸿音、白滨译注：《天盛律令》卷13，法律出版社2000年版，第470页。
④ 史金波、白滨、黄振华：《文海研究》，中国社会科学出版社1983年版，第416页。
⑤ 史金波、聂鸿音、白滨译注：《天盛律令》卷13，法律出版社2000年版，第468页。
⑥ 同上书，第423—442页。

土地四至及境内沟谷渠道和所属一切"。①

(3) 西夏牌符的相关法律规定和制度

①合符制。西夏只有兵符才进行合符，其他种牌符并不合符。《天盛律令》规定："诸监军司所属印、符牌、兵符等当记之，当置监军司大人中之官大者处。送发兵谕文时当于本司局分大小刺史等众面前开而合符。"② 只有大小、长短、字号等勘验相合时才能发兵。如果"取牌中，同体以外稍有不合者，依军法何行，彼符有若干不合，变处当由刺史、监军司官共为手记而行，京师局分人派发致误者徒一年。监军司人见符不合，懈怠而不告，亦徒一年"。③ 由此可见，西夏的兵符一半授军事首领，一半则藏之朝廷。合符则为朝廷所藏符和军事首领的兵符显合，才能发兵，否则，要处罚。

②牌符持有者的范围。西夏牌符持有者几乎囊括所有的官吏，《天盛律令》规定："节亲、宰相、大小臣僚、待命者及童子、其他诸人等，不执符、铁箭不许捕坐骑。"④ 虽然只规定捕坐骑时需要执符、铁箭，但由此可以推知，西夏执符、铁箭的范围。

③牌符持有者和签发牌符违规的处罚规定。《天盛律令》中对牌符持有者违规的处罚有详细的规定和措施。

第一，牌符持有者要按规定捕坐骑，若违律则要处罚，"派执符时，当骑诸家民所属私畜及官之牧场畜等有方便可骑乘者，不许差用一种官马。……倘若违律，附近有堪乘之他畜不用而无理用官马时，徒二年"。若不按"捕骑头字"规定捕骑者同样要处罚，"执符除头字上捕骑数以外，有超捕骑者时……一人引一日徒一年，二日徒二年……自十一日以上一律绞"。同时允许举赏。⑤ "内宫上下因官急需坐骑，允许执铁箭捕，数明之外超捕时，依第十三卷上持牌超捕法判断。"⑥

第二，牌符持有者若超出送达期限，则要根据执火急符和一般符情节轻重处

---

① 孙寿龄、黎大祥：《武威发现西夏文"地境沟证"符牌》，杜建录主编：《西夏学》第5辑，宁夏人民出版社2010年版，第246页。
② 史金波、聂鸿音、白滨译注：《天盛律令》卷13，法律出版社2000年版，第474页。
③ 同上书，第476页。
④ 同上书，第473页。
⑤ 同上书，第467—469页。
⑥ 同上书，第440页。

罚。执火符者，"昼夜全不过，其间误自一时至三时八杖，自四时至六时十杖……自十一时以上以误全日论。……误一日徒一年……误自五日以上者，一律当绞杀"。执一般符者，"延误者，自一日至三日徒三个月……自四十日以上一律无期徒刑"。①

第三，牌符持有者因失误或与诸人无理取闹致使牌符损失等时也要处罚。《天盛律令》规定，"诸人执符、铁箭出使处，无心失误而骑跌自颠，符、铁箭折损，失留书子、锁舌、捕畜头字等时，因大意，有官罚马一，庶人十三杖"。还规定，"执符、铁箭先动手无理与他人殴打争斗中折损符、铁箭等时，执符、铁箭者及相殴打者一律徒二年"。②

第四，牌符持有者因私使用牌符时也要处罚。《天盛律令》规定，"所派执符不直接往职上，因私出行而杀坐骑者，执符当偿。因私出行者计其日限，依次一日以多捕一畜论，与前述超捕之罪情相同"。同时规定，"诸人非以官事，因私擅自令执符者，派者当绞杀，执符者及行头字者、司吏等判断比派执符罪当减二等"。③更不允许利用执符特权而取人物或占人妻，"执铁箭者不许与内宫局分人悄悄将种种物持取于外。其中除酒食外，其余物多少不计，执铁箭者绞，局分人以偷盗法判断"。④若执铁箭者"于诸家主中强征他人妻以为不义者，其丈夫告则执符等徒三年……"⑤

第五，牌符持有者因各种原因失符则根据情节轻重给予处罚。一是"诸人执符牌、兵符，与敌人盗诈军等相遇，失火、水漂而亡失符牌等时，执者因大意，徒一年"。还规定，"执符出使处大意失符者，当绞杀。判断未至而得之则徒五年，判断之后得之者，徒六年。统军、监军司、边检校等□上提举执符失之者，失者当绞杀，大人因执符失之者指挥失误，徒一年。诸执符失往发兵符牌时，应发之兵无迟缓，如期来到，则失牌者徒三年。若应发之兵集日未到来，则失牌者绞杀"。⑥

第六，诸司签发牌符违规以及诸人阻挠执符之人同样要处罚。西夏诸司在签

---

① 史金波、聂鸿音、白滨译注：《天盛律令》卷13，法律出版社2000年版，第468页。
② 同上书，第470页。
③ 同上书，第470—472页。
④ 同上书，第440页。
⑤ 同上书，第473页。
⑥ 同上书，第475页。

发牌符时必须严格按照规定办理，否则要处罚。"派执符有期限时，派遣者当计地程远近，以为期限。……派遣者不计地程之远而限期短，则执符勿坐罪。派遣者因计量地程失误而限期短，所短限期与情急缓二种执符延误罪状同样判断。"①另外，其他诸人因种种原因阻挠执符者执行公事也要处罚。"诸人与执符本人相遇，殴打、不予骑乘等时，当绞杀。诸人与执符人遇，不予骑乘而逃，及予之骑乘而打之，及未打而不予骑乘等，一律徒十二年。"②

总之，以上法律规定和措施保证了西夏牌符制度的顺利实施，使西夏牌符的凭证和权威等作用完全得以发挥。

当然，虽然说西夏时期的金属档案能够比较全面地反映西夏的政治、经济、军事等各领域的真实情况，但与纸质等其他载体的档案相比，势必还有如信息量小、不便于携带、价值昂贵等不足，故，为了全面研究西夏，仍然还要借助于纸质等其他载体的档案。

二 西夏石刻档案

（一）西夏石刻档案的内涵

石刻是指刻有文字、图画等的石制品和石壁等。石刻上的文字或图画大部分都具有原始记录性，能够准确地反映当时当地人们社会生活的真实面貌，是一种重要的古代档案，因此，在档案学界被称为"石刻档案"。

西夏石刻档案主要是指党项割据政权时期的党项人、西夏建国后各民族以及灭亡后西夏后裔刻写在各种石材上的"墓志铭""碑刻""经幢""石经""摩崖""题记"等文字材料。

（二）西夏石刻档案的种类

西夏石刻档案的种类因分类方法不同而可以分出若干种类别。这里只介绍两种分类方法。

1. 西夏石刻档案从时间划分来看，大致分为三类：

第一类是党项割据政权时期党项人石刻档案及其他石刻档案，这部分石刻档

---

① 史金波、聂鸿音、白滨译注：《天盛律令》卷13，法律出版社2000年版，第474页。
② 同上书，第467页。

案的数量相对丰富一些，均为汉文刻写，如府谷宋代折氏家族墓碑、靖边康公墓志铭、靖边何公墓志铭、府谷宗君墓志铭、府谷王熙墓志铭、彭阳董君墓志铭、绥德贺氏墓志铭、吴起金与西夏划界碑等。[①]

第二类是西夏石刻档案，即西夏建立后至灭亡前这一时期内所刻石刻档案，有汉夏文合璧《重修凉州护国寺感通塔碑》、银川西夏文《西夏陵碑文残片》、永宁县汉文《闽宁村野利家族墓碑文残片》、汉藏文合璧《黑水建桥敕碑》、汉文《乌海参知政事碑》、有汉文无碑的《大夏国葬舍利碣铭》和《夏国皇太后新建承天寺瘗佛顶骨舍利碑铭》等。

第三类是西夏灭亡后其后裔留存下来的石刻档案，这一类石刻档案的数量也比较多，以汉文为主，有居庸关云台六体文字石刻、元肃州路也可达鲁花赤世袭之碑、明故忠义官李公墓志铭等。

以上所列三类石刻档案，只有第二类是直接关涉西夏建国前后至灭亡前的石刻档案，而第一、第三类则是与西夏相关的建国前或灭亡后所留存的石刻档案，表面上看第一、第三类石刻档案不能完全反映西夏建国后的真实面貌和情况，但细究起来，发现这些石刻档案却能从侧面反映党项民族发展、壮大、衰落和消亡的过程，是西夏建国前后发展演变的一个缩影。所以，这些档案也应该属于西夏档案整理和研究的范畴。

2. 从西夏石刻档案的内容性质及形式来划分，主要分为墓志铭、碑刻、经幢、造像题记、摩崖等五类，这种分类方法相比较而言更加具体、细致，也较为合理和科学。

以下主要从西夏石刻档案的内容性质及形式这种分类方法切入，对西夏石刻档案进行简单整理和具体深入的研究。

（1）墓志铭

墓志铭即埋于墓中刻有墓主生平事迹的石刻。这类石刻档案主要收录在《中藏》中，有 20 多件。现依立石时间先后顺序将图版编号、档案名称、刻写文字、档案出处等相关信息列表整理如下。

[①] 牛达生：《西夏考古论稿》，上海古籍出版社 2013 年版，第 175—202 页。

第五章 西夏专门档案整理与研究（中）

表5—14 墓志铭档案

序号	图版编号	档案名称	字体	刻写文字	档案出处	备注
1	S32·001	唐静边州都督拓跋守寂墓志铭并盖	楷书、草书	汉文	《中藏》第十八册①第19页	唐开元二十五年（737）八月立石。1965年出土于陕西横山，榆林市文管委办藏。志、盖均为青石质，盖盝顶式和志石均正方形，边长90，厚10。盖面篆书。四周刻十二生肖间宝相花纹②
2	S42·001	唐延州安塞军防御使白敬立墓志铭	楷书	汉文	同上书，第26页	唐乾宁二年（895）立石。陕西靖边县出土，靖边县文管办藏。盖佚，志砂石质。正方形，边长77.5，厚11.5
3	S52·001	后唐永定破丑夫人墓志文并盖	楷书	汉文	同上书，第29页	后唐长兴元年（930）十月立石。榆林市榆阳区出土，榆阳区城墙文管所藏。志、盖均砂石质，盖盝形，边长各54，厚16。盖面无文，杀面阴刻八卦图。志石正方形，边长53
4	M42·001	后晋虢王李仁福妻浈氏墓志铭	楷书	汉文	同上书，第32页	后晋天福七年（942）二月立石。内蒙古乌审旗出土，乌审旗文管所藏。志石高81.5，宽82
5	S32·002	后晋定难军摄节度判官毛汶墓志铭并盖	楷书	汉文	同上书，第34页	后晋天福七年（942）九月立石。陕西靖边县出土，榆林文管委办藏。志、盖均砂石质，盖盝形，长69，宽70，厚13。盖面篆书。杀面阴刻八卦图。志石正方形，边长68.5，厚11

① 史金波、陈育宁主编：《中国藏西夏文献》第18册，甘肃人民出版社、敦煌文艺出版社2007年版。

② 杜建录编著：《中国藏西夏文献研究》，上海古籍出版社2012年版，第124—152页。

· 367 ·

续 表

序号	图版编号	档案名称	字体	刻写文字	档案出处	备注
6	S42·002	后晋国夏银绥宥等州观察支使何德璘墓志铭并盖	楷书	汉文	同上书，第37页	后晋天福八年（943）四月立石。陕西靖边县出土，靖边县文管委办藏。志、盖砂石质。盖盝形，长49，宽56，厚15.3。盖面篆书。杀面阴刻八卦图。志石呈横长方形，高53，宽59，厚14
7	S32·003	后晋定难节度副使刘敬璘墓志铭并盖	楷书	汉文	同上书，第40页	后晋天福八年（943）七月立石。陕西横山县出土，榆林市文管委办藏。志、盖均砂石质。盖盝形，边长各66，厚15。盖文篆书。杀面阴刻八卦图。志石正方形，边长66，厚13
8	S52·002	后晋绥州刺史李仁宝墓志铭并盖	楷书	汉文	同上书，第44页	后晋开运三年（946）二月五日立石。榆阳区出土，榆阳区城墙文管所藏。志、盖均砂石质。盖盝形，边长各64，厚13。盖文楷书。杀面阴刻八卦图。志石正方形，边长64，厚11
9	M42·002	后汉沛国郡夫人里氏墓志铭	楷书	汉文	同上书，第47页	后汉乾祐三年（950）立石。内蒙乌审旗出土，乌审旗文管所藏。志石正方形，边长79
10	M42·003	后周绥州刺史李彝谨墓志铭	楷书	汉文	同上书，第52页	后周广顺二年（952）立石。内蒙乌审旗出土，乌审旗文管所藏。志石正方形，边长77
11	M42·004	后周绥州太保夫人祁氏神道志铭	楷书	汉文	同上书，第57页	后周显德二年（955）立石。内蒙乌审旗出土，乌审旗文管所藏。盖佚，志石高64，宽63，厚9。

第五章 西夏专门档案整理与研究（中）

续　表

序号	图版编号	档案名称	字体	刻写文字	档案出处	备注
12	S32·004	宋定难军管内都指挥使康成墓志铭并盖	楷书	汉文	同上书，第59页	北宋乾德四年（966）闰八月立石。陕西靖边县出土，榆林市文管委办藏。志、盖均砂石质。盖盝形，边长各57，厚17。盖面篆书。杀面阴刻八卦图。志石正方形，边长58，厚11
13	S32·005	宋摄夏州观察支使何公墓志铭并盖	楷书	汉文	同上书，第63页	北宋开宝二年（969）十一月立石。陕西靖边县出土，榆林市文管委办藏。志、盖均砂石质。盖盝形，边长各67，厚11.5。盖面篆书。杀面阴刻八卦图。志石长方形，边长68.4，宽66.6，厚11
14	M42·005	宋故定难军节度使李光睿墓志铭并盖	楷书	汉文	同上书，第69页	北宋太平兴国四年（979）八月立石。内蒙乌审旗出土，乌审旗文管所藏。盖、志砂石质，盖盝形，边长各93.5，厚15，盖面篆书3行。盖面楷书。杀面阴刻八卦图。志石高98，宽113，厚13
15	M42·006	宋定难军节度观察留后李继筠墓志铭并盖	楷书	汉文	同上书，第76页	北宋太平兴国四年（979）八月立石。内蒙乌审旗出土，乌审旗文管所藏。盖面篆书。志高98，宽100
16	M42·007	宋管内蕃部都指挥使李光遂墓志铭并盖	楷书	汉文	同上书，第82页	北宋太平兴国五年（980）十一月立石。内蒙乌审旗出土，乌审旗文管所藏。盖、志砂石质，盖盝形，长76.5，宽75，厚12。盖面篆书。志石高77，宽75，厚8

续 表

序号	图版编号	档案名称	字体	刻写文字	档案出处	备注
17	HN12·001	元赠敦武校尉军民万户府百夫长唐兀公碑铭	隶书	汉文	同上书，第151页	元至正十六年（1356）立石。河南濮阳县东出土，杨氏家族集资修建的碑亭内藏。青石质，呈四方柱形。碑首为盖顶式，碑座为莲花座
18	G52·001	大元肃州路也可达鲁花赤世袭之碑	汉文楷书	汉文、回鹘文	同上书，第160页	元至正二十一年（1361）立。甘肃酒泉城东门出土，酒泉市肃州区博物馆藏。无碑额，一分为二作两长方体石柱状。碑高236，宽91，厚30，碑阳汉文。碑阴回鹘文，碑阴长期外露，磨损甚残，文字难辨。碑阳嵌于墙内，磨损较少，因石质粗劣，字迹也不清晰，但大部分可辨识
19	HN22·001	明故忠义官李公墓志铭	楷书	汉文	同上书，第167页	立石时间不清。河南洛阳新安县出土，新安县千唐志斋博物馆藏。青石质，正方形，边长65，厚15
20		河北李爱鲁墓志	楷书	汉文		河北大名县陈庄村出土①
21		大元故亚中大夫宣政院判官耿完者秃墓志	楷书	汉文		河北大名县陈庄村出土②
22		元宣差大名路达鲁花赤小李钤部公墓志	楷书	西夏文、汉文		元至元十五年（1278）立石。河北邯郸大名县陈庄村出土③

　　本表格中有关西夏石刻档案的说明性文字均多引自该书和《中国藏西夏文献》第18册，长、宽、厚度单位均为厘米。以下不再注明。

---

① 史金波：《河北邯郸大名出土小李钤部公墓志刍议》，《河北学刊》2014年第4期。
② 同上。
③ 同上。

(2) 经幢

经幢是一种宗教石刻，兴起于唐代，主要用于刻经或记事等。"经幢是在唐代初兴起的一种宗教石刻，以其形似佛教用品幢而得名。幢是梵文'驮缚若（DhvaJa）'的译名。原本是一种由丝帛制成的伞盖形状的装饰品，顶端装有如意宝珠，下边有长木杆，树立在佛像面前。"[1] 经幢一般可分为座、身、顶三个部分。各部分往往为单独的石构件，待雕好后合建成一体。主体为一根八面的石柱，幢座大多为覆莲形，下有须弥座，幢顶一般雕成仿木结构建筑顶部的攒尖顶，顶端托宝珠，幢身上雕刻经文或佛像，有些较大的经幢幢身分为若干段，称为若干级，各段之间用宝盖形石雕相隔，宝盖上刻出模仿丝织物的垂幔、飘带、花绳等。西夏经幢以及功用沿袭中原王朝。

目前发现的西夏经幢主要有以下两种。

第一，中藏N42·002《西夏陵石经幢》。银川市西夏陵区6号陵盗坑出土，宁夏银川市西夏博物馆藏。[2] 青灰沙石质，八面柱体。高33，直径35。上下各有圆柱形榫头。幢石8面刻文，从右到左依次刻"药王菩萨摩诃萨"等七句佛经，楷书。

第二，中藏HB12·002《河北保定西夏文石经幢》。明弘治十五年（1502）刻石，为保定北郊西什寺寺主超度亡灵所立，保定市莲池公园藏。[3] 两幢形制相同，由顶盖、幢身、幢座三部分组成，平面作八角形。一号幢顶盖高42，幢身高158，座高63。幢文内容为西夏《佛顶尊胜陀罗尼》。此外，还用西夏文、汉文镌刻建幢时间、地点、建幢人，以及数十个党项与汉族地主的姓名。均为楷书。这是迄今所知有确切年代记载的最晚的西夏文石刻。该经幢是研究西夏文字使用和西夏遗民的珍贵材料。[4]

(3) 碑刻

碑刻是作为纪念或标记而镌刻文字并有固定形制的地面立石。据文献记载，早在西周宫庙之中就已竖立石碑，观测日影以判断时间。[5] 到东汉时，碑刻大量

---

[1] 赵超：《中国古代石刻概论》，文物出版社1997年版，第52页。
[2] 史金波、陈育宁主编：《中国藏西夏文献》第18册，甘肃人民出版社、敦煌文艺出版社2007年版，第170页。
[3] 同上书，第185—188页。
[4] 杜建录编著：《中国藏西夏文献研究》，上海古籍出版社2012年版，第134页。
[5] （明）徐师曾：《文体明辨序说》，人民文学出版社1962年版，第144页。

兴起，出现了第一个发展高峰，其形制也渐渐固定下来。一座完整的碑刻大致由碑首、碑身、碑座三个部分组成。

党项与西夏碑刻从其记载内容来看大致分为五种：一是记事碑，记述某一具体事情，如《黑水建桥敕碑》等；二是人物碑，追述某人生前德行，如《元敕赐故顺天路达鲁花赤河西老索神道碑铭》等；三是划界碑，记载两方地界之事，如《吴旗金夏划界碑》等；四是记言碑，记述佛教真言，如《敦煌莫高窟六体真言碑》等；五是宗教碑，记载宗教重要活动或事项，如《凉州重修护国寺感应通塔碑》等。

党项割据政权时期、西夏时期及其西夏遗民的碑刻档案现已收录在《中藏》第十八册和其他资料中，约有10件。现依编号顺序将图版编号、档案名称、刻写文字、档案出处等相关信息列表整理如下。

表5—15 碑刻档案

序号	图版编号	档案名称	字体	刻写文字	档案出处	备注
1	G32·001	凉州重修护国寺感应通塔碑	楷书	西夏文、汉文	《中藏》第十八册①第85页	西夏天祐民安五年（1094）立石。甘肃武威市博物馆藏。碑高250，宽90，厚30，两面刻文，阳刻西夏文，碑额西夏文篆书"敕感应塔之碑铭"。碑阴刻汉文，碑额篆书"凉州重修护国寺感应塔碑铭"。两面碑额各有一对线刻伎乐图②

---

① 史金波、陈育宁主编：《中国藏西夏文献》第18册，甘肃人民出版社、敦煌文艺出版社2007年版。

② 杜建录编著：《中国藏西夏文献研究》，上海古籍出版社2012年版，第124—152页。注：本表格中有关西夏碑刻档案的说明性文字多引自该书和《中国藏西夏文献》第18册，长、宽、厚度单位均为厘米。以下不再注明。

第五章 西夏专门档案整理与研究（中）

续　表

序号	图版编号	档案名称	字体	刻写文字	档案出处	备注
2	S62·001	吴旗金夏划界碑	隶书	汉文	同上书，第94页	金正隆四年（1159）立。陕西吴旗县出土，吴旗县文管所藏。碑3块，第一块上部大字书"韦娘原界壕"5字，下部小字从右到左书写。第二块上部大字"界壕"2字，下部小字从右至左书写。第三块上部大字"界壕"2字，下部小字从右至左书写
3	G42·001	黑水建桥敕碑	楷书	汉文、藏文	同上书，第97页	西夏乾祐七年（1176）立。甘肃张掖市博物馆藏。碑高115，宽70，阳面是汉文。阴面是藏文，漫漶过多。两面碑额均无字，各线刻一对托盘侍女像，周边饰线刻卷云纹图案
4	G12·001	敦煌莫高窟六体真言碑	楷书	梵、藏、汉、西夏、八思巴、回鹘文	同上书，第137页	元至正八年（1348）立石。敦煌莫高窟藏。碑高81，宽60，上刻六臂坐式观音一尊，用六种文字刻"唵嘛呢叭咪吽"真言
5	HB12·001	元敕赐故顺天路达鲁花赤河西老索神道碑铭	楷书	汉文	同上书，第138页	元至正十年（1350）立。河北保定市莲池公园藏。方柱体
6	G62·001	甘肃永靖炳灵寺西夏文题刻	行楷	西夏文、汉文	同上书，第172页	在甘肃永靖炳灵寺石窟168号窟外南侧。西夏文题记左侧刻汉文"冯藏人"3字

· 373 ·

续表

序号	图版编号	档案名称	字体	刻写文字	档案出处	备注
7	B62·001	居庸关云台六体文字石刻	楷书	西夏、汉、藏、梵、八思巴、回鹘	同上书，第176页	元至正五年（1345）刻。位于北京居庸关过街门洞内。用六种文字刻《陀罗尼经》和经题
8	G72·001	甘肃永昌圣容寺六体文字石刻	楷书或行楷	吐蕃、汉、八思巴、西夏、回鹘、梵	同上书，第184页	位于甘肃永昌县城西北10公里的圣容寺（后大寺）北山壁。石刻内容为佛教六字真言
9		大夏国葬舍利碣铭		汉文	《嘉靖宁夏新志》卷二①	西夏大庆三年（1038）立石。碑佚，文存
10		夏国皇太后新建承天寺瘗佛顶骨舍利轨		汉文	同上	西夏天祐垂圣元年（1050）立石，碑佚，文存

（4）造像题记

造像题记（或称题刻）是刻写在石头上用于补充说明相关事项的档案材料，"宗教造像题记是宗教石刻造像的纪念说明性石刻文字，又称造像碑。这种石刻档案出现于南北朝时代"。② 其发展源远流长，各朝各代都有一定的造像题记保存了下来。古人开凿石窟或者在窟内造作佛像，往往都要镌刻题记，将造像人的愿心附记于石头上。西夏造像题记及其功用也沿袭前朝并有所创新。

莫高窟、榆林窟、拜寺口、永昌县等地出土的西夏题记，共有夏、汉文墨书

---

① （明）胡汝砺编，（明）管律重修，陈明猷校勘：《嘉靖宁夏新志》卷2，宁夏人民出版社1982年版，第153—154页。
② 徐立刚：《中国古代石刻档案的源流与特点》，《档案与建设》2000年第12期。

第五章 西夏专门档案整理与研究（中）

题刻 100 多处，① 收录在《中藏》第十八册。现依顺序将图版编号、档案名称、刻写文字、档案出处等相关信息列表整理如下。

表 5—16 造像题记档案

序号	图版编号	档案名称	字体	刻写文字	档案出处	备注
1	中藏 G12·003	敦煌莫高窟第 7 窟题记	行楷	西夏文	《中藏》第十八册②第 206 页	存 1 处③
2	中藏 G12·004	敦煌莫高窟第 57 窟题记	行书	西夏文	同上书，第 206 页	存 4 处
3	中藏 G12·005	敦煌莫高窟第 61 窟题记	楷书、行楷	西夏文、汉文	同上书，第 207 页	存 13 处
4	中藏 G12·006	敦煌莫高窟第 65 窟题记	草书	西夏文	同上书，第 211 页	存 1 处
5	中藏 G12·007	敦煌莫高窟第 97 窟题记	行草	西夏文	同上	存 1 处
6	中藏 G12·008	敦煌莫高窟第 196 窟题记	行草	西夏文	同上书，第 212 页	存 5 处
7	中藏 G12·009	敦煌莫高窟第 237 窟题记	行书	西夏文	同上书，第 213 页	存 3 处
8	中藏 G12·010	敦煌莫高窟第 256 窟题记	行草	西夏文	同上书，第 214 页	存 1 处
9	中藏 G12·011	敦煌莫高窟第 276 窟题记	行草	西夏文	同上	存 1 处

---

① 赵彦龙：《西夏文书档案研究》，宁夏人民出版社 2010 年版，第 275 页。

② 史金波、陈育宁主编：《中国藏西夏文献》第 18 册，甘肃人民出版社、敦煌文艺出版社 2007 年版。

③ 杜建录编著：《中国藏西夏文献研究》，上海古籍出版社 2012 年版，第 135—146 页。注：本表格中有关造像题记档案的说明性文字均出自该书。以下不再注明。

续　表

序号	图版编号	档案名称	字体	刻写文字	档案出处	备注
10	中藏 G12·012	敦煌莫高窟第285窟题记	行楷	西夏文	同上	存1处
11	中藏 G12·013	敦煌莫高窟第290窟题记	行书	西夏文	同上书，第215页	存3处
12	中藏 G12·014	敦煌莫高窟第297窟题记	行书	西夏文	同上书，第216页	存1处
13	中藏 G12·015	敦煌莫高窟第322窟题记	行楷	西夏文	同上	存1处
14	中藏 G12·016	敦煌莫高窟第340窟题记	行楷	西夏文	同上	存1处
15	中藏 G12·017	敦煌莫高窟第395窟题记	行草	西夏文	同上书，第217页	存2处
16	中藏 G12·018	敦煌莫高窟第397窟题记	行草	西夏文	同上	存1处
17	中藏 G12·019	敦煌莫高窟第444窟题记	行书	西夏文	同上	存1处
18	中藏 G12·020	敦煌莫高窟第445窟题记	行草	西夏文	同上书，第218页	存1处
19	中藏 G12·021	敦煌莫高窟第464窟题记	行草	西夏文	同上	存6处
20	中藏 G12·022	敦煌莫高窟第465窟题记	行草	西夏文	同上书，第221页	存3处
21	中藏 G12·023	敦煌莫高窟第B51窟题记	行书	西夏文	同上书，第222页	存1处

续　表

序号	图版编号	档案名称	字体	刻写文字	档案出处	备注
22	中藏 G12·024	敦煌莫高窟第 B180 窟题记	行书	西夏文	同上书，第 223 页	存 1 处
23	中藏 G12·025	敦煌莫高窟第 B199 窟题记	行草	西夏文	同上	存 5 处
24	中藏 G12·026	敦煌莫高窟第 B206 窟题记	行书	西夏文	同上书，第 225 页	存 2 处
25	中藏 G12·027	敦煌莫高窟第 B208 窟题记	行书	西夏文	同上书，第 226 页	存 3 处
26	中藏 G12·028	敦煌莫高窟第 B243 窟题记	行书	西夏文	同上书，第 227 页	存 11 处
27	中藏 G12·029	敦煌莫高窟北区第 56 窟题记	行书	西夏文	同上书，第 231 页	存 1 处
28	中藏 G12·030	敦煌莫高窟第 61 窟题记	行书	汉文	同上书，第 232 页	存 1 处
29	中藏 G12·031	敦煌莫高窟第 78 窟题记	行草	汉文	同上	存 1 处
30	中藏 G12·032	敦煌莫高窟第 205 窟题记	行草	汉文	同上书，第 233 页	存 1 处
31	中藏 G12·033	敦煌莫高窟第 229 窟题记	行草	汉文	同上	存 1 处
32	中藏 G12·034	敦煌莫高窟第 443 窟题记	行草	汉文	同上书，第 234 页	存 1 处
33	中藏 G12·035	安西榆林窟第 2 窟题记	行草	西夏文	同上书，第 235 页	存 6 处

续　表

序号	图版编号	档案名称	字体	刻写文字	档案出处	备注
34	中藏 G12·036	安西榆林窟第3窟题记	行草	西夏文	同上书，第237页	存4处
35	中藏 G12·037	安西榆林窟第6窟题记	行草	西夏文	同上书，第239页	存1处
36	中藏 G12·038	安西榆林窟第12窟题记	行书	西夏文	同上	存1处
37	中藏 G12·039	安西榆林窟第13窟题记	行草	西夏文	同上书，第240页	存1处
38	中藏 G12·040	安西榆林窟第14窟题记	行草	西夏文	同上	存1处
39	中藏 G12·041	安西榆林窟第15窟题记	行草	西夏文	同上书，第241页	存2处
40	中藏 G12·042	安西榆林窟第17窟题记	楷书	西夏文	同上书，第242页	存1处
41	中藏 G12·043	安西榆林窟第25窟题记	行草	西夏文	同上	存1处
42	中藏 G12·044	安西榆林窟第29窟题记	行书	西夏文	同上书，第243页	存24处
43	中藏 G12·045	安西榆林窟第33窟题记	行书	西夏文	同上书，第251页	存1处
44	中藏 G12·046	安西榆林窟第35窟题记	行草	西夏文	同上	存1处
45	中藏 G12·047	安西榆林窟第38窟题记	行草	西夏文	同上书，第252页	存1处

续 表

序号	图版编号	档案名称	字体	刻写文字	档案出处	备注
46	中藏G12·048	安西榆林窟第39窟题记	行书	西夏文	同上	存2处
47	中藏G12·049	安西榆林窟第16窟题记	行楷	汉文	同上书，第253页	存1处
48	中藏G12·050	安西榆林窟第19窟题记	行楷	汉文	同上书，第254页	存1处
49	中藏N72·003	拜寺口西塔穹窒壁面题字	楷书	西夏文、梵文	同上书，第205页	存3处
50	中藏M72·001	元代西夏僧人墨书题记	楷书	汉文	同上书，第254页	存1处
51	无编号	永昌县后大寺西夏千佛阁遗址题记	未知	西夏文、汉文、藏文、回鹘文	《中国藏西夏文献研究》第146页①	其中汉文题记十余处

（5）摩崖

摩崖就是在天然形成的、比较平整的悬崖峭壁上刻文记事的一种石刻档案。这种石刻档案在西夏并不很多，却珍贵。学界对摩崖也做过研究，认为"所谓摩崖是指利用天然的石壁以刻文纪事的石刻，所以，有人称之为'天然之石'，为刻石的一种"。②"摩崖一般选择一片较平直的石壁，在上面直接刻铭。汉代有些摩崖也在石壁上加以整修，凿出一块规整的平面后，再在上面铭刻。甚至有些摩崖是在石壁上凿成一个碑的外形平面后刻写上铭文。"③ 西夏摩崖沿袭前朝，其功用基本同前朝。

目前发现的西夏摩崖主要有以下三种。

第一，中藏N52·001《贺兰山岩画西夏文题刻》。位于宁夏银川市西北约

---

① 杜建录编著：《中国藏西夏文献研究》，上海古籍出版社2012年版，第146页。
② 徐自强、吴梦麟：《古代石刻通论》，紫禁城出版社2003年版，第22页。
③ 赵超：《中国古代石刻概论》，文物出版社1997年版，第4页。

60公里处的贺兰山沟口，在一幅人面岩画的右侧刻有西夏文楷书题记，意为"能昌盛正法"，左上方刻西夏文"佛""五"等字。

第二，中藏 N62·001《宁夏大麦地岩画西夏文题刻》。位于宁夏中卫市北，在东西50公里、南北25—30公里的山谷中分布着大量岩画，其中大麦地岩画里面有一幅西夏文行楷"福"字。

第三，中藏 M62·001《内蒙古阴山岩画西夏文题刻》。内蒙古阴山山脉西段狼山地区的岩画中有蒙、藏、西夏等少数民族文字题记，其中西夏文行楷题记释"黑石"二字。[①]

此外，还有西夏王陵3、5、6、7和8号陵，西夏陵区采集西夏文残碑，以及M177陪葬墓出土西夏文残碑、M182碑亭出土西夏文残碑、M161西碑亭出土汉文残碑，[②] 还有闽宁村西夏2、3、4、7号墓等西夏早期野利家族墓碑汉文残片[③]等共计约5000块。

（三）西夏石刻档案的价值

20世纪在内蒙古、甘肃、宁夏等地出土了大量的西夏文献资料，其中不乏数量比较可观的西夏石刻档案。这些石刻档案虽说大部分残损严重，但从目前公布的石刻档案的情况来看，种类比较丰富，内容尤为真实，是研究早期党项人的活动、西夏建国后的社会经济、政治、宗教等发展状况和党项遗民活动情况的最为重要且十分原始的资料，它不仅能补充和纠正文献中诸多缺略和谬误，而且能为研究西夏的政治经济、典章制度、人物事件、战争交聘、宗教文化、历史地理、城镇建设、民族关系、民风民俗以及语言文字等提供丰富可靠的资料。

1. 揭示出西夏较高的雕饰艺术价值

西夏有很多石刻档案的载体上刻有十分丰富的各种花纹或图案，这些花纹或图案被拓下来之后就成为石刻档案的花纹或图案，其体现出了较高的艺术价值。以西夏故地出土的仁宗仁孝寿陵（7号陵）西碑亭西夏文碑（阳面）为例来说明西夏的雕饰艺术价值。"碑首边刻二龙戏珠，正中额头为篆书西夏文铭文，铭文

---

① 史金波、陈育宁主编：《中国藏西夏文献》第18册，甘肃人民出版社、敦煌文艺出版社2007年版，第173—175页。

② 同上书，第15—280页。

③ 同上书，第101—136页。

以卷草花边框之。碑身为扁平抹角长方体，左右侧边饰卷草纹。碑阳四周边饰水草游龙宽带纹。上下两边可能各有四条龙，朝着顺时针方向，似旋转飞腾，相互追逐。这些缠绵的蔓草，游动的飞龙，线条如逝水行云，清晰流畅。"① 使石刻档案显得庄重美观，清新灵动。中藏 G32·001《凉州重修护国寺感通塔碑》四周"线刻花草纹，碑头文字两侧各有一身线刻一有头光的伎乐天，作舞蹈状。乐伎画刻细腻，眉间饰有圆形宝珠，体扭腰呈'S'型，一足蹲姿立地，另一足离地上翘，两脚作腾踏状，双手持帛带作旋转状，帛带随风飘起似在转动，有西域或印度舞姿势。碑刻的饰纹受西域佛教文化影响"。② 中藏 G42·001《黑河建桥敕碑》"碑额线刻两身托盘曲腿伎乐天，身穿交领大袖长衫，无飘带，拱手作供养状，四周刻云气纹，碑额和碑铭四周刻缠枝花卉和云纹"。③ 这样的石刻档案不仅具有文物价值、档案价值，还有很高的艺术价值。

2. 反映出西夏使用文字的多样性和较高的书法艺术水平

西夏的石刻档案从目前发掘出土的情况来看数量并不少，通过查检这些石刻档案，发现用西夏文、汉文、夏汉文合璧和藏汉文合璧等多种文字刻写。如西夏王陵2号陵的西碑亭、8号陵的东碑亭即为西夏文；西夏王陵2号陵的东碑亭用汉文刻写；夏汉文合璧碑主要有西夏王陵101号墓出土的两座碑亭，每个碑亭有一座碑，且碑阳用西夏文，碑阴用汉文刻写，④ 中藏G32·001《凉州重修护国寺感通塔碑》两面刻写文字，碑阳为西夏文，碑阴为汉文；⑤ 藏汉文合璧的碑刻主要是西夏乾祐七年（1176）立石的中藏G42·001《黑河建桥敕碑》，该碑阴面刻藏文，阳面刻汉文。⑥ 此外，还有元至正八年（1348）立石的敦煌莫高窟六体真言碑，则用梵、藏、汉、西夏、蒙古、回鹘文六种文字刻写。⑦ 可见西夏石刻档案用字的多样性，印证了党项族与其他民族混合杂处的现状，以及西夏多元的文

---

① 韩小忙、孙昌盛、陈悦新：《西夏美术史》，文物出版社2001年版，第104页。
② 陈育宁、汤晓芳：《西夏艺术史》，上海三联书店2010年版，第336页。
③ 同上书，第337页。
④ 李范文：《西夏陵墓出土残碑粹编》，文物出版社1984年版，第3—8页。
⑤ 史金波：《西夏佛教史略》，宁夏人民出版社1988年版，第241—254页。
⑥ 王尧：《西夏黑水桥碑考补》，《中央民族学院学报》1978年第1期。
⑦ 杜建录：《中国藏西夏文献碑刻题记卷综述》，杜建录主编：《西夏学》第1辑，宁夏人民出版社2006年版，第115页。

化特质。

西夏石刻档案还反映出西夏较高的书法艺术。中藏 G32·001《凉州重修护国寺感通塔碑》的碑阴为汉文，汉文篆额"圆润流畅，碑铭楷书淳厚古朴，外柔内刚"，① 正文为楷书，"用笔以方为主，清秀劲健，规矩森严"，该碑碑阳为西夏文，西夏文额头篆字"笔画婉转扭曲，有流动感，连接成圆角的方块字，字型同西夏帝陵寿陵出土残碑西夏文小篆"，② 这种字体不仅"'肃穆端庄，秀茂纯古'，而且'行笔自然浑成不露痕迹'，'回环照应，错落有致'，可视为西夏书法之珍品"。③ 正文为西夏文楷书，"字的形体方正，结构严整，布局合理，凿刻深浅得当，每个字都具有立体感"。④ 西夏陵 7 号仁宗仁孝陵的正文同样为楷书，"刀笔遒劲有力，行文整齐规范。这种线的艺术，不仅仅可以单字而论，更可谓是一种'净化了的线条美'，其中的'情感意志和气势力量'，简直让人叹为观止"。⑤ 西夏的大部分石刻档案的文字总体上来看，字体端庄，镌刻艺术高超，刀法遒劲有力，线条流畅，都可谓是极其难得的书法艺术珍品，反映出了党项族人较高的艺术造诣。

3. 西夏石刻档案可以补充西夏传世文献的缺略

西夏石刻档案补充了许多西夏史籍未曾记载的新内容。

第一，增添了西夏新的封王、封公称号。从有关西夏史籍的记载可知，西夏有封王之制，但梁国正献王的封号并未见史籍记载，而且并不曾见封公之说。如 1975 年在西夏故地银川西夏陵区 108 号陪葬墓即梁国正献王墓的出土补充了新的西夏封王、封公称号，"从夏、汉两种文碑缀合译释，知墓主人为'尚父、太师、尚书令、知枢密院事、六部［监六］、梁国正献王嵬名讳安惠'"。碑文中还有"上即令公城中兴""太史令梁国公"之语，说明西夏也有封公之制，即嵬名安惠在封王之前已经有"公"的称号了。⑥

第二，补充了党项夏州政权时期和西夏建国后的一些新的职官设置。如陕西

---

① 史金波：《西夏佛教史略》，宁夏人民出版社 1988 年版，第 191 页。
② 陈育宁、汤晓芳：《西夏艺术史》，上海三联书店 2010 年版，第 336 页。
③ 韩小忙、孙昌盛、陈悦新：《西夏美术史》，文物出版社 2001 年版，第 105 页。
④ 陈育宁、汤晓芳：《西夏艺术史》，上海三联书店 2010 年版，第 336 页。
⑤ 韩小忙、孙昌盛、陈悦新：《西夏美术史》，文物出版社 2001 年版，第 105 页。
⑥ 李范文：《西夏陵墓出土残碑粹编》，文物出版社 1984 年版，第 10 页。

第五章　西夏专门档案整理与研究（中）

榆林地区文物管理委员会办公室收藏的中藏 S32·004《宋定难军管内都指挥使康成墓志铭并盖》中"称当时的夏州节度使李彝兴[①]为'府主大王'，证实《宋史·夏国传》所言'夏虽未称国，而王其土久矣'之说的可信性。序中还称夏州政权为'上府'，称中原地区政权的军队为'南军'，这显然是站在夏州政权的立场上说的。元昊称帝后，在给辽、金的文书中一直将宋朝称为'南朝'，从这里似乎可以找到端倪。序中提到，太原康公跟随在府主大人左右，由于战功显赫，历任定塞都副兵马、安远将军使、东城都虞侯、随使左都押衙、随都知兵马使，直到五州管内都军指挥使"。[②] 这些原始档案的确是研究西夏前身夏州政权封王和职官设置的重要史料。至于"南国"的称谓在中藏 G32·001《凉州重修护国寺感通塔碑》中称宋朝为"南国"，称契丹国为"北国"，但在中藏 S32·004《宋定难军管内都指挥使康成墓志铭并盖》中称宋为"南国"。可见，石刻档案将西夏建国前后对宋朝和契丹的叫法并不完全统一，与西夏致宋、辽、金的文书中的名称也不一致，其名称的混乱可见一斑。

西夏造像题记档案中的"'沙州监军司''仪鸾司'等官制名称在迄今所见的西夏官制材料中均未记载"，这是西夏设置新机构的档案资料。还出现了"'都大勾当'这一职官名称，中原史籍中只有'都大'和'勾当'之职，这说明西夏在创制官职名称时，不仅吸收了宋朝职官名称，而且还有所发展，将'都大'和'勾当'合二为一。'小班'这一职官，应是仪鸾司内较低微的职称，其职能可能专门负责皇家的宫殿、寺庙的修建。这样低微的职官在目前有关西夏职官名称的史籍中还未涉及，这成为我们研究西夏低级职官的一个新材料"。[③] 以上这些造像题记档案为我们研究西夏官制提供了新的第一手资料。

第三，补充了西夏国名的不同名称。如西夏史籍和出土文物记录的西夏国名大多称"西夏"，但除此之外还有很多其他称谓，如"大夏""白上国""白上大夏国""番国""邦泥定国""合申""河西""唐兀""唐古特"等，"西夏众多的国名与称号，反映了不同民族、不同时期，以及各从不同角度对党项族或西夏

[①] 注：此处应为李彝超。见牛达生《西夏考古论稿》，上海古籍出版社 2013 年版，第 196—197 页。
[②] 胡玉冰：《考古发现的西夏文献资料及其研究价值》，《人文杂志》2004 年第 3 期。
[③] 赵彦龙：《西夏文书档案研究》，宁夏人民出版社 2010 年版，第 281—282 页。

的称号"。① 通过人们对西夏史的逐渐深入研究,对这些名称已越来越熟悉。但造像题记档案中出现的一些国名叫法十分的陌生,这又填补了西夏国名叫法的缺略。如造像题记榆林15窟前室甬道北壁东侧西夏文题记中有"南方阁普梅那国番天子国五大臣官律菩萨二……当为修福……"句,其中的"阁普梅那国"却十分陌生。"南方阁普"应是"南方瞻部"。"梅那国"的来历,据西夏学专家研究认为,它可能来源于西夏主体民族党项人的民族叫法,汉文史籍新、旧《唐书·党项传》记载,党项人称为"弭药"。据西夏文辞书《音同》《文海》和西夏宫廷颂诗等记载,党项人自称"没你"。"弭药""没你"和"梅那"的读音相近,可能是同一个名称的不同音译。②

第四,增添了新的农村组织机构。如造像题记档案中的"莫高363窟南壁两身供养人的榜题中,姓名之前都冠以'社户'之称。'社'在我国古代农村是一种常设的组织,一般由本村或邻村几十户人家组成社,以'教督农桑,实行互助,教育怠惰之人'。这就充分说明西夏时期也有'社'的建置"。③

第五,增添了新的地名、寺名和军名。敦煌莫高窟、安西榆林窟等地出土的西夏造像题记档案中记载了一些史籍未载的新的地名、寺名和军名。如宁夏贺兰县西夏方塔塔心柱汉文题记中"大壕寨""奉天寺",榆林25窟中的"前长军",榆林29窟中的"御宿军"等。这一切都将成为研究西夏地理、官制、军制等的重要资料。④

第六,补充了史籍失记的皇帝城号叫法。从相关的史籍可知,西夏皇帝有庙号、谥号、陵号、尊号,但未记载有城号的问题。而从西夏石刻档案可知,西夏皇帝还有城号,如西夏陵墓出土西夏文残碑M108:2+19有"风角"二字,据李范文考证认为"'风角城皇帝'不是别人,而是西夏开国皇帝景宗元昊"。再如西夏陵墓出土西夏文残碑M108:2+19和汉文残碑M108H:71+74+95中都记有"明城皇帝",西夏文残碑M108:40+85中记载有"白城帝"。据李范文考

---

① 史金波、白滨:《莫高窟、榆林窟西夏文题记研究》,白滨编:《西夏史论文集》,宁夏人民出版社1984年版,第436页。
② 赵彦龙:《西夏文书档案研究》,宁夏人民出版社2010年版,第281—282页。
③ 同上书,第282页。
④ 同上书,第283—284页。

证认为二者皆指"崇宗乾顺"。① 这些石刻档案中记载的皇帝城号可以补充史籍失记的内容。

4. 西夏石刻档案可以纠正西夏传世文献及其当代西夏研究的谬误

西夏石刻档案最为真实地记录了西夏的历史原貌，是最为有力和鲜活的证据，它的出土解决了西夏历史上留存下来的许多史籍以及当代西夏学者研究西夏过程中的一些错误。

第一，西夏石刻档案可以纠正西夏传世文献中人名记载的错误。宋朝人李焘编撰的《续长编》及后人编撰的《宋史》《辽史》《金史》《西夏书事》《西夏纪事本末》等史籍中都把太后梁氏之兄"梁乞逋"误写为"梁乙逋"，这是错误的。根据西夏陵出土的"M108：6＋13"图版有"……后之舅梁乞逋等豪恶行行以器［难盛］"知，西夏传世文献中的"梁乙逋"应为"梁乞逋"，为梁乙埋之子。②

第二，提供和纠正了西夏王族拓跋部的族属和世系排列的错误。关于族属问题，中藏S32·001《唐静边州都督拓跋守寂墓志铭》就是最有力的证明。"自唐代以来就形成了截然不同的两种观点，《元和姓纂》《辽史》《金史》认为出自鲜卑，《隋书》《旧唐书》《宋史》认为出自羌族。持鲜卑说的依据是唐林宝的《元和姓纂》，该书记录西夏王室先祖拓跋守寂是鲜卑族。持羌族说的则认为鲜卑拓跋部在历史上较为著名，因而将党项拓跋氏误认为是鲜卑拓跋部之后。但这仅仅是怀疑和推测，并没有确凿的证据。立石于开元二十五年（737）的拓跋守寂墓志铭，明确记载拓跋守寂出自三苗，盖姜姓之别，以字为氏，因地纪号，世雄西平，遂为郡人也。显然元和年间（806—820）成书的《元和姓纂》把拓跋守寂定为鲜卑之后是错误的，这个错误给后世带来了很大的影响，以致后来的夏州拓跋氏家族墓志铭，均认为党项拓跋氏出自鲜卑。"③

此外，拓跋守寂墓志铭这一石刻档案还纠正了党项世系排列的错误。经过众多西夏学者考证研究，认为"守寂之父为思泰，而《西夏文物》一书，误把思

---

① 李范文：《西夏陵墓出土残碑粹编》，文物出版社1984年版，第12—14页。
② 同上书，第16—17页。
③ 杜建录：《中国藏西夏文献碑刻题记卷综述》，杜建录主编：《西夏学》第1辑，宁夏人民出版社2006年版，第119页。

泰、思头当作一人，思头在《旧唐书·西戎传》明确其为'赤辞从子思头……'，从子即侄子，他应为守寂的曾祖辈，而非父辈。《拓志》的出土纠正了一些书籍之谬，并为增续唐代党项拓跋氏家族谱系提供了一条新的历史依据"。①

今人编纂的《中国历史大辞典》有拓跋守寂条："唐时党项部首领。拓跋赤辞孙。开元时封右监门都督、西平公。安史之乱，有战功，擢容州刺史，领天柱军使，后赠灵州都督。"② 这一辞典所录条目有三条错误。一误拓跋守寂是"拓跋赤辞孙"。从拓跋守寂墓志铭看，守寂是拓跋赤辞孙子的孙子；二误说守寂"安史之乱，有战功"。该碑铭则记守寂"以开元廿四年十二月廿一日寝疾薨于银州"。守寂死于唐开元廿四年（736），而"安史之乱"则发生于唐天宝十四载（755），这时的守寂不可能参与平定"安史之乱"；三误说守寂"擢容州刺史，领天柱军使"，关于守寂是否从事过这一官职，拓跋守寂墓志铭中并未提及，存疑。③

内蒙古乌审旗文管所收藏后晋天福七年（942）二月立石的中藏 M41·001《后晋虢王李仁福妻渎氏墓志铭》中记载渎氏与虢王李仁福育有五子，依次是彝殷、彝谨、彝氲、彝超、彝温。彝殷（又名彝兴）、彝超二人在新旧《五代史》和《宋史》中都有记载：宋长兴四年（993），"仁福卒，子彝超嗣……彝兴，彝超之弟也，本名彝殷，避宋宣祖讳，改'殷'为'兴'。初为行军司马，清泰二年（935），彝超卒，遂加定难军节度使"。④ 根据杜建录的研究，认为"可能彝超袭位在前，彝殷袭位在后，故《宋史》误记为'彝兴，彝超之弟也'。渎氏墓志铭可纠其谬"。⑤ 西夏石刻档案使我们更加清楚地掌握了西夏的世系排列辈次。

第三，西夏石刻档案可以纠正西夏有关改元的时间问题。西夏石刻档案的整理与研究，能纠正有关史籍记载的纪年之错误。如造像题记中"榆林窟之 25 窟有'雍宁甲午初'、莫高窟之 285 窟中有'雍宁乙未二年'，再证之以上海博物

---

① 王富春：《唐党项族首领拔跋守寂墓志考释》，《考古与文物》2004 年第 3 期。
② 中国历史大辞典编纂委员会编：《中国历史大辞典》，上海辞书出版社 2000 年版，第 1767 页。
③ 王富春：《唐党项族首领拔跋守寂墓志考释》，《考古与文物》2004 年第 3 期。
④ 《宋史》卷 485，中华书局 1977 年版，第 13982 页。
⑤ 杜建录：《中国藏西夏文献碑刻题记卷综述》，杜建录主编：《西夏学》第 1 辑，宁夏人民出版社 2006 年版，第 119—120 页。

馆款刻'雍宁丁酉四年'官印。可确知西夏改元雍宁在甲午。按张鉴《西夏纪事本末》年表所记,夏改元雍宁在乙未,当宋政和五年。戴锡章的《西夏纪》沿用此说。吴广成《西夏书事》记'雍宁元年'为宋政和四年,岁在甲午。乙未为二年,当宋政和五年,与题记合"。① 因此造像题记档案可订正《西夏纪事本末》和《西夏纪》等史籍纪年之误。如《宋史·夏国传》记载,宋乾道四年,"夏改元乾祐"。② 在西夏陵仁宗仁孝陵出土的编号为 M2X:189+199+393 的残碑上有西夏文(译为汉文是)"甲午五年内",李范文考证认为"甲午五年即仁孝之乾祐五年(1174)。由此得知仁孝改元乾祐当在庚寅,即宋孝宗乾道六年(1170)。但《宋史·夏国传》云:乾道'四年(1168)夏改元乾祐'。与残碑相差两年。《西夏纪事本末》卷一《年表》则云:'乾道己丑(1169)''夏改元乾祐'。并附'或在戊子'(1168)'或在辛卯'(1171)。三种说法全错"。③ 故石刻档案可证《宋史》《西夏纪事本末》等史籍记载夏改元乾祐时间的错误。

第四,提前了兴庆府改名中兴府的时间。据牛达生对西夏陵陪葬墓 182 号墓残碑考证认为,西夏改兴庆府为中兴府的时间不是夏桓宗纯祐时期而是夏崇宗乾顺时期,"据此可知,西夏将都城兴庆改名'中兴',比史载提早约 110 多年"。④ 这对研究西夏地名变迁有重要价值。

5. 西夏石刻档案提供了一些传世文献中缺载的婚姻情况

传世史籍记载西夏的姑表婚是单向的,如开国皇帝李元昊娶舅女卫慕氏为妻,第二代皇帝谅祚娶舅女没藏氏为妻,第三代皇帝秉常娶舅女梁氏为妻。但内蒙古自治区乌审旗文管所藏中藏 M42·002《后汉沛国郡夫人里氏墓志铭》的西夏石刻档案中记载有拓跋彝谨的岳母为拓跋氏,这显然是舅舅的儿子娶了姑姑的女儿为妻。由此可证西夏的姑表婚并不是史籍所记载的为单向,而是双向的,从而印证了西夏文有关"为婚"与"舅甥""婆母"与"姑母"的含义。⑤

6. 西夏石刻档案提供了研究西夏语言文字的重要材料

中藏 G32·001《凉州重修护国寺感通塔碑》是典型的夏汉文合璧碑,碑阴

---

① 赵彦龙:《西夏文书档案研究》,宁夏人民出版社 2010 年版,第 281 页。
② 《宋史》卷 486,中华书局 1977 年版,第 14026 页。
③ 李范文:《西夏陵墓出土残碑粹编》,文物出版社 1984 年版,第 33—34 页。
④ 牛达生:《西夏考古论稿》,商务印书馆 2013 年版,第 181 页。
⑤ 史金波:《西夏党项人的亲属称谓和婚姻》,《民族研究》1992 年第 1 期。

的汉文碑文和碑阳的西夏文碑文虽说段落层次等方面不尽相同，但所记内容基本一致，这就成为互相比较研究的佐证，是一部夏、汉文字相互对照的珍贵的字典，可以说与《番汉合时掌中珠》的价值类似。这为研究西夏文字提供了宝贵的实物资料，开启了西夏文字研究的途径，更是西夏学研究的重要史料，在西夏学研究史上具有里程碑的作用。此外，还有汉藏合璧的黑河建桥敕碑、六体文字碑等，同样是研究西夏文与藏文字及其他文字的活的字典，其价值非凡。

7. 西夏石刻档案保留了部分西夏的书法家名录

西夏石刻档案的价值还在于为后人保留了部分很有名的书法家名录，为后人研究西夏书法艺术提供了原始资料。如西夏天祐民安五年（1094）立石，现甘肃武威博物馆藏中藏 G32·001《凉州重修护国寺感应塔碑》汉文篆额"圆润流畅，碑铭楷书淳厚古朴，外柔内刚，系张思政所书"。张思政在西夏第四代皇帝崇宗乾顺时任供写南北章表，是西夏中期的一位书法家。西夏文篆额"简约严整，碑铭楷书端庄朴实，自然飘逸，系浑嵬名遇所书，他是西夏切韵博士，官阁门冷批，是一位西夏文书法家"。①

8. 西夏石刻档案提供了西夏文使用的最晚时间和西夏遗民活动情况

西夏文创制之后，元昊将其定为国字并在西夏境内广泛推行，但西夏文的使用到底何时终止则史籍缺载。河北保定市莲池公园藏明弘治十五年（1502）的中藏 HB12·002《河北保定西夏文石经幢》为我们提供了答案，"明初西夏文刻经和明朝中期的西夏文石幢的发现，使过去认为西夏文字使用的时间下限下延了一百五十余年。西夏文字的使用，从公元 1036 年创制起至明西夏文石幢刻制时已有四百六十多年的历史了"。② 这一则西夏文经幢的发现使我们有理由相信，西夏文字创制之后，不仅西夏国普遍使用，即使到了明朝中期也仍然有党项后裔在使用。同样，从这一石幢的立幢人有平尚、昔毕、依罗、嵬名等很多党项族姓可知，明朝中期也有大量党项后裔在中原地区进行各种活动。

此外，甘肃酒泉市肃州区博物馆藏元至正二十一年（1361）立石的中藏 G52·001《大元肃州路也可达鲁花赤世袭之碑》也有该方面的记载，"关于党项

---

① 史金波：《西夏佛教史略》，宁夏人民出版社 1988 年版，第 191 页。
② 史金波、白滨：《明代西夏文经卷和石幢初探》，《考古学报》1977 年第 1 期。

人在西夏灭亡以后的下落,我们曾在《明代西夏文经卷和石幢初探》一文中作过一些探索,说明了西夏亡后部分党项上层人物参与了蒙元的各级统治机构,以及元、明之际来到内地的党项人与汉族人民发生同化的情形"。① 上述石刻档案为我们提供了西夏文使用的最晚时间和西夏灭亡后西夏遗民及其后裔在元、明时期在政治、军事、经济、文化等领域的活动情况。

9. 西夏石刻档案增添了西夏时期地理状况的新资料

西夏石刻档案的出土为西夏学者提供了比较丰富的西夏地理状况的新资料。如"夏州拓跋李氏家族墓志铭,多载志主葬于夏州朔方县仪凤乡奉政里,如后周广顺二年(952),李彝谨'归葬于夏府朔方县仪凤乡凤正里乌水原';后汉乾祐三年(950),李彝谨妻里氏'葬于夏州朔方县仪凤乡奉政里乌水之原';后晋天福七年(942),李仁福妻渎氏'付葬于乌水河之北隅,端正树之东侧';宋太平兴国四年(979),李继筠葬于'端正北原之上,付于先茔'。奉政里又作凤正里,这里有一条乌水,茔地所在的乌水原台地,当为今天的内蒙古自治区乌审旗无定河镇(原纳林河乡)附近的十里梁上,乌水即今天的纳林河,因为上述墓碑就在这里出土,这对研究西夏时期的夏州地理,增添了新的网点和坐标"。②

10. 西夏石刻档案反映了西夏的一些文书制度

西夏在撰拟文书时特别注重和讲究一些礼节,即在撰拟文书时如遇敬畏字词时都要用平阙制度,如遇到"天神、地祇、官阙、行李、皇太子,如此之类皆平阙",③ 以此来表示尊敬之意。如在撰拟文书时凡遇有"官家""祖帝""帝""御前""制""御旨"等字样时,"其前皆空一格"④ 书写。西夏各种石刻档案中都普遍存在文书平阙之制,如西夏王陵残石"M2X:5(图版叁)睦更安天□祖院尊变年。'祖'前空格,表示尊敬,疑追其先世"。⑤ 西夏造像题记档案中也出现了空格以示尊敬的情形,如榆林窟汉文发愿文 15 窟门顶右边、16 窟窟口北

---

① 白滨、史金波:《〈大元肃州路也可达鲁花赤世袭之碑〉考释——论元代党项人在河西的活动》,《民族研究》1979 年第 1 期。
② 杜建录:《中国藏西夏文献碑刻题记卷综述》,杜建录:《西夏学》第 1 辑,宁夏人民出版社 2006 年版,第 120 页。
③ (宋)谢深甫编撰:《庆元条法事类》卷 16,黑龙江人民出版社 2002 年版,第 347 页。
④ 史金波、聂鸿音、白滨译注:《天盛律令》卷 1,科学出版社 1994 年版,第 35—37 页。
⑤ 李范文:《西夏陵墓出土残碑粹编》,文物出版社 1984 年版,第 40 页。

壁各有一处长篇的题记，"（12）所将上来圣境，原是□皇帝圣德圣感。伏愿（13）□皇帝万岁，太后千秋，宰官常居禄位，万民乐业海长清"；又如"莫高窟97窟北壁上层第一身罗汉的榜题：（1）西瞿海泥洲第一尊者宾度罗（2）跋罗堕阇大阿罗汉与自眷属（3）一千阿罗汉等敬奉□佛敕，不入（4）涅槃，作大利益。颂曰"等，即在"皇帝""佛""颂"词之前空出一字，以示尊敬。[①]

通过对西夏石刻档案的整理与研究可知，西夏石刻档案是西夏最为原始的第一手资料，其种类多样，内容繁杂，对于研究西夏的政治、军事、经济、文化、宗教等方面都具有十分重要的价值，也是中国古代档案的有机组成部分。[②]

[①] 赵彦龙：《西夏文书档案研究》，宁夏人民出版社2010年版，第279页。
[②] 赵彦龙、乔绢：《论西夏的石刻档案》，《西夏研究》2012年第3期。

第六章 西夏专门档案整理与研究（下）

第一节 西夏契约档案整理与研究

  契约又称券、约、质要、约剂、约契等，也即今之合同或协议，它是契约当事人设立、变更和终止民事关系的一种具有凭证性质的法律文书，也是契约当事人权利义务关系的一种设定。契约在我国有悠久的历史，既有史籍的记载，如《周礼》早有记载："听称责以傅别。"① 这里的"称责"即为借贷，"傅别"则为立契，即西周时借贷就已经有文字性的契约了。不仅如此，也有出土的西周时期契约实物档案的证实，如陕西省发掘的大批西周中期的铜器铭文就是有文字可证、有实物可考的最早契约之一。② 经过秦汉隋唐宋等朝代的发展演变，同时随着商品经济的发展和民事交往的广泛与深入，契约的发展非常迅速并相当完备，历朝都将其写入法典进而规范契约行为。

  西夏契约档案是指权利义务关系的双方经过协商而订立的有关买卖、借贷、典当抵押、租赁等事项的文字材料。

  西夏作为一个中古时期的少数民族国家，受唐宋制度的影响和本国社会经济

---

① 《周礼注疏》卷3，（清）阮元校刻：《十三经注疏》上册，上海古籍出版社1997年版，第654页。
② 庞怀清、镇烽、忠如等：《陕西省岐山县董家村西周铜器窖穴发掘简报》，《文物》1976年第5期。

的发展的需要，也广泛学习和吸收了中原契约的精髓，使其在西夏境内普及，并把契约关系纳入西夏行政管理和司法管理的范畴，这对规范西夏的商品生产和商品交换的正常秩序起到了重要的作用。

西夏契约档案的研究虽然有一些文章见诸报端，但都不是系统、全面地进行整理、考释和研究。近些年，随着西夏文献资料和文物的不断出现，有关西夏社会的汉、夏文资料也逐渐显露出来，而且日趋丰富，并被西夏学专家考证和翻译公布，这为探析西夏社会的相关问题提供了坚实的资料基础。为此，本节主要借助于出土的西夏大量契约以及相关法律典籍，对迄今发现的西夏契约资料、契约成立的要素、契约的法律规定、契约的格式及签字画押特点、借贷（典当）的计息方式等几方面内容作全面具体的探讨和研究。

在西夏，对于一般或普通的买卖并不存在什么契约，而是钱货两清，干净利落。但对于一些价值较昂贵的商品，特别是固定资产像人口、房产、土地等重大交易，必须签订契约。《天盛律令》规定："诸人将使军、奴仆、田地、房舍等典当、出卖于他处时，当为契约"，[①] 而且规定了订立契约的具体条款："诸人买卖及借债，以及其他类似与别人有各种事牵连时，各自自愿，可立文据，上有相关语，于买价、钱量及语情等当计量，自相等数至全部所定为多少，官私交取者当令明白，记于文书上。以后有悔语者时，罚交于官名下则交官，交私人名下则当交私人取。变者有官罚马一，庶人十三杖。"[②]

由上可知，西夏不仅普遍存在契约档案，而且受到法律的保护。那么，西夏契约档案有哪些种类？数量有多大？其价值又是如何呢？

一 西夏契约档案整理概况

西夏的契约档案按照其所反映的主要内容，可以分为买卖契约、借贷契约、典当契约、租赁契约等，经过对《俄藏》《英藏》《中藏》《日藏》等以及散见的西夏契约的粗略梳理和统计，共有西夏文、汉文、夏汉合璧文字的契约档案447 件，其中买卖契约55 件，借贷契约264 件，典当契约77 件，租赁契约2 件，

---

① 史金波、聂鸿音、白滨译注：《天盛改旧新定律令》卷11，法律出版社2000 年版，第390 页。
② 同上书，第189—190 页。

其他契约49件。西夏保留下来的这些契约，对研究西夏民间的经济关系、社会习尚等都是宝贵的材料。

(一) 西夏买卖契约档案

西夏的买卖契约主要出土于西夏故地黑水城和武威，有55件。根据其内容，将西夏买卖契约又可分为买卖人口契约4件、买卖地房产契约22件、买卖牲畜契约29件等。

1. 买卖人口契约

西夏买卖人口契约主要出土于黑水城地区，收录于《俄藏》及其他资料中，目前所能见到的只有4件契约，但也能说明西夏存在人口买卖的现象。现依次将图版编号、档案名称、版本、纸质、字体、书写文字、档案出处等相关信息整理成表6—1。

表6—1 买卖人口契约档案

序号	图版编号	档案名称	版本	纸质	字体	书写文字	档案出处	备注
1	俄 ИНB. No. 4597	天庆未年卖使军契	写本	麻纸	草书	西夏文	《俄藏》第十三册① 第223页	残卷。有年款、署名、画押。以粮为价的卖人口契
2	俄 ИНB. No. 5949—29	乾祐甲辰年卖使军奴仆契	写本	麻纸	草书	西夏文	《俄藏》第十四册② 第91页	残卷。有年款、署名、画押。以钱为价的卖人口契。③
3	俄 ИНB. No. 7903	皇建午年卖使军契	写本	麻纸	草书	西夏文	同上书,第221页	残卷。契尾上部有汉文小字。有签署、画押。以上3件有译文④

---

① 史金波、魏同贤、[俄] 克恰诺夫主编：《俄藏黑水城文献》第13册，上海古籍出版社2007年版。
② 史金波、魏同贤、[俄] 克恰诺夫主编：《俄藏黑水城文献》第14册，上海古籍出版社2011年版。
③ 史金波：《西夏社会》，上海人民出版社2007年版，第149页。注：西夏乾祐仅24年，乾祐甲辰应为乾祐十五年 (1184)。
④ 史金波：《黑水城出土西夏文卖人口契研究》，《中国社会科学院研究生院学报》2014年第4期。

续 表

序号	图版编号	档案名称	版本	纸质	字体	书写文字	档案出处	备注
4	未知	天庆乙丑年二月卖人口契约	写本	麻纸	草书	西夏文	《西夏社会》① 第150页	残页。有署名、画押。以钱为价的人口买卖契约

2. 买卖地房产契约

黑水城出土的汉、夏文特别是西夏文买卖地房产契约的数量比较多，但是被西夏学专家考证翻译并公布的数量并不多，现据《中藏》《俄藏》中收录的22件西夏文和汉文卖地契，依次将图版编号、档案名称、版本、纸质、字体、书写文字、档案出处等相关信息整理成表6—2。

表6—2 买卖地房产契约档案

序号	图版编号	档案名称	版本	纸质	字体	书写文字	档案出处	备注
1	中藏 G11·031	嵬名法宝达卖地契残页	写本	麻纸	行书	汉文	《中藏》第十六册② 第46页	残页。钤朱印4方，其中有2方朱印完整
2	俄 ИНВ. No. 4193	天庆戊午五年卖地契	写本	麻纸	草书	西夏文	《俄藏》第十三册③ 第194页	残页。第1行有年款，末有署名、画押。下有买卖税院朱印三方。有译文
3	俄 ИНВ. No. 4194	天庆庚申年卖地契	写本	麻纸	草书	西夏文	同上	残页。有年款、署名、画押。下有买卖税院朱印。有译文

---

① 史金波：《西夏社会》，上海人民出版社2007年版。
② 史金波、陈育宁主编：《中国藏西夏文献》第16册，甘肃人民出版社、敦煌文艺出版社2006年版。
③ 史金波、魏同贤、［俄］克恰诺夫主编：《俄藏黑水城文献》第13册，上海古籍出版社2007年版。

第六章 西夏专门档案整理与研究（下）

续 表

序号	图版编号	档案名称	版本	纸质	字体	书写文字	档案出处	备注
4	俄 ИНВ. No. 4199	天庆丙辰年卖地契	写本	麻纸	草书	西夏文	同上书，第199页	残页。有年款。有译文
5	俄 ИНВ. No. 4485	天庆戊年卖地契	写本	麻纸	草书	西夏文	同上书，第212页	残页。有年款。有署名
6	俄 ИНВ. No. 5010	天盛庚寅二十二年卖地契	写本	麻纸	行书	西夏文	《俄藏》第十四册①第2页	残卷。有年款，无月日。有署名画押。有买卖税院朱印。有译文
7	俄 ИНВ. No. 5124—1—4	天庆寅年卖地契	写本	麻纸	草书	西夏文	同上书，第13—18页	残卷或残页同。有年款、署名画押。有译文
8	俄 ИНВ. No. 5124—5—6,—1	天庆寅年二月二日梁势乐娱卖地契	写本	麻纸	草书	西夏文	史金波《黑水城出土西夏文卖地契研究》②	残卷。有译文
9	俄 ИНВ. No. 5124—7~8	天庆寅年正月二十九日恧恧显令盛卖地契	写本	麻纸	草书	西夏文	同上	残卷。有译文
10	俄 ИНВ. No. 5124—9—10	天庆寅年二月一日梁势乐西卖地契	写本	麻纸	草书	西夏文	同上	残卷。有译文
11	俄 ИНВ. No. 5124—12—13	天庆寅年二月二日每乃宣主卖地契	写本	麻纸	草书	西夏文	同上	残卷。有译文

---

① 史金波、魏同贤、[俄]克恰诺夫主编：《俄藏黑水城文献》，第14册，上海古籍出版社2011年版。
② 史金波：《黑水城出土西夏文卖地契研究》，《历史研究》2012年第2期。

续表

序号	图版编号	档案名称	版本	纸质	字体	书写文字	档案出处	备注
12	俄ИНВ.No.5124—16	天庆寅年二月六日平尚岁岁有卖地契	写本	麻纸	草书	西夏文	同上	残卷。有译文①
13	俄ИНВ.No.6373—1	天庆癸亥年卖地契	写本	麻纸	草书	西夏文	《俄藏》第十四册第133页	缝缋装。有年款、署名

3. 买卖牲畜契约

买卖牲畜契约在西夏故地黑水城和武威均有出土，不仅大多为西夏文，而且数量也较多，共有29件。西夏学专家对西夏故地出土的西夏文买卖牲畜契约进行了一定的考释、翻译、研究和公布。现据《中藏》《俄藏》等收录的西夏买卖牲畜契约档案依次将图版编号、档案名称、版本、纸质、字体、书写文字、档案出处等相关信息整理成表6—3。

表6—3　买卖牲畜契约档案

序号	图版编号	档案名称	版本	纸质	字体	书写文字	档案出处	备注
1	中藏G31·002	乾定戌年卖驴契	写本	麻纸	行楷	西夏文	《中藏》第十六册②第386页	单页。有译文
2	中藏G31·003	乾定酉年卖牛契	写本	麻纸	草书	西夏文	同上书，第387页	单页。有译文③

---

① 汉译文均见史金波《黑水城出土西夏文卖地契研究》，《历史研究》2012年第2期。
② 史金波、陈育宁主编：《中国藏西夏文献》第16册，甘肃人民出版社、敦煌文艺出版社2006年版。
③ 史金波：《西夏文卖畜契和雇畜契研究》，《中华文史论丛》2014年第3期。

续　表

序号	图版编号	档案名称	版本	纸质	字体	书写文字	档案出处	备注
3	俄 ИНВ. No. 840—3	卖畜契等	写本	麻纸	草书	西夏文	《俄藏》第十二册① 第141页	封套衬纸。两件残片粘贴。有涂改②
4	俄 ИНВ. No. 1862	卖畜契等	写本	麻纸	草书	西夏文	同上书,第329页	封套衬纸。多件残片粘贴。有画押
5	俄 ИНВ. No. 1867	卖畜契等	写本	麻纸	草书、楷书	西夏文	同上书,第331页	封套衬纸。两件残片粘贴。上部汉文,有"天庆""杨推官"等字
6	俄 ИНВ. No. 2546—1	天庆亥年卖畜契	写本	麻纸	草书	西夏文	《俄藏》第十三册③ 第84页	残页。有年款、署名画押④
7	俄 ИНВ. No. 2546—2、3	天庆亥年卖畜契	写本	麻纸	草书	西夏文	同上	残页。有年款、署名画押⑤
8	俄 ИНВ. No. 2851—1	天庆亥年卖畜契	写本	麻纸	草书	西夏文	同上书,第119页	缝缋装。有年款⑥
9	俄 ИНВ. No. 2851—33	天庆亥年卖畜契	写本	麻纸	草书	西夏文	同上书,第135页	缝缋装。有年款、涂改⑦

① 史金波、魏同贤、[俄]克恰诺夫主编:《俄藏黑水城文献》第12册,上海古籍出版社2006年版。
② 史金波:《西夏文卖畜契和雇畜契研究》,《中华文史论丛》2014年第3期。
③ 史金波、魏同贤、[俄]克恰诺夫主编:《俄藏黑水城文献》第13册,上海古籍出版社2007年版。
④ 史金波:《西夏经济文书研究》,社会科学文献出版社2017年版,第297页。
⑤ 同上书,第296页。
⑥ 史金波:《西夏文卖畜契和雇畜契研究》,《中华文史论丛》2014年第3期。
⑦ 同上。

续 表

序号	图版编号	档案名称	版本	纸质	字体	书写文字	档案出处	备注
10	俄 ИНВ. No. 2858—1	天庆亥年卖畜契	写本	麻纸	草书	西夏文	同上书，第119、141页	缝缀装。有年款①
11	俄 ИНВ. No. 5124—3(5、6)	天庆寅年卖畜契	写本	麻纸	草书	西夏文	《俄藏》第十四册②第17页	残卷。多件契约连写。有年款
12	俄 ИНВ. No. 5124—4(4)	天庆寅年卖畜契	写本	麻纸	草书	西夏文	同上书，第20页	多件契约连写
13	俄 ИНВ. No. 5124—4(5)	天庆寅年卖畜契	写本	麻纸	草书	西夏文	同上	多件契约连写
14	俄 ИНВ. No. 5404—8、9	天庆甲子年卖畜契	写本	麻纸	草书	西夏文	同上书，第34—35页	此契约第1面4行和第2面5行为不同契约的前后段。有署名、画押
15	俄 ИНВ. No. 5404—9、8	天庆甲子年卖畜契	写本	麻纸	草书	西夏文	同上	由俄 ИНВ. No. 5404—9的右部和8的左部联合而成。有年款、署名、画押
16	俄 ИНВ. No. 5404—10、7	天庆子年卖畜契	写本	麻纸	草书	西夏文	同上	有年款
17	俄 ИНВ. No. 6377—15	光定子年卖畜契	写本	麻纸	草书	西夏文	同上书，第145页	残页。有年款、署名、画押
18	俄 ИНВ. No. 6385	应天巳年卖畜契	写本	麻纸	草书	西夏文	同上书，第151页	残片，已裂为两段，可拼合。有年款

---

① 史金波：《西夏经济文书研究》，社会科学文献出版社2017年版，第300—301页。
② 史金波、魏同贤、［俄］克恰诺夫主编：《俄藏黑水城文献》第14册，上海古籍出版社2011年版。

续 表

序号	图版编号	档案名称	版本	纸质	字体	书写文字	档案出处	备注
19	俄 ИНВ. No. 7630—2	光定酉年卖畜契	写本	麻纸	草书	西夏文	同上书,第187页	残卷。有年款、买卖税院朱印、署名、画押
20	俄 ИНВ. No. 7994—14	光定亥年卖畜契	写本	麻纸	草书	西夏文	同上书,第243页	残卷。有年款。有译文①
21	英 0566	牲畜买卖或典当契	写本	麻纸	草书	西夏文	《英藏》第一册②第209页	残
22	英 3344	卖畜契	写本	麻纸	草书	西夏文	《英藏》第四册第117页	残③

（二）西夏借贷契约档案

西夏的借贷契约主要出土于黑水城地区。按照出土的借贷契约内容，可以将其分为借贷粮食契约、借贷钱物契约等几种，共有借贷契约档案264件。其中借贷粮食契有253件，借贷钱物契约10件。

1. 借贷粮食契约

借贷粮食契约是西夏借贷契约中的主体，数量最多，从目前出土考释的情况来看，有西夏文粮食借贷契约计253件。现据《中藏》《俄藏》《英藏》《日藏》等中收录的西夏借贷粮食契约档案依次将图版编号、档案名称、版本、纸质、字体、书写文字、档案出处等相关信息整理成表6—4（1）、表6—4（2）。

---

① 史金波：《西夏经济文书研究》，社会科学文献出版社2017年版，第293—304页。
② 谢玉杰、吴芳思主编：《英藏黑水城文献》第1—4册，上海古籍出版社2005年版。
③ 注：0566、3344号档案原定名称"草书写本"，现据史金波《〈英藏黑水城文献〉定名刍议及补证》（杜建录主编：《西夏学》2010年第5辑，上海古籍出版社2010年，第6—16页）改定名称为"牲畜买卖或典当契"等。

表6—4（1） 借贷粮食契约档案

序号	图版编号	档案名称	版本	纸质	字体	书写文字	档案出处	备注
1	中藏G31·004	乾定申年贷粮契	写本	麻纸	草书	西夏文	《中藏》第十六册①第389页	单页。有签名画押。有译文②
2	中藏M21·003	乙亥年借麦契	写本	麻纸	楷书	西夏文	《中藏》第十七册第153页	单页
3	俄ИНВ.No.1570—2	乾祐戌年贷粮契	写本	麻纸	草书	西夏文	《俄藏》第十二册③第272页	封套衬纸。有年款、画押
4	俄ИНВ.No.1745	贷粮契等	写本	麻纸	草书	西夏文	同上书，第302页	封套衬纸。残片粘贴。有画押
5	俄ИНВ.No.1784	贷粮契	写本	麻纸	草书	西夏文	同上书，第320页	封套衬纸。有画押、勾勒
6	俄ИНВ.No.2158—1V~2	贷粮契	写本	麻纸	行书、草书	西夏文	《俄藏》第十三册④第37—38页	残
7	俄ИНВ.No.2243—2	贷粮契	写本	麻纸	草书	西夏文	同上书，第79页	封套衬纸。有勾勒、署名、指押
8	俄ИНВ.No.2996—4	贷粮契	写本	麻纸	草书	西夏文	同上书，第162页	封套衬纸。有签署画押
9	俄ИНВ.No.3252—6	借贷文书等	写本	麻纸	草书	西夏文	同上书，第167页	封套衬纸。多件残片粘贴

① 史金波、陈育宁主编：《中国藏西夏文献》第16—17册，甘肃人民出版社、敦煌文艺出版社2006年版。
② 史金波：《西夏文教程》，社会科学文献出版社2013年版，第401—403页。
③ 史金波、魏同贤、［俄］克恰诺夫主编：《俄藏黑水城文献》第12册，上海古籍出版社2006年版。
④ 史金波、魏同贤、［俄］克恰诺夫主编：《俄藏黑水城文献》第13册，上海古籍出版社2007年版。

续 表

序号	图版编号	档案名称	版本	纸质	字体	书写文字	档案出处	备注
10	俄 ИНВ. No. 3586—3586V	贷款粮契	写本	麻纸	草书	西夏文	同上书，第168页	封套衬纸。有年款
11	俄 ИНВ. No. 3777—5～6	贷粮契	写本	麻纸	草书	西夏文	同上书，第171页	封套衬纸
12	俄 ИНВ. No. 4079—6～31	贷粮契	写本	麻纸	草书	西夏文	同上书，第184—190页	残页或残片。有指押、签署
13	俄 ИНВ. No. 4526	贷款粮契	写本	麻纸	草书	西夏文	同上书，第217页	残卷
14	俄 ИНВ. No. 4581	贷款粮契	写本	麻纸	草书	西夏文	同上书，第218页	残页
15	俄 ИНВ. No. 4596	光定丑年贷粮契	写本	麻纸	草书	西夏文	同上书，第220页	残卷。有署名、画押
16	俄 ИНВ. No. 4696—1～7,19～21	天庆卯年、光定申年贷粮契	写本	麻纸	草书	西夏文	同上书，第235—242页	残卷或残页。多件契约连写。有署名画押
17	俄 ИНВ. No. 4783—6～7	光定午年贷粮契等	写本	麻纸	草书	西夏文	同上书，第286—287页	残卷。有年款、署名画押
18	俄 ИНВ. No. 4979—1	天庆甲子年还贷契约	写本	麻纸	草书	西夏文	同上书，第318页	残页。有年款、署名画押
19	俄 ИНВ. No. 5223—3	光定未年贷粮契	写本	麻纸	草书	西夏文	《俄藏》第十四册[①]第28页	残页。有年款、署名画押

---

① 史金波、魏同贤、[俄]克恰诺夫主编：《俄藏黑水城文献》第14册，上海古籍出版社2011年版。

续 表

序号	图版编号	档案名称	版本	纸质	字体	书写文字	档案出处	备注
20	俄 ИНВ. No. 5230	卯年贷粮契	写本	麻纸	草书	西夏文	同上书,第29页	残页。有年款、署名画押
21	俄 ИНВ. No. 5522—4	贷粮契	写本	麻纸	草书	西夏文	同上书,第48页	残页。有签署画押
22	俄 ИНВ. No. 5812—3	贷粮契	写本	麻纸	草书	西夏文	同上书,第54页	残卷。有涂改、署名、画押
23	俄 ИНВ. No. 5870—1~9	天庆寅年贷粮契	写本	麻纸	草书	西夏文	同上书,第57—61页	残卷。有年款、署名画押
24	俄 ИНВ. No. 5949—18~28,40	光定未年贷粮契等	写本	麻纸	草书	西夏文	同上书,第81—91页	残页或残卷。有署名画押
25	俄 ИНВ. No. 5949—40	还贷契	写本	麻纸	草书	西夏文	同上书,第99页	残卷。有署名画押
26	俄 ИНВ. No. 5996—1	戌年贷粮契	写本	麻纸	草书	西夏文	同上书,第110页	残页。有年款
27	俄 ИНВ. No. 6377—16~20	光定卯年、午年贷粮契等	写本	麻纸	草书	西夏文	同上书,第145—148页	卷子或残页。有年款、署名画押
28	俄 ИНВ. No. 6424—1~2	贷粮契	写本	麻纸	草书	西夏文	同上书,第152页	残片。有署名画押
29	俄 ИНВ. No. 6440—1~9	天庆亥年贷粮契	写本	麻纸	草书	西夏文	同上书,第154—156页	封套衬纸。有年款、署名画押
30	俄 ИНВ. No. 7741	天庆寅年贷粮契	写本	麻纸	草书	西夏文	同上书,第188页	卷子。有年款、署名画押
31	俄 ИНВ. No. 7826—1~3	借贷粮契约	写本	麻纸	草书	西夏文	同上书,第196—197页	残片。有署名画押

第六章　西夏专门档案整理与研究（下）

续　表

序号	图版编号	档案名称	版本	纸质	字体	书写文字	档案出处	备注
32	俄 ИНВ. No. 7889	天庆癸亥年贷款粮契	写本	麻纸	草书	西夏文	同上书,第202页	残卷。有年款、署名画押
33	俄 ИНВ. No. 7892—3～8	天庆未年、亥年贷粮契	写本	麻纸	草书	西夏文	同上书,第204—207页	残页。有年款、署名画押
34	俄 ИНВ. No. 7893—5,17	贷粮契	写本	麻纸	草书	西夏文	同上书,第217页	残片。有画押
35	俄 ИНВ. No. 7910—3	天庆丑年贷粮契	写本	麻纸	楷书	西夏文	同上书,第224页	残片。有年款
36	俄 ИНВ. No. 7977—6～9	贷粮契	写本	麻纸	草书	西夏文	同上书,第230—231页	残片或残页。有署名画押
37	俄 ИНВ. No. 7994—11	贷粮契	写本	麻纸	草书	西夏文	同上书,第240页	残页
38	俄 ИНВ. No. 8005—1～2	光定戊寅年、寅年贷粮契	写本	麻纸	草书	西夏文	同上书,第250—251页	残卷。有年款、署名画押
39	俄 ИНВ. No. W3～W6	贷粮契等	写本	麻纸	草书	西夏文	同上书,第264页	两件残片粘贴。有画押
40	俄 ИНВ. No. W8	天庆巳年借贷契	写本	麻纸	草书	西夏文	同上书,第265页	残页。有年款、署名画押
41	英 0023	抵押贷粮契	写本	麻纸	草书	西夏文	《英藏》第一册①第11页	1纸。有画押
42	英 0371	贷粮契	写本	麻纸	草书	西夏文	同上书,第145页	1纸
43	英 0512	借贷契约	写本	麻纸	草书	西夏文	同上书,第188页	1纸

① 谢玉杰、吴芳思主编:《英藏》第1—4册,上海古籍出版社2005年版。

续　表

序号	图版编号	档案名称	版本	纸质	字体	书写文字	档案出处	备注
44	英0537	借贷文书	写本	麻纸	草书	西夏文	同上书，第200页	1纸。纸质薄
45	英1062	借贷契约	写本	麻纸	草书	西夏文	《英藏》第二册第18页	1纸残片
46	英1668	贷粮契	写本	麻纸	草书	西夏文	同上书，第168页	1纸残片
47	英1671	贷粮契	写本	麻纸	草书	西夏文	同上书，第169页	1纸残片
48	英1673	贷粮契	写本	麻纸	草书	西夏文	同上书，第169页	1纸残
49	英1740	贷粮契	写本	麻纸	草书	西夏文	同上书，第186页	1纸残片
50	英1749	贷粮契	写本	麻纸	草书	西夏文	同上书，第188页	1纸残片
51	英1793	贷粮契	写本	麻纸	草书	西夏文	同上书，第201页	1纸
52	英1800	贷粮契	写本	麻纸	草书	西夏文	同上书，第203页	2纸
53	英1810	贷粮契	写本	麻纸	草书	西夏文	同上书，第207页	1纸
54	英1815	抵押贷粮契	写本	麻纸	草书	西夏文	同上书，第209页	1纸残片
55	英2035	贷粮契	写本	麻纸	草书	西夏文	同上书，第307页	残
56	英2134	贷粮契	写本	麻纸	草书	西夏文	同上书，第345页	1纸残片

第六章 西夏专门档案整理与研究（下）

续 表

序号	图版编号	档案名称	版本	纸质	字体	书写文字	档案出处	备注
57	英2156b	贷粮契	写本	麻纸	草书	西夏文	《英藏》第三册第6页	1纸残片
58	英2158	贷粮契	写本	麻纸	草书	西夏文	同上书，第7页	2纸残片
59	英2159a、b	贷粮契	写本	麻纸	草书	西夏文	同上书，第8页	2纸残片
60	英2162	贷粮契	写本	麻纸	草书	西夏文	同上书，第9页	2纸残片
61	英2165	贷粮契	写本	麻纸	草书	西夏文	同上书，第11页	1纸残片
62	英2317	贷粮契	写本	麻纸	草书	西夏文	同上书，第70页	1纸残片
63	英2319RV	贷粮契	写本	麻纸	草书	西夏文	同上书，第71页	1纸残片
64	英2322RV	贷粮契	写本	麻纸	草书	西夏文	同上书，第72页	1纸残片
65	英2329	贷粮契	写本	麻纸	草书	西夏文	同上书，第74页	2纸残片
66	英2528	贷粮契	写本	麻纸	草书	西夏文	同上书，第138页	1纸残片
67	英2529	贷粮契	写本	麻纸	草书	西夏文	同上书，第138页	1纸残片
68	英2772	贷粮契	写本	麻纸	草书	西夏文	同上书，第223页	1纸残片
69	英2825	贷粮契	写本	麻纸	草书	西夏文	同上书，第241页	2纸

续 表

序号	图版编号	档案名称	版本	纸质	字体	书写文字	档案出处	备注
70	英3249RV	借贷契约	写本	麻纸	草书	西夏文	《英藏》第四册第68页	1纸残片
71	英3271~3273	贷粮契	写本	麻纸	草书	西夏文	同上书,第77页	残片
72	英3274RV	贷粮契	写本	麻纸	草书	西夏文	同上书,第78页	1纸残片
73	英3278	贷粮契	写本	麻纸	草书	西夏文	同上书,第80页	1纸残片
74	英3319~3320	贷粮契	写本	麻纸	草书	西夏文	同上书,第104页	各1纸残片
75	英3324	贷粮契	写本	麻纸	草书	西夏文	同上书,第106页	1纸残片
76	英3327	贷粮契	写本	麻纸	草书	西夏文	同上书,第109页	1纸
77	英3328	贷粮契	写本	麻纸	草书	西夏文	同上书,第109页	1纸
78	英3355	贷粮契	写本	麻纸	草书	西夏文	同上书,第124页	1纸①
79	日藏12—06b	借贷文书	写本	麻纸	草书	汉文	《日藏》下册②第352页	残件
80	日藏12—06d	借贷文书	写本	麻纸	草书	汉文	同上书,第353—354页	残件

---

① 注：英0023、0160、0199、0371、0512、0537、1062、1592、1668、1671、1673、1740、1749、1793、1800、1810、1815、2035、2134、2158、2156b、2159a、2162、2159b、2165、2303、2317、2319RV、2322RV、2329、2529、2528、2772、2825、3249RV、3262~3265、3271~3273、3274RV、3278、3293、3319、3320、3324、3327、3328、3355号档案原定名称为"草书契约""草书写本""佛经""文书""律令"等，现据史金波《〈英藏黑水城文献〉定名刍议及补证》（杜建录主编：《西夏学》第5辑，上海古籍出版社2010年版，第6—16页）改定名称为"借贷契约""贷粮契约"等。

② 武宇林、[日]荒川慎太郎主编：《日本藏西夏文文献》，中华书局2011年版。

表6—4（2）　借贷粮食相关账目档案

序号	图版编号	档案名称	版本	纸质	字体	书写文字	档案出处	备注
1	中藏 B11·012—1P	谷物借贷账残页	写本	麻纸	草书	西夏文	《中藏》第一册① 第368页	残页。有人名、谷物价等
2	中藏 B11·013—5P	借贷账残页	写本	麻纸	草书	西夏文	《中藏》第二册第41页	残页。有涂改
3	中藏 G11·022	借贷文书残页	写本	麻纸	草书	西夏文	《中藏》第十六册② 第41页	1件单页
4	中藏 G11.032PV	借贷文书残页	写本	麻纸	行书	汉文	同上书，第46页	残页
5	俄 ИНВ. No.23—7~11	贷粮账	写本	麻纸	草书	西夏文	《俄藏》第十二册③ 第5—7页	残页或残片
6	俄 ИНВ. No.162—12	贷粮账	写本	麻纸	草书	西夏文	同上书，第32页	残页。有署名、画押
7	俄 ИНВ. No.365	贷粮账	写本	麻纸	草书、行书	西夏文	同上书，第107页	封套衬纸。多件残片粘贴
8	俄 ИНВ. No.512	贷粮账	写本	麻纸	草书	西夏文	同上书，第121页	封套衬纸。有签署、画押
9	俄 ИНВ. No.954	光定未年贷粮账	写本	麻纸	行书、草书	西夏文	同上书，第146页	残页。有年款、签署、画押
10	俄 ИНВ. No.955	光定巳年贷粮账	写本	麻纸	草书	西夏文	同上	残页。有年款、签署、画押
11	俄 ИНВ. No.986—1	光定巳年贷粮账	写本	麻纸	草书	西夏文	同上	残页。有年款、签署、画押

① 史金波、陈育宁主编：《中国藏西夏文献》第1—2册，甘肃人民出版社、敦煌文艺出版社2005年版。
② 史金波、陈育宁主编：《中国藏西夏文献》第16册，甘肃人民出版社、敦煌文艺出版社2006年版。
③ 史金波、魏同贤、[俄]克恰诺夫主编：《俄藏黑水城文献》第12册，上海古籍出版社2006年版。

续 表

序号	图版编号	档案名称	版本	纸质	字体	书写文字	档案出处	备注
12	俄 ИНВ. No. 1095—1~2	贷粮账	写本	麻纸	草书	西夏文	同上书，第178页	残页或残片
13	俄 ИНВ. No. 1320—1~9	贷粮账	写本	麻纸	楷书、草书	西夏文	同上书，第231—234页	残页或残片
14	俄 ИНВ. No. 1870	夏汉合璧贷钱粮账	写本	麻纸	草书、行书	西夏文、汉文	同上书，第331页	封套衬纸
15	俄 ИНВ. No. 2176—1~3	乾祐壬寅年贷粮账等	写本	麻纸	草书	西夏文	《俄藏》第十三册[1] 第64页	封套衬纸。有年款、有汉字日期、勾勒、涂改
16	俄 ИНВ. No. 2493—2~3	贷粮账	写本	麻纸	草书	西夏文	同上书，第82—83页	封套衬纸。有签署画押
17	俄 ИНВ. No. 2547—19	贷粮账	写本	麻纸	草书	西夏文	同上书，第94页	缝缋装。有涂改
18	俄 ИНВ. No. 2851—32	贷粮账	写本	麻纸	草书	西夏文	同上书，第135页	缝缋装
19	俄 ИНВ. No. 2858—11	贷款 粮账等	写本	麻纸	草书	西夏文	同上书，第141页	缝缋装
20	俄 ИНВ. No. 3763	贷粮账	写本	麻纸	草书	西夏文	同上书，第169页	封套衬纸
21	俄 ИНВ. No. 4384—7	天庆寅年贷粮账	写本	麻纸	草书	西夏文	同上书，第208页	残卷。有年款、画押
22	俄 ИНВ. No. 4762—6~7	天庆寅年贷粮账等	写本	麻纸	草书	西夏文	同上书，第279—280页	残卷。有年款、署名画押。

---

[1] 史金波、魏同贤、［俄］克恰诺夫主编：《俄藏黑水城文献》第13册，上海古籍出版社2007年版。

第六章　西夏专门档案整理与研究（下）

续　表

序号	图版编号	档案名称	版本	纸质	字体	书写文字	档案出处	备注
23	俄 ИHB. No. 4776—1~2	借贷账	写本	麻纸	草书	西夏文	同上书，第281页	残片
24	俄 ИHB. No. 4991—3	光定午年借贷文书	写本	麻纸	草书	西夏文	同上书，第321页	残页。有年款、署名、指押
25	俄 ИHB. No. 5820—2~3	贷粮账	写本	麻纸	草书	西夏文	《俄藏》第十四册①第56页	残片。有署名画押
26	俄 ИHB. No. 7415—2	贷粮账	写本	麻纸	草书	西夏文	同上书，第178页	残页。有署名画押
27	英 0160	抵押贷粮账	写本	麻纸	草书	西夏文	《英藏》第一册②第59页	1纸残片
28	英 0199	贷粮账	写本	麻纸	草书	西夏文	同上书，第68页	1纸
29	英 1396	贷粮账	写本	麻纸	草书	西夏文	《英藏》第二册第101页	1纸残片③
30	英 1592	贷粮账	写本	麻纸	草书	西夏文	同上书第148页	1纸残片
31	英 3262~3265	贷粮账	写本	麻纸	草书	西夏文	《英藏》第四册第74页	残片
32	英 3293	贷粮账	写本	麻纸	草书	西夏文	同上书，第90页	多纸残片

① 史金波、魏同贤、[俄]克恰诺夫主编：《俄藏黑水城文献》第14册，上海古籍出版社2011年版。
② 谢玉杰、吴芳思主编：《英藏》第1—4册，上海古籍出版社2005年版。
③ 注：英1396原定名称"佛经"，现据史金波《〈英藏黑水城文献〉定名刍议及补证》（杜建录主编：《西夏学》第5辑，上海古籍出版社2010年版，第8页）改定名称为"借贷契约"。

· 409 ·

2. 借贷钱物契约

借贷钱物契约数量相对较少，主要出土于黑水城等地区，共6个编号10件。现据《中藏》《俄藏》中收录情况依次将图版编号、档案名称、版本、纸质、字体、书写文字、档案出处等相关信息整理成表6—5。

表6—5 借贷钱物契约档案

序号	图版编号	档案名称	版本	纸质	字体	书写文字	档案出处	备注
1	中藏B11·012—2P	利钱账和借贷残页	写本	麻纸	行书	西夏文	《中藏》第一册① 第368页	残页
2	俄 ИНВ. No. 7779A	天盛十五年王受贷钱契	写本	麻纸	楷书	汉文	《俄藏》第六册② 第321页	被切割成大小略同的2块残片
2	俄 ИНВ. No. 7779 B	天盛十五年令胡阿借钱账	写本	麻纸	楷书	汉文	同上书，第322页	残片。有年款
2	俄 ИНВ. No. 7779 E	贷钱契	写本	麻纸	楷书	汉文	同上书，第325页	残。有4个押印
3	俄 ИНВ. No. 986—1—2	光定庚辰十年贷钱契与巳年贷钱契等	写本	麻纸	草书	西夏文	《俄藏》第十二册③ 第156—157页	残页或多件残片粘贴。有年款、署名、画押
4	俄 ИНВ. No. 1156—1	钱物账单等	写本	麻纸	草书	西夏文	同上书，第181页	封套衬纸。多件残片粘贴。有涂改、画押
5	俄 ИНВ. No. 1523—23—24	乾祐辰年贷钱文书	写本	麻纸	草书	西夏文	《俄藏》第十三册④ 第265页	封套衬纸。有年款并有签署

---

① 史金波、陈育宁主编：《中国藏西夏文献》第1册，甘肃人民出版社、敦煌文艺出版社2005年版。
② 史金波、魏同贤、[俄]克恰诺夫主编：《俄藏黑水城文献》第6册，上海古籍出版社2000年版。
③ 史金波、魏同贤、[俄]克恰诺夫主编：《俄藏黑水城文献》第12册，上海古籍出版社2006年版。
④ 史金波、魏同贤、[俄]克恰诺夫主编：《俄藏黑水城文献》第13册，上海古籍出版社2007年版。

续 表

序号	图版编号	档案名称	版本	纸质	字体	书写文字	档案出处	备注
6	俄Дx.19076R	直多昌磨哆借钱契	写本	麻纸	行草书	汉文	《俄藏敦煌文献》第十七册① 第336页	残页。有画押

（三）西夏典当契约档案

西夏的典当契约主要出土于黑水城和武威地区。根据典当契约的内容来看，可以将其分为典畜产品契约、典牲畜契约、典土地契约、典房屋契约、典工契约等五种，共有典当契约档案77件。其中典畜产品契约56件，典牲畜契约17件，典地房产契约3件，典工契约1件。

1. 典畜产品契约

畜产品范围很广，包括袄子裘、马毯、旧皮毯、旧皮裘、苦皮、白帐毡等，通过典当，换回来的是农牧民所需要的各种粮食。现对西夏故地出土的汉、夏文典畜产品契约档案进行全方位的整理，共有56件。现据《俄藏》《斯坦因第三次中亚考古所获汉文文献》（非佛经部分）、《英藏》《日藏》中收录情况依次将图版编号、档案名称、版本、纸质、字体、书写文字、档案出处等相关信息整理成表6—6。

表6—6 典畜产品契约档案

序号	图版编号	档案名称	版本	纸质	字体	书写文字	档案出处	备注
1	俄TK16V—1—2	典麦契	写本	麻纸	行书	汉文	《俄藏》第一册② 第335—336页	残片

---

① ［俄］孟列夫、钱伯城主编：《俄藏敦煌文献》第17册，上海古籍出版社、俄罗斯科学院东方研究所圣彼得堡分所、俄罗斯科学出版社东方文学部2001年版。

② 史金波、魏同贤、［俄］克恰诺夫主编：《俄藏黑水城文献》第1册，上海古籍出版社1996年版。

续　表

序号	图版编号	档案名称	版本	纸质	字体	书写文字	档案出处	备注
2	俄 TK49P	天庆年间裴松寿典麦契	写本	麻纸	行楷	汉文	《俄藏》第二册①第37—38页	残片
3	俄 ИНВ. No. 1320—10V	典当文书	写本	麻纸	楷书	西夏文	《俄藏》第十二册②第235页	残
4	俄 ИНВ. No. 5227	天庆丑年贷粮典当契	写本	麻纸	草书	西夏文	《俄藏》第十四册③第29页	残页。有年款、署名、画押
5	英 Or. 8212—727—1—15	西夏天庆年间裴松处寿典麦契	写本	麻纸	行楷	汉文	《斯坦因第三次中亚考古所获汉文文献》（非佛经部分）第一册④第197—204页	残片。已被多位专家考释和研究⑤
6	英 3771—1—5	天庆十三年裴松寿典当文契	写本	麻纸	行楷	汉文	《英藏》第五册⑥第87—89页	残片
7	日藏 12—02a—02b	夏汉合璧典谷文书	写本	麻纸	草书、行书	西夏文、汉文	《日藏》下册⑦第332—333页	残页
8	日藏 12—02d	夏汉合璧典谷文书	写本	麻纸	草书	西夏文、汉文	同上书，第335页	残片

① 史金波、魏同贤、［俄］克恰诺夫主编：《俄藏黑水城文献》第1册，上海古籍出版社1996年版。
② 史金波、魏同贤、［俄］克恰诺夫主编：《俄藏黑水城文献》第12册，上海古籍出版社2006年版。
③ 史金波、魏同贤、［俄］克恰诺夫主编：《俄藏黑水城文献》第14册，上海古籍出版社2011年版。
④ 沙知、吴芳思主编：《斯坦因第三次中亚考古所获汉文文献》（非佛经部分）第1册，上海古籍出版社2005年版。
⑤ 陈国灿：《西夏天庆间典当残契的复原》，《中国史研究》1980年第1期；陈炳应：《西夏文物研究》，宁夏人民出版社1985年版；杜建录、史金波：《西夏社会文书研究》，上海古籍出版社2012年版。
⑥ 谢玉杰、吴芳思主编：《英藏黑水城文献》第5册，上海古籍出版社2010年版。
⑦ 武宇林、［日］荒川慎太郎主编：《日本藏西夏文文献》下册，中华书局2011年版。

第六章 西夏专门档案整理与研究（下）

续　表

序号	图版编号	档案名称	版本	纸质	字体	书写文字	档案出处	备注
9	日藏12—03b	夏汉合璧典谷文书	写本	麻纸	草书、行书	西夏文、汉文	同上书，第338页	残片。有年款、押印
10	日藏12—04a—04b	夏汉合璧典谷文书	写本	麻纸	草书、行草	西夏文、汉文	同上书，第340—341页	残页
11	日藏12—05a	西夏典谷文书	写本	麻纸	行草	汉文	同上书，第345页	残片。有签印和画押
12	日藏12—05b	夏汉合璧典谷文书	写本	麻纸	草书、行草	西夏文、汉文	同上书，第346页	残片。有押印
13	日藏12—05c—05e	典谷文书	写本	麻纸	行草	汉文	同上书，第347—349页	残片。有签署、画押
14	日藏12—06a	典谷文书	写本	麻纸	行楷	汉文	同上书，第351页	残片。有签署画押、画押
15	日藏12—07a—07d	典谷文书	写本	麻纸	行草	汉文	同上书，第356—359页	残页。有画押
16	日藏12—08a—08b	典谷文书	写本	麻纸	行草	西夏文、汉文	同上书，第361—362页	残片
17	日藏12—09a	典谷文书	写本	麻纸	草书、楷书	西夏文、汉文	同上书，第365页	残损严重
18	日藏12—09d	典谷文书	写本	麻纸	草书	汉文	同上书，第368页	残片
19	日藏12—10a—10d	夏汉合璧典谷文书	写本	麻纸	草书、行草	西夏文、汉文	同上书，第370—373页	残片。有押署

续 表

序号	图版编号	档案名称	版本	纸质	字体	书写文字	档案出处	备注
20	日藏12—10e—010f	典谷文书	写本	麻纸	草书	西夏文	同上书，第374—375页	残片
21	日藏03—03a—03b	典谷文书残件	写本	麻纸	草书	汉文	同上书，第391—392页	残片。有画押

2. 典牲畜契约

西夏典当各种牲畜契约共有17件，现据《俄藏》收录依次将图版编号、档案名称、版本、纸质、字体、书写文字、档案出处等相关信息整理成表6—7。

表6—7 典牲畜契约档案

序号	图版编号	档案名称	版本	纸质	字体	书写文字	档案出处	备注
1	俄 ИНВ. No. 19—2	典畜契	写本	麻纸	草书	西夏文	《俄藏》第十二册① 第1页	残页
2	俄 ИНВ. No. 2996—1—4	未年贷粮典畜契等	写本	麻纸	草书	西夏文	《俄藏》第十三册② 第161—162页	封套衬纸。有年款、签署画押
3	俄 ИНВ. No. 4079—1—6	贷粮典畜契	写本	麻纸	草书	西夏文	同上书，第181—183页	残页。有署名、画押
4	俄 ИНВ. No. 5120—2	天庆子年贷粮典畜契	写本	麻纸	草书	西夏文	《俄藏》第十四册③ 第8页	残卷。有年款、签署、画押

---

① 史金波、魏同贤、［俄］克恰诺夫主编：《俄藏黑水城文献》第12册，上海古籍出版社2006年版。
② 史金波、魏同贤、［俄］克恰诺夫主编：《俄藏黑水城文献》第13册，上海古籍出版社2007年版。
③ 史金波、魏同贤、［俄］克恰诺夫主编：《俄藏黑水城文献》第14册，上海古籍出版社2011年版。

续 表

序号	图版编号	档案名称	版本	纸质	字体	书写文字	档案出处	备注
5	俄 ИНВ. No. 5147—1—4	光定午年贷粮典畜契	写本	麻纸	草书	西夏文	同上书，第22—25页	残卷或残页。有年款、署名、画押
6	俄 ИНВ. No. 5185	光定未年典畜契	写本	麻纸	行草书	西夏文	同上书，第26页	残页。有年款、署名、画押
7	俄 ИНВ. No. 5949—30	天庆辰年典牲畜耕地契	写本	麻纸	草书	西夏文	同上书，第92页	残卷。有年款、签署、画押

3. 典地房产契约

西夏不动产典当契约即土地、房屋典当契约发现3件，现据《俄藏》收录依次将图版编号、档案名称、版本、纸质、字体、书写文字、档案出处等相关信息整理成表6—8。

表6—8 典地房产契约档案

序号	图版编号	档案名称	版本	纸质	字体	书写文字	档案出处	备注
1	俄 ИНВ. No. 7779C	典田地文书	写本	麻纸	行书	汉文	《俄藏》第六册① 第323页	被切割成大小略同2块残片
2	俄 ИНВ. No. 6754	光定壬申年贷粮典地契	写本	麻纸	草书	西夏文	《俄藏》第十四册② 第164页	卷子。有年款、署名、画押
3	英3341	典地契	写本	麻纸	草书	西夏文	《英藏》第四册③ 第115页	1纸④

---

① 史金波、魏同贤、［俄］克恰诺夫主编：《俄藏黑水城文献》第6册，上海古籍出版社2000年版。
② 史金波、魏同贤、［俄］克恰诺夫主编：《俄藏黑水城文献》第14册，上海古籍出版社2011年版。
③ 谢玉杰、吴芳思主编：《英藏黑水城文献》第4册，上海古籍出版社2005年版。
④ 注：英3341号档案原定名为"社会文书"，现据史金波《〈英藏黑水城文献〉定名刍议及补证》（杜建录主编：《西夏学》第5辑，上海古籍出版社2010年，第14页）改定名称为"典地契"。

4. 典工契约

西夏的典工契约数量最少，目前收录在《俄藏》第十四册中的西夏文典工契约只有1件，即俄 ИHB. No.5949—32《光定卯年（1219）典工契》。① 残卷。麻纸。行楷。高19.8，宽47.9。存字15行。第1行有"光定卯年腊月五日"年款。有署名、画押。内容：一人典工9个月，工价5斛谷，另有少许衣物等。若有反悔依官罚交5斛杂粮。如此，经推算每日典工工价不足2升谷。

（四）西夏租赁契约

西夏的租赁契约目前所能见到的也只有2件，现据相关文献记载依次将图版编号、档案名称、版本、纸质、字体、书写文字、档案出处等相关信息整理成表6—9。

表6—9 租赁契约档案

序号	图版编号	档案名称	版本	纸质	字体	书写文字	档案出处	备注
1	俄 Дx.18993	西夏光定十二年正月李春狗等赁租饼房契	写本	麻纸	行楷	汉文	《俄藏敦煌文献》第17册②	1纸，完整
2	俄 ИHB. No.5124—8	寅年正月二十九日梁老房酉等租地契	写本	麻纸	草书	西夏文	《西夏文教程》③	残页。有画押

（五）西夏其他契约档案

这一类契约则是无法识别出具体内容，在西夏各大型文献丛书中只以"契约""买卖契约"等命名的契约，则暂作为另一类"其他契约档案"列示。这一类契约档案的数量相对比较多一些，据粗略统计共有49件，其中西夏文契约48件、汉文契约1件。现据《中藏》《俄藏》《英藏》收录情况依次将图版编号、档

---

① 史金波、魏同贤、[俄]克恰诺夫主编：《俄藏黑水城文献》第14册，上海古籍出版社2011年版，第164页；史金波：《西夏社会》，上海人民出版社2007年版，第177页。

② [俄]孟列夫、钱伯城主编：《俄藏敦煌文献》第17册，上海古籍出版社、俄罗斯科学院东方研究所圣彼得分堡分所、俄罗斯科学出版社东方文学部2001年版，第310页。

③ 史金波：《西夏文教程》，社会科学文献出版社2013年版，第397页。

第六章 西夏专门档案整理与研究（下）

案名称、版本、纸质、字体、书写文字、档案出处等相关信息整理成表6—10。

表6—10 西夏的其他契约档案

序号	图版编号	档案名称	版本	纸质	字体	书写文字	档案出处	备注
1	中藏 B11·013—01P	契约残页	写本	麻纸	草书	西夏文	《中藏》第二册① 第41页	残页
2	中藏 M21·004	己卯年契约残页	写本	麻纸	行书	西夏文	《中藏》第十七册② 第154页	单页。残甚。有年款
3	俄 ИНВ. No. 39—4	契约等	写本	麻纸	草书	西夏文	《俄藏》第十二册③ 第16页	残页。多件残片粘贴
4	俄 ИНВ. No. 162—13	契约	写本	麻纸	草书	西夏文	同上书，第32页	残片
5	俄 ИНВ. No. 296—3	买卖文书	写本	麻纸	草书	西夏文	同上书，第38页	残片
6	俄 ИНВ. No. 326—2	买卖契	写本	麻纸	草书	西夏文	同上书，第67页	残页。有墨点、涂改
7	俄 ИНВ. No. 328—14	应天卯年契	写本	麻纸	楷书	西夏文	同上书，第76页	残页。有年款、画押
8	俄 ИНВ. No. 335—4	买卖文书	写本	麻纸	草书	西夏文	同上书，第86页	两件残片粘贴
9	俄 ИНВ. No. 459	契约	写本	麻纸	草书	西夏文	同上书，第120页	封套衬纸。多件残片粘贴。

---

① 史金波、陈育宁主编：《中国藏西夏文献》第2册，甘肃人民出版社、敦煌文艺出版社2005年版。

② 史金波、陈育宁主编：《中国藏西夏文献》第17册，甘肃人民出版社、敦煌文艺出版社2006年版。

③ 史金波、魏同贤、[俄]克恰诺夫主编：《俄藏黑水城文献》第12册，上海古籍出版社2006年版。

续 表

序号	图版编号	档案名称	版本	纸质	字体	书写文字	档案出处	备注
10	俄 ИНВ. No. 1523—25	乾祐壬辰三年买卖文契	写本	麻纸	草书	西夏文	同上书,第266页	残页。有年款、指押
11	俄 ИНВ. No. 1534	买卖文书等	写本	麻纸	草书	西夏文	同上书,第269页	封套衬纸。多件残片粘贴
12	俄 ИНВ. No. 1840	契约	写本	麻纸	草书	西夏文	同上书,第328页	封套衬纸。两件残片粘贴。有署名、画押
13	俄 ИНВ. No. 2158—2V	契约等	写本	麻纸	草书	西夏文	《俄藏》第十三册① 第38页	残页
14	俄 ИНВ. No. 2858—12	契约等	写本	麻纸	草书	西夏文	同上书,第141页	缝缋装。有署名、画押
15	俄 ИНВ. No. 4384—8	应天丁卯年契	写本	麻纸	草书	西夏文	同上书,第208页	残片。有年款
16	俄 ИНВ. No. 4979—1V	天庆亥年契约	写本	麻纸	草书	西夏文	同上书,第319页	残。有年款、署名、画押
17	俄 ИНВ. No. 5120—6—7	买卖契	写本	麻纸	草书	西夏文	《俄藏》第十四册② 第10—11页	残卷或残页。有签署、画押
18	俄 ИНВ. No. 6593	天庆戌年契	写本	麻纸	草书	西夏文	同上书,第159页	封套衬纸。有年款、署名、画押
19	俄 ИНВ. No. 7319	买卖契等	写本	麻纸	草书	西夏文	同上书,第176页	三件残片粘贴
20	俄 ИНВ. No. 7910—4	契约	写本	麻纸	草书	西夏文	同上书,第224页	残片

---

① 史金波、魏同贤、[俄]克恰诺夫主编:《俄藏黑水城文献》第13册,上海古籍出版社2007年版。
② 史金波、魏同贤、[俄]克恰诺夫主编:《俄藏黑水城文献》第14册,上海古籍出版社2011年版。

第六章　西夏专门档案整理与研究（下）

续　表

序号	图版编号	档案名称	版本	纸质	字体	书写文字	档案出处	备注
21	英0141BRV	契约	写本	麻纸	草书	西夏文	《英藏》第一册① 第54页	1纸残片
22	英0201	契约	写本	麻纸	草书	西夏文	同上书，第69页	1纸
23	英0245	契约	写本	麻纸	草书	西夏文	同上书，第89页	5纸残片
24	英0598	契约	写本	麻纸	草书	汉文	同上书，第235页	1纸残片
25	英0644	契约	写本	麻纸	草书	西夏文	同上书，第235页	2纸残片
26	英1169	契约	写本	麻纸	草书	西夏文	《英藏》第二册第45页	1纸残片。乌丝栏
27	英1584	乾定酉年腊月契约	写本	麻纸	草书	西夏文	同上书，第146页	1纸残片
28	英1705	契约	写本	麻纸	草书	西夏文	同上书，第177页	1纸残片
29	英1727	契约	写本	麻纸	草书	西夏文	同上书，第183页	1纸残片
30	英1755	契约	写本	麻纸	草书	西夏文	同上书，第190页	残1纸片
31	英1765	契约	写本	麻纸	草书	西夏文	同上书，第192页	1纸残片
32	英1797	契约	写本	麻纸	草书	西夏文	同上书，第202页	1纸残片
33	英1853	契约	写本	麻纸	草书	西夏文	同上书，第227页	残甚

① 谢玉杰、吴芳思主编：《英藏黑水城文献》第1—4册，上海古籍出版社2005年版。

续 表

序号	图版编号	档案名称	版本	纸质	字体	书写文字	档案出处	备注
34	英1873	契约	写本	麻纸	草书	西夏文	同上书,第236页	残甚
35	英2033	契约	写本	麻纸	草书	西夏文	同上书,第307页	残甚
36	英2156a	契约	写本	麻纸	草书	西夏文	《英藏》第三册第6页	残件
37	英2307	契约	写本	麻纸	草书	西夏文	《英藏》第三册第67页。	1纸残片
38	英2308	契约	写本	麻纸	草书	西夏文	同上书,第68页	2纸残片
39	英2351	契约	写本	麻纸	草书	西夏文	同上书,第80页	1纸残片
40	英2354	契约	写本	麻纸	草书	西夏文	同上书,第81页	1纸残片
41	英2366	契约	写本	麻纸	草书	西夏文	同上书,第84页	1纸残片。蝴蝶装
42	英2367	契约	写本	麻纸	草书	西夏文	同上书,第85页	2纸残片。有画押
43	英2402	契约	写本	麻纸	草书	西夏文	同上书,第94页	残甚
44	英3012	契约	写本	麻纸	草书	西夏文	《英藏》第三册第318页	残页
45	英3142	契约	写本	麻纸	草书	西夏文	《英藏》第四册第15页	多纸残片
46	英3277	契约	写本	麻纸	草书	西夏文	同上书,第79页	残3纸片
47	英3338	契约	写本	麻纸	草书	西夏文	同上书,第114页	1纸。有污渍
48	英3548b	契约	写本	麻纸	草书	西夏文	同上书,第238页	3纸

续 表

序号	图版编号	档案名称	版本	纸质	字体	书写文字	档案出处	备注
49	英3680	契约	写本	麻纸	草书	西夏文	同上书，第324页	多纸①

二 西夏契约档案研究

（一）西夏契约的格式及签字画押特点

1. 西夏契约的格式

西夏契约不论是买卖契约、借贷契约、典当契约还是租赁契约都有比较固定的格式，以中藏 G31·004 西夏文《乾定申年（1224）贷粮契》、俄 ИНВ. No. 5124—16 西夏文《天庆寅年二月六日平尚岁岁有卖地契》为例，分析归纳西夏契约的格式。

中藏 G31·004 西夏文《乾定申年（1224）贷粮契》汉译文如下：

乾定申年二月二十五日立契人

没瑞隐隐犬，今自讹国师借一石

糜，一石有八斗利，由命屈

般若铁持有。全本利一并当于

同年九月一日聚集到讹国师

处来。若届时不到时，不仅付原有

糜数付，还按官法罚七十繙。心服。

　　　　立契人没瑞隐隐犬（押）

　　　　相借人李祥瑞善（押）

---

① 注：英 0201、141brv、0245、0598、0644、1169、1584、1705、1727、1755、1765、1797、1873、1853、2033、2156a、2307、2308、2351、2366、2367、2354、2402、3338、3142、3277、3548b 号档案原定名称"草书写本""残片""文书""金刚般若波罗蜜经""社会文书""佛经"等，现据史金波《〈英藏黑水城文献〉定名刍议及补证》（杜建录主编：《西夏学》第5辑，上海古籍出版社2010年版，第6—16页）改定名称为"契约""乾定酉年腊月契约"。

西夏档案及其管理制度研究

相借人李氏祥瑞金（押）
知人李显令狗（押）①

从这件武威出土的借贷粮食契约的结构模式来看，其内容顺序比较固定，主要包括：立契时间、立契者及姓名、债权人姓名、借贷（买卖、典当、租赁）标的（某物）种类和数额、（借贷、典当、租赁）的偿付期限及利率、偿还要求和违约处罚措施、合意程度、立契者及参与人签名、画押等内容。

再如俄 ИНВ. No. 5124—16 西夏文《天庆寅年二月六日平尚岁岁有卖地契》的汉译文如下：

天庆寅年二月六日，立契者平尚岁岁有
向普渡寺粮食经手者梁喇嘛、那征茂等
将撒三石种子生熟地一块及四间房等出卖，价五
石杂粮已付，价、地两无悬欠。若其地上任何人，
官、私同抄子弟有争议者时，依官法罚交五石
麦，心服。按情节依文据所载实行。
四至界已明　东与官渠为界　　南与息尚
氏恧有地接　西北等与梁驴子母接　北
有税八斗杂粮、二斗麦　水细半
　　　立契者平尚岁岁有（押）
　　　证人息尚老房子（画指）
　　　证人邱犬羌乐（画指）②

从这件黑水城出土的卖地契结构模式来看，其内容顺序仍然比较固定，主要包括：立契时间、立契者及姓名、债权人（姓名）、买卖标的（种类和数额）、价格、是否悬欠、违约处罚措施和种类、合意程度、土地四至、立契者及参与人签字、画押等内容。

---

① 史金波、陈育宁主编：《中国藏西夏文献》第 16 册，甘肃人民出版社、敦煌文艺出版社 2006 年版，第 289 页；史金波：《西夏文教程》，社会科学文献出版社 2013 年版，第 402—403 页。
② 史金波：《黑水城出土西夏文卖地契研究》，《历史研究》2012 年第 2 期。

从以上两件契约来看，其结构模式基本相似，这也代表了西夏契约的基本格式。其他的契约或多或少有些出入，但都是因内容而增减。唯有一点就是大多契约缺乏立契缘由，只有个别契约才有这一项内容，如黑水城出土中藏 M21·003 西夏文《西夏乙亥年（光定五年即 1215 年）二月五日借麦契》，该文共 9 行行草书，其中就有"乙亥年二月五日立文契者嵬移功合，今因需要麦到持粮阿俄等处……"① 却十分简单。我们以为在西夏契约的签订中，大部分是在迫不得已的情况下签订的，农牧民们为了生计只能无条件地忍痛割爱，任人宰割。当然，西夏契约缺少立契缘由这一内容，对于西夏契约格式的研究意义重大。

契约正文各行皆顶格书写，契尾立契者与参与人签字画押均降格书写，底部大约与正文齐。这显然与中原王朝传统的契约形式和格式相似。

2. 西夏契约签字画押特点

西夏契约签字画押的特点主要表现在以下几方面。

（1）签字画押的符号

在契约末尾有当事人与相关人的签字画押，它标志着契约的正式确立和法律效力的形成，是履行契约的保证。没有签字画押的契约是无效的，不受到法律的保护。契约立契者与相关参与人在名字下画押由来已久，即画押是在名字下写画出表示认可、特殊的专用文字或符号。从西夏契约的整体情况来看，同样学习、借鉴和继承了中原王朝契约的画押传统。西夏买卖、借贷、典当、租赁契约中的画押形形色色，多在名字下方画一个繁简不同的符号，有的类似汉字的"一"，有的类似汉字的"二""工""天""田""日""井""五"等，如俄 ИНВ. No. 5120—2《天庆子年贷粮典畜契》② 和俄 ИНВ. No. 4762—11《天庆寅年贷粮契》③ 等均有如上的符号；有的则形体复杂，难以描绘，如俄 ИНВ. No. 4597《天庆未年卖使军契》、俄 ИНВ. No. 5124—1—4《天庆寅年卖地契》、俄 ИНВ. No. 6377—1《天庆癸亥年卖地契》、俄 Дх. 18993《李春狗等赁租

---

① 史金波、陈育宁主编：《中国藏西夏文献》第 17 册，甘肃人民出版社、敦煌文艺出版社 2006 年版，第 153 页；史金波：《西夏社会》，上海人民出版社 2007 年版，第 188 页。

② 史金波、魏同贤、[俄] 克恰诺夫主编：《俄藏黑水城文献》第 14 册，上海古籍出版社 2011 年版，第 8 页。

③ 史金波：《西夏社会》，上海人民出版社 2007 年版，第 187 页。

饼房契》等契约的画押都是如此。

(2) 立契者的称谓及数量

所有契约中契尾第一个签字画押的是立契者（典当者或卖者或租赁者或借贷者），与契约开头相似，写"立契者"或"立契约者"或"立文字人或立文人"等。姓名可以既有姓有名，如俄 ИHB. No. 5010《天盛廿二年寡妇耶和氏宝引等卖地契》、俄 ИHB. No. 4762—11《梁岁铁借粮契约》等；也可只用名而省略姓，如俄 ИHB. No. 4762—6《梁功铁借粮契约》、俄 ИHB. No. 4526《借贷粮食契约》等。

从目前所见西夏契约来看，"立契约者"以一人为主，可见其责任义务的唯一性。但也存在两人或两人以上的"立文字人"现象，如《日藏》夏汉文合璧《西夏典谷文书（12—07b）》中就有"立文字人祝日环（画押）、立文字人祝玉令屈（画押）"两个"立文字人"。① 再如《西夏典谷文书（12—05c）》中也是两个"立文字人"。② 俄 Дx. 18993 汉文《李春狗等赁租饼房契》中也是两个"立文字人"。③ 由这几份西夏契约来看，债权人在追加债务时加大了还债的砝码。当然，从另一个方面来考虑的话，则减轻了"同契者"的义务。

(3) 担保人的称谓及数量

第二个签字画押的是担保人，书于"立契者"之后。为了保证买卖的公正、借贷、典当和租赁等本利的归还，债权人除要求债务人本人签字画押外，还要求家属或至亲人签字画押，这些签字画押的人称为担保人。在契约中，担保人的签字名义是"相接契者""接状借者""接状者""相借者""商契保典人""同商契者""同典人""同借者""相借人""同立文人""同立契者""同卖者"等，实际上都是同借（典、卖、租）者。这些担保人在立契者发生无力偿还债务或死亡或逃亡等意外时则负有偿还债务的责任。

担保和公证是西夏契约中两个不可或缺的重要因素，在契约中起着重要的保证和见证作用。

---

① 武宇林、[日] 荒川慎太郎主编：《日本藏西夏文文献》下册，中华书局 2011 年版，第 357 页。
② 同上书，第 347 页。
③ [俄] 孟列夫、钱伯城主编：《俄藏敦煌文献》第 17 册，上海古籍出版社、俄罗斯科学出版社东方文学部 2001 年版，第 310 页。

第六章 西夏专门档案整理与研究（下）

目前并没有见到担保人为一人的情况，相反，却在买卖契约中偶尔存在没有担保人的情况，如俄 ИНВ. No. 5124—16《天庆寅年二月六日平尚岁岁有卖地契》中"立文字人"之后就是"证人"，① 并没有"同卖人"情况出现。这种情况的出现大概说明这样几个问题：一是"立文字人"有能力购买土地及土地上的属物；二是"立文字人"存在良好的信誉，不需要其他担保人来做保；三是"立文字人"信誉太差，没有其他人愿意成为其担保人。

除此之外，以两人或两人以上的担保人居多。如俄 ИНВ. No. 4526《西夏文借贷粮食契约》、俄 ИНВ. No. 5124—12、13《（天庆）寅年二月二日每乃宜主卖地契》等都是两人为担保人；俄 ИНВ. No. 5124—5、6、1《（天庆）寅年二月二日梁势乐娱卖地契》、俄 ИНВ. No. 4762—6《西夏文借贷粮食契约》等都是三人为担保人。当然，还有更多的担保人的情况存在，如俄 Дx. 18993 汉文《李春狗等赁租饼房契》中就存在五个担保人，即"同立文字人李春狗（押），同立文字人郝老生（押），立文字人刘番家（押），同立文字人王号乂（押），同立文字人李喜狗"②。

担保人中一般包括兄弟、妻子、儿子等在内的至亲家属。如俄 ИНВ. No. 5124—1《天庆寅年正月二十九日梁老房酉等卖地舍契》中的"立契者梁老房酉"之担保人的第一、二位都是"同立契弟老房宝、同立契弟五部宝"；俄 ИНВ. No. 5124—7~8《天庆寅年正月二十九日恶恶显令盛卖地契》中"立契者恶恶显令盛"之后的"同立契弟老房子、同立契妻子计盉氏子答盛"；俄 ИНВ. No. 5124—9~10《（天庆）寅年二月一日梁势乐酉卖地契》中"立契者梁乐势酉"之后的第一位"同立契妻子恶恶氏犬母宝"，第二、三位"同立契子寿长盛、同立契子势乐宝"。③ 由以上几份契约担保人的情况来分析，在担保人中若有"立契者"的兄弟、妻子、儿子时，则以兄弟为主，妻子次之，儿子再次之；若无"立契者"兄弟而有妻子和儿子时，则以"立契者"的妻子为主，儿子次之；若缺乏"立契者"兄弟和妻子时，则以儿子为主。还存在一种情况，

---

① 史金波：《黑水城出土西夏文卖地契研究》，《历史研究》2012 年第 2 期。
② ［俄］孟列夫、钱伯城主编：《俄藏敦煌文献》第 17 册，上海古籍出版社、俄罗斯科学出版社东方文学部 2001 年版，第 310 页。
③ 史金波：《黑水城出土西夏文卖地契研究》，《历史研究》2012 年第 2 期。

即某一家没有男主人但有妻子和儿子，这种情况下，在买卖契约中妻子则可以承担男主人责任，成为"立契者"，而儿子则可成为担保人，如俄 ИНВ. No. 5010《天盛廿二年寡妇耶和氏宝引等卖地契》中的"立契者耶和氏宝引"为寡妇，却承担"立契者"的责任，"同立契者子没啰哥张"承担了担保人的责任。可见，在西夏社会中，反映在契约中的担保人的地位有严格的区分，即兄弟位高于妻子，妻子高于儿子，甚至妻子可承担"立契者"的责任。

西夏契约中的担保人也有并不是家人的情况存在。如俄 ИНВ. No. 5147—1—3《光定午年贷粮典当契》的立契约者"梁寿长势"，同立契人有"相接状契罗阿势子、相接状契罗禅定宝"，①　中藏 G31·004《乾定申年（1224）贷粮契》的立契者是"没瑞隐隐狗"，同立契人则是"相借人李祥瑞善"和"相借人李氏祥瑞金"，②　俄 ИНВ. No. 5124—4《天庆寅年二月一日庆现罗成卖地契》的立契者"庆现罗成"，同立契者是"恶恶兰往金"和"恶恶花美犬"。还有如俄 ИНВ. No. 4194《天庆庚申年小石通判卖地房契》中的担保人都是如此。③ 从其姓名来看，并不是家人，可能是朋友或亲戚。看来，亲戚或朋友也可成为担保人，并履行实质性、连带性的担保人责任。

（4）公证人的称谓及数量

契尾第三个签字画押的人的称谓是"公证人"，即见证人、证明人、证人、知人等。

公证人的数量也不等，可以是一人，如黑水城出土西夏文《光定未年（1211）借谷物契》中"公证人哆讹腊月犬"④和英 Or. 8212—727《西夏天庆年间裴松处寿典麦契（15—1）》中"知见人讹静……"；⑤ 也可以是两人，如俄 ИНВ. No. 4762—6《梁功铁借粮契约》中"证人平尚讹山"和"证人梁生□"、俄 ИНВ. No. 4193《天庆戊午五年（1198）正月五日麻则老父子卖地房契》中"证人□□波法铁（押）"和"证人□□□□（押）"为两个人；有的契约中的

---

① 史金波：《西夏社会》，上海人民出版社 2007 年版，第 187—198 页。
② 史金波：《西夏文教程》，社会科学文献出版社 2013 年版，第 402—403 页。
③ 史金波：《黑水城出土西夏文卖地契研究》，《历史研究》2012 年第 2 期。
④ 张传玺主编：《中国历代契约会编考释》上，北京大学出版社 1995 年版，第 652 页。
⑤ 杜建录、史金波：《西夏社会文书研究》，上海古籍出版社 2012 年版，第 200 页。

"公证人"还为三人，如俄 ИНВ. No. 5124—2《天庆寅年正月二十四日邱娱犬卖地契》、俄 ИНВ. No. 4194《天庆庚申年小石通判卖地房契》等中的公证人则为三人。[①] 目前所见西夏契约中"公证人"最多者为六人，如俄 ИНВ. No. 5010《天盛廿二年寡妇耶和氏宝引等卖地契》等。

公证人签字画押时居于担保人之后，正因为"公证人"位置在最后，因此，其签字画押在性质上与担保人有本质的区别。公证人不管有多少，其仅仅只是证明契约行为，不负契约实施的连带责任。公证人一般是由有威望的第三人来承担，如地邻关系密切的人或同宗中人或其他朋友等。其目的则可能是起到公平、公正、见证等的作用。

（5）其他方面的特点

第一，债权人并不在契尾签字画押。这也是西夏契约乃至中国古代契约的一个特殊现象并形成为一大特点。这一点和现当代合同的签字画押完全不同。现当代合同的持有者一般要三方，即甲方、乙方和第三方各持一份，这也是为了保证合同的正常履行，作为以维护双方的权利和义务的凭证，更是防止任何一方违约而进行法律维权的一个见证，体现了现当代合同当事人的平等地位和公平、公正。西夏契约乃至古代契约的持有者只是债权人，而且只书写一份或称单契，所以，债权人可以在契约上不签字画押，"这反映了债权人在合同中的优势地位和单方合同的性质"，[②] 体现出了不公平、不公正及霸权的行为。当然，这也主要是维护债权人的权利不受损害。

第二，西夏部分契约为同一书手书写。在目前所发现的西夏部分契约中，有一个特殊现象需要引起我们格外注意，即立契者和各类关系人签署名字的笔体特别相似，有的还与契约正文的笔体雷同。据推测，这些契约可能是同一书手所写。"看来契尾各种签字系由书手包办，或许当地能用西夏文书写自己名字的人是少数。"[③] 此外，在西夏文献中也多次出现"书手"这一称呼。

（二）西夏的红契与白契

西夏契约与其他朝代契约一样同样有红契和白契之分。

[①] 史金波：《黑水城出土西夏文卖地契研究》，《历史研究》2012年第2期。
[②] 杜建录、史金波：《西夏社会文书研究》，上海古籍出版社2012年版，第135页。
[③] 同上书，第134页。

中国，在周秦汉魏西晋时期并不存在红契或白契之说。到了东晋南渡之初，由于封建国家的财政困难，开始实行税契政策，以扩大财政来源。于是，发生了缔约人要缴纳契税，官府在契约上加盖官印，以为税据之事。盖印之契叫红契。史载："晋自过江，凡货卖奴婢、马牛、田宅，有文券。率钱一万，输估四百入官，卖者三百，买者一百。无文券者，随物所堪，亦百分收四，名为散估。"[1]"历宋、齐、梁、陈，皆因而不改"，[2] 后来各封建王朝也都沿袭这一政策。元代陶宗仪《辍耕录·奴婢》曰："国初平定诸国，日以俘到男女匹配为夫妇，而所生子孙永为奴婢。又有曰'红契'，买到者则其元主转卖于人，立券投税者是也。"[3] 但在现实生活中也出现了偷税漏税的现象，即产生了白契。宋朝史籍记载："人都惮费，隐不告官，谓之白契。"[4] 封建国家为了保证契税的征收，一再宣布白契为非法。在这种情况下，契约上的官印也就成为验证契约是否合法的重要标记，并以此来严格征收契税。

在黑水城发现的大量西夏文契约中就有一些红契，俄 ИНВ. No. 4193《天庆戊午五年（1198）正月五日麻则老父子卖地房契》就是一份最为典型的红契。契约文书共有 12 行文字。前 6 行是文书正文内容，后 6 行是当事人署名、画押。在相关的人名、画押的上部有 5 行较小的字，记明土地的四至。特别重要的是在这份契约上还盖有一朱印，印为长方形，上覆荷叶，下托莲花，莲花下有西夏文 4 字"买卖税院"。证明这份契约为缴纳了买卖税、并经官家认可、加盖买卖税院印章的红契。[5] 再如俄 ИНВ. No. 5010《天盛廿二年寡妇耶和氏宝引等卖地契》也是一份红契。这份契约在签字画押的倒数第一、二行写有"税已交（押）、八？（押）"，证明这是经官府缴纳契税的契约。另，在这份契约的中间出现了朱印，也证明是经官纳税后的红契。[6] 此外，还有如《俄藏》第十四册中收录的俄

---

[1]《隋书》卷 24，中华书局 1973 年版，第 689 页。
[2] 同上书，第 673 页。
[3]（元）陶宗仪：《辍耕录》卷 17，影印文渊阁《四库全书》第 1040 册，台湾商务印书馆 1986 年版，第 598 页。
[4]（宋）李心传：《建炎以来朝野杂记》甲集卷 15，影印文渊阁《四库全书》第 608 册，台湾商务印书馆 1986 年版，第 374 页。
[5] 史金波：《黑水城出土西夏文卖地契研究》，《历史研究》2012 年第 2 期。
[6] 史金波：《西夏社会》，上海人民出版社 2007 年版，第 153 页。

ИНВ. No. 6377—13《买卖税账》、俄 ИНВ. No. 7630—2《光定酉年卖畜契》等契约都加盖有买卖税院的印章,皆为红契。

西夏契约中大量的是白契。西夏契约中加盖官府印章的契约从数量上来看并不多,而更多的是看不到官府印章的契约,即白契。如俄 ИНВ. No. 7779 A 汉文《天盛十五年(1163)王受贷钱契》。这一契约上中下稍残,有 10 行文字,前 7 行为契约正文,后 3 行为当事人署名,"立文字人王受,同立文字人小受,同立文人周遇僧"。① 从这份契约的署名来看,人名下无画押,更看不到官印,可知此契是尚不具有法律效力的契约,即白契。

西夏契约中有些并没有加盖官府印章,但契约正文中明确了违约行为的处罚,明确指出不仅依《律令》承罪,还要由官府罚金,因此,这种契约还不能说是与政府法律无关的纯个人行为。可以说这种买卖契约既符合当时的习惯法,又与政府的法典相协调。②

西夏严禁白契的产生。法律规定,西夏各种买卖及借债等都要立文据,而且"上有相关语,于买卖、钱量及语情等当计量,自相等数至全部所定为多少,官私交取者当令明白,记于文书上"。这段条文明确界定,签订契约必经政府许可,并要"官私交取者当令明白,记于文书上"。③

(三) 西夏契约成立的要素

从 19 世纪初期开始至今,在西夏故地的宁夏、甘肃、内蒙古西部、陕西北部以及青海东部,都有西夏的考古资料发现。这些考古资料有的已经考释公布了,有的并未完全考释公布。通过仔细考察考释公布的西夏契约文书,不难发现,西夏契约的成立,受到了一些主客观要素的制约,如契约当事人要具备一定的条件,另外,必须达成合意并能成为某种民事关系,产生一定的法律效力,具备契约生效的条件,才能在西夏社会发挥一定的约束甚至制裁功能。

---

① 史金波、魏同贤、[俄]克恰诺夫主编:《俄藏黑水城文献》第 6 册,上海古籍出版社 2000 年版,第 321 页。
② 史金波:《黑水城出土西夏文卖地契研究》,《历史研究》2012 年第 2 期。
③ 史金波、聂鸿音、白滨译注:《天盛改旧新定律令》卷 4,法律出版社 2000 年版,第 198 页。

1. 当事人的身份

当事人的身份是指当事人在社会中、法律上所被赋予的独立地位,也即具有合法的民事行为能力的主体。只有如此,才能构成西夏契约的当事人。

(1) 当事人的类别

从西夏综合性法典《天盛律令》的规定来看,西夏契约的主体比较广泛,"诸人买卖及借贷,以及其他类似与别人有各种事牵连时,各自自愿,可立文据,上有相关语,于买卖、钱量及语情等当计量,自相等数至全部所定为多少,官私交取者当令明白,记于文书上。以后有悔语者时,罚交于官有名则当交官,交私人有名则当私人取。承者有官罚马一,庶人十三杖。若全超过,有特殊者,勿入罚之列,属者当取"。① 这里的"诸人"可泛指所有有民事行为能力的人。从传世文献资料和出土汉、夏文契约文书的记载来看,有政府官员,如"牙头吏史屈子者,狡猾,为众贷谅祚息钱。累岁不能偿"。② 这就是以西夏国主谅祚的名义进行的官民借贷活动,它属于官方的性质;有官僚贵族,如谅祚近臣高怀正曾"贷银夏人",③ 这是官僚贵族与平民的借贷活动;还有寺院僧侣,1989 年甘肃武威发现一批西夏文献,其中有中藏 G31·004《乾定申年(1225)贷粮契》记载,乾定二年(1224)二月二十五日,立文约人没瑞隐隐狗典借讹国师处糜子一斛,于同年九月一日归还,这是寺院僧侣与平民的借贷活动;④ 在西夏,更多的是商人与平民之间的契约,从目前出土的大多西夏契约来看几乎都是商人与平民个人之间的买卖或借贷或典当或租赁活动,如俄 ИНВ. No. 5010 西夏文《天盛廿二年寡妇耶和氏宝引等卖地契》是寡妇耶和氏宝引等将自己拥有的一块豢养牲畜的零散地廿二亩卖与耶和米千之间的契约;⑤ 英 3771—1—4 汉文《天庆十三年裴松寿典当文契》、⑥ 西夏文《光定未年借谷物契》⑦ 以及《俄

---

① 史金波、聂鸿音、白滨译注:《天盛改旧新定律令》卷 3,法律出版社 2000 年版,第 189—190 页。
② (宋)彭百川:《太平治迹统类》卷 15,影印文渊阁《四库全书》第 408 册,台湾商务印书馆 1986 年版,第 402 页。
③ (宋)李焘:《续资治通鉴长编》卷 162,中华书局 2004 年版,第 3902 页。
④ 史金波:《西夏文教程》,社会科学文献出版社 2013 年版,第 402—403 页。
⑤ 陈炳应:《西夏文物研究》,宁夏人民出版社 1985 年版,第 275 页。
⑥ 陈国灿:《西夏天庆间(1204)典当残契的复原》,《中国史研究》1980 年第 1 期。
⑦ 张传玺主编:《中国历代契约汇编考释》上,北京大学出版社 1995 年版,第 652 页。

藏》第六册、《中藏》第十六至十七册收录的契约也都是商人与平民之间的买卖、借贷等活动。

(2) 当事人的条件

契约是缔结民事关系、履行法律效应的强有力的凭证。因此,契约当事人必须是具有行为能力的主体,也即能承载契约条款所约定的有关事项、承担法律责任的主体,否则不能直接参与订立契约。故,西夏有三类人作为契约当事人受到了限制。

一是妇女。西夏,由于受儒家思想的影响比较深,表现为家长和夫权的制约也相当明显,妇女直接参加订立契约的权利一般情况下受到了一定的限制,如俄 ИНВ. No. 5010《天盛廿二年寡妇耶和氏宝引等卖地契》的立契当事人是一寡妇,在见证一栏的签字画押人有:"立契者耶和氏宝引(画押),同立契子没啰哥张(画押),同立契没啰口鞭(画押),证人说和者耶和铁?(押),梁犬千(押),耶和舅盛(押),没啰树铁(押),税已交(押),八?(押)",① 这份卖地文契中的立约人是一寡妇,也是一位母亲,但她无权独立作为立文约人而进行签字画押,必须是母同子共为一方当事人,同时需要有多个知见人(或亲族或长辈或有信誉者)参加,以示公正合法。只有如此,这份卖地契才能成立并生效。西夏法律也有类似规定:"诸人一户下死绝,人根已断,所属畜、谷、宝物、舍屋、地畴等,死者之妻子及户下住有女、姊妹、及已嫁而未嫁来媳者,妻子可敛集畜、谷、宝物,门下住女等依律令应得嫁妆时当予,其余畜、谷、宝物不许妻子妄用,与别房人根所近者监收。"② 上述俄 ИНВ. No. 5010《天盛廿二年寡妇耶和氏宝引等卖地契》中的立契人虽然是一寡妇,但其户下并未"人根已断",而是有儿子,故母和子就能共同构成"立契者",这也是合法的。

二是私人。《天盛律令》规定:"诸人所属私人于他人处借债者还偿主人债时,当令好好寻执主者等。私人自能还债则当还债,自不能还债则执主者当

---

① 史金波:《黑水城出土西夏文卖地契研究》,《历史研究》2012 年第 2 期。
② 史金波、聂鸿音、白滨译注:《天盛改旧新定律令》卷 10,法律出版社 2000 年版,第 355 页。

还，执主者无力，则当罚借债主，不允私人用头监畜物中还债。私人因随意借债，十三杖。"①西夏法典中所规定的"私人"当为"私属"，是西夏社会的最下层，他们的地位介于农奴与奴隶之间，几乎没有多少财产可言，因而是不能随便借贷的。②私人随意借债则要罚十三杖。假若要借贷，必须要寻找实力雄厚的担保人。

三是家长之外的人。西夏法典规定："同居饮食中家长父母、兄弟等不知，子、女、媳、孙、兄弟擅自借贷官私畜、谷、钱、物有利息时，不应做时而做，使毁散无有时，家长同意负担则当还，不同意则可不还。借债者自当负担。其人不能，则同去借者、执主者当负担。其人亦不能办，则取者到还债者处以工抵。同去借债者，执主者已食拿时，则当入出工抵债中，未分食则勿入以工抵债中。其中各已用、分者，家长未知，亦当不助还债。若违律时，与不还他人债相同判断。"③法律严格禁止子、女、媳、孙、兄弟在家长、兄弟不知情时擅自借贷，也即这里的"子、女、媳、孙、兄弟"不构成合法的立约当事人的身份。从目前所公布的西夏汉、夏文契约的当事人来看，几乎没有"子、女、媳、孙、兄弟"等成为"立契者"，而更多的则是"同立契者""相接契""同借者""同立文字人""同典人"等担保人的身份出现或存在。由此可见，当事人的身份资格却构成了契约成立的最关键要素。

2. 担保和公证

担保和公证是西夏契约中两个不可或缺的重要因素，在契约中起着重要的保证和见证作用。

从目前翻译成汉文并公布的比较完整的西夏契约来看，保人和证人是契约成立并生效的必不可少的重要参与人。为了更加明晰而便捷地了解西夏契约的担保和公证的情况，现将目前比较完整的38件契约的担保（保人或保人和物）和公证（证人）的具体情况列为表6—11、表6—12、表6—13、表6—14、表6—15。

---

① 史金波、聂鸿音、白滨译注：《天盛改旧新定律令》卷3，法律出版社2000年版，第190页。
② 杜建录：《西夏经济史》，中国社会科学出版社2002年版，第247页。
③ 史金波、聂鸿音、白滨译注：《天盛改旧新定律令》卷3，法律出版社2000年版，第190页。

第六章　西夏专门档案整理与研究（下）

表6—11　买卖人口契约（3件）

契约编号	担保（保人）	公证（证人）
俄 ИНВ. No. 4597	同立契嵬移软?? 同立契嵬移有子盛（押） 同立契嵬移女易养（押）	证人药乜□□乐（押） 证人牛离□□（押） 文书写者翟宝胜（押） 证人□□□□□（押）
俄 ИНВ. No. 5949—29	同立契子吉祥大（押） 同立契子□□盛（押）	证人每泥慧聪（押） 证人每泥乐军（押） 证人梁晓慧（押）
俄 ИНВ. No. 7903	同立契妻子俯好	证人、写文书者□□□□（押） 证人□□嵬名？（押）

表6—12　买卖土地契约（11件）

契约编号	担保（保人）	公证（证人）
俄 ИНВ. No. 4193	同卖弟显令（押） 同卖梁税梁（押） 同卖梁真盛（押）	证人□□波法铁（押） 证人□□□□（押）
俄 ИНВ. No. 4194	同立契卖者梁千父内凉（押） 同立契卖者梁犬羊舅（押） 同立契卖者梁麻则盛（押）	证写文书者翟宝胜（押） 证人梁虎□子（押） 证人曹庵斡宝（押） 证人哆讹花□势（押） 证人陈犬羊双（押）
俄 ИНВ. No. 5010	同立契子没啰哥张（画押） 同立契没啰口鞭（画押）	证人说和者耶和铁□（押） 梁犬千（押） 耶和舅盛（押） 没啰树铁（押） 税已交（押） 八□（押）
俄 ИНВ. No. 5124—1	同立契弟老房宝（画指） 同立契弟五部宝（画指）	同证人子征昊酉（画指） 证写文书者翟宝胜（押） 证人平尚讹山（画指） 证人恶恶现处宝（画指） 证人恶恶显盛令（画指）

续表

契约编号	担保（保人）	公证（证人）
俄 ИНВ. No. 5124—2	同立契者子奴黑（押） 同卖者子犬红（押）	证人多移众水？吉（押） 证写文书者翟宝胜（押） 证人恶恶显啰岁（押）
俄 ИНВ. No. 5124—4	同立契者恶恶兰往金（押） 同卖恶恶花美犬（画指）	证人梁酉犬白（画指） 证人梁善盛（画指）
俄 ИНВ. No. 5124—5、6、1	同立契梁势乐茂（押） 同立契每乃宣主（押） 同立契梁老房虎（画指）	证人陈盐双（画指） 证人平尚讹山（画指）
俄 ИНВ. No. 5124—7、8	同立契弟小老房子（画指） 同立契妻子计盉氏子答盛（画指）	证人平尚讹山（押） 证人梁枝绕犬
俄 ИНВ. No. 5124—9、10	同立契妻子恶恶氏犬母宝（画指） 同立契子寿长盛（押） 同立契子势乐宝（押）	证人平尚讹山（画指） 证人梁老房酉（画指）
俄 ИНВ. No. 5124—12、13	同立契弟势乐铁（押） 同立契妻子貌泹氏??（画指）	证人梁势乐娱（押） 证人恶恶显令盛（画指）
俄 ИНВ. No. 5124—16	无	证人息尚老房子（画指） 证人邱犬羌乐（画指）

表6—13　借贷契约（8件）

契约编号	担保（保人）或物	公证（证人）
中藏 M21·003	相借者子　功合犬巴 担保者论捋慧照	人耶和京俄山
中藏 G31·004	相借者李祥和善（押） 相借者李氏祥和金（押）	知人李显令犬（押）
俄 ИНВ. No. 5949—18	商契保典人梁氏月宝，接商契保典人室子男功山，同商契□立福成盛，同商契康茂盛；担保物有一黑色母驴、一全齿骆驼、一幼驴等	知人哆讹腊月犬

· 434 ·

续　表

契约编号	担保（保人）	公证（证人）
俄 иНВ. No. 4762—11	相接契子般若善（押） 相接契梁生□（押） 相接契　禅定善（押）	证人平尚讹山（押） 证人梁生□（押）
俄 иНВ. No. 4762—6	相接契子般若善（押） 相接契梁生□（押） 相接契嗯嗯禅定善（押）	证人平尚讹山（押） 证人梁生□（押）
俄 иНВ. No. 6377—16	同借（者）兀尚老房狗（押） 同借（者）梁九月狗（押） 同借（者）李满德（押）	证人杨老房狗（押） 证人杨神山（押）
俄 иНВ. No. 4526	相借□□□□（押） 相借者梁□吉祥（押）	知浑小狗铁（押）
俄 иНВ. No. 7779A	同立文字人小受 同立文字人周遇僧	残

表 6—14　典当契约（15 件）

契约编号	担保（保人）或物	公证（证人）
俄 TK49P	……次男皆聂（押）；旧黄马毯等	知见人马能嵬（押） 书文契人张□□（押）
英 Or. 8212—727（15—1）	无保人；袄子裘	知见人李善……
英 Or. 8212—727（15—2）	同典人来兀哩嵬（押）；马毯	知见人马能嵬
英 Or. 8212—727（15—3）	同典人笃屈嗲遏；旧皮毯	
英 Or. 8212—727（15—4）	无保人；旧皮毯	知见人张绪……
英 Or. 8212—727（15—5）	无保人；旧皮毯和苦皮	知见人张屈粟（押）

续　表

契约编号	担保（保人）	公证（证人）
英 Or. 8212—727 (15—6)	同典人兀嗨……（押）；旧帐毡和皮毡	知见……
英 Or. 8212—727 (15—7)	无保人；旧皮毡等	书契……
英 Or. 8212—727 (15—8)	同典人夜……同典人……；残担保物	书契智……
英 Or. 8212—727 (15—11)	无保人；皮毡等	书契……
西夏典谷文书（12—05a）—2	无保人；毡	知见人□二儿（画押）
西夏典谷文书（12—05c）	无保人；担保物残	知见人……
西夏典谷文书（12—05d）	无保人；担保物残	［知］见人张□元（画押）
西夏典谷文书（12—07a）	无保人；旧羊大衣等	知见人武……
西夏典谷文书（12—07b）	无保人；旧花单	知见人袁玉令布（画押）

表6—15　租赁契约（1件）

契约编号	担保（保人）	公证（证人）
俄 Дх. 18993	同立文字人李来狗 同立文字人郝老生（押） 同立文字人王号义（押） 同立文字人李喜狗	知见人王三宝 知见人郝黑儿

（1）担保

从表6—11、6—12、表6—13、表6—14、表6—15中对38件西夏契约的统计可知，有27件西夏各种契约都有担保，有11件没有担保。这完全符合中原王朝各种契约担保的情况。

· 436 ·

第六章 西夏专门档案整理与研究（下）

担保人及担保制度的出现当在秦汉之时，后来各朝都有所沿袭和发展。唐代关于负债者逃、保人代偿的法律规定在契约实物中已经体现得非常明显和具体，如《唐总章元年高昌张潘堆卖草契》中的"如身东西不在者，一仰妻儿及保人知（支）当"，[①]《唐大中六年敦煌僧张月光博园田契》中有"如身东西不在，一仰口承人知当"。[②]《宋刑统·户婚》载："应有将物业重叠倚当者，本主、牙人、邻人并契上署名人，各计所欺入已钱数，并准盗论。不分受钱者，减三等，仍征钱还被欺人。如业主填纳罄尽不足者，勒同署契牙保、邻人等，同共赔填，其物业归初倚当之主。"[③]《宋刑统·杂律》规定："若违法积利，契外掣夺及非出息之债者，官为理。收质者，非对物主不得辄卖。若计利过本不赎，听告市司对卖，有剩还之。如负债者逃，保人代赔。"[④]《庆元条法事类》也规定："诸负债违契不偿，官为理索。欠者逃亡，保人代偿，各不得留禁。"[⑤] 宋代契约实物中也完全体现了这一法律规定，如《北宋太平兴国七年敦煌吕住盈等卖舍契》载："若中间有兄弟及别人诤论此舍来者，一仰口承［人］……"[⑥] 这一中国传统契约中的保人制度同样被西夏借鉴和吸收，并成为西夏一些重要契约成立的要素之一。

西夏契约中的担保也如中原王朝契约中的担保[⑦]一样，有人的担保、人和物合二为一的担保两种。

第一种是人的担保。保人是针对卖方、借贷方、典当方、租赁方等债务人的所有权作出担保，若某一方或多方对标的物有反悔时，保人则起到证明、调解或偿还的连带责任，如俄 ИНВ. No. 4597《天庆未年卖使军契》中的保人只起到证人的作用，"价五十石杂粮已付，人、谷并无参差，若其人有官私诸同抄子弟等他人争讼者时，软成有当管，有出言反悔时，按官法依罚交三十石杂粮"。[⑧] 俄

---

① 张传玺：《中国历代契约会编考释》上，北京大学出版社 1995 年版，第 201 页。
② 同上书，第 222 页。
③ （宋）窦仪等撰，薛梅卿点校：《宋刑统》卷 13，法律出版社 1999 年版，第 232 页。
④ 同上书，第 468 页。
⑤ （宋）谢深甫编撰，戴建国点校：《庆元条法事类》卷 80，黑龙江人民出版社 2002 年版，第 903 页。
⑥ 张传玺主编：《中国历代契约会编考释》上，北京大学出版社 1995 年版，第 521 页。
⑦ 陈永胜：《敦煌文献中民间借贷契约法律制度初探》，《甘肃政治学院学报》2000 年第 3 期；岳纯之：《论隋唐五代借贷契约及其法律控制》，《中国社会经济史研究》2004 年第 3 期。
⑧ 史金波：《黑水城出土西夏文卖人口契研究》，《中国社会科学院研究生院学报》2014 年第 4 期。

· 437 ·

ИНВ. No. 7779C 汉文《典田地文书》中则明确记载了担保人的责任和作用："一面典人、同典人等代偿所有典田地……"① 人的担保在买卖、典当、借贷和租赁契约中普遍存在。

西夏的买卖契约中的担保主要是针对买卖双方达成共识，即"地（房、畜等）、价两无悬欠"，实现了买卖契约交易过程的完全结束之后，出现了卖方所有权争讼或某一方悔约等问题时所承担的担保责任。一般来说，买卖双方一般不可能再有后续的接触或瓜葛，"除非出现卖方所有权瑕疵或有一方悔约的情况。此处的保人一般是针对卖主的所有权的完全性作保，但卖主一般会在契约中声明自己对出卖物的所有权，可以理解为已经解决了所有权瑕疵问题，出现争执的情况应当比较少。如果出现悔约的情况，则可以依据契约规定的所有权瑕疵担保条款的赔偿约定来进行惩罚，同时这种赔偿的金额一般都较高（通常是悔一赔二的加倍惩罚）"。② 如果出现双方争讼或某一方悔约的情况，则完全按照契约规定"倍罚"执行。如俄 ИНВ. No. 4193《天庆戊午五年（1198）正月五日麻则老父子卖地房契》中规定："此后其地有官私人诉讼者及何人反悔时，不仅按已取价数一石还二石，还据情状按文书所载实行。"③ 这时卖方的担保人则须承担卖方所有权瑕疵或悔约而无法完全承担赔偿的责任，因此，西夏买卖契约中的担保人一般都要两人或两人以上，其目的则是保证某一方的完全经济利益。当然，也有个别的买卖契约则没有担保，如俄 ИНВ. No. 5124—16《天庆寅年二月六日平尚岁岁有卖地契》就是如此。其原因已在前述"（一）西夏契约的格式及签字画押特点"中述及，此不赘述。

从上表 6—13、表 6—15 统计中可知，西夏的借贷、租赁契约中都有担保，而且担保的责任基本相当。因为，债权人出贷或出租粮食、钱、房屋等时，并没有得到债务人相关的实物抵押，从而无法保证债权人的合法权益。因此，为了保证债权人的合法权益，必须有第三方即债务人寻找的担保人承担相应的债务，保证债权人的利益不受损失。如俄 ИНВ. No. 4762—11《梁岁铁借粮契约》汉译文如下：

---

① 史金波、魏同贤、[俄]克恰诺夫主编：《俄藏黑水城文献》第 6 册，上海古籍出版社 2000 年版，第 323 页。
② 霍存福、王宏庆：《吐鲁番回鹘文买卖契约分析》，《当代法学》2004 年第 1 期。
③ 史金波：《黑水城出土西夏文卖地契研究》，《历史研究》2012 年第 2 期。

天庆寅年（1194）正月二十九日立契约者梁岁铁，今从普渡寺中持粮人梁喇嘛麻等处借十石麦、十石大麦，自二月一日始，一月有一斗二升利，至本利相等时还，日期过时按官法罚交十石麦，心服。

立契约者梁岁铁（押）

相接契子般若善（押）

相接契梁生□（押）

相接契　禅定善（押）

证人平尚讹山（押）

证人梁生□（押）①

从这一借贷契约来看，梁岁铁只从持粮人梁喇嘛麻处借到了十石麦、十石大麦，并没有任何的抵押品作保障。要想保证梁喇嘛麻的经济利益不受损失，债务人梁岁铁必须寻找有实力的"相接契子般若善（押）、相接契梁生□（押）、相接契　禅定善"三人来担保债权人梁喇嘛麻的利益。从上表对借贷、租赁契约中担保人的统计来看，这两种契约中的担保人最少者为两人，还有三人或更多人的情况。从担保的责任来看，借贷、租赁契约中的担保要比买卖契约中担保的责任更为重大，其主要承担借贷者、承租人无法按期还本付息，或交付租金时替债务人给债权人填还，正如俄 Дx. 18993 汉文《李春狗等赁租饼房契》中所载："如本人不还与不办之时，一面契内有名人当管填还数足，不词。"② 至于借贷、租赁契约中的担保人身份，前已述及，此不赘述。

综上，买卖、借贷、租赁契约中人的担保作用概括起来有四点：一是信誉担保，起到相当于见证人的作用；二是类似于中原王朝契约中的"如身东西不在，保人代偿"或"若负债者逃，保人代偿"的功能，所以，选择有一定偿还实力的人作保；三是若有保人的话（西夏出现没有保人的买卖契约），一般是两个或

---

① 史金波：《西夏社会》，上海人民出版社 2007 年版，第 187 页。

② ［俄］孟列夫、钱伯城主编：《俄藏敦煌文献》第 17 册，上海古籍出版社、俄罗斯科学出版社东方文学部 2001 年版，第 310 页。

两个以上的保人,其目的是若出现债务人的确无力偿还债务时,让多个保人共同承担债务,减轻保人的负担;四是保人中是以直系近亲属为主、亲戚或朋友为辅的担保形式。

第二种是人、物合而为一的担保。这种担保形式既有人的担保,又有物的担保,且以物的担保为主要形式,其作用是保证了债权人利益的双重保险。这一种担保中的物可分为两部分:一是可动产物的担保;二是不动产物的担保。西夏的这两种担保形式基本上则以典当契约为主。

一是人和可动产物的担保。通过表6—14中对西夏典当契约可动产物的统计,得知可动产物主要有皮毡、皮毯、羊皮、袄子裘、旧毡帐等畜产品。可动产物的担保是以债权人占有担保物而为基础的,这一担保物的价值一般大于被典当物的价值,这的确保证了债权人的利益。即使债务人在一定时限内不能按时偿还债务,超过规定时限则债权人有权按照契约规定条款将债务人的担保物折价变卖,填还债务,从而达到偿还债务的目的。所以,典当契约中的担保物是必须存在的,没有担保物的典当契约则不生效。相反,典当契约中的担保人的责任则更多的是充当见证人或公证的作用,起到证明债务人、债权人身份的合法功效,是一种辅助性的担保。因此,担保人是否存在都是允许的,从表6—14对典当契约中担保人的统计可知,比较完整的15件典当契约中有10件没有担保人,则更能说明这一情况。如英Or. 8212—727汉文《天庆年间裴松寿典麦契》(15—3):

> 天庆十一年五月五日,立文人康……
> 己旧皮毯一领,于裴处典到……
> 共本利大麦九斗一升,其典不充。限……
> ……赎来时,一任出卖,不词。
> 　　立文人康吃……
> 　　同典人笃屈哆遏①

这一典当契约既有担保人"同典人笃屈哆遏",又有可动产担保物"旧皮

---

① 沙知、吴芳思主编:《斯坦因第三次中亚考古所获汉文文献》(非佛经部分)第1册,上海古籍出版社2005年版,第198页。

毯",并且有典当期限和在期限内不来赎时的处罚条款,即"限……赎来时,一任出卖,不词"。由该典当契约中的担保来看,可动产担保物则是最为直接、最为实在的典押物,保证了债权人"裴处"的经济利益不受任何损失。而该处人的担保即"同典人笃屈口移遏"则转变为公证性的作用,只起到"立文人康……"在限期内无法偿还债务时证明"裴处"可合法有效地变卖可动产典当物来填还债务的功能。

当然,最为典型的既有人又有物的典当契约是黑水城出土西夏文《光定未年(1211)耶和小狗山借谷物契》汉译文如下:

> 光定未年四月二十六日,立契者耶和小狗山今于讹阿金刚茂处借贷三石,本息共计为四石五斗,对换一黑色母驴、一全齿骆驼、一幼驴等为典压。保典人梁氏月宝、室子男功山等担保。期限同年八月一日当谷物聚齐交出。若不交时,愿将所典牲畜情愿交出。
>
> 　　　　立文契者小狗山(画押)
> 　　　　商契保典人梁氏月宝(画押)
> 　　　　接商契保典人室子男功山(画押)
> 　　　　同商契口立福成盛(画押)
> 　　　　同商契康茂盛(画押)
> 　　　　知人讹腊月犬(画押)①

首先,对该契约的种类和性质加以说明。该契约在张传玺《中国历代契约会编考释》中命名为"西夏光定辛未年(1211)耶和小狗山借谷物契",我们认为这则契约应为"典当契"。其原因有二。一是立契者耶和小狗山向讹阿刚茂处借贷三石粮食,本利共计四石五斗。此处的借到实际上是典到三石粮食,还本付息共四石五斗。一般情况下借贷是没有物的典押,只有典当契约才存在物的典押,所以,这份契约应该是典到三石粮食,抵押物是"一黑色母驴、一全齿骆驼、一幼驴等"。二是从翻译为汉文的契约来看,有"典压""保典人""若不交时,愿

---

① 张传玺主编:《中国历代契约汇编考释》上,北京大学出版社1995年版,第652页。

将所典牲畜情愿交出""商契保典人""接商契保典人"等词语，从用词来看，也应该是典当契约。由上两点可知，该契约应为典当契约。

其次，由于该典当契约中可动产物为"一黑色母驴、一全齿骆驼、一幼驴等"。这也可能是立契者耶和小狗山的全部家当，因为可动产担保物的价值很大，一旦出现反悔或无力偿还债务等时，可能会导致立契者耶和小狗山倾家荡产。故，该契约中人的担保有四人，其目的是加强偿还债务的能力，这一方面保证了债权人的利益不受损失，另一方面也为了保证立契者耶和小狗山的损失降到最低程度，避免家徒四壁。

二是人和不动产物的担保。从目前所见西夏契约来看，大量的是人的担保、人和可动产物的担保，而人和不动产物的担保数量不多。这种担保一般以典当契约为主，债务人为了生计不得不把唯一的家底作为抵押。如俄 ИНВ. No. 7779C 汉文《典田地文书》录文如下：

南至……地为界

西至……地为界

北至道……地为界

右前项田地四至□地一个并……

□□若典已后或有

□中宗亲两府□端王……

房亲父伯兄弟先来已经……

来房以及先□□处书……

典卖房乱有□占挤攘，来……

　□不干钱主事，一面典人

同典人等代偿所有典田地……

　□钱依数还纳与钱主，不词。……

　□承受罪□□，恐人无信……①

---

① 史金波、魏同贤、[俄]克恰诺夫主编：《俄藏黑水城文献》第6册，上海古籍出版社2000年版，第323页。

这份典当契约多处残损，缺很多要素，不能十分清晰地将其连贯起来，但其中一些主要条款还比较齐全，可反映出这份契约的一些信息。如债务人需要钱而将自己家的土地典给钱主；典土地之前已经与"房亲父伯兄弟先来已经房……"进行了商量并得到了同意；典田地之后出现反悔等的处罚规定，"典卖房乱有□占挤搜"等时，"不干钱主事"，并要"典人、同典人等代偿所有典田地□……钱依数纳还于钱主"。这一典当契中的人的担保则称为"同典人"，由于契约残缺，但根据内容可推测"同典人"应为"房亲父伯兄弟"等。而不动产似乎很明显，即四至清楚的土地。这里的人和不动产物的担保就是为了债务人"典人"能在规定期限内将典到的本钱及利息交还于债权人而承担的担保，若不能在期限内交还时，则当以所典当之土地填还债务。

关于担保，西夏法典中多处有所规定。《天盛律令》载，"借债者不能还时，当催促同去借者。同去借者亦不能还……可令出力典债"。借债者不能还债者，"则同去借者、执主者当负担"[①]等。法典中的"同去借者""执主者"等都指担保人。保人是债务人向债权人所做的债务担保，它具有双重的职责和角色：既和债务人一起构成债务，又和债权人一起催讨债务，是西夏契约中的信用关系的中介和担保。

（2）公证

公证这一契约要素在西周中叶就已存在。陕西岐山县董家村发掘的大批西周中叶的铜器中，有卫盉、卫鼎（甲）、卫鼎（乙）三件主要铜器的铭文中记载了当时的土地买卖活动和公证或官府参与的情况。如卫盉铭文中，裘卫详细地把买卖土地一事告诉了管理具体事务的伯邑父、荣伯、定伯、单伯等官吏，这些官员便到现场，命三司负责双方交割土地。[②] 西周时，为了保证契约的实施，当事人缔约以后，文约一分为二，由债权人和官府各执一半，若有争讼，以此为凭。对此，《周礼·秋官·司寇》中对"司盟"就有记载："凡民之有约剂者，其贰在司盟。"[③] 这就说明西周时契约中已经出现了一种以居中身份参加契约签订的第

[①] 史金波、聂鸿音、白滨译注：《天盛改旧新定律令》卷3，法律出版社2000年版，第189—190页。
[②] 庞有清、镇烽、忠如等：《陕西省岐山县董家村西周铜器窖穴发掘简报》，《文物》1976年第5期。
[③] 《周礼注疏》卷36，（清）阮元校刻：《十三经注疏》上册，上海古籍出版社1997年版，第881页。

三方，即公证人。这一参与形式的出现对后世契约发展产生了深远影响，随之以后各朝的契约中都出现了公证，虽然名称不同，但其作用基本相似，即起契约成立过程中的直接见证者的作用，西夏契约中公证人的作用同样如此。

西夏契约特别是典当契约中的担保人可以缺省，但西夏各种类型契约中的公证人绝对不可缺省，至少有一人要充当公证人而在契约中出现，尤其是非常重要的不动产如房舍、田地等契约中的公证人还不止一个，如俄 ИНВ. No. 5010《天盛廿二年寡妇耶和氏宝引等卖地契》中的公证人就有 6 个之多。其中有 2 人为官府中人，其作用就是"官为理索"以增加契约效力的分量和强化当事人的权利观和责任观，避免不必要的纠纷和麻烦。

从表 6—11 至表 6—15 担保和公证的列表中可以看出，公证中还有两类人是"证人说合者"和"证写文书者（或书契或书文契人）"或"文书写者或写文书者"。如俄 ИНВ. No. 5010《天盛廿二年寡妇耶和氏宝引等卖地契》中出现"证人说合者耶和铁？"，这里的说合者可能就是这块土地买卖中的联系人或中人，同时是证人，一身兼二任。因为，说合者最了解和掌握这一块地和卖方的情况，作为证人当然最具说服力了。但是，说合者在西夏契约中仅仅是一个可有可无的角色，从目前所见西夏契约来看只有一例。另外，"证写文书者（或书契或书文契人）"或"文书写者"不仅是契约中的证人，同时是该契约的书写者，可以说是一个有文化的人，也是一身兼二任，如俄 ИНВ. No. 7903《皇建午年苏？？卖使军契》契尾就有"证人、写文书者？？？（押）"字样。从中国历代契约来看，几乎大部分契约不是当事人书写（大部分卖者、借贷者或典当者基本上是文盲，故须请人代为书写），于是，专门从事代人书写契约的职业就诞生了。西夏自然不会例外，也存在专门为别人代写契约的人或职业。当然，"证写文书者（书契或书文契人）"在公证中也不完全是必须存在的角色，而是可选择角色，需要时可成为证人，若不需要时也可不书写在公证之中。

从西夏土地买卖契约来看，"地邻"关系密切的人很可能会成为契约成立的证人之一。如俄 ИНВ. No. 5124—1《天庆寅年正月二十九日梁老房酉等卖地舍契》中载明四至之一的"南与恶恶显盛令地接"，同时证人中有"证人恶恶显盛令（画指）"，俄 ИНВ. No. 5124—16《天庆寅年二月六日平尚岁岁有卖地契》中四至之一的"南与息尚……"这里的名字残损。该契中的证人中有"息尚老房子（画押）"。① 虽然不能完全肯定四至之一的"息尚……"与证人中的"息尚老房子"是同一人，但也至少可说明是同一家族或宗族。由此可证西夏土地买卖中的"地邻"关系密切人或同宗人可成为重要证人之一。因为，这些人最了解和掌握所卖土地的真实情况，在土地买卖中作为证人同样最具证明力。

西夏法典中有关于公证的规定，《天盛律令》规定："典当时……有知证"；"诸人居舍、土地因钱典当时，分别以中间人双方各自地苗、房舍、谷宜利计算"；"诸人买活死畜物者，当找知识人而买，当做规定。若所置物为现寻捕盗畜物时，先买处明，有中间知人，实有规定"。② 法典中提到的"有知证""中间人""中间知人"等都可为公证人，这与契约实物中出现的"知人""知见人"等吻合。

西夏契约中公证的相关内容，已在"（一）西夏契约的格式及签字画押特点"中述及，此不赘述。

3. 契约缘由

从目前所公布的西夏契约档案来看，契约缘由或许为可选择条款，所以，在西夏契约中并不多见。若出现在西夏契约中时则十分简单地给予交代。如中藏 M21·003 西夏文《乙亥年借麦契》汉译文：

乙亥年（1215）二月五日立文契者嵬移功合，今因需
要麦到持粮阿俄等处，以自斗借一石五斗麦，
每月一石中有一斗半利数当缴，所说□□
需要时，借者、相借者及担保者等谁何已现□人，按
本利汇集当偿还，所言本心服。
　　　　借麦立文契者嵬移功合（画押）
　　　　相借者子　功合犬巴
　　　　担保者论捹慧照

---

① 史金波：《黑水城出土西夏文卖地契研究》，《历史研究》2012 年第 2 期。
② 史金波、聂鸿音、白滨译注：《天盛改旧新定律令》卷 3，法律出版社 2000 年版，第 187 页。

人耶和京俄山①

这份契约中，立契者嵬移功合在青黄不接的二月"今因需要麦"而向拥有粮食的放贷者阿俄等处借麦一石五斗。其借麦缘由很简单，只是因为需要麦。嵬移功合需要麦到底干什么用呢？在契约中并未具体交代。据推测可能有两种用途：一是从时间上来看，西北地区在农历二月时已进入种植阶段，可能借贷者没有种子，或许没有他所需要的那种种子而向阿俄等处去借；二是对于西北地区的贫困农民来说，农历二月可能已经没有粮食用于生计。没有粮食用于生计，自然就没有粮食作为种子。所以，借粮不但用于生计，而且用于下种。俗语说"人误地一时，地误人一年"，故，不管借贷的利息有多高，都得想法将土地撒上种子，不然的话，来年就更为艰难。吃饭和种地这两件事对于一个农民来说十分重要。因此，这份借贷粮食契约的缘由简单，但所包含的意义深远。

此外，由于对西夏文翻译的问题，俄 ИНВ. No. 5010《天盛廿二年寡妇耶和氏宝引等卖地契》在陈炳应著作中则有缘由，即立文约人寡妇耶六氏栗霜等卖地的缘由是"为女千出嫁"。② 为给女儿作嫁妆，情愿将重大财产如土地进行买卖。当然，从情理上讲，不要说古代，也就是现代，一个农民为女儿出嫁而将土地出卖来购置嫁妆也是不太符合现实情状的。所以，西夏贫困农民为女儿出嫁出卖土地作为嫁妆也是不太可能的。但是，史金波翻译的俄 ИНВ. No. 5010《天盛廿二年寡妇耶和氏宝引等卖地契》中没有缘由。③ 我认为，史金波的翻译应该符合实际情况，也符合契约文意。

但不管怎么说，西夏时期的农民出卖土地当为迫不得已。从另一方面证明了西夏的私属土地可以进行买卖交易，而且是正当交易。但进行土地交易时必须严格按照政府的法律规定执行，否则，会被认为是不合法而被给予相应的处罚。《天盛律令》规定如下。第一，土地买卖、租赁等须办理地税交割手续，"诸人互相买租地时，卖者地名中注销，买者曰'我求自己名下注册'，则当告转运司

---

① 史金波、陈育宁主编：《中国藏西夏文献》第 17 册，甘肃人民出版社、敦煌文艺出版社 2006 年版，第 153 页；史金波：《西夏社会》，上海人民出版社 2007 年版，第 188 页。
② 陈炳应：《西夏文物研究》，宁夏人民出版社 1985 年版，第 275 页。
③ 史金波：《黑水城出土西夏文卖地契研究》，《历史研究》2012 年第 2 期。

注册,买者当依租庸草法为之。倘若卖处地中注销,买者自地中不注册时,租庸草计价,以偷盗法判断"。① 第二,耕种土地者不得出卖地主人之土地,"官私地中治谷、农田监、地主人等不知,农主人随意私自卖与诸人而被举时,卖地者计地当比偷盗罪减一等,买者明知地主人,则以从犯法判断。为卖方传语、写文书者等知觉,有无受贿,罪依买盗物知觉有贿无贿之各种罪状法判断。未知,则勿治罪。举赏十分中当得一分,由犯罪者出,勿过百缗。原地官私谁属及价钱等,当还前属者"。② 第三,必须签订土地买卖契约,"诸人买卖及借贷,以及其他类似与别人有各种事牵连时,各自自愿,可立文据,上有相关语,于买卖、钱量及语情等当计量,自相等数至全部所定为多少,官私交取者当令明白,记于文书上。以后有悔语者时,罚交于官有名则当交官,交私人有名则当私人取。承者有官罚马一,庶人十三杖。若全超过,有特殊者,勿入罚之列,属者当取"。③《天盛律令》还规定:"诸人将使军、奴仆、田地、房舍等典当、出卖于他处时,当为契约。"④ 第四,取消限制土地买卖中的相邻权。我国古代有田宅买卖先问房亲后问四邻的先例,唐宋时期进一步确立了土地买卖中的"亲邻权"。宋开宝二年(969),宋太祖听从开封府司录参军孙屿的建议,"凡典卖物业,先问房亲,不买,次问四邻,其邻以东南为上,西北次之,上邻不买,递问次邻,四邻俱不售,乃召外钱主"。⑤ 西夏则并未照搬唐宋土地买卖中的"亲邻权",而是规定"卖情愿处","诸人卖自属私地时,当卖情愿处,不许地边相接者谓'我边接'而强买之,不令卖情愿处及行贿等。违律时庶人十三杖,有官罚马一,所取贿亦当还之"。⑥ 这给西夏的农民进行私地买卖交易提供了比较灵活而自由的法律保障,也当为土地买卖有合理的价格提供了保证。

除此之外,从西夏学专家翻译成汉文的西夏契约来看,再未见到有"契约缘由"这一条款的契约。这也和中原契约中少有"契约缘由"条款一致,其原因显而易见。因为,对债权人来说,主要就是为了获利,只要在契约中将必需条款

---

① 史金波、聂鸿音、白滨译注:《天盛改旧新定律令》卷15,法律出版社2000年版,第509页。
② 同上书,第495页。
③ 同上书,第189页。
④ 同上书,第390页。
⑤ (清)徐松辑:《宋会要辑稿》食货三七之一,中华书局1957年版,第5448页。
⑥ 史金波、聂鸿音、白滨译注:《天盛改旧新定律令》卷15,法律出版社2000年版,第495页。

写清，能够在债务人违约时追回所得则可。至于在契约中是否写明契约缘由，那只是形式，只要不违法，只要债务人能够负担偿还债务就可以。而对债务人来说，若没有偿还能力，即使契约中缘由写得多么漂亮，对于债权人来说也不是实质性的内容。故，契约中少有该条款。

因此，我们可以肯定地认为，契约缘由并不是所有西夏契约必备的条款。

4. 契约标的物

契约标的物是契约中权利义务关系双方所共同关注的重要对象，也是契约成立的重要内容之一。

（1）不同契约档案中的标的物

西夏契约种类不同，其标的物也不一致。

第一，买卖人口契约。西夏买卖人口契约中的标的物很特殊，它不是物而是人。所以，一般情况下要写清这种特殊的标的物——人的名字、身份、所卖人口数量（有的还须注明性别和年龄等）、单价或总价等，如俄 ИНВ. No. 4597、5949—29、7903 卖人口契均一目了然，其标的物是"使军"或"奴仆"这两种人，并具备了上述要素。可见，西夏"使军"或"奴仆"这两种人可以在市场上进行交易或买卖，即这两种人没有人身自由，是一种私人财产。为此，我们对西夏买卖人口的相关内容进行一些探讨。

首先，何人不能买卖？《天盛律令》明确规定，亲属及妻子不能买卖。若出现买卖亲属之事，则要受到法律严惩。

> 节下人卖节上中祖父、祖母、父、母等者，造意以剑斩，从犯无期徒刑。①

节下人略卖其节上人中亲祖父母、父母者，其罪状另明以外，略卖丧服以内节上亲者，一律造意当绞杀，从犯徒十二年。

节上亲略卖节下亲时：

略卖当服丧三个月者，造意徒十二年，从犯徒十年。略卖当服丧五个月者，造意徒十年，从犯徒八年。……略卖当服丧三年者，造意徒五年，从犯

---

① 史金波、聂鸿音、白滨译注：《天盛改旧新定律令》卷1，法律出版社2000年版，第128页。

徒四年。

前述节上人略卖节下亲者，若所卖者乐从，则略卖人比前罪依次当各减一等。

诸人略卖自妻子者，若妻子不乐从则徒六年，乐从则徒五年。

诸人节上下互略卖时，若买者知情，则依略卖者从犯法论处，不知情者不治罪。①

由上法律条文可知，有亲属关系的长辈或晚辈都不能买卖，包括买卖妻子或长辈晚辈互卖等，若有此情况者则要严惩。

其次，何人可以买卖？《天盛律令》规定："诸人将使军、奴仆、田地、房舍等典当、出卖于他处时，当为契约。"② 这就是说西夏时期使军和奴仆可以进行买卖。西夏的使军、奴仆大致来源于战争捕获和投诚者，"我方人将敌人强力捕获已为使军、奴仆，后彼之节亲亲戚向番国投诚者，与强力被捕人确为同亲，可自愿团聚，……当依法结合"。③ 可见，使军自属于主人，没有人身自由，社会地位低下，而其家人自然也属于主人的私人财产，使军不能随便将其卖与他人或与他人为婚。④ 黑水城出土的3件西夏文俄 ИНВ. No. 4597、5949—29、7903 卖人口契完全印证了使军和奴仆可成为人口买卖的标的物，是合法的买卖人口契约。另外，国家图书馆藏西夏文残页编号 126 号（7.17X—44）中载有买卖奴仆税的记载，⑤ 也证明西夏可以买卖的人口是使军或奴仆。俄 ИНВ. No. 5949—29《乾祐甲辰二十七年卖使军奴仆契》中有一个被卖之人称"军讹"，这可能是和使军、奴仆一样没有人身自由、可以买卖的"私人"。但西夏晚期颁布的《法则》卷六"抄分合除籍门"中载有"十使军中二个合为一抄，共合五抄，每一抄甲马三种、二十羊、二头牛，及给一人妻妾"中，⑥ 使军似乎有了一定的地

---

① 史金波、聂鸿音、白滨译注：《天盛改旧新定律令》卷1，法律出版社2000年版，第258页。
② 史金波、聂鸿音、白滨译注：《天盛改旧新定律令》卷11，法律出版社2000年版，第390页。
③ 同上书，第273—274页。
④ 同上书，第417页。
⑤ 杜建录、史金波：《西夏社会文书研究》，上海古籍出版社2012年版，第175页。
⑥ 梁松涛、杜建录：《黑水城出土西夏文〈法则〉性质和颁定时间及价值考论》，杜建录主编：《西夏学》第9辑，上海古籍出版社2014年版，第39页。

位。这与出土的几件买卖使军奴仆契则完全不同，反映了西夏晚期可能由于战争等因素导致人口减少特别是男子人口减少，使军的社会地位也发生了极大的变化，不再是可以随便买卖的财产，而是可以成为组成最小军队组织单位的抄，变成具有独立人身自由的军士。

第二，买卖土地契约。西夏的买卖土地契约中的标的物是土地。在契约中要将双方关注的标的物——土地的相应要素交代清楚，以防出现契约纠纷。早在西周土地交易契约中已出现对标的物土地的东南西北"四至"的详细描述，[①] 并由二千多年的封建社会所继承和沿用，可以说这是几乎所有土地房宅交易契约必须使用的普遍模式，因而成为中国传统契约标的物的一种规范，西夏契约自然效仿和继承土地交易中的"四至"标的物规范。如俄 ИНВ. No. 5124—1 西夏文《天庆寅年正月二十九日梁老房酉等卖地舍契》等就是继承和沿袭中国传统契约的这种规范，其中土地的"四至"描述十分清楚："四至界所已明确：东与梁吉祥成及官地接，南与恶恶显盛令地接，西与普刀渠上接，北与梁势东娱地上接"，这份契约详细描述了卖方标的物具体轮廓范围，然后界定了土地的面积，"撒十五石种子地，及院舍并树石墓？等"。可见，这块土地的面积是经双方实地丈量与勘测核实的。最后对买方所付价款也明确界定，"议定价六石麦及十石杂粮，价、地两无悬欠"。[②] 如此，避免了因标的物范围等不明确以及价款笼统而出现经济纠纷。再如俄 ИНВ. No. 5010《天盛廿二年寡妇耶和氏宝引等卖地契》中的土地四至界限也十分明确和具体，"北与耶和回鹘盛为界，东、南与耶和写？为界，西与梁嵬名山为界"，然后也清楚地记载了土地的面积及其该土地上的附载物："撒二石种子地一块，连同院落三间草房、二株树等……界司堂下有二十二亩。"这份土地买卖契约除对卖方标的物进行界定外，对于买方当事人所用以交换的标的物同样加以清楚地描述，"议定全价二足齿骆驼、一二齿、一老牛，共四头"。[③] 可见，立约双方的标的物都非常明确地显现出来，避免了因标的物描述含糊不清而出现纠纷。

---

① 庞有清、镇烽、忠如等：《陕西省岐山县董家村西周铜器窖穴发掘简报》，《文物》1976年第5期。
② 史金波：《黑水城出土西夏文卖地契研究》，《历史研究》2012年第2期。
③ 同上。

第三，其他契约。除人口、土地交易契约这两种绝卖契中的标的物进行明确界定外，西夏的借贷、典当、租赁契约中对标的物的描述同样清楚明白。如俄 ИНВ. No. 4762—11 西夏文《梁岁铁借粮契约》、中藏 M21·003 西夏文《乙亥年借麦契》、① 俄 TK49P 汉文《西夏天庆年间裴松处寿典麦契》、② 中藏 G31·004 西夏文《乾定申年（1224）贷粮契》、③ 俄 Дx. 18993 汉文《李春狗等赁租饼房契》④ 等都是如此。若标的物是粮食，则要写清粮食的品种、质量、数量以及利息情况。若标的物是租赁的房屋，不仅要写清房屋的位置、面积，还要写清房屋内的家具及其数量、形状、新旧等。若是其他物品，则要写清物品来源、名称、成色、数量等。

由上所引西夏契约可知，西夏几乎通行的是"比物交换"的通货形态，而且这种形态在西夏故地黑水城、武威等地长期存在。

在西夏契约中写清楚标的物，才能构成双方财产在转移过程中的可比性，这也为政府据此来收取相应的税金提供了依据。

(2) 标的物的来源

西夏在立契约时，还必须非常清楚地说明所出让标的物的来源，从而证实标的物来源的正当性和真实性，防止偷、盗、骗等形式而来的非法标的物的交易，如此，才能构成真实的权利义务关系。

西夏契约中对标的物的来源一般多称"自属""向某某处"等，用这样的词语来明确其对该标的物完全拥有或具有的合法而正当的权益，给立契另一方及"公正人和担保人"等以所有权的不可质疑，于是就产生了相应的义务。这种对于权利与义务的描述，已成为西夏契约乃至中国传统契约的重要内容。因为，在立契时只有明确了标的物所有权的可靠来源，在契约生效并履行以后如所有权受

---

① 史金波、陈育宁主编：《中国藏西夏文献》第 17 册，甘肃人民出版社、敦煌文艺出版社 2006 年版，第 153 页。

② 史金波、魏同贤、[俄] 克恰诺夫主编：《俄藏黑水城文献》第 2 册，上海古籍出版社 1996 年版，第 37 页。

③ 史金波、陈育宁主编：《中国藏西夏文献》第 16 册，甘肃人民出版社、敦煌文艺出版社 2006 年版，第 389 页。

④ [俄] 孟列夫、钱伯城主编：《俄藏敦煌文献》第 17 册，上海古籍出版社、俄罗斯科学出版社东方文学部 2001 年版，第 310 页。

到质疑或发生争议时，其责任应归于提供虚假标的物一方。如俄 ИНВ. No. 5949—29 西夏文《乾祐甲辰二十七年卖使军奴仆契》中载："讹哆吉祥宝今自愿将自属使军、奴仆、军讹六人卖与讹哆法宝，价四百五十贯铁钱已说定……价、人等即日先已互转。其各使军、奴仆若有官私诸人同抄子弟等争讼者时，吉祥宝管，法宝不管。"即人口买卖契约中若出现争议时，则被卖人口的主人要承担责任；俄 ИНВ. No. 5010《天盛廿二年寡妇耶和氏宝引等卖地契》中，就明确告知这块土地是自属土地，"今将自属撒二石种子地一块"，同时提出了所有权有争议时卖地者所应承担的责任，"此后其地上诸人不得有争讼，若有争讼者，宝引等管。若有反悔时，不仅依《律令》承罪，还依官罚交三十石麦，情状依文据实行"；俄 TK49P 汉文《西夏天庆年间裴松处寿典麦契》（7—4）中也写到"今将自己旧黄马毯二条，于裴处典到大麦五斗□……"明确告知标的物为"自己旧黄马毯"。

（3）标的物之附属物

西夏的田宅买卖或租赁契约中若有特殊情况，卖方或租赁方亦须在契约上具体载明，以防权利不清而导致出现纠纷。如买卖契约中特别是土地买卖，卖方原有土地上有附属物（青苗、木植、堆房、水碓等），则必须写清楚是否一并卖与买方，若卖则不得反悔，反悔者则要"按律服罪"。如俄 ИНВ. No. 5124—16《天庆寅年二月六日平尚岁岁有卖地契》中载"将撒三石种子生熟地一块及四间房等出卖"、俄 ИНВ. No. 5124—9、10《（天庆）寅年二月一日梁势乐酉卖地契》中载"将撒十石种子生熟地一块，有房舍、墙等"、俄 ИНВ. No. 5124—7、8《天庆寅年正月二十九日恶恶显令盛卖地契》中载"撒八石种子地一块，及二间房、活树五棵等"等。[①] 租赁契约也是如此，租赁的房屋及其房屋中的所有物件都描述清楚，否则，会因描述不清而导致双方在使用过程中出现矛盾和纠纷，如俄 Дх. 18993 汉文《李春狗等赁租饼房契》中就明确记载："撲到面北烧饼房舍一位，里九五行动用等全……"[②] 即典型的租赁契约中标的物之附属物的记

[①] 史金波：《黑水城出土西夏文卖地契研究》，《历史研究》2012 年第 2 期。
[②] ［俄］孟列夫、钱伯城主编：《俄藏敦煌文献》第 17 册，上海古籍出版社、俄罗斯科学出版社东方文学部 2001 年版，第 310 页。

载和描述。

5. 契约约定

契约约定条款是契约双方就买卖、借贷、典当、租赁的时间及债务期限等协商而定的约束性内容。西夏契约中的约定内容主要有立契时间、债务期限及交付方式等。

（1）立契时间

西夏契约基本上载明了具体的立契时间，且均按年、月、日的顺序标注在契首。这一条款从西周时就已存在，如《周恭王三年（公元前九一九年）裘卫典田契约资料》契首："隹（惟）三年三月既生霸壬寅"，[①] 即为立契时间，明确具体。《唐永徽元年（650）高昌范欢进买奴契》契首："［永徽］元年七月廿四日"，[②] 即为范欢进买奴的日期。以后各朝相继沿袭，西夏也不例外。如俄 ИНВ. No. 4193《天庆戊午五年（1198）正月五日麻则老父子卖地房契》契首："天庆戊午五年正月五日"，俄 ИНВ. No. 4762—11《梁岁铁借粮契约》契首："天庆寅年（1194）正月二十九日"，英 Or. 8212—727 汉文《西夏天庆年间裴松寿典麦契》（15—3）契首："天庆十一年五月五日"，俄 Дx. 18993 汉文《李春狗等赁租饼房契》契首："光定十二年正月廿一日"等，目前所能见到的西夏契约都将立契时间书写在契首，即使在西夏晚期也将立契时间记于契首。但中原王朝到了宋朝中后期，则立契时间的标注位置已有所变化，逐渐出现将立契时间记于契尾，如《北宋元祐四年（1089）苏轼为李方叔预拟卖马公据》的立契时间在契尾："四年四月十五日 轼书"，《金大定二十八年（1188）修武县马用父子卖地契》的立契时间在契尾："大定二十八年十二月"，《南宋嘉定八年（1215）祁门县吴拱卖山地契》的立契时间在契尾："嘉定捌年四月初一日。"[③] 元朝以后各代乃至现当代的合同则基本沿袭这种标注形式。

西夏契约的纪年均使用皇帝年号纪年法。如俄 ИНВ. No. 5010《天盛廿二年寡妇耶和氏宝引等卖地契》和俄 ИНВ. No. 7779 A《天盛十五年（1163）王受贷

---

① 张传玺主编：《中国历代契约会编考释》上，北京大学出版社1995年版，第3页。
② 同上书，第197页。
③ 同上书，第525—533页。

钱契》中的"天盛"为西夏第五代皇帝仁宗仁孝的年号，俄 ИНВ. No. 5124—16《天庆寅年二月六日平尚岁岁有卖地契》中的"天庆"是西夏第六代皇帝桓宗纯祐的年号，俄 ИНВ. No. 6377—16《光定卯年梁十月狗借粮契约》和俄 Дх. 18993《李春狗等赁租饼房契》中的"光定"是西夏八代皇帝神宗遵顼的年号，中藏 G31·004《乾定申年（1224）贷粮契》中的"乾定"是西夏第九代皇帝献宗德旺的年号。使用帝号纪年，其目的是把西夏的一切社会活动及民事行为都纳入正统的历史环境之中，受到当时国家制度的控制和监督。

（2）债务期限及交付方式

西夏契约中所反映出来的债务期限一般大约是小半年或半年，其交付方式因不同契约而有所不同，这从西夏出土的契约中就可明确显现出来。

西夏买卖契约即绝卖契基本上是即时交付方式。从目前出土的西夏契约来看，西夏未发现赊买卖契约，所以，不存在债务期限的问题。西夏通常的买卖契约的价款一般采取即时交付的方式。如俄 ИНВ. No. 4597、5949—29、7903 西夏文卖使军、奴仆契约就明确写道："价五十石杂粮已付，人、谷并无参差""价、人等即日先已互转""价一百贯钱已议定"等；① 俄 ИНВ. No. 5124—12、13《（天庆）寅年二月二日每乃宣主卖地契》中记载："议定价六石杂粮及一石麦，价、地等两无悬欠"，② 即价格议定之后订立契约，同时一手交钱（粮）一手交人或地，二者从不拖欠。西夏其他的人口和土地买卖契约中也都有类似的说法。这也和中原王朝人口或土地买卖契约的价款交付方式一致，如《唐乾宁四年（897）敦煌张义全卖宅舍契（甲）》中约定价款为伍拾硕，内斛斗乾货各半，"其上件舍价立契当日交相分付讫，一无悬欠"，③ 中原的买卖契约大多有类似的说法。可见，西夏买卖契约的约定条款一如中原王朝，基本采取即时交付方式。

西夏的借贷、典当、租赁契约的债务期限就是指契约签订之日起物权转让于另一方到还贷或还物之时这段时间，债务期满之时则采取即时交付方式还本付息或还物付利，若超限者则按契约条款和法律规定执行。如俄 ИНВ. No. 6377—16

---

① 史金波：《黑水城出土西夏文卖人口契研究》，《中国社会科学院研究生院学报》2014 年第 4 期。
② 史金波：《黑水城出土西夏文卖地契研究》，《历史研究》2012 年第 2 期。
③ 张传玺主编：《中国历代契约会编考释》上册，北京大学出版社 1995 年版，第 226 页。

《光定卯年梁十月狗借粮契约》是梁十月狗于光定卯年三月六日向持粮人借粮，"期限同年八月一日当聚集粮数来"，① 其债务期限近半年，半年满时则即时交付粮食本息。中藏G31·004《乾定申年（1224）贷粮契》是没瑞隐隐狗于乾定申年二月二十五日向讹国师处借糜一石，"全本利一并当于同年九月一日聚集到讹国师处来"。② 即贷粮期限是大半年，而且规定同年九月一日为定日，即同年九月一日则即时交付粮食本利。俄 Дx.18993《李春狗等赁租饼房契》是李春狗等于光定十二年正月廿一日租赁王元受的烧饼房一位，"撲限至伍拾日"。在这伍拾日内烧饼房归李春狗等支配和使用，期满时则即时交付租金并归还烧饼房，"如限满日，其五行动用，小麦七石五斗，还与王元受"。③ 不论债务期限有多长和如何交付，都必须在契约上明明白白地书写清楚：要么从何时始到何时止，要么写清多少日。总之，要让双方都能明确地知道债务的期限和交付方式。其目的就是保护债权人之利益。

6. 违约责任

违约责任条款是指双方当事人因种种原因而不按契约规定履行所应承担的义务时应受到的惩处。这是中国传统契约必备条款之一，当然也是西夏契约必备要素之一。如俄 ИНВ.No.4193《天庆戊午五年（1198）正月五日麻则老父子卖地房契》载："此后其地有官私人诉讼者及何人反悔时，不仅按已取价数一石还二石，还据情状按文书所载实行"，④ 土地出卖之后价、地两无悬欠，土地所有权发生了转移，若是因原卖主的责任而导致使所有权发生追夺时，则规定卖方不仅有经济上的制裁，而且还要受到刑事处罚；俄 ИНВ.No.4762—6《梁功铁借粮契约》中也明确记载："至本利相等时还，日期过时按官法罚交十石麦"，⑤ 规定债务人在规定日期上必须即时交付本利，若不交付时不仅要还本付息，还要按官法罚交粮食；中藏G31·004《乾定申年（1224）贷粮契》更是记载得明确，在规

---

① 杜建录、史金波：《西夏社会文书研究》，上海古籍出版社2012年版，第142页。
② 史金波：《西夏文教程》，社会科学文献出版社2013年版，第402—403页。
③ ［俄］孟列夫、钱伯城主编：《俄藏敦煌文献》第17册，上海古籍出版社、俄罗斯科学出版社东方文学部2001年版，第310页。
④ 史金波：《黑水城出土西夏文卖地契研究》，《历史研究》2012年第2期。
⑤ 杜建录、史金波：《西夏社会文书研究》，上海古籍出版社2010年版，第139—140页。

定日期内若糜"不到时,不仅付原有糜数付,还按官法罚七十缗。心服";① 俄 Дx. 18993《李春狗等赁租饼房契》中也对违约责任记载有两方面的明确要求:一是"如限日不回还之时,其五行动用、小麦本每一石倍罚一石";二是"如本人不还与不辨(办)之时,一面契内有名人当管填还数足,不词。只此文契为凭"。② 看来,租赁契约的违约责任比其他契约的违约责任要严酷一些,不仅针对债务人,而且针对与债务人相关的其他参与人。当然,从目前所见西夏出土的契约档案来观察,违约责任条款似乎首先针对债务人,其次是针对与债务人相关的参与人。由此可见,西夏签订契约的不平等现象。

7. 双方合意及书面契约

契约是买卖、借贷、典当乃至租赁等就权利和义务关系所指向的对象经双方协商一致并达成共识而形成的一种书面文字,因此,"双方合意"的存在就成为契约能否成立的又一关键所在。对此,西夏也非常重视是否出于买卖、借贷、典当和租赁者的本意,是否在自愿基础上进行交易,也即是否是交易双方真实意图的表示。用欺诈、胁迫等方式进行的各种交易是无效的,对乘人之危假以交易之名侵夺他人财产者更要给以严厉的惩处。西夏综合性法典《天盛律令》对买卖、典当、借贷等是否双方自愿的行为有明确的规定。如对买卖和借贷的合意规定,"诸人买卖及借贷,以及其他类似与别人有各种事牵连时,各自自愿,可立文据";③ 对典当也有合意的法律规定,"典当时,物属者及开当铺者二厢情愿,因物多钱甚少,说本利相等亦勿卖出,有知证,及因物少钱多,典当规定日期,说过日不来赎时汝卖之等,可据二者所议实行";④《天盛律令》对买卖和租用土地也有相应的合意规定,"诸人卖自属私地时,当卖情愿处,不许地边相接者谓'我边接'而强买之、不令卖情愿处及行贿等"。⑤ 西夏规定,签订各种契约时必须在双方"各自自愿"或"二厢情愿"或"卖情愿处"等基础上进行,不能以势欺人,出现强买强租强贷等情形。

---

① 史金波:《西夏文教程》,社会科学文献出版社 2013 年版,第 403 页。
② [俄]孟列夫、钱伯城主编:《俄藏敦煌文献》第 17 册,上海古籍出版社、俄罗斯科学出版社东方文学部 2001 年版,第 310 页。
③ 史金波、聂鸿音、白滨译注:《天盛改旧新定律令》卷 3,法律出版社 2000 年版,第 189 页。
④ 同上书,第 186 页。
⑤ 同上书,第 495 页。

第六章　西夏专门档案整理与研究（下）

　　西夏境内出土的买卖契约也证实了"双方合意"这一法律规定。黑水城出土俄 ИНВ. No. 4597、5949—29 西夏文卖人口契中就明确写到将自己所属人口"自愿卖与某某"①的语句，俄 ИНВ. No. 4194 西夏文《天庆庚申年小石通判卖地房契》中直接载明：立契者小石通判将自属地"自愿卖与梁守护铁，议定价二百石杂粮"，还有如俄 ИНВ. No. 4199《天庆丙辰年六月十六日梁善因熊鸣卖地房契》、俄 ИНВ. No. 5010《天盛廿二年寡妇耶和氏宝引等卖地契》、俄 ИНВ. No. 5124—2《天庆寅年正月二十四日邱娱犬卖地契》、俄 ИНВ. No. 5124—7、8《天庆寅年正月二十九日恶恶显令盛卖地契》、俄 ИНВ. No. 5124—9、10《（天庆）寅年二月一日梁势乐酉卖地契》、俄 ИНВ. No. 5124—12、13《（天庆）寅年二月二日每乃宣主卖地契》等契约都有"自愿卖与某某"之类的句子；②黑水城出土西夏文《光定未年（1211）耶和小狗山借谷物契》中也记载，债务人耶和小狗山在同年八月一日必须还回所借谷物的本利，"若不交时，愿将所典牲畜情愿交出"③等。由此可见，"双方合意"规定不但为西夏官府所认可，同时在民间契约中也普遍使用。看来，"双方合意"条款应是西夏绝卖契中必备要素。

　　当然，我们也要注意，目前所见西夏借贷、典当、租赁等契约中很少出现"双方合意"条款。故，"双方合意"条款则可为选择条款，并不一定是契约中必备条款。"双方合意"条款在非绝卖契中有时也可能只是一种形式而已，在这种堂而皇之的形式背后往往潜隐着极大的被迫和无奈。如黑水城出土的英 Or. 8212—727 汉文《天庆年间裴松寿典麦契》（15—4）：

　　　　天庆十一年五月初六日，立文人吃……
　　　　将自己旧皮毯一领于裴处……
　　　　加四利，共本利小麦四斗二升，其典［不］……
　　　　月初一日不赎来时，一任出卖。
　　　　立文人吃□□

---

① 史金波：《黑水城出土西夏文卖人口契研究》，《中国社会科学院研究生院学报》2014 年第 4 期。
② 史金波：《黑水城出土西夏文卖地契研究》，《历史研究》2012 年第 2 期。
③ 张传玺主编：《中国历代契约会编考释》上册，北京大学出版社 1995 年版，第 652 页。

知见人张绪□①

这份典当契中并没有写明"双方合意",该典当残契的其他十四契中也缺载该条款,而且典借谷物的时间基本上在青黄不接的五月前后。这一切充分证明,西夏广大的农牧民在青黄不接的季节里举借高利贷并不是完全出自个人意愿,而实在是一种迫于生计无奈而为之的行为,是官府、商贾们乘人之危的一种剥削行为。

订立书面契约是中国传统契约的一种习惯。自古以来,中国就有"口说无凭,立字为据"的古训,这一古训也会被西夏模仿沿袭,而且融会到西夏法律之中,成为约束人们行为的一条准则。《天盛律令》规定:"诸人买卖及借贷,以及其他类似与别人有各种事牵连时,各自自愿,可立文据";②《天盛律令》规定:"诸人将使军、奴仆、田地、房舍等典当、出卖于他处时,当为契约。"③西夏的这两则法律条款都规定了西夏不论官府还是私人在买卖、借贷和典当等时,必须在双方合意的基础上签订书面的契约,只有书面契约的存在才能成为契约得以正式成立的一个重要条件。关于此,西夏故地出土的西夏文买卖契约、借贷契约、典当契约、租赁契约等就是最好的物证。

西夏也和中原宋朝一样为了使契约制度规范化,也为了增加国库财政收入,制定了"标准契约"。如《天盛律令》规定:西夏所签订的契约,必须"上有相关语,于买卖、钱量及语情等当计量,自相等数至全部所定为多少,官私交取者当令明白,记于文书上。以后有悔语者时,罚交于官有名则当交官,交私人有名则当私人取"。④可知,西夏的"标准契约"内容一般应包括以下几项:立契人姓名,买卖(借贷、典当或租赁)契约,粮(钱、畜产品)等数量,财产来源,交付钱(地、粮或其他),本利、悔契责任、中间人押印等语情。

从目前出土的西夏契约来看,有的契约还载明"书契者"姓名,如黑水城出土英Or. 8212—727汉文《西夏天庆年间裴松处寿典麦契》(15—7)、(15—

---

① 沙知、吴芳思主编:《斯坦因第三次中亚考古所获汉文文献》(非佛经部分)第1册,上海古籍出版社2005年版,第199页。
② 史金波、聂鸿音、白滨译注:《天盛改旧新定律令》卷3,法律出版社2000年版,第189页。
③ 同上书,第390页。
④ 同上书,第189—190页。

8)、(15—11) 等契中都有"书契□……""［书］契□……"的名字，这说明西夏还有专门从事契约拟写人员，这些人员一方面熟悉西夏对于借贷、典当、买卖、租赁等方面的法律；另一方面也掌握契约拟写的规律和要求，是职业性质的人员。可见，西夏书面契约存在的重要性和规范性。

（四）西夏契约计息方式及利率

1. 西夏契约计息方式

据《天盛律令》可知，西夏有按年、按月和按日三种计息方式，"前述放钱、谷物本而得利之法明以外，日交钱、月交钱、年交钱，执谷物本，年年交利等，本利相等以后，不允取超额"。① 从出土的西夏契约来看，按年计息的相对多一些，而按月、按日计息的契约少一些。

2. 各种不同计息方式的利率

（1）按年计息

所谓按年计息，就是从借贷（典当）之日起到还贷或赎物之时止，是否达一年整，都以一年论。在这期间按照契约议定的利息利率来偿还本利，不论利息有多高，债务人都要一次性还本付息。如黑水城出土英 Or. 8212—727 汉文《西夏天庆年间裴松处寿典麦契》(15—3)：

　　天庆十一年五月五日，立文人康……
　　己旧皮毡一领，于裴处典到□……
　　共本利大麦九斗一升，其典不充，限……
　　□赎来时，一任出卖，不词。
　　立文人康吃□……
　　同典人笃屈哆遏②

这份典当契约典当之日是天庆十一年五月五日，还本付息时间可能是同年八月一日，时间还不到三个月，但利息高达30%，即本利共计九斗一升。这和敦

---

① 史金波、聂鸿音、白滨译注：《天盛改旧新定律令》卷3，法律出版社2000年版，第189页。
② 沙知、吴芳思主编：《斯坦因第三次中亚考古所获汉文文献》（非佛经部分）第1册，上海古籍出版社2005年版，第189页。

煌所出部分契约的利率相似，①可以说这是中原和西夏都比较低的利率。西夏契约的利率大部分为50%，如俄 ИНВ. No.6377—16 西夏文《光定卯年梁十月狗借粮契约》汉译文：

> 光定卯年三月六日立契约者梁十月
> 狗，今于兀尚般若山自本持者老房势处借一石五斗麦，每石有五斗利，共算为二
> 石二斗五升，期限同年八月一日
> 当聚集粮数来。日过时，一石还二石。
> 本心服。　入后边有之当还
> 　　　　立契约者梁十月狗（押）
> 　　　　同借（者）兀尚老房狗（疑为兀尚般若山）（押）
> 　　　　同借（者）梁九月狗（押）
> 　　　　同借（者）李满德（押）
> 　　　　证人杨老房狗（押）
> 　　　　证人杨神山（押)②

立契者梁十月狗于光定卯年三月六日向老房势处借贷一石五斗麦，每石有五斗利，共为二石二斗五升，同年八月一日当交付本利。近五个月，其利率高达50%。

有的契约的利率达到了80%，如武威出土西夏文《没水隐藏犬借粮契约》载："立契约者没水隐藏犬，今于讹国师处已借一石穈本，一石有八斗利"，③时间是从乾定申年二月二十五日到同年的九月一日，计半年多一些，利率高达80%。

有的借贷利率达到了100%，真正成为高利贷的性质。如俄 ИНВ. No.4696—1—5《天庆卯年、光定申年贷粮契》中①借八石麦，本利共还十六石麦，利息

---

① 乜小红：《俄藏敦煌契约文书研究》，上海古籍出版社2009年版，第150页。
② 杜建录、史金波：《西夏社会文书研究》，上海古籍出版社2012年版，第142页。
③ 同上书，第148页。

高达本粮一倍,利率100%;又如俄 ИHB. No. 4696—17~33 号⑧四月二十五日借一石杂粮,还二石,又借二斗杂粮,还四斗,还期是七月一日,借期仅两个月零几天,利率高达100%。①还有很多借贷契约是利率高达100%。

西夏法律所谓的按年计息只是一个大致的规定而已,但实际上借贷或典当很少有整年或达到整年的,一般是春夏借或典当而秋后一次性偿还。有的甚至还没有完全到秋后,如俄 ИHB. No. 4696—17~33 号⑧四月二十五日借,还期是七月一日,很短的时间其借贷利率高达100%。这正如中原宋朝高利贷的"倍称之息"。因此,有专家称"总和计息"。②

(2) 按月计息

所谓按月计息,就是借贷或典当时除本粮或本物外,每月向债权人缴纳利息。如俄 ИHB. No. 4762—6 西夏文《梁功铁借粮契约》汉译文:

天庆寅年(1194)正月二十九日立契约者梁功
铁,今从普渡寺中持粮人梁任麻等处借十石麦、十石大
麦,自二月一日始,一月有一斗二升利,
至本利相等时还,日期过时按官法罚交十石麦,心服。
　　　　　立契约者功铁(押)
　　　　　相接契子般若善(押)
　　　　　相接契梁生□(押)
　　　　　相接契口恧口恧禅定善(押)
　　　　　证人平尚讹山(押)
　　　　　证人梁生□(押)③

这一契约明确记载"一月有一斗二升利",即借贷利率为12%,而且借贷约定是"至本利相等时还"。这可以说是目前所见西夏契约中利率不算太高的,大部分契约的利率比12%要高。如中藏 M21·003 西夏文《乙亥年借麦契》汉译文:

---

① 杜建录、史金波:《西夏社会文书研究》,上海古籍出版社2012年版,第127页。
② 史金波:《西夏社会》,上海人民出版社2007年版,第188页。
③ 杜建录、史金波:《西夏社会文书研究》,上海古籍出版社2012年版,第139页。

乙亥年二月五日立文契者嵬移功合，今因需要麦到持粮阿俄等处，以自斗借一石五斗麦，每月一石中有一斗半利数当缴，所说□□需要时，借者、相借者及担保者等谁何已现□人，按本利汇集当偿还，所言本心服。①

这一契约记载债务人向阿俄等处借一石五斗麦，每月一石中有一斗半利，即月息为15%，月月付息。该契并未写明还贷时间，只是在契约中记载"所说□□需要时"，要"按本利汇集当偿还"，这完全有利于债权人，但增加了债务人的负担，如果债务延迟半年多一些，其利率就高达100%了。当然，如果按月算利息的话，这还不算是高利息。有的利率达到了月息20%，如俄ИНВ. No. 4762—6号①借十石麦、十石大麦，正月二十九日立契，二月一日始算，每月一斗中有二升利，即月息20%。契约中记有"乃至本利头已为"，即达本利相等时还本息。虽未写具体还息时间，实际上至七月一日共五个月，利息可达100%。如俄ИНВ. No. 5870借粮契约也是月息20%。②

其实，西夏还有比20%更高利息的借贷契约，如俄ИНВ. No. 4696—17—33号⑥自五月三十日借四斗五升大麦，一个月五升利，即每月一斗粮五升利，月息50%，八月一日还，借期两个月，利率100%。③

（3）按日计息

所谓按日计息，就是借贷或典当时除本粮或本物外，按天计息。如黑水城出土西夏文俄ИНВ. No. 5812号①借粮1石5斗，"每石日一升利"，即日息为1%，三个月多一些利率就可高达100%。俄ИНВ. No. 5812号②借粮一石杂，"五日中有半升利"，即借一斗粮五日半升利，合日息1%，三个多月其利率就可达100%。④

有的利率甚至超过100%，如俄ИНВ. No. 7892—8号③中记"借七斗麦有八斗利"，利率达到114%。⑤这完全违反了西夏法典有关借贷、典当的"本利相等

---

① 史金波：《西夏社会》，上海人民出版社2007年版，第188页。
② 杜建录、史金波：《西夏社会文书研究》，上海古籍出版社2012年版，第128页。
③ 同上。
④ 同上。
⑤ 杜建录、史金波：《西夏社会文书研究》，上海古籍出版社2012年版，第128页。

以后，不允取超额"①的规定，但实际上这种违反法律规定而签订的契约在西夏不在少数。

此外，西夏还有按"夜"计息的形式。如俄 ИНВ. No. 7779A 汉文《天盛十五年王受贷钱契》中就有"……贯文，每贯日生利□□，每夜送壹贯……壹佰叁拾夜满，如若少欠□在……"再如俄 ИНВ. No. 7779E 汉文《贷钱契》中也有"……贰拾文，限陆拾伍夜为满……"②西夏的按夜计息"都不是整月，利息只能按'夜'也即'天'来计算，所谓'每贯日生利□□，每夜送一贯……'"③即"夜"和"天（日）"的利息相同。

综上所述，不论哪种计息方式，都是对西夏老百姓的高额盘剥，而且按月和按日计息的借贷或典当利率更高。

（五）西夏契约的法律规定

1. 双方合意及订立书面契约

契约是交易双方协商一致并达成共识而形成的一种书面协议，因此，双方合意的存在就成为契约能否成立的关键所在。中原王朝的契约中同样遵从这一原则而进行所谓的公平交易，如唐五代契约中经常会出现"官有政法，人从私契，两共平章，画指为记"④"两共对面及诸亲姻，再三商量为定"⑤等字样，从表面上来看是在双方充分商量并酝酿之后产生的契约，但实际上这些契约的产生并不完全是这样。西夏契约也如同中原王朝契约一样，签订之时也在契约中有明确记载双方合意的内容，不仅如此，而且有法律规定。关于双方合意及订立书面契约的内容，已经在"（三）西夏契约成立的要素"之中进行了比较充分而深入的探讨，此不赘述。

2. 西夏契约的违约行为

西夏契约的订立是契约双方基于某种需要在合意的基础上产生的结果，因

---

① 史金波、聂鸿音、白滨译注：《天盛改旧新定律令》卷3，法律出版社2000年版，第189页。
② 史金波、魏同贤、［俄］克恰诺夫主编：《俄藏黑水城文献》第6册，上海古籍出版社2000年版，第321—322页。
③ 杜建录、史金波：《西夏社会文书研究》，上海古籍出版社2012年版，第41—42页。
④ 乜小红：《俄藏敦煌契约文书研究》，上海古籍出版社2009年版，第78页。
⑤ 同上书，第201页。

此，一般情况下能够如约履行。但是，由于各种原因，违约行为仍然时有发生。从西夏法律规定可知，西夏契约的违约行为主要有欺诈、迟延、不履行或不如约履行三种情况。

（1）欺诈

何谓欺诈？欺诈就是契约当事人一方为了达到某种目的而故意否认别人已做出的对契约的履行或谎称自己未履行行为为已履行行为。关于此，中国传统契约也有所体现。唐朝契约欺诈行为屡见不鲜，如《太平广记》载："隋并州盂县竹永通，曾贷寺家粟六十石，年久不还。索之，云还讫。遂于佛堂誓言云：若实未还，当于寺家作牛。此人死后，寺家生一黄犊，足有白文，后渐分明，乃是竹永通字"，① 这即为典型欺诈。西夏也借鉴吸收了中原王朝的经验教训，在制定法律时对契约欺诈行为进行了规范，其目的是基本杜绝契约履行中的欺诈行为。法律规定："诸人畜、钱、谷、物、人等相借债，寄放等不还，以及未借债说我借出债，诬指时，计量后依不枉法贪脏罪判断，勿刺一种字"。这则条款是对契约双方借债"寄放等不还""未借债说我借出债""诬指"等欺诈而导致出现的违约行为的法律约束。"诸人肉、酒价及买卖种种物价，有典贷借债等者，应依数索还。若不还及说还汝而实际不往取等，相打争斗时，与别人相打争斗时伤、不伤第十四卷之罪状相同判断。"这则条款主要说明典贷借债者要如数还债，若因欺诈而导致相互打斗则要承罪。"诸人于官私处借债，本人不在，文书中未有，不允有名为于其处索债"。② 这则条款主要针对借债时必须要有书面契约，若契约中未有记载或说明，债主则不能强迫索债，这也是一种典型的欺诈行为。此外，还规定："官私所属畜物、房舍等到他处典当，失语而着火、被盗诈时，所无数依现卖法次等估价，当以物色相同所计钱还给，本利钱依法算取。若物现有口殊益，现有中已得益而说无有，所隐价量偿还者，已寻何殊益，当比偷盗减二等。及若物属者说我物好口时，当比偷盗罪减三等。"③ 这更是一种典型的欺诈行为。由上可知，西夏法典对西夏境内官私交易过程中可能出现的种种欺诈行为

---

① 岳纯之：《论隋唐五代借贷契约及其法律控制》，《中国社会经济史研究》2004年第3期。
② 史金波、聂鸿音、白滨译注：《天盛改旧新定律令》卷3，法律出版社2000年版，第190页。
③ 同上书，第187页。

尽数列出，可谓五花八门。

（2）迟延

所谓迟延，就是在立契之后，双方当事人一方因为某种原因未在约定期限内及时履行契约而造成另一方经济损失的行为。

西夏契约中并未发现关于迟延的实际例子，但几乎所见到的除买卖契约之外的典当、借贷、租赁等契约中都有关于迟延行为的处罚记载。如俄 ИНВ. No. 4762—11《梁岁铁借粮契约》载："自二月一日始，一月有一斗二升利，至本利相等时还，日期过时按官法罚交十石麦，心服。"① 这份借粮契约里的迟延并未明确界定期限，而是以借贷粮食本利相等时为限，若本利相等时还未还清或不还时，则要按官法罚交十石麦；黑水城出土英 Or. 8212—727 汉文《西夏天庆年间裴松处寿典麦契》（15—5）："天庆十一年五月初七日……其典不……初一日不赎来时，一任出卖，不词。"② 这份典麦契中明确界定了立契时间，也规定了赎典当物的时间，若到时不来赎时，债权人有权将典当物出卖抵利；俄 Дх. 18993《李春狗等赁租饼房契》中明确规定租赁期限是从"光定十二年正月廿一日"开始后的 50 天时间，"如限日不回还之时，其五行动用，小麦本每一石倍罚一石，五行动用每一件与元受用"。③

上述三例西夏契约都写到了借贷、典当、租赁的还债时间，若债务人还债迟延者，则要承担"倍罚"等经济处罚。

关于契约界定迟延这一事实，西夏法律也有明确的规定。借贷契约中债务人因"负债不还，承罪以后，无所还债，则当依地程远近限量，给二三次期限，当使设法还债，以工力典分担"。④ 典当时"物属者及开当铺者二厢情愿，因物多钱甚少，说本利相等亦勿卖出，有知证，及因物少钱多，典当规定日期，说过日不来赎时汝卖之等，可据二者所议实行"。⑤ 这两则法律条款告知诸人，因各种

---

① 史金波：《西夏社会》，上海人民出版社 2007 年版，第 187 页。
② 沙知、吴芳思主编：《斯坦因第三次中亚考古所获汉文文献》（非佛经部分）第 1 册，上海古籍出版社 2005 年版，第 199 页。
③ ［俄］孟列夫、钱伯城主编：《俄藏敦煌文献》第 17 册，上海古籍出版社、俄罗斯科学出版社东方文学部 2001 年版，第 310 页。
④ 史金波、聂鸿音、白滨译注：《天盛改旧新定律令》卷 3，法律出版社 2000 年版，第 187 页。
⑤ 同上书，第 186 页。

事牵连而签订契约时一定要将各个要素撰写明确清楚和具体，特别是还债期限和具体时间，唯此，才有可能避免各种契约纠纷，即使出现了契约纠纷也有法可依，照章办事。

（3）不履行或不如约履行

不履行或不如约履行，是指立契之后，当事人一方已经进入契约的实质性履约过程，但当事人另一方拒绝履约或拒绝按照契约规定的条款完全履行。这种违约行为的目的是企图通过一方的违约行为无偿或低偿地将别人的相关成果据为己有，造成当事人另一方的经济损失。关于这一违约行为，西夏法典也有具体的规定。《天盛律令》规定，债务人典当物后，债权人"任意将衣物变破旧者"。[①] 这里的"任意将衣物变破旧者"就是债权人不想履行契约规定条款而变相将典当物进行损毁的一种做法，导致债务人无端受到经济损失。

此外，在西夏契约实践中，还有一种变相不履约条款的行为，那就是偷盗契约文书，使债权人缺乏真凭实据而蒙受损失。《天盛律令》规定："使军、奴仆、典人等盗自抵押文券、他人典当、买入文字等"[②] 则要承罪。这一法律规定中的债务人因不想履行契约的规定条款而想方设法"盗自抵押文券"的行为，是典型的不履行或不如约履行契约条款规定的违约行为。

当然，西夏契约中的违约不仅仅是法典中规定的这几项违约行为，在现实生活中可能还存在千奇百怪的违约行为，这也是百态社会百态生活的真实写照。

3. 西夏契约的违约处理

如上所述，在各种契约的履行过程中经常会出现违约之事，这种种违约行为的存在，不论是对未违约一方的经济利益，还是对整个西夏社会经济秩序来说，都是有害无益的。因此，针对各种契约履行过程中的违约行为，西夏规定了相应的违约责任。从西夏法律的有关条款来看，这些违约责任既有民事责任，又有刑事责任。

（1）民事责任

在中国传统契约中，违约首先要承担一定的民事责任。唐律规定："公私债

[①] 史金波、聂鸿音、白滨译注：《天盛改旧新定律令》卷3，法律出版社2000年版，第187页。
[②] 同上书，第167页。

负，违契不偿，应牵掣者，皆告官司听断。若不告官司而强牵掣财物，若奴婢、畜产，过本契者，坐赃论。若监临官共所部交关，强牵过本契者，计过剩之物，准'于所部强市有剩利'之法。"① 即规定债务人在规定时限内"违契不偿"者，债权人可请求官府强制债务人还债。宋代也有如唐代同样的法律规定。② 西夏法律的制定本来就是学习和借鉴吸收唐宋法律的精髓，因此，西夏法律对违反契约条款所应负的民事责任也进行了明确规定，即借债不还或无力偿还者，不仅从经济上要给以惩罚，而且可以"役身抵债"。西夏契约的民事责任比较复杂，虽然说法律主要保护的是债权人的利益，但对于债权人违法乱纪的行为还是给予处罚的，这也从另一方面表现出了西夏法律的些许公平性。因此，我们对债务人和债权人两个方面的民事责任进行一些探讨。

①债务人的民事责任，因违约情况不同而处罚各异。具体如下。

第一，"从契约"处罚。众所周知，中国传统的契约都将违约的处罚写进契约之中，相当于罗马法的违约金契约，西夏也如是。西夏法律规定：诸人买卖及借贷都要签订契约，并将所有要素"记于文书上。以后有悔语者时，罚交于官有名则当交官，交私人有名则当私人取"，③ 这即为典型的"从契约"处罚。"从契约"处罚主要存在于借贷、典当和租赁契约中，是一种既简便又实用的处罚。如中藏 G31・004 西夏文《乾定申年（1224）贷粮契》汉译文：

乾定申年二月二十五日立契人
没瑞隐隐狗，今自讹国师借一石
糜，一石有八斗利，由命屈
般若铁持有。全本利一并当于
同年九月一日聚集到讹国师
处来。若届时不到时，不仅付原有
糜数付，还按官法罚七十缗。心服。④

---

① （唐）长孙无忌等撰，刘俊文点校：《唐律疏议》卷26，法律出版社1999年版，第523页。
② （宋）窦仪等撰，薛梅卿点校：《宋刑统》卷26，法律出版社1999年版，第468页。
③ 史金波、聂鸿音、白滨译注：《天盛改旧新定律令》卷3，法律出版社2000年版，第189页。
④ 史金波：《西夏文教程》，社会科学文献出版社2013年版，第402—403页。

这份契约中的"同年九月一日"为约定还债之日，若在定日"不到时，不仅付原有穈数付，还按官法罚七十缗"，这是一种经济惩罚，是"从契约"处罚。其作用是催促债务人履行义务的一种促动和警示。

再如俄 ИНВ. No. 4762—11 西夏文《梁岁铁借粮契约》汉译文：

> 天庆寅年（1194）正月二十九日立契约者梁岁
> 铁，今从普渡寺中持粮人梁喇嘛麻等处借十石
> 麦、十石大麦，自二月一日始，一月有一斗二升利，
> 至本利相等时还，日期过时按官法罚交十石麦，心服。①

这份契约中的"自二月一日"借粮开始，"一月有一斗二升利，至本利相等时还"，若"本利相等时"还未偿还，"日期过时按官法罚交十石麦"。这也是一种典型的经济惩罚，是"从契约"的表现。

"从契约"是对当事人一方违约的一种初步惩罚，这只是从经济上给以制裁的一种民事责任，因此，多出现于借贷、典当及租赁类的契约之中。

第二，债务抵押。西夏的借贷更多的是以典当的形式出现，故会有抵押物或典当物，因此，西夏对违约现象更多的是付之以债务抵押，只有如此，才是实实在在地保护了债权人的利益。如《西夏光定未年耶和小狗山借谷物契》汉译文：

> 光定未年四月二十六日，立契者耶和小狗山今于讹阿金刚茂处借贷三石，本息共计为四石五斗，对换一黑色母驴、一全齿骆驼、一幼驴等为典压。保典人梁氏月宝、室子男功山等担保。期限同年八月一日当谷物聚齐交出。若不交时，愿将所典牲畜情愿交出。②

这份契约中的耶和小狗山借贷谷物三石，本息共计为四石五斗，用自家的"一黑色母驴、一全齿骆驼、一幼驴"等牲畜为抵押，到时交不出谷物时，"愿将所典牲畜情愿交出"。这样的契约对于债权人来说，则真正属于旱涝保收。

---

① 史金波：《西夏社会》，上海人民出版社2007年版，第187页。
② 张传玺主编：《中国历代契约会编考释》上册，北京大学出版社1995年版，第652页。

第六章　西夏专门档案整理与研究（下）

如英 Or. 8212—727 汉文《西夏天庆年间裴松处寿典麦契》（15—11）：

　　……二日立文……
　　皮毡二，旧……
　　典到大麦四石……
　　月一日将本利……
　　一任出卖，不词。
　　立文字人……
　　书契……①

这份契约中的立文人用自己的"皮毡二、旧……"等作为抵押物而在裴松寿处典到大麦"四石……"若规定日不来赎时，债权人有权将"皮毡二、旧……"等抵押物任意出卖，填还债务。

从上述所引西夏契约来看，基本上是以畜产品和牲畜作抵押，而并未见到用奴隶、当事人或妻子儿女抵押的情形。西夏《天盛律令》有关章节中也有很多条款涉及无力偿还债务时可让妻子儿女或同去借者（保人）的妻子儿女等出力抵债之规定，但并无将其作价出卖或抵押给债权人的条款。

债务抵押是更深一层的对债务人违约的经济处罚，实际上是对债务的一种担保，是对债权人利益的维护和债务人义务的督促。

第三，官为理索。从现实情况来看，"从契约"和债务抵押有时不足以惩治违约行为，因此，诉诸官府即成为债权人非常现实的一种需要，这不仅是西夏的一种规定，也是中原王朝契约违约行为最为常用的一种措施。西夏《天盛律令》有很多条款是针对债务人违约的处罚措施。从《天盛律令》有关条款来看，官府制裁债务人违约的情形有以下几个方面的措施。

一是借债不还当催索，并告官府以强力清欠。为了维护债权人的权益，法律规定，若债务人借债逾期不偿，可以进行催促还债，若催促还无法偿还债务时，则可告到官府，由官府出面帮助债权人清欠债务，"诸人对负债人当催索，不还

---

① 杜建录、史金波：《西夏社会文书研究》，上海古籍出版社 2012 年版，第 210 页。

则告局分处，当以强力搜取问讯"。①

二是催债之后债务人仍无力还债者，可给以宽限期。法律规定，若债务人因欠债逾期不还，告官承罪后，仍无力还清债务者，则可根据路程远近，再给二三次限期，使其设法还债，并允许其"以工力当分担"。若所给一次次期限仍不还债者，则"当计量依高低当使受杖。已给三次宽限，不送还债，则不准再宽限，依律令实行"。②

三是给予宽限后债务人依旧还不上债，只能典工抵债，包括因债务逃往敌界而后又投诚归来者。关于此，我们将讨论五个问题。

第一，何人可典工抵债或不可以典工抵债呢？关于这个问题，西夏法律有明确规定，若典当借贷等有债务后，"本利相等仍不还，则应告于有司，当催促借债者使还。借债者不能还时，当催促同去借者。同去借者亦不能还，则不允其二种人之妻子、媳、未嫁女等还债价，可令出力典债"。③ 即明确告知借债者无力偿还（清）债务时，不能将债务人或同去借者的妻子、未嫁女、媳等作价卖给债权人还债，但可出力典债。而父母等则不属于法律规定的出工抵债或典押的范围，若对父母等强迫典押或出工抵债时则要受到惩处，"诸人不许因官私债典父母，倘若违律之时，父母情愿，则典之者当绞杀，父母不情愿而强典之者，依第一卷子殴打父母法判断"。④ 除此之外，还规定"年七十以上及十岁以下等，依老幼当减出工。十岁以上，七十岁以下者，当物主人处不需出工，亦应令于其他需用处出工"。⑤ 也就是说债务人或同去借者的父母，家庭成员中70岁以上、10岁以下的男女都不允许出工抵债或典押。

第二，典工抵债者在还清债务前则为债权人处的奴婢。这种情况下也签订有典工契约，并按日计酬，累计工价总数抵债。但在出工抵债期间，出工抵债者和债权人可构成暂时的雇佣关系，可认为是债权人的私有财产，地位则与自属之使军、奴仆相同。

---

① 史金波、聂鸿音、白滨译注：《天盛改旧新定律令》卷3，法律出版社2000年版，第188页。
② 同上。
③ 同上。
④ 同上书，第390页。
⑤ 同上书，第174页。

第三，典工抵债的工价。西夏法律明确规定各色人等出工抵债的方式和按日计酬的工价。即"借官私所属债不能还，以人出力抵者，其日数、男女工价计量之法当与盗偿还工价相同。在典人者，依前法计量出工人之工价，勿算钱上之利"。① 到底如何按日计酬呢？法典对不同人抵债的情况及工价作了具体规定："前述因偿还盗价、付告偿，为官私人出工所示办法……价格：大男人七十缗，一日出价七十钱；小男及大妇等五十缗，一日五十钱；小妇三十缗，一日三十钱算偿还。钱少，则与工价相等时，可去。若很多，亦令所量人价，钱数当完毕，则当依旧只关，盗人之节亲亲戚中有赎取者，亦当依工力价格赎取。"② 即出工抵债期间，可依据出工者的年龄和性别区分出三个等次的工价：一等次是大男，每日工价70文钱；二等次是小男和大妇，每日工价50文钱；三等次是小妇，每日工价30文钱。

第四，西夏对大男、小男、大妇、小妇的界定。西夏汉文史籍和法典都对大男有规定，即"其民一家号一帐。男年登十五为丁，率二丁取正军一人。每负担一人为一抄，负担者，随军杂役也"。③ 法典规定："诸转院各种独诱年十五当及丁，年至七十入老人中。"并规定"及丁籍册上犹著年幼者，当比丁壮不注册罪减一等。彼二种首领、主簿知晓隐言者，则当比正军罪减一等，不知情者不治罪"。④ 由上可知，西夏的大男是15岁至70岁。西夏法典对幼儿和小男也有间接的规定，"诸院军各独诱新生子男十岁以内，当于籍上注册。若违律，年及十至十四不注册隐瞒时，隐者正军隐一至三人者，徒三个月；三至五人者，徒六个月；六至九人者，徒一年；十人以上一律徒二年"。⑤ 可见，1岁至10岁为新生子或幼儿，10岁至14岁为小男。西夏法典还对大妇和小妇做了规定。西夏对因债务而逃跑后又投诚归来时如何安置有具体的规定，其中就涉及大妇与小妇的年龄内容，"……有者当交还，总计赔偿，负债不释，依法当还给。其中因偿还债，使妻子、儿女典当别处者，是五十缗以内则当按边等法出工偿。若为大女、媳当

---

① 史金波、聂鸿音、白滨译注：《天盛改旧新定律令》卷3，法律出版社2000年版，第190页。
② 同上书，第174页。
③ 《宋史》卷485，中华书局1977年版，第14028页。
④ 史金波、聂鸿音、白滨译注：《天盛改旧新定律令》卷6，法律出版社2000年版，第262页。
⑤ 同上。

算五十钱，年十五以下十岁以上算三十钱工价。……若为五十缗以上，则按大女、媳之价五十缗，幼女年十五以下十岁以上三十缗计算，工价与妇女价格相抵时，使前往，不允使之超过"。① 由此可知，这里的"大女"即大妇，也即法典规定的 15 岁以上 70 岁以下的妇女。这里的"幼女"即指小妇，年 15 岁以下 10 岁以上的女子。这完全符合西夏法律所规定的年 70 岁以上、10 岁以下不允出工抵债的要求，也即 10 岁至 70 岁之间的男女都可出工抵债，只是抵债的工价不同而已。只有典工价格与所负债务相等时，才允许典工者回家。

第五，黑水城出土典工契约的工价与西夏法典规定的典工价格相差悬殊。如黑水城出土俄 ИНВ. No. 5949—32 西夏文《西夏光定卯年（1219）典工契》，② 该契约内容主要是：一人典工 9 个月，工价是 5 斛谷，另有少许衣物等。若有反悔依官罚交 5 斛杂粮。经史金波推算每日典工工价不足 2 升谷。③ 另据史金波根据国家图书馆所藏西夏文卖粮账文书的研究和推算，当时西夏部分地区麦价每斗最低 200 钱，最高 250 钱，糜比麦价钱低，推算每斗糜价在 150—200 钱，④ 即每升糜合 15—20 钱。典工工价每日不足 2 升谷，即合 30—40 钱，也即这一典工契约中所反映的每日典工价不超过 40 钱。这一典工的工价相当于或约高于小妇的日工价。当然，这一典工契约由于残损过甚，有的信息并不清楚，所以，我们不知该典工契约中的典工者是大男、小男还是大妇、小妇。假若是大男的话，则典工价格相当于法典所规定的一半，如果是小男或大妇的话，与法典规定相差 10 多钱，如果是小妇，则符合法典规定的典工价格。如果是前两者的话，那么，典工档案所反映出来的典工价格则存在着赤裸裸的或明目张胆的剥削和压榨。从黑水地和武威等地出土的西夏所有契约档案来看，都存在着债权人直截了当地剥削和压榨债务人的情形。如果该典工契约中的典工者是小妇的话，不仅不存在剥削和压榨，而且表面上看来似乎比法律规定的典工日工价还要略高一些，这在西夏时期是基本上不可能存在的情况。故，我们以为该典工契约中的典工者可能应是

---

① 史金波、聂鸿音、白滨译注：《天盛改旧新定律令》卷 7，法律出版社 2000 年版，第 272—273 页。
② 史金波、魏同贤、[俄] 克恰诺夫主编：《俄藏黑水城文献》第 14 册，上海古籍出版社 2011 年版，第 164 页。
③ 史金波：《西夏社会》，上海人民出版社 2007 年版，第 177 页。
④ 史金波：《国家图书馆藏西夏文社会文书残页考》，《文献》2004 年第 2 期。

前两者，即大男、大妇和小男，所以，肯定存在着严重的剥削和压榨。

② 债权人方面的民事责任。西夏不仅全力维护债权人的权益，以保证商品市场或典当借贷秩序的规范，同时在一定程度上也保护债务人的合法权益。虽然债权人的民事责任在契约中并未见记载，但法律中有明确的规定，且因违约的情况不同，处罚也各异。

一是妥善保管典当物。《天盛律令·当铺门》规定，若债权人"任意将衣物变破旧者，当取本钱，利当罚，现物归回属者"。

二是不准随意出卖典当物。《天盛律令·当铺门》规定，诸人当铺中典当各物品时，"本利不等，此后无语量，不问属者，不准随意出卖"。

三是盗物不许典。《天盛律令·当铺门》规定，诸当铺在诸人放物典当取钱时，若典当物价值在"十缗以下，识未识一律当典给"，可不问物之所属和来历，即使后来发现是盗物，只须将物归原主，当铺收回本钱，法律并不追究当铺的责任。若典当物价值在十缗以上者，当铺"识则令典给，未识则当另寻识人，令其典给。假若无识信人而令典当，是盗物时"，不仅追究当铺的责任，同时要"限三个月期限当还，当寻盗者"。

四是不允以势强迫债务人还债或抵债。《天盛律令·催索债利门》规定："诸人欠他人债，索还不取□，工价量□□，不允以强力将他人畜物、帐舍、地畴取来相抵。"若违律抵债时，债权人"房舍、地畴、畜物取多少当还属者，债当另取"。

五是借贷或典当等时，必须依律令规定利率执行，不准比其增加。若超取，"所超取利多少，当归还属者"，① 同时要受到刑事处罚。

（2）刑事责任

西夏法律规定，契约纠纷不但要承担民事责任，同样会招致刑事制裁。受到刑事制裁的当事人仍然是债务人和债权人。

① 就债务人而言，其违约所要承担的刑事责任主要有以下几种。

一是债务人负债逾期不还时，要根据债务数量的多少进行刑事处罚，一般情

---

① 史金波、聂鸿音、白滨译注：《天盛改旧新定律令》卷3，法律出版社2000年版，第188—189页。

况下"十缗以下有官罚五缗钱,庶人十杖,十缗以上有官罚马一,庶人十三杖,债依法当索还,其中不准赖债。若违律时,使与不还债相同判断,当归还原物,债依法当还给"。① 若借债人既无法以工力抵债,又"无妻子、子女、儿媳时,确不能偿债",则只能处以笞刑来抵债,即一缗至二十缗笞四十,二十缗以上至五十缗笞六十,五十缗以上至百缗笞八十,百缗以上一律当笞一百。②

二是不论买卖、典当、借贷行为,一旦签订契约就不能轻易悔约,若悔约者则"有官罚马一,庶人十三杖"。③

三是保护债权人的人身安全,对典押出力人的暴行进行严厉制裁,"诸典押出力人不许殴打、对抗、辱骂押处主人"。若违律时,"押处主人是庶人,则当面辱骂相争十三杖,殴打则徒一年,伤者当比他人殴打争斗相伤罪加三等,死亡则当绞杀"。若押处主人是官员,则处罚更严厉,"对有官人辱骂相争时徒一年,殴打则徒二年,伤时当比诸人殴打争斗相伤罪加五等,死则以剑斩"。④

四是不允许"私人"随便借债。若违律借债,则罚十三杖。⑤

五是诸人所典不动产未赎时不许再卖与他人,若违律再卖时则要承罪,"诸人有典房舍、田地于他人者,未赎,不许卖与他人。若违律卖时,有官罚马一,庶人十三杖"。若典当者于"所典处本利钱全部给予,然后允许另卖"。如果典当者"未予本利而卖与他人,本利不至,此房舍、田地当归所典处人所有,本利纳毕而赎时方可卖"。⑥

② 就债权人来说,其违约所要承担的刑事责任主要有以下几种。

一是诸人当铺无权私自出卖属者物品。《天盛律令·当铺门》规定:"若违律卖典物时,物价在十缗以内,有官罚马一,庶人十三杖,十缗以上一律徒一年。"

二是不允债权人以势强迫债务人还债或抵债,尤其强迫债务人将自己的房

---

① 史金波、聂鸿音、白滨译注:《天盛改旧新定律令》卷3,法律出版社2000年版,第188页。
② 同上书,第273页。
③ 同上书,第190页。
④ 同上书,第389页。
⑤ 同上书,第190页。
⑥ 同上书,第412页。

舍、地畴、畜物等拿来抵债，"若违律时徒一年"。①

三是诸人放官私钱、粮食本时必须依法按利率规定执行，即"本利相等以后，不允取超额。若违律得多利时，有官罚马一，庶人十三杖"，且所超取者当还属者。②

四是诸人典当物时，当铺若不计算本利则不许典，若违律时则要承罪："官之当铺内，诸人典当种种物时，经计量本利相抵时可使典之，不计量不许典。若违律时，受贿则以枉法贪赃论，未受贿则有官罚马一，庶人十三杖。"③

以上所论民事责任和刑事责任的两种违约处罚，基本上是按照债权人受损的大小（多少）程度和债务人的经济状况等来施行的。对违约行为论错受罚，定罪量刑，不论是债权人还是债务人都是一致的，但从总体上来看，还是尽力保护债权人的权益。这一切充分说明西夏社会的民事关系，完全处于法律的约束和规范之中，使西夏的商品市场及典当借贷业处于理性的运作之中。

（3）民事责任和刑事责任兼有的处罚

这一种类型的处罚基本上以不动产契约为主要对象，其主要目的是加重处罚的力度，保护不动产交易的稳定流通和买卖，防止无休止的悔约，维护不动产交易市场的正常规范秩序。

俄 ИНВ. No. 5010 西夏文《天盛廿二年寡妇耶和氏宝引等卖地契》也有相似的规定：

……此后其地上诸人不得有争讼，若有争讼者，宝引等管。若有反悔时，不仅依《律令》承罪，还依官罚交三十石麦，情状依文据实行。④

这是一份不动产土地买卖的契约，契约一经签订，其他人不能再从中作梗并怀疑其土地的所有权，若扰乱则不仅要受到刑事处罚，同时"还依官罚交三十石麦"。这即"从契约"的一种惩罚，这一契约中的惩罚则既有刑事处罚还有民事责任。其他的如俄 ИНВ. No. 5124—7、8《天庆寅年正月二十九日恶恶显令盛卖

---

① 史金波、聂鸿音、白滨译注：《天盛改旧新定律令》卷3，法律出版社2000年版，第191页。
② 同上书，第189页。
③ 同上书，第543页。
④ 史金波：《黑水城出土西夏文卖地契研究》，《历史研究》2012年第2期。

地契》、俄 ИНВ. No. 5124—12、13《（天庆）寅年二月二日每乃宣主卖地契》、俄 ИНВ. No. 4194《天庆庚申年小石通判卖地房契》、俄 ИНВ. No. 4199《天庆丙辰年六月十六日梁善因熊鸣卖地房契》、俄 ИНВ. No. 5124—1《天庆寅年正月二十九日梁老房酉等卖地舍契》、俄 ИНВ. No. 5124—2《天庆寅年正月二十四日邱娱犬卖地契》①等契约都有类似的融民事和刑事于一体的处罚约定。由上可知西夏对土地、房产买卖的重视程度和重要性。

4. 意外情况下的违约处罚

西夏对主观上的违约行为进行了严厉的惩治。但现实生活中，往往会出现人力无法控制的偶然情况，因此，对这类违约现象的处理西夏是比较灵活的，并不完全照章死搬硬套。如法律规定，典当各种物时，一定要在契约上写清日限，若未写明，典当物的本利钱相等且物属者不来赎时，债权人可随意出卖，债务人"违律诉讼时，有官罚马一，庶人十三杖"。此外，契约一旦签订，则受到法律的保护，不允再有反悔。若有反悔，"罚交于官有名则当交官，交私人有名则当交私人取"，"若全超过，有特殊者，勿入罚之列，属者当取"，②等等。

5. 西夏法律对典当借贷利率的限制

西夏借鉴中原王朝高利贷利息的相关法规，同时为了减轻借贷人的负担，缓和社会矛盾，《天盛律令·催索债利门》对官私典当借贷利息做了明确的规定："全国中诸人放官私钱、粮食本者，一缗收利五钱以下，及一斛收利一斛以下等，依情愿使有利，不准比其增加。"这一法规的"一斛收利一斛以下"中的后一"斛"疑为"斗"之误，即为月息。③杜建录另一著作中同样有此说明，他认为"一缗收利五钱当为月息，年息为 60%；一斛收利一斛则为年息，即'本利相等'或倍称之息。也即法定利率控制在 100% 以内"。④由此可知，西夏所规定的贷钱和贷谷的利息是同期的，而且贷钱的利率为一缗月息收利五钱，即 5%，贷谷的利率为一斛月息收利一斗以下，即 10%，但年息不得超过 100%。可见，西

---

① 史金波：《黑水城出土西夏文卖地契研究》，《历史研究》2012 年第 2 期。
② 史金波、聂鸿音、白滨译注：《天盛改旧新定律令》卷 3，法律出版社 2000 年版，第 187—190 页。
③ 杜建录：《西夏经济史》，中国社会科学出版社 2002 年版，第 248 页。
④ 杜建录：《〈天盛律令〉与西夏法制研究》，宁夏人民出版社 2005 年版，第 76 页。

夏贷钱利息低于同期贷谷利息，它反映出西夏生产落后，粮食比较紧缺的状况。① 此外，西夏《天盛律令·催索债利门》还规定，诸人放官私钱、粮食本者，不论"日交钱、月交钱、年交钱，执谷物本，年年交利等，本利相等以后，不允取超额"，这是西夏法律层面对借贷、典当等的利率规定。那么，民间典当借贷契约的利率究竟是多少呢？关于此问题，我们已经在前面的"（四）西夏契约计息方式及利率"中进行了比较全面的研究。

综上，西夏契约不论是在买卖、典当、借贷还是租赁契约中，其违约处理规定始终是"民间规范与官方律令实现了很好的通融，契约中处处体现出对国家律令制度的遵从，通过这种主动的遵从，民间契约也获得了官方法律的认可与保障。即使在未纳契税，也未加盖收税印章的所谓'白契'中，'依官罚交''按律令承罪'这样的说法仍存在，这说明即使契约订立者无意通过纳税的方式获得官方的正式认可与保障，但其在契约内容中仍表达出强烈的官方化、正式化的倾向，或者说，官方律令成为确认契约正当性、合法性存在的重要基础"。② 从目前所见西夏汉文契约以及将西夏文译成汉文而公布的西夏契约来看，的确是民间规范和官方律令达到了巧妙的结合，从而保证了西夏契约的顺利实施。

（六）西夏契约所反映的服饰特点

黑水城出土的契约特别是典当契约中抵押之物大多为皮裘、苫皮、袄子裘、马毯、白毡等，如俄 TK49P 汉文《西夏天庆年间裴松处寿典麦契》（2—2）、英 Or. 8212—727 汉文《西夏天庆年间裴松处寿典麦契》（15—1、2、3、5）、日藏《西夏典谷文书》（12—07a）以及俄 TK49P 汉文《西夏天庆年间裴松处寿典麦契》（2—1）、日藏夏汉合璧《典谷文书》（12—02a）等中的典当物基本为皮裘、苫皮、袄子裘和马毯、白毡等。这里的裘一般是用兽皮做的服饰，毯、毡等应为毛制的片状的服饰，这和史书记载的党项族服饰"衣皮毛，事畜牧，蕃性所便"完全相符，这应是党项人早期的服饰。西夏建国以后，西夏都城及发达地区的党项人服饰都有了很大的改革，即汉化程度较大，"党项人的上层贵族逐渐汉化（不排斥建国前的部分汉化），服饰多仿汉人，故主要衣着为绢缯帛缎之料，'衣

---

① 杜建录：《西夏经济史》，中国社会科学出版社2002年版，第249页。
② 韩伟：《民间法视野下黑水城出土西夏文卖地契研究》，《宁夏社会科学》2013年第2期。

皮毛'之说只在党项贫下户中保留"。① 这也正是西夏中后期黑水城地区在青黄不接之时出现典当物大多为皮裘、苦皮、袄子裘、马毯、白毡等的真正原因，也是西夏北边偏远地区黑水城党项人普遍的服饰特点，即具有本民族特色的服饰。

（七）西夏契约档案的价值

西夏契约档案的价值，主要有以下几点。

1. 从数量和内容上来看

西夏契约档案从上述整理可知大约有447件，其中买卖契约55件，借贷契约264件，典当契约77件，租赁契约2件，其他契约49件。从数量上来看，西夏契约占西夏档案约1/6。② 可见，数量比较庞大，用途比较宽泛。从内容来看，基本上包含了中国传统契约的所有内容。

2. 极少数契约具有填补空白的作用

关于这方面价值的体现主要为黑水城出土俄 ИНВ. No. 4597、5949—29、7903西夏文卖人口契，这些契约"属于12、13世纪，填补了这一时期的人口买卖契约的空白。……这三件卖人口契增添了关于西夏社会经济的重要原始资料，显得更为可贵"。同时和属于10世纪敦煌文书中的三件卖人口契即《丙子年（916）阿吴卖儿契》《贞明九年（923）曹留住卖人契》《宋淳化二年（991）卖妮子契》中人口的价格相比，"尽管时间相差两三个世纪，每个被卖人口的具体情况又有差别，但若以实物粮食对比被卖人口的价格大抵相差不远"。③ 还有如黑水城出土的俄 Дх. 18993汉文《李春狗等赁租饼房契》，④ 这份契约中使用了一些其他契约和文书中比较少见的用语，如将租赁称为"扑到"，将"里面"称为"里九"，将所有的用具称之为"五行"。这也为西夏时期各种契约语言的研究提供了一个特殊的实物证据，这是其一。其二，这是一件完整而典型的租赁契约，正如有关专家所说，"这是一件典型的赁租经营店铺的契约，在此前英、法收藏

---

① 汤开建：《党项西夏史探微》，商务印书馆2013年版，第231页。
② 注：第二章第一节《西夏档案的种类及特点》中，对西夏档案的数量进行了粗略统计，约有2800件。
③ 史金波：《黑水城出土西夏文卖人口契研究》，《中国社会科学院研究生院学报》2014年第4期。
④ ［俄］孟列夫、钱伯城主编：《俄藏敦煌文献》第17册，上海古籍出版社、俄罗斯科学出版社东方文学部2001年版，第310页。

的敦煌文献中，极为罕见。它对于研究西夏时期城市经济、店铺赁租情况，是极有价值的实证材料"，① 所以，杜建录等先生也肯定地认为，"出土的隋唐宋辽夏金元时期租赁文契绝大部分是租田契，租赁房屋的文契不仅数量少，而且均为残件。光定十二年正月李春狗等扑买饼房契，是目前所见这一时期最完整租赁店铺文契"，进而认为，"李春狗'扑到面北烧饼房'一事，在西夏乃至中国经济发展史上是有意义的，我们从中看出这一时期社会生活与经济关系的一些变化，它填补了我国古代租赁史、社会史诸多研究领域的空白，具有重要的历史文献价值"。② 可见，反映了民间经济行为的契约对于研究历史的重要性。

3. 反映了西夏时期民间其他一些经济行为

一是买卖土地问题。如俄 ИНВ. No. 5124—4《天庆寅年二月一日庆现罗成卖地契》等，西夏时期土地可以买卖，并受到法律的保护，同时反映出了土地买卖的价格、土地税等问题，对研究西夏土地买卖乃至土地状况具有重要的价值。二是买卖人口问题。如俄 ИНВ. No. 4597《天庆未年卖使军契》。③ 西夏的人口可以买卖，但只限于最低层的使军、奴仆等。三是反映出了西夏的借贷、典当的利率问题，更反映出了西夏的老百姓在春夏之交青黄不接之时遭受高利盘剥的实况等。

4. 契约当事人及参与人姓名的多样性

从目前西夏契约来看，立文字人及参与人几乎都为基层的老百姓，文盲居多，他们比较迷信，起名时大多有以难听并好养的动物名为特点，如赵猪狗、李来狗、李喜狗、没瑞隐隐狗、李显令狗、孙猪狗、白伴狗、邱娱犬、恶恶花美犬、李猪儿等。这也成为西夏基层老百姓给孩子起名的一个习俗。

5. 对现当代经济合同撰写的影响。西夏虽然处在中国中古时期，但是，西夏的一些契约档案的写作规律和结构模式对元明清的契约乃至现当代经济合同都有一定的影响。如黑水城出土俄 Дx. 18993 汉文《李春狗等赁租饼房契》就是一份典型而完整的租赁契约，其写作规律和结构模式与现当代经济合同十分相像，

---

① 乜小红：《俄藏敦煌契约文书研究》，上海古籍出版社2009年版，第10—11页。
② 杜建录、史金波：《西夏社会文书研究》，上海古籍出版社2012年版，第43—45页。
③ 史金波、魏同贤、[俄] 克恰诺夫主编：《俄藏黑水城文献》第13册，上海古籍出版社2007年版，第223页。

所以，"即便是按现代经济合同要素衡量这份文契也多有契合处"，① 可见，西夏的契约对元明清契约乃至现当代经济合同的撰写有一定的影响。

6. 契约档案中计量单位的借鉴和学习

西夏契约档案中有许多计量单位的使用，这些计量单位基本上仍然是学习借鉴中原王朝的计量单位。这些计量单位主要有贯、文、贯文、两、亩、斤、石、斗、升、位、富、口、张、个、面、尺等。现简单分类探讨一下。

(1) 表示计量金钱的币制单位，如贯、文、贯文、两等

关于"贯"。《汉语大词典》义项二："古代铜钱用绳穿，千钱为一贯。"② 作为币制单位已经有多人进行了研究，有学者认为"贯"是表示事物集体单位的集体计量单位；③ 也有学者认为"贯"在敦煌变文及吐鲁番文书中已经成为称量钱币的标准量词。④ "贯"用来称量钱币，在史籍中早有记载。《史记·货殖列传》："子贷金钱千贯。"⑤《汉书·武帝纪》："初算缗钱。李斐曰：'缗，丝也，以贯钱也。一贯千钱，出算二十也。'"⑥《说文·白部》："百，……十百为一贯。"⑦ 可见，"贯"在古代就已经是钱币计量单位，且一千钱为一贯。西夏契约档案中多次出现以"贯"为钱币单位，其用法也可认为是沿袭中原，如俄 ИНВ. No. 2208 汉文《西夏乾祐十四年安推官文书》中就有"拾天内交还钱肆……外欠钱叁拾叁贯柒百文，收索不与乞索打算"。⑧ 再如俄 ИНВ. No. 7903 西夏文《皇建午年苏??卖使军契》汉译文中也有"……共四人卖与同抄讹七金刚酉，价一百贯钱已议定。若各人有官私争讼者，或有反悔者等时，依卖价不仅一贯付二贯，还依官法罚交五十贯钱，本心服，依情状按文书施行"⑨ 等均如此。

关于"文"。秦汉以来，我国钱币大都是铜制圆形，中有方孔。据学者研

---

① 李华瑞：《西夏社会文书补释》，杜建录主编：《西夏学》第 8 辑，上海古籍出版社 2011 年版，第 230 页。
② 罗竹凤：《汉语大词典》第 10 卷，汉语大词典出版社 1992 年版，第 125 页。
③ 向熹：《简明汉语史》下册，商务印书馆 2010 年版，第 70 页。
④ 洪艺芳：《敦煌吐鲁番文书中之量词研究》，台湾文津出版社 2000 年版，第 412 页。
⑤ 《史记》卷 129，中华书局 1959 年版，第 3274 页。
⑥ 《汉书》卷 6，中华书局 1962 年版，第 178 页。
⑦ (汉) 许慎撰，(清) 段玉裁注：《说文解字注》，上海古籍出版社 1981 年版，第 137 页。
⑧ 史金波、魏同贤、[俄] 克恰诺夫主编：《俄藏黑水城文献》第 6 册，上海古籍出版社 2000 年版，第 300 页。
⑨ 史金波：《黑水城出土西夏文卖人口契研究》，《中国社会科学院研究生院学报》2014 年第 4 期。

第六章　西夏专门档案整理与研究（下）

究，古代钱币上铸有文字，故用"文"作为"钱"的专用计量单位。①《汉语大词典》载："文，量词。钱币的单位。南北朝以来称钱一枚为一文。"②《宋书·徐羡之传》载："可以钱二十八文埋宅四角，可以免灾。"③ 唐韩愈《论变盐法事宜状》载："一件平叔请定盐价每斤三十文，又每二百里每斤价加收二文以充脚价。"④ 由此可见，"文"用于称量钱币时和"枚"相同，即一枚钱为一文钱。西夏契约档案中也多有以"文"作为钱币计量单位，如俄 ИНВ. No. 7779 E 汉文《贷钱契》中就有"……贰拾文，限陆拾伍夜为满"。⑤

关于"贯文"。西夏也有"贯""文"连用的计量单位，如俄 ИНВ. No. 7779 AV 汉文《天盛十五年令胡阿典借钱账》"天盛癸未十五年……八日收现有钱伍贯文……经叁贯文，一限收钱肆百肆拾文"。⑥ 再如俄 ИНВ. No. 7779 B 汉文《天盛十五年令胡阿借钱账》"天盛癸未十五年十……八日收，现有钱伍贯文……赎经叁贯文，一限收钱肆百肆拾文"。⑦ 这两份档案中的"贯"是钱的计量单位，但"文"似乎并无实意，只是一种称谓习惯而已。

关于"两"。《汉语大词典》义项之一载："古制二十四铢为一两，十六两为一斤。"⑧ 此用法史书早有记载。汉《淮南子·天文训》载："十二粟而当一分，十二分而当一铢，十二铢而当半两，衡有左右，因倍之，故二十四铢而为一两。"⑨《汉书·律历志》载："权者，铢、两、斤、钧、石也，所以称物平施，知轻重也。本起于黄钟之重，一龠容千二百黍，重十二铢，两之为两。二十四铢为两。十六两为斤。三十斤为钧。四钧为石。"⑩ 唐宋对"两"的规定也如是。《宋刑统》载："秤权衡，以秬黍中者，百黍之重为铢，二十四铢为两，三两为

---

① 刘世儒：《魏晋南北朝量词研究》，中华书局1965年版，第179页。
② 罗竹凤：《汉语大词典》第6卷，汉语大词典出版社1990年版，第1513页。
③ 《宋书》卷43，中华书局1974年版，第1334页。
④ 《全唐文》卷550，上海古籍出版社1990年版，第2467页。
⑤ 史金波、魏同贤、［俄］克恰诺夫主编：《俄藏黑水城文献》第6册，上海古籍出版社2000年版，第325页。
⑥ 同上书，第322页。
⑦ 史金波、魏同贤、［俄］克恰诺夫主编：《俄藏黑水城文献》第6册，上海古籍出版社2000年版，第325页。
⑧ 罗竹凤：《汉语大词典》第1卷，上海辞书出版社1986年版，第555页。
⑨ 张双棣：《淮南子校释》，北京大学出版社1997年版，第342页。
⑩ 《汉书》卷21，中华书局1962年版，第969页。

大两一两，十六两为斤。"①《唐律疏议》中也有如此记载。西夏对"两"的规定与唐宋近似。"《文海》'镒'字条'十黍一镒，十镒一铢，六铢一钱，四钱一两，此者称量用是'，其中'六铢一钱，四钱一两'，即一两合24铢。"② 西夏文书档案中也多用于称银钱的重量单位，如俄 ИНВ. No. 6377—15 西夏文《光定子年（1216）卖畜契》汉译文载："光定子年五月十六日，立契者梁犬势……共价九十两银已议定，价畜等并无悬欠。"③ 俄 ИНВ. No. 5124—12、13 西夏文《（天庆）寅年二月二日每乃宣主卖地契》汉译文："寅年二月二日立契约者每乃宣主等……若何方违约时，不仅依《律令》承罪，还应罚交一两金，本心服。"④ 可见，西夏对"两"的使用也是沿袭古制。

（2）表示计量土地面积的计量单位，如亩等

关于"亩"。《汉语大词典》载："我国地积单位，市亩的通称。周制，六尺为步，百步为亩。秦时以五尺为步，二百四十步为亩。汉因秦制。唐以广一步，长二百四十步为亩。清以五方尺为步，二百四十步为亩。今一亩等于六十平方丈，合6.6667公亩。"⑤ 亩作为地积单位在先秦文献中就已使用。如《诗·魏风·十亩之间》："十亩之间兮，桑者闲闲兮，行与子还兮。"⑥ 其后各朝都沿袭此制，只是各朝亩的地积大小不完全相同，如宋朝和西夏就是如此。据西夏学专家考证认为："《文海》'亩'字条'此者一边各五十尺，四边二百尺算一亩'，'顷'字条'百亩为一顷也'。西夏每亩为25平方丈，100方步，按上述推测西夏一寸3.12厘米计算，每亩约合243平方米。唐宋亩制以240方步为一亩，约为600平方米。因此，宋朝一亩为西夏2.4亩，是知西夏亩小。"⑦ 可见，虽然西夏地积计量单位取自中原，但实际的大小并不完全相同，而是根据西夏的实际进行确定。"亩"在西夏文书档案中使用很普遍，如俄 ИНВ. No. 4199 西夏文《天

---

① （宋）窦仪等撰，薛梅卿点校：《宋刑统》卷26，法律出版社1999年版，第482页。
② 史金波：《西夏度量衡刍议》，《固原师专学报》2002年第2期。
③ 史金波：《西夏文卖畜契和雇畜契研究》，《中华文史论丛》2014年第3期。
④ 史金波：《黑水城出土西夏文卖地契研究》，《历史研究》2012年第2期。
⑤ 罗竹风：《汉语大词典》第7卷，汉语大词典出版社1991年版，第1334页。
⑥ 《毛诗正义》卷5之三，（清）阮元校刻：《十三经注疏》上册，上海古籍出版社1997年版，第358页。
⑦ 史金波：《西夏度量衡刍议》，《固原师专学报》2002年第2期。

庆丙辰年六月十六日梁善因熊鸣卖地房契》汉译中就有："天庆丙辰年（1196）六月十六日，立契者梁善因熊鸣等，今将地四井坡渠灌撒十石种子熟生地七十亩自愿卖与梁守护铁，价五石杂粮。"①

（3）表示重量或容量的计量单位，如斤、石、斗、升等

关于表示计量单位的"斤、石、斗"已在第三章第二节《西夏官府文书档案研究》中进行了探讨，此不赘述。

关于"升"。《汉语大词典》载："容量单位。十合为一升，十升为一斗。公制一升分为1000毫升，合一市升。今公制与市制相同。"②"升"也是一个在先秦文献中早已频繁运用的计量单位，而且是较小的一个计量单位，最早见于甲骨卜辞中。如《殷墟甲骨刻辞摹释总集》中38696号："辛卯卜，贞：王宾二升蒸，无尤？"③后世及至西夏文书档案中也沿用此意，《文海》载："十粟一粒，十粒一圭，十圭一撮，十撮一抄，十抄一合，十合一升，算量起处是也。"④如俄 ИНВ. No. 6377—16 西夏文《光定卯年梁十月狗借粮契约》汉译文载："光定卯年三月六日立契约者梁十月狗，今于兀尚般若山自本持者老房势处借一石五斗麦，每石有五斗利，共算为二石二斗五升，期限同年八月一日当聚集粮数来。"⑤再如俄 ИНВ. No. 4762—6 西夏文《梁功铁借粮契约》汉译文载："天庆寅年（1194）正月二十九日立契约者梁功铁，今从普渡寺中持粮人梁任麻等处借十石麦、十石大麦，自二月一日始，一月有一斗二升利，至本利相等时还，日期过时按官法罚交十石麦，心服。"⑥据西夏学专家研究认为，西夏"升"的量制与宋制基本相同。⑦

（4）表示某些物品或生活用品的计量单位，如富（副）、位、口、张、个、面、领、片、具等

关于"富（副）"，已在第三章第二节《西夏官府文书档案研究》中探讨，

---

① 史金波：《黑水城出土西夏文卖地契研究》，《历史研究》2012年第2期。
② 罗竹凤：《汉语大词典》第1卷，上海辞书出版社1986年版，第637页。
③ 姚孝遂主编：《殷墟甲骨刻辞摹释集》，中华书局1988年版，第884页。
④ 史金波、白滨、黄振华：《文海研究》，中国社会科学出版社1983年版，第514页。
⑤ 杜建录、史金波：《西夏社会文书研究》，上海古籍出版社2010年版，第142页。
⑥ 同上书，第139—140页。
⑦ 史金波：《西夏度量衡刍议》，《固原师专学报》2002年第2期。

此不赘述。

关于"位"。《汉语大词典》载："量词。……二是用于称物。"① 西夏也用于称物，用法同中原宋朝。如俄 Дх. 18993 汉文《李春狗等赁租饼房契》："光定十二年正月廿一日立文字人李春狗、刘番家等，今于王元受处撲到面北烧饼房舍一位，里九五行动用等全。"②

关于"口"。《汉语大词典》载："量词。……五是用于器物。南朝梁陶弘景《刀剑录》：'晋武帝司马炎以咸宁元年造八千口刀。'"③ 西夏用法同前朝。如俄 Дх. 18993 汉文《李春狗等赁租饼房契》："光定十二年正月廿一日立文字人李春狗、刘番家等，今于王元受处撲到面北烧饼房舍一位，里九五行动用等全……大小铮二口，重廿十五斤。"④

关于"张"。《汉语大词典》载："量词。《左传·昭公十三年》：'子产以幄幕九张行。'"⑤ 可见，"张"作为量词在先秦文献中已经普遍运用，主要用于扁平或柔软的条状、片状物体。如汉赵昭仪《奏上赵皇后书贺正位》："五色同心大结一盘，鸳央万金锦一匹，琉璃屏风一张，枕前不夜珠一枚，含香绿毛狸藉一铺……"⑥ 西夏用法同前朝，如俄 Дх. 18993 汉文《李春狗等赁租饼房契》："光定十二年正月廿一日立文字人李春狗、刘番家等，今于王元受处撲到面北烧饼房舍一位，里九五行动用等全……铁匙一张，糊饼划一张。"⑦

关于"个"。《汉语大词典》载："量词。……二是用于没有专用量词的名词。"⑧ 这一"个"在先秦文献中就已运用。《仪礼·士虞礼》："举鱼腊俎，俎

---

① 罗竹凤：《汉语大词典》第1卷，上海辞书出版社1986年版，第1278页。
② [俄] 孟列夫、钱伯城主编：《俄藏敦煌文献》第17册，上海古籍出版社、俄罗斯科学出版社东方文学部2001年版，第310页。
③ 罗竹凤：《汉语大词典》第3卷，汉语大词典出版社1989年版，第2页。
④ [俄] 孟列夫、钱伯城主编：《俄藏敦煌文献》第17册，上海古籍出版社、俄罗斯科学出版社东方文学部2001年版，第310页。
⑤ 罗竹凤：《汉语大词典》第4卷，汉语大词典出版社1989年版，第122页。
⑥ (清) 严可均辑：《全上古三代秦汉三国六朝文》第1册《全汉文》卷11，上海古籍出版社2009年版，第184页。
⑦ [俄] 孟列夫、钱伯城主编：《俄藏敦煌文献》第17册，上海古籍出版社、俄罗斯科学出版社东方文学部2001年版，第310页。
⑧ 罗竹凤：《汉语大词典》第1卷，上海辞书出版社1986年版，第1070页。

释三个。"郑玄注："个，犹枚也。今俗或名枚曰个，音相近。"① 西夏"个"用法同前朝。如俄 Дx. 18993 汉文《李春狗等赁租饼房契》："光定十二年正月廿一日立文字人李春狗、刘番家等，今于王元受处撲到面北烧饼房舍一位，里九五行动用等全……大小口袋二个。"②

关于"面"。《汉语大词典》载："量词。一表示物体的数量。多用于扁平的或能展开的物件。"③《隋书·礼仪志三》载："后齐定令，亲王、公主、太妃、妃及从三品以上丧者，借白鼓一面，丧毕进输。"④ 西夏用法同前朝。如俄 Дx. 18993 汉文《李春狗等赁租饼房契》："光定十二年正月廿一日立文字人李春狗、刘番家等，今于王元受处撲到面北烧饼房舍一位，里九五行动用等全……大小岸三面，升房斗二面。"⑤

关于"领"。《汉语大词典》载："量词。（1）用于衣服、铠甲。《荀子·正论》：'衣衾三领'杨倞注：'三领，三称也。'《北齐书·河清王岳传》：'初岳与高祖经纶天下，家有私兵，并畜戎器，储甲千余领。'……（2）用于床上用具。汉荀悦《汉帝·宣帝纪一》：'上赐金钱，缯絮绣被百领，衣五十箧。'"⑥ 可见，"领"作为量词在先秦文献中就已经广泛运用了。西夏文书档案中沿袭古代用法，仍然作为量词而使用，如英 Or. 8212—727 汉文《天庆年间裴松寿典麦契》（15—6）中就有："……年五月初九日，立文人……白帐毡一领，皮毯一领，于裴……"再如英 Or. 8212—727 汉文《天庆年间裴松寿典麦契》（15—12）中同样记载有："天庆十一年五月……皮毯一领，于裴……"⑦ 可见，在西夏契约档案中"领"主要用于衣服之类的量词。

关于"片"。《汉语大词典》载："量词。（1）用于扁而薄的东西。汉应劭

---

① 《仪礼注疏》卷42，（清）阮元校刻：《十三经注疏》上册，上海古籍出版社1997年版，第1169页。
② ［俄］孟列夫、钱伯城主编：《俄藏敦煌文献》第17册，上海古籍出版社、俄罗斯科学出版社东方文学部2001年版，第310页。
③ 罗竹凤：《汉语大词典》第12卷，汉语大词典出版社1993年版，第379页。
④ 《隋书》卷8，中华书局1973年版，第155页。
⑤ ［俄］孟列夫、钱伯城主编：《俄藏敦煌文献》第17册，上海古籍出版社、俄罗斯科学出版社东方文学部2001年版，第310页。
⑥ 罗竹凤：《汉语大词典》第12卷，汉语大词典出版社1993年版，第279页。
⑦ 沙知、吴芳思主编：《斯坦因第三次中亚考古所获汉文文献》（非佛经文献）第1册，上海古籍出版社2005年版，第200—203页。

《风俗通·怪神·石贤士神》：'田家老母到市买数片饵。'南朝梁吴均《续齐谐记》：'堂前一株紫荆树，共议欲破三片。'"① "片"作为量词在汉代就已经运用了，且用于削或劈成的扁而薄的东西，西夏文书档案中沿袭古代"片"的用法，如英3771.a.1汉文《天庆十三年（1206）裴松寿典麦契》中就有："……年三月初九日立文字人兀哆遇令山今将……次银钏子一对，旧被毡一片……"②

关于"具"。量词，主要用于生活用品，在秦汉史籍中已有记载。如《史记·货殖列传》："旃席千具。"③《魏书·蠕蠕传》："五色锦被二领，黄绌被、褥三十具。"④ 西夏沿袭古代用法，如英3771.a.1汉文《天庆十三年（1206）裴松寿典麦契》中就有："……年三月初九日立文字人兀哆遇令山今将……次银钏子一对，旧被毡一片……鞍一具。"⑤

综上，我们探讨了西夏契约档案中一些使用频率较高的计量单位，以为今后的西夏契约研究提供线索。当然，这不是全部的计量单位，还有一些计量单位在今后的西夏研究中会逐渐地涉猎和研究。

7. 西夏契约文字的运用。西夏契约的签订或者是为了迅速快捷，或者说书契人撰写契约时对某些字已经写成习惯，无法一时改变过来，等等原因，故契约中的用字也是十分的随便，特别是西夏汉文契约。现举几例说明之。

（1）音近假借。如黑水城出土俄 ИНВ. No. 7779A 汉文《天盛十五年王受贷钱契》、俄 ИНВ. No. 7779B 汉文《天盛十五年令胡阿借钱账》⑥ 等。这两契约中多处将"钱"俗写成"![字]"以及俄 Дx. 19076 汉文《直多昌磨哆借钱契》中的"倍送本钱"的"倍"写成"培"，"钱"写成"![字]"。⑦ 这些文字现象可能就是有"音近假借"的音理基础。⑧

---

① 罗竹凤：《汉语大词典》第6卷，汉语大词典出版社1990年版，第1038页。
② 谢玉杰、吴芳思主编：《英藏黑水城文献》第5册，上海古籍出版社2010年版，第87页。
③ 《史记》卷129，中华书局1959年版，第3274页。
④ 《魏书》卷103，中华书局1974年版，第2300页。
⑤ 谢玉杰、吴芳思主编：《英藏黑水城文献》第5册，上海古籍出版社2010年版，第87页。
⑥ 史金波、魏同贤、[俄]克恰诺夫主编：《俄藏黑水城文献》第6册，上海古籍出版社2000年版，第321—322页。
⑦ [俄]孟列夫、钱伯城主编：《俄藏敦煌文献》第17册，上海古籍出版社、俄罗斯科学出版社东方文学部2001年版，第336页。
⑧ 靳红慧：《〈俄藏黑水城文献〉第六册俗字研究》，硕士学位论文，宁夏大学，2010年，第37页。

第六章　西夏专门档案整理与研究（下）

（2）繁体简写。如黑水城出土俄 TK49P 汉文《天庆年间裴松寿典麦契》（2—1）① 将五谷中的"糜子"的"糜"简写成"床"。

（3）形近而错。如黑水城出土俄 Дx. 18993 汉文《李春狗等赁租饼房契》②中将"如本人不还与不辦之时"的"辦"字写成"辨"字。

当然，西夏契约中的音近假借、繁体简写、形近而错等文字运用现象为中国中古时期的语言研究提供了一些新的实物依据，或者说从某种意义上来看，则扩大了语言研究的范围。③

第二节　西夏书信档案整理与研究

西夏书信档案是指人们在日常生活和工作中交际往来互通音讯、交流感情、沟通情况、研究、协商及处理问题时使用的一种文字材料，它属于专门档案的范畴，也是一种很重要的交际工具。

书信通常分为一般书信和专用书信两大类。一般书信即私人之间正常的感情沟通、问安致候等交际往来的书信；专用书信即专门用于团体与团体之间、个人与团体之间、个人与个人之间进行事务联系、商洽工作、处理事项等的信件。西夏书信档案是中国古代书信档案的有机组成部分，从我们目前所掌握的西夏书信档案的种类来看，既有一般书信，又有专门书信；从其内容来看，涉及经济、文化等各个方面。但是，由于西夏出土的书信档案残损严重，内容无法完整地粘连在一起，所以很难准确地区分一般书信档案或是专门书信档案，这给我们研究西夏书信档案带来了障碍。虽然如此，但是我们还是要知难而上，克服重重困难，对该问题进行一些梳理和研究。于是我们借助于出土的西夏书信档案和汉文西夏

---

① 史金波、魏同贤、[俄]克恰诺夫主编：《俄藏黑水城文献》第 2 册，上海古籍出版社 1996 年版，第 37 页。
② [俄]孟列夫、钱伯城主编：《俄藏敦煌文献》第 17 册，上海古籍出版社、俄罗斯科学出版社东方学部 2001 年版，第 310 页。
③ 赵彦龙：《西夏契约研究》，《青海民族研究》2007 年第 4 期；《论西夏契约及其制度》，《宁夏社会科学》2007 年第 4 期；《西夏契约再研究》，《宁夏社会科学》2008 年第 5 期；《西夏契约参与人及其签字画押特点》，《青海民族研究》2015 年第 1 期。

· 487 ·

史籍辑录的汉文书信,就西夏书信档案所反映出来的相关问题作一简单探讨。

一 书信档案来源概述

中国古代把书信称作"书"。《左传·昭公六年》:"三月郑人铸刑书,叔向使诒子产书……复书曰:'若吾子之言'。"① 这里的"书"就是信。刘勰在《文心雕龙·书记》篇中将书分为广义和狭义两种,其狭义的"书"就是信,"本在尽言,言以散郁陶,托风采,故宜条畅以任气,优柔以怿怀;文明从容,亦心声之献酬也"。② 但是古代把"信"称作使者或"信使"。《三国志·魏武帝纪》载:建安十六年秋七月,"(马)超等屯渭南,遣信求割河以西请和,公不许"。③ 这里的"信"说的就是使者或信使。由于使者携书而传,逐渐"书""信"合一,产生"书信"一词。如《晋书·陆机传》:"初机有骏犬,名曰黄耳,甚爱之。既而羁寓京师,久无家问,笑语犬曰:'我家绝无书信,汝能赍书取消息不?'犬摇尾作声。机乃为书以竹筒盛之而系其颈,犬寻路南走,遂至其家,得报还洛。"④ 这里的"书信"和"书"混用,但都为书信之意。《南齐书·张敬儿传》载:"初得贤子赜疏,云得家信,云足下有废立之事。"⑤ 这里的"信"就是书信之意。从唐代开始,书信就可直接以"信"称之。如唐白居易《谢李六郎中寄新蜀茶》诗中有"红纸一封书后信,绿芽十片火前春"⑥ 句,这里就直接以"信"称之了,宋元明清乃至现代则沿袭"信"。

书信在古代还有许多名称,如书札、手札、书牍、尺牍、尺翰、尺素、笺、函、书简等。对唐以前的名人书信,后人称之为帖,是重视它的书法,如故宫博物院所藏镇院之宝《平复帖》,就是西晋陆机问候患病的朋友的书信,只有短短9行84字的草书,却成为我国存世最早的书法真迹和名人手札。

一般情况下,学者们认为春秋是我国书信产生的时期。到战国时期,书信以

---

① 《春秋左传正义》卷43,(清)阮元校刻:《十三经注疏》下册,上海古籍出版社1997年版,第2043页。
② (南朝梁)刘勰著,周振甫注:《文心雕龙注释》卷25,人民出版社1981年版,第278页。
③ 《三国志》卷1,中华书局2006年版,第21页。
④ 《晋书》卷54,中华书局1974年版,第1473页。
⑤ 《南齐书》卷25,中华书局1972年版,第467页。
⑥ 《全唐诗》卷439,中华书局1960年版,第4893页。

论辩为主的特点没有多少改变。书信在汉代得到了较大发展，这些书信仍然主要抒发个人在政治风云中的感受，特别是个人遭遇不幸时的心声和志向。

魏晋南北朝时期书信的内容和形式都发生了极大变化，得到了空前繁荣。魏晋时期文人似乎特别喜欢书信这一特殊文体，也可以说书信写作已经形成一种自觉行为，从先秦战国时的实用性逐渐过渡到实用性与文学性并举，甚至渐渐以文学性取代实用性的趋势或倾向。

唐宋是我国书信发展的重要时期，书信作为实用文书的一种体裁有着一些较大的变化，即不仅用于个人感情的抒发，而且将其引入类似于官府的层面上进行交流，发挥了官府文书无法表达的一些见解。但从文字的运用来看，有一部分书信显得完全散体化，体现出了实用性的风格；还有一些书信则仍然文学性很强，具有文字优美、雅致的文学特质，但也映射出了实用的价值。

明清两朝，统治阶级推行极权政治，大兴文字狱，杀戮文人学者，因此，在明清诗文中缺少佳篇这并不奇怪。然而，在书信方面，情况并非完全如此。明清时期的书信，产生不少佳篇，尤其是那种讽世骂时、牢骚不平之作，更足以反映出这个时期的特色。

到了清末，由于资产阶级民主革命的兴起，资产阶级民主主义思想和民族主义思想也大量地表现在书信之中。

西夏的书信文书仿唐宋而来，既保留了一些中原王朝书信文书的因素，也根据本国对书信文书的需要进行了一些创造，使其更适合于西夏官民进行交流、商洽事项等的渴望和需要。

二　西夏书信档案概况

西夏书信档案保存在同时代的汉文西夏史籍中的数量并不多，大量的西夏书信文书档案出土于西夏故地黑水城及其他地区，但至今被学界考证公布的西夏书信档案的数量也不如人愿。我们遍寻汉文西夏史籍如《续长编》《宋史》等以及《俄藏》《英藏》等文献资料，才从中梳理出很有限的32篇西夏书信档案。其中汉文史籍中收录有6篇西夏书信，《俄藏》中收录有3篇汉文西夏书信，《俄藏》和《英藏》收录有23篇西夏文书信。依次将图版编号、档案名称、版本、纸质、字体、书写文字、档案出处等相关信息整理成表6—16。

表6—16 西夏书信档案

序号	图版编号	档案名称	版本	纸质	字体	书写文字	档案出处	备注
1		遗贺九年贡嫚书				汉文	《续长编》①卷125 第2949页	元昊天授礼法延祚二年(1039)
2		遗卢秉书				汉文	《涑水纪闻》②卷14 第275页	夏大安八年(1083)
3		破宋金明寨遗宋经略使书				汉文	《宋史》③卷486 第14017页	夏天祐民安六年(1095)
4		遗统军梁哆唛书				汉文	同上书,第14018页	夏贞观十三年(1113)
5		报吴璘遣使檄夏国书				汉文	《西夏书事校证》④卷36 第425页	夏天盛十三年(1161)
6		回宋刘锜等檄书				汉文	《三朝北盟会编》⑤卷233第360—361页	夏天盛十三年(1161)
7	俄 ИНВ. No. 1237	书信	写本	麻纸	行楷楷书	汉文	《俄藏》第六册⑥ 第291—294页	残片
8	俄 ИНВ. No. 1381B	书信	写本	麻纸	楷书	汉文	同上书,第297页	多层纸粘叠。上略裁去
9	俄 ИНВ. No. 7779D	卖地书信	写本	麻纸	楷书	汉文	同上书,第324页	残片

---

① (宋) 李焘:《续资治通鉴长编》卷125,中华书局2004年版。
② (宋) 司马光:《涑水记闻》卷14,中华书局1989年版。
③ 《宋史》卷486,中华书局1977年版。
④ (清) 吴广成撰,龚世俊等校证:《西夏书事校证》,甘肃文化出版社1995年版,第425页。
⑤ (宋) 徐梦莘:《三朝北盟会编》,影印文渊阁《四库全书》第352册,台湾商务印书馆1986年版。
⑥ 史金波、魏同贤、[俄]克恰诺夫主编:《俄藏黑水城文献》第6册,上海古籍出版社2000年版。

第六章　西夏专门档案整理与研究（下）

续　表

序号	图版编号	档案名称	版本	纸质	字体	书写文字	档案出处	备注
10	俄 ИНВ. No. 162—14	信函	写本	麻纸	草书	西夏文	《俄藏》第十二册①第33页	残卷。有涂改
11	俄 ИНВ. No. 2150	信函	写本	麻纸	草书	西夏文	《俄藏》第十三册②第29页	封套裱纸
12	俄 ИНВ. No. 4172	守护势信函	写本	麻纸	草书	西夏文	同上书，第193页	行首有"尊敬"，行末署"书者子守护势"③
13	俄 ИНВ. No. 4204	子年信函	写本	麻纸	草书	西夏文	同上书，第204页	残卷。有年款、签署、画押。是父给子的书信④
14	俄 ИНВ. No. 4761—14～16	信函	写本	麻纸	草书	西夏文	同上书，第272—274页	残卷。有涂改
15	俄 ИНВ. No. 4825	守护吉信函	写本	麻纸	行楷	西夏文	同上书，第299页	残卷。有涂改、画押⑤
16	俄 ИНВ. No. 5009	守护势信函	写本	麻纸	行书	西夏文	《俄藏》第十四册⑥第1页	卷子。有涂改、署名、画押
17	俄 ИНВ. No. 5223—4	信函	写本	麻纸	草书	西夏文	同上书，第28页	残页。有署名

---

①　史金波、魏同贤、［俄］克恰诺夫主编：《俄藏黑水城文献》第12册，上海古籍出版社2006年版。
②　史金波、魏同贤、［俄］克恰诺夫主编：《俄藏黑水城文献》第13册，上海古籍出版社2007年版。
③　史金波：《西夏文教程》，社会科学文献出版社2013年版，第382页。
④　同上书，第383页。
⑤　注：《俄藏黑水城文献》第14册附录叙录中题为"守护吉告牒"，史金波《西夏文教程》（社会科学文献出版社2013年，第383页）拟题为"守护势信函"。从《西夏文教程》。
⑥　史金波、魏同贤、［俄］克恰诺夫主编：《俄藏黑水城文献》第14册，上海古籍出版社2011年版。

· 491 ·

续 表

序号	图版编号	档案名称	版本	纸质	字体	书写文字	档案出处	备注
18	俄 ИНВ. No. 5708	信函	写本	麻纸	草书	西夏文	同上书,第49页	残页。末行疑为"乾祐申年"诸字。有署名、画押
19	俄 ИНВ. No. 5949—48~50	守护势信函等	写本	麻纸	草书	西夏文	同上书,第105—107页	残卷
20	俄 ИНВ. No. 6377—21	信函	写本	麻纸	草书	西夏文	同上书,第149页	残页。有署名、画押
21	俄 ИНВ. No. 6569—2	信函	写本	麻纸	草书	西夏文	同上书,第158页	残页。有涂改
22	俄 ИНВ. No. 7888	信函	写本	麻纸	草书	西夏文	同上书,第201页	残页
23	俄 ИНВ. No. 7904~7904V	信函	写本	麻纸	草书	西夏文	同上书,第222—223页	残页。有涂改
24	俄 ИНВ. No. 7994—19~20	信函	写本	麻纸	草书	西夏文	同上书,第247—248页	残卷。有涂改
25	俄 ИНВ. No. 8211	信函	写本	麻纸	草书	西夏文	同上书,第257页	残卷
26	英 0552	书信	写本	麻纸	草书	西夏文	《英藏》第一册[1] 第205页	残片[2]

三 西夏书信档案研究

西夏书信档案数量并不多,但内容较为广泛,反映了西夏社会的人际交往、

---

[1] 谢玉杰、吴芳思主编:《英藏黑水城文献》,上海古籍出版社2005年版。
[2] 注:英 0552 原定名称"草书写本",现据史金波《〈英藏黑水城文献〉定名刍议及补证》(杜建录主编:《西夏学》第5辑,上海古籍出版社2010年版,第7页)改定名称为"书信"。

第六章 西夏专门档案整理与研究（下）

亲属关系、社会关系等一些重要的问题。

（一）西夏书信所反映的问题

从《俄藏》中收录的 3 封汉文书信及汉文史籍中辑录的 6 篇西夏皇帝及大臣致宋的汉文书信以及《俄藏》《英藏》中收录的 26 篇西夏文、汉文书信所涉及的内容来看，主要反映了以下几个问题。

1. 有关买卖土地方面的问题。这应该属于土地买卖契约签订之前的序曲，是异地或距离较远的双方就买卖土地事进行前期协商的书信。《俄藏》中收录的俄 ИНВ. No. 7779D《卖地书信》便是属于该方面的典型代表。这封书信是民间私人因生活所迫要将自己所属的 3 分土地出卖，这一信息被"昨来检会得亲"的人获悉，告知了某一想买土地的人。这一买人就价格等事宜撰写了一封商议书信，"遣阿外专持札……"来与卖人商量，并注明"若有意则亲……"然后等到"……阿外到来时好……"[①] 再签订具体的买卖土地契约。

这封书信由于残损比较严重，内容并不十分连贯，所以，我们可以有以下的不同理解。一是双方就土地的价格进行磋商，一旦价格磋商达成一致，就签订买卖土地契约，从而买人就自然成为这块地的权利人，向官府承担应尽的缴税义务。如果是这样的话，这封土地买卖书信就真实地反映出西夏土地可以自由买卖，买卖之后要签订向官府缴纳税款的"红契"，映射出西夏土地买卖者法律意识的自觉性。二是买卖双方似乎是要通过这种不正当的协商而实现双方的愿望，其结果是想借此以逃脱向国家缴纳买卖土地税以及其他费用的目的，也即双方签订一份"白契"。而从西夏出土的契约档案来看，西夏的确存在"白契"之事。再结合这封书信档案的第二种理解，我们可以大胆推测，西夏这种非正常交易的形式可能大量存在。由此看出，西夏的这封卖地书信档案形象地描摹了此时西夏社会基层双方协商一致签订土地买卖"白契"而逃避向官府缴纳买卖土地税的真实面貌，反映了土地买卖制度的疏漏。

2. 有关朋旧之间托付办事的问题。刘勰《文心雕龙·书记》中载：书信是"详总书体，本在尽言，言以散郁陶，托风采，故宜条畅以任气，优柔以怿怀，

[①] 史金波、魏同贤、[俄] 克恰诺夫主编：《俄藏黑水城文献》第 6 册，上海古籍出版社 2000 年版，第 324 页。

文明从容，亦心声之献酬也"；①徐师曾在《文体明辨序说·书记》中也认为"书记之体，本在尽言，故宜条畅以宣意，优柔以怿情，乃心声之献酬也"；②吴讷在《文章辨体序说·书》中说得更清楚："昔臣僚敷奏，朋旧往复，皆总曰书，近世臣僚上言，名为表奏；惟朋旧之间，则曰书而已。"③将书信定为朋旧之间交往的一种工具，使古代"书"与现代意义上"信"的含义并无二致。从《俄藏》中收录的俄 ИНВ. No. 1237F《书信》中的"末友郑守信（押印）谨封"等字样来看，可知这是一封自谦说末友"郑守信"的人就沟通某事或协商某事而让"裴三齐"带给其朋友或其他什么人的书信；从俄 ИНВ. No. 1237B《书信》中的"贤友……"等字样来看，这封书信的确应该是写给朋友的，而且从"贤友"来斟酌，二人的关系还比较密切；又可从 C 残片中的"时后寄上""从朝起发赴口无时兼某苦无""诸官员要卖令"等字，从 D 残片的"口日寄付是何物""坐回书"及"差使付黑水""前来得盘缠一就""上欠少斛斗"等字可知，这封书信的内容可能是通过"裴三齐"或什么人带给朋友书信，要求办理官府之事或者说通过当官的朋友出差到黑水而捎带办一些私人事情；从 E 残片所涉及的"村记其丝麻夷数""有甚言语""抵多少还了见价一就"等字样来推测，这封书信可能还与捎带东西的价格或捎带购买某东西的账目有关系。由此可知，作为朋旧之间的书信不仅仅只叙旧、谈友谊，还涉及做生意、办理一些较为困难的事情以及托朋友办理一些款项往来的事情。总之，朋友之间的书信所涉及的内容则比较庞杂，这也反映出了朋旧之间感情的笃信和真挚。

3. 有关提醒朋友或亲友防止与"非是正直之人"交往的问题。刘勰在《文心雕龙·书记》中缘引杨雄在《法言·问神》中的话说："言，心声也；书，心画也"，又总结说："书者，舒也。舒布其言，陈之简牍，取象于夬，贵在明决而已"，④这两句话从本质上指出了书信是人们表达内心感情、一吐为快的工具，即书信是人们真情实感的自然流露。这一点在西夏书信档案中也得到了充分的证实。如《俄藏》中收录的俄 ИНВ. No. 1381B《遇僧书信残片》就是如此。这封

---

① （南朝梁）刘勰著，周振甫注：《文心雕龙注释》，人民出版社 1981 年版，第 278 页。
② （明）徐师曾：《文体明辨序说》，人民文学出版社 1962 年版，第 129 页。
③ （明）吴讷：《文章辨体序说》，人民文学出版社 1962 年版，第 41 页。
④ （南朝梁）刘勰著，周振甫注：《文心雕龙注释》，人民出版社 1981 年版，第 277 页。

信是祝遇僧写信托女及女婿元卿到甘地"要钱使用",恐屈贱等这一类"言行奸巧,非是正直之人"欺负而提醒乡党和朋友协助帮忙的书信。信中说道:"屈贱言行奸巧,非是正直之人,又恐欺元卿。幸希,慈愿昔故乡末吏之情,稍与元卿为主。万幸万感。"从这几句话来看,祝遇僧快人快语、直言不讳地告诉朋友念"昔故乡末吏之情",在其女与女婿元卿与对方做生意过程中斡旋和帮忙,"稍与元卿为主",以防止那些"言行奸巧""非是正直之人""又恐欺元卿"之人在暗中作梗,影响其女及女婿元卿做生意。从这封书信用语的毫无遮掩和感情的真挚程度来看,祝遇僧与收信人的关系非同一般。至于书信结尾处的一些套语俗言,即"万幸万感……""至祝不宣",[①] 只是书信档案的礼节性内容。这就是书信文书不同于其他文书的一个最典型的特征。

书信是人际交往最主要的工具之一,而且中国人本身就特别重视人际关系。在中国人的各种人际交往过程中,作为人际交往的"黏合剂"的人情是至关重要的,唯有此,人际交往才能有序正常地进行。人情的内容五花八门,可以是物化的、有形的实际存在物品,如金钱、物质礼品等,俗话说得好,"千里送鹅毛,礼轻情意重";也可以是非物质的、无形的问候或致意或提醒,如俄ИНВ. No. 1381B《书信》中写信人祝遇僧告诉收信人,为了帮助其女及女婿元卿做生意而防止那些如"屈贱言行奸巧,非是正直之人"等的一些花言巧语的提醒,这些则为最好的人情。人情的方式很多,它可以通过馈赠的方式来达到人情的授予,也可以借助书信来实现人情的传递等。总之,人情是一种与实际生活紧密相连并贯穿于人们社会交往全过程的有形或无形的纽带和桥梁。

4. 报平安问健康的家书。这也是西夏书信档案重要的内容。目前所见这类信件只在西夏故地出土,而且多为西夏文,也多有残缺。这些书信现已收录于《俄藏》之中。从内容方面来看,最为集中的是儿子写给父亲报平安、向父亲寻问家人安好的书信,如俄ИНВ. No. 4172《守护势信函》、俄ИНВ. No. 4825《守护势信函》、俄ИНВ. No. 5009《守护势信函》、俄ИНВ. No. 5949—50《守护势信函》等,这四封是(梁)守护势写给父亲大人的书信,即为同一人写的书信。梁守护势是

[①] 史金波、魏同贤、[俄]克恰诺夫主编:《俄藏黑水城文献》第6册,上海古籍出版社2000年版,第297页。

当地的一名官员。此外，还有父亲写给儿子的书信，如俄 ИНВ. No. 4204《子年信函》。还有写给他人或同僚的书信，如俄 ИНВ. No. 5949—48《守护势信函》。①

5. 有关夏宋边境争端的问题。夏、宋边境的争端主要是双方边民越境迁徙或投诚、边界划分以及战后人口土地的交换等出现的问题，为此，西夏派遣使者持信与宋朝方面进行交涉。如元昊致宋边界书信即《遣贺九年赍嫚书》就是一例。该书信形成背景比较简单：夏天授礼法延祚二年（1039）二月，庆州柔远寨蕃部巡检珪威招诱西界白豹寨都指挥使裴永昌率族归附于宋朝，宋授予补三班借职，本族巡检。三月，元昊行反间计，欲离间宋金明寨都监李士彬未成，②后攻宋保安军未果，于是在本年闰十二月，元昊采取了更加狠毒的一计，即"复遣贺九年赍嫚书，纳旌节，及以所授敕告并所得敕榜，置神明匣，留归娘族而去"。③

这封"嫚书"主要讲了四个方面的内容：第一，指责宋朝背信弃义，两面三刀；第二，谴责宋朝不承认元昊称帝是毫无道理的；第三，借辽朝的势力威胁宋朝；第四，又表面上申明夏国愿和宋朝通好的意愿。

元昊写"嫚书"的目的是把宋夏失和的责任归之于宋朝，争取本国统治集团和党项族人民的支持，并借辽的势力威胁宋朝。"时赵元昊欲叛，而未有以发，则为嫚书求大名，以怒朝廷，规得谴绝，以激使其众。"④想以此将越境的边民或流失的土地争取回来。

夏天祐民安七年（1096）十月，西夏破金明寨，乾顺写有《破宋金明寨遗宋经略使书》的书信，同样反映了夏宋边境争端问题。

6. 有关夏宋战争请和的问题。众所周知，西夏作为一个西北边鄙的小国，相比宋朝人口力量悬殊，经济落后，所以，要想比较长久地生存和发展下去，所采取的比较简单而实用的措施就是在与宋、辽、金的战争相持中使用请和或求和，以此达到再次休养生息的目的。西夏在取得灵州、永乐之战胜利后，本想乘胜收复失地，但因多次战争导致夏、宋双方兵力伤亡惨重，经济损失严重，为此双方都有恢复和平的愿望。于是，夏主秉常母梁氏主动迅速派大臣西南都统昂星

---

① 史金波：《西夏文教程》，社会科学文献出版社2013年版，第382—383页。
② 《宋史》卷290，中华书局1977年版，第9717页。
③ （宋）李焘：《续资治通鉴长编》卷125，中华书局2004年版，第2949页。
④ 韩荫晟：《党项与西夏资料汇编》中编第2册，宁夏人民出版社2000年版，第1857页。

嵬名济《遗卢秉书》，要求与宋请和，但此信如泥牛入海而杳无音信。这样的请和现象在西夏十分普遍，算不得新鲜事情。

7. 有关夏宋联合抗金的问题。关于联合抗金的问题在夏宋往来其他类型的文书中屡有涉及，但纯粹用书信交往的形式并不多。西夏的这些书信主要是回复宋朝的书信，如《回宋刘锜等檄书》。其背景是先由宋向各少数民族王朝发来联合抗金檄书。夏天盛十三年（1161），金主完颜亮发动企图兼并宋朝的战争。十月，宋将刘锜、王璘檄告契丹、西夏、高丽等国"惟彼诸蕃之大国，久为钜宋之欢邻，玉帛交驰，尚忆百年信誓，封疆迥隔，顿疏两地之音邮，愿敦继好之规，共作侮亡之举"。西夏收到宋发来檄书后，一反常态地作了积极回应，并以夏主仁宗仁孝名义上《回宋刘锜等檄书》。① 这篇檄文，既反映了夏人对金"妄自尊大""恣行暴虐"的不满，也表现出夏人对宋朝文明的钦慕和向往，最后提出"愿同周八百国之侯王，四海肃清，再建汉四百年之社稷"的愿望。虽然如此，但在具体行动上西夏仍采取保存实力、伺机扩充地盘的政策。

8. 还有反映西夏司署衙门政务和财务的书信，如俄 ИНВ. No. 5948—48《守护势信函》。② 这是一封守护势写给他人叙及政务和财务的书信。

由上可见，西夏的书信所反映的内容涉及了西夏社会的各个方面。

（二）西夏书信档案的体式

现代书信的体式已经形成了比较固定的模式，现据相关书信归纳如下：

称谓（或敬称语加姓或名再加职务或职称等）。

正文（首先要区分去信和复信。若是去信，则主要有问候语、去信的内容和目的、希望办理的事情或直接单纯的问候、祝愿语等。若是复信的话，先是问候，再是回答复信的具体内容）。

署名和日期。

然古代书信与现代书信的体式差别较大。古代书信大多没有固定的格式，几

---

① （宋）徐梦莘：《三朝北盟会编》卷233，影印文渊阁《四库全书》第352册，台湾商务印书馆1986年版，第360—361页。

② 史金波：《西夏文教程》，社会科学文献出版社2013年版，第383页。

乎是随意而为，率性而作。尽管如此，但是我们还是可以从一些史籍收录的书信中总结出古代书信的格式规律。

先秦时期的书信基本上是率性而作，直抒胸臆，没有什么对象称谓。汉代已经有了比较规范的书信格式，如司马迁的《报任安书》，作者在书信的开头就写："太史公牛走马司马迁再拜言，少卿足下"，正文部分是具体的内容，末尾只是简单写了两句话："书不能尽言，故略陈固陋"[1] 字样，这是比较严格的书信格式。但是，在现存两汉书信中完全按照这种格式的书信并不多见，相反仍然是根据写信人的爱好而随意写作，即严格按照书信格式写作的风气并未形成。到了魏晋南北朝时期，人们撰写书信基本上能够按照固定格式写作，不仅如此，而且此时还对书信格式有一些新的创造，出现了新的形式，如曹丕《又与钟繇书》的开头："丕白"，结尾也是"丕白"；但在《与吴质书》的开头是"五月十八日，丕白"，结尾仍是"丕白"。[2] 丘迟《与陈伯之书》开头："迟顿首陈将军足下"，结尾则是"丘迟顿首"。[3] 唐宋之时，官私书信不仅按习惯格式书写，而且比较复杂。就开头来说，出现了"日期+作者官职或籍贯+作者自称+对象称谓"和"某某顿首白+对象称谓"的格式。如韩愈《后十九日复上宰相书》开头："二月十六日，前乡贡进士韩愈，谨再拜言相公阁下"，结尾是"愈再拜"。[4] 柳宗元《与史官韩愈致段秀实太尉逸事书》开头："退之馆下"，结尾则是"不宣"。[5] 还有一种书信的阅读对象是父老乡亲，所以开头和结尾则稍有变化，如骆宾王《与博昌父老书》开头："月日，骆宾王致书于博昌父老等"，[6] 结尾却不胜了了。宋代书信的结构模式几如唐代，如欧阳修《与石推官第二书》开头："修顿首白，公操足下"，结尾则是"不宣，某顿首"，《与高司谏书》开头："修顿首再拜白司谏足下"，结尾"不宣，修再拜"[7] 等。唐宋书信的开头和结尾形

---

[1] （南朝梁）萧统编，（唐）李善注：《文选》卷41，中华书局1977年版，第576—581页。
[2] （清）严可均辑：《全上古三代秦汉三国六朝文》第2册《全三国文》卷7，上海古籍出版社2009年版，第377—378页。
[3] （清）严可均辑：《全上古三代秦汉三国六朝文》第3册《全梁文》卷56，上海古籍出版社2009年版，第442页。
[4] 《全唐文》卷551，中华书局1983年版，第5584页。
[5] 同上书，第5797—5798页。
[6] 《全唐文》卷551，中华书局1983年版，第1999页。
[7] 郭预衡主编：《唐宋八大家文集》之欧阳修文，人民日报出版社1996年版，第173—181页。

式基本类似。

当然,唐宋书信的结构模式也不是完全固定不变,也有这样三种情况:一是朋旧之间也因关系是否亲近、密切而书信格式不完全一致;二是官场上因官位高低不同,书信的结构模式也稍有变化,以显示下官对上官的尊重或敬仰;三是因尊卑贵贱不同而导致书信的结构模式出现变化,这是封建残余的影响。

西夏书信档案的结构模式到底如何呢?西夏是一个善于学习和借鉴别国先进文化特别是中原王朝先进文化的少数民族王朝,对于这种具有礼仪行为的文化现象肯定不会放过,只是由于历史的原因,西夏的文献资料被毁坏殆尽,即便是留存的一部分资料也是残缺不全,所以表面上不能很清晰地分辨出书信的格式,可如果仔细地、认真地推敲,就会从这些出土的残损书信文书和汉文史籍中收录的西夏致宋的书信中约略归纳出其书写的格式。

西夏西南都统星昂嵬名济乃《遗卢秉书》开头载:"十一月八日,夏国南都统星昂嵬名济乃谨裁书致于安抚经略麾下",[①] 这种书信的开头模式与唐宋书信开头模式完全相同。可见,西夏书信文书开头亦是"日期+作者官职或籍贯+作者自称+对象称谓"的模式。《俄藏》中收录的俄 ИНВ. No. 1381B《遇僧书信残片》的开头"遇僧拜启"。这一类书信的开头属于西夏一般往来书信的普遍开头模式。西夏书信文书的结尾格式,我们可以从汉文西夏史籍以及《俄藏》中收录的几篇残缺的书信来总结。如《遗卢秉书》的结尾是"意鲠词直,尘渎安抚经略麾下",这可以说是两国之间的大臣往来书信,而且在一个特殊的背景之下撰写的,所以,这种结尾则与一般书信结尾不太相同。从俄 ИНВ. No. 1237A《书信》的四块残片的第(1)块残片的最后几句话来看,有"贵书披议事绪""书已讫"及"倍加珍重""不宣"等字,F面上有"末友郑守信(押印)谨封"字样以及背面的"别"字;俄 ИНВ. No. 1381B《书信》中最后有"至祝不宣。末吏部祝遇僧再拜"等字样。由上几篇汉文西夏书信可知,西夏书信文书结尾一般也要写上"不宣"的字样,有的还要署上写信人的姓名及"谨封"或"再拜"的字样。若是官员的书信,在结尾还要押印,以示权威。这种书信的写作模式几乎与唐宋一致,可见唐宋文化在西夏的影响深度。

[①] (宋)司马光:《涑水记闻》卷14,中华书局1989年版,第275—276页。

综上，现对西夏书信档案的体式模式归纳如下：

时间（或全写或只写月日）。

称谓（大多以谦称为主。去信人的姓名或加职官称谓、收信人的姓名或加职官称谓）。

正文（区分去信和复信。若是去信，则主要有问候语、去信的内容和目的希望办理的事情或直接单纯的问候、祝愿语等。若是复信的话，先是问候，再是回答复信的具体内容）。

告别语（不宣或至祝不宣、顿首再拜言等）

署名（职官名称加姓名或名或朋友或子侄等加姓名等）。

（三）西夏书信档案的写作

从目前所能见到的汉文史籍中收录的西夏书信以及西夏故地出土的残缺不全的汉、夏文书信文书的整体语言要求来看，西夏书信文书的写作并不逊色于其他文书。虽然我们不能从《俄藏》中收录的几篇残缺不全的西夏书信档案中看出其措辞的使用等相关内容，但通过鉴赏汉文西夏史籍中收录的几篇西夏致宋的书信文书，再结合西夏故地出土的汉、夏文书信文书，我们认为，西夏书信文书的内容涉及各个方面，不但充满着浓厚的人情味，也充分讲究行文章法和语言的运用；不但条理畅达，而且大部分还会成为文学意味很浓的佳作，可被推为西夏文书的典范。以西夏西南都统星昂嵬名济乃的《遗卢秉书》为例，简单分析西夏书信文书的写作：

十一月八日，夏国南都统星昂嵬名济乃谨裁书致于安抚经略麾下：

伏审统戎方面，久响英风，应慎抚绥，以副倾注。昨于兵役之际，提戈相轧，今以书问贽信，非变化曲折之不同，盖各忠于所事，不得不如此耳。

夫中国者，礼义之所从出，必动止献为，不失其正。苟听诬受间，肆诈穷兵，侵人之土疆，残人之黎庶，是乖中国之体，岂不为夷狄之羞哉！

昨朝廷暴驱甲兵，大行侵讨，盖天子与边臣之议，谓夏国方守先誓，宜出不虞，五路进兵，一举可定，遂有去年灵州之役、今秋永乐之战。较其胜

第六章 西夏专门档案整理与研究（下）

负，与夫前日之议为何如哉？且中国祖宗之世，于夏国非不经营之。五路穷讨之策既尝施之矣，诸边肆挠之谋亦尝用之矣，知侥幸之无成，故终归乐天事小之道。兼夏国提封一万里，带甲数十万，西连于阗，作我欢邻，北有大燕，为我强援。今与中国乘隙伺便，角力竞斗，虽十年岂得休息哉？即念天民无辜，被兹涂炭之苦，孟子所谓未有好杀能得志于天下也。况夏国主上自朝廷见伐之后，凤宵兴念，谓自祖先之世，于今八十余年，臣事中朝，恩礼无所亏，贡聘无所息，何期天子一朝见怒，举兵来伐？令膏血生民，剿戮师旅，伤和气，致凶年，覆亡之由，发不旋踵，朝廷岂不恤哉？盖边臣幸功，上听致惑，使祖宗之盟既沮，君臣之分不交。载省厥由，怅然何已。济乃遂探主意，得移音翰。

伏惟经略以长才结上知，以沉谋干西事，故生民之利病，宗社之安危，皆得别白而言之。至于鲁国之忧不在颛臾，而隋室之变生于玄感，此皆明智已得于胸中，不待言而后谕也。方今解天下之倒悬，必假英才钜德，经略何不进谠言、排邪议，使朝廷与夏国欢和如初，生民重睹太平，宁有意也？倘如此，则非唯敝国蒙幸，实天下之大惠也。意鲠词直，尘渎安抚经略麾下。①

这篇书信写于夏大安八年（1081）十一月。西夏在取得灵州、永乐之战胜利后，本想乘胜收复失地，却因战争因素导致夏宋双方兵力伤亡惨重，经济也遭到了严重的损失。史载，宋神宗为此而"临朝痛悼，而夏人亦困弊"。② 在这种状况下，夏宋双方都有恢复和平的意愿。可这次西夏却一反常态，积极主动地派大臣星昂嵬名济乃致书宋大臣卢秉要求请和，这正合了宋朝的心意。

这篇书信虽然是请和的意愿，但在书信中用词并不谦逊，相反，西夏态度坚决、义正辞严地对宋朝提出告诫：如果宋朝再肆意讨伐边境、侵入疆土的话，则"夏国提封一万里，带甲数十万，西连于阗，作我欢邻，北有大燕，为我强援。今与中国乘隙伺便，角力竞斗，虽十年岂得休息哉？"但西夏依然"念天民无辜"，不想让边民"被兹涂炭之苦"，故而西夏为宋朝提出的最好办法是"何不

---

① （宋）司马光：《涑水记闻》卷14，中华书局1989年版，第275—276页。
② 《宋史》卷486，中华书局1977年版，第14012页。

进谗言、排邪议，使朝廷与夏国欢和如初，生民重睹太平"，这不仅是"非唯敝国蒙幸，实天下之大惠也"，也是宋朝最明智的选择。

这篇书信从总体来看，可以说，西夏把自己摆在了一个完全胜利者的位置上，以居高临下、不屑一顾的姿态，对宋朝晓以利害，明以大义。况且这篇书信虽然说在写作过程中也运用了典故，但已基本没有了骈文用典晦涩和词采雕饰之弊，相反却以明白晓畅、节奏明快、简捷实用的散体书信的形式，表达出了深刻的内涵。由此可知，西夏的书信文书在语言的运用、技巧的娴熟程度上不亚于其他文书，甚至可以与中原唐宋书信的语言及写作技巧媲美。

（四）西夏书信档案的特点

书信作为一种文体，既可议论，亦可叙事；既能写景，亦能抒情。但作为实用文体的书信又不同于一般的议论文、记叙文和抒情文，它显示出自己独有的特点。

1. 书信的实用性

书信作为文书的一种类型，同时作为私人文书的一个主要种类，仍然以实用作为其最本质的特点。上述整理的 30 篇西夏书信，总括起来看，都有如此的共性特点。如俄 ИНВ. No. 7779D《卖地书信》，其最终目的就是经过协商，如何合理地将自有土地变卖成需要的物品或钱财。元昊致宋《使贺九年赍嫚书》就是要将夏宋双方失和的责任全部推给宋朝，以引起世人的公愤，等等。

2. 书信的针对性

书信和其他文书的写作一样，都是有意而为之，很少随意而发。即就是一封毫无实际意义的嘘寒问暖的书信，也是由于时日已久为了联络和稳定感情而作，有它实际的目的和针对性。从目前所见到的西夏书信文书来看，每一封书信都有很强的针对性。有的叙说朋友之情，如俄 ИНВ. No. 1237《书信》；有的阐发边关战事，如西夏西南都统星昂嵬名济乃的《遗卢秉书》；有的强词夺理、辱骂激怒，如元昊的《使贺九年赍嫚书》；有的则协商买卖土地，如俄 ИНВ. No. 7779D《卖地书信》；有的是托朋友帮忙办理有关事项，如俄 ИНВ. No. 1381B《遇僧书信残片》等。一般情况下，西夏书信文书大多是就事论事，不论及其余。

3. 书信的感情性

书信作为朋友、亲友间使用频率很高的文书，其主要的一点就是朋友、亲友

第六章 西夏专门档案整理与研究（下）

可以在书信中把自己不能在其他场合倾吐的心声发出来，达到真诚交流、实心沟通的目的，如俄 ИНВ. No. 1237《书信》和俄 ИНВ. No. 1381B《遇僧书信残片》等，就是把平常不能直接告诉朋友的事情在书信中明白无误地传递出去了，这也显示了朋友之间的真诚和亲密。当然有的书信所传递的感情并不是正面的，而是反面的，即一种讨伐、辱骂、讽刺等的情绪，如夏景宗李元昊《使贺九年赟嫚书》、西夏西南都统星昴嵬名济乃《遗卢秉书》等。书信中不论传递哪种感情，但总体来说，都具有真实性。虽然说西夏致宋朝的书信中可能有夸大其词之嫌，但事实的确存在，只不过西夏统治者在这种形式下释放了自己不应有的一些怨气、怒气罢了。①

第三节　西夏其他档案整理与研究

西夏其他档案，是指无法归入官府文书档案、科技档案、石刻档案或契约档案之中的档案。这些档案的内容涉及各个领域，但由于大多为西夏文，而且很多残破不堪，无法识读，更连缀不到一起。另外，形式也灵活多样，很多文书并不按规定的格式写作，显得比较自由或散乱。正因为如此，所以，将这些无法归类的文书暂且用"其他档案"这一名称命名。

这里的"其他档案"包括西夏的各种账册档案、西夏的请假条档案、西夏的欠（借）钱（粮）款条档案、西夏的会款单档案、西夏的人名单档案、西夏的谱牒档案、西夏的丧葬档案等七方面约共 410 件。

一　西夏的各种账册档案

（一）西夏各种账册档案整理概况

西夏故地黑水城等处出土了数量不少的汉、夏文各种账册，虽说大多残破不全，但这些残破不全的西夏文、汉文账册成为研究西夏经济生活状况的重要凭

---

① 赵彦龙、李晶、江菊玉：《西夏的书信文书》，《宁夏社会科学》2009 年第 5 期。

· 503 ·

证，其史料价值很大。英国著名历史学家 V.C. 柴德尔在研究文字的起源时发现，会计与文字在其发展早期有着亲密的互动关系。他指出："世界上最早的文献是账单和字典，绝不是偶然的。这些东西揭露了促成苏美尔文字发明之迫切的实际需要。"① 由此可以得出原始记事档案起源于账目清单。西夏保留下来的各种类型的账目清单比较丰富，这些账目清单能够真实而具体地反映西夏某一时期军事、农业经济、对外贸易等的实际状况，为研究西夏各方面工作提供了比较原始的资料基础。这些账册包括杂物账、收支钱账、畜物账、物价账、马匹草料账、运输驮账、利税账、粮账、纳财植账等九类，大部分为残件，计349件。②

1. 杂物账

从《中藏》《俄藏》《英藏》等中进行整理而得的汉文、西夏文杂物账共计54件。现依次将图版编号、档案名称、版本、纸质、字体、书写文字、档案出处等相关信息整理成表6—17。

表6—17 杂物账档案

序号	图版编号	档案名称	版本	纸质	字体	书写文字	档案出处	备注
1	中藏 G11·008—1P~3P	账籍残页	写本	麻纸	草书	西夏文	《中藏》第十六册③ 第29页	内容甚残。
2	中藏 G11·009—1P、3P	账籍残页	写本	麻纸	草书	西夏文	同上书，第30页	内容甚残
3	中藏 G11·009—5P~6P	物品账残页	写本	麻纸	草书	西夏文	同上书，第31页	内容甚残
4	中藏 G11·010—8P~9P	物品账残页	写本	麻纸	草书	西夏文	同上	内容甚残

---

① 陈子丹：《中国少数民族档案史研究三题》，《山西档案》2011年第5期。
② 注：各种账册整理时，档案名称以档案出处拟名为主。除西夏档案名称外，汉文档案若有名称与档案出处拟名不一致时，为作者认为档案出处拟名不准确或不能涵盖内容而新拟名。
③ 史金波、陈育宁主编：《中国藏西夏文献》第16册，甘肃人民出版社、敦煌文艺出版社2006年版。

续 表

序号	图版编号	档案名称	版本	纸质	字体	书写文字	档案出处	备注
5	中藏 G11·011—2P（正面）	物品账残页	写本	麻纸	草书	西夏文	同上书，第34页	内容甚残。左右裁去
6	中藏 G11·011—2P~4P(背面)	物品账残页	写本	麻纸	草书	西夏文	同上书，第36页	内容甚残。有擦痕
7	中藏 G21·016	物品账	写本	麻纸	草书	西夏文	同上书，第265页	内容甚残
8	俄 Тк299	闹奴等人杂物账	写本	麻纸	楷书	汉文	《俄藏》第四册① 第387页	逐日记人名、物品账目
9	俄 ИНВ. No. 8026	裴没哩埋等人杂物账	写本	麻纸	行楷	汉文	《俄藏》第六册② 第325页	残片。提及人名和物品
10	俄 ИНВ. No. 319—2~6	丝褐、布匹等物品价钱账	写本	麻纸	草书	西夏文	《俄藏》第十二册③ 第47—48页	残页或残片
11	俄 ИНВ. No. 986—3	财物账	写本	麻纸	草书	西夏文	同上书，第158页	封套衬纸。多件残片粘贴
12	俄 ИНВ. No. 1234	物品账	写本	麻纸	草书	西夏文	同上书，第230页	封套衬纸。多件残片粘贴。有涂改
13	俄 ИНВ. No. 1570—1	物品粮账	写本	麻纸	行书	西夏文	同上书，第271页	残页。有涂改

① 史金波、魏同贤、［俄］克恰诺夫主编：《俄藏黑水城文献》第4册，上海古籍出版社1997年版。
② 史金波、魏同贤、［俄］克恰诺夫主编：《俄藏黑水城文献》第6册，上海古籍出版社2000年版。
③ 史金波、魏同贤、［俄］克恰诺夫主编：《俄藏黑水城文献》第12册，上海古籍出版社2006年版。

续　表

序号	图版编号	档案名称	版本	纸质	字体	书写文字	档案出处	备注
14	俄 ИНВ. No. 1781—2~3	物品价钱账	写本	麻纸	草书	西夏文	同上书，第314—315页	封套衬纸
15	俄 ИНВ. No. 2041	乾祐六年粮价钱账等	写本	麻纸	草书	西夏文	《俄藏》第十三册①第16页	封套衬纸。两件残片粘贴。上部有汉字
16	俄 ИНВ. No. 2042—1~2	粮价钱账	写本	麻纸	草书	西夏文	同上书，第17页	封套衬纸。残片粘贴。有勾勒，杂有汉字
17	俄 ИНВ. No. 2049	粮价钱账等	写本	麻纸	草书	西夏文	同上书，第18页	封套衬纸。两件残片粘贴。有涂改、勾勒
18	俄 ИНВ. No. 2125	物品账	写本	麻纸	草书	西夏文	同上书，第20页	封套衬纸。多件残片粘贴
19	俄 ИНВ. No. 2126—10~12	物品账等	写本	麻纸	草书	西夏文	同上书，第24—25页	封套衬纸。有涂改、勾勒、指押
20	俄 ИНВ. No. 2776	籍账等	写本	麻纸	草书	西夏文	同上书，第118页	封套衬纸。两件残片粘贴。有勾勒和印章
21	俄 ИНВ. No. 2851—31	买卖账与粮账	写本	麻纸	草书	西夏文	同上书，第134页	缝缋装
22	俄 ИНВ. No. 3179	物品账	写本	麻纸	草书	西夏文	同上书，第164页	封套衬纸。两件残片粘贴
23	俄 ИНВ. No. 4068	营造账	写本	麻纸	行书	西夏文	同上书，第181页	残页。有涂改
24	俄 ИНВ. No. 4761—11~13	钱物品账等	写本	麻纸	草书、行书	西夏文	同上书，第271—272页	残卷或残页。有涂改、签署、画押

---

① 史金波、魏同贤、[俄] 克恰诺夫主编：《俄藏黑水城文献》第13册，上海古籍出版社2007年版。

第六章　西夏专门档案整理与研究（下）

续　表

序号	图版编号	档案名称	版本	纸质	字体	书写文字	档案出处	备注
25	俄 ИНВ. No. 4762—3V	迁溜物品账	写本	麻纸	草书	西夏文	同上书，第277页	残
26	俄 ИНВ. No. 5806	物品账	写本	麻纸	草书	西夏文	《俄藏》第十四册①第49页	残页
27	俄 ИНВ. No. 5820—1	迁溜物品账	写本	麻纸	草书	西夏文	同上书，第55页	残卷
28	俄 ИНВ. No. 5949—39	营造粮账	写本	麻纸	草书	西夏文	同上书，第99页	残页。有署名、画押
29	俄 ИНВ. No. 6569—1	差科供给账	写本	麻纸	楷书	西夏文	同上书，第157页	残页。有涂改
30	俄 ИНВ. No. 6615—1V、2V、3~4	物品账、迁溜物品账	写本	麻纸	草书	西夏文	同上书，第161—163页	有涂改、朱笔点
31	俄 ИНВ. No. 7442	物品账	写本	麻纸	草书	西夏文	同上书第179页	残卷。有涂改
32	俄 ИНВ. No. 7892—9	西年物品账	写本	麻纸	草书	西夏文	同上书，第207页	残片。有签署、画押
33	俄 ИНВ. No. 7994—13V	物品账	写本	麻纸	草书	西夏文	同上书，第242页	残
34	英 0010	物品账	写本	白麻纸	草书	西夏文	《英藏》第一册②第5页	2纸。卷轴装。③

① 史金波、魏同贤、[俄] 克恰诺夫主编：《俄藏黑水城文献》第14册，上海古籍出版社2011年版。
② 谢玉杰、吴芳思主编：《英藏黑水城文献》第1—4册，上海古籍出版社2005年版。
③ 注：英0010原定名称"草书写本"，现据史金波《〈英藏黑水城文献〉定名刍议及补证》（杜建录主编：《西夏学》第5辑，上海古籍出版社2010年版，第6页）改定名称为"物品账"。

续　表

序号	图版编号	档案名称	版本	纸质	字体	书写文字	档案出处	备注
35	英3291	杂物账	写本	麻纸	草书	汉文	《英藏》第四册第88页	3纸残片。背面有字，已缀合

2. 收支钱账

从《俄藏》《中藏》等中进行整理而得的西夏汉文、西夏文收支钱账共计11件。现依次将图版编号、档案名称、版本、纸质、字体、书写文字、档案出处等相关信息整理成表6—18。

表6—18　收支钱账档案

序号	图版编号	档案名称	版本	纸质	字体	书写文字	档案出处	备注
1	中藏B11·013—07P	钱账残页	写本	麻纸	草书	西夏文	《中藏》第二册① 第42页	衬背用纸。残甚
2	中藏B11·014—04P	钱账残页	写本	麻纸	草书	西夏文	同上书，第86页	衬背用纸。上下裁去。有涂改。多处墨书勾画
3	中藏G11·012	钱物账残页	写本	麻纸	行草	西夏文	《中藏》第十六册② 第37页	残件。钤西夏文朱印一方
4	俄ИНВ.No.951B	收支钱账	写本	麻纸	行书	汉文	《俄藏》第六册③ 第287页	上部被裁。首尾缺。有小字注出各项开支
5	俄ИНВ.No.2158B	收钱账目	写本	麻纸	楷书	汉文	同上书，第290页	下部裁去。背有司吏、升头等字与押印

---

① 史金波、陈育宁主编：《中国藏西夏文献》第2册，甘肃人民出版社、敦煌文艺出版社2005年版。
② 史金波、陈育宁主编：《中国藏西夏文献》第16册，甘肃人民出版社、敦煌文艺出版社2006年版。
③ 史金波、魏同贤、[俄]克恰诺夫主编：《俄藏黑水城文献》第6册，上海古籍出版社2000年版。

续 表

序号	图版编号	档案名称	版本	纸质	字体	书写文字	档案出处	备注
6	俄 ИНВ. No. 7779A（背）	收支钱账	写本	麻纸	楷书	汉文	同上书，第322页	首尾残
7	俄 ИНВ. No. 7893—15~16	计账与财务账	写本	麻纸	草书	西夏文	《俄藏》第十四册①第216—217页	残页。有涂改
8	俄 ИНВ. No. 7977—5	计账	写本	麻纸	草书	西夏文	同上书，第230页	封套衬纸。多件残片粘贴
9	俄 ИНВ. No. 7994—12	财务账	写本	麻纸	草书	西夏文	同上书，第241页	残卷
10	俄 ИНВ. No. W7	计账	写本	麻纸	草书	西夏文	同上书，第265页	残页。有勾勒

3. 畜物账

从《俄藏》等中进行整理而得的西夏文畜物账共计9件。现依次将图版编号、档案名称、版本、纸质、字体、书写文字、档案出处等相关信息整理成表6—19。

表6—19 畜物账档案

序号	图版编号	档案名称	版本	纸质	字体	书写文字	档案出处	备注
1	俄 ИНВ. No. 343—5V	畜物账	写本	麻纸	草书	西夏文	《俄藏》第十二册②第100页	残
2	俄 ИНВ. No. 345	畜物账等	写本	麻纸	草书	西夏文	同上书，第103页	封套衬纸。两件残片粘贴

① 史金波、魏同贤、[俄]克恰诺夫主编：《俄藏黑水城文献》第14册，上海古籍出版社2011年版。
② 史金波、魏同贤、[俄]克恰诺夫主编：《俄藏黑水城文献》第12册，上海古籍出版社2006年版。

续　表

序号	图版编号	档案名称	版本	纸质	字体	书写文字	档案出处	备注
3	俄 ИНВ. No. 840—3	卖畜物账	写本	麻纸	草书	西夏文	同上书，第141页	封套衬纸。两件残片粘贴。有涂改
4	俄 ИНВ. No. 1159—4	牲畜账等	写本	麻纸	草书	西夏文	同上书，第192页	封套衬纸。多件残片粘贴。有涂改
5	俄 ИНВ. No. 1763V	牲畜账	写本	麻纸	楷书	西夏文	同上书，第312页	残。有涂改
6	俄 ИНВ. No. 1871	牲畜账等	写本	麻纸	草书	西夏文	同上书，第332页	封套衬纸。多件残片粘贴
7	俄 ИНВ. No. 2851—6	畜物账	写本	麻纸	草书	西夏文	《俄藏》第十三册① 第122页	缝缋装。有涂改
8	俄 ИНВ. No. 4761—15V	畜物账	写本	麻纸	草书	西夏文	同上书，第273页	残
9	俄 ИНВ. No. 7924—2	畜物账	写本	麻纸	草书	西夏文	《俄藏》第十四册② 第228页	残页。有签署、画押

4. 物价账

从《俄藏》以及国家图书馆藏西夏文文献等中进行整理而得的西夏文物价账共计16件。现依次将图版编号、档案名称、版本、纸质、字体、书写文字、档案出处等相关信息整理成表6—20。

---

① 史金波、魏同贤、[俄]克恰诺夫主编：《俄藏黑水城文献》第13册，上海古籍出版社2007年版。
② 史金波、魏同贤、[俄]克恰诺夫主编：《俄藏黑水城文献》第14册，上海古籍出版社2011年版。

第六章 西夏专门档案整理与研究（下）

表6—20 物价账档案

序号	图版编号	档案名称	版本	纸质	字体	书写文字	档案出处	备注
1	编号010(7.04X—1)	卖粮账	写本	麻纸	草书	西夏文	国家图书馆藏	残。被专家介绍。①
2	俄 ИНВ. No. 625	买卖物价账	写本	麻纸	草书	西夏文	《俄藏》第十二册② 第122页	封套衬纸。多件残片粘贴
3	俄 ИНВ. No. 1219—1~3V	买卖物价账	写本	麻纸	草书	西夏文	同上书，第222—223页	残页。有涂改
4	俄 ИНВ. No. 1366—6~9	酒价钱账	写本	麻纸	草书	西夏文	同上书，第241—243页	残页或残片。有勾画、涂改、画押
5	俄 ИНВ. No. 1763	物价账	写本	麻纸	楷书	西夏文	同上书，第311页	封套衬纸。多件残片粘贴。有涂改
6	俄 ИНВ. No. 4696—8	酒价账	写本	麻纸	草书	西夏文	《俄藏》第十三册③ 第243页	残卷。有勾勒
7	俄 ИНВ. No. 5808—2	卖油账	写本	麻纸	草书	西夏文，夹有汉文	《俄藏》第十四册④ 第52页	残卷。有勾勒、画押
8	俄 ИНВ. No. 6424—3	酒价账	写本	麻纸	草书	西夏文	同上书，第152页	残页
9	俄 ИНВ. No. 7885	物价账	写本	麻纸	草书	西夏文	同上书，第199页	残卷。有画押
10	俄 ИНВ. No. 8022~8022V	物价账	写本	麻纸	草书	西夏文	同上书，第253—254页	残页

---

① 杜建录、史金波：《西夏社会文书研究》，上海古籍出版社2012年版，第167页。
② 史金波、魏同贤、[俄]克恰诺夫主编：《俄藏黑水城文献》第12册，上海古籍出版社2006年版。
③ 史金波、魏同贤、[俄]克恰诺夫主编：《俄藏黑水城文献》第13册，上海古籍出版社2007年版。
④ 史金波、魏同贤、[俄]克恰诺夫主编：《俄藏黑水城文献》第14册，上海古籍出版社2011年版。

5. 马匹草料账

从《俄藏》《英藏》等中进行整理而得的西夏汉文、西夏文马匹草料账共计9件残片。现依次将图版编号、档案名称、版本、纸质、字体、书写文字、档案出处等相关信息整理成表6—21。

表6—21　马匹草料账档案

序号	图版编号	档案名称	版本	纸质	字体	书写文字	档案出处	备注
1	俄 ИНВ. No. 819—9	草账	写本	麻纸	草书	西夏文	《俄藏》第十二册①第326页	封套衬纸
2	英3178a、b、c、	马匹草料账册	写本	麻纸	行楷	汉文	《英藏》第四册②第33—34页	3残片。有污渍。有朱笔批点
3	英3179	马匹草料账册	写本	麻纸	行楷	汉文	同上书,第34页	5残片。有污渍、朱笔批点

6. 运输驮账

从《俄藏》中进行整理而得的西夏文运输驮账共计29件。现依次将图版编号、档案名称、版本、纸质、字体、书写文字、档案出处等相关信息整理成表6—22。

表6—22　运输驮账档案

序号	图版编号	档案名称	版本	纸质	字体	书写文字	档案出处	备注
1	俄 ИНВ. No. 296—1	驮账	写本	麻纸	草书	西夏文	《俄藏》第十二册③第37页	封套衬纸。多件残片粘贴。有涂改

---

① 史金波、魏同贤、[俄]克恰诺夫主编:《俄藏黑水城文献》第12册,上海古籍出版社2006年版。

② 谢玉杰、吴芳思主编:《英藏黑水城文献》第4册,上海古籍出版社2005年版。

③ 史金波、魏同贤、[俄]克恰诺夫主编:《俄藏黑水城文献》第12册,上海古籍出版社2006年版。

第六章　西夏专门档案整理与研究（下）

续　表

序号	图版编号	档案名称	版本	纸质	字体	书写文字	档案出处	备注
2	俄 ИНВ. No. 994	驮账	写本	麻纸	草书	西夏文	同上书，第163页	封套衬纸。两件残片粘贴
3	俄 ИНВ. No. 1450	驮账	写本	麻纸	草书	西夏文	同上书，第245页	封套衬纸。多件残片粘贴
4	俄 ИНВ. No. 2157—1—12	驮账	写本	麻纸	草书、行草	西夏文	《俄藏》第十三册①第32—35页	残页,封套衬纸。有押印
5	俄 ИНВ. No. 3858—4—17	驮账	写本	麻纸	草书	西夏文	同上书，第176—179页	封套衬纸。有押印

7. 利税账

从《中藏》《俄藏》等中进行整理而得的各种西夏汉文、西夏文利税账共计19件。现依次将图版编号、档案名称、版本、纸质、字体、书写文字、档案出处等相关信息整理成表6—23。

表6—23　利税账档案

序号	图版编号	档案名称	版本	纸质	字体	书写文字	档案出处	备注
1	编号 022(7.08X—3B)	税账	写本	麻纸	草书	西夏文	国家图书馆藏	记载了税额。且转粮数目大
2	编号 125(7.17X—43)	税账	写本	麻纸	草书	西夏文	同上	上下皆残
3	编号 126(7.17X—44)	税账	写本	麻纸	草书	西夏文	同上	上下皆残。人口买卖等税

---

① 史金波、魏同贤、[俄]克恰诺夫主编：《俄藏黑水城文献》第13册,上海古籍出版社2007年版。

续 表

序号	图版编号	档案名称	版本	纸质	字体	书写文字	档案出处	备注
4	编号127(7.17X—45)	税账	写本	黄麻纸	草书	西夏文	同上	上下皆残。①
5	俄 ИНВ. No. 1402	税账	写本	麻纸	草书	西夏文	《俄藏》第十二册②第244页	封套衬纸。两件残片粘贴
6	俄 ИНВ. No. 1576—2	钱利账	写本	麻纸	草书	西夏文	同上书,第273页	封套衬纸。两件残片粘贴。有勾勒
7	俄 ИНВ. No. 1007—9	税账	写本	麻纸	草书	西夏文	《俄藏》第十三册③第3页	封套衬纸
8	俄 ИНВ. No. 4790—2—5	买卖税账	写本	麻纸	行草书	西夏文	同上书,第288—289页	残片。有朱印
9	俄 ИНВ. No. 5943—1—4	买卖税账	写本	麻纸	草书	西夏文	《俄藏》第十四册④第65页	残页。有朱印、签署、画押
10	俄 ИНВ. No. 5945	买卖税账	写本	麻纸	草书	西夏文	同上书,第69页	残卷。有签署、画押
11	俄 ИНВ. No. 6051	买卖税账等	写本	麻纸	草书	西夏文	同上书,第111页	封套衬纸。多件残页粘贴。下部有汉字
12	俄 ИНВ. No. 6377—13—14	买卖税账	写本	麻纸	草书	西夏文	同上书,第144页	残页。有签署、画押。有西夏文买卖税院朱印

① 杜建录、史金波：《西夏社会文书研究》，上海古籍出版社2012年版，第174—176页。
② 史金波、魏同贤、［俄］克恰诺夫主编：《俄藏黑水城文献》第12册，上海古籍出版社2006年版。
③ 史金波、魏同贤、［俄］克恰诺夫主编：《俄藏黑水城文献》第13册，上海古籍出版社2007年版。
④ 史金波、魏同贤、［俄］克恰诺夫主编：《俄藏黑水城文献》第14册，上海古籍出版社2011年版。

第六章 西夏专门档案整理与研究（下）

8. 粮账

从《中藏》《俄藏》《英藏》等中进行整理而得的西夏文粮账共计158件（含残片）。现依次将图版编号、档案名称、版本、纸质、字体、书写文字、档案出处等相关信息整理成表6—24。

表6—24 粮账档案

序号	图版编号	档案名称	版本	纸质	字体	书写文字	档案出处	备注
1	中藏B11·005—11P	粮账残页	写本	麻纸	草书	西夏文	《中藏》第一册① 第118页	残。有涂擦
2	中藏B11·005—16P	纳粮账残页	写本	麻纸	草书	西夏文	同上书，第119页	残。有涂擦
3	中藏B11·010—01P、—01VP、—02P	粮账残页	写本	麻纸	草书	西夏文	同上书，第294页	残。有涂擦
4	中藏B11·010—02VP、—03P、—03VP、—04P、—04VP	粮账残页	写本	麻纸	草书	西夏文	同上书，第295页	残。有涂擦
5	中藏B11·010—05P、—05VP、—06P、—08P	粮账残页	写本	麻纸	草书	西夏文	同上书，第296页	残。有涂擦
6	中藏B11·010—10P、—11P、—11VP	粮账残页	写本	麻纸	草书	西夏文	同上书，第297页	残。有涂擦
7	中藏B11·012—03P	卖粮账残页	写本	麻纸	草书	西夏文	同上书，第368页	残。衬背用纸。有多处圆点和勾画
8	中藏B11·013—08P、—08VP、—11P、—12P	粮账残页	写本	麻纸	草书	西夏文	《中藏》第二册 第43—44页	衬背用纸。内容较残

① 史金波、陈育宁主编：《中国藏西夏文献》第1—2册，甘肃人民出版社、敦煌文艺出版社2005年版。

续 表

序号	图版编号	档案名称	版本	纸质	字体	书写文字	档案出处	备注
9	中藏 B11·016—45P	粮账残页	写本	麻纸	草书	西夏文	同上书,第169页	残页
10	中藏 B11·018—03VP	粮账残页	写本	麻纸	草书	西夏文	同上书,第238页	残。衬背用纸。有涂擦
11	中藏 B11·019—03P	粮账残页	写本	麻纸	草书	西夏文	同上书,第279页	衬背用纸
12	中藏 G11·018	粮物账残页	写本	麻纸	草书	西夏文	《中藏》第十六册①第40页	残页
13	编号010号(7.04X—1)	卖粮账	写本	黄麻纸	草书	西夏文	国家图书馆藏	上下皆残
14	编号012号(7.04X—3)	卖粮账	写本	麻纸	草书	西夏文	同上	残损过甚②
15	俄 ИНВ. No. 162—11	光定巳年粮账	写本	麻纸	草书	西夏文	《俄藏》第十二册③第31页	残页。有年款
16	俄 ИНВ. No. 319—1、7	乾祐寅年粮账	写本	麻纸	草书	西夏文	同上书,第46—48页	封套衬纸,多件残片粘贴,有年款
17	俄 ИНВ. No. 324—4～5	马粮草等账	写本	麻纸	草书	西夏文	同上书,第62页	残页
18	俄 ИНВ. No. 335—2～3	粮账	写本	麻纸	草书	西夏文	同上书,第85页	残片粘贴

---

① 史金波、陈育宁主编:《中国藏西夏文献》第16册,甘肃人民出版社、敦煌文艺出版社2006年版。

② 杜建录、史金波:《西夏社会文书研究》,上海古籍出版社2012年版,第167—168页。

③ 史金波、魏同贤、[俄]克恰诺夫主编:《俄藏黑水城文献》第12册,上海古籍出版社2006年版。

续　表

序号	图版编号	档案名称	版本	纸质	字体	书写文字	档案出处	备注
19	俄 ИНВ. No. 337	粮账等	写本	麻纸	草书	西夏文	同上书,第88页	封套衬纸。多件残片粘贴
20	俄 ИНВ. No. 343—1	乾祐辛卯年粮账	写本	麻纸	草书	西夏文	同上书,第98页	残页。有年款
21	俄 ИНВ. No. 348	粮账等	写本	麻纸	草书	西夏文	同上书,第103页	封套衬纸。两件残片粘贴
22	俄 ИНВ. No. 364	粮账等	写本	麻纸	草书	西夏文	同上书,第105页	封套衬纸。多件残片粘贴
23	俄 ИНВ. No. 367	粮账	写本	麻纸	草书	西夏文	同上书,第108页	封套衬纸。多件残片粘贴
24	俄 ИНВ. No. 377—377V	粮账等	写本	麻纸	草书	西夏文	同上书,第109—110页	封套衬纸,两件残片粘贴
25	俄 ИНВ. No. 411	粮账	写本	麻纸	草书	西夏文	同上书,第111页	封套衬纸。两件残片粘贴
26	俄 ИНВ. No. 415	粮账	写本	麻纸	草书	西夏文	同上书,第112页	封套衬纸。两件残片粘贴。有勾勒
27	俄 ИНВ. No. 438	粮账	写本	麻纸	草书	西夏文	同上书,第117页	封套衬纸。两件残片粘贴
28	俄 ИНВ. No. 441	粮账	写本	麻纸	草书	西夏文	同上书,第118页	封套衬纸。两件残片粘贴
29	俄 ИНВ. No. 648—648V	粮账等	写本	麻纸	草书	西夏文	同上书,第131页	封套衬纸,多件残片粘贴。上部2行为告牒
30	俄 ИНВ. No. 723	巳年粮账等	写本	麻纸	草书	西夏文	同上书,第136页	封套衬纸。两件残片粘贴。有两个年款

续 表

序号	图版编号	档案名称	版本	纸质	字体	书写文字	档案出处	备注
31	俄 ИНВ. No. 858	粮账与人名单等	写本	麻纸	草书	西夏文	同上书，第144页	封套衬纸。多件残片粘贴
32	俄 ИНВ. No. 983—12	粮账	写本	麻纸	草书	西夏文	同上书，第154页	残片
33	俄 ИНВ. No. 1059	粮账等	写本	麻纸	草书	西夏文	同上书，第173页	封套衬纸。多件残片粘贴
34	俄 ИНВ. No. 1167—1	壬寅年粮价账	写本	麻纸	草书	西夏文	同上书，第193页	残页。有年款
35	俄 ИНВ. No. 1181—4—5、—14	粮账	写本	麻纸	草书	西夏文	同上书，第217—221页	残片。封套衬纸，多件残片粘贴，有涂改
36	俄 ИНВ. No. 1480—1	粮账	写本	麻纸	草书	西夏文	同上书，第251页	封套衬纸。两件残片粘贴
37	俄 ИНВ. No. 1576—1	粮账	写本	麻纸	草书	西夏文	同上书，第272页	残页
38	俄 ИНВ. No. 1719—11	粮账	写本	麻纸	草书	西夏文	同上书，第285页	封套衬纸
39	俄 ИНВ. No. 1742	粮账	写本	麻纸	草书	西夏文	同上书，第301页	封套衬纸
40	俄 ИНВ. No. 1752—1V	甲午年粮账	写本	麻纸	草书	西夏文	同上书，第303页	残。有年款
41	俄 ИНВ. No. 1777	粮账	写本	麻纸	草书、行书	夏汉文合璧	同上书，第313页	封套衬纸。两件残片粘贴。有勾勒

第六章 西夏专门档案整理与研究（下）

续　表

序号	图版编号	档案名称	版本	纸质	字体	书写文字	档案出处	备注
42	俄 ИНВ. No. 1781—6~8	粮账	写本	麻纸	草书	西夏文	同上书，第317—318页	封套衬纸
43	俄 ИНВ. No. 1782	钱粮账	写本	麻纸	草书、行楷	夏汉文合璧	同上书，第319页	封套衬纸。两件残片粘贴。有勾勒
44	俄 ИНВ. No. 1819—8	粮账	写本	麻纸	草书	西夏文	同上书，第325页	封套衬纸。有签署、画押
45	俄 ИНВ. No. 1881—1	耕地财物账	写本	麻纸	草书	西夏文	同上书，第334页	封套衬纸。两件残片粘贴
46	俄 ИНВ. No. 1939	粮账	写本	麻纸	草书	西夏文	同上书，第346页	封套衬纸。两件残片粘贴
47	俄 ИНВ. No. 2007—10	粮账	写本	麻纸	草书	西夏文	《俄藏》第十三册① 第4页	封套衬纸
48	俄 ИНВ. No. 2126—9	粮账	写本	麻纸	草书	西夏文	同上书，第24页	封套衬纸
49	俄 ИНВ. No. 2351—1~2	粮账	写本	麻纸	草书	西夏文	同上书，第79—80页	封套衬纸。有指押
50	俄 ИНВ. No. 2435	粮账等	写本	麻纸	草书	西夏文	同上书，第81页	封套衬纸。多件残片粘贴
51	俄 ИНВ. No. 2568—1~9	粮账	写本	麻纸	草书	西夏文	同上书，第95—99页	册页

---

① 史金波、魏同贤、［俄］克恰诺夫主编：《俄藏黑水城文献》第 13 册，上海古籍出版社 2007 年版。

续　表

序号	图版编号	档案名称	版本	纸质	字体	书写文字	档案出处	备注
52	俄 ИНВ. No. 2759	粮账	写本	麻纸	草书	西夏文	同上书，第105页	封套衬纸。两件残片粘贴。有涂改
53	俄 ИНВ. No. 2851—2—5、8—14、19—22、24、—28、—31	粮账	写本	麻纸	草书	西夏文	同上书，第120—134页	缝缋装
54	俄 ИНВ. No. 2858—2～10	粮账	写本	麻纸	草书	西夏文	同上书，第136—140页	缝缋装。有签署、涂改
55	俄 ИНВ. No. 2998	粮账	写本	麻纸	草书	西夏文	同上书，第163页	封套衬纸。多件残片粘贴
56	俄 ИНВ. No. 3835	粮账	写本	麻纸	楷书	西夏文	同上书，第172页	缝缋装
57	俄 ИНВ. No. 3858—3	粮账等	写本	麻纸	草书	西夏文	同上书，第175页	封套衬纸。多件残片粘贴
58	俄 ИНВ. No. 4131—2	粮账	写本	麻纸	草书	西夏文	同上书，第191页	残片。两件残片粘贴
59	俄 ИНВ. No. 4761—10	粮账	写本	麻纸	草书	夏汉文合璧	同上书，第269页	残卷。有涂改
60	俄 ИНВ. No. 4991—10	粮账	写本	麻纸	草书	西夏文	同上书，第325页	残片
61	俄 ИНВ. No. 5016	粮账	写本	麻纸	草书	西夏文	《俄藏》第十四册[1]第3页	残卷
62	俄 ИНВ. No. 6377—12	迁溜粮账	写本	麻纸	草书	西夏文	同上书，第143页	残页。有涂改。

---

[1] 史金波、魏同贤、［俄］克恰诺夫主编：《俄藏黑水城文献》第14册，上海古籍出版社2011年版。

第六章　西夏专门档案整理与研究（下）

续　表

序号	图版编号	档案名称	版本	纸质	字体	书写文字	档案出处	备注
63	俄 ИНВ. No. 6431—6431V	粮账	写本	麻纸	草书	西夏文	同上书，第153页	封套衬纸，两件残片粘贴
64	俄 ИНВ. No. 6716V	粮账	写本	麻纸	草书	西夏文	同上书，第164页	有涂改
65	英1460	粮账	写本	麻纸	草书	西夏文	《英藏》第二册①　第116页	1纸
66	英1680	耕地粮账	写本	麻纸	草书	西夏文	同上书，第171页	残片
67	英1779	粮账	写本	麻纸	草书	西夏文	同上书，第195页	1纸残片
68	英1830	户籍粮账	写本	麻纸	草书	西夏文	同上书，第213页	1纸残片。有朱笔批点
69	英1839	粮账	写本	麻纸	草书	西夏文	同上书，第226页	1纸残片
70	英1945a	粮账	写本	麻纸	草书	西夏文	同上书，第277页	残甚
71	英2050	物品粮账	写本	麻纸	草书	西夏文	同上书，第313页	残甚
72	英2079	粮账	写本	麻纸	草书	西夏文	同上书，第323页	残甚
73	英2141	粮账册	写本	麻纸	草书	西夏文	同上书，第349页	1纸残片
74	英2149	粮草账	写本	麻纸	草书	西夏文	《英藏》第三册第2页	1纸残片

① 谢玉杰、吴芳思主编：《英藏黑水城文献》第1—4册，上海古籍出版社2005年版。

· 521 ·

续 表

序号	图版编号	档案名称	版本	纸质	字体	书写文字	档案出处	备注
75	英2203RV	粮账	写本	麻纸	草书	西夏文	同上书，第24页	1纸残片
76	英2205、2205V	草账	写本	麻纸	草书	西夏文	同上书，第24—25页	残片。有笔批点
77	英2981	地亩粮账	写本	麻纸	草书	西夏文	同上书，第305页	2纸残片
78	英3071a	粮账	写本	麻纸	草书	西夏文	同上书，第343页	3纸。封皮
79	英3248	粮账	写本	麻纸	草书	西夏文	《英藏》第四册第68页	1纸残片
80	英3251a	粮账	写本	麻纸	草书	西夏文	同上书，第70页	残片
81	英3259	缴物账	写本	麻纸	草书	西夏文	同上书，第73页	1纸残片
82	英3314v	粮账	写本	麻纸	草书	西夏文	同上书，第101页	1纸残片
83	英3328v	粮账	写本	麻纸	草书	西夏文	同上书，第110页	1纸
84	英3359	纳粮日期账	写本	麻纸	草书	西夏文	同上书，第126页	1纸单页
85	英3362	种麦账	写本	麻纸	草书	西夏文	同上书，第127页	1纸单页
86	英3517	粮账	写本	麻纸	草书	西夏文	同上书，第212页	1纸

续　表

序号	图版编号	档案名称	版本	纸质	字体	书写文字	档案出处	备注
87	英 3530、3530V	粮账	写本	麻纸	草书	西夏文	同上书，第222页	残甚①
88	英 3778	粮账	写本	麻纸	草书	西夏文	《英藏》第五册②　第99页	3纸残片
89	英 3791V	粮账	写本	麻纸	草书	西夏文	同上书，第110页	封皮纸
90	英 3795	粮账	写本	麻纸	草书	西夏文	同上书，第111页	多纸残片。封皮纸
91	英 3796av、b、c	粮账	写本	麻纸	草书	西夏文	同上书，第112页	残甚
92	英 3815	粮账	写本	麻纸	草书	西夏文	同上书，第133页	多纸。方册线装。有污渍
93	英 3816a	账录	写本	麻纸	草书	西夏文	同上书，第133页	多纸。缝缋装。纵向折纸。有污渍
94	英 3914a	粮账	写本	麻纸	草书	西夏文	同上书，第283页	残甚
95	英 3917b	粮账	写本	麻纸	草书	西夏文	同上书，第304页	残甚

9. 纳财植账等

从《俄藏》中进行整理而得的西夏汉文财植账共计44件。现依次将图版编

---

① 注：英 1460、1680、1779、1830、1839、1945a、2050、2079、2203RV、2205、2205V、2981、3071a、3248、3251a、3259、3314V、3328V、3359、3362、3517、3530 原定名称"寺庙帐册""草书写本""律令""佛经""社会文书"等，现据史金波《〈英藏黑水城文献〉定名刍议及补证》（杜建录主编：《西夏学》第5辑，上海古籍出版社2010年版，第8—15页）改定名称为"粮账或户籍粮账""物品粮账""草账""地亩粮账""缴物账""纳粮日期账""种麦账""粮账"。

② 谢玉杰、吴芳思主编：《英藏黑水城文献》第5册，上海古籍出版社2010年版。

号、档案名称、版本、纸质、字体、书写文字、档案出处等相关信息整理成表6—25。

表6—25 财植账档案

序号	图版编号	档案名称	版本	纸质	字体	书写文字	档案出处	备注
1	俄 TK27P	财植账	写本	麻纸	行楷	汉文	《俄藏》第二册① 第17页	3个残片②
2	俄 TK205	财植账等	写本	麻纸	行楷	汉文	《俄藏》第四册③ 第210页	5个残片④
3	俄 B61	西夏乾祐二年孙猪狗等纳材植账	写本	麻纸	行楷	汉文	《俄藏》第六册⑤ 第60页	3块残片。有押印。与俄 Дx2828 为同卷文书遗物
4	俄 Дx2828	西夏乾祐二年纳材植账	写本	麻纸	行楷	汉文	同上书,第150—159页	26件残片。皆经裁切,互不连接。与俄 B61 为同卷文书遗物⑥
5	俄 Дx10279	纳胶泥土账	写本	麻纸	行楷	汉文	同上书,第163页	3块残片
6	俄 ИНВ. No. 1366—6—9	粮酒钱等	写本	麻纸	草书	西夏文	《俄藏》第十二册 第141—143页	残

---

① 史金波、魏同贤、[俄]克恰诺夫主编:《俄藏黑水城文献》第2册,上海古籍出版社1996年版。
② 据孙继民考证认为,俄 TK27P 前两个残片属于西夏乾祐年间材植文书,从其考证。参见《考古发现西夏汉文非佛教文献整理与研究》,社会科学文献出版社2014年版,第454页。
③ 史金波、魏同贤、[俄]克恰诺夫主编:《俄藏黑水城文献》第4册,上海古籍出版社1997年版。
④ 据孙继民考证认为,该件文书共有五个残片,其残片一、二、四的背面、五属元代文书,残片三、四的正面属西夏文书,从其考证。参见《考古发现西夏汉文非佛教文献整理与研究》,社会科学文献出版社2014年版,第447页。
⑤ 史金波、魏同贤、[俄]克恰诺夫主编:《俄藏黑水城文献》第6册,上海古籍出版社2000年版。
⑥ 俄 B61 和俄 Дx2828 在《俄藏黑水城文献》第6册第60页和第150—159页原题为"乾祐二年宁夏路总管府材植账",现据杜建录、史金波《西夏社会文书研究》(上海古籍出版社2012年版,第272—300页)中的录文题目改为"西夏乾祐二年孙猪狗等纳材植账""西夏乾祐二年纳材植账"。

(二) 各种账册研究

西夏故地出土的西夏文、汉文账册档案虽然说大多为残破不全，甚至有的仅剩几个字，给档案的释读都造成了困难，但从以上所列的账册档案整体情况来看，种类繁多，数量也不少。这些账册档案比较全面地反映出了西夏社会各项经济制度，让后人意识到西夏财务制度还是比较全面和科学的。

1. 西夏账册档案齐全完整

从以上所整理的西夏账册档案来看，有杂物账、收支钱账、畜物账、物价账、马匹草料账、运输驮账、利税账、粮账、财植账等九类，大部分为残件，计349件。可以说，这九类账册档案基本上涵盖了西夏各行各业应该出现的各种账目的情况，反映出了西夏有健全的账目登记制度、严格的账目分类制度、规范的账目审批制度、明确的账目收执签押制度等。

2. 反映了西夏的交通运输状况

《俄藏》第六册中收录的汉文材植账中都出现了"般驮""脚户""脚家"等术语，如俄 B61《西夏乾祐二年孙猪狗等纳材植账》中多处有"植处般驮到材……""般驮到熟材柒……"、俄 Дx2828《西夏乾祐二年纳材植账》中也多处有"般驮到材壹拾贰片，计脚叁只""今有脚户李……""……有脚户李猪儿……""……有脚家李遇的于……"这里的"般驮""脚户""脚家"，应该是西夏时期的专职运输工具和人员。

关于这一问题学界已有研究。"脚家或脚户，即赶脚的人或人户，五代宋元史均有记载，有的称脚户，有的称车脚户，有的称脚人。他们内部有阶级、强弱之别。……他们按'脚'计算工时。"[①] 张多勇等对西夏汉文材植账如俄 B61《西夏乾祐二年孙猪狗等纳材植账》、俄 Дx2828《西夏乾祐二年纳材植账》进行考证研究之后认为，"文献涉及'般驮''脚户''脚家'，是专司运输的人员。我国古代很早有专职从事运输的职业，《敦煌汉简释文》282 简'居摄三年（8 年）四月壬辰，大煎都部昌侯史尹钦、隧长张博，受就（僦）人敦煌高昌里滑护，字君房'。李并成先生认为，滑护应为西域车师前部滑国人，滑国又名嚈哒，亦

---

① 杜建录、史金波：《西夏社会文书研究》，上海古籍出版社 2012 年版，第 20 页。

称'白匈奴',僦人滑护,就是专事运输之人。胡三省注《资治通鉴》对司马光'脚价'曰:'脚价,谓僦人负荷进奉物入内,有雇脚之费。'可见宋元时期还有僦人之称"。① 看来,脚户、脚家就是靠体力给需要搬运货物的人家搬运货物,且凭脚计算工时并付酬。若只在搬运过程中有脚户或脚家,说明所搬运货物的目的地并不是很遥远,或者说只能是短距离的搬运。若要长途跋涉地搬运货物,单靠脚户或脚家是无法完成任务的,故西夏汉文材植账如俄 B61《西夏乾祐二年孙猪狗等纳材植账》、俄 Дx2828《西夏乾祐二年纳材植账》等中则出现了"般驮"一词。"般驮"是由脚户或脚家或其他专职人员驱赶大队牲畜如马、驼等而专门从事长途运输任务的驮队,从距西夏都城约两千里路程的黑水城向西夏的怀远县搬运材植,只能靠这种专职从事长途运输任务的般驮了。

"般驮"是专门从事运输任务的驮队。史载,宋神宗元丰四年(1081)九月壬子,皇上"又批:'闻三司昨雇百姓车户大车辇绢赴鄜延路,才入半道,其挽车人已尽逃散,今官物并抛弃野次。逐县科差保甲,甚扰费人力,未知何人处画如此乖方,可取索进呈。'三司言:'起发应副鄜延、环庆、泾原三路经略司绢十七万五千匹,市易司起发十五万五千匹,用骡百二十四头,及管船水运至西京,乃用步乘。应副河东衣赐绢十万匹,赴泽州绅二万匹,用骡百八十三头及小车五十辆并橐驼般驮,又三万匹用步乘……'诏三司选差勾当公事官一员缘路点检催趣,其津般乖方处,根究以闻"。② 由此来看,般驮的用途很大,任务也很重,故朝廷才能将这样大规模向地方运送物资的任务交给般驮完成。此外,从上还可以看出,宋朝的般驮主要由骡、小车、橐驼等组成。

西夏也借鉴和学习中原宋朝承担短距离搬运货物的脚户和脚家以及长途运输货物的般驮体制。据宋代张方平《秦州奏唃厮啰事第二状》载,张方平知秦州,"自嘉祐五年秋冬至今年春以来,与夏戎连兵相持,多是董毡(西蕃首领,唃厮罗之子)搃率兵马斗战,屡次摧破,夏人枝梧不暇。自去年夏秋,不住据沿边探报称:有西界(西夏)首领忙迷等赍送金器锦帛并骆驼般驮信物赴唃厮啰投下,

---

① 张多勇、李并成、戴晓刚:《西夏乾祐二年(1171)黑水城般驮、脚户运输文契——汉文文书与西夏交通运输》,《敦煌研究》2012 年第 2 期。
② (宋)李焘:《续资治通鉴长编》卷 316,中华书局 2004 年版,第 7653—7654 页。

商量和断结婚，夏戎屡遣使人，唃厮啰久未听许"。① 即西夏般驮大规模发送物资去唃厮啰处，说明西夏通过发遣"般驮"与吐蕃进行外事往来。关于这一点，《俄藏》第十二册收录的西夏文驮账3件，即俄 ИНВ. No. 296—1《驮账》、俄 ИНВ. No. 994《驮账》、俄 ИНВ. No. 1450《驮账》以及《俄藏》第十三册收录的西夏文驮账24件，即俄 ИНВ. No. 2157—1～12《驮账》、俄 ИНВ. No. 2858—4～17《驮账》等，可能就是西夏般驮运送物资的详细账册。

由此可见，"般驮"是宋夏时期西北地区由官府发遣的大规模的运输队伍。

至于西夏的交通线路问题，我们已在本书第五章第二节《西夏科技档案整理与研究》之地图档案中进行了比较全面而细致的研究，可以参考。

3. 关于西夏文书档案的缀合问题

西夏档案大多出土于西夏故地，由于埋藏地下年代久远，再加上多国的盗掘和翻挖，导致一些文书损毁或分散。各国按自然残片进行整理，所以，致使一些本该是同一份（一组）文书的档案，却因残破而分裂成几块，这给当今学者的研究带来了很大不便。为此，已经有西夏学专家对出土的汉文、西夏文档案进行了缀合研究，这大大方便了其他学者的利用。如西夏学专家对汉文档案俄 B61《西夏乾祐二年孙猪狗等纳材植账》、俄 Дx2828《西夏乾祐二年纳材植账》以及俄 Дx10279《胶泥土账》三件档案中的书写格式与涉及的年代、人名、地名等进行认真比对考证和研究认为："俄 B61、俄 Дx2828 以及俄 Дx10279 为同卷文书，因为散裂，而编为三个编号。"② 即这三件文书档案应为同卷文书，记载的是同一件事项，因此，不能将其割裂开来。这样的缀合和考证对于研究西夏材植运送等相关档案中的内容就有了很大的帮助。当然，这样的考证、缀合西夏汉文文书档案的研究任务还很繁重，需要花大力气和漫长的时间去慢慢做好这项工作。

由此可以推测，西夏文书档案特别是西夏文文书档案可能还会存在很多这样的情况，这都会成为今后专家学者研究以及缀合的重要内容之一。如西夏文医药档案也出现过类似的情况，《俄藏》第十册收录的俄 ИНВ. No. 4384 西夏文《医

---

① 曾枣庄、刘琳主编：《全宋文》卷789，上海辞书出版社、安徽教育出版社2006年版，第37册，第106页。

② 杜建录、史金波：《西夏社会文书研究》，上海古籍出版社2012年版，第17页。

书》共有9件残页，最大者高22.7，宽51.4，首尾佚，为汉文药方集的西夏译本。从内容看，各页内容并无关联。另《俄藏》第十册收录的俄ИНВ. No. 4894 西夏文手抄本《医书》，存1页，经专家比定，俄ИНВ. No. 4384号第8页可与俄ИНВ. No. 4894号缀合，缀合后从文献形态来看应为卷子装，草书，存41行，行17字左右。而俄ИНВ. No. 4384号第8页的最后一行与俄ИНВ. No. 4894号第1—16行可缀合为一个药方，共17行，即为治疗诸虚百损的无比山药丸方。① 像这样的考证、缀合研究工作，随着西夏文书档案研究的不断深入，会越来越多，可谓任务艰巨。

这种将散裂文书档案缀合后再进行研究，会不断地还原西夏的政治、经济、科技、文化等的本来面貌，使一个比较完整齐全和立体的西夏展现在人们面前。这应该是一件功德无量的幸事。

4. 西夏账册档案中涉及的相关专用术语

（1）照会

"照会"在宋、西夏、元时期的文书中用作"参照""对勘"之意，而正式作为文书种类的名称是在明朝，并且是作为官府平行文书使用。

第一，"照会"用作"参照、对勘"之意。

"照会"，《汉语大词典》收有八个义项。宋代文书中照会一词多为一般用语，其词义由参照、对勘演化为通知、关会。如《宋史·河渠志三》载：绍圣元年十月"丙辰，张商英又言：'……访闻先朝水官孙民先、元祐六年水官贾种民各有《河议》，乞取索照会'"②。这里的照会就是"参照""对勘"之意，并不是文书之种类。如《两朝纲目备要》载，嘉定三年（1210）十二月，"府民有因讼行赇者，事连武学生柯子冲、卢德宣……府尹书判各决竹篦二十，押出府城。仍申国子监照会"。③ 这里的照会即为通知、关会之意。

"照会"一词在西夏文书档案中也多次出现，但其意义和宋代相同，并不是

---

① 梁松涛：《黑水城出土4384（9—8）与4894号缀合西夏文医方考释》，《宁夏社会科学》2012年第2期。

② 《宋史》卷93，中华书局1977年版，第2308页。

③ 《两朝纲目备要》卷12，影印文渊阁《四库全书》第329册，台湾商务印书馆1986年版，第890页。

正式的文书种类名称。如俄 Дx2828 汉文《西夏乾祐二年纳材植账》中就有"般驮到材壹拾贰片，计脚叁只，其所遣材植至处寸尺丈段条并已合同，今领讫，令照会者……"① 再如俄 ИНВ. No. 316 汉文《本府住户席智□等申状》中也出现"申……回货开坐下项，一就发……乞照会作何，须至申……"② 这里出现的"照会"是"会同照阅或照办"之意，是宋、元时期用作商业交易中的专用术语。西夏沿袭了宋代照会的功能，用作"参照""对勘"或"会同照阅或照办"之意，完全属于行为动作的范畴。

第二，"照会"正式用作文书种类名称是在明朝。

明朝时，"照会"一词才由商业交易中的专用术语转变为准下行属性的官府平行文书名称。《明会典》卷七十六载有照会文种的体式，如下所示：

某军都督府为某事。云。云合行照会。可照验施行。须至照会者

照会某部

洪武印某事年　月　日

左都督押　同知都督押　佥都督押

照会

右都督押　同知都督押　佥都督押

六部照会各布政使司文移同

侍郎押

照会尚书押

侍郎押

都指挥使司照会按察司文移同

照会都指挥使押

各布政使司照会按察司同

左布政使押　左参政押　左参议押

照会

---

① 史金波、魏同贤、[俄] 克恰诺夫主编：《俄藏黑水城文献》第 6 册，上海古籍出版社 2000 年版，第 157 页。

② 同上书，第 282 页。

　　　　右布政使押　　右参政押　　右参议押①

　　照会是一种准下行属性的平行文书，用于不相隶属关系的官府之间，适用于两种类型：一是由地位较尊的官府对地位较低的官府，带有准下行属性；二是在同级官府之间相互使用，是纯粹的平行文。清朝沿袭明朝设置照会文种，但只限用于地方官府之间，并依两类行文关系发展为两个分支类型：第一是朱笔照会，用于地位高低悬殊的不相隶属官府间，带有准下行属性；第二是墨笔照会，用于地位平行或高低悬殊不大的官府之间。②到清末时，中央官府和地方大员曾借用墨笔照会这一文种对外国公使、领事行文，而到了民国时期，才正式定为外交专用文书种类，并至今还在外交活动中发挥着它应有的作用。

　　(2) 合同

　　从目前所见的西夏文书档案来看，"合同"一词只出现在西夏财植账册之中，如俄 B61《西夏乾祐二年孙猪狗等纳材植账》中载："□尺丈并已合同"，俄 Дx2828《西夏乾祐二年纳材植账》载："寸尺丈段条并已合同。"但从这两份文书内容整体来看，这里的"合同"一词并不是凭证性或契约性的文书种类名称，而是"审核、勘同"之意。

　　"合同"一词在秦汉至唐时主要是勘同之意。史籍记载：秦始皇驾崩，赵高力劝李斯改秦始皇遗诏，"高曰：'上下合同，可以长久；中外若一，事无表里。若君臣之计，即长有封侯，世世称孤，必有乔松之寿，孔、墨之智。今释此而不从，祸及子孙，足以为寒心。善者因祸为福，君何处焉？'斯乃仰天而叹，垂泪太息曰：'嗟乎！独遭乱世，既以不能死，安托命哉！'于是斯乃听高"。③这里的"合同"一词即为勘同之意；唐大中四年（850）十一月"己亥，敕：收复成、维、扶等三州，建立已定，条令制置，一切合同"。④这里的"合同"一词也指勘同或相同之意。这就是说，"合同"一词在秦汉乃至唐代时还不是文书种类。

---

① （明）申时行等修：《明会典》卷76，中华书局1989年版，第586页。
② 王铭主编：《公文选读》，辽宁大学出版社2000年版，第204页。
③ 《史记》卷87，中华书局1959年版，第2550页。
④ 《旧唐书》卷18下，中华书局1975年版，第628页。

第六章 西夏专门档案整理与研究（下）

宋朝时"合同"一词已经出现了两种用途。一是审核、勘同之意。史载："金部郎中员外郎：参掌天下给纳之泉币，计其岁之所输，归于受藏之府，以待邦国之用。勾考平准、市舶、榷易、商税、香茶、监矾之数，以周知其登耗，视岁额增亏而为之赏用罚。凡纲运濡滞及负折者，计程帐催理。凡造度、量、权衡，则颁其法式。合同取索及奉给、时赐，审覆而供给之。"① 这里的"合同"一词即为审核、查对之意。二是用作领取钱物之凭证的文书种类。史载：宋天禧三年（1019）三月，"皇帝下诏：'合同、凭由司自今应系传宣差使臣，于诸库务取索金银帛诸物入内，内侍省内印记，置合同、凭由每道各二本，常预先书印下合同，准备传宣取索'"②。这里的"合同"才真正成为凭证性文书种类。

由上可知，西夏文书档案中出现的"合同"只是"审核、勘同"之意，并无凭证性文书种类之实。可见，西夏在"合同"一词的使用上并没有完全学习和借鉴中原宋朝的相关规定，只是沿袭了秦汉至唐时的勘同、审核之意。

（3）已次使口和犯行

西夏汉文财植账中出现了 4 次"已次使口"，这是什么内涵呢？我们以为，这就像唐僧取经一样，每路经一个地方就要当地政府签署通关文牒，以此来证明唐僧师徒是严格按照唐朝规定的路线去往西天取经。所以，西夏汉文材植账中出现的"已次使口"的功能也如通关文牒一般，是般驮或脚户在运送材植过程中沿途通过某一地方并经某地方官府或关卡检验合格而签署的通行意见。

俄 B61《西夏乾祐二年孙猪狗等纳材植账》第一残片在文末紧挨签署时间"乾祐二年"左边用大字书写"已次使口"，第二残片几近文尾时用大字书写"已次□□"，其中"已"字完整，"次"只保留上半部，"使口"二字完全脱落；俄 Дx2828《西夏乾祐二年纳材植账》第八残片中也在签署时间的左边大字书写"已次使口"，其中"已"字只剩下边的少部分，第十残片同样在签署时间的左边大字书写"已次使口"，其中"已次"二字均完全脱落，"使"只剩下半部分。这里的"已次使口"的字号也大，字体也与正文不同，而且紧挨签署时间的左边，这很明显是一种签署或押署，以引起各官府卡口注意之意，"官府在

---

① 《宋史》卷 163，中华书局 1977 年版，第 3850 页。
② （清）徐松辑：《宋会要辑稿》卷 1098，中华书局 1957 年版，第 2480 页。

路途设立关口，对过往般驮查验，'已次使口'是查验后认为般驮、脚户依指定路线行驶通过关口，在材物单上的签字"。① 这样就会印证般驮或脚户在运送材植过程中并无偷奸耍滑、弄虚作假之行为。

当然，西夏的般驮或脚户也有不按官府指定路线运送材植的情况发生。如俄Дх2828《西夏乾祐二年纳材植账》第六残片首行书写"犯行"二字，而且这两个字的字体也和正文不一致，说明有其他官员或官府关卡官吏在文书上签署意见。这一"犯行"二字说明两方面的问题：一是至少证明这一般驮或脚户在这次运送材植过程中没有按指定路线行驶，有偷奸耍滑、弄虚作假之行为，被官府在材植运送文书上记了一笔，成为一个污点或不诚信的标志；二是般驮或脚户曾经有过违反规定路线行驶的行为，而这次官府在关卡通过途中特意签署的防止以后禁止犯行的要求之类的规定。因为这一文书中"犯"字的上半部分残缺，证明这一文书整体是残缺的，据《俄藏》第六册《附录·叙录》介绍，这一文书"高8.5，宽16.3。共6行。有'犯行''壹驮''柒伍材贰''寸板贰'等字。背押印下写'领讫'"，② 也证明这一文书上部残损了。由于残损，故很难知道"犯"字上面是否再有文字，当然也就无法准确判断"犯行"二字的最为准确的信息了。但不管怎么说，张多勇等先生的论断是有一定道理的，"即运输途中过往关口押署，反映了西夏时期官府对长途运输的监管过程。政府遣发的大队般次在沿途关口监管是完全必要的，相反，如果没有监管是不可想象的。官府在路途中有监管，说明西夏官府对商路设置管理机构，有管理制度，同时为过往般驮、脚户、商旅提供保护"。③ 这不仅是保护般驮或脚户的利益，实际上主要是保护官府的利益，因为般驮或脚户运送的材植到达目的地并被签押验收的官吏画上最后一个"已次使口"后，不仅"般驮""脚户""脚家"可以拿到酬劳薪金，而且官府就可以顺利地收取税费了。

关于长途运输问题，在汉文史籍中也有记载。因为在长途运输中经常出现一

---

① 张多勇、李并成、戴晓刚：《西夏乾祐二年（1171）黑水城般驮、脚户运输文契——汉文文书与西夏交通运输》，《敦煌研究》2012年第2期。
② 史金波、魏同贤、［俄］克恰诺夫主编：《俄藏黑水城文献》第6册，上海古籍出版社2000年版，第48页。
③ 张多勇、李并成、戴晓刚：《西夏乾祐二年（1171）黑水城般驮、脚户运输文契——汉文文书与西夏交通运输》，《敦煌研究》2012年第2期。

第六章 西夏专门档案整理与研究（下）

些意想不到的状况，导致影响各方面的事情，如"发民夫运米，积于泸河、怀远二镇，车牛往者皆不返，士卒死亡过半，耕稼失时，田畴多荒"。① 为了保证长途运输的顺利进行，官府一般会指定运输路线，这样不仅可以避免驮运多走弯路，同时可以起到保护运输货物安全的作用。关于此，史籍也有记载："应行程途单给付车户、船户牛车，每日约三十里，驴骡每日约五十里，船则每日约五十里，有枉道、逗遛，所过地方不许容隐。"② 随着交通运输道路的逐渐完善，官府会在一些主要道路上设置关口，由专人对来往商人及驮队进行检查，一方面保证商人及驮队的安全；另一方面也是查看是否有违禁之物，同时要负责征收过往税费，这也是西夏在驮队沿途设置关卡的原因了。从俄 B61《西夏乾祐二年孙猪狗等纳材植账》第一、第二残片，俄 Дx2828《西夏乾祐二年纳材植账》第八、第十残片等 4 件西夏乾祐二年纳材植账的整体情况考查，这批货物应该是从黑水城运往西夏都城兴庆府，运输路线则为"居延道"。居延道"是宋夏间贡奉及岁赐物资运输的最佳路线，也是吐蕃占领河西地区，唐宋时期与西域之间来往的道路"。③ 可见，居延道是西夏与外界往来的主要道路，因此，在这条道路上沿途设置关卡也是非常可能的。故西夏驮队及脚户运往都城兴庆府的财植账上出现"已次使口"和"犯行"字样，充分证明了西夏在此路途设置关卡的事实。

从文字含义上来看，"次"也是通过或到达等含义，与西夏财植账中所反映出来的含义基本相当。《说文解字》载："次，不前不精也。从欠，二声。"④ 王筠《说文句读》载："不前者，逗留不进也。精者，择也。不择，则粗，是次也。"⑤ 关于该字的本义，这里不作具体考查，但是由"不前"的含义层层引申，可以引申出"至、及"之义。《史记·酷吏列传·杜周》载："'其治与（减）宣相放，然重迟，外宽，内深次骨。'集解：'李奇曰：其用罪深刻至骨。'索

---

① （宋）司马光：《资治通鉴》卷 181，中华书局 1956 年版，第 5655 页。
② （清）觉罗石麟监修：《山西通志》卷 45，影印文渊阁《四库全书》第 543 册，台湾商务印书馆 1986 年版，第 490—491 页。
③ 张多勇、李并成、戴晓刚：《西夏乾祐二年（1171）黑水城般驮、脚户运输文契——汉文文书与西夏交通运输》，《敦煌研究》2012 年第 2 期。
④ （汉）许慎撰，（宋）徐铉校定：《说文解字》，中华书局 1963 年版，第 180 页。
⑤ （清）王筠：《说文句读》卷 16，中国书店 1983 年影印本，第 3 册，第 34 页。

隐：'次，至也。李奇曰：其用法刻至骨。'"① 《隋书·李密传》载："行次邯郸，夜宿村中，密等七人皆穿墙而遁。"② 在古典文献中，"已"和"次"连用，也有表示"已经到达"之含义，如《宋史·杨存中传》载："十月，存中与刘猊战于藕塘，大破之。猊之初入也，淮西宣抚使刘光世欲弃庐州，退保太平。贼众十万已次濠、寿间，浚命张俊拒之，使存中往泗州与俊合。"③ 据此，我们也可以推测，西夏财植账中的"已次使口"也是指驮队已经到达了检验关卡并通过查验的含义。这一方面说明驮队是按照指定路线行驶，另一方面也说明已经通过了关卡的检查。

通过如上的分析，我们认为"已次使口"和"犯行"可能就是沿途关卡在财植单上的签字和相关事项的记载。

5. 西夏的买卖和贸易税收问题

西夏的各项买卖和贸易都按照法律或相关规定收税，这不仅有史籍的记载，也有法律的规定，同时有西夏故地所出土西夏文书的印证。

(1) 西夏法律有关买卖和贸易税收的规定

西夏在买卖和贸易中缴纳税费的问题在法典中有规定。首先，西夏租赁土地要缴纳与土地相关的所有税费。如各租户要按照租赁土地面积的大小，向政府缴纳粮食租税、服劳役、缴纳草、水税及人口税等。④ 至于具体的法律规定，主要在《天盛律令》卷十五《催缴租门》《催租罪功门》《地水杂罪门》等中有所规定和体现。

其次，西夏法典允许买卖使军子女及奴仆并纳税。《天盛律令》载："他人妻子被诉讼而诸司枷禁之，局分大小、都监、小监等侵凌时，徒十年。其中庶人侵凌有官人之妻、官低人侵凌官品大于己者之妻时，徒十二年。是仆隶及市场卖身价女，则徒六年。"⑤ 法典中还规定，使军若要出卖子女等时，必须要经过一定的程序之后才能出卖，否则不能随便出卖："诸人所属使军不问头监，不取契

---

① 《史记》卷122，中华书局1959年版，第3153页。
② 《隋书》卷70，中华书局1973年版，第1626页。
③ 《宋史》卷367，中华书局1977年版，第11435页。
④ 赵彦龙：《西夏文书档案研究》，宁夏人民出版社2010年版，第261—263页。
⑤ 史金波、聂鸿音、白滨译注：《天盛改旧新定律令》卷9，法律出版社2000年版，第343页。

据，不许将子女、媳、姑、姐妹妇人等自行卖与他人。若违律卖时，当比偷盗钱财罪减一等……"，"使军未问所属头监，不取契据，不许送女、姐妹、姑等与诸人为婚，违律为婚时徒四年……"，"前述往使军已问所属头监，乐意给予契据，则允许将子女、媳、姑、姐妹妇人等卖与他人，及与诸人为婚"。①

（2）出土租税文书档案的记载

杨富学、陈爱峰对西夏故地黑水城出土的夏金榷场贸易的16件汉文文书经过认真考证和研究之后，认为夏金榷场贸易活动中存在着税收问题："如果将收税川绢的数量除以博买川绢的数量，其值即为税收比率。以现有资料粗略推算，榷场贸易的税率大致在3%到5%之间。洪皓《松漠纪闻》记载：'［回鹘］多为商贾于燕，载以橐它，过夏地，夏人率十而指一，必得其最上品者，贾人苦之。'由此可知，西夏对回鹘商人收取的是十分之一的税，而且常常是择其上品而取。这种重税政策使回鹘商人不堪忍受，以至于他们为规避西夏人的掠夺而放弃路途较近且行走便利的河西，而转道青藏高原的河南道与宋交往。而西夏与金榷场贸易的税率仅为3%—5%之间，与过境税相比，榷场贸易的税率是相当低的。"②这种税收则通过官府文书的形式体现出来并作了严格的规定。西夏榷场或其他商业贸易和买卖场所中都会有类似的税收问题，基本上是遵守官府文书或国家法律规定而行。

西夏在买卖或贸易场所按照文件或法律规定要收取税费，就必定会有记载收取这种税费的凭据，国家以此来统计国库的收入，而这种收税凭据则就是西夏故地出土的各种类型的税账了。从上述整理可知，西夏各种买卖利税账共有19件，还有诸如耕地税、水税等，这些文书档案比较全面地反映了西夏各领域内的买卖缴纳利税的实况。如俄 ИНВ. No. 324—6《户耕地租粮账》、俄 ИНВ. No. 1178—1～4《户耕地租粮账》、俄 ИНВ. No. 1222—1《租户粮账》、俄 ИНВ. No. 1460《户租粮账》、俄 ИНВ. No. 1775—4《户耕地租粮账》、俄 ИНВ. No. 4808《迁溜租粮计账与户租粮账》、俄 ИНВ. No. 5940《户耕地租粮账》等西夏文文书档案不

---

① 史金波、聂鸿音、白滨译注：《天盛改旧新定律令》卷9，法律出版社2000年版，第417页。
② 杨富学、陈爱峰：《西夏与周边关系研究》，甘肃民族出版社2012年版，第88页。

仅反映了租用土地要缴纳耕地税，还涉及了服劳役、缴纳草等具体内容。① 《俄藏》中收录俄 ИНВ. No. 4991—4~12《迁溜人口税账》等，反映了西夏还按人头收税，并按大人、小孩及妇女而区别缴纳税费，这也是西夏国库收入之一。关于此，已有西夏学专家和学者进行了研究。② 同时，在本书第四章第二节专设《西夏土地税账册档案整理与研究》又进行了比较全面深入的研究。

西夏买卖各种商品都要收税。通过考察国家图书馆藏编号 125 号和 127 号的西夏文税账"……生酒买税四升，……肉税一斗二升，……买一牛口税二斗四（升）……增一骆驼税三斗……"可知，西夏买卖酒、牲畜肉、骆驼皮等都要收税。特别是买卖一头牛要向政府缴税二斗四升的杂粮或更多一些，买卖一骆驼缴税三斗多一些的杂粮。另，通过国家图书馆藏 126 号的西夏文税账可知，西夏买卖人口也要缴税，但主要买卖的是奴仆和使军，而买卖一奴仆六斗杂粮。③ 可以看出，奴仆毕竟是人，故买卖人口向政府缴税要比买卖牲畜向政府缴税高出约两倍。这些税账真实而全面地反映了西夏纳税的情况，为学者研究西夏经济状况提供了第一手资料。

6. 各种账册档案用字探讨

西夏账册档案的用字比较复杂，现归纳如下几点。

第一，西夏账册档案的撰写主要使用西夏文字。从目前西夏档案的编纂整理情况来看，《俄藏》第十二册至第十四册中收录的账册档案全部用西夏文书写，这是西夏账册档案的主体。这部分档案中西夏文有的比较潦草，有的比较规范；有的使用楷书，有的使用行楷，还有的使用草书。

第二，用汉字书写的账册档案。用汉字书写的账册档案数量较少，基本上收录在《俄藏》第一册至第六册之中。如《俄藏》第四册有俄 Тк299 汉文《杂物账》1 件；第六册有俄 ИНВ. No. 8026 汉文《杂物账》1 件；第六册有俄 ИНВ. No. 7779AV 汉文《收支钱账》、俄 ИНВ. No. 915B 汉文《收支钱账》、俄 ИНВ. No. 2158B 汉文《收钱账目》等 3 件。这部分档案中有的汉字是楷书，有

---

① 杜建录、史金波：《西夏社会文书研究》，上海古籍出版社 2012 年版，第 93—106 页。
② 杜建录、史金波：《西夏社会文书研究》，上海古籍出版社 2012 年版，第 106—110 页；赵彦龙：《西夏文书档案研究》，宁夏人民出版社 2010 年版，第 251—252 页。
③ 杜建录、史金波：《西夏社会文书研究》，上海古籍出版社 2012 年版，第 174—176 页。

第六章　西夏专门档案整理与研究（下）

的是行楷，有的则是草书。

第三，还有夏、汉文字合璧的现象。这种账册可能是为了方便西夏境内各民族主要是党项族和汉民族使用和管理。如《俄藏》第十二册收录有俄 ИНВ. No. 1782 夏汉文合璧《钱粮账》等。可见，西夏账册档案的记录也要适应西夏境内番、汉等民族杂居的客观现实。这样，账册档案才能起到一定的作用，实现其凭证的价值。字体也较为复杂，草书、行书、楷书皆有。

第四，西夏账册档案用字的又一现象是汉文数字书写混乱。如俄 B61 汉文《西夏乾祐二年孙猪狗等纳材植账》、俄 Дx2828 汉文《西夏乾祐二年纳材植账》、俄 Дx10279 汉文《纳胶泥土账》①等，这组文书凡涉及材植数量和规格时，其数字书写比较混乱，既有汉字大写的数字，如"材壹拾贰片""计脚叁只""壹片长壹拾伍""柒驮""叁丸"等，还有直接用汉字写成的数字，如"四五材（板材规格）"等，这组文书涉及数字的书写有：壹、贰、叁、肆、伍、陆、柒、拾、四、五等。可见，在一篇文书档案中书写数字时大写、汉字书写混乱，虽说该文书在西夏时期正常付诸实施了，但或多或少会影响文书的质量。涉及年月日和人名中有数字时则用汉字书写，如"傅六斤""乾祐二年六月十一日"等。由此可知，西夏时期在签署材植账目时用大写和汉字书写的目的，可能就是防止涂改，以示郑重，这个习惯一直保留到现当代。当然，也不排除书写的方便和快捷。

第五，西夏账册档案中用字也有俗、省混用现象。如俄 Дx2828 汉文《西夏乾祐二年纳材植账》。这一文书中将"柒"上三点水俗写省去一点，即"柒"，②即在文书中为了快捷方便而将相关汉字的笔画少写或省写；俄 ИНВ. No. 915B《收支钱账》、7779AV《收支钱账》等汉文收支钱账中将"钱"写成"夅"，③"夅"为"钱"的俗字，从"千"借声，另加上一点作为区别符号。④

可见，西夏在记账时，为了方便快捷而在书写时会省写笔画或俗写汉字，这

---

① 史金波、魏同贤、[俄] 克恰诺夫主编：《俄藏黑水城文献》第 6 册，上海古籍出版社 2000 年版，第 60—163 页。
② 同上书，第 151 页。
③ 同上书，第 287—322 页。
④ 蔡永贵等：《俄藏黑水城汉文文献词汇研究》，宁夏人民出版社 2014 年版，第 53 页。

在西夏账册档案中频繁出现。

7. 西夏账册文书档案的价值

西夏账册文书档案作为西夏档案的重要组成部分，具有十分珍贵的文献价值。主要表现在以下几方面。

（1）西夏的账册档案印证了法典的有关规定

西夏综合性法典《天盛律令》卷十五《催缴租门》《催租罪功门》《地水杂罪门》等中有关于买卖使军和奴仆并缴纳税费的规定，西夏故地出土、收藏于国家图书馆的编号为 126 号的人口买卖税账却反映了西夏买卖奴仆缴纳税费的真实情况。可知，西夏的确普遍存在人口买卖事实。

（2）反映了西夏的社会性质

从国家图书馆藏编号为 126 号的人口买卖账册来看，"西夏虽已进入封建社会，但还保存着奴隶社会的某些残余。西夏社会中除有官人和普通庶人外，还有所谓使军和奴仆，他们处于半奴隶和奴隶状态，缺少人身自由"。[①] 故，西夏的使军、奴仆及其子女等都可以当作商品进行出售，可见西夏社会某些方面的落后性。这在西夏《天盛律令》卷十二《内宫待命等头项门》中也有具体的反映。

（3）反映了西夏粮、油等的买卖价格

从《俄藏》《英藏》《中藏》以及国家图书馆藏西夏文档案整体来看，反映了西夏商品买卖中的粮价、油价、牲畜价等商品的价格，这也成为研究西夏经济发展的重要原始史料。

国家图书馆藏有新发现的西夏文卖粮账编号 010 号的残片共二纸。其中一纸残片黄麻纸，上下皆残，草书 13 行。[②] 从这一卖粮账来看，其账目记录比较规范，即卖粮日期、卖粮人名、粮食品种、价钱等。通过西夏学专家考释，得出西夏的有关粮价，即麦价每斗最低二百钱，最高二百五十钱。糜比麦价低，每斗糜价在一百五十至二百钱。这件卖粮残片具有十分重要的档案价值，"它给予了有关西夏社会的重要内容，即西夏的粮价"。[③]

---

① 杜建录、史金波：《西夏社会文书研究》，上海古籍出版社 2012 年版，第 176 页。
② 同上书，第 167 页。
③ 同上书，第 168 页。

第六章 西夏专门档案整理与研究（下）

此外，《俄藏》中收录有俄 ИНВ. No. 1366—6～9《酒价钱账》、俄 ИНВ. No. 4696—8《酒价账》、俄 ИНВ. No. 6424—3《酒价账》等西夏文文书，虽然未被西夏学者翻译成汉文，但从编纂《俄藏》的专家给这几件西夏文命名的标题来看，可能反映了西夏时期的各种酒的价格。至于这种酒的价格到底是多少，或用何物置换，相当于多少银两，待后研究。

《俄藏》中还收录有西夏文卖油账，如俄 ИНВ. No. 5808—2《卖油账》，虽然数量并不多，但也能了解西夏食油在买卖中的价格。

以上这些账册档案都是十分重要的反映西夏社会经济的原始史料，其能比较全面地还原西夏粮、油、酒买卖中的价格状态。

（4）西夏账册档案的形式和内容较严谨规范

西夏账册档案的形式比较规范，所记内容也较严谨，让人一看就清楚明白。如俄 ИНВ. No. 915B 汉文《收支钱账》，该钱账分收和支两部分。收入又按总收入和分收入记账，先记收入钱款总数，即"［纳］钱四百四十五贯五百文"。再记分收入钱款数量，即"二百贯，宫下；二百八贯，应酒库；三十七贯五百文，口食"。由上可知，总收入等于分收入的和。支取钱款也是按每一笔的总支出和分支出记账，即总支出钱款是"支钱三百五十五贯七百九文"，分支出钱款数量是"二贯六贯，布施；一百一十八贯三百九文，杂使；三十贯四百文，买物"。由此可知，该笔总支出的钱款数量与分支出钱款数量并不相符，可能还有什么分支出的钱款数量未记入账册，导致该支出账册残损，影响其凭证价值；另一项支出钱款总量是"支钱四贯文"，分支出钱款数量是"一贯八百文，贴油价钱；一贯，贴锅价钱；一贯二百文，还酥钱"。① 该笔总支出钱款总量和分支出钱款之和相符。

当然，由于西夏档案大多出土于地下，由于各种原因导致档案残缺不全，所以，对研究西夏账册档案带来了很大障碍。故，得出的结论是否正确，还须今后再加以验证。但不管怎么说，从目前所见账册档案来看，还是比较规范和严谨的，对了解西夏的财务制度有一定的帮助。

---

① 史金波、魏同贤、[俄]克恰诺夫主编：《俄藏黑水城文献》第 6 册，上海古籍出版社 2000 年版，第 287 页。

（5）反映了有关官员和马匹粮饷草料供给问题

从汉文西夏史籍记载来看，西夏普遍实行亦兵亦民的部落兵制，官府不配发粮饷和草料。① 但是，从西夏法典的规定来看，官府给执行公务的官员和马匹提供粮饷和草料。西夏法典规定：官府于固定时间派遣官员到国有牧场校验官畜时，按人头、马匹数量和时间长短提供定量的粮饷和草料："案头、司吏、随从、童仆等之人马食粮，当自官方领取。于牧场中取时，计其价，以枉法贪赃罪法判断。"其中"大校七日一屠，每日米面四升，其中有米一升。二马食中一七升，一五升。一童仆米一升"。同时规定，"案头、司吏二人共十五日一屠，各自每日米一升。一马食五升。……"② 又规定，"官畜、谷、钱、物管辖处，依次当于所应出予处寻谕文，依其法当取之"。③

西夏故地黑水城出土了几件有关马匹草料的档案。如俄 ИНВ. No. 819—9 西夏文《草账》，④ 英3178a、b、c 和3179 汉文《马匹草料账册》4件。⑤ 这4件马匹草料账册已经直接而完全证明了西夏法典关于官府派遣执行政府公务的官员和马匹给予粮饷和草料补助的规定，通过文书账册可知西夏时期的马料包括"糜子""草"等，而且马料拨发是以日计算，并分不同等级，既有拨"五分"料的，也有拨"六分"料的，还有足额拨料的。可见，西夏实行对外执行公务官员和马匹以粮饷和草料的补助制度。⑥

二 西夏的请假条档案

据史籍记载，请假以及休假制度大约始于汉代，后各朝沿袭，而且请假的范围涉及社会生活的各个方面。南朝宋鲍照因家中房屋漏雨须修葺和老母有病无人照料而撰有2篇《请假启》。其中一篇《请假启》载："臣启：臣居家乏治，上

---

① 杜建录、史金波：《西夏社会文书研究》，上海古籍出版社2012年版，第66页。
② 史金波、聂鸿音、白滨译注：《天盛改旧新定律令》卷19，法律出版社2000年版，第585页。
③ 史金波、聂鸿音、白滨译注：《天盛改旧新定律令》卷20，法律出版社2000年版，第613页。
④ 史金波、魏同贤、［俄］克恰诺夫主编：《俄藏黑水城文献》第12册，上海古籍出版社2006年版，第326页。
⑤ 谢玉杰、吴芳思主编：《英藏黑水城文献》第4册，上海古籍出版社2005年版，第33—34页。
⑥ 赵彦龙、孙小倩：《种类齐全 价值珍贵——西夏账册档案研究之三》，《宁夏师范学院学报》2015年第4期。

漏下湿,暑雨将降,有惧崩压。比欲完葺,私寡功力。板锸陶涂,必须躬役。冒欲请假三十日,伏愿天恩,赐垂矜许。手启复追悚息,谨启。"① 到了唐代,朝廷不仅制定了《假宁令》来管理官吏的请假等事项,而且出土的请假文书如《唐永徽五年(654)九月西州诸府主帅牒为请替番上事》② 等也证明了唐代请假制度之规范。作为 11—13 世纪立国于西北边陲的西夏,官吏请假是否也借鉴和吸收了中原唐宋的官吏请假制度?其请假的范围有哪些?请假的程序怎样?超过请假期限又如何处罚?对此,我们结合西夏故地出土的请假条和《天盛律令》有关规定,对西夏官吏请假制度进行一些简单的探讨。

(一)请假条整理概况

近年出土并发现的西夏请假条只有 2 件,均为汉文,且为残件。现简单说明如下。

中藏 G21.026—1P 汉文《请假条》。

中藏 G21.026—2P 汉文《请假条》。③

这 2 件残件汉文请假条出土于甘肃武威,墨写。中藏 G21.026—1P 请假条高18.7,宽6.8。存字2行。第一行:今申本卡先差司吏高践苟一名,本人告称或有……第二行:……□遣及诸处驱赶请假,今目下见……

中藏 G21.026—2P 请假条高 16.7,宽 8。存字 3 行。第一行:……患伤寒,行履不能,本卡并死,□□□手力不……第二行:……乐人……惜……第三行:……余吏自行送之……

(二)请假条研究

1. 西夏请假条的相关内容

(1) 文书种类

从南朝宋鲍照的《请假启》来看,这时官吏请假则以"启"这一上行文书种类履行请假程序,从唐代出土文书《唐永徽五年(654)九月西州诸府主帅牒

---

① (清)严可均辑:《全上古三代秦汉三国六朝文》第 4 册《全宋文》卷 47,上海古籍出版社 2009年版,第 558 页。

② 徐秀玲:《从吐鲁番出土文书看唐代官吏请假制度》,《兰台世界》2011 年 1 月下。

③ 史金波、陈育宁主编:《中国藏西夏文献》第 16 册,甘肃人民出版社、敦煌文艺出版社 2006 年版,第 272 页。

为请替番上事》来看则是以"牒"来履行请假程序。由此可看出,各朝代请假所用上行文书种类各不相同。那么西夏请假是以何种类文书履行请假程序呢?由于甘肃武威出土的2份《请假条》前后残缺严重,无法知道所用文书种类。但从中藏 G21.026—1P 中"今申本卡先差司吏"等以及西夏上行文书种类的用途来推测,"申状"的可能性比较大。此外,"呈状"或"禀帖"也有可能。

(2) 基层机构"卡"

从中藏 G21.026—1P 和中藏 G21.026—2P《请假条》残片中的内容可知,西夏设置"卡"的基层建制。关于此,陈炳应已经有过简单的说明,"乡是农村的一级行政组织。卡是交通要道上收税、检查的机构。张义地处武威与青海省交界的山口,设卡是很自然的事。这两个机构及名称,我国历史上早就有了,西夏有这些机构和名称并不奇怪,但因其他西夏文献和史籍都未提及,此属首次发现,值得重视"。[①] 可见,"卡"是西夏在基层交通要道上设置的用于检查过往贸易之"驮队"等而收取税费的机构。

(3) 基层存在严格的请假制度

从上揭2份西夏请假条来看,反映出了西夏请假制度的严格和规范。就连最基层的"卡"这一机构中的官吏,有事有病等都要履行严格的请假程序,否则,可能要按律惩处。

(4) 官吏请假的范围

从上揭2份《请假条》来看,中藏 G21.026—1P 可能是因事而请假,中藏 G21.026—2P 可能是因"本卡"某人"患伤寒,行履不能"而导致最后死亡,为安葬亡故之人而请假。可见,西夏官吏的请假范围也如中原唐宋一样,有事有病等都允许请假。

(5) 官吏请假的程序

由上揭2份《请假条》来看,首先是官吏本人要向上司提出请假申请,"本人告称或……"由于西夏的这2份《请假条》残损严重,不知是向本卡主管官员提出请假的申请,还是向更高一级的官府提出请假申请。因为古代请假也有权限的要求,西夏也应如此,所以,西夏最基层的"卡"是否有权限批准请假?

---

① 陈炳应:《西夏文物研究》,宁夏人民出版社1985年版,第300页。

其次是上司的批示。由于该《请假条》残损严重，所以，无法得知这2份请假条是否得到上司的批准。但这2份汉文请假条档案至少印证了西夏《天盛律令》卷10《失职宽限变告门》等相关条款中规定的请假制度。

（6）"司吏"这一职官说明

从上揭2份汉文《请假条》可知，西夏的"卡"这一交通要道上也派设有"司吏"职官。西夏从中央到地方官府中司吏的派遣在《天盛律令》中没有明确界定。因为，"司吏"这一职官职位很低，各司署衙门可以根据任务多少来选派，西夏法律只是宏观地进行了界定："前述诸司都案、案头数除已明定之外，司吏以及诸堡、城、军、寨、转运司、工院、经治司、行宫三司、县末等司都案、案头、司吏者，当以职阶计，限量遣之。"①

军事机构中案头、司吏等所派遣的数量，《天盛律令·遣边司局分门》中有具体的规定："诸边经略使监军司全部一律当遣五十。监军司司吏当遣四十。"并且规定，经略使及监军司派遣案头、司吏的数量必须按规定执行，否则，要治罪："诸边经略使及监军司等案头、司吏数当依所定派遣，不许使超额。若违律时，随意寻安乐者徒一年，使退减数者徒三个月。"② 再结合上揭2份汉文《请假条》可知，西夏的确从中央到地方的州、县、堡、寨、卡以及各种粮食仓库等司署衙门中都派设有"司吏"这一低级职官，而且根据司署衙门大小、任务多少配备数量不等。

（7）"乐人"现象探析

中藏G21.026—2P《请假条》中出现了"乐人"一词。我们推测"乐人"是专门为人唱歌、奏乐的艺人。西夏本来就十分重视歌舞，在中央政府就设有"番汉乐人院"，属末等司。③ 西夏还设有"乐官""乐人"之职。"武威下西沟岘出土的文书中有'西路乐府（都）勾官所'，'监乐官'，'乐人'等名称，使我们有可能推测，在地方路、府、州一级设有'乐府都勾管所'，任命'监乐官'等职，负责组织、管理'乐人'，收集民间歌词、声律诸事。由此可见，在

---

① 史金波、聂鸿音、白滨译注：《天盛改旧新定律令》卷10，法律出版社2000年版，第377页。
② 同上书，第379页。
③ 同上书，第364页。

西夏时期,自上而下都有一套行政机构来组织推动音乐的发展。"① 中藏 G21.026—2P《请假条》中的"乐人"可能是为"患伤寒"而导致死亡的人送葬奏乐的艺人。关于送葬奏乐一事,不仅相关汉文西夏史籍有记载:"焚前,死者之亲属在丧柩经过之道中,建一木屋,覆以金锦绸绢。柩过此屋时,屋中人呈献酒肉及其他食物于尸前,盖以死者在彼世享受如同生时。迨至焚尸之所,亲属等先行预备纸扎之人马、骆驼、钱币,与尸共焚。据云,死者在彼世因此得有奴婢、牲畜、钱财等若所焚之数。柩行时,鸣一切乐器。"② 而且西夏故地出土文书档案中也有记载,如黑水城出土俄 ИНВ. No.3775 汉文《光定七年(1127)祭文》中有"铙钹引路",③ 甘肃景泰出土西夏文《水陆法会祭文》中有"功名已就,足登官靴,白昼黑夜沉眠于甜蜜的音乐声中,如同神仙似地快乐"④ 等,证明在亡人送葬和超度作法会过程中都要用到音乐。可见,中藏 G21.026—2P《请假条》中的"乐人"应是为患伤寒而亡故之人送葬奏乐的艺人。

(8) 提供了语言研究的素材

甘肃武威出土的西夏汉文请假条中出现了同音代替的用字现象。如中藏 G21.026—2P《请假条》残片中"……患伤寒,行履不能,本卡并死……"这里的"并"应为"病"的替字。如果真是如此的话,这给西夏汉文文书档案用字研究又提供了实物依据。

2. 西夏请假的法律规定

西夏有请休假的法律规定,具体在《天盛律令》卷 10《失职宽限变告门》等相关条款中有记载。

(1) 西夏有常规休假制度

西夏对官吏有必须的、常规的休假规定。官吏三年期满经考核并无住滞需要续转另一司署衙门时,官吏有固定的续转休假期限。但《天盛律令》并未具体规定官吏续转时须休息多长时间,只规定了续转休假期满时在规定时间赴任,超

---

① 陈炳应:《西夏文物研究》,宁夏人民出版社 1985 年版,第 301 页。
② [法] 沙海昂注:《马可波罗行纪》,冯承钧译,上海古籍出版社 2014 年版,第 94 页。
③ 史金波、魏同贤、[俄] 克恰诺夫主编:《俄藏黑水城文献》第 6 册,上海古籍出版社 2000 年版,第 303 页。
④ 孙寿岭:《西夏文水陆法会祭祀文考析》,杜建录主编:《西夏学》第 1 辑,宁夏人民出版社 2006 年版,第 87—90 页。

期赴任则要受到处罚。① 只有丧假规定明确具体,而且以服丧时间的长短将亲属分为五等:服三年、一年、九个月、五个月、三个月丧。② 由上可知,西夏的确如中原王朝一样有常规的休假制度。

(2) 请假的权限规定

西夏法律允许各级官吏有事有病等请假,而且必须按照隶属关系,根据请假时日多少依次向上级司署衙门请假。

首先,京师内所属诸司官吏的请假权限问题。京师所属诸司官吏请假若超出直接上司的权限者,还要向更高一级上司奏报,直到请假成功。其程序是"京师所属诸司大人、承旨宽限期次第者,一日起至十日于阁门司,十日以上则一律于中书等分别奏报,当以为宽限期。诸司都案二十日期间当报属司、及期□上当报中书,与中书、枢密都案□□大人酌计期。其余案头、司吏、□所使等当报于本司中大人,应酌计给予宽限"。③

其次,边中诸司中各官吏的请假权限及程序。"边中正副统、刺史、监军、习判及任其余大小职位等完限期时,至二十日以内者,所属经略应酌计宽限期。有二十日以上宽限期者,则当有谕文,当以文武次第奏报中书、枢密所职管处定宽限期。"此外,官吏本人有病或亲属有病等可再续假,但有具体的规定,"前述边中任职位人宽限期分别依前以外,其中或自身染疾病而不堪赴任上,或父母、叔姨、兄弟、妻子、子孙等病重而死生不明及已死等,则□五日期间者,于自身相共职处为宽限期。若无相共职,则当遣子告主职经略使,以十五、二十日为宽限期,当携状而限之"。④

再次,宗教界官吏的请假权限和程序。"国师、法师、禅师、功德司大人、副判、承旨,道士功德司大人、承旨等司中有职管事限度者一日起至十日,寺检校、僧监、众主二十日期间当报所属功德司,使定宽限度,二十日以上则当告变。国师、法师、禅师等司内不管者,径直当报中书,依所报次第限之。"⑤

---

① 史金波、聂鸿音、白滨译注:《天盛改旧新定律令》卷10,法律出版社2000年版,第348—352页。
② 同上书,第134—138页。
③ 同上书,第352页。
④ 同上。
⑤ 同上。

综上，西夏官吏必须严格按照《天盛律令》的规定而执行，一般不得越级请假。西夏官吏只有得到上司核批的允许宽限时日的请假条之后，才能按照核批的固定时日休假或办理私人事项。

(3) 西夏官吏超过请假期限的处罚规定

西夏允许官吏有事有病请假，但若超出请假时限不赴任上时，则要按照《天盛律令》有关条款的规定进行处罚。

首先，对诸司大人、承旨、习判、都案、案头等高级官吏超期处罚的规定："诸大人、承旨、习判、都案、案头等不赴任上及超出宽限期，又得职位官敕谕文已发而不赴任等，一律超一二日罚五斤铁，三四日十斤铁，五日十三杖，六日起至十日徒三个月，十一日起至十五日徒六个月，十六日起至二十日徒一年，二十日以上至二十五日徒二年，二十六日起至一个月徒三年，一个月以上一律当革职，官□□马勿失。"① 由上可知，超期四日以内者，对上述官吏处以罚铁，这是从物质上给予处罚。若超期五日以上乃至一个月者，给予上述官吏十三杖、徒三个月直至革职的处罚。看来，对案头以上官吏的处罚十分严格，以此来督促官吏及时赴任，不致影响司署衙门的事务。

其次，对各职司中低级官吏如司吏超期的处罚。西夏法律规定司吏在宽限期内不赴任上时，则要因旷工时日多少受到惩处："司吏不赴司职时，一日起至五日笞十五，六日起至十日十杖，十一日起至十五日十三杖，十六日起至二十五日徒三个月，二十六日起至一个月徒六个月，一个月以上至三个月徒一年，三个月以上至十个月徒二年，十个月以上一律徒三年。"② 可知西夏对司吏的超期只给予刑事处罚，且并不是特别的严厉。当然，司吏与诸大人、承旨、习判、都案和案头官相比，职低位轻，影响较微，损失较小，所以，处罚自然要比诸大人要轻微，这也符合了人性化管理的原则。

(4) 西夏官吏欺瞒请假的处罚

西夏允许官吏有事有病或有其他重大事项时请假，但绝对禁止欺瞒请假。若发现欺瞒请假现象时要严惩："诸人自己故意于亲父母、庶母实有时谓其已死而

---

① 史金波、聂鸿音、白滨译注：《天盛改旧新定律令》卷10，法律出版社2000年版，第351页。
② 同上。

索假期时，与当面出恶语争吵同等判断。"①

综上所述，西夏故地甘肃武威出土的2份汉文残片请假条即中藏 G21.026—1P—2P 不仅印证了西夏法律关于官吏有事有病等请假的规定以及超期不赴任上的处罚，还为研究西夏的基层职官建制、职官制度、乐人现象和汉文文书用字现象提供了实物证据，同时在一定程序上对后世的请休假制度和官府官员的管理有借鉴作用。②

三 西夏的欠（借）钱（粮）款条档案

（一）欠款（粮）条整理概况

通过对《中藏》《俄藏》《日藏》等的搜集整理，发现有9件欠款条、借款账、欠粮账等档案。为了研究方便，现依次将图版编号、档案名称、版本、纸质、字体、书写文字、档案出处等相关信息整理成表6—26。

表6—26 西夏欠（借）钱（粮）款条档案

序号	图版编号	档案名称	版本	纸质	字体	书写文字	档案出处	备注
1	中藏 G21.025	欠款条	写本	麻纸	楷书	汉文	《中藏》第十六册③第271页	残件
2	编号007(7.02X—4)	借钱账	写本	麻纸	草书	西夏文	国家图书馆藏	残片
3	编号011(7.04X—2)	借钱账	写本	麻纸	草书	西夏文	同上	残片。有人名、日期、利钱等
4	编号041(7.10X—7)	借钱账	写本	麻纸	草书	西夏文	同上	残片，记载了借钱利率④

---

① 史金波、聂鸿音、白滨译注：《天盛改旧新定律令》卷10，法律出版社2000年版，第611页。
② 赵彦龙、穆旋：《从出土档案看西夏官吏请假制度》，《档案管理》2014年第4期。
③ 史金波、陈育宁主编：《中国藏西夏文献》第16册，甘肃人民出版社、敦煌文艺出版社2006年版。
④ 杜建录、史金波：《西夏社会文书研究》，上海古籍出版社2012年版，第182页。

· 547 ·

续 表

序号	图版编号	档案名称	版本	纸质	字体	书写文字	档案出处	备注
5	俄 ИНВ. No. 866	欠粮担保账	写本	麻纸	草书	西夏文	《俄藏》第十二册① 第145页	残卷。有画押
6	俄 ИНВ. No. 547—20	欠粮账	写本	麻纸	草书	西夏文	《俄藏》第十三册② 第94页	缝缋装
7	俄 ИНВ. No. 4760	欠粮担保账	写本	麻纸	草书	西夏文	同上书,第258页	残卷。有署名、画押
8	日藏12—08c	欠粮担保账	写本	麻纸	草书	西夏文	《日藏》下册③ 第363页	残页
9	日藏12—09c	欠粮担保账	写本	麻纸	草书	西夏文	同上书,第367页	残页

（二）欠钱（粮）款条研究

1. 欠款及借钱（粮）须立字据

从西夏故地出土的欠款条、借钱账、欠粮担保账等来看，西夏人具备了法律意识和法律观念。当然，这并不是说西夏所有农牧民的法律意识和法律观念强，而是主要指那些债权人，即官府中人、寺庙中僧人、长期从事商业活动的商人等，这些债权人向外放债时都要借债人留下字据，以此来维护他们的利益，保障其利益不受任何侵害，进而达到剥削和压榨贫苦农牧民的目的。

关于此，不仅有出土档案为凭，更有西夏法典对关于买卖、借债等的规定，这就从法律上保证了债权人的利益。法典规定:"诸人买卖及借债，以及其他类似与别人有各种事牵连时，各自自愿，可立文据，上有相关语，于买价、钱量及语情等当计量，自相等数至全部所定为多少，官私交取者当令明白，记于文书

---

① 史金波、魏同贤、[俄]克恰诺夫主编:《俄藏黑水城文献》第12册,上海古籍出版社2006年版。
② 同上。
③ 武宇林、[日]荒川慎太郎主编:《日本藏西夏文文献》,中华书局2011年版。

第六章 西夏专门档案整理与研究（下）

上。以后有悔语者时，罚交于官有名则当交官，交私人有名则当交私人取。承者有官罚马一，庶人十三杖。"① 法典中规定借债文书上须写上并写清"相关语"，这在出土档案中也有体现。如《中藏》第十六册收录的中藏 G21.025 汉文《欠款条》，其上就写有"李伴初欠钱叁贯五佰文，刘的的欠钱贰贯贰佰伍拾文"，② 欠条上要写清姓名、钱数。至于是否有利息、何时偿还等条款，因欠款条残缺则不得而知。但是，国家图书馆藏编号 007、011、041 号的借钱账残页中保留有借钱人名、时间、利钱等要素。如国家图书馆藏编号"007 是西夏文草书九年六月、七月的借钱账。011 号为西夏文草书借钱账残页，有日期、人名、利钱等项。041 号是西夏文借钱账残页，有三钱增利、二钱增利等语，记载了借钱的利率"。③ 这几件残缺的档案中记载的相关内容验证了西夏法典中规定的内容。虽然说上述档案所记载的利钱可能不一定是同一时期和同一地区的，也不能完全反映西夏不同时期、不同地区的借钱利率，但至少证明西夏境内借钱、借粮是有利率的。可见，欠款条、借钱账等档案的内容完全反映了西夏法典的精髓。

2. 反映了借债中的担保问题

从上述整理可知，西夏的欠款、欠粮及借钱账共有 9 件，但是，欠粮担保账则占了 4 件，几乎是该类档案的一半，如《俄藏》第十二册收录的欠粮账俄 ИНВ. No. 866 西夏文《欠粮担保账》、第十三册收录的欠粮账俄 ИНВ. No. 4760 西夏文《欠粮担保账》《日藏》下册收录的欠粮账日藏 12—08c 西夏文《欠粮担保账》和日藏 12—09c《欠粮担保账》。由此，我们认为西夏境内允许借粮、借钱，但必须要有担保才能实现借债的愿望。因为，借债本身就有风险，这也是债权人采取的一项保证其利益不受损害的措施。

西夏法典对借债担保也有规定："全国中诸人放官私钱、粮食本者，一缗收利五钱以下，及一斛收利一斛（斗）以下等，依情愿使有利，不准比其增加。其本利相等仍不还，则应告于有司，当催促借债者使还。借债者不能还时，当催

---

① 史金波、聂鸿音、白滨译注：《天盛改旧新定律令》卷 3，法律出版社 2000 年版，第 189—190 页。
② 史金波、陈育宁主编：《中国藏西夏文献》第 16 册，甘肃人民出版社、敦煌文艺出版社 2006 年版，第 271 页。
③ 杜建录、史金波：《西夏社会文书研究》，上海古籍出版社 2012 年版，第 182 页。

促同去借者。"同时还规定："……借债者自当负担。其人不能，则同去借者、执主者当负担。"① 这里的"同去借者"则是借债者的担保者。这些担保者则承担借债者无力偿还、死亡、逃跑等意外的连带责任，即负责偿还借债者的债务。这也是西夏保证债权人利益的强有力后盾。关于借债文书档案的撰写、担保的责任等相关内容，还可参见第六章第一节"西夏契约档案整理与研究"。

由上可知，西夏法律不仅允许而且提倡借债、买卖等民间经济行为，并规定在借债、买卖中要订立"文据"，这样不仅可以保护债权人利益，同时也起到规范民间经济事务、避免民事纠纷、保持社会稳定的作用，且以此来充盈国库。

四 西夏的会款单档案

西夏是以党项族为主体于 11~13 世纪在西北地区建立的王朝。每个民族都有它们独特的民俗，党项族也不例外，它的每项民俗都反映着西夏社会的一种独特现象，揭示了西夏社会的某些社会实质。该部分内容依据西夏故地出土的西夏文草书《会款单》和《众会契》，并结合其他相关史料，探讨西夏民间的"会款"现象。

（一）西夏会款单内容概述

1. 会款单（众会契）整理概要

西夏文"会款单"（众会契）收录于《中藏》《俄藏》等大型西夏文献丛书中，经搜集整理共发现 3 件西夏文会款单（众会契），现将其信息录示如下。

(1) 中藏 G21·003 西夏文《天庆寅年会款单》。②

(2) 俄 ИНВ. No. 5949—31 西夏文《光定寅年众会契》。

(3) 俄 ИНВ. No. 7879 西夏文《众会契》。③

2. 会款单（众会契）内容概述

上述 3 件会款单，史金波等先生已做过比较全面的解读和研究，笔者拟利用

---

① 史金波、聂鸿音、白滨译注：《天盛改旧新定律令》卷3，法律出版社2000年版，第188—191页。

② 史金波、陈育宁主编：《中国藏西夏文献》第16册，甘肃人民出版社、敦煌文艺出版社2006年版，第257页。

③ 史金波、魏同贤、[俄]克恰诺夫主编：《俄藏黑水城文献》第14册，上海古籍出版社2011年版，第93—198页。

西夏学专家的解读和研究，对会款单的内容做一概述。

(1) 中藏 G21·003 西夏文《天庆寅年会款单》

甘肃武威出土，西夏文草书写本，共一页八行。内容主要是西夏天庆虎年（1194）正月的某一天，10个人分别集钱 150 钱、100 钱、50 钱，共计 750 钱而入于众钱中。会款单未交代这些钱的用途以及会款目的。

(2) 俄 ИНВ. No. 5949—31 西夏文《光定寅年众会契》

黑水城出土，西夏文草书写本，残卷，麻纸。存西夏文 15 行。第 1 行有"光定寅年十一月十五"诸字。有涂改，有签名画押。这篇"众会契"同样反映了西夏民间众人集资一事。该西夏文《光定寅年众会契》除尾部稍有残缺外，其他方面的内容较为完整。该"众会契"写于光定寅年（1218）十一月十五日，内容有 13 条，现结合史金波先生的翻译总结如下：

第一条，十五日聚会，除生病或远行者以外，不来者罚五斗粮；

第二条，会众中有生病严重者，需到其处看望，不去者罚一斗粮；

第三条，会众中有去世者，每人都应去送葬，不去者罚杂粮一石；

第四条，会众若惹上官司，被诸司问罪，罚一斗杂粮，不交者罚五斗杂粮；

第五条，会众中有流失者，罚交一石麦；

第六条，会众中若有人丧妻，每人当送一斗杂粮，不送者罚三斗；

第七条，会众中有去世者，每人送二斗粮，超时者罚交一石杂粮；

第八条，会众中有去世者办丧事时，每人付米谷二升三卷[弁]，不付者罚交五斗杂粮；

第九条，意不详；

第十条，每月聚会时送一升米谷、二升杂粮，有不送者罚交五斗杂粮；

第十一条，聚会时不论会众家中有无人员，若不来时罚粮五斗；

第十二条，意不详；

第十三条，二人来聚会中为不实事时，子聚集时，罚交五斗数杂粮。

最后有入会者 17 人的签名画押，表明了此文书的契约性质。[①]

---

① 史金波：《黑水城出土西夏文众会条约（社条）研究》，杜建录主编：《西夏学》第 10 辑，上海古籍出版社 2014 年版，第 5—6 页。

(3) 俄 ИНВ. No. 7879 西夏文《众会契》

该件"众会契"为西夏文草书写本，残卷，麻纸。存字19行。有签名画押。经史金波先生介绍，该《众会契》由于多处残损且字迹模糊，背面书写经文，两面文字相互叠压，很多字难以辨识，故难以进行详尽的考述，但从残缺不全的信息可推知，其大意和俄 ИНВ. No. 5949—31 西夏文《光定寅年众会契》类似，也是对会众的一些要求和规定。

综上，西夏文会款单和众会契的公布及解读，揭示出了西夏民间的一些社会经济状况，为研究西夏基层社会经济现象提供了坚实的第一手资料。

(二) 西夏会款单研究

上述整理的3件西夏文会款单（众会契），出土于西夏晚期的两个地区，一个是经济、文化比较发达的河西走廊武威地区，一个是相对贫穷落后的黑水城地区。这两个地区先后出土了西夏晚期的西夏文会款单或众会契，并且记载的都是将款或粮会于一处，虽然中藏 G21·003《天庆寅年会款单》没有直接交代会款目的，但俄 ИНВ. No. 5949—31 西夏文《光定寅年众会契》交代得十分明确和具体，的确反映出民间经济往来的互助情况。

1. 会款单（众会契）的性质

中藏 G21·003 西夏文《天庆寅年会款单》出土于佛洞之中，这10个会钱人可能是僧侣或佛教信徒，而且会钱数额不等，说明这种会款活动是因每个人的经济能力大小和对佛祖虔诚的自觉自愿行为，并不具强迫性，所以，不具有类似契约的约束性。

俄 ИНВ. No. 5949—31 西夏文《光定寅年众会契》结尾处有17人签字画押，而且都是平等并列的，没有同立契人和知人，所以它"是一种特殊的契约。作为西夏黑水城地区社邑组织和活动的规约，它不像一般经济契约如买卖、抵押、借贷、租赁契约那样主要是证明当事人双方某项经济关系的文书，而是一种多人共同遵守的互助保证书契，是民间结社组织及其运行的条规"。[①] 从该档案整体来看，虽然大家都是自觉自愿的入社行为，但一旦入社，都要遵守该社所规定的各

---

① 史金波：《黑水城出土西夏文众会条约（社条）研究》，杜建录主编：《西夏学》第10辑，上海古籍出版社2014年版，第1页。

种条约，若违反各种条约则要受到不同程度的制裁，这种制裁与西夏法律无关，只是从经济和道义上制裁。因此，这样的众会契就具有了一种特殊的契约作用，规范人们的行为。

2. 会款用于民间互助

中藏 G21·003 西夏文《天庆寅年会款单》只简单地记载了会款的时间、地点、人名、钱数和总钱额，并没有交代会款目的，但并不排除僧侣或佛教信徒在特殊时期的互助行为。

俄 ИНВ. No. 5949—31 西夏文《光定寅年众会契》的会款目的则十分明显，即每月每个会众在规定时间会集于一处，送一升米谷、二升杂粮，共三升粮食，用于特殊时期的某些事件上，如生病、死亡等，防止偶出事件时由于缺乏资金而导致贻误。这种集粮或会款行为主要目的就是"紧急支出使用"，即因病致穷或其他因素导致穷困潦倒时用以解燃眉之急。由此我们认为，西夏的确存在民间互助性质的会款或集粮行为，这相当于现代社会的某种爱心互助基金。

3. 会款也可能用于从事借贷

中藏 G21·003 西夏文《天庆寅年会款单》中没有直接交代会款目的，为此，最早对该文书进行研究的王静如在《甘肃武威发现的西夏文考释》中指出："这种钱会在当时社会中是很流行的，入会者急需时可借用，并要付出利息。但此'集款单'在佛洞中发现，可说明当时僧侣曾利用这种钱会进行高利贷盘剥。"[①] 接着有一些西夏学专家也进行了研究，并将其研究成果公诸于众。史金波在《〈甘肃武威发现的西夏文考释〉质疑》一文中说："此会款单对研究西夏的社会形态和经济关系，很有价值，值得我们重视。"[②] 至于这一会款到底是为什么，史金波又说："西夏民间也有为解决临时困难，请亲戚、朋友、邻里集钱入会的借贷方法"，并引用该"会款单"作为依据，认为"集钱时分别出 150 钱、100 钱、50 钱不等，共集 750 钱，于入会人来说负担不重，集钱总数也不多，合 15 个妇女劳动日的工值"[③]。可见，西夏民间也确实存在集资并用于放贷

---

① 王静如：《甘肃武威发现的西夏文考释》，《考古》1974 年第 3 期。
② 史金波：《〈甘肃武威发现的西夏文考释〉质疑》，《考古》1974 年第 6 期。
③ 史金波：《西夏社会》，上海人民出版社 2007 年版，第 824—825 页。

而从中获利的现象。陈炳应认为"这种会款活动不只一次，以前就会集过，以后也必然继续会款，逐渐积累起来。目的是什么呢？是互助？做佛事？还是有别的用途呢？文书本身没有说明。但如果与同时出土的欠款单联系起来的话，则不管这些钱将来干什么用，但它们都有可能被用以放高利贷"。① 杜建录认为这种现象"也可能是民间互助性质的。但如果与同时出土的欠款单联系起来，也有可能用于放贷。当然，这仅仅是推测，如果这个推测成立的话，就可以证明高利贷渗透到了西夏社会的各个层面"。② 后来，又有学者对该会款单进行了重新翻译，然后经过多方查证和研究，提出了新的观点，认为"更倾向于该文献是西夏时期凉州地区某个民间宗教会社的集款单。原因在于：会款单中的'会'表现出了很强的宗教性，这与世俗性更强一些的钱会有较明显的差别"。③ 我们认为，在中藏 G21·003《天庆寅年会款单》没有直接交代会款目的的情况下，以上所论观点都有可能成立。也就是说，这种会款行为也有可能是用于高利借贷。

俄 ИНВ. No. 5949—31 西夏文《光定寅年众会契》中明确记载了这种集粮的目的是用于特殊的事情或急事，在于解燃眉之急。但是，这一文书没有记载"这些由会众缴纳的粮食是归会首所有，还是作为众会的公用积粮"而做义事。正如史金波所言："也不能完全排除会首通过众会聚敛财物的可能性。"④ 由此我们可以推测，这种众会缴纳的粮食不可能因为义事而彻底用完。如果这样的话，要么会首将剩余的粮食据为己有，为自己聚敛财物；要么可能将剩余的粮食用于高利放贷，从而源源不断地为该众会社赢利，以便使该众会社能够长期地为会众解燃眉之急。众所周知，在西夏，有时以个人的经济实力可能很难获得更大的利润，所以会出现几个人或更多人会集将他们多余的钱粮放在一处，由某一个人出面向外借贷而从中获利。此外，从甘肃武威小西沟岘出土的同一批文献中的欠款单也可间接证明西夏民间存在高利借贷。因为在借贷时要有文字凭据，欠款单或借款单就是急用支出使用到期还债的凭证。由此我们推测，俄 ИНВ. No. 5949—31 西

---

① 陈炳应：《西夏文物研究》，宁夏人民出版社 1985 年版，第 283—287 页。
② 杜建录：《西夏经济史》，中国社会科学出版社 2002 年版，第 243—244 页。
③ 王荣飞：《甘肃省博物馆藏〈天庆寅年"七五会"集款单〉再研究》，《宁夏社会科学》2013 年第 5 期。
④ 史金波：《黑水城出土西夏文众会条约（社条）研究》，杜建录主编：《西夏学》第 10 辑，上海古籍出版社 2014 年版，第 10 页。

夏文《光定寅年众会契》的主要目的是互助，但也不排除间或做一些高利借贷的事情，以保证众会社长久、稳定、持续地发展的可能。

从上述3件会款单（众会契）来看，有的互助结社是自愿捐助，如中藏G21·003《天庆寅年会款单》；有的则是规定捐助，如俄 ИНВ. No. 5949—31《光定寅年众会契》等。可见，西夏民间的互助结社因地区的不同而捐助的规定并不完全一致。

4. 会款（众会）时间

从西夏故地出土的会款单（众会契）中记载的时间来看，西夏会款（众会）时间是有特殊意义的。

中藏 G21·003 西夏文《天庆寅年会款单》指出"天庆寅年正月七五日……"对于这个"七五日"，专家们有不同的看法。王静如说："正月七五日，近夏历元宵节。佛教常以七、五成数。这个'集款单'可能就是借七五之数，汇成750文纳入原有钱会中。"① 王荣飞认为"七五日"与佛教的八识有关，佛教有"七五不生，八六寂灭"之语，他说："这10个佛教信众于西夏桓宗天庆元年正月的某一天在讹命狗儿宝处集会，合捐了750钱，可能还进行了某些其他方式的修行。最后他们将这些捐献和单据一同交到小西沟岘的寺庙里，并以'七五日'作为这一天的代称。"② 以上两位专家都认为"七五日"是与佛教有关的日子。

黑水城出土的俄 ИНВ. No. 5949—31 西夏文《光定寅年众会契》中严格规定会员要"每月十五日会聚"。

"七五日"是佛教信众的特殊日子，"十五"是望月，元宵节、中秋节都在"十五日"，可以说都有着特殊的含义。一般情况下，人们利用世俗节日、宗教节日或其他特殊的日期进行会款或集粮等活动，更能抓住人们的心理需求，也更能达到预期的目的，正因为如此，故目前所见到的这些结社会款（众会）的日期均在"七五"或"十五"这一天。

---

① 王静如：《甘肃武威发现的西夏文考释》，《考古》1974年第3期。
② 八识：识是心的别名，是认知、辨别的意思。八识即眼识、耳识、鼻识、舌识、身识、意识、末那识和阿赖耶识。详见王荣飞《甘肃省博物馆藏〈天庆寅年"七五会"集款单〉再研究》，《宁夏社会科学》2013年第5期。

5. 会款（众会）的功能

敦煌出土的唐五代民间社邑文书"更多地突显了社邑在教化人、熏陶人方面的性质"。同时它"教化的是儒家的纲常礼教，强调的是尊卑之礼。至于丧葬互助等活动，也是以礼为先，而后才追凶逐吉、丧葬互助的"。[①] 这一点对西夏会款（众会）活动的影响也是明显的。

从俄 ИНВ. No. 5949—31 西夏文《光定寅年众会契》可以了解到，虽是民间自愿组成的社邑，但一旦入社，就要严格遵守各种规矩，违者要接受强制性惩罚。该契第二、三、六、七、八条都规定了对有病和死亡者要探视或送粮，不探视或送粮者以至于探视或送粮迟到者都要给予罚交不等数额粮食的制裁，体现出教化和互助的功能。"这实际上是会社内部的一种人文、精神上的互助关怀。这种关怀是在提倡邻里、亲朋之间的友爱、互助，体现出当时的社会公德的教化，有利于社会的和谐。这种关怀在参加众会的人中，不是一种可做可不做的一般道德要求，而是一种必须要切实执行、不能违反、若要违反则给予经济上处罚的规定。"[②] 这一众会契有着深远的进步意义，对于当下所倡导的和谐社会有一定的促进作用和实践价值。

另外众会也对西夏统治阶级起到了辅助教化的作用。俄 ИНВ. No. 5949—31 西夏文《光定寅年众会契》第四条载有"有往诸司论事、问罪状事者时，罚一斗杂粮。若有其数不付者，缴五斗杂粮"。这一规定主观上来说让众会要依法从事，违反者不仅要受到官府法律的制裁，还要受到会社缴粮的处罚。同时从客观上来说，众会已完全充当了为官府维护社会秩序的有力助手，起到了一石二鸟之功效，正如史金波所说："西夏的众会契表明众会对违法的人给予处罚是以民间社团的形式对违法会众的处分，也是对所有会众的警告和约束，成了维护封建法制的助手，起到了稳定当时封建社会秩序的作用。"[③] 可见，西夏的"众会契"不仅是民间社邑的社规条约，也间接充当了统治阶级维护社会秩序、惩恶扬善的工具。

[①] 乜小红：《俄藏敦煌契约文书研究》，上海古籍出版社2009年版，第53—55页。
[②] 史金波：《黑水城出土西夏文众会条约（社条）研究》，杜建录主编：《西夏学》第10辑，上海古籍出版社2014年版，第8页。
[③] 同上。

中藏 G21·003《天庆寅年会款单》中虽然没有明确提出若不准时会款的处罚规定，但这也是对僧侣或佛教信徒的一种考验。礼佛向善是僧侣或佛教信徒根深蒂固的观念，所以，不论家庭贫富贵贱，会款的数额都是因各自情况来定，并不强迫社邑人员始终划一地会款，只要心存佛祖、一心向善则已经达到目的了。这种隐而不见的规约对僧侣或佛教信徒的约束则更加强大。

可见，不论是甘肃武威出土的中藏 G21·003《会款单》，还是黑水城出土的俄 ИНВ. No. 5949—31《众会契》，都间接充当了教化人、熏陶人乃至为官府维护社会秩序的功能。

6. 会款（众会契）的范围和经济发展状况

从会款（众会）的地域来看，中藏 G21·003《天庆寅年会款单》是西夏故地甘肃武威出土，属西夏的南端，而俄 ИНВ. No. 5949—31 西夏文《光定寅年众会契》是西夏故地黑水城出土，属西夏的北边。从会款（众会）的人员来看，中藏 G21·003《天庆寅年会款单》中以党项人为主，俄 ИНВ. No. 5949—31 西夏文《光定寅年众会契》中却以汉人为多。由此可知，西夏的会款（众会）活动遍及西夏全境，各个民族的人员都参与其中，成为西夏比较流行的一种民间互助活动，当然也可能成为西夏最为普遍的高利借贷现象。

从上述 3 件会款单（众会契）中会款或集粮的情况来看，西夏各地区的经济发展并不均衡。甘肃武威出土的中藏 G21·003《天庆寅年会款单》中是以钱为集结对象，而黑水城出土的俄 ИНВ. No. 5949—31 西夏文《光定寅年众会契》中则以粮为集结对象。这充分印证了有关史籍的记载，即武威作为西夏的陪都其经济发达，而黑水城地区缺水少雨，土地干旱，经济相对落后。

综上，西夏的会款单（众会契）对于研究西夏的社邑组织、经济状况等都有十分重要的档案价值。①

---

① 孙小倩、赵彦龙：《西夏民间"会款"现象探析》，《山西档案》2016 年第 2 期。

五　西夏人名单档案

（一）人名单整理概况

通过对《中藏》《俄藏》《英藏》等文献的搜集整理，发现有西夏文人名单残片共计37件。现依次将图版编号、档案名称、版本、纸质、字体、书写文字、档案出处等相关信息整理成表6—27。

表6—27　西夏人名单档案

序号	图版编号	档案名称	版本	纸质	字体	书写文字	档案出处	备注
1	中藏 M21·015	僧人名单	写本	麻纸	行书	西夏文	《中藏》第十七册① 第161页	单页。甚残
2	俄 ИНВ. No. 29—13—16	人名单	写本	麻纸	草书	西夏文	《俄藏》第十二册② 第83页	残片
3	俄 ИНВ. No. 42—10—11	人名单	写本	麻纸	草书	西夏文	同上书，第96页	残片
4	俄 ИНВ. No. 434～434V	人名单	写本	麻纸	草书	西夏文	同上书，第115—116页	封套衬纸。两件残片粘贴
5	俄 ИНВ. No. 819—10	人名单	写本	麻纸	草书	西夏文	同上书，第326页	封套衬纸
6	俄 ИНВ. No. 4202	子女家长名单	写本	麻纸	草书	西夏文	《俄藏》第十三册③ 第202页	残卷。有朱笔、墨笔涂改
7	俄 ИНВ. No. 4208—4208V	人名单	写本	麻纸	草书	西夏文	同上书，第205—206页	残卷。有大字签署画押

---

① 史金波、陈育宁主编：《中国藏西夏文献》第17册，甘肃人民出版社、敦煌文艺出版社2006年版。
② 史金波、魏同贤、［俄］克恰诺夫主编：《俄藏黑水城文献》第12册，上海古籍出版社2006年版。
③ 史金波、魏同贤、［俄］克恰诺夫主编：《俄藏黑水城文献》第13册，上海古籍出版社2007年版。

第六章 西夏专门档案整理与研究（下）

续 表

序号	图版编号	档案名称	版本	纸质	字体	书写文字	档案出处	备注
8	俄 ИНВ. No. 4486	人名单	写本	麻纸	草书	西夏文	同上书，第213页	残页
9	俄 ИНВ. No. 4599	人名单	写本	麻纸	草书	西夏文	同上书，第224页	残卷。有朱点
10	俄 ИНВ. No. 4761—17	人名单	写本	麻纸	草书	西夏文	同上书，第274页	残页
11	俄 ИНВ. No. 4783—4	人名单	写本	麻纸	草书	西夏文	同上书，第285页	残页
12	俄 ИНВ. No. 5944—3	人名单	写本	麻纸	草书	西夏文	《俄藏》第十四册① 第69页	残卷
13	俄 ИНВ. No. 5966	僧人名单	写本	麻纸	行草	西夏文	同上书，第108页	残页
14	俄 ИНВ. No. 7553—2	迁溜勾管人名单	写本	麻纸	草书	西夏文	同上书，第182页	残卷。有墨笔圈点、涂改、签署、画押
15	俄 ИНВ. No. 7893—18~20	迁溜勾管人名单	写本	麻纸	草书	西夏文	同上书，第217—218页	残页。有涂改、勾勒
16	俄 ИНВ. No. 7902—2	人名单	写本	麻纸	草书	西夏文	同上书，第221页	残卷。有涂改
17	俄 ИНВ. No. 7922	溜统勾管人名单	写本	麻纸	行书	西夏文	同上书，第227页	残页
18	俄 ИНВ. No. 7994—15—16	转身弟子名单与人名单	写本	麻纸	行书、草书	西夏文	同上书，第243—244页	残页或残卷
19	英0016b	人名单	写本	麻纸	草书	西夏文	《英藏》第一册② 第96页	1纸残片

---

① 史金波、魏同贤、[俄]克恰诺夫主编：《俄藏黑水城文献》第14册，上海古籍出版社2011年版。
② 谢玉杰、吴芳思主编：《英藏黑水城文献》第1—4册，上海古籍出版社2005年版。

续 表

序号	图版编号	档案名称	版本	纸质	字体	书写文字	档案出处	备注
20	英0025	人名单	写本	麻纸	草书	西夏文	同上书,第11页	1纸残片
21	英0030	人名单	写本	麻纸	草书	西夏文	《英藏》第一册第14页	1纸残片。有朱点
22	英1809	人名单	写本	麻纸	草书	西夏文	《英藏》第二册第207页	1纸
23	英1811	人名单	写本	麻纸	草书	西夏文	同上书,第207页	1纸
24	英2052	人名单	写本	麻纸	草书	西夏文	同上书,第314页	残甚
25	英3337	里甲人名单	写本	麻纸	草书	西夏文	《英藏》第四册第113页	1纸
26	英3340	里甲人名单	写本	麻纸	草书	西夏文	同上书,第115页	1纸。有朱笔批点
27	英3528	人名单	写本	麻纸	草书	西夏文	同上书,第220页	1纸
28	英3544b	人名单	写本	麻纸	草书	西夏文	同上书,第232页	2纸残片[①]

(二) 人名单研究

人名单的研究原则上说应该归入西夏户籍档案,但由于西夏文人名单并没有完全翻译成汉文,收入《俄藏》等文献中时只给了一个简单的标题,并没有人

[①] 注：英0016b、0025、0030、1809、1811、2052、3337、3340、3528、3544b原定名称"草书写本""社会文书"等,现据史金波《〈英藏黑水城文献〉定名刍议及补证》(杜建录主编:《西夏学》第5辑,上海古籍出版社2010年版,第6—15页)改定名称为"人名单""里甲人名单"。

名单正文内容的介绍或翻译。而只从标题来看，似乎与户籍的有关内容不太完全吻合，所以，我们将其归入其他档案来简单地进行一些探讨。

1. 迁溜（里甲）所辖人员名单

从上整理可知，《俄藏》第十四册收录有俄 ИНВ. No. 7553—2《迁溜勾管人名单》、俄 ИНВ. No. 7893—18—20《迁溜勾管人员名单》、俄 ИНВ. No. 7922《迁溜勾管人名单》，《英藏》第四册收录有英 3337《里甲人名单》、英 3340《里甲人名单》等，实际上这些"人名单"反映出了西夏迁溜或里甲所管辖的人员范围或数量。由于这些西夏文人名单大多为草书，又残缺不全，同时未被西夏学专家翻译成汉文，所以，无法得知这些人名单的数量以及姓氏情况。但是，这些人名单以及俄 ИНВ. No. 6342—2 西夏文《户籍账》卷末残页[①]等中涉及一些西夏的社会基层组织，即迁溜或里甲的存在。

关于西夏的迁溜或里甲，法典中也有规定："各租户家主由管事者以就近结合，十户遣一小甲，五小甲遣一小监等胜任人，二小监遣一农迁溜，当于附近下臣、官吏、独诱、正军、辅主之胜任、空闲者中遣之。"[②] 由此可看出，小甲—小监—农迁溜是西夏农村的基层组织，该组织并不是官府机构，而是民间社区组织。从西夏法典可知，一农迁溜管辖二小监，即十小甲合一百户人家。但是从俄 ИНВ. No. 6342—2《户籍账》卷末残页看，西夏的迁溜并不一定管辖一百户人家，而是"具体每一迁溜管辖的户口可能视当地居民点的情况而定，可以少于法律规定户数"。从史籍记载和有关研究可知，"中国古代的乡里始终未能成为一级政府，这样可减少政府运行成本和减轻农民负担。西夏也采取这一行之有效的制度并依据自身特点而有所变易。……西夏基层社区组织和户籍编制是参照中原地区的乡里组织和北宋变法后的保甲法变通而来"。[③] 从西夏故地出土的西夏文"人名单"和西夏法典的规定来看，西夏的确设置有迁溜、小监、里甲等农村基层社区组织。该社区组织的职责包括对所辖住户户口、土地、牲畜及其他财产的登记，编制申报乡里籍账，负责催缴租税，组织开渠、修桥或路等。如《天

---

① 杜建录、史金波：《西夏社会文书研究》，上海古籍出版社 2012 年版，第 83—86 页。
② 史金波、聂鸿音、白滨译注：《天盛改旧新定律令》卷 15，法律出版社 2000 年版，第 514 页。
③ 杜建录、史金波：《西夏社会文书研究》，上海古籍出版社 2012 年版，第 84—85 页。

盛律令》卷十五《纳领谷派遣计量小监门》中有关于农迁溜、小监收缴租税、编制人口变迁后的户籍、丈量土地等的规定。

关于迁溜勾管。西夏法典规定，"有'未及御印'官者，当著印手记，则官寄名人当掌，当还内管大恒历司，当口分别升册、板簿上已毕后，若勾管人无理使官过时，徒三年"。① 可见，西夏的官府机构中设有"勾管人"这一具体管事的官吏。西夏的农村社区组织虽然不是官府机构，但其体制肯定仿照官府机构而来，也在迁溜内设有具体管事的人即"勾管"。

2. 寺庙僧人的登记和统计名单

《俄藏》第十四册收录有俄 ИНВ. No. 5966《僧人名单》《中藏》第十七册收录有中藏 M21·15《僧人名单》等档案，可以看出官府对寺庙或僧人数量的登记和统计以及管理。

《天盛律令》卷十一之《为僧道修寺庙门》中有对如何度僧、职官升用、僧人注册、还俗、再度成为僧人、他国僧人及俗人来投奔本国的规定，童子转寺、度牒的发放和持有等方面的具体而详细的规定。虽然有法律方面的规定，但并未见到实物档案的验证，所以，俄 ИНВ. No. 5966《僧人名单》和中藏 M21·15《僧人名单》等，可能就是对《天盛律令》有关寺庙管理方面规定的印证。

总之，西夏对僧人不仅有法律层面上的管理规定，也有现实中的管理文书，由此可知西夏对僧人及寺庙管理的重视程度。

3. 反映了其他方面的问题

从上述"人名单"整理可知，可能还反映了其他方面的问题。如《俄藏》第十三册收录有俄 ИНВ. No. 4202《子女家长名单》，这是登记和统计家庭成员姓名、数量以及男子数量的名单，其目的也可能是征兵或摊派杂役或征收人口税等。此外，《俄藏》《英藏》中收录的只命名为"人名单"的档案，可能都是为了登记和统计人口数量。因为，西夏时期由于战争、经济灾荒等原因，人口流失严重，人口的数量总是不十分稳定，所以，给征兵、摊派杂役、人口税的收缴带来麻烦，这也可能是为了确切了解和掌握人口数量的一个原因。

综上，西夏的这些"人名单"反映了西夏各领域人口的管理问题。

---

① 史金波、聂鸿音、白滨译注：《天盛改旧新定律令》卷10，法律出版社2000年版，第357页。

六 西夏的谱牒档案

谱牒档案是一个家族或宗族的世系表谱，记载了一个家族或宗族的世系和人物事迹，大多情况下则用表谱的形式记述家族或宗族的繁衍和发展历程。西夏谱牒档案是指除汉族姓氏以外的西夏党项族的世系和人物事迹的档案。

（一）谱牒释义

谱牒，名称各异，如称族谱、家谱、宗谱、房谱、家乘、世谱、会谱、统谱等。"谱牒"一词源于司马迁《史记·太史公自序》："维三代尚矣，年纪不可考，盖取之谱牒旧闻，本于兹，于是略推，作《三代世表》第一。"①《广雅》也载：谱，牒也。《玉篇》也说：牒为谱也，即谱与牒是同义词。由此，我们可知，谱牒是家族制度和文字出现的派生物，自产生后一直沿袭至今，而且历朝修撰不辍。

关于谱牒，历代学者作了不同的表述。明代学者方孝孺在《逊志斋集·族谱序》中说："谱者，普也，普载祖宗远近、姓名、讳字、年号；谱者，布也，敷布远近，百世之纲纪，万代之宗派源流……郑玄曰：'谱之于家，若网在纲，纲张则万目具，谱定则万枝在'。"② 清代著名档案学家章学诚认为："家乘谱牒，一家之史也。"③ 现代学者杨冬荃在《中国家谱起源研究》中认为："家谱就是将同一血缘集团的世系人物一一列举出来，也可以说，只要将某一同始祖的后裔一一布列出来，也就构成了一个简单的家谱。"④ 由上可见，谱牒就是记载某一宗族成员世系及其事迹的档案。西夏谱牒也如是。

20 世纪 90 年代以来，我国各地续修家谱、族谱的风气高涨，公开出版的家谱、族谱的种类和数量也增多，如陕西旅游出版社 2001 出版的陕西咸阳《卢氏族谱》、三秦出版社 2009 年出版的陕西《延川曹氏族谱》等，因此，有学者说：

---

① 《史记》卷 130，中华书局 1959 年版，第 3303 页。
② （明）方孝孺：《逊志斋集》卷 13，影印文渊阁《四库全书》第 1235 册，台湾商务印书馆 1986 年版，第 391 页。
③ （清）章学诚：《文史通义》外篇一《州县请立志科议》，《章学诚遗书》，文物出版社 1985 年版，第 124 页。
④ 刘耿生：《谱牒与档案》，《北京档案》2003 年第 3 期。

西夏档案及其管理制度研究

"自商代到民国,上至帝王,下至庶民,从城市到乡村,从汉族到少数民族,都十分重视编修谱牒,而且多对谱牒怀有一种极其崇敬的心情。连续不断地编修谱牒,几乎成了中国古代社会中的一种'全民性'的文化运动,时至今日,'家谱'仍然是中国人所熟知的一个名词。国家有史,地方有志,家族有谱,名人有传。"① 西夏作为中古时期西北边陲的一个以党项为主体民族建立的少数民族王朝,自然也会为光宗耀祖而修撰各种谱牒。

(二) 西夏谱牒档案整理概况

从西夏汉文史籍记载来看,西夏的确很重视谱牒的撰修。夏乾定三年(1226)"冬十月,南院宣徽使罗世昌罢。世昌自奉使回,见金势日蹙,每言金援不足恃,劝德旺为自强计。及纳赤腊喝翔昆,力谏不听,遂乞休,三请方许之。世昌,世居银州乡里,已破,流寓龙州,知国且亡,谱《夏国世次》二十卷藏之"。② 但很可惜,罗世昌修撰的《夏国世次》并未流传下来,可也足以证明罗世昌十分重视西夏王朝的宗族谱系。当然,我们推测,除罗世昌修撰了《夏国世次》之外,其他学者或大臣可能还修撰了其他族姓的谱牒,但由于各种客观因素都未流传下来,这也在某种程度上成为影响深入研究西夏社会和历史的因素之一。可喜的是在西夏人自己编纂的字书中收录了西夏的番、汉姓氏,虽然不是很全面,但也成为研究西夏谱牒档案中部分内容的重要依据,如西夏文、汉文本《杂字》、西夏文《文海》、西夏文《新集碎金置掌文》、西夏文《同音》等。到了清代,一些学者如张澍等在西夏姓氏研究方面做出了贡献,根据西夏汉文史籍辑录了《西夏姓氏录》,并梳理出《西夏族属源流表》《西夏世系表》《西夏帝系表》等,为后人进一步研究西夏姓氏和宗族等提供了一些史料。这些史料虽然比较粗略,也有"纠纷舛错之处",但毕竟"在西夏姓氏研究中,尚为第一专书",③ 成为我们研究西夏谱牒档案可以借鉴的史料之一。现当代时有治西夏史的专家依据相关史料,勾勒出了西夏其他豪族大姓的谱牒档案,如吴天墀在其著作《西夏史稿》附录一中就有《西夏拓跋氏世系表》,④ 李蔚在其著作《简明西

---

① 刘耿生:《档案文献编纂学》,中国人民大学出版社2007年版,第331页。
② 《金史》卷134,中华书局1975年版,第2876页。
③ 汤开建:《张澍〈西夏姓氏录〉订误》,《兰州大学学报》1982年第4期。
④ 吴天墀:《西夏史稿》,广西师范大学出版社2006年版,第229页。

夏史》附录一中有《西夏拓跋氏世系表》,① 李范文主编《西夏通史》附录一中有《党项西夏世系表》,②《宁夏文史》第七辑发表有李范文《西夏姓氏新录》,③ 汤开建《党项西夏史探微》收录有《党项姓氏丛录》,④ 杜建录主编《党项西夏文献研究》第四册表十三《西夏世袭表》、表十四《党项与西夏大姓世袭表》、表十五《西夏遗民世袭表》⑤ 等,这些都成为我们研究西夏谱牒档案可以借鉴的依据。

在西夏,由于各同宗共祖的血亲集团的经济情况和观念不同,在谱牒档案的形成过程中也有不同种类,即按照登录载体分为纸谱和碑谱两种。

1. 纸谱

纸谱,就是将家族世系或延传等的具体内容书写在纸上,供人们了解和掌握。纸谱的优点是便于收藏,也便于携带,更便于传递和使用。纸谱根据内容的不同可分以下三种。

(1) 姓氏类谱牒

姓氏是谱牒的重要组成部分,其内容主要是考证姓氏源流,汇集地域门阀,著录望姓及其事迹等。这类谱牒档案及档案资料主要有以下内容。

西夏文《杂字》中的"番部姓"和"汉部姓"。仅"'番姓部'一部共收录了224个双音节'复姓',是目前所见到的西夏文献中集中记录番姓最多的一种,这份资料将会成为考证西夏人是否属于番族的重要依据"。⑥ 其图版见《俄藏》第十册俄 ИНВ. No.10 6340《杂字》。

西夏汉文《杂字》中的"番部姓"收录了西夏双音节姓60个。⑦ 其图版见《俄藏》第六册俄 Дх2822《杂字》。

西夏文《新集碎金置掌文》,图版见《俄藏》第十册俄 ИНВ. No.741。西夏

---

① 李蔚:《简明西夏史》,人民出版社1997年版,第366—367页。
② 李范文:《西夏通史》,人民出版社、宁夏人民出版社2005年版,第689页。
③ 宁夏文史研究馆编:《宁夏文史》第7辑,宁夏人民出版社1990年版,第18—52页。
④ 汤开建:《党项西夏史探微》,台湾允晨文化实业股份有限公司2005年版,第208—215页。
⑤ 杜建录主编:《党项西夏文献研究》,中华书局2011年版,第2130—2143页。
⑥ 聂鸿音、史金波:《西夏文〈三才杂字〉考》,《中央民族大学学报》1995年第6期。
⑦ 佟建荣:《西夏姓氏考论》,博士学位论文,宁夏大学,2011年,第6页。

学专家对该字书进行过比较全面和深入的研究，搜集整理了西夏双音节姓47个。①

西夏文《文海宝韵》，图版见《俄藏》第七册俄 ИНВ. No. 211 212 213。中国社会科学出版社1983年出版的史金波、白滨、黄振华的《文海研究》对西夏姓氏也进行了研究。后据佟建荣研究认为，可以确定的西夏姓氏有76个，其中三音节姓氏1个，双音节姓氏75个。②

西夏文《同音》，图版见《俄藏》第七册俄 X1。宁夏人民出版社1996年出版李范文的《同音研究》对西夏姓氏也进行了研究。后据佟建荣研究认为，可以确定的西夏姓氏有62个，其中单姓氏3个，双音节姓氏59个。③

《宋史》卷491《党项传》、卷485至486《夏国传》和《金史》卷60至62《交聘表》、卷134《西夏》以及《辽史》卷115《西夏外纪》等汉文史籍中都保留有数量不等的党项、西夏姓氏。

清代张澍修撰《西夏姓氏录》④ 一卷。《西夏姓氏录》是西夏国姓氏的总汇，共有162姓，虽然与西夏文《杂字》和汉文《杂字》等中所列西夏姓氏相比，《西夏姓氏录》中有缺漏，但总归是清代西夏姓氏学研究领域中的第一部也是唯一一部专著，有其独特的文献价值。

李范文《西夏姓氏新录》。李范文在这篇文章中比较全方位地对西夏姓氏进行了搜集和考证，首先从西夏文《杂字》中经过搜集和考证共列出了244个党项姓氏，比聂鸿音、史金波搜集考证的224个党项姓氏多20个；其次对汉文《杂字》进行了搜集和考证，共列出党项姓氏60个，其中有12个与西夏文《杂字》中的姓氏相同；再次对汉文史籍中收录的党项姓氏进行了搜集和考证，《旧唐书》卷198载有8个党项姓氏，《新唐书》卷221（上）所载党项姓氏和数量与《旧唐书》相同，《宋史》卷491所载党项姓氏与新旧《唐书》所载相同，只是个别字不同，可能是音同或形近假借；最后对清代张澍《西夏姓氏录》进行了

---

① 聂鸿音、史金波：《西夏文本〈碎金〉研究》，《宁夏大学学报》1995年第2期。
② 佟建荣：《西夏姓氏考论》，博士学位论文，宁夏大学，2011年，第7页。
③ 同上。
④ （清）张澍：《养素堂文集》第1506册，上海古籍出版社2002年版，第476页。

新订，考订出党项姓氏共 154 个，剔除了张澍辑录错误的 8 个姓。① 这样统计起来，其党项姓氏的数量与佟建荣《西夏姓氏考论》中所考证的党项姓氏略同。

汤开建《党项姓氏丛录》。汤开建在其所著《党项西夏史探微》中专列一章对党项姓氏作了较为全面的辑录。他把党项姓氏分为两类：一类是西夏文献中明确为"番姓"或"族姓"者，如嵬名、卧利等；另一类则是文献及考古材料中出现的西夏人名而断出其族姓者，如野利、拔跋等。作者对经典古籍中的党项姓氏进行了一一梳理，共一千余条，去掉重复者，至少有四百至五百条。②

佟建荣《西夏姓氏考论》。佟建荣通过具体细致的统计和整理之后，认为"通过对照、梳理，从以上各类（《杂字》《文海》《新集碎金置掌文》《同音》）西夏文文献中共辑出西夏姓氏 300 余个……"③ 可以说基本上将西夏姓氏辑录齐全。

（2）谱系类谱牒

谱系类谱牒是从纵向上登录家族的世系图，并不收录其他的资料。这类谱牒在中国官、私谱牒中占绝大多数。西夏也有谱系类谱牒，主要有：《西夏世袭表》《党项与西夏大姓世袭表》《西夏遗民世袭表》④《西夏族属源流表》《西夏帝系表》⑤ 等。

（3）其他类谱牒

其他类谱牒是指间接地涉及西夏宗族或家族的相关内容，能对西夏谱牒档案起到补充或辅助作用。这类谱牒主要有：《河湟吐蕃唃厮啰世袭表》《熙河包氏世袭表》⑥ 等。

2. 碑谱

碑谱，指将家族或宗族的世系情况尤其是家族的简单历史镌刻在石质载体上的一种谱牒档案。西夏遗留下来的这类档案数量比较多，如中藏 S32.001《唐静

---

① 李范文：《西夏姓氏新录》，《李范文西夏学论文集》，中国社会科学出版社 2012 年版，第 527—538 页。
② 汤开建：《党项西夏史探微》，台湾允晨文化实业股份有限公司 2005 年版，第 193 页。
③ 佟建荣：《西夏姓氏考论》，博士学位论文，宁夏大学，2011 年，第 7 页。
④ 杜建录主编：《党项西夏文献研究》，中华书局 2011 年版，第 2130—2143 页。
⑤ 林旅芝：《西夏史》附张澍《西夏族属源流表》，香港大同印务有限公司 1975 年版，第 2—64 页。
⑥ 杜建录主编：《党项西夏文献研究》，中华书局 2011 年版，第 2144—2145 页。

边州都督拓跋守寂墓志铭并盖》,[①] 该石刻档案则详细记载了党项祖先拓跋守寂家族世袭的具体情况;中藏G52·001《元肃州路也可达鲁花赤世袭碑》,[②] 该石刻档案不仅是也可达鲁花赤家族的谱系类档案,更是一部完整反映也可达鲁花赤家族历史及人物活动的档案,为研究西夏灭亡后党项人在河西、陇右一带的活动及元代民族关系等提供了重要的资料。

(三) 西夏谱牒档案研究

从上述整理概况来看,目前保留下来的西夏谱牒档案数量并不多,但这仅有的几种谱牒档案集中了档案学、历史学和文化人类学等方面的主要内容,其珍贵程度不言而喻。就西夏谱牒档案,已有学者进行了一些研究,如汤开建于《兰州大学学报》1982年第4期发表《〈西夏姓氏录〉订误》一文,对清代张澍《西夏姓氏录》中的错误进行了订正;2007年中国社会科学出版社出版的胡玉冰教授的《传统典籍中汉文西夏文献研究》一书也对《西夏姓氏录》进行了比较全面的研究;佟建荣在其博士学位论文《西夏姓氏考论》中更为翔实地对西夏姓氏进行了辑录和研究。鉴于此,本文仅从文书学、档案学角度对西夏谱牒档案进行一些探讨。

1. 西夏谱牒档案的内容

任何朝代的谱牒都是一种簿籍性质的史料,西夏谱牒也应如此。因此,西夏谱牒的基本内容仍然由以下几个部分组成。

一是全族的世系和血缘关系图表,这是谱牒的主要内容,一般占90%以上的篇幅。但西夏的这种谱牒所记内容与中原王朝的同类谱牒所记内容稍有不同。如中原王朝的全族世系和血缘关系图表中详细记载着全族男子的名讳、字号、生卒年月、葬地、配偶姓及生卒年月以及子女状况等,正如明代宋濂在《宋学士文集·翰苑别集》卷9《符氏世谱记》中所说:至于讳某字,娶某氏,生几子,葬某处,寿若干,咸备载于后,庶几可示后昆。但西夏的世系和血缘关系图表则只有图式,《党项与西夏大姓世袭表》《西夏帝系表》等均为图式。因为图式能

[①] 史金波、陈育宁主编:《中国藏西夏文献》第18册,甘肃人民出版社、敦煌文艺出版社2007年版,第19—25页。

[②] 史金波、白滨:《〈大元肃州路也可达鲁花赤世袭之碑〉考释——论元代党项人在河西的活动》,《民族研究》1979年第1期。

把全家族的世系绘成简图,把主要内容注于图中,使人一目了然。

世系和血缘关系图表除了图式之外,还有表式。表式世系和血缘关系则是将家族世系排列成表格,将世系的内容用小字注于格内。这类世系和血缘关系图表也同样会收到眉目清楚的效果,但内容较之图式要繁杂和具体一些,如《西夏世系表》。

二是文字记述式的世系和血缘关系谱牒。这类谱牒主要体现在党项及党项后裔所立的墓志铭中,如中藏 S32.001《唐静边州都督拓跋守寂墓志铭并盖》、[1] 中藏 G52.001《元肃州路也可达鲁花赤世袭之碑》[2] 等都是如此。表面上看这是墓志铭,但实际上这种墓志铭则详细记载了党项祖先拓跋守寂的家族世袭的具体情况和西夏遗民肃州路也可达鲁花赤的世袭经过。这种石碑融墓志及铭为一体,为后人留下了十分珍贵的世系和血缘关系的文化遗产。

三是西夏祖茔、族产公田的坐落方位、形胜地图等。在西夏的一些碑谱档案中充分反映了谱牒的这一内容。如后晋天福七年(942)二月立石的中藏 M42.001《后晋虢王李仁福妻渎氏墓志铭》、后汉乾祐三年(950)立石的中藏 M42.002《后汉沛国郡夫人里氏墓志铭》、后周广顺二年(952)立石的中藏 M42.003《后周绥州刺史李彝谨墓志铭》、宋太平兴国四年(979)立石的中藏 M42.006《宋定难军节度使观察留后李继筠墓志铭并盖》[3] 等都反映了西夏的祖茔及其族产公田的坐落位置等。一个家族的祖茔往往有多处,大多错杂在异姓田地之间,抛弃在远郊乡野之外,且无专人经管,经过日晒雨淋风蚀,历年久远,就会树折碑残,失去标记。所以必须在家谱上详细记载每一墓地的方位、坐落和四至,并刻上略图。正如《康熙潜阳吴氏宗谱》卷一凡例中提到的那样:"祖茔,或绘形胜地图,或书世系格内,某山某向,坐落某处,庶免侵占,志不忘也。"[4]

---

[1] 史金波、陈育宁主编:《中国藏西夏文献》第 18 册,甘肃人民出版社、敦煌文艺出版社 2007 年版,第 19—25 页。
[2] 同上书,第 160—166 页。
[3] 同上书,第 32—81 页。
[4] 刘羡珠:《家谱的研究与利用》,《福建省图书馆学会 2010 年学术年会集》,福建省图书馆学会 2013 年,第 370 页。

2. 党项人姓氏的特点

从西夏学专家学者对西夏姓氏的研究和分析中得出西夏党项人姓氏呈现出比较明显的特点，这也对研究西夏谱牒档案提供了一些便利。从目前研究的情况来看，西夏党项人的姓氏呈现出以下几个方面的特点。

一是党项姓氏多为双音节，即两字一姓。如嵬名、野利、没㗗、息玉、卫慕、骨勒、耶和等。

二是以数目字为姓。《杂字》一书排列了讹一、讹二、讹三、讹四、讹五、讹六、讹七、讹八等8个姓氏。这种姓氏的排列似乎只在古代少数民族如党项族姓氏中存在，这也是一个姓氏学上的创造，其目的可能只是将一大家族的衍支姓氏区分开来。

三是以身体部位或动植物名称为姓。如读音为"［令合］不"的姓，意为"大脖力"；读音为"能儿"的姓，意为"沙狐"；读音为"则韦"的姓，意为"茶兽"等。

四是以地支顺序排列组姓。如以"耶"字领头的字，下面依次组成"耶巳""耶午""耶酉""耶亥"等姓。

五是汉姓和党项姓重叠组姓。如《凉州重修护国寺感通塔碑铭》中的"浑嵬名遇"，其中"浑"为汉姓，"嵬名"为党项姓，合成复姓"浑嵬名"。榆林窟第12至第13窟之间的题记中有"张讹三茂"，其中"张"为汉姓，"讹三"为党项姓，合成复姓"张讹三"等。

六是以部族或地名为姓，以吉利事物为名。西夏文《杂字》中记有叫作"弥药娱""贺兰金""天都金""灵州贤"的姓名，其中"弥药"是部族名，"贺兰""天都"为山名，"灵州"为地名。而"娱"者欢乐，"金"者宝贵，"贤"者出众，皆为吉祥语。

如果从文化学的角度来考察，党项人的姓氏包含着较深的文化内涵，如图腾文化、对数字的认识和理解等。[①]

3. 西夏谱牒档案的价值

完整的谱牒，记载了本家族在一定历史时期的政治、经济、文化状况，它不

[①] 李范文：《西夏通史》，人民出版社、宁夏人民出版社2005年版，第586—587页。

仅记载本族世系和重要人物事迹,还记载和家族有关的重大历史事件,以及与本家族相关的地方风俗习惯、名胜古迹、年节来历等,这一切对于历史学、社会学、人口学等无疑具有难能可贵的史料价值。

第一,中国家谱的"行辈字派"在西夏也普遍使用。行辈字派又叫祧字,是区分辈分、排行的一些字。如《西夏世袭表》中,党项的始祖是拓跋赤辞,拓跋赤辞的子侄辈用字为"思"字:拓跋思头、拓跋思泰;"思"字辈之下是"守"字辈,即拓跋守寂、拓跋守礼;再之下是:乾→重→思→仁→彝→光→继→德。"德"字之后就无规律可循,因为元昊称帝建国,恢复了党项族祖先的服饰、姓氏等。我们知道,"行辈字派"主要是汉族用来区分辈分和排行的,少数民族一般比较少用。从《西夏世袭表》中的"行辈字派"可看出,在德明之前的党项祖辈都与中原汉族融洽相处,且受汉文化影响比较深。

第二,西夏谱牒对西夏人口史、经济史、社会史等的研究都有很大帮助。西夏谱牒特别是像家史类内容的碑谱中,蕴含着大量的有关西夏先祖时期的人口和婚姻状况信息,如中藏 M42·005《宋故定难军节度使李光睿墓志铭》中反映了宋代党项拓跋部人口的信息,"府主大王以郡邑封疆,开拓(拓)几数千里,戎夷帐族,交杂逾百万家,户口雄豪,人心径直,每思共理,须藉奇人,因补公夏州管内蕃部越名都指挥使"。由此可见,此时的党项"拓跋政权统辖的人口'踰百万家',虽为夸大之词,但也反映出拓跋政权日益壮大的事实"。[1]中藏 M42.001《后晋虢王李仁福妻渎氏墓志铭》中反映出了早期党项的婚姻状况,这也是夏州拓跋氏盛行姑表亲的明证,而且这种姑表婚是双向的,即姑姑的儿子娶舅舅的女儿为妻,舅舅的儿子也可娶姑姑的女儿为妻。[2] 不仅如此,碑谱中还反映出了蕃汉通婚且杂处的实际情况,"李彝谨长子李光琇娶破丑氏,次子李光琏娶苏氏,三子李光义娶杨氏。长女适野由氏,次女适苏氏。这里的苏、杨两姓很可能是汉族,或是接受汉文化的党项人"。[3] 佟建荣在其博士学位论文中经过大

---

[1] 杜建录、白庆元、杨满忠等:《宋代党项拓跋部大首领李光睿墓志铭考释》,杜建录主编:《西夏学》第1辑,宁夏人民出版社2012年版,第84页。
[2] 史金波:《西夏党项人的亲属称谓和婚姻》,《民族研究》1992年第1期;杜建录:《夏州拓跋部的几个问题》,《西夏研究》2013年第1期。
[3] 杜建录:《夏州拓跋部的几个问题》,《西夏研究》2013年第1期。

量的梳理、统计，对"近200个汉文蕃姓氏及300余个西夏文姓氏作了考证论述"，最后得出结论是"在考证基础上，对西夏姓氏反映出的党项民族对历史上西北诸民族的融合、西夏民族构成、西夏民族关系等民族问题及同音异译反映出的北宋汉语西北方音现象进行了讨论"。① 以上内容也完全印证了西夏法典中的相关规定："任职人番、汉、西番、回鹘等共职时，位高低名事不同者，当依各自所定高低而坐。此外，名事同，位相当者，不论官高低，当以番人为大。若违律时，有官罚马一，庶人十三杖。"② 由此可看出，西夏官府中不仅有党项人任职，还有汉人、吐蕃、回鹘族人任职，可见，境内蕃汉杂处的普遍现象。还有如中藏 S32.001《唐静边州都督拓跋守寂墓志铭》等中都有反映人口出生死亡情况、家庭的总人口数、平均年龄、父母两系遗传情况等，这是研究西夏先祖时期人口最为有力的第一手资料。

对西夏经济史研究的价值。西夏有很多墓志铭中记录了墓主人的茔地、方位以及面积等，从这个层面上来看，这些墓志完全充当了谱牒档案的功用，对研究西夏经济有很大的帮助。如后晋天福七年（942）二月立石的中藏 M42.001《后晋虢王李仁福妻渎氏墓志铭》、后汉乾祐三年（950）立石的中藏 M42.002《后汉沛国郡夫人里氏墓志铭》、后周广顺二年（952）立石的中藏 M42.003《后周绥州刺史李彝谨墓志铭》、宋太平兴国四年（979）立石的中藏 M42.006《宋定难军节度使观察留后李继筠墓志铭并盖》③ 等都记载了茔地、方位以及面积等情况。

对西夏社会史研究的价值。西夏谱牒档案中收录了大量的有关宗祧承继、社会基层生活等方面的资料，如《西夏世系表》《西夏帝系表》、中藏 S32.001《唐静边州都督拓跋守寂墓志铭》等都直接记载了党项及西夏宗族的承继问题，这些宝贵而翔实的资料成为研究西夏社会史的重要参考。

第三，增添了中国姓氏学研究的内容。中国姓氏学的研究在西夏姓氏方面是一个空白，这不能不说是一个很大的遗憾。西夏故地黑水城等处出土的西夏档案

---

① 佟建荣：《西夏姓氏考论》，博士学位论文，宁夏大学，2011年，第124页。
② 史金波、聂鸿音、白滨译注：《天盛改旧新定律令》卷10，法律出版社2000年版，第378页。
③ 史金波、陈育宁主编：《中国藏西夏文献》第18册，甘肃人民出版社、敦煌文艺出版社2007年版，第32—81页。

中记载了西夏的姓氏，而且数量比较庞大，如西夏文《杂字》"番姓部"中收录了 244 个复姓，以及其他西夏人撰修的诸如汉文《杂字》、西夏文《新集碎金置掌文》、西夏文《同音》等中都收录有西夏番汉姓氏。这些西夏姓氏不仅填补了中国姓氏学中党项人姓氏研究的空白，而且资料还相当丰富，应当很好地开发和研究。

第四，西夏谱牒档案的版本价值。西夏的谱牒档案有比较高的版本价值，《西夏姓氏录》即为典型，"《西夏姓氏录》有三种抄本传世，其中一种被伯希和在光绪三十四年（1908）从西安张澍的故居中掠走，被掠走的这批文稿共 84 本，合装成 10 大巨册，现藏法国巴黎国家图书馆，著录在伯希和乙库（即史部文献）1633 号。近代著名学者罗振玉曾从巴黎移录《西夏姓氏录》原稿，收入他的《雪堂丛刻》中，才使这部重要的西夏姓氏学专著得以在中国传世，这对于中国西夏学而言，应该是不幸中的万幸了……陕西博物馆藏有两种《西夏姓氏录》，其中一种不分卷，一册，为张澍手稿本，另一种为清稿本，二卷一册"。[①] 当然，这些谱牒档案并不是西夏时期的学者纂修，而是清人绘制，反映了清代谱牒档案的版本状况，对研究清代谱牒档案的版本有一定的帮助。

4. 西夏谱牒档案的不足

西夏谱牒档案对研究西夏的宗族、家庭的历史发展演变和人口状况有珍贵的凭证作用和借鉴价值，但目前只见到了西夏人撰修的西夏文和汉文《杂字》中的"番姓部"和"汉姓部"的姓氏集录，还有如西夏人撰修的西夏文字典《同音》等中收录的西夏姓氏录，而并未见到西夏人撰修的西夏文的世系表或世袭表之类的重要谱牒档案，这给西夏谱牒档案研究带来了不便。

清人撰修的西夏谱牒虽然弥补了西夏缺少姓氏学研究的专书的空白，但毕竟是后人根据史书辑录的，所以，存在不足也是在所难免。关于此，有学者已经对清人撰修的西夏谱牒特别是《西夏姓氏录》的不足进行了研究，[②] 归纳起来主要有以下几方面的不足和缺陷。

一是误录西夏姓氏。主要是将吐蕃人名误作西夏姓氏，将吐蕃族名误作西夏

[①] 胡玉冰：《传统典籍中汉文西夏文献研究》，中国社会科学出版社 2007 年版，第 328 页。
[②] 汤开建：《党项西夏史探微》，台湾允晨文化实业股份有限公司 2005 年版，第 208—215 页。

姓氏，将西夏官号误作西夏姓氏，将一人分作两人而误录其姓，将西夏人之名误作西夏人之姓氏，将一姓异译者而复录其姓。

二是漏录西夏姓氏。《西夏姓氏录》除了对西夏姓氏有误录之外，还有漏录现象。据胡玉冰研究，俄藏黑水城文献中有西夏文《杂字》和汉文《杂字》各一种，在西夏文《杂字》中，西夏人辑录出本族人二字姓共244个，本族人之名共45个。汉文《杂字》中有《番姓名第二》一目，其中收录西夏国二字姓共60个，只有十多个姓氏与西夏文《杂字》重复。① 此外，新旧《唐书》和《宋史》中录有8个党项族的二字姓。这些西夏国二字姓中，大部分在《西夏姓氏录》中未收录。② 由此，可以看出，《西夏姓氏录》虽然为西夏姓氏学研究上可以利用的最早的史料，但由于它本身存在误录、漏录等现象，所以在今后的利用和借鉴过程中，一定要注意加以辨别，并参考今人的研究成果，以免造成以讹传讹。

三是西夏谱牒的记载太过简单。《西夏世袭表》《党项与西夏大姓世袭表》《西夏遗民世袭表》等只记载世袭排行辈次，其他的内容如职官、生辰、子女、祖茔等都未记录。这与中原各朝的谱牒相比，其内容过于简单，这对于研究西夏的宗族、家族发展演变的历史、人口状况等都不利。

四是西夏谱牒几乎没有登载女性资料。这也是中国传统谱牒档案记载的习俗，西夏也因此而沿袭。

总之，西夏谱牒具有其他档案无法替代的价值，但也正如以上所论，在利用过程中不仅要利用西夏学者以至元、明、清学者对西夏姓氏的汇集和研究，还要注意全方位地利用今人的研究成果，这样才不至于出现明显的错误。

七 西夏丧葬档案

西夏是党项贵族拓跋氏李元昊于1038年在西北边鄙建立的少数民族王朝，从其建国始至灭亡共存续约190年。西夏前期曾与北宋、辽抗衡，后期与南宋、金鼎立，号称宋代三国。为了立国图强，谋求稳定的统治局面，西夏积极主动地学习中原宋朝的典章制度，使其更趋完善，这对西夏的统治发挥了积极而有效的

---

① 胡玉冰：《传统典籍中汉文西夏文献研究》，中国社会科学出版社2007年版，第329页。
② 李范文：《西夏姓氏新录》，《宁夏文史》第7辑，宁夏人民出版社1990年版，第18—52页。

作用。其实,党项各部落自唐末起便与中原王朝长期发生隶属关系,李元昊正是杂用唐宋礼制成为西夏立国之本。同时,西夏统治者也非常重视本国的文化建设,番汉文化的碰撞与融合在这一时期形成。一方面他们创制了自己的文字,"元昊自制蕃书,命野利仁荣演绎之,成十二卷;字体方整,类八分书,书颇繁复,教国人记事用蕃书"。[①] 另一方面,李仁孝时期推行"尊孔崇儒、弘扬佛教"的国策,努力汲取中原文化的精粹,利用中原传统文化的力量巩固统治。尤其在元昊建国以后,把佛教尊为国教,虽未出现佛教独尊的局面,但佛教一直居儒、道之首。作为一种文化礼俗,西夏丧葬习俗自然也受到中原文化的影响,这也从一个侧面折射出其别具特色的文化内涵,即西夏文化的融合性。那么,西夏的丧葬档案又是怎么呈现出其丧葬习俗的呢?丧葬档案所展示的西夏文化又是一种怎样的特质呢?

(一)西夏丧葬档案整理概况

西夏丧葬档案,是指西夏统治下的民众在丧葬活动中处理助丧、送葬事务过程中形成的文字记录。丧葬档案以口语和文字强化了殡葬的礼仪程序和规范,在语言文字的媒介下,更加巩固了人与人之间的生存法则与和谐秩序,产生了安抚亡者与生者的礼仪功能。据笔者统计,目前出土公布的西夏丧葬档案为数并不多,仅有4件,分别为冥契2件、祭文1件、水陆法会发愿文1件。然而,它们为我们呈现出一个较为完整的丧葬过程,其葬俗所蕴含的文化特质亦可为我们洞悉。我们认为,这4件丧葬档案具有珍贵的史料价值,为我们了解西夏葬俗开启了窗口。

1. 水陆法会发愿文

1976年,甘肃景泰县发现了西夏文文书。由于收藏者景泰县芦阳镇农民马世魁一直没有将之公布于众,因此,学者对此一直不了解。直到2002年5月,经专家鉴定,才确认是一件珍贵的西夏文发愿文。

该档案共由16小页组成,手抄本,页面有残,上有蛇形图案两处。从字迹看,由两人书写,1至8页及15、16页出自初学者手笔,书法生硬幼稚,9至14

---

① 《宋史》卷485,中华书局1977年版,第13995页。

页笔法流畅，行草规范，出自有一定书法功力的人之手。孙寿岭对其做了翻译整理，并撰文《西夏文水陆法会祭祀文考析》，经其释读，"这是一本西夏时的祭祀发愿文（祭文），反映了党项族傅姓之家因家中受了病丧灾难，请来圣僧、和尚，颂经、念佛、写祭文、许愿心。祈祷神灵保佑全家平安，坐地龙王赐予风调雨顺、五谷丰登的好年景"。① 这是迄今发现的第一份珍贵的西夏民间宗教活动中举办水陆法会的祭祀文——发愿文，是我们了解西夏水陆法会祭祀活动的一面镜子。

2. 冥契

20世纪90年代，出土于武威西郊两座西夏墓室中，说明西夏人在墓葬中有放置冥契的习俗。

目前发现西夏冥契共两篇。一是1997年3月29日，武警武威支队在一座西夏砖墓中得到一件书写在木板上的冥契。"该冥契柏木质，汉文，朱砂楷书，自右至左书写，共15行232字；呈长方形，长38厘米，宽25.5厘米，厚2厘米。朱安、钟雅萍等《武威西关西夏墓清理简报》和陈炳应《西夏探古》均有录文。"② 冥契书写时间为"大夏乾祐十六年岁次乙巳六月壬子朔十九日庚午"。

二是1998年9月21日，在武威城西郊响水河煤矿家属院内发现一座完整的西夏双人合葬墓，出土有一件木板冥契，"该冥契汉文朱书，松木质，长31.5厘米，宽17.5厘米，竖写16行。姚永春《武威西郊西夏墓清理简报》曾予以介绍"。③ 这件冥契由于上下端泛碱严重，字迹漫漶不清，虽部分文字难以识读，然大致内容与前一冥契基本相同，不影响其文意释读。冥契书写于"大夏乾祐廿三年岁次壬午二月□□□二十九日壬寅"。

两篇冥契内容相似，大致是墓主人的卒葬年月、墓地位置和四至范围、买地花费银钱几何、书契人、保见人等，券文迷信色彩浓厚，语多荒诞不经。它是当时人们对于阴间生活的模拟，也是现世土地私有制下的生存折射，深刻地反映出人们对于死亡的一种感性认知。

---

① 孙寿岭：《西夏文水陆法会祭祀文考析》，杜建录主编：《西夏学》第1辑，宁夏人民出版社2006年版，第89页。
② 于光建、徐玉萍：《武威西夏墓出土冥契研究》，《西夏研究》2010年第3期。
③ 同上。

3. 祭文

《俄藏》第六册收录有俄 ИHB. No. 775《光定七年祭文》,[①] 汉文写本,共两张残片,内容主要是出殡送葬的情景。一残片共九行,行 11—12 字,计 104 字,可识读 77 字,不可识读 27 字;二残片六行,行 8—10 字,计 48 字,可识读 46 字,不可识读 2 字(包括落款)。对比两张残页,应出自一人之手,书法比较有特色,刚劲、清晰,笔触有些奔放。据推测,两张残页应是同一手稿的两部分,也可能是一页大纸的两部分,然而目前这一论点尚缺乏足够的论据。笔者推断,二残片内容当属同一次西夏丧葬活动的记述。

(二)西夏丧葬档案研究

1. 丧葬档案的种类

从目前出土的西夏丧葬档案内容性质来看,主要有祭文、冥契两种;从载体来看,主要是纸质和木质档案。[②]

2. 丧葬档案的内容

丧葬档案的内容因涉及的对象不同而各异。

有关于颂经念佛、消难避灾的丧葬档案,如《西夏文水陆法会祭祀文》,该祭文"反映了党项族傅姓之家,因家中受了病丧灾难,请来圣僧、和尚,颂经、念佛、写祭文、许愿心。希望神灵保佑全家平安;坐地龙王赐予风调雨顺、五谷丰登的好年景"。[③]

有超度亡灵、寄托哀思的丧葬档案,如俄 ИHB. No. 3775《光定七年祭文》即反映了某家因老人亡故,为了祭祀和表达子女的悼念意愿而撰写的祭文:"更是黑流同日内外隔截""铙钹引路""孝子后随""六亲儿女痛哀哉""灵前中祭畔亡魂,礼酒浇茶都不闻。头边献下百味饭,不见已灵近?食⋯⋯"可见儿女的伤心、哀痛以及孝顺。

[①] 史金波、魏同贤、[俄]克恰诺夫主编:《俄藏黑水城文献》第 6 册,上海古籍出版社 2000 年版,第 303 页。

[②] 赵彦龙:《西夏木质档案初探》,赵彦昌主编:《中国档案研究》第 4 辑,辽宁大学出版社 2017 年版,第 209—221 页。

[③] 孙寿岭:《西夏文水陆法会祭祀文考析》,杜建录主编:《西夏学》第 1 辑,宁夏人民出版社 2006 年版,第 89 页。

有为亡故之人在冥界购买阴宅的契约性丧葬档案，如武威西夏墓出土的乾祐十六年和乾祐廿三年汉文《冥契》。

3. 丧葬档案的适用范围

丧葬档案的适用范围既有官府，也有民间私人。但从目前所见到的4篇丧葬档案俄 ИНВ. No. 3775《光定七年祭文》《西夏文水陆法会祭文》《武威西夏墓出土乾祐十六年冥契》《武威西夏墓出土乾祐廿三年冥契》来看，都属于民间私人范围，并未见到官府性质的丧葬档案。

祭祀文的产生经历了一个漫长的过程。中国古代的丧葬习俗则经历了一个由无到有、由简到繁的发展过程。《孟子·滕文公》载："盖上世尝有不葬其亲者，其亲死，则举而委之于壑。他日过之，狐狸食之，蝇蚋姑嘬之。"① 这说明在上古之时还没有亲人亡故后进行埋葬的习俗。后来，出现了简单的埋葬习俗，《周易·系辞下》载："古之葬者，厚衣之以薪，葬之中野，不封不树，丧期无数。"② 随着人类社会的逐步发展和生产力水平的日益提高，进入阶级社会之后的丧葬习俗逐渐地"复杂化、隆重化，诸如初死招魂、哭丧、告丧、洗尸、饭含、易服、送魂、停殡、修墓、入殓、吊唁、出殡、下葬、丧服、守孝、扫墓、祭祖等，真可谓千姿百态，难以胜数，由始至终都有着一整套繁缛的礼仪和严格的禁忌。其中一个不可或缺的重要环节，就是诵读祭文祭奠亡灵"。③ 祭文的运用一直到现代还时有出现，而且祭文的使用范围十分广泛，无所不有。可见其丧葬礼仪在中国民间社会显示出的重要性。

水陆法会最早发源于印度，"后传入中国，始于南朝梁武帝。历经隋唐五代、宋（西夏）至元明两代兴盛发展起来，清代晚期衰落。西夏时最为兴盛"。"水陆法会最初是由朝廷主办，目的是为超度战争中死亡的忠臣烈士、民众的亡灵，借以安抚民心，祈求太平。后来皇亲国戚、达官、权贵、文士商贾、地方官员、一般民众也都举办水陆道场，请佛敬神，祈求平安，最后演化成寺庙的一种文化

---

① 《孟子注疏》卷5下，（清）阮元校刻：《十三经注疏》下册，上海古籍出版社1997年版，第2707页。
② 《周易正义》卷8，（清）阮元校刻：《十三经注疏》上册，上海古籍出版社1997年版，第87页。
③ 王人恩编著：《古代祭文精华》（精编本），甘肃教育出版社2012年版，第5页。

活动。"① 西夏时期的佛法大会的确十分兴盛，在佛法大会上的施经活动也很辉煌，如夏仁宗仁孝时期的乾祐二十年（1189）九月十五日，在印施《观弥勒菩萨上生兜率天经》汉文发愿文中记载了法会施经的盛况："……就大民度寺作求生兜率内宫弥勒广大法会，烧结坛作广大供养，奉广大施食，并念佛诵咒，读西番、番、汉藏经及大乘经典，说法作大乘忏悔，散施番、汉《观弥勒菩萨上升兜率天经》一十万卷，汉《金刚经》《普贤行愿经》《观音经》等各五万卷，暨饭僧，放生，济贫，释囚诸般法事，凡十昼夜……"② 西夏不仅有皇家大型佛法大会，而且有民间小型水陆法会，如《西夏文水陆法会祭文》即民间家庭作水陆法会道场的法事活动。

冥契，又称墓别，也称告地文书，是西汉初期特有的一种丧葬档案，流行于东汉，魏晋唐宋元明清时期大量使用于民间，其内容就是反映家属为亡故之人在阴间或冥界购买阴宅的一种契约文书，相当于人间购买土地和宅基地而签订的土地买卖契约。这种文书到现代民间仍有使用。西夏的冥契目前也有出土，但数量并不多。这有限的冥契反映出了西夏民间道教发展的状况。

综上所述，就目前所见4篇西夏丧葬档案来看，其中3篇出土于河西走廊的武威和景泰地区，即武威西夏墓出土的乾祐十六年、乾祐廿三年汉文《冥契》和景泰出土《西夏文水陆法会祭祀文》，1篇是出土于黑水城地区的俄ИНВ. No. 3775 汉文《光定七年祭文》。由此可以看出，超度亡灵、寄托哀思、祈求神灵保佑存亡之人的平安和吉祥以及为亡故者购买阴宅的丧葬习俗遍及西夏的南北，成为西夏普遍存在的一种民风民俗。从史籍记载来看，魏晋时期是河西地区道教兴盛的时期，有河西地区出土的多件丧葬档案为证。③ 这些丧葬档案反映了从曹魏青龙四年（236）到东晋升平十三年（369）河西地区丧葬礼俗的重要内容。魏晋时期的丧葬礼俗势必沿袭传递下去，进而被西夏借鉴和学习，成为西夏时期重要的民风民俗的反映。

---

① 孙寿岭：《西夏文水陆法会祭祀文考析》，杜建录主编：《西夏学》第1辑，宁夏人民出版社2006年版，第89页。
② 史金波：《西夏佛教史略》，宁夏人民出版社1988年版，第41页。
③ 何双全、狄晓霞：《甘肃省近年来新出土三国两晋简帛综述》，《西北师范大学学报》2007年第9期。

4. 西夏丧葬过程

西夏丧葬过程基本可分为三段：葬前礼仪即招魂、沐浴、饭含、大小敛、哭丧停尸等；葬时礼仪即祭奠、送葬、下棺等；葬后礼仪即服丧。西夏丧葬档案中呈现的过程为其大概，并未一一反映。笔者仅从所见档案角度对其作一些解读。

(1) 葬前礼仪

墓地是亡人的最终归宿，所以墓地的选择是埋葬亡者的头等大事。上述两篇西夏冥契在"买地"时都提到了"龟筮协徒相地袭吉"的流程，说明西夏民众在为亡者选择墓地时也是深受道教"风水"观念的影响，通过请风水先生占卜勘验后认为是风水好的吉地，才购买作为亡者墓地。墓地一般选择在地势宽广、山清水秀的地方，也就是所谓生气凝结的吉穴，以使亡者安息地下，庇佑子孙。两篇冥契都有类似的"宜于西城郭外厝宅兆"或"于西苑外"选择阴宅的记载，选好阴宅后都付有相同的买地价格："谨用（钱）九万九千九百九十九贯文兼五彩信币买地一段。"由此，死者亡后的第一件大事基本告成。

(2) 葬时礼仪

葬时礼仪主要就是出殡送葬的过程。出殡，俗称"出丧"或"出灵"。出殡安葬是指将亡者送往墓地的过程。出殡通常在亡后三日，富者有"五七"、百日、三年出殡的；拘忌风水者，有停数十年不葬者。这都与道家的风水思想有关，须依风水先生确定出殡下葬的具体时间。

俄 ИНВ. No. 3775《光定七年祭文》第一残片内容为我们呈现了一个较为完整的出殡过程："更是黑流同由内外隔截别"，表达出一种生离死别的哀痛和阴阳两隔的无望之感，意同我们平时所言人世、阴间，这些都给生者带来巨大的悲痛。"更"字起始，当非首句，而是一种对亲人逝去之后更加悲痛的情感表达。"□□登五七，□□颖上天"，笔者猜测应是一种丧葬文化的写照，亡灵应是死后"五七"下葬，亡灵即将升天，这或许是生者对于死者早登极乐的祝福。中原丧葬礼俗中有"七期"之说，逢七祭拜，由上《祭文》中"五七"记载，可见西夏亦不例外。"铙钹引路"一语，点明了丧葬活动中的用乐情况。铙和钹，形貌近似，在民间常配合使用，用于吹打乐和戏曲伴奏，后来混而并称为铙钹，被用于佛门中的伎乐供养，而成为塔供养及佛供养的法器，流传至今。送葬奏乐之俗应该是受到佛教的影响，出殡用乐反映出佛教兴盛的场面，表达了人们希望亡者的亲人在音乐引导下魂魄不在人间漂泊,迅速超脱世间苦海,往生西方极乐净土的愿望。《马可波罗行纪》载:"送葬途中要搭设木屋,灵柩过时进行祭奠,柩行鸣一切乐器。"① 反映的也是西夏送葬用乐的习俗。"引路"一词,在此应是"带路"之意。描述的场景应是出殡时乐手在前奏乐引领带路。"孝子后随"指出殡送葬时孝子贤孙们紧随乐手而行。"儿□泪",虽有难识读文字,大意却不难理解,当是孝子贤孙们泪流满面哀泣不已的场面描写。紧接着我们可以看到"六亲儿女痛哀哉"的悲痛局面。然后"至卜其儿宅吉位",是道家的阴阳风水思想体现,道士根据亡人生辰八字、临终时间以及出殡时间综合分析,最终决定墓地的位置及山向。墓地是生者和亡者最后离别之处,故而悲痛之情表露无遗,"哭不哀礼,□□哀前乐不?"可以想象,这样悲怆的场面让围观者也难免内心一缕悲伤。可见,俄 ИНВ. No. 3775《光定七年祭文》的前一部分将出殡送葬的场面完整地记录了下来。

(3) 葬后礼仪

葬后礼仪是在亡灵安葬完毕之后所施行的礼仪,在冥契、祭文和发愿文中都有所涉及。《乾祐十六年冥契》中"今次牪牢酒饭百味香",《乾祐廿三年冥契》中也有"今以姓(牲)牢酒饭百味香",表述基本一样。这是安葬完亡者之后,生者在墓前为亡灵供奉的各种食物,比较丰盛,即所谓"百味香",表达生者给予亡灵的祝福,希望其在阴间亦是衣食无忧。这一习俗在当代满族作家叶广芩的《采桑子》《状元媒》中也都有所反映。《采桑子》中有一个"绿釉罐",是"我当年从祖坟棺前掘出,内装残羹剩饭"。② 在《状元媒》中,"罐里装着供奉在死人灵前的饭菜,叫'焰食罐',半尺高的挂釉小罐,发引前由亲朋每人夹一箸菜肴,撅到罐里,用烙饼和红布封口,下葬时搁摆在棺材前头",③ 这些都是生者对亡者在阴间饮食生活的一种美好的愿望。在宁夏固原地区一带也有这种习俗,将先前供奉在灵前的食物装进罐子中,称为"百食罐",最后随葬置于墓中。《俄 ИНВ. No. 3775 光定七年祭文》第二残片中涉及的"礼酒浇茶"是生者对于

---

① [法]沙海昂注:《马可波罗行纪》,冯承钧译,上海书店出版社2002年版,第117页。
② 叶广芩:《采桑子》,北京出版社2013年版,第314页。
③ 叶广芩:《状元媒》,《中篇小说选刊》2009年第2期。

亡者安葬完毕后施行的一种礼仪，为亡者斟酒看茶，应该是希望亡者黄泉之下也可以享受到这种待遇。又"头边献下百味饭"是各种用作祭品的食物，让亡者安然享用之意。儒家"事死如事生"的孝道观念又一次淋漓尽致地表现出来。然而，"都不闻""不见亡灵进盘飨"则写出了阴阳两隔的悲痛，生者对于亡人所有的寄托都化作无限的悲痛，满满地溢散开来。最后的"□□"，应当是承上文意义表达，也是祭文的一般格式，故推测当作"尚飨"。在现代使用的祭文中也有"薄酒祭奠，聊表微忱。愿父（母）九泉有觉，来尝来品。呜呼哀哉！尚飨"① 这样的内容。西夏文水陆法会发愿文的大部分内容，应是在葬后所做的一次水陆法会的文字记录，是主家在超度亡灵过程中进行的一种祈愿行为。

5. 西夏丧葬的多元文化特质

西夏丧葬的多元文化蕴含在其丧葬过程中，在丧葬档案中能够呈现出其儒、释、道多元文化的融合。

（1）儒家文化

《中庸》有言："事死如事生，事亡如事存，孝之至也。"② 即要像对待生者一样对待亡者，这是尽孝最高的境界了。在儒家思想的影响下，孝道治丧的观念深入人心。民众在生老病死之后，家属为其买地置阴宅，以求在阴间可以继续安享生活，同时是祈求庇佑子孙的美好愿望。北宋司马光《葬论》中"今之葬书，乃相山川、岗畎之形势，考岁月日时之支干，以为子孙贵贱、贫富、寿夭、贤愚皆系焉"，③ 点名了冥契的深刻意义，这也提醒生者于亡者丧时对施行礼仪的重视。俄 ИНВ. No. 3775《光定七年祭文》中多次提到悲痛的哭丧场面，"哭之""儿□泪""六亲儿女痛哀哉"等。哭丧是孝道治丧的典型礼仪，也是儒家礼乐文化所影响的结果。儒家思想的核心是孝道，曾子论孝，说"生，事之以礼；死，葬之以礼，祭之以礼，所谓孝矣"。④ 西夏祭文中的"哭"则是儒家文化的典型体现。同时，在西夏法典中对于亲属之亡也有哭丧的要求，不哭泣是为有

---

① 路小红、邓向东：《实用殡葬礼仪及哀祭文书》，山西科学技术出版社 2011 年版，第 209 页。
② （宋）朱熹：《四书章句集注》，中华书局 1983 年版，第 27 页。
③ 曾枣庄、刘琳主编：《全宋文》卷 1219，上海辞书出版社、安徽教育出版社 2006 年版，第 56 册，第 157 页。
④ 《孟子注疏》5 上，（清）阮元校刻：《十三经注疏》下册，上海古籍出版社 1997 年版，第 2701 页。

罪,"闻之而不哭泣时,徒三年"。① 可见儒家文化不仅在西夏已经深入民心,并且也用法律确定了一定的行孝标准。"西夏时期,则以服丧时间的长短和亲属关系的远近为依据来决定对不施行哭泣礼者的处罚,可见此时汉化程度之深了",② 我们以为其更多应是吸收中原儒家隆丧厚葬观念的影响。另外从水陆法会的角度而言,发愿文中提及的"诸位圣贤"是儒家的代表,也被请来做超度法事。可见"尊孔崇儒"的国策在西夏民众心里已经烙下印痕。

(2) 佛家文化

西夏崇尚佛教,这也是西夏国策。在丧葬过程中,诵经念佛、祈祷、设坛作斋、超度亡灵等都是佛教影响的典型表现,西夏文水陆法会发愿文中表现得淋漓尽致。"四大天王""佛祖"和"诸菩萨"等都是佛家的宗教崇拜,在发愿文中被请来以表达祈祷的神灵对象。"受佛光普照的法界众生等待佛祖快来救助,叫邪灾鬼怪快快离开我的身骨",③ 反映出西夏人向佛祖祈求安享生命的愿望。同时,冥契作为一种契约性质的东西,为生者由人间到冥世的观念提供了某种保障,而冥契本身也是佛与神沟通的桥梁,佛教为建构自己认知的合法性同样诉求于神给予的某种约定。所以,我们认为冥契是在道家思想影响之下,同时融合了佛教意识的一个产物。佛教在丧葬中的影响,除意识之外,还有一些佛教礼俗的表现。俄 ИНВ. No. 775《光定七年祭文》中,出殡用乐在送葬过程中有所提及,这在西夏已司空见惯,中原宋朝亦如是。虽宋朝法典明文规定"丧葬不得用乐",但实际上这只是一纸空文,禁而不止。西夏祭文中"铙钹引路"即是最典型的表现。在黑水城出土的佛经题记和《天盛律令》的有关条款表明西夏丧葬都有僧人参加,反映佛家思想影响之深刻。

(3) 道家文化

通过研究,我们认为,道家思想在丧葬礼仪中的影响最为深刻。

首先,冥契的使用就说明西夏人受道教影响之大。冥契反映的是人们对于亡者世界的认知,是对于道教灵魂不死观念的有力证明。上述两篇西夏冥契,从它

---

① 史金波、聂鸿音、白滨译注:《天盛改旧新定律令》卷20,法律出版社2000年版,第604页。
② 韩小忙:《〈天盛律令〉与西夏丧葬习俗》,《青海民族学院学报》1998年第2期。
③ 孙寿岭:《西夏文水陆法会祭祀文考析》,杜建录主编:《西夏学》第1辑,宁夏人民出版社2006年版,第87页。

们在买地中提到的"龟筮协徒相地袭吉"的流程,说明西夏民众在为亡者选择墓地时深受道教风水观念的影响。同时,买地所用钱数基本上是虚数"九万九千九百九十九",是道教所宣扬的冥府的冥币,而且是表示吉利的阳数。"冥契"作为道教思想的产物,其契约的书写用语也充满了道教思想的各类神仙鬼怪。如两篇冥契在进行标的物的界定时,表述都是"东至青龙,西至白虎,南至朱雀,北至玄(真)武"。"青龙""白虎""朱雀"和"玄武"在道教思想体系中被奉为四灵神兽,四灵神兽保护着墓地的东西南北,也是生者对于亡者的一种祝福。从公证和担保的角度讲,证人多书写为"岁月主",保人为"今日执符"。"岁月主""今日执符"等都是道教尊奉的神仙,将他们作为冥契中的保人和知见人,主要是起到降妖伏魔、避邪趋吉的作用。违反契约需要承担一定的后果,冥契亦不例外。西夏乾祐十六年和乾祐廿三年冥契中都有类似的"故气邪精,不得忏悔(恠)。先有居者,永避万里。主人内外存亡悉皆安吉,急急如五帝使者女青律令",意谓邪魔妖气不能干扰,此地先前葬者要永远避开,"主人内外存亡悉皆安吉"。同时,冥契的违约处罚是以道教中的咒语作为替代,二者最后都有道教常用咒语"五帝使者女青律令","女青"是道教中的玉清元始天尊、上清灵宝天尊、太清道德天尊的使者,掌管冥府之律令。冥契最后伪托"女青",意在说明此契约由道教尊神的使者女青书写,以增强其镇伏妖魔的威力。为了使符咒更有效力,通常在最后都书以"急急如律令",这是道教符箓或咒语中的常用敕语,意为勒令鬼神依照符令火速遵行。

其次,西夏文水陆法会发愿文中请来"元始天尊""五仙王子"等为道家的神灵代表,反映出民众在祈祷中对道家文化的一种归依。"我等待着元始天尊金口说法,四大天王慈悲心高高照耀,祝我全家平安。这是我的心愿"[①]反映出主家同时向佛家和道家诸神提出了全家平安的请愿,这是其佛道宗教信仰融合的体现。另外,我们认为西夏水陆法会祭祀文中有龙像,这并不是"作法会的傅家主人,还想继续高升,甚至请众多龙神保佑,巧借法会名义,赐他登上龙的宝座。说明他也在做皇帝龙梦",而是一种图腾信仰,因为诚如孙寿岭所言,"龙是汉

---

① 孙寿岭:《西夏文水陆法会祭祀文考析》,杜建录主编:《西夏学》第 1 辑,宁夏人民出版社 2006 年版,第 88 页。

王朝天子的图腾代表。西夏皇帝一切都仿汉王朝官职、图腾信仰"。① 在等级分明的封建社会,作为普通官僚或平民是不会觊觎皇位的。龙图像是西夏的一种崇拜,而非想要做皇帝的愿望。"随着西夏统治者对龙神崇拜热情一步步高涨,他们终于动用国家法律武器,实行了对龙图像的垄断。"② 西夏政府已经垄断龙图像,"龙"只可作为祭祀的象征,是一种祥瑞图腾。而且,《天盛律令》规定,"节亲主、诸大小官员、僧人、道士等一律敕禁男女穿戴乌足黄、乌足赤、杏黄、绣花饰金、有日月,及原已纺织中有一色花身,有日月,及杂色等上有一团身龙,官民女人冠子上插以真金凤凰、龙样一起使用。倘若违律时,徒二年。举告赏当给十缗现钱……前数衣服、吉冠等所有应毁当毁,欲卖,当于应卖何处自愿去卖"。③ 所以,这只是民众在表达其民族共有的崇拜之物,也是祈福的对象,不一定是在做皇帝梦。

综上所述,西夏时期丧葬习俗深受佛儒文化和原始宗教信仰的影响,集儒家孝悌、佛教轮回转世及净土信仰和原始巫卜等于一体,具有多元化、民族化、地方化的特征。西夏丧葬习俗受佛教影响尤其深远,重视为亡者做各种法事及其用乐,都体现了佛教根深蒂固的影响。从其对于亡者厚葬过程中的种种礼仪中可见其"事死如事生"的孝道观念,而这正是儒家文化的重要内容。西夏崇佛敬僧、吸收借鉴儒家文化的国策为西夏佛教的持续兴盛提供了强有力的政治保证,儒、释、道文化对西夏丧葬习惯产生了深刻影响。西夏丧葬仪礼恪守儒家传统规范,并夹杂着诸多佛教和道教的因素,呈现出儒佛道杂糅、仪礼喧杂纷乱的特点,这就是其丧葬习俗多元文化的体现。同时,我们认为这些丧葬档案对研究西夏宗教艺术、民族信仰、民风民俗等都是极为重要的原始资料,具有珍贵的史料价值。

6. 西夏丧葬档案的体式

丧葬档案必然有着一定的体式以规范,这是传统文化使然。另从其产生发展

---

① 孙寿岭:《西夏文水陆法会祭祀文考析》,杜建录主编:《西夏学》第 1 辑,宁夏人民出版社 2006 年版,第 90 页。
② 张迎胜:《西夏人的自然崇拜管窥——略谈西夏人的石、山、水、龙崇拜》,薛正昌编:《西夏历史与文化》,甘肃人民出版社 2010 年版,第 22 页。
③ 史金波、聂鸿音、白滨译注:《天盛改旧新定律令》卷 7,法律出版社 2000 年版,第 282 页。

的角度而言，丧葬档案的形成也有一个源流的确认问题。此以上述所整理的4件丧葬文书档案为对象进行分析。

(1) 西夏冥契的体式

从考古发现看，冥契发轫于西汉，流行于东汉，唐宋以后逐渐形成固定格式，并成为盛行全国的丧葬习俗。美国学者韩森根据其收集到的买地券认为，公元1世纪到20世纪，买地券一直在中国地区使用，其中大多是宋、金、元三朝所在的10—14世纪，此前与此后都没有这一时期多。宋与西夏交往频密，西夏对此自然会有所吸收。墓地放置冥契是汉族丧葬仪式的重要习俗，而在西夏墓葬中出现，说明西夏对中原汉族文化的吸收，使其丧葬习俗具有多元文化特征。

冥契是家属为亡故者在冥界购买阴宅的一种契约文书。西夏冥契的体式是否为借鉴或独创？通过认真考察，我们以为西夏冥契的体式并非独立创造，而是借鉴、学习北宋冥契的体式。

关于西夏冥契与宋朝冥契体式的关系问题，有学者已经进行了比较全面的对比和论述，认为"北宋《重校正地理新书》中的这篇冥契范文行文流畅，结构严谨，与武威出土的西夏冥契如出一辙。西夏冥契与北宋冥契范文比较，存在文字上的细微出入，但这里可以断定，西夏冥契显然是以北宋时流行的冥契为蓝本的，其内容主要包括死者的名讳、籍贯、生卒年月、买地区域、买地钱款、地界的四至、见证人、保证人和咒语等"。[①] 由此可看出，西夏冥契的撰写完全是借鉴或几乎是学习照搬了宋朝冥契的体式。现归纳西夏冥契的体式如下：

> 维何时间
> 做何人何时殁的何亲属
> 阴阳占地
> 阴宅地址
> 用钱款等
> 阴宅大小及四至
> 阴宅内掌管者

---

① 于光建、徐玉萍：《武威西夏墓出土冥契研究》，《西夏研究》2010年第3期。

何吃食为信契

永保吉利

知见人

保人

违约责任

咒语

从史书记载来看,"夏之境土,方二万余里,其设官之制,多与宋同。朝贺之仪,杂用唐宋,而乐之器与曲则唐也"。[①] 这说明西夏的政治体制、文化体制等几乎为借鉴、学习、模仿中原的体制。当然,西夏文书的撰写及体式也无疑是学习、借鉴宋朝文书的体式,西夏冥契也不例外。可见,中原王朝的政治体制、民风民俗文化的影响之深。

（2）西夏祭文体式

祭文是为祭奠亡者而写的哀悼文章,表达生者对亡亲故友的哀悼之情。祭文的出现,最早可追溯到汉代。那时,人们在祭扫山坟陵墓时,往往要诵读"哀策",即早期的祭文。到了唐宋,祭文开始兴盛并广泛发展开来,种类也不断增多,出现了不少写此类文章的大家,如韩愈《祭十二郎文》,欧阳修《祭石曼卿文》,都是脍炙人口的祭文名篇。韩愈、欧阳修等撰写的祭文皆为葬后的哀悼性祭文,尚未发现最早的葬时祭文。西夏汉文祭文外延较小,仅为丧葬过程中所产生的文字记录。

西夏祭文何时出现已不可考。目前所见仅有的一篇俄 ИНВ. No. 775 汉文《光定七年祭文》以事情发展顺序记录出殡丧葬的悲痛场面,以及出殡途中丧葬礼仪的描写。虽说上述祭文残缺较多,给总结其体式带来了障碍,但可以根据残剩的部分祭祀文推测,这篇祭文应该属于私人家庭的一般祭文,所以,其体式与中原王朝的祭文相似。现归纳如下：

---

① 《宋史》卷486,中华书局1977年版,第14028页。

......

被祭祀者死时的状况

祭祀者

祭祀的简单过程

祭祀者的哀思

......

祭祀时间

(3) 西夏水陆法会祭祀文的体式

水陆法会超度亡灵的仪式在南北朝时已开始流行,《北史·胡国珍传》载:"国珍年虽笃老,而雅敬佛法。"及薨,"诏自始薨至七七,皆为设千僧斋,斋令七人出家,百日设万人斋,二七人出家"。① 至宋代,民间丧事仿僧侣诵经设斋、超度亡灵已成惯例,形成习俗,成为中国丧葬习俗中不可缺少的部分。这其实已经不是单纯地吸收宋朝中原习俗的结果,更多应是其佛教和道教文化在这一时期成熟,这一礼俗的应用也就顺理成章地产生。作为传统的发愿文,一般附书于经像之后。格式甚多,不胜具述。我们仅述西夏文水陆法会发愿文书,以其灵活多变的书写说明发愿文书的灵活性和创造性,但总体还是与中原的水陆法会祭祀文大致相似。现根据发愿文祭文归纳其体式如下:

祭祀者

请来何方诸佛神仙等

祭祀的内容

从何时开始心愿实现

何心愿

敬献诸佛神仙的祭品

道场颂经(夹杂有祭祀的礼仪)

---

① 《北史》卷80,中华书局1974年版,第2688页。

7. 西夏丧葬档案对现代社会的影响

传统文化对于现当代文化价值观有着深远的影响，我们却并未完全取其精华，去其糟粕，这在社会上造成了一些不好的影响。故我们就当前社会现状谈谈传统丧葬文化对我们的影响。

（1）西夏出土的丧葬档案，无一不体现了其内在的孝道文化。西夏如此，中原亦如是。中华文明"礼仪"的祭祀文化，抒发了人们尊祖敬宗、慎终追远、继志述事的道德情怀。汉代就以"孝治天下"出名，后世皆注重孝道，著名的《二十四孝图》也因此产生。清明节祭祖自古至今就是一种全民性的祭祖形式，说明传统的丧葬文化所具有的文教影响，具有民德归厚的教化意义。正如冯友兰所说："行祭礼的原因不再是因为相信鬼神真正存在，当然相信鬼神存在无疑是祭礼的最初原因。行礼只是祭祀祖先的人出于孝敬祖先的感情，所以礼的意义是诗的，不是宗教的。"[1] 又《礼记·祭统》："祭者，所以追养继孝也。"[2] "生，事之以礼；死，葬之以礼；祭之以礼，可谓孝矣。"[3] 当今社会通过祭祀活动，营造祭祖敬宗、养老敬老的社会风尚，以和为美，以和为善，以和为贵，使人民安居乐业，国家长治久安，民族欣欣向荣。敬宗祭祖、缅怀先贤成为构建和谐社会的重要内容。

（2）孝道文化是中国儒家文化所推崇的传统之精华。然而，现实生活中出现了许多变异了的表达孝道的现象，衍生出一种所谓"面子孝道"的不良风气。首先我们需要确认何为孝道，中国最早的一部解释词义的书《尔雅》对其定义是："享，孝也。享祀，孝道。"[4] 用食品祭祀祖先谓之"享"，也就是说善事父母长辈为孝。汉代贾谊的《新书》界定为"子爱利亲谓之孝"。[5] 但现在不乏一些人利用大量的物力和财力去装饰门面，体现所谓孝道。如自古儒家所提倡的哭丧文化在俄 ИНВ. No. 3775《光定七年祭文》中有所体现。然而现在变为表达孝道的幌子，甚至出现专门为人哭丧的职业，真是令人匪夷所思。

---

[1] 冯友兰：《中国哲学简史》，北京大学出版社 1985 年版，第 70 页。
[2] （汉）戴圣编撰，崔高维点校：《礼记》，辽宁教育出版社 1997 年版，第 143 页。
[3] 《孟子注疏》卷 5 上，（清）阮元校刻：《十三经注疏》下册，上海古籍出版社 1997 年版，第 2701 页。
[4] 《尔雅注疏》卷 2，（清）阮元校刻：《十三经注疏》下册，上海古籍出版社 1997 年版，第 2577 页。
[5] （汉）贾谊：《新书》，中华书局 1985 年版，第 32 页。

我们必须正确认识传统道德所弘扬的孝道文化，歪曲的认识和荒唐的行为给我们以警醒。现在一些落后地区仍存在"薄养厚葬"的风俗，生前可能对老人不敬甚至不孝，但死后的葬礼一定风光体面。这是必须要给予批判的。所谓孝道，我们认为最重要的是长者在世时晚辈给予他们的深切关怀。

8. 西夏丧葬档案中的用语现象

丧葬档案大多本来是用于随灵柩埋藏地下或烧毁或口头念颂的，所以，语言的使用有时也比较随意，即口语词使用比较普遍。如俄 ИНВ. No. 3775 汉文《光定七年（1217）祭文》中就有："……只愿偈力于家者，□灵前中祭畔亡魂，礼酒浇茶都不闻。头边献下百味饭，不见亡灵近口食。痛哉！……"① 这份档案中的"头边""口食"等均应为口语词。"头边"即前边，这是自古至今最为常用的口语词。"口食"即饭食，这也只能对亡人所用，有一种痛惜之感。其他如《西夏文水陆法会祭文》《武威西夏墓出土乾祐十六年冥契》《武威西夏墓出土乾祐廿三年冥契》等档案中也都大量使用了口语词。②

---

① 史金波、魏同贤、[俄]克恰诺夫主编：《俄藏黑水城文献》第 6 册，上海古籍出版社 2000 年版，第 303 页。
② 穆旋、赵彦龙：《西夏丧葬文书整理研究》，《兰台世界》2014 年 10 月中旬。

第七章 西夏档案机构和官吏

中国古代对档案保管十分重视。史载：汉代时"沛公至咸阳，诸将皆争走金帛财物之府分之，何独先入收秦丞相御史律令图书藏之……汉王所以具知天下阸塞，户口多少、强弱之处，民所疾苦者，以何具得秦图书也"。[1] 而且汉代在宫廷内外建有许多保管档案的处所，如石渠阁、兰台、东观、麒麟阁、天禄阁、石室、宣明、鸿都等，并"博选术艺之士以充其官"，[2] 以加强档案的保管工作。汉之后历朝都模仿和沿袭并有所发展和完善，西夏也不例外。

从西夏汉文史籍收录、摘录和西夏故地出土的大量文献中进行穷尽式的收集和统计，西夏的各类档案数量在2800多件，如此庞大、原始、珍贵、稀有的档案能够得以保存下来，成为后人享用不尽的精神财富，这一切都要归功于西夏有比较健全完善的档案管理机构和认真负责、兢兢业业的专、兼职档案管理官吏。为此，本章从现有的资料出发，对西夏档案机构和档案管理官吏进行一些探讨，以比较明晰地了解掌握西夏档案机构系统和官吏的作用。

第一节 西夏中央和地方档案机构

西夏汉文史籍中记载了有关西夏官府保管大量西夏文书档案的事实。如夏宝

---

[1] 《史记》卷53，中华书局1959年版，第2014页。
[2] 《后汉书》卷4，中华书局1965年版，第188页。

义元年（1227）六月，蒙古大军进围中兴府，虽然"夏兵坚壁半载"，但终因"城中食尽，兵民皆病，睍率文官李仲谔、武臣嵬名令公等奉图籍出降"。① 该文献中的"图籍"应该就是西夏保存在京城档案库房中的图书档案等重要资料，这些图籍是西夏末帝睍率京城文臣武将从中央所在地——中兴府"奉图籍出降"。由此，我们可以推断，西夏的一些重要档案保存在中央政府的某一机构之中或中兴府之相应的府库之中。可见，西夏中央以及首都中兴府所在地都设有专门保管重要图书档案的机构。②

另有汉文史籍记载，宋绍圣四年（1097）七月鄜延路经略使吕惠卿遣副总管王愍统制诸将入西夏界，"二十九日至宥州，其洪、宥、韦三州总都统军贺浪罗率众迎战。愍等击，大破之，追奔二十余里，斩首五百余级。入宥州，焚其官廨、仓场、刑狱、民居五十余间，并伪行宫军司簿书案籍等，发窖藏，践禾稼、荡族帐不可胜计"。③ 这里所说的"伪行宫军司"保存的"簿书案籍"，也应为西夏宥州保管的各类文书档案。可见，西夏的地方机构"州"也有保管本州形成和来自各方文书档案的职能。

西夏汉文史籍还记载，西夏"其制多与宋同"。④ 再结合西夏文、汉文《杂字》，西夏文、汉文对照词语集《番汉合时掌中珠》以及西夏文《官阶封号表》《天盛律令》等文献记载，西夏的确仿照宋制建立了比较完善的从中央到地方的各级行政机构，从上等中书、枢密始至司等中以外的官府或军事官府等都配备了各级各类军政官员和专、兼职文书档案官吏，也制定了严密的各类工作制度，从而使西夏各项工作包括文书档案工作都比较有序、规范地向前推进。

从西夏综合性法典《天盛律令》卷10"司序行文门"记载的系统而翔实的西夏职官的内容可知，西夏有健全完善的官府和职官系统，当然也应该有比较完善的从中央到地方的专、兼职文书档案保管机构和管理文书档案的官吏，从而使西夏丰富的档案资料能够比较完整地保存下来，填补了我国古代少数民族档案史

---

① （清）吴广成撰，龚世俊等校证：《西夏书事校证》卷42，甘肃文化出版社1995年版，第500页。
② 注：古代时，图书保管机构和档案保管机构大多情况下则不分家，也即一体进行保管。当然，西夏档案保管机构和图书保管机构可能也融合在一起。
③ （宋）李焘：《续资治通鉴长编》卷490，中华书局2004年版，第11623—11624页。
④ 《宋史》卷486，中华书局1977年版，第14028页。

料的部分空白，成为学界研究西夏的宝贵财富，为我国档案工作发展史添上浓墨重彩的一笔。但西夏的哪些机构属于专、兼职文书档案保管机构？又有哪些专、兼职官吏从事文书档案工作呢？

一　西夏中央档案管理机构

我们在探讨西夏档案管理机构时，首先应该了解一下西夏的行政管理体系，因为西夏的档案管理机构应是西夏行政管理体系中的一部分，只有如此，才能比较清晰地探讨档案管理机构。

（一）西夏行政管理体系的建立与完善

夏州政权时期，按照"羌俗，亦止有蕃落使，防御使，都押牙指挥使之职"。① 由于史料缺载，我们无法了解夏州政权时期形成的档案和来往文书保存于何司署衙门中，又是如何管理档案的。我们这里所要探讨的是从李元昊继位后所设官制乃至西夏灭亡前，西夏从中央到地方的档案管理体系。

宋明道二年（1033）五月，"元昊自先世并吞西土三十余年，聚中国所赐资财无算，外倚契丹为援，异谋日盛。升兴州为府，改名'兴庆'，广宫城，营殿宇，其名号悉仿中国故事"。② 不仅如此，而且仿宋制建立官制并分文武班，"其官分文武班，曰中书，曰枢密，曰三司，曰御史台，曰开封府，曰翊卫司，曰官计司，曰受纳司，曰农田司，曰群牧司，曰飞龙院，曰磨勘司，曰文思院，曰蕃学，曰汉学。自中书令、宰相、枢使、大夫、侍中、太尉已下，皆分命蕃汉人为之"。③ 元昊不仅建立官制，而且制定了需要大臣们遵守的制度和礼仪，"元昊谋称帝，阴蓄使介往来，久悉中朝典故。至是，于正朔朝贺，杂用唐宋典式，而见官属，以六日为'常参'，九日为'起居'，均令蕃宰相押班，百官以次序列朝，谒舞蹈，行三拜礼，有执笏不端、行立不正、趋拜失仪者，并罚"。④ 夏天授礼法延祚二年（1039）九月，又改订官制，"元昊以中书不能统理庶务，仿宋制置尚书令，考百官庶府之事而会决之。又改宋二十四司为十六司，分理六曹，于是

---

① （清）吴广成撰，龚世俊等校证：《西夏书事校证》卷11，甘肃文化出版社1995年版，第133页。
② 同上。
③ 《宋史》卷485，中华书局1977年版，第13993页。
④ 戴锡章编撰，罗矛昆校点：《西夏纪》卷6，宁夏人民出版社1988年版，第169页。

官制渐备"。①

夏奲都六年（1062）五月，夏毅宗谅祚对西夏的官制又进行了调整增改，"汉设各部尚书、侍郎、南北宣徽使及中书学士等官"，② 通过如此调整和增改，使西夏的官制比较合理了。

西夏中后期的崇宗、仁宗时期，"由于西夏封建经济关系的迅速发展，促进了西夏政治制度的不断变革和完善，真正形成了西夏'设官之制，多与宋同'的局面。官制体系并用法制法律的形式固定下来"。③ 从西夏综合性法典《天盛律令》卷十《司序行文门》可知，西夏中后期的国家机构区分为上、次、中、下、末等司及司等中以外，并规定了中央国家机构与地方官府官吏派遣的条款。④ 这一完善合理的官制体系一直沿袭到西夏灭亡。

（二）西夏中央档案管理机构——库中

从上述可知，西夏的官制体系是逐步成立、演变、发展和完善的，那么，这些官制体系中，哪些应该是西夏的中央档案管理机构？各司署衙门具体承担档案管理的部门又称什么？西夏中前期中央到地方档案管理机构由哪些部门保管？叫何名称？关于此，到目前还没有相关的史料来证明。所以，我们以为或是中书省和枢密院下设有相应的部门管理西夏中央形成的档案，或是各司其职，各管档案。不论怎样，西夏中前期的档案肯定是有保存下来的。但是，到了西夏中后期，中书省和枢密院下设专职档案部门——"库中"，保存西夏中央官府军政的档案。

由西夏综合性法典《天盛律令》相关规定可知，"库中"是上等中书和枢密所设专管档案的部门。《天盛律令·失藏典门》规定：

> 写秘事及牒诏书，兴兵文书、恩敕等损毁、盗隐、亡失等之罪，依所定判断。

① （清）吴广成撰，龚世俊等校证：《西夏书事校证》卷13，甘肃文化出版社1995年版，第153页。
② 同上书，第237页。
③ 李锡厚、白滨：《中国政治制度通史》，人民出版社1993年版，第428页。
④ 史金波、聂鸿音、白滨译注：《天盛改旧新定律令》卷10，法律出版社2000年版，第363—379页。

第七章 西夏档案机构和官吏

国内秘事中有自多族部议逃以上数种事兴起者，以计谋施行捕逃语及干连人部分未制捕等时，欲受贿而盗隐、损毁文书者与犯罪者同。其中无心失误而失之时，推问中有碍则当绞杀，无碍则徒六年。若推问已毕，典已置库中而盗隐损之者，徒三年，失之则徒二年。①

从这一法律规定可知，西夏中央政府形成的"秘事及牒诏书，兴兵文书、恩敕"等档案"推问已毕"而保存在中央政府的"库中"。这里的"库中"应为上等中书和枢密下设的专职管理和保存档案的机构。这一保存保管各种文书档案的"库中"是否还有其他名称，目前还不得而知。不过从西夏所设官制多仿效宋朝官制这一情况来看，西夏保管档案的"库中"可能多仿效宋朝中央机构中保管档案的"架阁库"。西夏汉文史籍对西夏官制多仿自宋朝也有记载，宋朝大臣富弼说西夏是"得中国土地，役中国人力，称中国位号，仿中国官属，任中国贤才，读中国书籍，用中国车属，行中国法令"。②众所周知，宋朝从至道元年（995）六月在中央政府的三司设置保管档案的专职机构——架阁库，同年宋太宗下令又在州县普遍设置保管档案的专职机构——架阁库。③这是宋朝档案工作的一个创举，也是中国档案工作发展的新标志。西夏是最善于学习和借鉴中原唐宋先进经验和做法的封建王朝，当然对档案库房建设的借鉴和学习也不例外。至于西夏从中央到地方管理档案的机构或库房到底称"档案库""典藏库""典册库""架阁库"或其他什么，目前没有新资料证明，只有等待考古资料的继续挖掘。我们以为西夏是善于学习和借鉴中原王朝先进的文化和技术的，但为了区别和中原宋朝对保管档案机构名称的叫法，改为"库中"也很有可能。不论怎样，有一点是明确的，西夏中央政府即中书、枢密普遍设立了保存保管档案的"库中"。④

西夏中央政府中书和枢密所设档案保管机构"库中"分别管理行政和军事领域内形成的档案。根据《天盛律令》的规定来看，中书和枢密是西夏中央政

---

① 史金波、聂鸿音、白滨译注：《天盛改旧新定律令》卷19，法律出版社2000年版，第418—419页。
② （宋）李焘：《续资治通鉴长编》卷150，中华书局2004年版，第3641页。
③ 王金玉：《宋代档案管理研究》，中国档案出版社1997年版，第48—58页。
④ 赵彦龙：《西夏档案机构及管理制度探索》，《宁夏社会科学》2006年第5期。

府上等司，是西夏最高行政机构和军事统御机构。通过西夏汉文史籍的记载来看，中书和枢密的职责类似宋朝中书省和枢密院。中书职责是"掌进拟庶务，宣奉命令，属有侍郎、散骑常侍、谏议大夫、舍人、司谏等官"。枢密职掌是："掌军国兵防边备，与中书对持文武二柄。属有枢密、同知、副使、金书、承制等官。"① 从上可知，当然应该是中书形成的档案保管在中书省内，枢密形成的档案保管在枢密院内。关于此，西夏法典当有明确规定，即西夏中央制发的文书或地方上奏的文书都要严格按照文、武次第，分送中书、枢密办理并归档保存。如西夏判罪文书档案的呈送和保管分不同情况，其中"不隶属于经略之各边境、京师司等，皆依文武次第分别当报中书、枢密。至来时，所属案中亦再与律令仔细核校，有失误则另行查检，无则增于板簿上，一等等奏闻而告晓之。若诸司人未依季节而报，而中书、枢密局分人未过问等，一律依延误公文判断"。② 再如西夏职官考核文书档案也是依据文武次第报送中书、枢密审核并存档："前述任职位人三年期满时，期间住滞词中遭降官、罚马者，依文武次第引送中书、枢密，当入升册。……"③ 西夏官职的取得也仍然是依文武次第进行："诸人袭官、求官、由官家赐官等，文官经报中书，武官经报枢密，分别奏而得之。"④皇帝给官员颁发诏敕时也是如此："上次中三等大人、承旨、习判、下等司正等当赐敕，依文武次第，由中书、枢密所管事处分别办理。"⑤ 西夏形成的纳粮册最终要藏于中书之"库中"，"计量小监人除原本册以外，依所纳粮食之数，当为新册一卷，完毕时以新旧册自相核校……同则新旧二卷之册当藏中书，新簿册当还之，送所管事处往告晓"。⑥ 由此可知，西夏的军政文书档案不论是上行还是下行，必依文武次第由中书省、枢密院分别处理并保存。

当然，西夏实行军政合一的管理体制，故，有时形成的档案不仅保存于枢密院，更要保存于中书省，实行军政档案双重保管的体制。《天盛律令》规定：司法审判的有关文书同时要报送中央最高军政机构中书和枢密等待审核。首先在京

---

① （清）吴广成撰，龚世俊等校证：《西夏书事校证》卷11，甘肃文化出版社1995年版，第133页。
② 史金波、聂鸿音、白滨译注：《天盛改旧新定律令》卷9，法律出版社2000年版，第323页。
③ 同上书，第349页。
④ 同上书，第356页。
⑤ 史金波、聂鸿音、白滨译注：《天盛改旧新定律令》卷10，法律出版社2000年版，第362页。
⑥ 同上书，第514页。

师各司的审判文书必须报送中书和枢密："在京师各司问习事中，获死、无期□□，审刑已审中，与□□不同时，当问有何异同曲枉，令明，则人□□□□□枷，问于其处，问其异枉，为之转司□何应，当奏报于中书、枢密所管事处，赐予谕文。"其次隶属于经略司者其审判文书并不直接报送中书和枢密，而是当报经略司："边中监军司府、军、郡、县问种种习事中，应获死、无期之人，于所属剌史审刑中，□有罪人谓其不服，则当明其枉□□语为何□。本人应枷于剌史处问之，报经略职管司等，当待谕文。"再次不隶属于经略之地方官府的审判文书则要同时奏报中书和枢密："不系属于经略之啰庞岭监军司者，自杖罪至六年劳役于其处判断。获死罪、长期徒刑、黜官、革职、军等行文书，应奏报中书、枢密，回文来时方可判断。"① 可见，西夏有部分档案实行中书和枢密同时保管的体制。

（三）中央各司署衙门的档案管理部门——中

西夏中央各司署衙门的档案保管部门应为"中"，关于此，西夏法典《天盛律令》卷十二《失藏典门》有具体规定：

诸司为种种文书，行之未毕及已毕，已藏置中，受贿盗、隐、损失等罪，依所定实行。其中盗、隐、损之中有相议，则以从犯判断。

置种种文书典中，诸人不许贪收雇值盗隐及索予损坏等。

为官文书行之已毕，已藏置中而盗、损之时，徒二年。

移军册及因赏赐臣民之功、升任官事等为文典，行之未毕而盗、隐、损之时，徒三年，无心失误失之则减二等。行之已毕，已藏置中，盗、隐、损之及失之等，比前述盗失二等罪情当各自减一等。②

上述几则法典证明，西夏中央各司形成的文书档案"已藏置中"。这里的"中"，应为中央各司保存保管文书档案的机构。这里的"中"或为"库中"的省略写法，但为了区别上等司保管档案的机构名称"库中"，中央各司保管文书

---

① 史金波、聂鸿音、白滨译注：《天盛改旧新定律令》卷10，法律出版社2000年版，第317页。
② 史金波、聂鸿音、白滨译注：《天盛改旧新定律令》卷12，法律出版社2000年版，第419—420页。

档案的机构可能为"中",这也合情合理合法。中央各司在职权范围内形成的档案当由各司内的档案保管机构"中"保管,若超出职权范围时,还要依次向中书或枢密的"库中"呈送保存。现举几例说明中央各司保存档案及向中书或枢密移送档案的具体案例。

属中等司,是西夏中央专管农业的机构,其职责是"司仓储委积,平粜利农"。① 农田司的"中"即为协助中书省保管西夏土地账簿、租税账簿等档案的机构。西夏法律规定:"边中、畿内租户家主各自种地多少,与耕牛几何记名,地租、冬草、条椽等何时纳之有名,管事者一一当明以记名。中书、转运司、受纳、皇城、三司、农田司计量头监等处,所予几何,于所属处当为簿册成卷,以过京师中书,边上刺史处所管事处检校。完毕时,依据属法当取之。"② 由此可看出,西夏档案并不完全保存于某一官府,而是实行多司备份保管,但最终都要将一些重要档案保存于中书省的"库中"。西夏官府的这种做法保证了档案不丢失和损毁,方便于各司衙门的查找利用。

三种功德司,在《天盛律令》所列官府机构中属次等司,即僧人功德司、出家功德司、道士功德司,是管理西夏全国佛教和道教事务的机构。按照《天盛律令》的规定,三种功德司内也应设有各自的"中"来保管所形成以及来往的宗教档案,其范围涉及僧人和道士的考选、变道、注册、僧职的选派等,这些活动都会形成形式多样的宗教档案,有些重要的宗教档案还要向中书省呈送,保存于中书省内的"库中"。如规定在家僧人的考选和报批程序:"僧人、道士所属行童中,能诵莲花经、仁王护国等二部及种种敬礼法,梵音清和,则所属寺僧监、寺检校等当转,当告功德司,依次当告中书。"③《天盛律令》卷十一之《为僧道修寺庙门》中还有对僧人还俗要求、再度成为僧人、他国僧人及俗人来投奔本国、童子转寺、度牒的发放和持有等方面的规定。同时,西夏故地出土的有关僧人的档案也证明了这一点,如《俄藏》第十四册收录的俄 ИНВ. No. 5966《僧人名单》《中藏》第十七册收录的中藏 M21·15《僧人名单》等档案可能就是僧

---

① (清)吴广成撰,龚世俊等校证:《西夏书事校证》卷11,甘肃文化出版社1995年版,第133页。
② 史金波、聂鸿音、白滨译注:《天盛改旧新定律令》卷15,法律出版社2000年版,第514—515页。
③ 史金波、聂鸿音、白滨译注:《天盛改旧新定律令》卷11,法律出版社2000年版,第402页。

人管理的账簿，这是对《天盛律令》有关法律条文的具体规定的印证，也可看出官府或寺庙对僧人数量的登记和统计以及管理之严格和规范。

西夏有专门负责观测天象和星占的机构——司天监或卜算院。汉文史籍记载，夏大德五年（1139）正月，"太白、荧惑合于井。司天谓不利用兵，乾顺不听"。① 可见，"司天"一职的职掌是占卜和观测天象。另外，西夏汉文《杂字》"司分部十八"中有"天监"一职，据史金波推测，这可能是"司天监"的简称。② 由此可知，西夏官府机构"司天"在崇宗乾顺时就已存在，其职掌则是掌管天文历法。但是，西夏立国后所设机构中并无"司天监"，而有"卜算院"。西夏法典《天盛律令》卷十"司序行文门"中等司有"卜算院"，其职掌也为掌管西夏的天文历法，且"依事设职，大人数不定"。③ 由此可以推测，西夏汉文《杂字》中的"天监"或《西夏书事》所载"司天"可能就是西夏文法典《天盛律令》中的"卜算院"，只是汉文与西夏文的叫法不同或"司天监"有可能是西夏文"卜算院"的一种汉文译法而已。在黑水城出土的俄 ИНВ. No. 8214 西夏文《历书残页》中，其序言中有3行小字，有的字迹不清，译文为"光定甲戌四年十月日太史令及卜算院头监大书修纂者□授□臣杨师裕，卜算院头监臣时国胥，卜算院头监臣□□□"。④ 不难看出，"卜算院"是西夏官府观测天象、修纂历书的机构。"卜算院"属西夏五等司之中等司，级别较高，这印证了西夏官府对天文历法、占卜的重视。据此知"司天监"或"卜算院"不仅占卜未来、观测天象，同时保管与此类似的档案。

医人院是西夏官府五等司之中等司，主管医疗之事。党项人原来生病并不知道用药，迷信于占卜问卦，《辽史》载："病者不用医药，召巫者送鬼，西夏语以巫为'厮'也。或迁他室，谓之'闪病'。"⑤ 当然，这之前并没有见到什么医药档案留存下来。西夏建国后，随着社会的发展和与中原地区的密切交往，西夏从中原地区获得了先进的医疗知识，而且中原地区的医药技术逐渐地也通过不同

---

① （清）吴广成撰，龚世俊等校证：《西夏书事校证》卷35，甘肃文化出版社1995年版，第404页。
② 史金波：《西夏社会》，上海人民出版社2007年版，第479页。
③ 史金波、聂鸿音、白滨译注：《天盛改旧新定律令》卷10，法律出版社2000年版，第369页。
④ 史金波：《西夏的历法和历书》，《民族语文》2006年第4期。
⑤ 《辽史》卷115，中华书局1974年版，第1523—1524页。

渠道在西夏境内流行。渐渐地，西夏也重视起医疗技术的发展。于是，设立医人院以保证医药与医疗技术的不断发展，管理全国的医疗事务。中央五等司之末等司还设有"制药司"①专门负责国家药品制造。为此，有关的医药和医疗技术档案自然也就首先保存在医人院和制药司，供后来研究和利用医药档案的人们使用。西夏故地黑水城、武威出土有大量的汉、夏文药方等档案就是最好的证明。②

秘书监是西夏掌管图籍、祭祀祝词、天文历数的机构，属西夏司等中以外的机构。秘书监与档案工作有比较密切的关系。"秘书监"之设置在西夏前期汉文史籍中并未见记载，西夏中后期的汉文史籍和西夏文法典《天盛律令》中都列有秘书监，这或许说明其是西夏中后期才设置。西夏"秘书监"的设置完全可以看作模仿东汉桓帝始置秘书监，其职责不仅是西夏重要的出版机构，也掌管西夏的图籍档案。西夏汉文史籍对秘书监官吏的任职及选拔条件有所记载，《西夏纪》载，西夏元德元年（1119）冬十一月，宗室子弟仁忠、仁礼曾因才华出众而被乾顺任命为秘书监，"及长，俱通蕃、汉字，有才思，善歌咏，始任秘书监"；③西夏光定八年（1218）春二月，遵顼"以秘书监苏寅孙为枢密都承旨。寅孙风姿奇爽，少力学，善属文，以世荫授秘书监，刚正不挠，遇事敢言无所忌。见遵顼与金构兵，数劝修好，共拒蒙古，至以涕泣争。遵顼知其忠，擢之"④等。据此可知，秘书监官吏多为通蕃、汉文，有才思，善属文且刚正不阿、遇事敢言无所忌的有名望者担任，这正是选拔文书档案官吏最基本也是最重要的条件。同时，从《天盛律令》卷首的《颁律表》的题款"枢密承旨御史正秘书监汉大学院博士内宫走马杨某……"来看，秘书监不仅掌管图书档案，还协助撰写各种重要文书。因此，我们比较肯定地认为，秘书监也是西夏部分文书档案的掌管机构。虽然《天盛律令》把秘书监归入"司等中以外"，但在文书档案工作中"当于次等司平级传导"，⑤可见其实际地位并不低。

---

① 史金波、聂鸿音、白滨译注：《天盛改旧新定律令》卷10，法律出版社2000年版，第364页。
② 赵彦龙：《再论西夏档案管理机构与官吏》，《黑水城文献与西夏学学术会议论坛论文集》，中国银川2014年，第323页。
③ 戴锡章编撰，罗矛昆校点：《西夏纪》卷22，宁夏人民出版社1988年版，第529页。
④ 同上书，第648页。
⑤ 史金波、聂鸿音、白滨译注：《天盛改旧新定律令》卷9，法律出版社2000年版，第366页。

二 西夏地方档案管理机构

西夏地方军政机构有经略司、殿前司、监军司、府、州、军、郡、县等。其档案的保管机构名称因其级别不同而略有不同。

（一）西夏地方最高军政官府中的档案保管机构——中

根据《天盛律令》卷十二《失藏典门》"诸司为种种文书，行之未毕及已毕，已藏置中"的规定，西夏地方两个最高军政机构经略司和殿前司内也设有保管档案的机构——中。

1. 经略司档案保管机构——中

经略司是西夏边中军政系统的最高指挥机构，经略司内也设有保管其形成和来往文书档案的机构——中。《天盛律令》载："经略司者，比中书、枢密低一品，然大于诸司。"① 经略司是西夏地方最高军政机构，在京师以外主管若干州县军民事务。《天盛律令》载：国境中诸司判断"依季节由边境刺史、监军司等报于其处经略"，② 可知经略司管辖边境刺史和监军司，且也保管有下辖官府的档案。西夏天盛年间的经略司可能就设有东南、西北经略司，《天盛律令》载：监军司每年要对所辖城墙的修缮及其变化情况所形成的文书于正月五日报于其处经略，"正月五日始东南经略使二十日以内，西北经略使一个月以内，当向枢密送状"。③ 西夏故地出土档案中只记载西夏有东、西经略司。1977 年甘肃武威西郊林场发现的西夏墓是西夏天庆元年至八年（1194—1201）的西夏晚期砖石墓，墓中出土有中藏 G32·002~003《西夏八面木缘塔题记》，两件题记中男墓主人分别是西经略司兼安排官囗两处都案刘仲达和西经略司都案刘德仁。④ 可知，西夏西经略司设在武威。《天盛律令》颁律表中有"东经略副使、枢密承旨、三司正、汉学士赵囗"，证明西夏还有东经略司，东经略司有可能设在灵州。⑤ 汉文

---

① 史金波、聂鸿音、白滨译注：《天盛改旧新定律令》卷9，法律出版社2000年版，第364页。
② 史金波、聂鸿音、白滨译注：《天盛改旧新定律令》卷10，法律出版社2000年版，第323页。
③ 同上书，第220页。
④ 史金波、陈育宁主编：《中国藏西夏文献》第18册，甘肃人民出版社、敦煌文艺出版社2007年版，第260—266页。
⑤ 史金波：《西夏社会》，上海人民出版社2007年版，第707—708页。

史籍中也有东经略司的记载，夏乾祐八年（1177）十二月"遣东经略使苏执礼横进"。① 西夏法典《天盛律令》记载为东南和西北经略司，出土文献和汉文史籍中则记载为东、西经略司。这几处的记载并不完全相同，到底西夏有东、西、南、北四个经略司还是只有东南和西北两个经略司？我们以为，西夏法典的记载是完整齐全的，应有东南和西北两个经略司，这两个经略司将四方都包含在内了，而出土文献和汉文史籍则可能是为了记载方便，将东南和西北简称为东、西。当然，这还要等待新材料的佐证。

总之，地方官府机构和监军司有关事务的各类文书都要先报经略司，而后由经略司再上报枢密院。由此可知，经略司主管并保存着除京畿以外职权范围内的文书档案，而这些档案很可能保存在其所设的档案机构"中"内。②

2. 殿前司档案保管机构——中

殿前司是西夏畿内（京师）地区的最高军事指挥机构，属中央政府机构次等司，其职责比较宽泛，殿前司内也设有保管档案的机构——中。

首先保管全国武器装备季校档案。西夏法典规定："全国中诸父子官马、坚甲、杂物、武器季校之法：应于每年十月一日临近时，应不应季校，应由殿前司大人表示同意、报奏。当视天丰国稔时，应派季校者，则当行文经略司所属者，当由经略大人按其处司所属次序，派遣堪胜任人使为季校队将，校毕时分别遣归，典册当送殿前司。非系属经略司者，当由殿前司自派遣能胜任人，一齐于十月一日进行季节。"③ 由上可知，殿前司的"中"内保管有其所属京师各官府武器装备季校档案和边中经略司所辖各司衙门上报的武器装备季校档案。

其次保管全国武器装备、新生正军、辅主人口的注册注销等档案。法典规定："诸大小臣僚、行监、将、盈能等对首领等官马、坚甲应移徙时，当经边境监军司及京师殿前司，当给予注销。"④ 同时规定："人、马、坚甲、正军、辅主新生等所有当注册注销者，均应依殿前司诸案职管顺序通过。"并强调"群牧

---

① 《金史》卷61，中华书局1975年版，第1437页。
② 赵彦龙：《再论西夏档案管理机构与官吏》，《黑水城文献与西夏学学术会议论坛论文集》，2014年，第324页。
③ 史金波、聂鸿音、白滨译注：《天盛改旧新定律令》卷5，法律出版社2000年版，第230—231页。
④ 同上书，第248页。

司、农田司、功德司等三司所有属下人、马所有当注销者，当经由所属司，每隔三月报送殿前司一次，其中不按时报送延误者，其大小局分人等有住滞，则依迟误文书罪判断"。① 还掌管有关机构分抄转续等档案，"帐门末宿、内宿外护、神策、外内侍等所有分抄续转，悉数当过殿前司。其人待命者，人根是否鲜洁，当令寻担保只关者注册"。② 由上可知，殿前司保管的档案种类多，数量大，范围广。③

（二）西夏地方军政官府中的档案保管机构——局分处

局分处，可能还称局分、局分人处、库局分等，这应当为地方军政官府监军司、府、州、郡县等的档案保管机构和各种官物库房的档案保管机构。这可从《天盛律令》卷九、卷十、卷十二、卷十五中的一些具体而详细的规定中得出结论。现将《天盛律令》有关局分处的规定列示如下：

诸有所奏者，允许经局分处奏，不许不经局分处而自贪自奏。若违律无理奏报时徒一年，受贿则依枉法贪赃罪法，未受贿而见识误者，有官罚马一，庶人十三杖。④

依法求官者，当报边中一种所属监军司，经经略使处。依次变转，与不属经略之京师界等一起依文武分别报告中书、枢密。局分处于升册上当推寻，前所得中除外，则所属案中官名人名当寄，并增著于板簿上，当奏告以明时，当行宣徽，给内管。……⑤

不许所遣持恩诏者懈怠，期限内不至。误一二日徒一年，误三四日徒二年，误五日徒三年，五日以上一律徒六年。若恩诏已至所属司内，依恩施行已毕，藏置局分人处，有名亡失时，徒一年。⑥

地边、地中纳粮食者，监军司及诸司等局分处当记之。有木料处当为库

---

① 史金波、聂鸿音、白滨译注：《天盛改旧新定律令》卷5，法律出版社2000年版，第263页。
② 同上书，第442页。
③ 赵彦龙：《再论西夏档案管理机构与官吏》，《黑水城文献与西夏学学术会议论坛论文集》，中国银川2014年，第324页。
④ 史金波、聂鸿音、白滨译注：《天盛改旧新定律令》卷9，法律出版社2000年版，第345页。
⑤ 同上书，第356页。
⑥ 同上书，第418—419页。

房，务需置瓦，无木料处当于干地坚实处掘窖，以火烤之，使好好干。垛囤、垫草当为密厚，顶上当撒土三尺，不使官粮食损毁。①

一县写五面地册板簿，自己处及皇城、三司、转运司、中书等当分别予之。②

由上法典规定可知，各监军司、县所属"局分处"应为其文书档案的具体保管机构。20世纪初期，黑水城出土了数量十分丰富的西夏文书档案，这些档案很有可能是集中保存于黑水镇燕监军司的局分处。由此来看，各地监军司局分处是保存保管这一地区所有档案的重要机构。从西夏法典的规定和黑水城所出各种类型档案来看，地方局分处所保管的档案范围涉及地方军政的各方面内容：诸司告状文书、求官文书、皇帝颁下的恩诏、各类库房物资账簿、土地册、军籍等。③

三 散存于西夏官吏及私人处的档案

西夏除了上述中央和地方官府所设的档案管理机构保管档案外，还有少量的档案散存在官吏及私人处。《天盛律令》规定：

诸人及门下人等相恨，盗窃官敕、上谕、印、旗、金鼓等时，已亡失、未亡失一律徒一年。其中与盗印、旗、金鼓等物量盗法比较，依其重者判断。又盗大小臣僚所有之诏书，则徒三年。④

由上可以得出，西夏皇帝颁赐给大小官吏的恩诏等档案，基本上是由各官吏保管，这不仅是一份文书档案，更重要的是官吏的一种荣耀和凭证，有很强的备查和利用价值。这也属于西夏档案的一部分，受到法律的保护。

此外，还有如谱牒档案、书信档案、丧葬档案等，也散存于私人处或埋藏于

---

① 史金波、聂鸿音、白滨译注：《天盛改旧新定律令》卷9，法律出版社2000年版，第513页。
② 同上书，第515页。
③ 赵彦龙：《再论西夏档案管理机构与官吏》，《黑水城文献与西夏学学术会议论坛论文集》，2014年，第325页。
④ 史金波、聂鸿音、白滨译注：《天盛改旧新定律令》卷3，法律出版社2000年版，第167页。

地表之下。如俄 ИНВ. No. 775 汉文《光定七年（1217）祭文》、①西夏文《水陆法会祭文》、②汉文《西夏乾祐十六年冥契》和《西夏乾祐廿三年冥契》③等，这些档案都埋藏在地下，后来才发掘而得。这部分档案的数量也应该不少，同样是西夏档案的重要组成部分，其价值不菲。

第二节　西夏中央和地方档案官吏

通过文书档案学界对中国古代文书档案相关内容的研究可知，中国古代国家机构中，文书工作和档案工作机构一般应是合而为一的，即文书机构一般同时是档案保管机构，也就是说文书机构同样兼有档案的收集、保管等工作。不仅如此，这些机构中还设有专兼职的档案管理官吏，负责文书的起草、传递、督促执行和档案的收集、保管等工作。考察西夏档案官吏的设置情况，不仅有助于了解西夏档案工作的发展状况，而且更有助于当今档案管理工作借鉴和学习。

一　西夏中央档案官吏

西夏中央档案机构中兼管或专管档案的官吏主要有中书舍人、内管官、勾管人、偏问和储典册勾管者等。

（一）中书舍人

中书舍人，也可称中书内人、中书局分等。中书舍人是西晋中书省始设的文书官吏，与中书侍郎、通事令史等文书官吏协助中书省长官处理事务，并具体负责奏章的收授、拆阅、登记、呈送以及皇帝诏令的草拟、宣布、分发、保管等事务。后历朝沿袭此职，直至清代，虽名称各异，但职掌大致如西晋。西夏的职官设置也沿袭前朝，但有自己的特点和创新，其职官分设上、次、中、下、末、司

---

① 史金波、魏同贤、[俄]克恰诺夫主编：《俄藏黑水城文献》第 6 册，上海古籍出版社 2000 年版，第 303 页。

② 孙寿岭：《西夏文水陆法会祭祀文考析》，杜建录主编《西夏学》第 1 辑，宁夏人民出版社 2006 年版，第 89 页。

③ 于光建、徐玉萍：《武威西夏墓出土冥契研究》，《西夏研究》2010 年第 3 期。

等中以外六等司职官体系,上等司只设中书省和枢密院,成为西夏中央最高的行政和军事机构,负责西夏的军政事务。中书舍人是西夏中书省的重要文书档案官吏,具体负责文书事务并兼理中书省的部分档案工作。该职官从元昊继位时就已设置,从汉文史籍对元昊继位时所设官制可以看出中书省的官吏有"侍郎、散骑常侍、谏议大夫、舍人、司谏等官"。① 又记载:夏人庆四年(1147)"冬十月,赐李崇德中书舍人。崇德,宗室士。仁孝爱其才,特赐之"。②《金史》也有类似记载:夏天盛二年(1150)三月"庚寅,以翰林学士、中散大夫刘长言,少府杂辣公济,中书舍人李崇德贺登宝位"。③ 此后,西夏各朝沿袭这一官制直到灭亡。西夏各朝虽沿袭中书舍人官制,但该官制在不同史料中名称并不一致,除了称中书舍人外,还称中书内人或中书局分。西夏综合性法典《天盛律令》卷九、卷二十等不同卷次中也有相应该职官兼理档案工作的记载:

> 京师诸司现拘囚,每十日一番,中书内人、阁门检视中,当使依前述法提举。④

> 边中诸司都巡检等处现拘囚中,有以枉法、稽缓、受贿、徇情而遣放之等,所属刺史人当每十日一番审视推察之,当登记于板簿上。如其有枉法等,则属司应再予之期限则予之期限,一个月一番报于经略,不隶属经略者则当报中书,中书局分当行板簿。……⑤

> 大小臣僚由官家予之诏书敕券者,若有他人持取亡失时,须推寻检视。此后予之诏书敕券时,中书内人当兴板簿而置言状,当注册,有已亡失,亦当对其察奏,依所出谕文实行。⑥

由上汉文史籍的记载和西夏综合性法典的规定可知,中书舍人(中书内人、中书局分)是中书省内重要的文书官吏,具体负责皇帝诏令的草拟、宣布、分发

---

① (清)吴广成撰,龚世俊等校证:《西夏书事校证》卷11,甘肃文化出版社1995年版,第133页。
② 同上书,第417页。
③ 《金史》卷60,中华书局1975年版,第1405页。
④ 史金波、聂鸿音、白滨译注:《天盛改旧新定律令》卷9,法律出版社2000年版,第337页。
⑤ 同上书,第336页。
⑥ 同上书,第603页。

以及奏章的收授、拆阅、登记、呈送等，同时兼管中书省的部分档案事务，只是因记载西夏官制的史籍不同而名称各异而已，其职能都是主管文书和兼管档案的官吏。从相关史籍和法典看不出中书舍人员额的多少，但可从其他机构中相关官吏的设置情况推测，中书舍人可因工作任务的多少而选派。

（二）内管官

内管官，或称内管，是中央次等司宣徽院、中等司大恒历等司内掌管文书和档案的官吏。西夏《天盛律令》卷十《官军敕门》规定：

> 依法求官者，当报边中一种所属监军司，经经略使处，依次变转，与不属经略之京师界等一起依文武分别报告中书、枢密。局分处于升册上当推寻，前所得中除外，则所属案中官名人名当寄，并增著于板簿上，当奏告以明时，当行宣徽，给内管。宣徽中人当增著典册，内管当结中头上"坎图"者，一半内管及一半升册上当著以外，末尾上全"坎图"当放置□，内管者牌、铁箭、局分前官人当给，并奏□，当置印。宣徽局分当取，导送大恒历院，□言当结说。大恒历司人当行升册，计量职级、本功，官当□。"未及御印"官者，其处墨印、官板当置。内管官当总合，牌、铁箭当还内侍。[①]

从上法律规定可知，宣徽院、大恒历司内的"依法求官"等档案都要经具体管理档案的官吏——内管官进行总汇而保管。

（三）勾管人

勾管人，或称勾管，应为西夏各司所设的文书档案监督官吏，负责文书档案处理之有无失错和稽程之事。也可以说，文书档案是否办错或迟误，则由各司所设勾管人进行检查并记载。关于勾管人或勾管，《天盛律令》卷十《官军敕门》有详细而具体的规定：

> 前述内管当依法印中当入取。有"未及御印"官者，当著印手记，则

---

① 史金波、聂鸿音、白滨译注：《天盛改旧新定律令》卷10，法律出版社2000年版，第356页。

官寄名人当掌,当还内管大恒历司,当□分别升册、板簿上已毕后,若勾管人无理使官过时,徒三年。曾有住滞说未有住滞,使得官之推寻,节何□往,依前一一罪状明,依法判断。若是应得官,虽有判凭,然官过不著升册时,有官罚马一,庶人十三杖,内管未竟,赐管阶时,徒二年。受贿则与枉法贪赃罪比,从其重者判断。①

由上法典可知,"勾管人"应对已经形成的档案进行严格而认真的检查审核,不审核检查者则要徒三年,而且导致文书迟误或错判等时都要依法处不同徒刑。《俄藏》第十四册收录有俄 ИНВ. No. 7553—2《迁溜勾管人名单》、俄 ИНВ. No. 7893—18~20《迁溜勾管人员名单》、俄 ИНВ. No. 7922《迁溜勾管人名单》等档案,这些迁溜档案都是经过"勾管"进行复核检查而保存起来的。勾管人或勾管一官,中央各司以及地方最基层军事机构"迁溜"都有设置。由此可看出,"勾管人"或"勾管"在西夏已成为一种完整的文书档案监督检查体系。

西夏设置的"勾管人"或"勾管"这一官职似仿唐代文书档案的勾检制度而设。唐代文书档案监督检查官吏的设置,在《唐六典》《旧唐书》《新唐书》等中都有记载,《唐六典·尚书都省》载:"凡文案既成,勾司行朱讫,皆书其上端,记年月日,纳诸库。"② 其"勾司"职责是:"检者,谓发辰检稽失,诸司录事之类。勾者,署名勾讫,录事参军之类。"③ 可见,"勾司"的具体任务就是"发辰检稽失"和"署名勾讫"。这与西夏所设"勾管人"或"勾管"的职责基本一致:"若勾管人无理使官过时,徒三年。曾有住滞说未有住滞,使得官之推寻,节何□往,依前一一罪状明,依法判断。若是应得官,虽有判凭,然官过不著升册时,有官罚马一,庶人十三杖,内管未竟,赐管阶时,徒二年。受贿则与枉法贪赃罪比,从其重者判断。"④ 从而得出"勾管人"或"勾管"是西夏文书档案管理过程中最为直接和具体的监督检查官吏。

---

① 史金波、聂鸿音、白滨译注:《天盛改旧新定律令》卷10,法律出版社2000年版,第357页。
② (唐)李林甫等撰,陈仲夫点校:《唐六典》卷1,中华书局1992年版,第11页。
③ (唐)长孙无忌等撰,刘俊文点校:《唐律疏议》卷5,法律出版社1999年版,第123页。
④ 史金波、聂鸿音、白滨译注:《天盛改旧新定律令》卷10,法律出版社2000年版,第357页。

（四）偏问、储典册勾管者

"偏问""储典册勾管者"也应执掌西夏中央的部分文书档案事务，协助有关官员核查档案保管过程中是否存在失误或稽缓等。《天盛律令》卷二十《罪则不同门》对"偏问""储典册勾管者"有具体和详细规定：

> 诸人因冒犯王位、失孝德礼、其他系于朝廷而逃等，偏问处已问，命已赦，黑水等诸处已遣送，为苦役无期，及犯罪人之同门节亲子弟等已连坐，地方已转，于边中守城□牧农主等中注册记名者，偏问、储典册勾管者当令明之，当行板簿而入册。若殿前司引送一册，殿前司人亦所敛行板簿一卷到来，其板簿上送为录册，注册处明而行之，当注册为正职、为典库□位之人中间当送殿前司磨勘。若违律应注册而不注册时，当依未录册上、不注册之人数比一一罪状之举赏加一等判断。①

由上法律规定得知，"偏问""储典册勾管者"的确应为西夏中央保管"诸人因冒犯王位、失孝德礼、其他系于朝廷而逃"等档案的官吏。②

此外，西夏中后期从中央到地方各官府中普遍设置的"都案""案头""司吏"等"典文书"之官吏，同时兼有档案管理的职责。关于其职责、派遣要求、员额等，《西夏公文写作研究》一书中有详细而深入的论述，可参见。③

二 西夏地方司署衙门档案官吏

西夏文书档案官吏如"都案""案头""司吏"等，从中央到地方都普遍设置，只是因其级别不同责任各异而已。这三个文书档案官吏在《西夏公文写作研究》④及相关论文中已作研究，此不赘述。这里主要谈谈西夏地方官府中的另外两个档案官吏——主簿、局分人。

---

① 史金波、聂鸿音、白滨译注：《天盛改旧新定律令》卷 20，法律出版社 2000 年版，第 610—611 页。
② 赵彦龙：《再论西夏档案管理机构与官吏》，《黑水城文献与西夏学学术会议坛论文集》，中国银川 2014 年，第 325—327 页。
③ 赵彦龙：《西夏公文写作研究》，宁夏人民出版社 2012 年版，第 100—105 页。
④ 同上。

（一）主簿

主簿是西夏地方监军司及州县官府中设置的管理文书和档案的官吏。

主簿一职古已有之，并不是西夏所独创。史籍最早的记载是汉代。当时的主簿由县令委派，魏晋因之，"盖古者官府皆有主簿一官，上自三公及御史府，下至九寺五监以至州郡县皆有之"。① 隋唐以后，主簿是部分中央官署与地方官府的事务官。隋唐三省六部不设主簿，唯御史台、诸寺有之。隋代始由中央任命。唐代诸州以录事参军取代主簿，县设主簿，赤县设二人，余县设一人。高祖武德时以流外官充任，无品级。高宗时始为品官，并由吏部选任。宋代主簿的置罢有其特殊的规定。太祖开宝三年，诏诸县千户以上置令、簿、尉；四百户以上置令、尉，县令兼主簿事；四百户以下置簿、尉，主簿兼知县事。至真宗咸平四年，王钦若奏请于川陕五千户以上之县置主簿，其余仍以县尉兼之。其后又于江南诸县增置。宋室南渡以后，御史台也不设主簿，但诸县皆置主簿来管理文书档案，"契丹归明人进士梁济世为应天府楚邱县主簿。济世本涿州人，尝主文书敌帐下，一日得罪来归，且言将有割地之请"。② 辽、金各县皆置主簿，其职掌与县丞同。元因金置，也置主簿。明代，每县置主簿一人，与县丞分掌粮马、巡捕之事。清因之。西夏沿袭中原主簿一职，主要在地方各监军司及郡县设主簿一职，主管西夏各监军司及郡县文书档案，其下还设具体从事档案管理工作的案头、司吏若干。

主簿的职掌就是主管文书档案，是地方监军司和州县官府中最后登录档案的审核者和责任者，这已在黑水城出土文书档案中体现得非常清楚。黑水城出土的军籍文书中屡屡出现纳簿增籍、登录军籍的主管官吏主簿，如俄 ИНВ. No. 4196 西夏文《应天丙寅元年（1206）军抄人马装备账》，该文书最后签署处："……应天丙寅元年六月 吉祥有，黑水属主簿命屈犬疤奴，黑水属主簿命屈心喜奴"，③ 英0222 和英0222V《军籍文书》，该文书最后签署处："……天庆庚申七年六月 慧小狗、黑水属主簿……"英1813 和3521 西夏文《军籍文书》的签署

---

① （元）马端临：《文献通考》卷63，中华书局1986年版，第574页。
② （宋）李焘：《续资治通鉴长编》卷150，中华书局2004年版，第3635页。
③ 史金波、魏同贤、[俄]克恰诺夫主编：《俄藏黑水城文献》第13册，上海古籍出版社2007年版，第195—196页；史金波：《西夏文军籍文书考略》，《中国史研究》2012年第4期。

第七章 西夏档案机构和官吏

处:"……天庆乙丑十二年六月,拉灌黑、黑水属主簿命屈犬疤奴、九日(大字)(画押)。"①史金波通过研究后认为:"最后是文书登记专职人员主簿的签名,主簿是登录军籍的执笔者。有时主簿签署是一人,有时是两人。一般前面写'黑水属主簿'5字,后面写主簿的姓名。""俄藏黑水城文献的军籍文书中,凡记有主簿的多是命屈心喜奴、命屈犬疤奴二人(或其中1人)。看来此英藏军籍也是属于主簿命屈犬疤奴的登录范围。"②还有俄 ИНВ. No. 8371《军籍文书》的主簿仍为"黑水属主簿命屈心喜奴和黑水属主簿命屈犬疤奴。已见的军籍文书档案主簿以命屈心喜奴、命屈犬疤奴两人名字为最多,命屈是党项族姓氏"。"主簿是'纳簿增籍'、登录军籍的执笔者。"③其他的还有俄 ИНВ. No. 4197《天庆庚申七年军籍》、俄 ИНВ. No. 5944—1《天庆乙丑十二年军籍》等的主簿也是命屈心喜奴和命屈犬疤奴二人。可见,主簿在西夏地方监军司中普遍存在,说明主簿不仅是西夏地方官府中的文书档案官吏,更是军事机构中的专职文书档案官吏。

主簿是西夏地方监军司和州县官府中的文书档案官吏,西夏法典也有规定。《天盛律令》卷六《纳军籍磨勘门》记载:

> 司吏纳籍日临近时,应先备籍册,经军首领口用印。假若主簿大人不造册,不用印,首领亦未主簿备印,及不驱遣,日期内籍册不至时,其军首领、主簿、司吏等一律一日至五日内勿治罪,迟六日至盈月则有官罚马一,庶人十三杖,迟逾月一律徒二年……

> 国中纳军籍磨勘者,应自纳簿增籍日起,畿内四十日,地中五十日,边地两个月以内皆当磨勘完毕。若主簿、司吏纳簿磨勘未毕,弃职出走时,与主簿、司吏迟至逾月不归同罪。若主簿在而军案局分处等懈怠,不依日限磨勘毕,则军案头监罚马一,都案、案头、司吏依误公文法判断。④

---

① 史金波:《英国国家图书馆藏西夏文军籍文书考释》,《文献》2013年第3期。
② 同上。
③ 史金波:《西夏文军籍文书考略》,《中国史研究》2012年第4期。
④ 史金波、聂鸿音、白滨译注:《天盛改旧新定律令》卷6,法律出版社2000年版,第256—257页。

同上可知，主簿的确是保管档案、纳簿增籍等的文书档案官吏。

西夏法典还对主簿的选拔和派遣提出了具体要求：

> 各部主簿者应将实在主簿、司吏依类分遣各地，各种类勿相杂混，不允使不称职者任主簿。若违律时，各种类混淆派遣主簿，及命不称职者任主簿时，则派遣者及贪安乐任主簿者一律徒一年。受贿则与枉法贪赃罪比较，依其重者判断。①

此外，法典还对各不同职司派遣主簿的员额也进行了明确的规定：

> 国中各种部类主簿派遣法：一百抄以内遣一人，一百抄以上一律当遣二人。②

由上法典可知，西夏地方各监军司和州县官府管辖的人口不论有多少，主簿的派遣最多是二人，最少一人。这一法律规定也得到了黑水城出土军籍文书档案的印证，如俄 ИНВ. No. 4196 西夏文《应天丙寅元年（1206）军抄人马装备档案》、俄 ИНВ. No. 4197 西夏文《天庆庚申七年（1200）军抄人马装备账》、俄 ИНВ. No. 8371 西夏文《天庆戊午五年 军抄人马装备账》等军籍档案中纳簿增籍的主簿均为二人，即"命屈心喜奴"和"命屈犬疤奴"。③ 其余则为一人，即或为"命屈犬疤奴"，或为"命屈心喜奴"。④ 由此看来，西夏主簿的派遣严格按照法典的规定而执行。

综上，西夏主簿之职责就是主管文书档案的登录、保管并审核，大致相当于现代的秘书科长或办公室主任一职。⑤

（二）局分人

局分人，或称执局分人、局分、都库局分，应为西夏中央有关司署和地方监

---

① 史金波、聂鸿音、白滨译注：《天盛改旧新定律令》卷6，法律出版社2000年版，第257页。
② 同上。
③ 史金波：《西夏文军籍文书考略》，《中国史研究》2012年第4期。
④ 史金波：《英国国家图书馆藏西夏文军籍文书考释》，《文献》2013年第3期。
⑤ 赵彦龙：《再论西夏档案管理机构与官吏》，《黑水城文献与西夏学学术会议论坛论文集》，中国银川2014年，第328—329页。

军司、府、州、郡县内主管仓库财物账册档案的官吏。其职掌如下。

首先是有关抄分合除籍的档案，应由有关中央各司署的局分人管理，并按照规定向殿前司每三月报送一次，否则要治罪：

> 群牧司、农田司、功德司等三司所有属下人、马所有当注销者，当经由所属司，每隔三月报送殿前司一次，其中不按时报送延误者，其大小局分人等有住滞，则依迟误文书罪判断。①

其次是档案可以委托保管，但若委托保管导致档案亡失者，要治被委托者罪：

> 本局分已遣出不在，其状典已委托相共事者，尔后亡之者，原局分罪勿治，相共事失之者依法判断。②

此外，西夏有关各司署的牲畜、仓库账簿也要由执局分人向磨勘司引送移交，磨勘司根据文武次第转送于中书、枢密而注册保藏。磨勘司设有保管仓库账簿的都库局分处，由都库局分总汇保管账簿档案：

> ……管何畜、谷物等，当告经略使人转□。不隶属经略之边中、京师、五州地等各司□，自己本司人各自帐册有所告纳聚集，与文书接校之，磨勘司当引告纳，一面同日告知中书、枢密所管事处。告纳处各司及来告知处当分别为板簿，注册而藏之。都库局分三年毕迁转，来磨勘时，当入抵校磨勘中。……
>
> 京师界内执局分人三个月、诸转卖库六个月、种种匠一年期间一番当告纳本处帐册。
>
> 地中执局分人各自六个月一番当告纳帐册。
>
> 地边执局分人各自一年一番当告纳帐册。
>
> ……

---

① 史金波、聂鸿音、白滨译注：《天盛改旧新定律令》卷6，法律出版社2000年版，第263页。
② 同上书，第420页。

西夏档案及其管理制度研究

诸种种执局分人于所定长短期限内当告纳典册，各自收入、支出凭据等，皆当注于册上，不许缺留。①

从上法律规定来看，局分人或执局分人、都库局分等应是西夏各官府保管仓库财务账册档案的官吏。

综上所述，西夏从中央到地方都设置有性质相同、职掌相似、名称不一、级别各异、专兼相配的档案管理官吏，可谓档案管理官吏体系健全和完备，从而保证了西夏档案保管的完整与安全，为后人留下了丰富而宝贵的文化遗产。②

---

① 史金波、聂鸿音、白滨译注：《天盛改旧新定律令》卷17，法律出版社2000年版，第524—528页。
② 赵彦龙：《再论西夏档案管理机构与官吏》，《黑水城文献与西夏学学术会议论坛论文集》，中国银川2014年，第320—332页。

第八章　西夏档案管理制度

西夏王朝档案领域还未出现"档案"或"档案工作"等确切的概念，但档案和档案工作制度的存在是客观现实。西夏文综合性法典《天盛律令》有相关的规定，西夏故地的考古发掘也证实了这一事实。

西夏有系统的官府文书档案收集、建立、管理、传导、利用等的一系列制度和专门档案管理的规定，这一切保证了西夏珍贵文书档案被大量留存下来，并成为中国古代重要的精神文化财富组成之一，更成为以后历朝借鉴和利用官府档案的珍贵宝库。

西夏综合性法典《天盛律令》各卷中都有比较具体而细致的文书立卷、保管以及专门档案管理的一些法规。如《天盛律令》卷九《事过问典迟门》中集中地记载了官府文书建立、管理、传导的规定。[1] 从汉文西夏史籍中也能找到西夏中央司署衙门保管档案的记载[2]和地方官府文书档案管理的相关信息。[3]

通过以上法律典籍的规定以及汉文西夏史籍的记载，充分说明西夏有系统的档案工作制度，这才保证了西夏档案得以留传下来。不论这些档案流失到宋朝还是蒙古，只要能最后保存下来留传给后代，就是功不可没的大好事、大善事。

下面对西夏档案工作制度主要部分进行一些探讨。

---

[1] 史金波、聂鸿音、白滨译注：《天盛改旧新定律令》卷9，法律出版社2000年版，第318—320页。
[2] （清）吴广成撰，龚世俊等校证：《西夏书事校证》卷42，甘肃文化出版社1995年版，第500页。
[3] （宋）李焘：《续资治通鉴长编》卷490，中华书局2004年版，第11623—11624页。

第一节　西夏文书档案立卷归档制度

西夏王朝时期，文书档案领域还未出现"立卷"或"归档"等一系列与档案相关的概念，但文书档案立卷归档制度的存在也仍然是客观现实。

《天盛律令》卷十七《库局分转派门》规定了档案收集立卷程序："管何畜、谷物等，当告经略使人转□。不隶属经略之边中、京师、五州地等各司□，自己本司人各自帐册有所告纳聚集，与文书接校之，磨勘司当引送告纳，一面同日告知中书、枢密所管事处。告纳处各司及来告知处当分别为板簿，注册而藏之。"同时规定："京师管辖官物各司、边中监军司、府、军、郡、县、经略使等，一律以本处所属库局分迁转"，且磨勘完毕后"种种簿籍当好好藏之。纸当依时总计成卷，印、手记全备，藏者当明之，依边等法为板簿登录"。①

《天盛律令》卷十五《纳领谷派遣计量小监门》规定："边中、畿内租户家主种地纳租法：年年死亡、外逃、地头无人、依次相卖，所改变之情须有，虚杂不入，典册清洁，三年一番，司干及中书郡县等处所置新册当卷之使牢。"②

黑水城遗址中出土了很多西夏档案，"1909年6月科兹洛夫又率领考察队进入黑水城遗址，奇迹终于出现了。考察队员打开了西城外的一座佛塔，塔内从上部到基座摞满了大量的文物、文献，他们似乎找到了一座古代的博物馆和图书馆"。③ 可见西夏文书档案立卷归档的价值。

本节内容结合西夏故地黑水城、武威等地出土的西夏档案、《天盛律令》和其他汉文史籍的记载，对西夏文书档案立卷制度作管窥。

---

① 史金波、聂鸿音、白滨译注：《天盛改旧新定律令》卷17，法律出版社2000年版，第524—533页。
② 同上书，第515页。
③ 史金波：《流失海外的西夏文明》，《寻根》2003年第5期。

一 西夏文书档案立卷制度

（一）西夏文书档案立卷制度的含义

按照现代文书档案管理的原则，文书立卷是将办理完毕并具有参考保存价值的文字资料，依其在形成过程中的联系和规律组合成为最基本的保管单位——案卷的过程，其立卷类属和方法大体上有作者、内容、地区、通信者等。本书研究借用现代文书档案管理的原则和方法，也沿用"文书档案立卷"这一专业术语。因此，西夏文书档案立卷就是将办理完毕并具有保存备查价值的文书按照一定联系和规律组合成一种类属，文书档案立卷制度就是保证这种立卷活动规范进行和科学有序组卷的规定。

（二）西夏文书档案立卷的类属

西夏文书档案立卷是按照一定的原则和要求编制类属的，这与唐宋文书立卷有相似之处，但西夏的文书档案立卷并非照搬唐宋之制。

从目前所见文书档案来看，西夏文书档案立卷类属，主要有三个方面：按照官府名称分类立卷、按照文书档案所涉及的问题分类立卷、按照官府名称—问题混合分类立卷。

1. 按官府名称分类立卷

从西夏文书档案管理的实际和《天盛律令》的有关法律条款可知，西夏文书档案立卷的主要类别是官府名称立卷法。这种立卷类属是文书档案官吏最乐意也最便于操作的。因为不管文书档案涉及何内容，其官吏只简单地以收文或发文的官府机构作为分类的标准，在某类文书档案之前冠以某官府的名称就大功告成，实际上西夏的确是从中央到地方官府的档案大部分是以此而冠名保管。从地方官府说，西夏采取的是以监军司为基本立卷单位。史载，西夏疆域是"东尽黄河，西界玉门，南接萧关，北控大漠，地方万余里"。[1] 为了便于管理地方军政事务和文书档案工作，元昊对其进行了一番改革，"元昊地广兵众，因分左右厢，立十二监军司"，[2] 将西夏疆域分为十二个军事（兼行政）区划，设立十二个监

---

[1] （清）吴广成撰，龚世俊等校证：《西夏书事校证》卷12，甘肃文化出版社1995年版，第145页。
[2] 同上书，第142页。

军司统领其地。于是，西夏文书档案立卷就以监军司名称作为类别进行划分，即左厢神勇……白马强镇、黑山威福类。如西夏每年都要对各监军司所统领官员的政绩进行一次考核，考核时"按所属次第由监军司人自己地方交纳籍者，年年依时日缚系自□□□"，① 这无疑说明，西夏考核地方官员是以监军司为单位进行，这样就自然而然形成各个不同的类别，成为理所当然的立卷类属——官府名称分类立卷。从西夏中央各司署衙门来说，一般以所属司署衙门为基本立卷单位。西夏的监军司及中央官署虽然在建国前后的名称及数量都有所变动，但官府名称立卷的类属并没有随着监军司及中央官署的变动而改变。这种立卷类属问题在西夏中后期的法典中也有描述，如"人、马、坚甲、正军、辅主并新生等所有当注册注销者，均应依殿前司诸案职管顺序通过。已注销数应记入案簿册，与军籍册校核，已注销未注销均应标明"。如此形成的文书档案要求每三个月必须送交殿前司审核，若迟误则要承罪，"群牧司、农田司、功德司等三司所有属下人、马所有当注销者，当经由所属司，每隔三月报送殿前司一次，其中不按时报送延误者，其大小局分人等有住滞则依迟误文书罪判断"。② 经过以上程序形成的档案当冠以"殿前司档案"，则成为官府名称分类立卷的典型。

2. 问题（内容）分类立卷

这是按文书档案所涉及的不同问题或内容而设置的一种立卷类属，也是西夏文书档案立卷较常使用的一种方法。《天盛律令》规定："人、马、坚甲、正军、辅主并新生等所有当注册注销者，均应依殿前司诸案职管顺序通过。"③ 这里的"诸案"应为"人、马、坚甲、正军、辅主及新生"等六个问题或六项内容逐一进行登记和统计，并上报中央所属的殿前司，这即为标准的问题分类立卷或保存档案的规定。事实上，西夏司法文书档案就是按照案件的性质或内容（问题）进行整理立卷，按照西夏《天盛律令》的规定，可以形成诸如密案、搜交案、磨勘案、军案、官案、家案、大庐令案、□案、刑案、谍案等十多种文书档案案卷，并对每一类案卷的内容进行了具体界定："密案：地边消息。……刑案：敌

---

① 史金波、聂鸿音、白滨译注：《天盛改旧新定律令》卷6，法律出版社2000年版，第255页。
② 同上书，第263页。
③ 同上书，第263页。

界往来、诸司判断、地人入□□敌界敕禁畜物卖过……地边地中派遣劳役、地人畜……女使、遣监狱小监、溜首领派散饮食食物。谍案：汉、契丹、西番、西州、大食等中使……写转传谍诏……"① 这种立卷类属几乎与宋朝一致。南宋赵汝愚汇编《宋朝诸臣奏议》就是典型的按照内容性质来分类编纂，即君道门、帝系门、天道门、百官门、儒学门、礼乐门、刑赏门、财赋门、兵门、方域门、边防门、总议门等十二门。因此，邓广铭在校点整理《宋朝诸臣奏议》时撰写的弁言中就明确说道：赵汝愚"以事而分可以参考古今，尽其事之沿革利弊，为经世者计也，平心而论，汝愚所见者大矣"。② 可见问题立卷的可行性和实用性。

3. 按官府名称—问题混合立卷

这是一种将第一和第二种类属结合在一起进行的立卷属，可谓最常见、也最为实用的立卷方法。从古代到现代的档案立卷事实中，只采取某一种立卷方法进行组卷的情况比较少。为了提高文书档案立卷案卷的质量，文书档案机构采取官府名称—问题混合立卷法则更加科学合理，且也便于利用。或先以官府名称立卷，然后在其下又根据不同的内容或问题进行组卷，如《天盛律令·季校门》规定的武器装备及人马季校就是先以经略司所属衙署及不隶属经略者即中央各司署为基本单位，然后按照人、马、坚甲、杂物、武器等问题或内容为具体项目进行季校，所形成的文书档案当送殿前司统一保管。③ 西夏故地黑水城出土的西夏档案也证明了官府名称—问题混合立卷的事实。如英0222、0222V《军籍文书》汉译文："黑水属军首领嵬移慧小狗，正军……天庆庚申七年六月　慧小狗　黑水属主簿……"史金波考证说："这类黑水城出土的军籍文书开头是'黑水属'三字。'黑水'应是黑水监军司的略称。'黑水属'明确此军溜是黑水城监军司属下的军溜，同时明确了文书形成的地点。"④ 这就是以"黑水监军司"为官府名称而下又以"人马坚甲"等武器装备的登记和统计为问题（内容）进行文书

---

① 史金波、聂鸿音、白滨译注：《天盛改旧新定律令》卷9，法律出版社2000年版，第318—320页。
② （宋）赵汝愚编：《宋朝诸臣奏议》弁言，上海古籍出版社1999年版，第5页。
③ 史金波、聂鸿音、白滨译注：《天盛改旧新定律令》卷5，法律出版社2000年版，第230—241页。
④ 史金波：《英国国家图书馆藏西夏文军籍文书考释》，《文献》2013年第3期。

档案的立卷法。此外，还有如英 1813、3521、3865 的《军籍文书》[①] 都是如此。还有如俄 ИНВ. No. 4196、4197、8371《军籍文书》[②] 和英 0222、0222V《军籍文书》一样，可见都属于官府名称—问题混合立卷而保管的档案。这种官府名称—问题混合立卷的方法其目的是方便于保管档案，更方便于查找和利用。

综上而看，我们以为西夏文书档案立卷的类属最为常用的则是官府名称—问题混合立卷，这种方法更实用也便于操作。

（三）西夏文书档案立卷的措施

古往今来，文书档案的立卷是数量庞大、程序复杂且又相当细致的工作，因此，要求文书档案官吏要有吃苦耐劳的精神，认真负责地做好档案的立卷工作。

1. 办理完毕当立卷

文书办理完毕当立卷是任何国家、任何朝代的一个共性要求，也是西夏文书档案立卷的前提条件。当然，立卷的文书档案必须具有保存备查价值，否则不予立卷。对此，西夏法典也有明确规定：所有文书"若推问已毕，典已置库中而盗隐损之者，徒三年，失之则徒二年"。同时规定："若恩诏已至所属司内，依恩施行已毕，藏置局分人处，有名亡失时，徒一年。"[③] 这里的"若推问已毕"或"施行已毕"的提法，证明西夏文书已完全办理完毕，也就是说西夏和其他中原王朝一样，若要立卷必须是办理完毕的文书。法典中还提到了"典已置库中""藏置局分人处"等，这里的"库中""局分人处"等，应为西夏保管文书档案的"档案库"。西夏故地出土的档案的相关签署、画押则印证了西夏文书档案办理完毕立卷的事实。如俄 ИНВ. No. 4196 西夏文《应天丙寅元年军抄人马装备账》正面内容记载完毕之后，在该档案的背面有 4 行签署和画押的文字："检毕（大字）（画押）；都案（画押）；案头□□□□（画押）；□□者□显令□（画押）。"[④] 这种有"检毕"字样和签署与画押条款者证明为办理完毕并立卷

[①] 史金波：《英国国家图书馆藏西夏文军籍文书考释》，《文献》2013 年第 3 期。
[②] 史金波：《西夏文军籍文书考略——以俄藏黑水城出土军籍文书为例》，《中国史研究》2012 年第 4 期。
[③] 史金波、聂鸿音、白滨译注：《天盛改旧新定律令》卷 12，法律出版社 2000 年版，第 418—420 页。
[④] 史金波：《西夏文军籍文书考略——以俄藏黑水城出土军籍文书为例》，《中国史研究》2012 年第 4 期。

归档的文书，同时说明西夏文书档案官吏对立卷归档文书档案的一种职责。史金波考证说："这类签署、画押多为4行，第一行是两特大字，第一字'搜检'，第2字音'毕、竟'，两字为'检毕'意，即检验完毕。两字下为粗笔画押。……案头是西夏政府的吏员，比都案小。后面几字应是该案头的名字。其下也有画押……"① 由此可知，西夏文书档案办理完毕后，要经过该官府的主簿、都案、案头等文书档案官吏的签署和画押方可立卷归档，否则不予立卷。可见西夏文书档案立卷归档制度之严格。

西夏还有一种特殊情况，即"诸司为种种文书，行之未毕及已毕，已藏置中，受贿盗、隐、损失等罪，依所定实行。其中盗、隐、损之中有相议，则以从犯判断"。②"行之未毕"的文书为何还要"藏置中"呢？因为，不是任何案件都能在当年办毕，也不可能当年形成全部文书。有些重要文书的时间跨度比较长，在规定时间范围内无法完全办理完毕，但为了防止文书丢失或被盗等，将已办理完毕的部分文书也要提前立卷，藏置库中。如此说来，西夏文书档案立卷的前提条件也有它的灵活性，当区别对待。③

2. 文书档案立卷的时间

前已述说，西夏历朝都对文书档案工作非常重视，史籍记载景宗元昊经常"案上置法律"，既使称帝之后也不忘"明号令，以兵法勒诸部"。④可见，西夏皇帝对档案的利用程度。既如此，西夏不仅重视文书档案的立卷归档，而且还规定了文书档案的立卷时间。

第一，年终立卷。西夏法典规定，大部分文书档案于每年年终上交已办理完毕或未办理完毕但必须上交的有关文书档案，如纳粮簿册就是典型的年终立卷。《天盛律令》规定，官府收纳租时，必须依一定时间将簿册、凭据交于磨勘司，"所属郡县局分大小人交纳种种地租多少，十一月一日

---

① 史金波：《西夏文军籍文书考略——以俄藏黑水城出土军籍文书为例》，《中国史研究》2012年第4期。
② 史金波、聂鸿音、白滨译注：《天盛改旧新定律令》卷12，法律出版社2000年版，第419页。
③ 赵彦龙：《西夏文书立卷制度再探索》，《档案》2005年第4期。
④ 《宋史》卷485，中华书局1977年版，第13993页。

于转运司不告交簿册、凭据，迟缓时罪……"文书档案送交转运司后，"转运司人将簿册、凭据种种于十一月一日至月末一个月期间引送磨勘司不毕，逾期延误时……"将文书档案引送磨勘司后，"磨勘司人腊月一日持来簿册、凭据，至腊月末一个月期间磨勘不毕而逾期时……"①西夏属于西北地区，而西北地区是典型的春种秋收，等打碾完毕也就到了年底，故西夏的纳粮簿册只能在年底收缴完粮食之后向上司引送磨勘。这属年终立卷。②

第二，年初立卷。根据实际情况，将皇帝、大臣或各官府形成的文书办结之后，按规定在年初收集并上交簿册。西夏军籍档案就是最为典型的年初立卷的实例，《天盛律令》规定："国内纳军籍法，每年畿内三月一日、中地四月一日、边境六月一日等三种日期当年年交簿"，且按所属监军司一一交纳簿册，若违律不按时交纳簿册者，迟"一至五日罪治勿，五日以上至一个月以内迟出，则监军、习判各罚马一，……迟出逾月，则监军、习判悉降一官，并罚一马"。③《天盛律令》中如此的规定俯拾即是，这样及时催促上交有关文书材料，尤其是重要文书材料，以保证文书档案的齐全完整。西夏故地黑水城出土的西夏档案也证明了西夏法典规定的"边地六月一日"当完成相关文书的办理并向所属上司上交簿册这一事实。黑水城出土的西夏军籍文书在登录完成后，在每卷文书的卷末都记有时间和相关官吏签名，"在文书末尾照例要登录时间，记当年年号、甲子、年数和月份。如上列 No. 4196 记'应天丙寅元年六月'，其他如 No. 7916 记'乾祐壬子二十三年六月'，No. 8371 记'天庆戊午五年六月'，No. 4197 记'天庆庚申七年六月'，No. 4926—4 记'应天丁卯二年六月'。凡有结尾的文书皆登录为六月，因为按《天盛律令》规定像黑水城这样的边境地

---

① 史金波、聂鸿音、白滨译注：《天盛改旧新定律令》卷 15，法律出版社 2000 年版，第 490—491 页。
② 赵彦龙：《西夏文书立卷制度管窥》，《上海档案》2000 年第 5 期。
③ 史金波、聂鸿音、白滨译注：《天盛改旧新定律令》卷 6，法律出版社 2000 年版，第 255—256 页。

区军籍登记六月一日要完成并上交簿册"。① 可见，西夏中央及地方各官府文书档案的立卷归档严格地按照法典规定时间上交簿册，也可看出西夏法律在文书档案工作中执行的规范性和严肃性。

第三，年年交簿。这一规定保证了西夏文书档案的齐全完整和质量。以军籍档案为例，《天盛律令》规定："国内纳军籍法，每年畿内三月一日、中地四月一日、边境六月一日等三种日期当年年交簿。"② 西夏故地出土的军籍档案也证实了西夏实行"年年交簿"制度。据史金波考证认为，西夏的确严格按照法典的规定执行，他说："很幸运的在上述军籍中发现了同一军溜前后两年的文书：即 No. 4196 应天丙寅元年（1206）军籍和 No. 4926—4 应天丁卯二年（1207）军籍。这两件文书同一首领，同为4抄，装备相同，人员相同，只是时间相差一年，在第二件文书中每人增加了一岁。这更加明白地证实西夏地方确实按法典规定每年一度查检、勘合、登录军籍"③ 并上交军籍。西夏其他类型的档案大部分同样实行年年交簿制度。

当然，也有并不按照法律规定年年上交军籍之事，黑水城出土部分西夏文军籍也证实了这一点。如俄 ИНВ. No. 4201《应天己巳四年军抄人马装备账》、俄 ИНВ. No. 4791《应天丙寅元年军抄人马装备账》、俄 ИНВ. No. 4926—12《应天己巳四年军抄正军辅主账》三件军籍档案就是如此，"这3件文书有一个共同的特点，即他们不是像其他军籍文书那样是从第一年至第二年中间整整是一年的时间，而是中间相隔两年或三年。No. 4791 记为'天庆癸亥十年六月一日始，至应天丙寅元年五月底'，中间隔天庆甲子十一年、天庆乙丑十二年和应天丙寅元年，共三年时间。而 No. 4201 和 No. 4926—12 两件总述中记载时间为'应天丁卯二年六月一日始，至应天己巳四年五月底'，中间隔应天戊辰三年、应天己巳四年，共

---

① 史金波：《西夏文军籍文书考略——以俄藏黑水城出土军籍文书为例》，《中国史研究》2012年第4期。

② 史金波、聂鸿音、白滨译注：《天盛改旧新定律令》卷6，法律出版社2000年版，第255页。

③ 史金波：《西夏文军籍文书考略——以俄藏黑水城出土军籍文书为例》，《中国史研究》2012年第4期。

两年时间"。① 这就是说西夏的部分军籍文书档案并没有按照法典规定执行"年年交簿"的事实。可见，西夏文书档案在立卷上报时还存在着很多漏洞或不尽如人意的现象。

除此之外，西夏对一些特殊的档案则实行每年登录但三年一交簿制度，如土地账册就是年年登录但三年一交簿册。法典规定："边中、畿内租户家主种地纳租法：年年死亡、外逃、地头无人、依次相卖，所改变之情须有，虚杂不入，典册清洁，三年一番，司干及中书郡县等处所置新册当卷之使牢。"② 可见，西夏文书档案立卷之制并不是一成不变，而是根据情况灵活执行。

3. 档案必须注册或板簿登录

这是对立卷归档档案数量的统计，也是一种很严肃的责任意识。西夏对需要立卷保存的档案按照"依时节"或"依季节"形成的顺序或文书的内容等统一编写文书档案目录，而且不仅要"分别为板簿，注册而藏之"，③ 同时要"藏者当明之，依边等法为板簿登录"，④ 这样立卷保存的文书档案则有规律可循，方便了文书档案的保管、查找和利用。

4. 文书档案要签署及手记印之

西夏文书撰拟完成时都要由相关官吏签署时间和"手记"，以示负责。西夏法典对上次中下末等司形成文书时需要签署时间和手记都有规定。首先是对上等司相互行文的签署和手记规定："上等中书、枢密自相传牒，语尾依牒前同至请等当有，官下当手记，而后各司上当置，在末尾当说，并记上日期。"其次是对介于上等司和次等司之间的经略司行文的签署和手记规定："经略使司者，当报上等司中。经略自相传导而后曰请，官下手记，然而当置诸司上，末尾当过，日下手记。"最后是次中下末等司行文的签署和手记规定："次中下末等当报司等大于己处，同品传导而后有

---

① 同上。
② 史金波、聂鸿音、白滨译注：《天盛改旧新定律令》卷15，法律出版社2000年版，第515页。
③ 同上书，第524页。
④ 同上书，第533页。

请者，官下手记，当于低一等处置，后当有卜送。自二等以下者，后有卜字，官字下手记。其中上谕者，无论司高低当置。同品及大小司处行者，官下手记。"① 文书办理完毕而转化为历史效用后要归档，对立卷归档的文书仍须档案官吏再一次"手记"，而且"纸当依时总计成卷"并"记上日期"，然后加盖印章或画押，只有"印、手记全备，藏者当明之"②时，才能置于所属"库中"。这样立卷的目的是防止拆换或涂改档案，从而保证档案的原始性和真实性。③ 西夏故地黑水城出土的档案证实了西夏签署和手记印之这一规定。如从英0222《军籍文书》末尾"天庆庚申七年六月　慧小狗　黑水属主簿……"英1813《军籍文书》末尾"天庆乙丑十二年六月　拉灌黑　黑水属主簿命屈犬疤奴　九日（大字）（画押）"，英3865《军籍文书》末尾"天庆乙卯二年六月　阿国　十八日（大字，画押）"④ 可以看出，西夏军籍文书登录完成后，在卷末都记有时间和相关官吏签名。时间则记当年年号、甲子、年数和月份，即如"天庆乙卯二年六月"等。在登录日期的同一行后接着是首领签名，只写名字而省略姓氏，即"慧小狗或拉灌黑"等。最后是文书登记专职官吏主簿的签名，主簿是登录军籍的执笔者，有时是一人，有时是两人。一般前面写所属官府名称和职官名称，后面写主簿的姓名，即"黑水属主簿命屈犬疤奴"等。从黑水城出土的这些军籍文书来看都押有朱印，印文为"首领"二字，一般押印不止一方，而是同一文书押几方印，多为4方，有的甚至更多。押盖首领印应是该文书登录完成，该首领正式上报前的最后一道程序。英0222《军籍文书》的押印有三方：一在文书开始总叙部分的上部，朱文浅淡；一在下部，仅存上半方；另一在靠后部的上方，存右半方。⑤ 可见，西夏的文书档案严格按照法典规定进行登录、签署、手记、印之，以示档案的真实有效和凭证性。

5. 档案的边等法

宋朝由江南西路转运使周湛创立了按时间顺序以《千字文》给文书档案编

---

① 同上书，第364页。
② 同上书，第533页。
③ 赵彦龙：《西夏档案机构及管理制度探索》，《宁夏社会科学》2006年第5期。
④ 史金波：《英国国家图书馆藏西夏文军籍文书考释》，《文献》2013年第3期。
⑤ 同上。

立写号的"千文架阁法",① 成为中古时期档案管理的一个创举,影响了宋朝之后各朝的档案管理。那么,西夏给文书档案编立写号的方法又是什么呢?我们可以从西夏法典的记载中得到相应的一些线索或答案,西夏各官府"种种簿籍当好好藏之。纸当依时总计成卷,印、手记全备,藏者当明之,依边等法为板簿登录"。② 这条法律规定明确告知我们,西夏是采取"边等法"而且是"依时节"顺序给文书档案编立写号。"边等法"的内容是什么?如何编排?与宋朝的"千文架阁法"有何联系?由于史料缺乏,目前无法弄清,但至少可以肯定,"边等法"是一种编排档案顺序的方法,在西夏普遍运用。③

6. 文书档案立卷监督检查制度

文书档案工作在西夏备受重视,史载,元昊建国前夕,"始尝以己意造蕃书",并命重臣"野利仁荣演绎之,成十二卷",④ 元昊"既制蕃书,尊为国字",要求各官府行文时"尽易蕃书"。⑤ 自此,西夏国记事行文都用自己的民族文字,同时规定"汉字掌中国往来表奏,中书汉字,旁以蕃书并列,蕃字掌西蕃、回鹘、张掖、交河一切文字,并用新制国字,仍以各国蕃字副之"。⑥ 如此行文的规定就以法律的形式公诸于众,逐渐使西夏文书档案工作走上规范化道路。由此可知,西夏文书立卷检查的内容有:撰写和签署是否合乎规范;文书传阅是否符合程序;文书处理经过是否注明;文书页码是否齐全;是否缺页、破损等。其目的是使西夏文书立卷完整、真实、规范和符合质量要求,能够准确反映西夏基本发展面貌和历史真实。西夏法典对国内从中央到地方各官府的行文做了明确具体规定:"上等中书、枢密自相传牒,语尾依牒前同至请等当有,官下当手记,而后各司上当置,在末尾当说,并记上日期……次中下末等当报司等大于己处,同品传导而后有请者,官下手记,当于低一等处置,后当有卜送。自二等以下者,

---

① 王金玉:《宋代档案管理研究》,中国档案出版社1997年版,第83页。
② 史金波、聂鸿音、白滨译注:《天盛改旧新定律令》卷17,法律出版社2000年版,第533页。
③ 赵彦龙:《西夏公文写作研究》,宁夏人民出版社2012年版,第353—354页。
④ 《宋史》卷485,中华书局1977年版,第13995页。
⑤ (清)吴广成撰,龚世俊等校证:《西夏书事校证》卷12,甘肃文化出版社1995年版,第146—147页。
⑥ 同上书,第147页。

后有卜字，官字下手记。"① 由此可知，西夏所有文书在传行之前，必须经主管官员"手记"，并在文尾签署日期并进行押印，方可进入现实操作，否则文书则无效。又规定文书处理程序是上等司行文，须经本处主管官员的签署；次中下末等司行文，必须要报上一等司审查签署，如经略司一些重要行文，要报上等中书或枢密审核同意并签署，方可生效。若违律不报上等中书或枢密签署时，"有官罚马一，庶人十三杖"。② 这说明西夏文书处理的规范程序及严格要求。西夏故地黑水城出土档案也证实了文书档案立卷监督检查制度这一规定。从出土的军籍档案来看，不仅有文书档案的登录专职官吏，而且有审核监督检查的主管官员和档案官吏。如俄 ИНВ. No. 4196 西夏文《军籍文书》末尾有文书登录专职官吏主簿签名，该档案的背面有 4 行签署和画押的文字："检毕（大字）（画押）；都案（画押）；案头?????（画押）;?? 者？显令？（画押）。"③ 这件文书档案背面的内容主要为审核监督检查的结论，用大字书写即"检毕"，以示突出和明显。然后是文书档案审核监督检查官吏的签名和画押。证明西夏文书档案立卷之严格和规范。④

二 西夏文书档案归档制度

（一）西夏文书档案归档制度的含义

按照现代文书档案归档的原则和方法，就是将按立卷原则和方法组合成不同类属的案卷移交档案部门进行集中保管的过程，这一过程也适合西夏文书档案归档活动。因此，文书档案归档也是西夏文书档案的工作制度之一，通过上述立卷的文书档案最终要集中移交相关官府所设的"库"或"库中"集中保管。可以说归档是文书工作的最后一个环节，也是档案工作的第一个环节，由于归档使办理完毕、并有保存备查价值的文书经过规范、细致、严密的立卷而

---

① 史金波、聂鸿音、白滨译注：《天盛改旧新定律令》卷 10，法律出版社 2000 年版，第 364 页。
② 同上书，第 345 页。
③ 史金波：《西夏文军籍文书考略——以俄藏黑水城出土军籍文书为例》，《中国史研究》2012 年第 4 期。
④ 赵彦龙：《西夏文书立卷制度管窥》，《上海档案》2000 年第 5 期；《西夏文书立卷制度再探索》，《档案》2005 年第 4 期。

成为今后可供查考利用的档案，故文书归档制度就是对各官府文书归档工作的规定和要求。

（二）西夏文书归档制度的具体要求

1. 归档范围

西夏文书归档范围比较广泛，只要具备查考利用价值的文书材料如皇帝制发的各种诏敕圣旨、大臣上奏皇帝的各种表奏文书、官府往来文书、科技档案、石刻档案以及民间私人形成的书信、契约、丧葬文书等都是归档的范围。西夏故地黑水城、武威、敦煌等地出土的西夏档案也证实了这一归档范围，这些档案现已基本收录于《俄藏》《英藏》《中藏》《日藏》等大型文献丛书之中。当然还有一些西夏档案仍然散落在社会上或一些个人手中，这部分档案也应该是西夏文书档案的构成范围，也应该归档。

2. 归档时间

西夏文书档案的归档时间和立卷时间几乎可以说是同时发生，都是因地域、内容或问题的不同而各异。

首先是根据地域来区分归档时间。西夏将境内区分为畿内、中地、边境三种地域来确定归档时间，即法典规定的"每年畿内三月一日、中地四月一日、边境六月一日等三种日期当年年交簿"。① 当然这只是指军籍档案，并不包括其他档案在内。

其次是根据档案所涉及的内容或问题而确定归档时间。《天盛律令》规定，官府收纳租簿册、凭据等应于年底交簿归档："所属郡县局分大小人交纳种种地租多少，十一月一日于转运司不告交簿册、凭据，迟缓时罪……"②

3. 归档文书要真实可信

西夏《天盛律令》中关于文书立卷归档的条文规定很多，如《天盛律令·失藏典门》规定：皇帝颁发的恩诏等文书到达各司内"依恩施行已毕"，手记登录之后当作为重要文书归档留存。《天盛律令·库局分转派门》规定："京师管辖官物各司、边中监军司……一律以本处所属库局分迁转。磨勘完毕，所损耗、

---

① 史金波、聂鸿音、白滨译注：《天盛改旧新定律令》卷6，法律出版社2000年版，第255页。
② 同上书，第490页。

卖、本利限、借领、交还数等当催促交单，又依时节所出之帐册等。"各种簿籍要求官府认真归档保存，并"纸当依日总计成卷"，而且印章、手记、画押应齐备，然后"依边等法为板簿登录"，① 最后注册而藏之。又如《天盛律令·诸司判罪门》规定：各种司法审判文书档案要经过自查、复查和再查之后确信符合归档要求，才能最终"增于板簿"，立卷归档。如果文书归档不按西夏法律条文规定执行，造成所归档的案卷混乱不堪或残缺不全，给各官府的查考利用造成不应有的障碍，则要根据西夏法律给予不同程度的处罚，以保证西夏文书归档的高质量。

总之，文书归档制度为西夏国家积累了很丰富的档案财富。②

第二节 西夏档案清退销毁制度

西夏有完备的文书档案工作制度，从西夏中央所在地兴庆府到地方府州县都设有专门的文书机构和档案机构负责文书档案的管理工作，这从西夏借鉴中原王朝法律并结合自己地域和民族特点编纂的王朝综合性法典《天盛律令》中就能够准确地反映出来。鉴于此，本节根据西夏法典的有关条文主要探讨文书档案工作制度中的文书档案清退、销毁制度。

一 西夏档案清退制度

西夏文书档案的清退是西夏官府文书档案管理过程中的又一环节，是制发文书单位对所发出的应退回文书档案的追还，使所制作并发出的所有文书档案都能完全回到制发文书的单位，清退制度就是对文书档案清退方面的有关规定和具体要求。这一环节的工作是为下一个环节即文书立卷和归档做铺垫，也是防止文书档案丢失或机密外泄的一种强有力的措施。

关于文书档案清退，《天盛律令·贪奏无回文门》中有具体的条款规定。西

---

① 史金波、聂鸿音、白滨译注：《天盛改旧新定律令》卷17，法律出版社2000年版，第533页。
② 赵彦龙、高宗池：《西夏文书撰拟制度》，《西北第二民族学院学报》2000年第4期。

夏文书档案的清退，与宋朝文书档案的清退并无二致，这也是宋朝文书档案清退制度影响的结果。西夏规定，诸人催促须清退文书档案时必须逐级催还清退，不允许超越各局分去催还，若违律则要承罪。"诸人催促文书者，不许与局分人超越引导处。若违律超越而来时，催促文书者、局分人等一律有官罚马一，庶人十三杖。局分人曰'勿来'，及未见而后来等，罪勿治。"① 故各局分处都应积极配合，不能怠慢，并注意催促程序。《天盛律令·为僧道修寺庙门》规定：国内僧人如想还俗者要主动交出前所发度牒文书及办理有关手续，"于前宫侍、閤门、帐门末宿处纳册"，② 但还俗后不许再进入臣僚之中。《天盛律令·校畜磨勘门》规定，全国各地的牲畜每年要进行一番审校，审校形成的校畜文书等资料要经相关司署和官吏施印后全部移交到京师有关司署保管，以防校畜文书被盗或改动等造成损失。"四种畜之年年往大校者，来往验毕时，一板板畜册在其处大校场中，当令前所属牧监施印。若违律，在大校场中不令前牧监于册上施印毕时，大校局分案头、司吏等有官罚马一，庶人十三杖。""在黑水地方内一班牧者，因地程遥远，依本律令时日，校畜者当由监军、习判中一人前往校验，完毕时，令执典册、收据种种及一局分言本送上，二月一日以内当来到京师。校畜头项、依时日送畜册稽缓，及行磨勘法等，当与边等校畜人相同。"③ 通过以上各种措施，使办理完毕的文书档案及时清退并将有备查保存价值的档案移交相关官府保管，保证了有价值的文书档案都能完整地保存下来，从而有效地发挥档案的价值。

西夏文书档案的清退、销毁是文书管理的最后环节，也是能否使有价值的文书完整地保存下来且供后人借鉴利用的一个很重要问题，因此西夏相应地也制定了具体措施保证其顺利实施。

二 西夏档案销毁制度

档案销毁是对各司署衙门所制发的文书传行操作完毕之后收拢回来，经有关部门和相关专家鉴定，对确实没有或丧失保存价值的文书档案要注销并毁弃，这

---

① 史金波、聂鸿音、白滨译注：《天盛改旧新定律令》卷9，法律出版社2000年版，第345页。
② 同上书，第410页。
③ 史金波、聂鸿音、白滨译注：《天盛改旧新定律令》卷9，法律出版社2000年版，第588页。

第八章　西夏档案管理制度

是一种精简文书档案的制度，当然也是决定文书档案生死存亡的环节。所以，文书档案销毁制度就是关于销毁无保存价值文书的规定和具体要求。从相关史料可知，西夏销毁文书的范围有二：一是立卷阶段清理出的无保存价值文书；二是平时清理出的多余重份文书。这一措施在西夏已经规范化、法律化。法典规定，文书销毁时，必须经主管司署审核，否则不予销毁。京师、地中、地边各司署要在规定的限期内将各种"账册增册、注册、注销"等文书档案，及时"于限期上当告磨勘司，不许缺留"，经过磨勘司复核，最终决定该文书档案是否销毁；若按期不告纳，按误期日多少处罚钱、杖打、罚马等："迟三日者不坐罪，延误四日至十日者，有官罚钱三缗，庶人七杖……二十日以上一律有官罚马二，庶人十五杖。"①

西夏文书的销毁有一定程序，不能随便注册或注销。有关衙署的文书档案若不经过严格审核并进行销毁注册的话，或自专随便注册或注销相关文书档案者，则要处罚。销毁档案必须是两人以上进行监销，若"自专销于册等"，则"以偷盗法判断"。②记录西夏国所有财产的文书档案或相关账簿，到期经鉴定须销毁时，程序也相当严谨。《天盛律令》规定："人、马、坚甲、正军、辅主新生等所有当注册注销者，均应依殿前司诸案职管顺序通过。已注销数应记入案簿册，每年纳籍日当送交军案册，与军籍册校核，已注销未注销均应标明。其中有籍册未注不改者，若不同意，则未受贿有官罚马一，庶人十三杖，受贿者依枉法贪赃判断。"③由上可知，销毁文书档案当由所属司按照规定程序报送主管衙司审核，审核通过后各司署方可销毁。《天盛律令》又规定："群牧司、农田司、功德司等三司所有属下人、马所有当注销者，当经由所属司，每隔三月报送殿前司一次，其中不按时报送延误者，其大小局分人等有住滞则依延误文书罪判断。"④可见，销毁文书在西夏也是一项非常慎重的工作，必须严格按照有关法律制度执行。⑤

---

① 史金波、聂鸿音、白滨译注：《天盛改旧新定律令》卷17，法律出版社2000年版，第525页。
② 史金波、聂鸿音、白滨译注：《天盛改旧新定律令》卷9，法律出版社2000年版，第386页。
③ 同上书，第263页。
④ 史金波、聂鸿音、白滨译注：《天盛改旧新定律令》卷6，法律出版社2000年版，第263页。
⑤ 赵彦龙：《西夏公文写作研究》，宁夏人民出版社2012年版，第342—343页。

第三节 西夏档案保管制度

西夏档案保管制度是西夏档案工作中重要的制度之一，也是中国古代少数民族档案工作制度的有机组成部分，具有弥补和完善中国古代档案工作制度的功能，其价值和意义十分重要。有关西夏档案保管制度，我们曾做过研究，但随着收录西夏档案影印件的《俄藏》《英藏》《中藏》等大型文献丛书的陆续出版，以及学界对西夏研究的不断深入，大大丰富了我们对西夏档案保管制度的认知，故我们有必要对西夏档案保管制度做更加具体、全面、系统的探讨，以揭示西夏档案保管制度存在的合理性和实用性及对后世的影响。

一 西夏档案实行统一场所保管

西夏档案的保管在学习和借鉴中原王朝档案保管工作的经验基础上同样实施集中统一保管的做法，关于此，从西夏档案的出土情况可以得到印证。

（一）西夏档案统一保管于一地

从考古资料介绍的情况来看，西夏档案基本上集中统一保管在黑水城。黑水城是西夏十二监军司之一"黑水镇燕监军司"，元朝以后这里逐渐荒废。

1908年至1909年，俄国探险家科兹洛夫率队前后两次在黑水城遗址进行了发掘，"他们在从城内到城外的残垣断壁、古墓佛塔中进行了搜索式的探掘，发现了大批的珍贵文书、文物，并立刻把这些宝物用驼队偷运到俄京圣彼得堡"。[①] 从20世纪20年代至60年代经过前苏联两代学者的整理编目和统计，发现这批文献共有8000多个编号计8000多件。这批文献90%以上是西夏文文献，其次还有汉文、藏文、回鹘文、突厥文、波斯文、叙利亚文、女真文、蒙古文等文字书写的文献。从这批文献所涉及的档案种类和内容来看，有官府文书、律法档案、军籍档案、科技档案、民间契约、书信档案、户籍档案、土地税账册档案、各种

---

① 白滨：《被遗忘的旷世奇珍——黑水城与西夏遗书》，《瞭望新闻周刊》1999年第51期。

账册、丧葬档案、请假条、借款条等约2800件，可谓数量庞大，种类繁多，弥足珍贵。

1914年，英国人斯坦因步科兹洛夫的后尘，率第三次中亚探险队到黑水城遗址进行更为周密和具体的考古发掘，收获颇丰，但绝大部分档案是残片，现藏于英国博物馆。之后来到黑水城遗址发掘的美国人华尔纳、瑞典人斯文赫定等都有所获，但数量并不多。

由上考古资料所知，西夏档案基本上统一保管于黑水城，或者也可以说黑水城是西夏档案馆所在地。虽然从西夏出土档案的情况来看，甘肃武威、敦煌也有西夏档案出土，但数量毕竟不多。而且就从古到今的档案保管现实来说，某些地方官府保管少量的档案也在情理之中。

（二）西夏档案统一保管于一处

从黑水城遗址出土的西夏档案来看，基本上也是比较集中地保管于一处，即黑水城遗址西南的一座佛塔之中。据考古资料介绍，1908年春，俄国探险家科兹洛夫第一次在黑水城探掘，在城西南的一座佛塔中有了重大发现。据科兹洛夫日记记载，在这座佛塔之中挖出了"3本西夏文书本和30本西夏文小册子。一下子装满了9个俄担箱（1俄担=16公斤）。这批文献立即通过蒙古邮驿分批经由库伦运往俄京圣彼得堡"。1909年6月，科兹洛夫率队又一次进入黑水城挖掘，"果然在开启西城外不远处干河床右岸的一座高大佛塔时，塞满了层层叠叠书籍、文献、佛画、塑像和种种宗教祭祀用品展现在眼前"。据科兹洛夫的相关资料介绍，在佛塔内的"塑像和墙壁间空隙处，紧密地叠放着成百上千册的书籍、经卷和卷轴画，书籍和经卷大小尺寸不等，装帧式样各异，装在用绸绢或花布制作的封套中，井然有序地堆放在一起"。科兹洛夫这次在黑水城的挖掘所获数量更多，用40头骆驼"运出了一个保存完好的图书馆，计有2.4万卷"。[①] 由上考古资料可知，西夏档案不仅保管于一地，同时基本上保管于一处，即佛塔之中。也就是说，黑水城周边的佛塔充当了西夏的档案馆，保管着西夏丰富多彩的精神财富。

---

① 白滨：《被遗忘的旷世奇珍——黑水城与西夏遗书》，《瞭望新闻周刊》1999年第51期。

二 西夏档案实施分类保管制度

西夏档案管理已经有了比较规范和科学的分类。如西夏编制的《天盛律令》是中国历史上第一部少数民族文字印行的法典，全书二十卷，分一百五十门，一千四百六十一条，这就是典型的"置卷分门列条"形式，其分类已经十分明确和具体了。此外，《天盛律令·库局分转派门》规定，所形成的档案向上司移交磨勘或保管之时，要求各官府"分别为板簿，注册而藏之"。[①] 西夏档案的分类不仅有大类，而且在每一类档案之下还有小类，西夏军籍档案就是如此。《天盛律令·抄分合除籍门》规定："人、马、坚甲正军、辅主新生等所有当注册注销者……已注销数应记入案簿册，每年纳籍日当送交军案册，与军籍册核校，已注销未注销均应标明。"[②] 由此可知，军册还分"军案册"与"军籍册"，这说明西夏档案的分类比较具体和细致，更具科学性，符合了文书档案的形成和保管规律。

（一）西夏档案实施分类保管的法律规定

西夏法典《天盛律令》各卷中都有比较具体而翔实的各类档案分类保管的法律条文。如《天盛律令·事过问典迟门》集中记载了官府档案分类建立、分类保管等规定：

密案：地边消息。

提交案：经略等□死，□□诸人□。

磨勘案：四季判断 官敕……磨勘。

军案：军马始行，散逃，兵符，将佐大小检人家院牲畜，军争及军马解悟……回鹘□□投奔者……人马、甲胄，注册注销……

官案：诸寺庙塔、阁门、臣像、下臣、僧人、道士……案头司吏□别、皆子离、□印、遣居京都案、案头。

家案：内官种种头项职……贺兰山等护林场、京师界七种郡县派水种地

[①] 史金波、聂鸿音、白滨译注：《天盛改旧新定律令》卷17，法律出版社2000年版，第524页。
[②] 同上书，第263页。

· 634 ·

第八章　西夏档案管理制度

纳税利额、养草滩等护院、抽□税。

大卢令案：农田司属利额……官谷物中□中军粮以外供应皮□□分用□底地□□捕分用。

□案：契丹使承、执飞禽、群牧□……阴阳分食者……

刑案：敌界往来、诸司判断……女使、遣监狱小监、溜首领派散饮食食物。

议案：汉、契丹、西番、西州、大食等中使……写转传谍诏……①

以上法律规定反映出了三方面的重要信息：一是档案严格按照分类原则保管；二是界定每类档案包含的范围和内容；三是档案大小类界限分明。可见，西夏档案分类保管有严格的法律规定。

西夏档案不仅分类保管，而且以隶属关系为依据。各官府移交档案时"……管何畜、谷物等，当告经略使人转□。不隶属经略之边中、京师、五州地等各司□，自己本司人各自账册有所告纳聚集，与文书接校之，磨勘司当引送告纳，一面同日告纳中书、枢密所管事处。告纳处各司及来告知处当分别为板簿，注册而藏之"。② 即畜册、纳领粮账册等档案按隶属关系分别注录而保藏。

西夏档案分类保管层次分明，即大类之下有小类。如军籍册档案，西夏法典规定："人、马、坚甲正军、辅主新生等所有当注册注销者，均应依殿前司诸案职管顺序通过。已注销数应记入案簿册，每年纳籍日当送交军案册，与军籍册核校，已注销未注销均应标明。"③ 这则法律反映出西夏军籍册的分类状况，即军籍册之下又分"军案册"与"案簿册"。可知，西夏档案分类保管十分具体和细致，符合了档案生成、便于保管和利查考用的原则和规律。④

西夏档案分类保管还要注意典册清洁。西夏仿宋"每三年一检简"⑤ 之制，

---

① 史金波、聂鸿音、白滨译注：《天盛改旧新定律令》卷9，法律出版社2000年版，第318—320页。
② 史金波、聂鸿音、白滨译注：《天盛改旧新定律令》卷9，法律出版社2000年版，第524页。
③ 白滨：《被遗忘的旷世奇珍——黑水城与西夏遗书》，《瞭望新闻周刊》1999年第51期，第263页。
④ 赵彦龙：《西夏公文写作研究》，宁夏人民出版社2012年版，第351页。
⑤ （宋）谢深甫编撰，戴建国点校：《庆元条法事类》卷17，黑龙江人民出版社2002年版，第357页。

明确了档案价值鉴定的期限和要求。西夏规定：户籍、地册"虚杂不入"，保持其分类的规范性。另外，还要使档案"典册清洁"，并"三年一番，司干及中书郡县等处所置新册当卷之使牢"。① 由此可知，西夏档案也是三年一"检简"，将没有保存价值的档案剔除，使现存档案"虚杂不入"，且新旧册"典册清洁"，然后使"所置新册当卷之使牢"，保存在"库中"。

（二）汉文史籍中记载的西夏档案分类保管事例

从汉文西夏史籍的记载中也能找到有关党项割据政权和西夏官府文书档案分级、分类保管的信息。如宋绍圣四年（1097）七月鄜延路经略使吕惠卿遣副总管王愍统制诸将入西夏界：

> 至宥州，其洪、宥、韦三州总都统军贺浪罗率众迎战。愍等击，大破之，追奔二十余里，斩首五百余级。入宥州，焚其官廨、仓场、刑狱、民居五余间，并伪行官军司簿书案籍等……②

上述史籍反映出了三个信息：一是党项政权时期就已经十分重视档案的保管，并将各自形成和往来的文书档案如簿书案籍等保存在各州府衙门；二是因战争原因，党项政权保存的档案被宋军烧掠毁坏或掠夺；三是从侧面反映出党项政权时期和西夏地方官府档案保管的齐全、完整。

另，汉文史籍也记载了西夏中央保管档案之事，夏乾定四年（1227）六月：

> 夏兵坚壁半载，城中食绝，兵民皆病，晛率文官李仲谔、武臣嵬名令公等奉图籍出降。③

上述史籍同样反映出了三个信息：一是西夏中央保管着中央形成和往来的各种大量的、重要的文书档案；二是通过"奉图籍出降"印证了西夏档案的重要价值，这也是西夏皇帝投降蒙古最好的见面礼；三是西夏档案不仅流失到中原宋朝，同时拱手让给了蒙古。当然，这也许是档案最好的归宿。

---

① 史金波、聂鸿音、白滨译注：《天盛改旧新定律令》卷15，法律出版社2000年版，第515页。
② （宋）李焘：《续资治通鉴长编》卷490，中华书局2004年版，第11623页。
③ （清）吴广成撰，龚世俊等校证：《西夏书事校证》卷42，甘肃文化出版社1995年版，第500页。

第八章　西夏档案管理制度

综合以上法律规定和史籍记载，充分说明西夏有系统的档案保管制度，而且采取分级、分类保管档案，这种科学合理的档案保管制度保证了档案留存下来。不论这些档案流失到宋朝还是蒙古，只要能最后保存下来留传给后代，就是功不可没的大好事、大善事，西夏故地黑水城出土的大量汉文、西夏文文书档案就是最好的证明。

（三）副本制是西夏档案分类保管的典范

1. 西夏档案保管实行副本制

副本制始于西周，《周礼》载："内史掌书王命，遂贰之。疏：王有诏、敕颁之事，则当副写一通藏之，以待勘校也。"① 后各朝沿袭。西夏的重要档案，为了便于各官府利用，同时为更好地保护正本，在档案保管上实行副本制。如西夏法典规定：地册档案"一县写五面地册板簿，自己处及皇城、三司、转运司、中书等当分别予之"。② 可见，西夏档案副本制有法律规定。

西夏档案大都保存有副本。如中藏 G31·005 和中藏 G31·007 西夏文《乾定酉年增纳草捆文书》档案，这虽然是两个编号，却反映了同一件事，即乾定酉年（1225）"里溜没细苗盛"向官府缴纳增加草捆，这两份档案在相同位置上有墨印的"官"、草书的"户"字。"官"字号档案草书内容相对工整，除了钤盖的西夏文"守库主管"朱印外，还钤盖一半方形朱印，并有"乾定酉年月日"的墨印文字和"酉年属"的草书年款。"户"字号档案书写潦草，只有一方"守库主管"朱印，没有年款，且个别墨印签章也只有一半。③ 这显然是官府和农户各自持有的有关缴纳增加草捆的凭证，而且"户"字号档案是"官"字号档案的副本。虽说"户"字与"官"字档案相比，缺少年款和个别内容，但这至少说明了四个问题：一是官府按照规定要大量收缴增纳草捆，为了方便和快捷，就将收缴增纳草捆的文书早已墨书印制而成，称"官"字号；二是为了让官府和农户都有凭证，官员在填写完墨书印制好的收缴增纳草捆文书后，简单地手抄了

---

① 《周礼注疏》卷26，（清）阮元校刻：《十三经注疏》上册，上海古籍出版社1997年版，第820页。

② 史金波、聂鸿音、白滨译注：《天盛改旧新定律令》卷15，法律出版社2000年版，第515页。

③ 梁继红：《武威藏西夏文乾定酉年增纳草捆文书初探》，杜建录主编：《西夏学》第10辑，上海古籍出版社2014年版，第21—27页。

一份收缴增纳草捆文书，称"户"字号给农户持有；三是为了节省时间或怕麻烦，在"户"字文书抄写时只挑拣了重要的内容而省略了相关的次要内容，其目的只是让农户有一个凭证；四是可能还有其他的原因。总之，这是西夏留存下来的一种典型的正副本制档案的直接反映。

2. 正副本档案保管丢失之处罚

西夏档案官吏要很好地保管所存档案，尤其是一些只有正本而无副本的档案。若因保管不善导致正本或正副本丢失、损毁者，要严厉处罚。

《天盛律令·失藏典门》规定："官畜、谷、钱、物、武器、杂物种种权正分领之状文、升册等亡失时，另有相同钞本及无相同本等二种，失之者局分人之罪，依以下所定判断。其中有官财物之典为他人所盗隐者，依钱总数，断以偷盗法。"① 即畜账、粮账、钱账、武器账、杂物账等专门档案，在处理磨勘完毕后交相关官府及中央政府的"库中"保管，在保管期间若丢失，则要处罚。其处罚的程度则要看有无副本以及涉及价值总数的多少。

《天盛律令·失藏典门》还规定，有副本而正本丢失时，其处罚可分六种情形："有同本存放之罪法：自一缗至二十缗十三杖，二十缗以上至四十缗徒三个月，四十缗以上至六十缗徒六个月，六十缗以上至八十缗徒一年，八十缗以上至百缗徒二年，百缗以上一律徒三年。"无副本而正本丢失时，处罚可分十一种情形："无同本存放，失典之罪法：自一缗至十缗十三杖，十缗以上至二十缗徒六个月，二十缗以上至三十缗徒一年，三十缗以上至四十缗徒二年，四十缗以上至五十缗徒四年，五十缗以上至六十缗徒六年，六十缗以上至七十缗徒八年，七十缗以上至八十缗徒十年，八十缗以上至九十缗徒十二年，九十缗以上至百缗无期徒刑，百缗以上一律绞杀。"② 综上，有副本而丢失正本相比无副本而丢失正本的处罚要轻得多。可见，西夏的正副本保管制度十分严格和规范。

---

① 史金波、聂鸿音、白滨译注：《天盛改旧新定律令》卷12，法律出版社2000年版，第421页。
② 史金波、聂鸿音、白滨译注：《天盛改旧新定律令》卷12，法律出版社2000年版，第421—422页。

三 西夏档案保管要典册清洁

西夏在保管档案过程中也仿照宋朝的"每三年一检简"[①]制度，明确界定了档案价值鉴定的期限和标准。如《天盛律令》规定：西夏的各种档案特别是户籍、地册档案要定期进行晾晒和清理，保证这些档案"虚杂不入，典册清洁，三年一番，司干及中书郡县等处所置新册当卷之使牢"[②]。这里的"典册清洁"至少说明了两个问题：一是西夏仍旧是三年对所辖档案进行一次"检简"，将没有保存价值或者说先前有保存利用价值但现在已经丧失了保存备查和利用价值的档案剔除，使现存档案"虚杂不入"；二是每三年要定期搞清洁，扫除尘落在档案上的杂物，防止杂物影响档案纸质变损或毁坏，这也是延长档案使用寿命的措施之一。如此，将重新整修"所置新册当卷之使牢"，再次保存在西夏档案"库中"。

四 西夏档案封套和存放方式

(一) 文书档案的封皮

西夏为了延长档案寿命，在档案形成案卷时还要求装订案卷封皮，以保护档案内页。西夏的这一档案保管制度可以从档案保管的实践中去考察。从西夏故地黑水城出土的西夏档案资料来看，西夏档案多数案卷的"纸是未经染色的灰纸和白纸"，而且质量都不是很好，这与西夏造纸技术和原料及经济萧条有直接关系，"只有个别藏卷是黄纸，这应被看成是皇帝或皇后的私人用书"[③]，这部分纸的质量相对好一些，而且根据需要进行了加工和染色。由于西夏纸张紧缺，所以西夏按各官府所辖官吏人数派发文书用纸，"诸院主簿、司吏每年纳籍时，写簿用纸，按簿上所有抄数，各自当取纸钱二十钱，由大小首领各自收取，当交主簿、司

[①] （宋）谢深甫编撰，戴建国点校：《庆元条法事类》卷17，黑龙江人民出版社2002年版，第357页。

[②] 史金波、聂鸿音、白滨译注：《天盛改旧新定律令》卷15，法律出版社2000年版，第515页。

[③] ［俄］孟列夫：《黑城出土汉文遗书叙录》，王克孝译，宁夏人民出版社1994年版，第54页。

吏，不得超予。若违律超敛，则敛者以枉法贪赃判断，所超敛者应还原主"。①正因如此，故西夏统治者格外重视纸张档案的保护，因此，给部分重要档案装订封皮也就成为理所应当的事了。②

（二）文书档案的装订形式

西夏档案案卷装订有卷子装、线订册页装、缝缋装等形式。

卷子装是敦煌时期的主要样式，"卷子在每次阅读时都要展开，阅后再重新卷起，中国在相当长一个时期，用纸和丝织品做卷子，充分满足了读者的需要，并存在了许多世纪"。黑水城时期，卷子装逐渐减少，这仿佛"是由于某种原因无意地忘记叠成折本（所有这种'忘记叠成折本的卷子'属于西夏印刷术繁荣时期）。主要的和占优势的样式是折本装"。折本是卷子的自然发展，为了阅读方便和查找文句省事，"卷子被叠成折子形式，这样可以不展开全卷就能翻到要看的那面……"③不管是哪种样式的档案案卷都装订有封皮。卷子装案卷有其固有的特殊封皮，"在卷首（按中国习惯从右端）粘有一张坚硬厚实的纸，当卷子被卷起来时，它用作包裹卷子以防损坏，在这个封皮外边贴入一个细木棒，系上一根带子。由于正文向里，在封皮外面就写上作品名称和卷号"。④西夏文书档案卷子装形式的数量很多，如俄 ИНВ. No. 4196《应天丙寅元年军抄人马装备账》、俄 ИНВ. No. 4726—4《迁溜粮账》、俄 ИНВ. No. 5124《天庆寅年卖地契》、俄 ИНВ. No. 7631《耶和梁盛告牒》、俄 ИНВ. No. 8185《黑水副将上书》等均为卷子装。

此外，还有线订册页装，如俄 ИНВ. No. 2545《租户粮账与皇建辛未年告牒》、英 0044（K. K. II. 0283. aaa）《天盛律令》等为线装或线订册页装；缝缋装，如俄 ИНВ. No. 547—1—20《正军辅主账及告牒》、俄 ИНВ. No. 2858—1—12《天庆丑年卖畜契与光定申年告牒》、俄 ИНВ. No. 5404—1—16《告牒》、俄 ИНВ. No. 6373—1—2《天庆癸亥年卖地契及纳税告牒》等为缝缋装。

关于卷子装、线订册页装、缝缋装等的相关具体内容，在本书第二章第二节

---

① 史金波、聂鸿音、白滨译注：《天盛改旧新定律令》卷6，法律出版社2000年版，第257页。
② 赵彦龙：《西夏档案的保管制度》，《档案》2001年第4期。
③ [俄] 孟列夫：《黑城出土汉文遗书叙录》，王克孝译，宁夏人民出版社1994年版，第56页。
④ [俄] 孟列夫：《黑城出土汉文遗书叙录》，王克孝译，宁夏人民出版社1994年版，第58页。

《西夏档案的版本状况》中做了比较深入的研究。

（三）文书档案装有封套

西夏为了更好地保护文书档案的完整性并延长其寿命，在档案保管过程中还将档案封装在封套之中。档案封套是用于直接存放并保护每份档案案卷的大小不同质地的包装物，西夏在保管档案时也曾普遍地使用了封套来包装档案。西夏考古发掘的出土档案就证实了这一保管措施：黑水城西夏遗址的佛塔内，"紧密的叠放着成百上千册的书籍、经卷和卷轴画。书籍和经卷大小尺寸不等，装帧式样各异，装有用绸绢或花布制作的封套中，井然有序地堆放在一起"。[①] 可以看出，西夏保管档案也采用绸绢或花布之类的丝织品来制作档案封套，其牢固性和柔韧性比较好，方便于比较长久地保存档案。[②]

（四）文书档案的存放方式

从西夏考古资料可知，西夏档案的存放方式是紧密地"叠放"在一起，这很可能是学习和借鉴上古档案保管的方法而来。通过殷商甲骨档案的发掘可知，"殷商甲骨有很多是储积或累积于一处，可能是当时储档案之所"。[③] 当然，这是出土档案的保管存放方式，而西夏档案"库中"或"库"的档案存放方式到底是"叠放"或还有其他的存放方式，由于史籍缺载无法得知。但从目前所见资料可知，西夏档案有规律地"叠放"在一起，而且是由低到高，这种存放方式可以说是更有利于档案的保护。

五　西夏档案的抢救

西夏为了使所保管的档案能够长久地保存下去，并能为子孙后代发挥更大的作用和价值，在保管过程中对已破损或霉变的档案采取了抢救修补之措施。

（一）档案修补的方法

俄国西夏学家孟列夫通过对西夏故地黑水城出土的大量西夏文书档案考证之后认为，西夏的大部分档案资料被修补过："我们认为这是'当时的裱褙'"，而

---

① 白滨：《旷世奇珍——黑水城与西夏遗书》，《瞭望新闻周刊》1999 年第 51 期。
② 赵彦龙：《西夏档案机构及管理制度探索》，《宁夏社会科学》2006 年第 5 期。
③ 陈梦家：《殷墟卜辞综述》，科学出版社 1956 年版，第 46 页。

且认为西夏抢救破损或霉变档案的主要方法是修补（即多数为糊裱），修补的方法通常有两种。一是为了防止重要档案破损或霉变导致档案内容丢失而提前所作的"预防性修补，其特点是在折叠处按整个书页的高度从里面糊一条窄纸"。但是，由史料可知档案案卷样式不同，预防性修补的方式和方法也不同，在"折本书中，衬纸经常糊在折缝里面，但有的也糊在外面"。在蝴蝶装案卷中，"糊上衬纸也是为了在缝和粘书页时加强其牢固性"，以便于保存。二是把已经被撕碎或用坏了的档案资料通过及时修补而使其恢复如初，成为完整档案，具体的操作方法是"如果书中只有个别书页破损，就用剪好的小纸块仔细地糊在出现的烂孔和其他破损处。如果整个书页全破损，就用整块纸进行裱糊（复制）"。① 不管是修补烂孔或破损处，还是修补全页，都要注意补写或刻上丢失的内容，使档案内容完整无缺，这也可以认为是西夏时期的复制了。

西夏修补档案资料时很少用新纸。前已述说，西夏纸张紧缺，每年各官府文书用纸都是按照所辖官吏人数定额发放，不能有超额。从西夏出土的档案资料状况看，还有一部分档案是书写在其他资料的背面，更有甚者，为了节约纸张，多排写一些内容，而采用"小宋体字"，其字形和宋体字完全一样，但"比宋体字通常要小3至4倍。竖画不用粗笔，横画棱角减小，常常难以辨认"，所以在裱糊档案时，"多半用作废的笔记和文书纸、无用的刊本纸页、过时的和用坏了的写本。封皮硬纸板也用这种纸粘贴。从这些用作修补的纸中可找到有重要学术价值的资料"。② 看来，西夏将自认为不重要或已经过时的档案纸张用作修补重要档案资料，其原因主要是资金缺乏、纸张稀少。③

（二）抢救补正档案中的错字

西夏为了使档案能真实、准确、全面地反映历史面貌，又进行了另一项抢救性工作，即改正档案中的错字。从相关考古资料可知，西夏在抢救档案时对档案中存在的大量错字进行了补正，"这种情况不仅写本中存在，而且刊本中也有。因为在抄写原文时，从抄写到录制在木板上，写手可能看错或写错。这些错误被

---

① ［俄］孟列夫：《黑城出土汉文遗书叙录》，王克孝译，宁夏人民出版社1994年版，第63页。
② ［俄］孟列夫：《黑城出土汉文遗书叙录》，王克孝译，宁夏人民出版社1994年版，第63页。
③ 赵彦龙：《西夏档案的保管制度》，《档案》2001年第4期。

校对者根据原文改正过来。书集品中有个别几件错字被涂上颜料,在上面进行改正,或者在错处贴一块小纸,然后写上正确的字"。① 通过抢救和补正档案中的错字,使档案能基本恢复原状。这样的档案不仅能证明历史的真实,而且给后世研究提供了方便。②

六 西夏档案的一案一卷制

西夏保管档案仍然实行一案一卷制,即一件档案只记载一件事情,不同事情的档案不能混合在一件或一类档案中,这一制度也来源于中原王朝。古代中国到了魏晋之时才产生了一案一卷之制,魏之曹操可谓一案一卷制的鼻祖,他写的文书多为一案一卷。到了东晋桓玄执政之时曾下令文书用纸书写,且文书应为一案一卷制,这才逐渐成为一项制度。到了宋朝,将这一制度写进了法律,要求所有的文书撰写者和档案管理者必须执行。宋朝法律规定:群臣"奏陈公事,皆直述事状。若名件不同应分送所属而非一宗事者,不得同为一状"。③ 这一文书撰写措施一直沿袭至今,其文书档案的保管也随着这一制度而发扬拓展。

关于西夏档案一案一卷制的规定在西夏综合性法典中也是俯拾即是。如西夏地册和纳领谷档案都实行一案一卷制。《天盛律令》规定:管事者将"边中、畿内租户家主各自种地多少,与耕牛几何记名,地租、冬草、条椽等何时纳之有名","一一当明以记名","于所属处当簿册成卷"。④ 再如畜册档案,《天盛律令》规定:"四种畜中,牛、骆驼、羖羊等之年年应交毛、酥者,预先当由群牧司于畜册上算明,斤两总数、人名等当明之而入一册,预先引送皇城、三司、行宫司所管事处。"同时规定"诸人捡得畜,律令限期已过,应充公……每日大人当手记印之,一年为一卷,年年往牧场大检时,磨勘司当引送"⑤ 等。可见,西夏在档案保管过程中的确实行一案一卷制的管理措施。

西夏故地黑水城等地出土的西夏档案也可间接证明西夏实行一案一卷的保管

---

① [俄] 孟列夫:《黑城出土汉文遗书叙录》,王克孝译,宁夏人民出版社1994年版,第63—64页。
② 赵彦龙:《西夏档案的保管制度》,《档案》2001年第4期。
③ (宋) 谢深甫编撰,戴建国点校:《庆元条法事类》卷16,黑龙江人民出版社2002年版,第344页。
④ 史金波、聂鸿音、白滨译注:《天盛改旧新定律令》卷15,法律出版社2000年版,第514页。
⑤ 同上书,第577—581页。

措施。黑水城出土的军籍档案、契约档案、官府文书、律法档案、宗教文书档案都是实行一案一卷的保管措施。

综上所论，不论是西夏法典还是考古发掘的西夏档案，都证明西夏实行一案一卷制来保管档案。这一制度的施行有效地防止了行文过程中的一文多事、互相牵制等关系混乱现象，从而提高了文书操作的准确性、时效性，同时也方便了档案的保管和将来的查考利用。

七　西夏档案查阅制度

中国古代档案查阅利用的法律规定一向就很严格，因为"盖文章，经国之大业，不朽之盛事"，① 还因为"章表奏议，经国之枢机，然阙而不纂者，乃各有故事而在职司也"。② 正因为如此，故西夏档案的查阅利用同样借鉴学习了中原王朝的相关法规，受到了各方面的严格限制。对此，西夏综合性法典也有规定，概括来说主要有两方面的内容：一是不允许任何人随意进入"库中"查看档案；二是即使查阅档案也要有规定的场所，不能随便拿到所规定的场所之外。《天盛律令》规定："军案内置官簿者，不准诸人随意来司内及拿到司外看阅。违律时，如系司内人，则随意查阅者及局分人等一律徒六个月；如系拿到司外，则阅者及局分人等徒一年。"③ 可见，西夏档案查阅利用之严格。

八　西夏文书档案的完整与安全保密制度

档案的完整和保密是历朝历代统治者都十分重视的问题，尤其是以党项族为主体建立的西夏更是重视，因为西夏前期处于与辽、北宋鼎立，后期与南宋、金对峙，在这样一个随时会被吞噬的外患环境下，必然促使西夏更加重视保密工作，特别是文书档案领域的保密。

保密的实践和制度在中国已有悠久的历史。《周易·系辞上》载："子曰：乱之所生也，则言语以为阶。君不密则失臣，臣不密则失身，几事不密则害成。

---

① （三国魏）曹丕：《典论·论文》，郭绍虞主编：《中国历代文论选》第1册，上海古籍出版社1979年版，第159页。
② （南朝梁）刘勰著，周振甫注：《文心雕龙注释》，人民文学出版社1981年版，第243页。
③ 史金波、聂鸿音、白滨译注：《天盛改旧新定律令》卷6，法律出版社2000年版，第257页。

是以君子慎密而不出也。"① 《韩非子·说难》载："夫事以密成，语以泄败。"②唐代制定"四禁"制度，其中之一就是"一曰漏泄"，③ 并且在相关法律著作中都有保密的规定，如《唐律疏议》《唐六典》等。宋朝更加强化了文书档案的保密制度，如在《庆元条法事类》《宋刑统》等法典中有非常具体和严密的规定。可见，中国文书档案领域的保密是代代相传，互相借鉴和学习，而且其制度的规定也是越来越严密和翔实，西夏的文书档案保密也不例外。

西夏有严格的法律制度保证了不论是纸质还是其他载体的文书档案的完整与安全保密。

（一）非纸质档案的完整与安全保密

西夏法典对非纸质档案的完整与安全保密的规定大致有如下四点。

1. 不准亡失和盗匿非纸质档案，《天盛律令》规定："内宫钥匙、御印子等不许使亡失，违律亡失时徒六个月。盗匿者钱价不多，以偷盗法论，不及徒一年者徒一年。钱价甚多，自徒一年以上则比偷盗罪加二等，然不及死。"④

2. 不许丢失和折损非纸质档案，《天盛律令》规定："执符出使处大意失符者，当绞杀。判断未至而得之则徒五年，判断之后得之者，徒六年。统军、监军司、边检校等△上提举执符失之者，失者当绞杀，大人因执符失之者指挥失误，徒一年。诸执符失往发兵符牌时，应发之兵无迟缓，如期来到，则失牌者徒三年。若应发之兵集日未到来，则失牌者绞杀……诸人执符牌、兵符，与敌人盗诈军等相遇，失火、水漂而亡失符牌等时，执者因大意，徒一年。"⑤ 同时规定："诸人执符、铁箭出使处，无心失误而骑跌自颠，符、铁箭折损，失留书子、锁舌、捕畜头子等时"，造成文书档案破损且残缺不全时则要处罚执符之人，"有官罚马一，庶人十三杖。"⑥

3. 盗窃符牌者也要严厉治罪。《天盛律令》规定："诸人盗兵符者，若有意

---

① 《周易正义》卷7，（清）阮元校刻：《十三经注疏》上册，上海古籍出版社1997年版，第80页。
② 张松辉、张景译注：《韩非子译注》，上海三联书店2014年版，第160页。
③ 《旧唐书》卷43，中华书局1975年版，第1850页。
④ 史金波、聂鸿音、白滨译注：《天盛改旧新定律令》卷12，法律出版社2000年版，第441页。
⑤ 同上书，第475页。
⑥ 同上书，第470页。

相怨事及有受他人贿，若为发兵马时所发兵处迟缓，未如期到来，□疑等，不论官，当绞杀。若非发兵马之时，仅为盗，无另所生疑怨则徒四年。"①

4. 对捡到符牌者上交的奖赏和不上交的处罚。当符牌亡失被人捡到者若在一定时间内积极主动上交官府者得赏，若超出规定时间未上交者则处罚。关于此，《天盛律令》规定："诸人已得符牌、兵符，十日以内当交官方，当予得者银五十两，杂锦一匹。逾十日不交而延误者徒一年，若隐匿则当绞杀。"②

（二）纸质档案的完整与安全保密

《天盛律令》对纸质档案的完整与安全保密有非常全面而具体并可操作的规定。现归纳如下。

1. 重要文书档案的完整与安全保密

我们以为，西夏的重要文书档案主要指关乎国家大事、军事机密、皇宫内秘密等的档案，即《天盛律令·失藏典门》所规定的凡是"写秘事及牒诏书，兴兵文书、恩敕等"，这些档案要严加保管，认真对待，若因懈怠而造成"损毁、盗隐、亡失等时"，依律则要进行严厉处罚。

（1）国内族人议逃及以计谋施行逃跑等时，"欲受贿而盗隐、损毁文书者与犯罪者同。其中无心失误而失之时，推问中有疑则当绞杀，无疑则徒六年。若推问已毕，典已置库中而盗隐损之者，徒三年，失之则徒二年"。

（2）若"盗隐、损毁、亡失所记文书秘事中"言及敌人归降之事，还有"两国间写牒敕、誓文，接壤邻国分予我等之地"等档案时，可"视其时节语义，奏报实行"。

（3）文书传递尤其是"持恩诏者"不许懈怠，必须限期到达，若违律迟误，依迟误时日多少治罪，"若恩诏已至所属司内，依恩施行已毕，藏置局分人处，有名亡失时，徒一年"。

（4）持边中兴兵火急文书者，局分人失之及他人盗之等，当绞杀。失、盗军品文字者，一律徒三年。③

---

① 同上书，第475页。
② 同上书，第475页。
③ 史金波、聂鸿音、白滨译注：《天盛改旧新定律令》卷12，法律出版社2000年版，第418—419页。

第八章　西夏档案管理制度

(5) 为谋叛者提供机密并协助策划造反者，处以极刑："诸人往来敌界，提供密事，及为敌人侦察、隐藏等者，其人计划投降他国，则与叛逃同样承罪，家门连坐，畜物没收，当依叛逃已行法办。所捕获侦察者，皆以剑斩之。"①

(6) 对泄露内宫及军事机密者同样严厉处罚，诸人"说内宫事项秘密者，所说种种秘密有何口明，行迹难以确定，按时节视其所言情节，奏计实行。又往说军马内口者，最初说语者徒十二年，互语者徒十年。臣僚智能差，说谋略秘密时，最初语者徒六年，互语者徒五年。与他国使人谈论，亦依所说承罪，其法依前述法实行"。② 同时规定，任何人"不许泄露一种密语于外。若违律将内宫头项大小密事漏泄于外时，徒三年。其中系内外大语而使漏泄大语者，有种种密事，尔时视其时节、情节奏报实行"。③

2. 一般文书档案的完整与安全保密

西夏的一般文书档案是相对于重要文书档案而言，即涉及面较广、内容较为宽乏而数量庞大的那部分档案。西夏法典对这部分档案的完整与安全保密也有翔实而具体的规定。

(1) 文书档案官吏在传递文书档案时"不许藏符于怀中，致符面上纸揉皱折叠"，若违律"藏符于怀中，又揉皱面上纸等，有官罚马一，庶人十三杖"，若继续折叠时，则"徒一年"。④

(2) 文书档案官吏要对办理完毕的文书进行认真登记，之后依次清理上交，立卷归档，若丢失时要承担一定责任，"大小臣僚由官家予之诏书敕券者，若有他人持取亡失时，须推寻检视。此后予之诏书敕券时，中书内人当兴板簿而置言状，当注册，有已亡失，亦当对其察奏，依所出谕文实行"。⑤

(3) 办理完毕而置"库中"的文书，由于文书档案官吏管理不善、松懈对待进而贪赃枉法等导致文书档案损毁、盗隐、亡失等不完整和泄密者，则因不同情况受到不同处罚，即"诸司为种种文书，行之未毕及已毕，已藏置中，受贿

---

① 同上书，第 116 页。
② 同上书，第 398 页。
③ 同上书，第 607 页。
④ 史金波、聂鸿音、白滨译注：《天盛改旧新定律令》卷 13，法律出版社 2000 年版，第 471 页。
⑤ 同上书，第 603 页。

· 647 ·

西夏档案及其管理制度研究

盗、隐、损失等罪，依所定实行。其中盗、隐、损之中有相议，则以从犯判断。"① 这里对受贿而导致出现的不同泄密事件分别作了处罚规定。

第一，文书档案正处于操作执行中，"局分以外人等着手盗、隐、损失文典时，释放有罪人，则当与有罪人同；未释放有罪人，则当比有罪人减一等。无心失误失典者，有死罪及长期徒刑罪徒三年，有自徒六年至徒四年罪徒二年，有自徒三年至徒一年罪徒六个月，有自徒一个月至杖罪笞十"。

第二，获罪者为了逃避罪责而偷盗文典销毁罪证，"当于前所有罪上加一等。"其中已是无期徒刑或死罪者，不再上加一等，"无期徒刑笞八十，获死罪笞一百"。其他情形按照获罪轻重，与以前所犯罪情比较，"从重者判断"。

第三，各种文书档案已置典中封存，除上司要求查阅之外，一般不允许随便翻阅。若文书档案官吏因职务之便而"贪收雇值盗隐及索予损坏等"，都要给予惩罚。"违律盗、隐及索毁之，予者一律当比局分人失典罪加一等。"

第四，案头、司吏及其他局分人"当为记名之罪，受贿而盗、隐、损毁文典者，当比局分人失典罪加一等。"

第五，文书"行之已毕"而"藏置中"却"被盗、损时，"处二年徒刑；如果无意失之时则判处一年徒刑。

第六，移军册以及赏赐臣民、升任官事等的文书档案，"行之未毕而盗、隐、损之时，徒三年，无心失误失之则减二等。行之已毕，已藏置中，盗、隐、损之及失之等，比前述盗失二等罪情当各自减一等"。

第七，"盗、损种种官方文书，则其有何雇值"，应按雇值钱数多少计算，根据偷盗法之规定，且与前面几种情形相比较，"从重者判断"。②

第八，西夏为了缩小泄密范围，尽可能挽回一定的损失，又规定盗、失、损文书时必须限期追回。若追回者，或不承罪或承罪较轻，若未追回者，要承重罪。如"失自引导族部逃以上要言及兴兵火急文书等者"，若在规定时限内追回，则不治罪；超过限期，不管最后追回与否，都要按律"承全罪"；如果"失

---

① 同上书，第419页。
② 史金波、聂鸿音、白滨译注：《天盛改旧新定律令》卷12，法律出版社2000年版，第419—420页。

秘事及写牒诏等者"，在三日以内追回者，不治罪，如果三日以内未追回，就要依法承罪，若已承罪而后又追回者，"当减三等"判罪。特别是对"亡失降恩敕者"，要求立刻追回，"于限期内往至者罪勿治。若逾期，得与不得一律依稽缓罪法判断，不须减罪"。若文书档案官吏因忙于公事而疏忽松懈导致文书档案被盗，要根据实际情况判断治罪："死罪、长期徒刑应得四十日劳役。二十日尔外，大小公事当于十日期间寻得"则不治罪，若逾期追不回，当要依法治罪，如果治罪之后追回者，则当减三等判处。若所失公文为普通公文，也要限一个月内追回，追回不治罪，追不回依律治罪，已治罪后又追回者依律当减三等判罪。①

第九，西夏对委托代管文书档案的官吏也有相当严格的法律规定，若在代管文书档案过程中丢失，同样要依法处理。"本局分已遣出不在，其状典已委托相共事者，尔后亡之者，原局分罪勿治，相共事失之者依法判断。"②

第十，诸人或诸所属司内官吏之间有矛盾，有的官吏为了达到报复之目的，采取了偷盗司内文书或皇帝诏书的行为，导致官府文书档案丢失或隐藏，泄露了秘密，则要承罪。"诸人及门下人等相恨，盗窃官敕、上谕、印、旗、金、鼓等时"，不论偷盗者丢失与否，都要依律判处一年徒刑。"其中与盗印、旗、金鼓等物量盗法比较，依其重者判断。又盗大小臣僚所有之诏书，则徒三年。"③

第十一，各局分或监军司职事未完或不甚明了时，要求各官吏不准随便乱说，倘若违律，则要承罪。"诸局分判断公事及所行种种他语等，所定未明，此时不许预先于他处宣说。违律于他处谈论时，预先谈论所告语者徒二年，说诸司判断语者徒六个月，其中微语杖罪时，他处说者七杖。有于局分处推究者，亦与说者相同。"④

（4）《天盛律令》规定，凡密封件必须经大人处查验后启封，否则要处罚，"诸局分人记、文书应由大人处校而启封，不许自行启之。违律时，是密事则与

---

① 同上书，第423页。
② 史金波、聂鸿音、白滨译注：《天盛改旧新定律令》卷12，法律出版社2000年版，第420页。
③ 史金波、聂鸿音、白滨译注：《天盛改旧新定律令》卷12，法律出版社2000年版，第167页。
④ 同上书，第342页。

西夏档案及其管理制度研究

泄密相同，此外再视语大小，启视者有官罚马一，庶人十三杖"。①

（5）西夏对一些因自然灾害等无法抗拒因素导致档案亡之者，其处罚则相对较轻。因文书档案官吏平时缺乏档案的保管和保密意识，经常不注意检查防火、防水、遇盗、遇敌等设施的完好程度，从而遇到不可抗拒因素时会自然而然造成毁失或入敌手档案者，仍要追究其责任："亡失文书中，起火、洪水漂、遇盗、遇敌而致入敌手亡之者，是实言，则因不经心为之，十三杖。"② 我们以为这一处罚的目的主要是敲打文书档案官吏要有安全和保密意识，起警示作用。

（6）西夏不仅对官府官员及文书档案官吏管理不善或泄密进行严厉制裁，而且对普通公众的泄密行为也加以处罚。法律规定，官府文书档案丢失，若得到档案而不交局分处导致秘密外泄者，根据是否识字处以不同徒刑："得之者识文字则徒一年，不识文字则徒六个月。"其中得到档案者确已知道档案是何人丢失，但有意隐瞒或损毁，这时"识不识文字，当比前述罪加一等"。③

综上可见，西夏各种文书档案保密制度的制定和完善，对于文书档案的完整和安全保密起到了很好的保障作用。以上法律规定条分缕析，不仅针对档案主管官吏，同时涉及"盗窃者"，还有因不可抗拒因素导致的档案亡失等情况，都做了具体而翔实的规定。这些翔实而具体的法律规定有力地保证了西夏档案的完整与安全保密，从而为元朝之后的各朝各代留下了既真实又庞大且宝贵的精神文化财富。

---

① 同上书，第383页。
② 同上书，第420页。
③ 史金波、聂鸿音、白滨译注：《天盛律令》卷12，法律出版社2000年版，第420页。

参考文献

一 传世典籍（按朝代排序，同一朝代按出版时间先后排列）

（春秋）吕不韦：《吕氏春秋》，广州出版社2001年版。

（战国）庄子撰：《庄子今注今译》，陈鼓应注译，中华书局1983年版。

（汉）班固：《汉书》，中华书局1962年版。

（汉）司马迁：《史记》，中华书局1959年版。

（晋）陈寿：《三国志》，中华书局2006年版。

（南朝梁）萧子显：《南齐书》，中华书局1972年版。

（南朝梁）沈约：《宋书》，中华书局1974年版。

（南朝梁）刘勰著，周振甫注：《文心雕龙注释》，人民出版社1981年版。

（唐）魏徵等：《隋书》，中华书局1973年版。

（唐）房玄龄等：《晋书》，中华书局1974年版。

（唐）李林甫等：《唐六典》，中华书局1992年版。

（唐）长孙无忌等：《唐律疏议》，法律出版社1999年版。

（后晋）刘昫等：《旧唐书》，中华书局1975年版。

（宋）佚名：《宋大诏令集》，上海古籍出版社1962年版。

（宋）薛居正等：《旧五代史》，中华书局1976年版。

（宋）曾巩：《隆平集》，影印文渊阁《四库全书》第371册，上海古籍出版社1987年版。

（宋）王称：《东都事略》，影印文渊阁《四库全书》第382册，台湾商务印书馆 1986 年版。

（宋）苏易简：《文房四谱》，影印文渊阁《四库全书》第 843 册，台湾商务印书馆 1986 年版。

（宋）彭百川：《太平治迹统类》，影印文渊阁《四库全书》第 408 册，台湾商务印书馆 1986 年版。

（宋）徐梦莘：《三朝北盟会编》，影印文渊阁《四库全书》本第 352 册，台湾商务印书馆 1986 年版。

（宋）司马光：《司马温公文集》，中华书局 1986 年版。

（宋）司马光：《涑水记闻》，中华书局 1989 年版。

（宋）苏辙：《苏辙集》，中华书局 1990 年版。

（宋）窦仪等：《宋刑统》，法律出版社 1999 年版。

（宋）沈括：《梦溪笔谈》，时代文艺出版社 2001 年版。

（宋）谢深甫：《庆元条法事类》，黑龙江人民出版社 2002 年版。

（宋）李焘：《续资治通鉴长编》，中华书局 2004 年版。

（宋）宋敏求：《唐大诏令集》，中华书局 2008 年版。

（元）脱脱等：《辽史》，中华书局 1974 年版。

（元）脱脱等：《金史》，中华书局 1975 年版。

（元）脱脱等：《宋史》，中华书局 1977 年版。

（元）陶宗仪：《辍耕录》，影印文渊阁《四库全书》第 1040 册，台湾商务印书馆 1986 年版。

（明）徐师曾：《文体明辨序说》，人民文学出版社 1962 年版。

（明）吴讷：《文章辨体序说》，人民文学出版社 1962 年版。

（明）宋濂等：《元史》，中华书局 1976 年版。

（明）叶子奇：《草木子》，影印文渊阁《四库全书》第 866 册，台湾商务印书馆 1986 年版。

（清）王仁俊：《西夏文缀》，首都图书馆藏《实学丛书》1937 年刊本。

（清）徐松辑：《宋会要辑稿》，中华书局 1957 年版。

中国第一历史档案馆：《清实录》第 2 册，中华书局 1986 年版。

《明清史料》（影印版己编），中华书局 1986 年版。

（清）董诰等编：《全唐文》，上海古籍出版社1990年版。

（清）吴广成撰，龚世俊等校证：《西夏书事校证》，甘肃文化出版社1995年版。

（清）阮元校刻：《十三经注疏》，上海古籍出版社1997年版。

（清）王先慎：《韩非子集解》，中华书局1998年版。

（清）张澍：《养素堂文集》第1506册，上海古籍出版社2002年版。

（清）严可均辑：《全上古三代秦汉三国六朝文》，上海古籍出版社2009年版。

（近）罗福颐：《西夏文存》，上虞罗氏《待时轩丛刊》1937年版石印本。

二　出土文献（按编纂出版年度为序）

张传玺主编：《中国历代契约会编考释》，北京大学出版社1995年版。

史金波、魏同贤、［俄］克恰诺夫主编：《俄藏黑水城文献》（1—25册），上海古籍出版社1996—2015年版。

［俄］孟列夫、钱伯城主编：《俄藏敦煌文献》第17册，俄罗斯科学院东方研究所圣彼得堡分所、俄罗斯科学出版社东方文学部、上海古籍出版社2001年版。

史金波、陈育宁主编：《中国藏西夏文献》（1—20册），甘肃人民出版社、敦煌文艺出版社2005—2007年版。

沙知、吴芳思主编：《斯坦因第三次中亚考古所获汉文文献》（非佛经部分），上海古籍出版社2005年版。

塔拉、杜建录、高国祥编：《中国藏黑水城汉文文献》（1—10册），国家图书馆出版社2008年版。

谢玉杰、吴芳思主编：《英藏黑水城文献》（1—5册），上海古籍出版社2005—2010年版。

武宇林、［日］荒川慎太郎主编：《日本藏西夏文文献》，中华书局2011年版。

三 研究论著

(一) 著作（以出版时间先后顺序排序）

梁启超：《中国历史研究法》，台湾商务印书馆1922年版。

陈梦家：《殷墟卜辞综述》，科学出版社1956年版。

刘世儒：《魏晋南北朝量词研究》，中华书局1965年版。

史金波、白滨、黄振华：《文海研究》，中国社会科学出版社1983年版。

白滨编：《西夏史论文集》，宁夏人民出版社1984年版。

陈炳应：《西夏文物研究》，宁夏人民出版社1985年版。

戴锡章整理，罗矛昆点校：《西夏纪》，宁夏人民出版社1988年版。

黄振华、聂鸿音、史金波整理：《番汉合时掌中珠》，宁夏人民出版社1989年版。

罗竹风：《汉语大词典》（12卷），汉语大词典出版社1986—1992年版。

陈炳应：《西夏谚语》，山西人民出版社1993年版。

周雪恒：《中国档案事业史》，中国人民大学出版社1994年版。

李蔚：《简明西夏史》，人民出版社1997年版。

张双棣：《淮南子校释》，北京大学出版社1997年版。

赵超：《中国古代石刻概论》，北京文物出版社1997年版。

王金玉：《宋代档案管理研究》，中国档案出版社1997年版。

李修生主编：《全元文》，江苏古籍出版社1999年版。

白寿彝主编：《中国通史》第7卷，上海人民出版社1999年版。

史金波、聂鸿音、白滨译注：《天盛律令》，法律出版社2000年版。

王铭：《公文选读》，辽宁大学出版社2000年版。

[俄] 捷连提耶夫—卡坦斯基：《西夏书籍业》，王克孝、景永时译，宁夏人民出版社2000年版。

洪艺芳：《敦煌吐鲁番文书中之量词研究》，台湾文津出版社2000年版。

杜建录：《西夏经济史》，中国社会科学出版社2002年版。

史金波：《西夏出版研究》，宁夏人民出版社2004年版。

李范文主编：《西夏通史》，人民出版社、宁夏人民出版社 2005 年版。

杜建录：《〈天盛律令〉与西夏法制研究》，宁夏人民出版社 2005 年版。

吴天墀：《西夏史稿》，广西师范大学出版社 2006 年版。

史金波：《西夏社会》，上海人民出版社 2007 年版。

胡玉冰：《传统典籍中汉文西夏文献研究》，中国社会科学出版社 2007 年版。

牛达生：《西夏遗迹》，文物出版社 2007 年版。

丁海斌、陈凡：《中国科技档案史》，东北大学出版社 2007 年版。

刘耿生主编：《档案文献编纂学》，中国人民大学出版社 2007 年版。

乜小红：《俄藏敦煌契约文书研究》，上海古籍出版社 2009 年版。

陈育宁、汤晓芳：《西夏艺术史》，上海三联书店 2010 年版。

赵彦龙：《西夏文书档案研究》，宁夏人民出版社 2010 年版。

杜建录：《党项西夏文献研究》，中华书局 2011 年版。

杜建录、史金波：《西夏社会文书研究》，上海古籍出版社 2012 年版。

赵彦龙：《西夏公文写作研究》，宁夏人民出版社 2012 年版。

杨富学、陈爱峰：《西夏与周边关系研究》，甘肃民族出版社 2012 年版。

李范文：《李范文西夏学论文集》，中国社会科学出版社 2012 年版。

史金波：《西夏文教程》，社会科学文献出版社 2013 年版。

汤开建：《党项西夏史探微》，商务印书馆 2013 年版。

孙继民等：《考古发现西夏汉文非佛教文献整理与研究》，社会科学文献出版社 2014 年版。

杜建录、［俄］波波娃主编：《〈天盛律令〉研究》，上海古籍出版社 2014 年版。

孙继民等：《英藏及俄藏黑水城汉文文献整理》（上下），天津古籍出版社 2015 年版。

史金波：《西夏经济文书研究》，社会科学文献出版社 2017 年版。

（二）期刊论文（以发表时间先后顺序排序）

中国科学院考古研究所洛阳发掘队：《1959 年河南偃师二里头试掘简报》，《考古》1961 年第 2 期。

甘肃省博物馆：《甘肃武威发现一批西夏遗物》，《考古》1974年第3期。

王静如：《甘肃武威发现的西夏文考释》，《考古》1974年第3期。

史金波：《〈甘肃武威发现的西夏文考释〉质疑》，《考古》1974年第6期。

庞有清、镇烽、忠如等：《陕西省岐山县董家村西周铜器窖穴发掘简报》，《文物》1976年第5期。

王尧：《西夏黑水桥碑考补》，《中央民族学院学报》1978年第1期。

白滨、史金波：《〈大元肃州路也可达鲁花赤世袭碑〉考释》，《民族研究》1979年第1期。

[俄]克恰诺夫撰：《苏联国家列宁图书馆藏汉文西夏唐古特地图册手稿》，李步月译，《西北历史资料》1980年第1期。

汤开建：《张澍〈西夏姓氏录〉订误》，《兰州大学学报》1982年第4期。

李蔚：《周春〈西夏书〉评价》，《宁夏大学学报》1982年第3期。

黄盛璋、汪前进：《最早一幅西夏地图——〈西夏地形图〉新探》，《自然科学史研究》1992年第2期。

史金波：《西夏党项人的亲属称谓和婚姻》，《民族研究》1992年第1期。

黄才庚：《甲骨档案的研究》，《山东档案》1995年第1期。

聂鸿音、史金波：《西夏文〈三才杂字〉考》，《中央民族大学学报》1995年第6期。

聂鸿音、史金波：《西夏文本〈碎金〉研究》，《宁夏大学学报》1995年第2期。

韩小忙：《〈天盛律令〉与西夏丧葬习俗》，《青海民族学院学报》1998年第2期。

白滨：《被遗忘的旷世奇珍——黑水城与西夏遗书》，《瞭望新闻周刊》1999年12月20日，第51期。

牛达生：《西夏刻书印刷事业概述》，《宁夏大学学报》1999年第3期。

陈永胜：《敦煌文献中民间借贷契约法律制度初探》，《甘肃政治学院学报》2000年第3期。

徐立刚：《中国古代石刻档案的源流与特点》，《档案与建设》2000年第12期。

胡玉冰：《浅谈清代学者王仁俊对敦煌学、西夏学的贡献》，《西北第二民族学院学报》2001年第2期。

孙寿岭：《武威亥母洞出土的一批西夏文物》，《国家图书馆学刊》2002年西夏研究专号。

史金波：《西夏度量衡刍议》，《固原师专学报》2002年第2期。

［日］松泽博：《西夏文〈瓜州监军司审判案〉遗文》，《国家图书馆学刊》2002年西夏研究专号。

郑定、柴荣：《两宋土地交易中的若干法律问题》，《江海学刊》2002年第6期。

史金波：《流失海外的西夏文明》，《寻根》2003年第5期。

刘伯山：《徽州文书的遗存及特点》，《历史档案》2004年第1期。

史金波：《西夏户籍初探——4件西夏文草书户籍文书译研究》，《民族研究》2004年第5期。

史金波：《国家图书馆藏西夏文社会文书残页考》，《文献》2004年第2期。

岳纯之：《论隋唐五代借贷契约及其法律控制》，《中国社会经济史研究》2004年第3期。

霍存福、王宏庆：《吐鲁番回鹘文买卖契约分析》，《当代法学》2004年第1期。

史金波：《西夏农业租税考——西夏文农业租税文书译释》，《历史研究》2005年第1期。

胡玉冰：《汉文西夏地图文献述要》，《文献》2005年第1期。

史金波：《西夏的历法和历书》，《民族语文》2006年第4期。

杜建录：《中国藏西夏文献碑刻题记卷综述》，杜建录主编：《西夏学》第1辑，宁夏人民出版社2006年。

杨浣：《黑城〈西北诸地马步军编册〉考释》，《中国史研究》2006年第1期。

孙寿岭：《西夏文水陆法会祭祀文考析》，《西夏学》第1辑，宁夏人民出版社2006年。

赵彦龙：《西夏档案机构及管理制度探索》，《宁夏社会科学》2006年第

5期。

聂鸿音：《西夏遗文录》，杜建录主编：《西夏学》第2辑，宁夏人民出版社2007年版。

赵彦龙：《西夏契约研究》，《青海民族研究》2007年第4期。

赵彦龙：《论西夏契约及其制度》，《宁夏社会科学》2007年第4期。

丁海斌、陈凡：《谈中国古代科技事实与科技经验的重要积累方式——官方科技档案》，《科学技术与辩证法》2008年第4期。

赵彦龙：《西夏契约再研究》，《宁夏社会科学》2008年第5期。

杨志高：《英藏西夏文〈慈悲道场悔罪法〉误定之重考》，《宁夏社会科学》2008年第2期。

陈静：《黑水城所出〈天庆年间裴松寿处典麦契〉考释》，《文物春秋》2008年第6期。

赵彦龙：《论西夏土地税账册文书——西夏账籍文书研究之二》，《宁夏师范学院学报》2008年第4期。

杨富学、陈爱峰：《黑水城出土夏金榷场贸易文书研究》，《中国史研究》2009年第2期。

杜建录：《黑水城汉文文献综述》，杜建录主编：《西夏学》第4辑，宁夏人民出版社2009年版。

聂鸿音：《西夏译本〈明堂灸经〉初探》，《文献》2009年第3期。

文志勇：《俄藏黑水城文献〈亥年新法〉第2549、5369号残卷译释》，《宁夏师范学院学报》2009年第1期。

贾常业：《西夏法律文献〈新法〉第一译释》，《宁夏社会科学》2009年第4期。

史金波：《〈英藏黑水城文献〉定名刍议及补正》，杜建录主编：《西夏学》第5辑，上海古籍出版社2010年版。

孙继民：《西夏汉文乾祐十四年安排官文书考释及意义》，《江汉论坛》2010年第10期。

杜建录：《黑城出土西夏榷场文书考释》，《中国经济史研究》2010年第1期。

于光建、徐玉萍：《武威西夏墓出土冥契研究》，《西夏研究》2010年第

3 期。

肖屏：《西夏医药学与传统中医学的关系探骊》，《中医文献杂志》2010 年第 4 期。

孙继民、许会玲：《西夏汉文"南边榷场使文书"再研究》，《历史研究》2011 年第 4 期。

李华瑞：《西夏社会文书补释》，杜建录主编：《西夏学》第 8 辑，上海古籍出版社 2011 年版。

赵彦龙、杨绮：《试论西夏的科技档案》，《西夏研究》2011 年第 4 期。

[日] 佐藤贵保：《未刊俄藏西夏文〈天盛律令〉印本残片》，刘宏梅译，《西夏研究》2011 年第 3 期。

姜歆：《黑水城出土法律文献的整理与研究概述》，《西夏研究》2011 年第 3 期。

史金波：《西夏文军籍文书考略——以俄藏黑水城出土军籍文书为例》，《中国史研究》2012 年第 4 期。

史金波：《黑水城出土西夏文卖地契研究》，《历史研究》2012 年第 2 期。

张秀清：《西夏汉文文献误读举例》，《宁夏社会科学》2012 年第 4 期。

杜建录、彭向前：《内蒙考古研究所藏〈大轮七年星中书〉考释》，杜建录编著：《中国藏西夏文献研究》，上海古籍出版社 2012 年版。

赵彦龙、乔娟：《论西夏的石刻档案》，《西夏研究》2012 年第 3 期。

梁松涛：《黑水城出土 4384（9—8）与 4894 号缀合西夏文医方考释》，《宁夏社会科学》2012 年第 2 期。

赵彦龙、陈文丽：《略论西夏公文体式》，《青海民族研究》2012 年第 1 期。

梁松涛：《西夏文医药文献叙录》，《兰台世界》2012 年 2 月上旬。

张多勇、李并成、戴晓刚：《西夏乾祐二年（1171）黑水城般驮、脚户运输文契——汉文文书与西夏交通运输》，《敦煌研究》2012 年第 2 期。

史金波：《英国国家图书馆藏西夏文军籍文书考释》，《文献》2013 年第 3 期。

王荣飞：《甘肃省博物馆藏〈天庆寅年"七五会"集款单〉再研究》，《宁夏社会科学》2013 年第 5 期。

杜建录：《夏州拓跋部的几个问题》，《西夏研究》2013 年第 1 期。

赵彦龙、杨绮：《西夏医药档案整理与研究》，《宁夏师范学院学报》2013 年第 4 期。

赵彦龙：《西夏律法档案整理与研究》，《青海民族研究》2013 年第 3 期。

韩伟：《民间法视野下黑水城出土西夏文卖地契研究》，《宁夏社会科学》2013 年第 2 期。

史金波：《西夏文卖畜契和雇畜契研究》，《中华文史论丛》2014 年第 3 期。

史金波：《黑水城出土西夏文卖人口契研究》，《中国社会科学院研究生院学报》2014 年第 4 期。

赵彦龙：《西夏档案的遗存及特点》，《宁夏师范学院学报》2014 年第 1 期。

史金波：《河北邯郸大名出土小李钤部公墓志刍议》，《河北学刊》2014 年第 4 期。

赵彦龙：《试述西夏文书档案的版本状况》，《图书馆理论与实践》2014 年第 10 期。

史金波：《黑水城出土西夏文众会条约（社条）研究》，杜建录主编：《西夏学》第 10 辑，上海古籍出版社 2014 年版。

史金波：《西夏军抄的组成、分合及除减续补》，《宋史研究论丛》2014 年刊。

穆旋、赵彦龙：《西夏丧葬文书整理研究》，《兰台世界》2014 年 10 月中旬。

杜立晖：《黑水城西夏汉文南边榷场使文书补考》，《宁夏社会科学》2014 年第 1 期。

梁松涛、杜建录：《黑水城出土西夏文〈法则〉性质和颁定时间及价值考论》，《西夏学》第 9 辑，上海古籍出版社 2014 年版。

赵彦龙：《西夏官府文书档案研究的几个问题》，《西夏学》第 10 辑，上海古籍出版社 2014 年版。

荣智涧：《西夏文〈谨算〉所载图例初探》，《西夏学》第 10 辑，上海古籍出版社 2014 年版。

彭向前：《俄藏 ИHB. No. 8085 西夏历日目验记》，《西夏学》第 10 辑，上海古籍出版社 2014 年版。

汤开建：《隋唐五代宋初党项拓跋部世次嬗递考》，《西夏学》第 9 辑，上海古籍出版社2014年版。

赵彦龙、孙小倩：《种类齐全 价值珍贵——西夏账册档案研究之三》，《宁夏师范学院学报》2015年第4期。

赵彦龙：《西夏星占档案整理研究》，《档案管理》2015年第2期。

赵彦龙：《西夏契约参与人及其签字画押特点》，《青海民族研究》2015年第1期。

刘晔、赵彦龙、孙小倩：《西夏榷场贸易档案中计量单位探讨》，《兰台世界》2015年11月下旬。

（三）硕（博）士学位论文（以时间先后顺序排列）

许会玲：《黑水城所出西夏汉文榷场文书考释》，硕士学位论文，河北师范大学，2009年。

佟建荣：《西夏姓氏考论》，博士学位论文，宁夏大学，2011年。

徐艳磊：《西夏舆图研究》，硕士学位论文，宁夏大学，2013年。

杨绮：《西夏科技档案整理与研究》，硕士学位论文，宁夏大学，2013年。

乔绢：《西夏石刻档案资料整理与研究》，硕士学位论文，宁夏大学，2013年。

吴芊芊：《西夏档案整理与研究》，硕士学位论文，宁夏大学，2013年。

曹阳：《西夏赋役文书整理与研究》，硕士学位论文，宁夏大学，2014年。

马玲玲：《西夏契约档案整理与研究》，硕士学位论文，宁夏大学，2014年。

张煜坤：《西夏户籍档案整理与研究》，硕士学位论文，宁夏大学，2014年。

穆旋：《宋夏丧葬文书比较研究》，硕士学位论文，宁夏大学，2015年。

后 记

这部著作是笔者主持的2012年国家社会科学基金西部项目"西夏档案及档案工作"（批准号：12XTQ013）的最终结题成果，2018年8月顺利结项。现已经笔者多次修改润色才得以在中国社会科学出版社出版，并展现在读者面前。

课题研究既是一项十分艰辛的差事，又是一份相当愉悦的工作，当然更是一件逼迫自己提高研究能力的任务。我在课题研究中品尝到了如搜集资料、整理资料、分析归纳研究资料的诸多辛酸和苦楚。但也从中取得了许多成绩，如在这8年时间里，撰写了近40篇学术论文在《青海民族研究》《图书馆理论与实践》《档案管理》《档案学通讯》《档案学研究》等期刊上公开发表，而这些学术论文则构成了本书大部分章节的内容，只是在编入本书时又进行了认真的打磨。

本书在出版之际，我想起了许多该感谢的人。

首先，感谢学界前辈、师长、同人给予我研究上的点拨和资料上的支持与帮助。

其次，还要感谢的是在课题研究过程中，我指导的硕士研究生提供了很多支持和帮助，他们的硕士学位论文也基本上围绕本课题进行研究，这些学位论文大部分成为本书研究的补充，如杨绮《西夏科技档案整理与研究》（2013届）、乔娟《西夏石刻档案资料整理与研究》（2013届）、吴芊芊《西夏档案整理与研究》（2013届）、曹阳《西夏赋役文书整理与研究》（2014届）、马玲玲《西夏契约档案整理与研究》（2014届）、张煜坤《西夏户籍档案整理与研究》（2014届）、穆旋《宋夏丧葬文书比较研究》（2015届）等。

后 记

再次，还要感谢中国社会科学出版社编辑郭晓鸿博士对本书出版付出的辛勤劳动及细致耐心负责的工作态度。

当然，由于笔者学识水平所限，本书中肯定还存在许多不足和错误，请前辈、师长、同人给予批评和指正，使我在今后的中国古代文书档案领域的学术研究再上一层楼。

赵彦龙

2018 年 12 月